박희천 목사의
성경 강해

남국 유다

박희천 지음

박희천 목사의 성경 강해
남국 유다
© 생명의말씀사 2021

2021년 6월 5일 1판 1쇄 발행

펴낸이 | 김창영
펴낸곳 | 생명의말씀사

등록 | 1962. 1. 10. No.300-1962-1
주소 | 서울시 종로구 경희궁1길 6 (03176)
전화 | 02)738-6555(본사) · 02)3159-7979(영업)
팩스 | 02)739-3824(본사) · 080-022-8585(영업)

지은이 | 박희천

기획편집 | 태현주, 이은정
디자인 | 박소정, 김혜진
인쇄 | 예원프린팅
제본 | 정문바인텍

ISBN 978-89-04-08248-3 (03230)

저작권자의 허락없이 이 책의 일부 또는 전체를
무단 복제, 전재, 발췌하면 저작권법에 의해 처벌을 받습니다.

추천사

　박희천 목사님의 성경 강해서가 출간된다는 소식은 한국교회 목회자들에게 희소식이 아닐 수 없습니다. 일생을 성경을 붙들고 사신 분의 성경 강해이기에, 페이지마다 말씀에 사로잡힌 한 생애의 깊이를 가까이 경험할 수 있는 귀한 책입니다.
　이 책을 통해 최상의 유익을 얻기 위해서는 먼저 목사님의 삶과 인격을 알고 읽는 것이 훨씬 큰 도움이 될 것입니다.
　언제든지 박 목사님을 소개할 때에 가장 먼저 떠오르는 것은 목사님의 진실함입니다. 그래서 어떤 자리에서든지 "박 목사님은 나에게 진실한 목회자상을 심어주신 분"이라고 말할 수 있습니다. 목사님은 저의 목회의 영원한 원형질로서 성경 사랑과 성도 사랑의 정신을 가르쳐주신 분입니다.
　무엇보다, 목사님의 성경 사랑은 특별합니다. 성경을 사랑하지 않는 목회자가 어디 있을까마는 박 목사님처럼 철저하게 말씀과 더불어 살려 하고, 말씀을 끼고 사는 분은 드뭅니다. 아무리 바빠도 하루에 4시간씩은 꼭 성경을 읽는데 시간을 떼어 두시는 옹고집 목사님이십니다. 20대에 하나님께 헌신하신 후 40년 이상 한결같이 하루에 성경 본문만 4시간씩 통독하셔서 성경을 거의 다 외우는 말씀의 부자이십니다.
　둘째로, 목사님은 양육하는 목자, 사람을 키우는 목회자라는 사실입니다. 30년 전만 해도 청년 대학부에 관심을 갖고 힘써 지원하고 양육하는 목사님이 드물었습니다. 또한 신학생이 아닌 저에게 대학부 책임지도를 믿고 맡겨주시는 모험심도 참 남다르셨습니다. 항상 돌다리도 두드려보고 건너는 조심스러운 성격이신데도 어떤 면에서는 남이 하지 못하는 일을 하시는 과감성도 갖고 계셨습니다. 그 결과 내수동교회를 통해서 배출된 목회자들만 해도 헤아리기

어려울 정도입니다. 삼일교회의 송태근 목사, 열린교회의 김남준 목사, 새로남교회의 오정호 목사, 남서울교회의 화종부 목사, 부산시 부전교회의 박성규 목사 등 여러 목회자들은 물론이요 현재 실업계와 학계, 법조계에서 신앙적인 모범을 보이는 분들이 많습니다. 또한 할렐루야교회의 김상복 목사님의 학창시절에도 큰 영향을 끼치셨습니다.

셋째로, 목사님은 인생을 올곧게 한 길만을 가는 진실한 목회자였습니다. 목사님은 끊임없이 떨어지는 물 한 방울이 돌에 구멍을 낸다(Constant dripping wears away the stone)는 영어속담을 삶을 통해서 그대로 보여주신 분입니다. 오로지 목회의 정도만을 따라서 살아오셨기에 후배 목사들의 존경을 받는 것은 너무도 당연합니다.

박 목사님의 성경 강해를 생각하면 늘 떠오르는 말씀이 있습니다. "성경본문을 읽은 깊이가 5센티 정도인 사람이 아무리 화술이 뛰어나고 요령이 능해도 성경을 읽은 깊이가 50센티, 더욱이 1미터 되는 사람을 감당할 수는 없다." 이번 책의 출간이 정말 반갑고 감사한 것은, 목사님께서 평생을 통해 보셨던 말씀의 깊이를 우리도 저자와 함께 할 수 있기 때문입니다.

이 강해는 말씀 한 자 한 자에 박 목사님의 땀방울이 떨어져 만들어진 것입니다. 아무쪼록 보석처럼 빛나는 목사님의 성경 강해서가 계속 이어질 수 있기를 바랍니다. 목사님의 계속되는 성경 강해서를 통해서 걷잡을 수 없는 세속화의 바람에 흔들리는 한국교회와 강단이 다시금 바르게 세워지는 좋은 계기가 될 수 있을 것으로 확신합니다. 그런 이유로 목회자는 물론이요, 말씀의 깊은 맛을 원하는 평신도들에게 목사님의 책을 정말 기쁘게 추천합니다.

사랑의교회 목사 오정현

박희천 목사님의 성경 강해서가 나온다는 소식을 듣고 매우 기뻤습니다. 왜냐하면 박 목사님만큼 성경을 사랑하는 설교자도 흔치 않을 것이라고 생각하기 때문입니다. 목사님의 설교에는 항상 성경에 대한 깊은 사랑이 배어있습니다. 설교를 위한 성경이 아니라, 생각하고 살아가는 것이 성경 안에서 이루어지는 모본을 보여주신 분입니다.

저는 일곱 해 동안 같은 교회를 섬기면서 목사님을 뵈어 왔습니다. 목회하시는 동안 기쁜 일이 있을 때나 시련으로 괴로우실 때나, 심지어 당신이 사랑하던 사람들로부터 부당한 대우를 받으셔서 마음이 아프실 때에도 목사님께서는 항상 성경 속에서 기뻐하시고, 위로 받으시며, 힘을 얻곤 하셨습니다.

서재에서 혼자 성경을 연구하시다가 발견한 진리로 인하여 너무 기쁜 나머지 혼자서 성경을 머리에 얹은 채 감격 속에서 방안을 두루 걷곤 하셨다는 분이 박희천 목사님이십니다.

제가 그분의 설교를 여러 해 들었지만, 제가 접한 것은 그렇게 깨달으신 진리의 내용 가운데 지극히 일부분뿐일 것입니다. 이제 그분의 마음에 감추어져 있던 내용들이 강해서로 나오게 되었으니 성경 말씀을 사랑하는 신앙인들뿐 아니라, 목회자들에게도 기쁜 일이 아닐 수 없습니다.

이 성경 강해서가 한국교회의 강단과 성도들의 심령을 하나님의 은혜로 윤택하게 할 것을 기대하며 이 책을 추천합니다.

그리스도의 노예
열린교회 목사 김남준

박희천 목사님은 성경의 사람이십니다. 성경을 사랑하고 성경대로 살려고 노력하며 성경대로 가르치려는 분이십니다. 제가 대학 1학년 때(1980년도) 박희천 목사님을 만난 것은 제 인생에 커다란 축복이었습니다. 평생 성경을 사랑하는 마음과 바른 해석의 틀을 갖게 되었기 때문입니다. 목사님의 생애는 말씀을 사수하려는 거룩한 열정의 생애였습니다. 성경 본래의 의미를 따라 해석하지 않고 자신의 생각으로 해석하는 것(eisegesis)을 철저하게 배격하고, 온전히 성경을 성경대로 해석하는 것(exegesis)에 평생을 거셨습니다.

그야말로 추리사색(推理思索)이 아니라, 계시의존사색(啓示依存思索)의 삶이셨습니다. 60년이 넘게 계시의존사색을 해오신 목사님의 이 성경 강해서는 오염된 성경 해석이 적지 않게 난무하는 한국교회에, 성경의 깊은 수맥에서 솟아나오는 신선한 광천수를 선사할 것을 확신합니다.

부산 부전교회 목사 박성규

* 최원초 목사님에 대해서는, 김요나 저, 『한국 교회 100년 순교자 전기』 제8권(예수교 장로회 총회 刊), pp. 129-223을 참고할 것.

서문

이 책은 주석이 아니며, 학문적인 책도 아니다. 다만 남국 유다의 20명의 왕들의 역사가 우리에게 보여주는 영적 교훈에 초점을 맞춰 집필한 책일 뿐이다. 이 강해서는 학문적인 내용보다는 성경 말씀이 오늘을 사는 우리에게 주는 교훈이 무엇인지에 관심을 두고 저술되었다.

남국 유다의 20명의 왕들의 역사가 우리에게 주는 영적 교훈이 여럿 있을 때에는 여러 가지 제목으로 강해하였다. 그리고 각 제목 자체 또는 제목의 대지(大旨)에 대해서는 그 내용을 긍정적인 면과 부정적인 면에서 보충 설명해주는 성경 구절과 함께 제시했다. 따라서 이 책의 거의 전부가 성경 구절로 되어 있다고 해도 과언이 아니다.

이 책이 나오기까지 처음부터 끝까지 여러 면에서 일을 맡아 수고해준 내사모(내수동교회 사역자 모임의 약자. 필자가 내수동교회를 섬길 때 필자와 더불어 사역하신 분들) 회원들의 노고에 깊은 감사를 드리며, 또한 출판을 맡아주신 생명의 말씀사에 감사를 드린다.

이 책을 펴냄에 있어서, 필자는 순교자 고 최원초(崔源初)* 목사님의 은혜를 잊을 수 없다. 최원초 목사님은 필자의 믿음의 아버지요 스승으로서 필자가 평생 올바른 신앙생활을 할 수 있도록 터전을 닦아주셨고, 특히 1947년 5월 말 어느 날, "목회자의 필수 조건은 성경 말씀을 한 없이 많이 읽는 것이다." 하는 말로 강한 도전을 주셨다. 그날의 도전이 씨앗이 되어 오늘의 이 책이 나오게 되었다. 하늘나라에 계신 최원초 목사님께 머리 숙여 깊은 감사를 드린다.

박희천 목사

목차

- 추천사 4
- 서문 9

제1대 | 르호보암(대하 11장)   19
잘 하려고 하였으나 | 성도의 행동기준 | 그랬더니 | 지혜롭게…?

제1대 | 르호보암(대하 12장)   33
강성하여지매 | 범죄한 이유 | 맥을 못 쓴 견고 | 율법을 버림은… | 조금 구원하여 | 범죄했으나

제2대 | 아비야(대하 13장)   49
아비야의 승리 | 여호와께 치심을 받은 왕들

제3대 | 아사(대하 14장)   59
평화의 왕 | 승리의 왕 | 아사의 신앙 | 왜 전쟁이? | 치러 오는 자를 치시는 하나님

제3대 | 아사(대하 15장)   83
사람이 행하는 대로 | 하나님을 찾은 아사 | 보람이 된 예언 | 불행한 백성 | 하나님께서 함께 하심을 보고 | 왕과 선지자

제3대 | **아사**(대하 16장, 왕상 15:16-22)　　　　　　　　　111

인간 아사 | 믿음이 떠나니 | 겉모양은 같으나 | 경험을 살리지 못한 아사 | 말씀을 멀리하니… | 미련하게 | 기적이 이루어지려면…

제4대 | **여호사밧**(대하 17장)　　　　　　　　　　　　145

보람을 본 견고 | 다윗의 처음 길 | 하나님을 구한 여호사밧 | 함께 하시는 하나님은… | 신앙의 진전(進展) | 여호사밧의 군대 | 최선의 국방책 | 먼저 그 나라

제4대 | **여호사밧**(대하 18장)　　　　　　　　　　　　175

여호와의 회의에 참석한 선지자 | 수보다 진리(1) | 수보다 진리(2) | 유혹 | 선지자 미가야

제4대 | **여호사밧**(대하 19장)　　　　　　　　　　　　193

두 생명 | 내가 한 일에 대하여 | 교제의 슬기 | 외인(外人)에게서도 선한 증거를 | 여호와께서 함께 하시는 자

제4대 | **여호사밧**(대하 20장)　　　　　　　　　　　　215

문제가 생겼을 때 | 지도자의 결단 | 평소의 훈련 | 하나님의 벗 아브라함 | 오직 주만 바라보나이다 | 미련하였으나 지혜로워진 자 | 형통하라 | 두려움이 즐거움으로 | 제일원인(第一原因) | 멸망으로의 연합 | 생각나는 성구들

제5대 | **여호람**(대하 21장)　　　　　　　　　　　　271

피할 수 없는 일과 피할 수 있는 일 | 왕위(王位)냐 재물이냐 | 피는 피로 | 하나님을 버리니 | 불행한 피지도자 | 남을 치는 자 | 왕가(王家)를 망친 모녀 | 왕과 가장(家長)으로서 | 백성을 교육시킨 왕 | 삼무(三無)의 죽음

제6대 | 아하시야(대하 22장)　　　　　　　　　　　295

할아버지의 실수를 거듭한 손자 | 주 안에서 부모를 | 패망케 하는 교도(敎導)를 들은 아하시야 | 멸하시기로 작정된 예정을 이룬 자들 | 남을 꾀는 자 | 나의 동행자들 | 세평(世評) | 죽은 후에

제7대 | 아달랴(대하 23장, 왕하 11장)　　　　　　　313

그렇게 많이, 밝히 보고도(대하 23장, 왕하 11장) | 난사 수행(難事 遂行)의 필연적인 요소(要素)(1) | 난사 수행(難事 遂行)의 필연적인 요소(要素)(2) | 백성들이 즐거워하고 탄식할 때

제8대 | 요아스(대하 24장, 왕하 12장)　　　　　　　327

미자립의 신앙 | 하나님의 일을 하기에 느린 아담의 자손들 | 스스로 형통치 못하게 하는 자 | 행한 대로 | 사 31:2 말씀이 그대로 이루어짐 | 나라와 하나님께 | 강할 때와 약할 때 | 공의의 하나님 | 인간 요아스 | 다윗과는 달리 | 하나님을 버리니 | 두 번 치심을 받은 왕들

제9대 | 아마샤(대하 24:27-25:28, 왕하 12:21, 14:1-20)　　359

전심으로 | 감정보다 진리 | 감정보다 진리 | 수보다 질 | 눈앞의 손익(損益)보다 하나님의 축복을 | 주신 승리를… | 악으로 예언을 이룬 자 | 전쟁을 즐기는 백성 | 너와 유다가 | 여호와를 버리니… | 장소는 옮겼으나…

제10대 | 웃시야(대하 26장)　　　　　　　　　　　395

여호와 보시기에 정직히 | 듣는 귀 | 형통한 왕 | 웃시야의 군대 | 도우심을 입은 왕 | 아! 그 교만 | 교만 | 정의와 지혜 | 그래도 노할 수가…?

제11대 | **요담**(대하 27장, 왕하 15:32-36) 419

여호와 보시기에 정직히 행하였다면… | 바로 본받은 왕

제12대 | **아하스**(대하 28장, 왕하 16장) 427

실적을 가진 왕 | 적에게 큰 승리를(대하 28장, 왕하 16장, 사 7:1-9) | 선지자가 있었던 줄은 알게 | 선지자의 말에… | 실패한 외교 | 어용(御用) 제사장(왕하 16장) | 나의 도움이? | 호랑이에게 물려가도 | 낮추시는 일

제13대 | **히스기야**(왕하 18장) 451

히스기야의 믿음(왕하 18:1-8) | 인간 히스기야(왕하 18:13-37)

제13대 | **하스기야**(왕하 19장) 463

히스기야가 엎드린 그 자리

제13대 | **히스기야**(왕하 20장) 469

두 보고 | 보시고 들으시는 날 | 내 종 다윗을 위하여

제13대 | **히스기야**(대하 29장) 481

히스기야의 종교개혁 | 성소를 등진 결과 | 똑똑히 보는 바라 | 맹렬한 노를 떠나게 한 왕 | 주님의 일을 하려는 자에게

제13대 | 히스기야(대하 30장) 503

말씀대로 명하니 | 백성을 즐겁게 한 지도자 | 여호와께로 돌아오면 | 지도자를 부끄럽게 한 백성 | 평소의 훈련 | 하나님의 손

제13대 | 히스기야(대하 31장) 521

십일조 헌금 | 사람과 하나님께서 | 히스기야의 형통

제13대 | 히스기야(대하 32장) 531

기도 응답의 힘(대하 32:7) | 위기(危機)에 처한 지도자의 자세(대하 32:6-8) | 말씀을 기억하는 자(대하 32:7-8) | 합심 기도(대하 32:20) | 의인에게 임하는 환난(대하 32:1) | 인간(人間) 히스기야(대하 32:25) | 백성에게 끼치는 왕의 영향(대하 32:25-26)

제14대 | 므낫세(대하 32:33-33:20, 왕하 20:21-21:18) 559

므낫세의 죄 | 부사(副詞)가 붙은 삶 | 왕의 직책(職責) | 수보다 질

제15대 | 아몬(대하 33:20-25, 왕하 21:19-26) 573

본받는 일에 실패한 왕

제16대 | 요시야(대하 34-35장, 왕하 22-23장) 577

좁은 길을 걸은 요시야(왕하 22:2, 대하 34:2) | 믿음의 성장(대하 34:1-8) | 예상 못했던 복(왕하 22:1-23:30, 대하 34:1-35:27) | 말씀을 들은 후(왕하 22:1-23:30, 대하 34:1-35:27) | 말씀을 이룬 왕(왕하 23장) | 요시야의 유월절(대하 35장) | 앞서고 뒤지는 자(대하 35장) | 듣는 자를 들으시는 하나님(왕하 22:19, 대하 34:27)

제17대 | 여호아하스(대하 36:1-4, 왕하 23:30-34) 595

애굽 왕 마음대로(왕하 23:30-34, 대하 36:1-4)

제18대 | 여호야김(대하 36:5-8, 왕하 23:35-24) 601

불행한 피지도자(왕하 23:35) | 철저한 모방자(왕하 23:36-24:4, 대하 36:5-8) | 므낫세 때문에(왕하 24:3-4) | 말씀을 버린 왕(렘 36:1-32, 26:20-24) | 왕과 신하(렘 36:24, 26:21) | 사하기를 즐겨하지 아니하시니라(왕하 24:1-4, 렘 15:6) | 아끼는 자 없이 죽은 왕(대하 21:20, 렘 22:18)

제19대 | 여호야긴(대하 36:9-10, 왕하 24:5-17) 617

본받을 바에는(왕하 24:5-17, 대하 36:9-10) | 죄악의 잔학성(殘虐性)(렘 22:24-30)

제20대 | 시드기야(대하 36:11-23, 왕하 24:18-25:30) 623

보고도 못 깨달은 자(왕하 24:18-25:30, 대하 36:11-23) | 말씀을 멸시하는 자(대하 36:15-16) | 악으로 예언을 이룬 자(대하 36:21) | 왕과 신하(대하 36:13-14) | 악인의 자손(왕하 25:7)

남국 유다 왕조 일람표

대수	왕명	재위	성경
1	르호보암	17년 (왕상 14:21, 대하 12:13)	왕상 12:1-24, 14-31, 대하 9:31-12:16
2	아비야	3년 (왕상 15:2, 대하 13:2)	왕상 14:31-15:8, 대하 12:16-13:22
3	아사	41년 (왕상 15:10, 대하 16:13)	왕상 15:8-24, 대하 14:1-16:14
4	여호사밧	25년 (왕상 22:42, 대하 20:31)	왕상 15:24, 20:41-50, 대하 17:1-21:1
5	여호람	8년 (왕하 8:17, 대하 21:5, 20)	왕상 22:50, 왕하 8:16-24, 대하 21:1-20
6	아하시야	1년 (왕하 8:26, 대하 22:2)	왕하 8:24, 9:29, 대하 22:1-9
7	아달랴	7년 (왕하 11:4)	왕하 11:1-16, 대하 22:10-23:21
8	요아스	40년 (왕하 12:1, 대하 24:1)	왕하 11:1-12:21, 대하 23:1-24:27
9	아마샤	29년 (왕하 14:1-2, 대하 25:1)	왕하 12:21,14:1-20, 대하 24:27-25:28
10	웃시야	52년 (왕하 15:2, 대하 26:3)	왕하 14:21-22, 15:1-7, 대하 26:1-23
11	요담	16년 (왕하 15:32-33, 대하 27:1, 8)	왕하 15:7, 32-38, 대하 26:21-27:9
12	아하스	16년 (왕하 16:1-2, 대하 28:1)	왕하 15:38-16:20, 대하 27:9-28:27
13	히스기야	29년 (왕하 18:1-2, 대하 29:1)	왕하 16:20, 18:1-20:21, 대하 28:27-32:33, 렘 26:16-19, 사 36:1-38:22
14	므낫세	55년 (왕하 21:1, 대하 33:1)	왕하 20:21-21:18, 대하 32:33-33:20
15	아몬	2년 (왕하 21:19, 대하 33:21)	왕하 21:18-26, 대하 33:20-25
16	요시야	31년 (왕하 22:1, 대하 34:1)	왕하 21:26-23:30, 대하 33:25-35:27
17	여호아하스	석달 (왕하 23, 30-31, 대하 36:1-2)	왕하 23:30-34, 대하 36:1-4
18	여호야김	11년 (왕하 23:36, 대하 36:5)	왕하 23:34-24:6, 대하 36:4-8, 렘 36장
19	여호야긴	석달 (왕하 24:8, 대하 36:9)	왕하 24:6-15, 대하 36:8-10
20	시드기야	11년 (왕하 24:18, 대하 36:11)	왕하 24:17-25:7, 대하 36:10-21

대하 11장

잘 하려고 하였으나

 아버지 솔로몬이 세상을 뜬 후, 아들 되는 남국 유다의 제1대 왕 르호보암은 나라를 잘 수습하려고 온갖 지혜와 노력을 다했다. 특히 고마운 일은 백성들도 처음에는 르호보암에게 협조적이었다. 왕상 12:1, 대하 10:1에서는 백성들이 르호보암을 왕으로 삼으려 했고, 왕상 12:4, 대하 10:4에서는 "왕의 아버지가 우리의 멍에를 무겁게 했으나 왕은 이제 왕의 아버지가 우리에게 시킨 고역과 메운 무거운 멍에를 가볍게 하소서 그리하시면 우리가 왕을 섬기겠나이다"(왕상 12:4)라고까지 했다. 이에 대하여 르호보암은 사흘 뒤에 답하기로 약속하고 노인들과 소년들의 의견을 들었다. 그러나 노인들의 의견을 버리고 소년들의 의견대로 답함으로써 급기야는 나라가 갈라지고 말았다(왕상 12:5-11, 대하 10:5-11).

르호보암이 노인들의 의견을 버리고 소년들의 의견대로 대답할 때에 아무 생각 없이 가볍게 대답했겠는가? 소년들의 의견대로 대답하면 나라가 갈라질 줄 모르고 경솔하게 대답했겠는가? 결코 그렇지 않다. 이 일은 어린애들의 장난이 아니고 한 나라의 운명을 가르는 중요한 국가 정책이다. 르호보암이 생각하고, 깊이 연구하고 여러 번 살핀 후 소년들의 의견대로 대답을 해야만 나라가 잘 될 줄 알고 대답했더니 결국에 가서는 나라가 갈라지고 말았다.

나라가 갈라진 직접적인 원인은 르호보암이 대답을 잘못한 데 있었으나 성경은 이 일이 여호와께로 말미암은 일이라고 했다(왕상 12:15, 24, 대하 10:15, 11:4). 여호와께로 말미암았다는 것은 무슨 뜻인가? 솔로몬이 범죄할 때에 여호와께서는 솔로몬에게 "네게 이러한 일이 있었고 또 네가 내 언약과 내가 네게 명령한 법도를 지키지 아니하였으니 내가 반드시 이 나라를 네게서 빼앗아 네 신하에게 주리라 그러나 네 아버지 다윗을 위하여 네 세대에는 이 일을 행하지 아니하고 네 아들의 손에서 빼앗으려니와 오직 내가 이 나라를 다 빼앗지 아니하고 내 종 다윗과 내가 택한 예루살렘을 위하여 한 지파를 네 아들에게 주리라 하셨더라"(왕상 11:11-13)라고 하셨다. 르호보암이 나라를 수습해보려고 아무리 힘을 쓰고 지혜를 짜냈으나 그 노력이 보람을 보지 못하고 결국에는 나라가 갈라지고 만 것은 아버지 솔로몬의 죄 때문이었다.

아버지 솔로몬이 범죄하자 하나님께서 그 아들 대에 이루어질 사실을 예정하셨으므로 그 예정대로 르호보암의 노력이 보람을 보지 못하고 나라가 갈라지고 말았던 것이다. 그러니 솔로몬은 아들 대에 나라가 갈라지는 불행한 예정을 아들에게 물려준 아버지가 되었다.

자녀를 둔 부모들은 여기에서 크게 각성해야 한다. 솔로몬처럼 내가 지은 죄로 말미암아 우리 아이들 대에 거두게 될 불행한 예정의 씨를 심어놓는 부모들이 되어서는 안 되겠다. 우리 아이들이 르호보암처럼 아무리 자기 앞길을 잘 되게 해보려고 애쓰지만 부모인 우리가 지은 죄로 말미암아 심어놓은 불행의 예정이 이루어지기 위하여 우리 아이들의 노력과 애씀이 묵살 당한다면 아이들에게 얼마나 미안하고 죄송스러운 일인가.

신 1:36은 "오직 여분네의 아들 갈렙은 온전히 여호와를 순종했은즉 그는 그것을 볼 것이요 그가 밟은 땅을 내가 그와 그의 자손에게 주리라"라고 말한다. 갈렙의 자손들이 가나안 땅에 들어가게 된 것은 아버지 갈렙의 순종 때문이었다는 것이다. 우리는 갈렙처럼 우리의 순종 때문에 아이들이 복을 받게 하는 아버지가 될지언정 솔로몬처럼 나의 범죄로 말미암아 아이들에게 불행의 예정을 물려주는 부모가 되어서는 안 되겠다.

잘 하려고 했으나 죄 때문에 무산(霧散)된 일이 또 하나 있다. 압살롬이 다윗과 싸울 때에 모사 두 사람에게 물었다. 한 사람은 아히도벨이요, 다른 한 사람은 후새다. 특히 아히도벨이 베푸는 계략은 하나님께 물어서 받은 말씀과 똑같을 정도로 정확하고 우수했다(삼하 16:23). 그런데 압살롬이 왜 아히도벨의 계략을 버리고 후새의 계략을 택했을까? 그 까닭을 삼하 17:14은 "여호와께서 압살롬에게 화를 내리려 하사 아히도벨의 좋은 계략을 물리치라고 명령하셨음이더라"라고 했다. 압살롬은 지금 전쟁을 하고 있다. 이 세상에서 전쟁 이상 심각한 일이 또 어디에 있겠는가. 전쟁에 지면 내가 죽고 전쟁에 이기면 내가 산다. 압살롬은 전쟁을 치르면서 후새의 계략을 취하여야만 내가 이기고 잘 되는 줄 알고 후새의 계략을 취했더니, 그 길은 바로 여호와께서 압살롬에게 화를 내리게 하시는 예정에 이르는 길이었다. 왜 이렇게 되었는가? 그는 아들로서 아버지를 반역하는 전쟁을 일으키는 죄를 지었기 때문이다. 우리가 범죄하는 날에는 내가 가장 잘 되려고 취한 지혜로운 방법일지라도 이는 하나님께서 내게 화를 내리게 하시는 예정을 이루어놓는 길이 되는 셈이다. 르호보암은 잘 되려고 했으나 아버지의 죄 때문에 불행하게 되었고, 압살롬은 잘 되려고 했으나 자기 죄 때문에 불행하게 되었다. 그러니 지어서는 안 될 일은 죄다.

성도의 행동기준

여로보암에게 나라를 빼앗긴 르호보암은 너무 분하여, 예루살렘에 돌아오자 유다와 베냐민의 택한 용사 180,000명을 데리고 가서 이스라엘과 싸워 나라를 회복하려고 했다. 있을 만한 일이다. 백 번 있을 만한 일이다. 한 나라의 왕으로 삽시간에 나라를 빼앗기고 가만히 있을 왕이 어디에 있겠는가. 무슨 수단과 방법을 쓰더라도 기어코 단시일 내에 나라를 되찾으려고 할 것이다. 죽어도 눈을 못 감고 죽을 일이 아닌가. 그래서 택한 병사 180,000명을 거느리고 나라를 되찾으려고 나섰다. 누가 말려도 기어코 해야 할 일이다.

그런데 하나님의 사람 스마야를 통하여 주신 여호와의 말씀을 듣고 그 말씀대로 순종하여 모든 것을 포기하고 여로보암을 치려했던 일을 취소했다. 앞에서도 말한 대로 여로보암과 싸워 기어코 나라를 회복하려고 했으나 여호와의 말씀이 임하자 자기의 고집을 꺾고 여호와의 말씀에 행동기준을 두었다(왕상 12:21-24, 대하 11:1-4).

옳다. 이것이 성도들의 행동기준이다. 우리의 행동기준은 여호와의 말씀에 두어야 한다. 아무리 내가 하고 싶어하는 일이라도 여호와의 말씀이 금하는 일이라면 내 일을 포기해야 하고, 아무리 내가 하고 싶지 않은 일이라도 여호와의 말씀이라면 그 말씀에 순종하여 사는 것이 우리의 행동기준이 되어야 한다. 그러므로 하나님의 백성들이 그들의 행동기준을 여호와의 말씀에 두지 않을 때에는 성공 같은 실패의 결과가 되고, 그들의 행동기준을 여호와의 말씀에 맞출 때에는 실패 같은 성공의 결과를 얻게 된다.

민 14:39-45에 보면 이스라엘 백성들이 "너희가 어찌하여 이제 여호와의 명령을 범하느냐 이 일이 형통하지 못하리라"(민 14:41)라고 하신 여호와의 말씀을 버리고 산꼭대기로 올라갔다가 아말렉 사람들과 산지에 거하는 가나안 사람들에게 참패를 당하고 호르마까지 쫓겨 내려왔다. 내가 가고 싶다고 갈 수 있는가? 여호와의 명령을 범하는 길인 줄 뻔히 알면서도 왜 내가 가고 싶다고 가는가? 너희가 가는 길은 여호와의 명령을 범하는 길인 고로 형통치 못하리라고 모세가 분명히 말하지 않았던가(민 14:41). 그들의 행동기준을 여호와의 말씀에 맞추지 않고 왜 자기들의 고집에 맞추었던가. 그러기에 결과는 성공 같은 실패가 되지 않았던가!

렘 38:14-23에 보면 남국 유다의 제20대 왕이자 마지막 왕인 시드기야가 선지자 예레미야를 불러 그에게 임하신 여호와의 말씀을 물었다. 그러자 예레미야는 이 요구에 응하여 그에게 임하신 여호와의 말씀을 시드기야 왕에게 소개했다. 그 내용인즉 왕이 바벨론 왕에게 항복하면 1) 왕의 생명이 살고 복을 받게 되고(렘 38:17, 20), 2) 예루살렘성이 불사름을 당하지 않게 되고(렘 38:17), 3) 그의 가족이 살게 되나(렘 38:17), 왕이 여호와의 말씀을 듣지 않으면 1) 왕이 바벨론 사람들의 손에서 벗어나지 못하고(렘 38:18, 23), 2) 예루살렘이 불사름을 입고(렘 38:18, 23), 3) 왕의 가족이 바벨론 사람에게 끌어냄을 입겠고(렘 38:23), 4) 유다 왕궁에 남아 있던 모든 여자는 바벨론 왕의 고관들에게 끌려가겠으니(렘 38:22) 왕의 행동기준을 여호와의 말씀에 두어 바벨론 왕에게 항복하라고 했다.

그러나 시드기야 왕은 선지자 예레미야를 통하여 그에게 주신 여호와의 말씀에 행동기준을 두지 않고 자기의 고집대로 항복하지 아니하니 예레미야를 통하여 그에게 예언했던 모든 말씀대로 다 응하여 1) 자기는 바벨론 왕에게 붙들려 두 눈을 빼앗기고 사슬에 결박되어 바벨론에 끌려가 거기서 죽었고(렘 39:7, 52:11), 2) 예루살렘성은 불사름을 당했으며(렘 39:8, 52:13), 3) 가족들은 시드기야가 보는 앞에서 바벨론 왕에게 죽임을 당하고(렘 39:6, 52:10), 4) 백성들은 바벨론 고관들에게 끌려가(렘 39:9) 성공 같은 실패를 당하고 말았다.

렘 42:1-43:7에 보면 예루살렘이 함락된 후 남아 있던 사람들이 선지자 예레미야에게 자기들이 취할 행동에 대하여 여호와께 물어달라고 부탁하면서 "우리가 당신의 하나님 여호와께서 당신을 보내사 우리에게 이르시는 모든 말씀대로 행하리이다 여호와께서는 우리 가운데에 진실하고 성실한 증인이 되시옵소서 우리가 당신을 우리 하나님 여호와께 보냄은 그의 목소리가 우리에게 좋든지 좋지 않든지를 막론하고 순종하려 함이라 우리가 우리 하나님 여호와의 목소리를 순종하면 우리에게 복이 있으리이다"(렘 42:5-6)라고 했다.

10일 후에 여호와의 말씀이 예레미야에게 임하니(렘 42:7) 예레미야는 이렇게 말했다. "너희가 이 땅에 눌러 앉아 산다면 내가 너희를 세우고 헐지 아니하며 너희를 심고 뽑지 아니하리니 이는 내가 너희에게 내린 재난에 대하여 뜻을 돌이킴이라"(렘 42:10). 그러면서 경고하기를 너희가 이 땅에 머물지 아니하고 애굽으로 내려가면 "너희가 두려워하는 칼이 애굽 땅으로 따라가서 너희에게 미칠 것이요 너희가 두려워하는 기근이 애굽으로 급히 따라가서 너희에게 임하리니 너희가 거기에서 죽을 것이라 무릇 애굽으로 들어가서 거기에 머물러 살기로 고집하는 모든 사람은 이와 같이 되리니 곧 칼과 기근과 전염병에 죽을 것인즉 내가 그들에게 내리는 재난을 벗어나서 남을 자 없으리라"(렘 42:16-17)라고 했다.

그럼에도 불구하고 그들은 이 땅에 머물고 애굽으로 내려가지 말라는 여호와의 말씀에 행동기준을 두지 아니하고 자기들의 욕심대로 행동기준을 두어 애굽으로 내려갔으니(렘 43:7), 렘 42:16-17에서 예언한 재앙을 문자 그대로 고스란히 받을 수밖에 없었다. 자기들의 행동기준을 여호와의 말씀에 두지 아니하고 자기들의 고집에 두어 행동한 그들에게 다시 한 번 성공 같은 실패가 이루어졌다.

반면에 베드로는 어떻게 했는가? 눅 5:1-11에서 예수님께서 베드로에게 깊은 데로 가서 그물을 내려 고기를 잡으라고 할 때 베드로는 "선생님 우리들이 밤이 새도록 수고하였으되 잡은 것이 없지마는 말씀에 의지하여 내가 그물을 내리리이다"(눅 5:5)라고 하면서 그물을 던졌더니 그물이 찢어질 정도로 많은 고기가 잡혔다.

베드로가 깊은 데 그물을 던질 그 어떤 조건과 근거도 없었다. 그가 깊은 데 그물을 던진 유일한 근거는 "말씀에 의지하여"였다. 즉 자기의 고집이나 생각을 다 버리고 오직 예수님의 말씀에 행동기준을 둘 때에 실패 같던 성공이, 성공도 보통 성공이 아니고 대성공이 이루어졌던 것이다.

우리는 다시 대하 11장의 본문으로 돌아가자. 삽시간에 나라를 잃어버린 르호보암이 속한 시일 내에 무슨 방법을 써서라도 기어코 나라를 회복하려고 한 이 일은 왕으로서 백 번 잘한 일이다. 기어코 그렇게 하려고 있는 힘을 다 쏟았을 것이다. 어느 누가 말려도 르호보암의 그 결심은 변동시킬 수 없었을 것이다. 그러나 오직 한마디 말씀, 즉 하나님의 사람 스마야를 통하여 주신 여호와의 말씀 한마디에 자기의 결심과 고집을 꺾고 행동기준을 여호와의 말씀에 두었던 것이다.

우리는 다시 한 번 기억하자. 우리의 행동기준을 여호와의 말씀에 둘 때에는 실패가 떠나 성공에 이르고, 그렇지 않을 때에는 성공 같으나 실패에 이른다는 사실을. 과연 우리는 지금 행동기준을 어디에 두고 있는가……?

그랬더니

위에서 살펴본 대로 남국 유다의 제1대 왕 르호보암은 행동기준을 자기의 감정이나 욕심에 두지 아니하고 하나님의 말씀에 두었다(왕상 12:21-24, 대하 11:1-4). 행동기준을 자기의 감정이나 욕심에 두지 아니하고 하나님의 말씀에 두는 르호보암에게 하나님께서는 12가지 축복을 주셨다.

1) 대하 11:5-10에서 르호보암은 남국 유다에 속한 15성읍에 방비하는 성읍들과 견고한 성읍들을 건축했다.
2) 르호보암이 이 모든 성읍들을 더욱 견고케 했다(대하 11:11).
3) 견고한 성읍들만 건축한 것이 아니라 그 견고한 성읍들을 책임지고 지킬 지휘관들을 배치시켰다(대하 11:11).

4) 견고한 성읍들에 지휘관들만 배출시킨 것이 아니라 군사들이 먹고 싸울 수 있는 양식과 기름과 포도주, 즉 군량미(軍糧米)를 저축했다(대하 11:11).

5) 아무리 장관들과 군량미를 저축했다 할지라도 무기 없이는 싸울 수 없으니 각 성읍에 방패와 창을 두어 매우 강하게 했다(대하 11:12).

6) 온 이스라엘의 제사장과 레위 사람들이 그들의 모든 지방에서부터 르호보암에게로 돌아왔다(대하 11:13).

7) 레위 사람들이 르호보암에게로 돌아오고 자기들의 마을과 산업을 떠나 유다와 예루살렘에 이르렀다. 자기들의 마을은 고향 땅이요 산업은 재산이다. 오랜 세월 살던 정든 고향과 물질적인 산업을 버리고, 즉 정신적인 희생과 물질적인 희생을 겪어가면서까지 르호보암에게로 돌아왔다(대하 11:14).

8) 제사장과 레위 사람들만 르호보암에게로 돌아온 것이 아니라 이스라엘 모든 지파 사람들이 르호보암에게로 돌아왔다(대하 11:16).

9) 이스라엘 모든 지파 사람들이 르호보암에게로 돌아오되 보통 사람들이 돌아온 것이 아니라 마음을 굳게 하여 이스라엘의 하나님 여호와를 찾는 믿음의 사람들이 돌아왔다(대하 11:16).

10) 잠 14:28에 "백성이 많은 것은 왕의 영광이요 백성이 적은 것은 주권자의 패망이니라"라고 기록되어 있듯이, 온 이스라엘이, 제사장과 레위 사람들이 르호보암에게 돌아온 일(대하 11:13)과 이스라엘 모든 지파 중에 마음을 굳게 하여 이스라엘 하나님 여호와를 구하는 자들이 르호보암에게 돌아온 일(대하 11:16)은, "백성이 많은 것은 왕의 영광이요"라는 잠 14:28의 축복을 르호보암에게 안겨주는 결과를 만들었다.

11) 대하 11:17에 무리가 3년을 다윗과 솔로몬의 길로 행했다고 했는

데, 이것은 아무래도 이스라엘 모든 지파 중에서 르호보암에게 돌아온 사람들, 즉 마음을 굳게 하여 이스라엘 하나님 여호와를 구하는 믿음의 사람들에게 영향을 입은 것 같다. 이 추측이 맞다면 이스라엘 모든 지파 중에서 마음을 굳게 하여 이스라엘 하나님 여호와를 구하여 르호보암에게 온 믿음의 사람들은 다윗과 솔로몬의 길로 행할 수 있도록 다른 사람들에게 아름다운 영향을 끼쳤다고 볼 수 있다.

12) 대하 11:17에 "그러므로 삼 년 동안 유다 나라를 도와 솔로몬의 아들 르호보암을 강성하게 하였으니 이는 무리가 삼 년 동안을 다윗과 솔로몬의 길로 행하였음이더라"라고 했다. 하나님께서 3년 동안 남국 유다를 강성케 하신 까닭은 무리가 3년 동안 다윗과 솔로몬의 길로 행했기 때문이라고 했다.

그러면 유다 사람들이 3년 동안 다윗과 솔로몬의 길로 행할 수 있도록 좋은 영향을 끼친 사람들이 누구인가? 위에서 살펴본 대로 이스라엘 모든 지파 중에서 르호보암에게로 돌아온 사람들, 즉 마음을 굳게 하여 이스라엘 하나님 여호와를 구하는 믿음의 사람들이었다. 그렇다면 이들은 유다 사람들로 하여금 3년 동안 다윗과 솔로몬의 길로 행할 수 있도록 좋은 영향을 끼쳤을 뿐만 아니라, 그로 인하여 하나님께서 3년 동안 남국 유다를 도와 솔로몬의 아들 르호보암을 강성하게 하신 일까지 한 셈이다. 그러니 그들의 영향이 얼마나 컸던가.

행동기준을 욕심이나 감정에 두지 아니하고 오직 하나님의 말씀에만 두고 살았던 (왕상 12:21-24, 대하 11:1-4) 르호보암에게 하나님께서는 12가지 축복을 주셨던 것이다. 우리도 르호보암처럼 행동기준을 자신의 욕심이나 감정에 두지 아니하고 오직 하나님의 말씀에만 두고 살아서 르호보암처럼 많은 축복을 받는 믿음의 사람들이 될 수 있기를 바란다.

지혜롭게…?

　대하 11:23에서 르호보암은 지혜롭게 행하여 그 모든 아들을 유다와 베냐민의 온 땅 모든 견고한 성읍에 흩어 살게 하고 양식을 후히 주고 아내를 많이 구해 주었다고 했다. 그는 아내 18명과 첩 60명을 취하여 아들 28명을 낳았고(대하 11:21) 맏아들이 아닌 아비야를 세워 왕을 삼고자 할 때(대하 11:22), 왕이 되지 못한 다른 아들들이 아비야에게 반역하지 못하도록 하기 위해 모든 성읍에 흩어져 살게 하고 원망이 나오지 않도록 양식을 후히 주고 아내를 많이 구하여 주었으니, 아비야를 거스려 반역을 일으킬 수 없게끔 한 면에서는 백 번 잘한 일이고 지혜롭게 한 일이다.

　그런데 르호보암의 이 처사는 참으로 지혜로웠을까? 르호보암은 이 일 자체에 대해서는 지혜롭게 했으나 지혜롭게 행하여야 할 좀 더 중요하고 근본적인 문제에서는 지혜롭게 못했다. 그럼 중요하고 근본적인 일이 무엇인가? 하나님의 말씀을 지켜야 하는 일이었다. 르호보암은 하나님의 말씀을 지켜야 하는 보다 중요하고 근본적인 일에는 지혜롭지 못한 실수를 저질렀다. 어떠한 하나님의 말씀을?

　그가 하나님의 말씀을 지키는 일에 있어서 지혜롭지 못하게 한 일은 두 가지이다. 하나는 그가 아내 18명과 첩 60명을 취한 일이다. 일찍이 하나님께서는 신 17:17에서 왕은 아내를 많이 두지 말라고 하셨는데 르호보암은 이 신 17:17의 말씀을 어겼다. 더욱이 아버지 솔로몬이 아내를 많이 둠으로써 실패한 사실을 눈으로 보고도 이 실수를 또 저질렀다.

　그리고 다른 하나는 신 21:15-17의 말씀을 어긴 일이다. 거기에 보면 어떤 사람에게 두 아내가 있어서 하나는 사랑을 받고 하나는 미움을 받는데 미움을 받는 자의 아들이 장자인 경우에 그가 아무리 미움을 받는 자의 아들이라 해도 그를 장자로 세우라는 말씀이 나온다. 대하 11:20에 보면 아비야가 맏아들이 아닌 것이 분명한데, 맏아들이 아닌 아비야를 왕으로 세우려고 했으니 신 21:15-17의 말씀을 어긴 것이다.

  도대체 하나님의 말씀은 어떠한 말씀인가? 시 19:7은 여호와의 증거는 확실하여 우둔한 자를 지혜롭게 한다고 했고, 시 119:24은 주의 증거는 시인의 충고자라고 했다. 전쟁할 때에 충고자가 싸움에 이기는 지혜를 주듯이 하나님의 말씀이 바로 시인에게 지혜를 제공해주는 충고자가 되었다는 것이다. 잠 8:14은 하나님의 말씀에는 계략과 참 지식이 있으며 말씀이 바로 명철이라고 했다. 잠 1:4-5은 하나님의 말씀은 어리석은 자로 슬기롭게 하며 지혜 있는 자는 듣고 학식이 더하겠다고 했으니 하나님의 말씀은 어리석은 자에게만 아니라 이미 지혜 있는 자에게까지 더 지혜를 준다고 했다.

  시 119:98-100에서 말씀은 시인으로 하여금 원수, 스승, 노인보다 더 지혜롭게 했다고 했다. 신 4:6에는 이스라엘이 가나안 땅에 들어가 하나님의 말씀을 그대로 지키고 살면 하나님의 말씀이 그들에게 지혜와 지식이 되어서 여러 민족들이 "이스라엘은 과연 지혜와 지식이 있는 백성"이라고 칭하겠다고 했다.

  렘 8:9에 "보라 그들이 여호와의 말을 버렸으니 그들에게 무슨 지혜가 있으랴"라고 했다. 제아무리 지혜롭다 해도 여호와의 말씀을 버린 자에게서는 지혜를 찾아보기 힘들다고 했듯이 우리에게 지혜와 지식을 주는 하나님의 말씀을 저버리고 다른 일에만 지혜롭게 행한 르호보암의 처사가 어찌 지혜로울 수 있었겠는가. 그가 하나님의 말씀대로만 지켰더라면 그 말씀이 그를 지혜롭게 만들었을터인데 나를 지혜롭게 해주는 하나님의 말씀을 저버리고 인간적인 면에서 지혜롭게 행했다고 하여 그것이 참으로 그에게 지혜가 되었겠는가? 또는 결과적인 면에서까지 지혜가 되었겠는가?

대하 11:23의 처사 자체가 지혜롭지 못하다는 말은 아니다. 그 일 자체만 보면 지혜로운 처사였다. 그러나 이어서 말씀한 대로 가장 중요하고 근본적인 면, 즉 하나님의 말씀을 지키는 면에서는 지혜롭지 못했다. 저수지의 물은 막아놓은 채 물이 가정집에 들어오도록 아무리 지혜를 쓴들 그 지혜가 보람이 있겠는가. 저수지의 물을 열고 가정집에 물이 들어올 수 있도록 만든 후에 수도관을 정비하는 지혜를 써야 그 지혜가 효과 있지 않겠는가.

르호보암은 하나님의 말씀을 지키는 저수지의 물은 꽉 막아놓은 채 아들들을 전국에 흩어 양식을 후히 주고 아내를 많이 구하여 주는 가정집의 수도관 공사에만 지혜를 썼던 것이다. 예수님의 말씀대로 하루살이는 걸러 내고 낙타는 삼키는(마 23:24) 실수를 했고, 한국의 속담대로 손톱 밑에 가시 드는 줄은 알아도 염통 밑에 쉬 스는 줄은 모르는 실수를 했다.

우리는 우리의 지혜를 맞추는 기준을 어디에 두어야 하겠는가? 우선 우리의 행동과 생활을 우리로 하여금 삶을 지혜롭게 하는 하나님의 말씀을 지키는 일에 초점을 맞춰야 한다. 우리의 생활은 하나님의 말씀을 어김없이 지키는, 이 가장 중요하고 근본적인 면에 초점을 맞추고 있는가?

대하 12장

강성하여지매

  대하 12:1의 르호보암의 나라가 견고하고 세력이 "강해지매"와 대하 26:16의 그가 "강성하여지매"에 쓰인 히브리어 단어는 같다. 그런데 대하 26:16의 "강성하여지매"가 좀 더 잘된 번역인 고로 대하 26:16의 번역을 따라 "강성하여지매"를 제목으로 했다.

  르호보암은 삽시간에 열 지파를 잃어버리자 비장한 각오로 자기 나라 유다를 정비하는 데 신경을 썼다. 예루살렘에 돌아와 유다 땅을 방비하는 성읍들을 건축하며(대하 11:5), 그 모든 성들을 더욱 견고케 하고, 지휘관을 그 가운데 두며, 양식과 기름과 포도주를 저축하고, 각 성읍에 방패와 창을 두어 심히 강하게 했다(대하 11:11-12). 그러자 북국 이스라엘에 있던 레위 사람들이 남국 유다로 내려왔고, 레위 사람만이 아니라 이스라엘 모든 지파 중에서 마음을 굳게 하여 이스라엘 하나님 여호와를 구하는 자들이 레위 사람들을 따라 예루살렘에 내려왔으므로(대하 11:13-16) 백성들도 점점 많아지게 되었다. 더구나 르호보암이 3년 동안 다윗과 솔로몬의 길로 행했기 때문에 하나님께서 3년 동안 남국 유다를 도와 르호보암을 강성케 하시는 축복까지 주셨다(대하 11:17). 그리하여 나라는 나라대로 견고해지고(대하 12:1) 르호보암은 르호보암대로 세력이 강하게 되었다(대하 12:1).

그런데 문제는 여기에서부터 생기게 되었다. 대하 12:1은 "르호보암의 나라가 견고하고 세력이 강해지매 그가 여호와의 율법을 버리니 온 이스라엘이 본받은지라"라고 했다. 실컷 애써서 어느 정도 강성하여지매 그때부터 범죄하기 시작했던 것이다. 이것은 르호보암만의 경우가 아니다. 성경 여러 곳에서 여러 사람의 경우에서도 볼 수 있는 일이다.

다윗이 사울에게 쫓기어 이 산 저 산으로 피해 다닐 때 그는 오로지 하나님만을 의지하며 하나님께 호소하는 긴장하는 생활을 보냈다. 그러다가 이 고난의 시절이 지나고 자기를 죽이려던 사울도 죽자 이스라엘의 새 왕으로 올라서게 되었다. 그가 왕이 되자마자 사면의 적이 많았지만 그때도 하나님의 은혜로 모든 적국들을 정복하고 새 왕으로 강성하게 되었다(삼하 7:1). 그러자 무슨 일이 생겼는가? 밧세바와 간음하고 그 남편 우리야를 죽이는 죄를 지었다.

그의 아들 솔로몬도 처음 왕이 되던 때에는 백성을 재판하는 일이 걱정되어 하나님께 지혜를 구하자 하나님께서는 그에게 지혜뿐만 아니라 부귀와 영광까지 주셨고(왕상 3:13) 그리하여 어느 정도 강성하게 되었다. 그러자 문제가 생겼다. 이방 여인들을 사랑하여 우상을 섬기는 범죄를 저지르게 되었던 것이다(왕상 11:1-8).

남국 유다의 제10대 왕 웃시야도 역시 그러했다. 그가 왕이 되자 하나님의 묵시를 밝히 아는 스가랴가 사는 날에 하나님을 찾았고 그가 여호와를 찾을 동안에는 하나님께서 형통케 해주셨다(대하 26:1-5). 그리하여 하나님의 기이한 도우심을 받아 강성해졌다(대하 26:15). 그런데 문제는 또 여기에서부터 생기기 시작했다. 대하 26:16은 그가 강성하여지매 그 마음이 교만하여 악을 행하여 여호와께 범죄했다고 했다.

우리는 이 자리에서 각별히 명심하자. 앞서간 사람들이 어느 정도 강성하여지매 범죄한 사실을 거울 삼아 이러한 일이 우리에게는 되풀이되지 않도록 삼가 조심하여 살아야겠다.

범죄한 이유

대하 12:1은 르호보암의 나라가 견고하고 세력이 강하매 여호와의 율법을 버렸다고 했다. 왜 그렇게 되었을까? 대하 12:14은 "르호보암이 악을 행하였으니 이는 그가 여호와를 구하는 마음을 굳게 하지 아니함이었더라"라고 분명하게 말한다. 그가 범죄한 까닭은 여호와를 구하되 마음을 굳게 하여, 즉 전심으로 구하지 않았기 때문에 범죄하게 되었던 것이다.

하나님의 말씀은 본디 우리가 전심으로 여호와를 구하여야 지킬 수 있도록 되어 있다. 시 119:2은 전심으로 여호와를 구하는 자라야 여호와의 증거를 지킬 수 있다고 했고, 이 원리를 깨달은 시인은 시 119:10에서 자기가 주의 계명에서 떠나지 않기 위해서 전심으로 주를 찾았다고 했다. 남국 유다의 제4대 왕 여호사밧은 하나님을 잘 공경하고 하나님의 계명을 행한 왕인데(대하 17:4) 그가 하나님의 계명을 행할 수 있었던 까닭을, 대하 17:6은 저가 전심으로 여호와의 길을 걸었기 때문이라고 했고, 대하 19:3은 그가 마음을 기울여 하나님을 찾았다고 했으며, 대하 22:9은 남국 유다의 왕이 아니라 북국 이스라엘의 제10대 왕 예후까지도 여호사밧을 가리켜 전심으로 여호와를 구하던 왕이라고 했다고 했다.

반면에 왕하 10:31은 "그러나 예후가 전심으로 이스라엘 하나님 여호와의 율법을 지켜 행하지 아니하며 여로보암이 이스라엘에게 범하게 한 그 죄에서 떠나지 아니하였더라"라고 하면서 북국 이스라엘의 제10대 왕 예후가 훌륭한 일도 많이 했지만 다만 전심으로 이스라엘 하나님 여호와의 율법을 지켜 행하지 아니한 까닭으로 여로보암이 이스라엘로 범하게 한 죄에서 떠나지 않았다고 했다.

대하 25장에는 남국 유다의 제9대 왕 아마샤의 기록이 나오는데, 대하 25:2은 아마샤를 가리켜 "아마샤가 여호와께서 보시기에 정직하게 행하기는 하였으나 온전한 마음으로 행하지 아니하였더라"라고 했다. 아마샤가 여호와 보시기에 정직히 행하기는 했으나 다만 한 가지 결점은 마음을 오로지 하여, 즉 온전한 마음과 전심으로 행하지 아니한 잘못이 있었다. 그러기에 그가 어떠한 실수를 했는가? 대하 25:14은 아마샤가 에돔 사람을 죽이고 돌아올 때 세일 자손의 신들을 가져다가 자기의 신으로 세우고 그것들 앞에 경배하며 분향했다고 한다. 아마샤가 일반적으로 여호와 보시기에 정직히 행하기는 했으나 다만 한 가지, 마음을 오로지 하여 온전한 마음과 전심으로 행하지 아니한 잘못 때문에 에돔 사람을 치고 돌아올 때 세일 자손의 우상들을 가져다가 자기의 신으로 세우고 그 앞에 경배하며 분향하는 실수를 저질렀던 것이다.

이와 같이 우리가 여호와의 율법을 지킨다고 하나 온전한 마음과 전심으로 지키지 못한다면 어느 구석에서라도 잘못을 저지르기 마련이다.

르호보암도 바로 이러한 실수를 저질렀다. 그가 남국 유다의 제1대 왕으로서 여러 가지 아름다운 일도 했지만 다만 한 가지, 즉 마음을 오로지 하여 여호와를 구하지 아니한 잘못 때문에 악을 행하는 실수를 저질렀던 것이다.

우리는 한평생 여호와의 말씀을 지키며 살아가야 하는 여호와의 백성들이다. 그런데 어떠한 마음의 자세로 여호와의 말씀을 지키겠는가? 시인처럼(시 119:2,10), 여호사밧처럼(대하 17:6, 19:3, 22:9) 마음을 오로지 하여 전심으로 여호와를 구할 때만 여호와의 말씀을 지킬 수 있다. 겉으로는 여호와의 말씀을 지킨다고 하면서 르호보암(대하 12:14), 예후(왕하 10:31), 아마샤(대하 25:2,14)처럼 마음을 오로지 하여 전심으로 여호와를 구하지 아니하기 때문에 어느 구석에서 잘못이 튀어나오는 실수를 범해서는 안 되겠다.

맥을 못 쓴 견고

르호보암이 왕이 되자 그는 무엇보다도 국방에 힘을 썼다. 대하 11:5-10에서 그는 유다 땅을 방비하는 성읍들을 건축하되 여러 견고한 성읍들을 건축했고, 11절에서는 이미 건축한 견고한 성읍들을 더욱 견고하게 하고, 12절에서는 심히 강하게 했다고 한다. 아무리 성읍만 견고하게 건축한들 무슨 소용이 있겠는가. 그 견고한 성읍을 올바로 지도할 지도자가 있어야 하는데 11절을 보면 그 견고한 성읍들을 바로 지도

할 만한 지휘관들을 두었다고 했다. 아무리 견고한 성읍과 그들을 잘 지도할 유능한 지휘관들이 있다 해도 양식이 없이는 싸울 수 없는데 르호보암은 이 모든 견고한 성읍에 양식과 기름과 포도주, 즉 군량(軍糧)을 충분히 저축했다. 그런데 아무리 견고한 성읍과 유능한 지휘관과 군량을 많이 저축했다 해도 무기 없는 군인은 군인 구실을 못하는데 르호보암은 11절에서 각 성읍에 방패와 창을 두어 심히 강하게 했다고 하니, 그 당시의 국방책으로는 더욱 완벽을 기한 셈이다. 그러기에 대하 12:1은 르호보암의 나라가 견고하고 세력이 강해졌다고 했다.

그런데 이 견고함이 무슨 소용이 있었던가. 대하 12:4은 애굽 왕 시삭이 유다의 견고한 성읍들을 점령했다고 한다. 위에서 말한 그 놀라운 견고가 애굽 왕 시삭 앞에서는 전혀 맥을 못 쓰고 마치 불 앞에 밀 녹듯이 녹아버리고 말았다. 왜 그렇게 되었는가? 그들이 범죄한 까닭이다. 대하 12:1은 르호보암의 나라가 견고하고 세력이 강하여 여호와의 율법을 버렸다고 했고, 대하 12:2은 그들이 여호와께 범죄했다고 했으며, 대하 12:5은 르호보암과 방백들이 하나님을 버렸다고 했다. 그들이 이와 같이 범죄한 까닭에 하나님께서 르호보암을 애굽 왕 시삭의 손에 붙이니 그 놀랍던 견고가 맥을 못 쓰게 되었던 것이다.

성읍을 어느 정도 견고하게 쌓느냐도 문제이나 그보다도 중요한 것은 하나님 앞에서 어느 정도 바로 사느냐가 더 중요한 문제다. 아무리 성읍을 견고하게 쌓았다 해도 하나님 앞에서 바로 살지 못할 때에는 그 놀라운 견고도 불 앞에서 녹아버리는 밀에 불과하다.

일찍이 하나님께서는 너희가 범죄하는 날에는 너희 대적들이 "전국에서 네 모든 성읍을 에워싸고 네가 의뢰하는 높고 견고한 성벽을 다 헐며 네 하나님 여호와께서 네게 주시는 땅의 모든 성읍에서 너를 에워싸리니"(신 28:52)라고 하셨다. 너희들이 아무리 성읍을 견고하게 쌓았고 그 견고한 성읍을 의뢰한 해도 범죄하는 날에는 원수들이 와서 너희가 의뢰하던 그 견고한 성읍들을 다 허물어버리겠다는 말씀인데, 르호보암이 범죄하자 바로 이 말씀대로 그에게 응해졌던 것이다.

애 2:2에는 "주께서 야곱의 모든 거처들을 삼키시고 긍휼히 여기지 아니하셨음이여 노하사 딸 유다의 견고한 성채들을 허물어 땅에 엎으시고 나라와 그 지도자들을 욕되게 하셨도다"라고 했고, 애 2:5에는 "주께서 원수같이 되어 이스라엘을 삼키셨음이여 그 모든 궁궐들을 삼키셨고 견고한 성들을 무너뜨리사 딸 유다에 근심과 애통을 더하셨도다"라고 했다.

이 두 구절에는 하나님께서 유다의 견고한 성읍들을 헐어버리셨다는 말씀이 각각 두 번 나온다. 무슨 뜻인가? 남국 유다가 원수를 막으려고 견고한 성을 지었지만 그들이 범죄하는 날에 그들이 세운 견고한 성읍들이 아무 맥을 쓰지 못하고 헐어버림을 당하겠다는 말이다.

호 8:14에서는 "이스라엘은 자기를 지으신 이를 잊어버리고 왕궁들을 세웠으며 유다는 견고한 성읍을 많이 쌓았으나 내가 그 성읍들에 불을 보내어 그 성들을 삼키게 하리라"라고 했다. 유다가 아무리 견고한 성읍들을 많이 쌓았다 해도 자기를 지으신 하나님을 잊어버렸으므로 하나님께서 그 고을들에 불을 보내며 그 견고한 성읍들을 삼키게 하겠다고 하시니 범죄한 유다에게 견고한 성읍이 무슨 소용이 있겠는가. 이렇게 생각할 때에 "여호와께서 성을 지키지 아니하시면 파수꾼의 깨어 있음이 헛되도다"(시 127:1)라고 한 시인의 말이 과연 참되다고 믿어진다.

반면에 성경은 하나님의 백성들이 하나님 앞에서 바로 살 때 비록 성읍이 별로 견고하지 못해도 하나님의 은혜와 축복으로 지키시는 경우도 우리에게 보여준다.

슥 2:4-5에 보면 예루살렘에 사람이 거하리니 그 가운데 사람과 가축이 많으므로 그것이 성곽 없는 성읍이 되겠으나 여호와께서 불로 둘러싼 성곽이 되어 예루살렘을 지켜주시겠다고 하셨다. 비록 예루살렘이 성곽 없는 성읍같이 된다 해도 여호와께서 불 성곽이 되어 그 사방을 지키시는데 누가 감히 예루살렘을 침범할 것인가. 어떠한 성곽보다도 가장 강한 성곽은 여호와께서 지키시는 불 성곽이다.

사 26:1은 "우리에게 견고한 성읍이 있음이여 여호와께서 구원을 성벽과 외벽으로 삼으시리로다"라고 했다. 여호와께서 구원으로 성과 외곽을 삼으시고 견고한 성읍이 되어주시는데 누가 감히 침범할 수 있단 말인가.

하나님의 백성들이 하나님 앞에서 바로 살 때 하나님께서 불 성곽 또는 구원으로 성과 곽을 삼아 지켜주실 뿐만 아니라 한 걸음 더 나아가 아예 적국이 엿보지도 못하게 하겠다고 하셨다. 출 34:23-24에서는 이스라엘의 모든 남자는 매년 세 번씩, 즉 유월절, 맥추절, 수장절 때 예루살렘에 모인다고 했다. 모든 남자가 일 년에 한 번도 아니고 세 번씩 예루살렘에 온다는 것은 간단한 일이 아니다. 이스라엘의 모든 남자가 일 년에 세 번씩 예루살렘에 모인다는 것은 국경선을 경비하던 군인들도 예루살렘에 와야 한다는 뜻이니 그렇다면 국방 문제는 어떻게 되겠는가? 군인들이 불철주야 경비해도 이스라엘을 침범할 기회를 노리던 적군들인데 국경선을 경비하던 모든 군인들이 예루살렘으로 간다면 그들은 눈을 감고도 쳐내려 오지 않겠는가.

그런데 출 34:24은 "네가 매년 세 번씩 여호와 네 하나님을 뵈려고 올 때에 아무도 네 땅을 탐내지 못하리라"라고 했다. 이스라엘의 모든 남자들이 하나님의 말씀에 순종하기 위하여 일 년에 한 번도 아니고 세 번씩 예루살렘에 모인다 해도, 심지어 국경선을 비우고 모인다 해도, 하나님께서 그 누구도 이스라엘 땅을 탐내어 엿볼 수 없게 하여 이스라엘의 국방 문제를 책임져 주실 것을 말씀하셨다.

대하 17:10에 보면 "여호와께서 유다 사방의 모든 나라에 두려움을 주사 여호사밧과 싸우지 못하게 하시매"라고 했다. 이 말씀은 무슨 뜻인가? 남국 유다의 제4대 왕 여호사밧이 전심으로 여호와를 구하고(대하 17:6, 19:3, 22:9) 하나님 앞에서 바로 살 때 하나님께서 여호사밧을 보호하시고 유다 사방 열국에 두려움을 주어 아무도 여호사밧과 더불어 싸우지도 못하게 하시는 방법으로 여호사밧을 보호하셨으니 이것이 바로 여호와께서 구원으로 성과 외곽을 삼아주신 경우가 아니고 무엇이겠는가.

이와 같이 우리가 하나님 앞에서 바로 살 때에는 인간적인 방법을 초월한 하나님의 은혜와 축복으로 우리를 지켜주신다는 사실을 성경은 보여준다.

여기에서 한 번 생각해보자. 우리가 강한 때는 어느 때인가? 우리 나름대로, 사람의 방법으로 스스로 견고하게 하는 때인가? 우리가 아무리 인간적인 방법과 수완으로 나를 침범할 수 없게 견고히 했다 해도 하나님 앞에서 범죄하는 날에는 그 견고는 맥을 못 쓴다. 르호보암이 범죄하는 날에 그의 견고가 맥을 썼던가? 맥을 쓰지 못하지 않았던가. 우리가 하나님 앞에서 바로 살 때, 하나님께서는 견고한 성읍, 쇠기둥, 놋성벽을 만드시고 우리와 함께 하사 우리를 구원하시므로 누가 우리를 치더라도 이기지 못하게 해주신다(렘 1:18-19).

율법을 버림은…

　대하 12:1을 보면 여호와께서는 르호보암이 여호와의 율법을 버린 일을 여호와를 버린 일이라고 해석하셨음을 알 수 있다(대하12:5). 르호보암이 여호와의 율법을 버린 일은, 단지 여호와의 율법만을 버린 것이 아니라, 그가 여호와의 율법을 버리기 전에 먼저 여호와 자신을 버린 것임을 의미한다. 르호보암이 여호와의 율법을 버렸다는 것은 그가 먼저 여호와를 버린 결과이다. 마음에서 여호와를 버리지 않는 자가 어떻게 여호와의 율법을 버릴 수 있겠는가. 우리의 행동과 생활은 우리 마음에서 여호와를 얼마나 간절히 모시느냐 안 모시느냐에 정비례된다.
　잠 14:2에는 "정직하게 행하는 자는 여호와를 경외하여도 패역하게 행하는 자는 여호와를 경멸하느니라"라는 말씀이 있다. 어떤 사람이 정직하게 행할 때 아무 근거나 뿌리 없이 그저 우연하게 정직하게 행했던 것이 아니라, 그가 정직하게 행하기 전에 이미 마음속에 여호와를 경외하는 착한 뿌리가 있었기 때문에 정직하게 행하는 행위의 열매가 맺혀졌다는 것이다. 어떠한 사람이 패역하게 행할 때 그저 우연하게 패역하게 행하게 된 것이 아니라 그가 패역하게 행하기 전에 먼저 마음속에 여호와를 경멸히 여기는 악한 뿌리가 있었기 때문에 패역하게 행하는 생활의 열매가 맺혀졌다는 뜻이다.
　예수님께서 마 5:28에서 "음욕을 품고 여자를 보는 자마다 마음에 이미 간음하였느니라"라고 말씀하셨는데, 예수님 외에 아담의 자손으로서 여자를 보고 음욕을 품지 않은, 즉 마음으로까지 간음죄를 범하지 않은 한 사람이 있는데 그가 바로 욥이다. 욥은 욥 31:1에서 "내가 내 눈과 약속하였나니 어찌 처녀에게 주목하랴"라고 했고, 욥 31:9에서는 "만일 내 마음이 여인에게 유혹되어 이웃의 문을 엿보아 문에서 숨어 기다렸다면"이라고 했으니, 욥이야말로 음욕을 품고 여자를 보는, 즉 마음으로 오는 간음죄까지 범하지 않은 사람이다.

그가 어떻게 마음으로까지 간음죄를 범하지 않을 정도로 깨끗한 삶을 살 수 있었던가? 그 까닭은 잠 14:2에 나오는 대로 마음속에 여호와를 경외하는 강한 신앙의 뿌리가 있었기 때문이다. 그는 욥 31:2-4에서 "그리하면 위에 계신 하나님께서 내리시는 분깃이 무엇이겠으며 높은 곳의 전능자께서 주시는 기업이 무엇이겠느냐 불의한 자에게는 환난이 아니겠느냐 행악자에게는 불행이 아니겠느냐 그가 내 길을 살피지 아니하시느냐 내 걸음을 다 세지 아니하시느냐"라고 고백했다.

내가 음욕을 품고 처녀에게 주목하거나 내 마음이 여인에게 유혹되어 이웃의 문을 엿보아 기다리면 위에 계신 하나님께서 내리시는 심판이 얼마나 엄하시겠는가. 그는 자기 마음속에 잠 14:2에 있는 대로 여호와를 경외하는 강한 신앙의 뿌리를 가지고 있었기 때문에 음욕을 품고 처녀에게 주목하거나 자기 마음이 여인에게 유혹되어 이웃의 문을 엿보아 기다리는 마음속까지 간음죄를 범하지 않는 깨끗한 삶의 열매를 맺을 수 있었던 것이다.

롬 1:29-31에는 "곧 모든 불의, 추악, 탐욕, 악의가 가득한 자요 시기, 살인, 분쟁, 사기, 악독이 가득한 자요 수군수군하는 자요 비방하는 자요 하나님께서 미워하시는 자요 능욕하는 자요 교만한 자요 자랑하는 자요 악을 도모하는 자요 부모를 거역하는 자요 우매한 자요 배약하는 자요 무정한 자요 무자비한 자라"라는 이방인들의 죄악상이 나온다. 이방인들이 왜 이렇게 악하게 되었는가?

그 까닭을 롬 1:28은 그들이 마음에 하나님 두기를 싫어하기 때문에 그렇게 되었다고 한다. 그들이 마음에 하나님 두기를 싫어했다는 말씀은 잠 14:2의 "패역하게 행하는 자는 여호와를 경멸하느니라"라는 말씀과도 상통한다. 마음속에서 여호와를 경멸히 여기다가 패역한 행동이 밖으로 튀어나오듯이 이방인들이 마음에 하나님 두기를 싫어하니 위에서 말한 모든 패역한 죄들이 밖으로 튀어나왔던 것이다.

"옛 속담에 악은 악인에게서 난다"(삼상 24:13)라고 말했듯이 마음속에 여호와를 경멸히 여기는 악이 있으니 패역하게 행하는 악이 밖으로 튀어나왔고, 마음속에 하나님 두기를 싫어하는 악이 있으니 롬 1:29-31의 모든 악이 밖으로 튀어나왔던 것이다.

하늘나라의 백성으로서 우리는 선하고 거룩한 삶을 살기 원하는가? 마음속의 뿌리는 생각지 아니하고 밖으로 나타나는 행동에만 신경을 쓴다면 실패할 수밖에 없다. 잠 14:2의 "정직하게 행하는 자는 여호와를 경외하여도"와 같이 우리 마음속에 여호와를 경외하는 뿌리를 가질 때 정직하게 행하는 생활의 열매를 가질 수 있으며, 욥 31:2-4의 여호와를 경외하는 믿음의 뿌리를 가질 때 심지어 음욕을 품고 여자를 보지 않는, 즉 마음으로라도 간음을 짓지 않을 정도의 생활에 성공할 수 있다.

잠 14:2과 욥 31:2-4의 말씀을 거울 삼아 우리 마음속에 여호와를 경외하는 믿음의 뿌리를 강하게 가져 정직하고 선하고 거룩한 생활들의 열매를 맺는 일에 성공할 수 있기를 바란다.

조금 구원하여

대하 12:7은 하나님께서 르호보암과 남국 유다를 애굽 왕 시삭의 손에서 구원하시되 조금 구원하셨다고 한다. 하나님께서 르호보암을 애굽 왕 시삭의 손에서 구원하기는 하셨다. 따라서 하나님의 노하심을 시삭의 손을 통하여 예루살렘에 쏟지 아니하셨고(대하 12:7) 여호와께서 노를 돌이키사 다 멸하지 않으셨다(대하 12:12). 그러나 완전한 구원이 아니라 조금 구원하신 고로 르호보암으로 하여금 애굽 왕 시삭의 종이 되는 상태에 그대로 두셨다(대하 12:8).

우리의 구원도 이러한 구원인가? 완전한 구원이 아니라 조금 구원인가? 만일 그러하다면 우리의 구원이 얼마나 불안한가? 하나님께서 우리를 구원하시되 완전한 구원이 아니라 르호보암의 경우와 같이 조금 구원하신 고로 우리를 구원하셨다고는 하나 언제 어디서 어떠한 사고가 일어나서 우리의 구원이 깨지거나 취소될 수 있는 구원이라면 얼마나 불안한 구원인가?

그러나 성경은 우리의 구원은 완전한 구원이라고 했다. 예수님께서는 요 5:24에서 "내가 진실로 진실로 너희에게 이르노니 내 말을 듣고 또 나 보내신 이를 믿는 자는 영생을 얻었고 심판에 이르지 아니하나니 사망에서 생명으로 옮겼느니라"라고 하셨다. 우리의 구원은 사망에서 생명으로 완전히 옮기신 구원이다.

골 1:13은 "그가 우리를 흑암의 권세에서 건져내사 그의 사랑의 아들의 나라로 옮기셨으니"라고 하면서 우리의 구원은 흑암의 권세에서 그의 사랑의 아들의 나라로 완전히 옮기신 구원이라고 했다. 엡 2:5-6은 "허물로 죽은 우리를 그리스도와 함께 살리셨고……또 함께 일으키사 그리스도 예수 안에서 함께 하늘에 앉히시니"라고 하면서 허물로 죽은 우리를 그리스도와 함께 살리실 뿐 아니라 아예 그리스도 예수 안에서 함께 하늘나라에 완전히 앉히셨다고 했다.

딤후 4:18에서 바울은 "주께서 나를 모든 악한 일에서 건져내시고 또 그의 천국에 들어가도록 구원하시리니"라고 했다. 축구 선수가 중앙선에서 공을 몰고 상대방 골문 앞까지 성공적으로 몰고 왔으나 골문 1-2m 앞에서 공을 놓치고 만다면 지금까지 공을 몰고 온 노력이 아무 소용이 없게 된다. 지금까지 몰고 온 공을 골문 안으로 차 넣어서 골문의 그물이 찢어질 정도로 골문의 그물을 흔들어 놓아야 완전한 성공이다. 하나님께서 바울을 구원하시되 천국 1-2m 앞까지 구원해 오시다가 천국 1-2m 앞에서 바울을 놓친 것이 아니라 하늘나라 골문의 그물이 찢어질 정도로 흔드시는 자리에까지 바울을 완전하게 구원하셨던 것이다. 그래서 히 10:14은 우리를 영원히 온전하게 하셨다고 했고, 시 130:7은 우리의 구속은 풍성한 속량이라고 했다.

요 10:28에서 예수님께서는 "내가 그들에게 영생을 주노니 영원히 멸망하지 아니할 것이요 또 그들을 내 손에서 빼앗을 자가 없느니라"라고 하셨다. 예수님께서 주신 영생을 받은 우리는 영원히 멸망치 않게 되고 뿐만 아니라 예수께서 주신 영생을 받은 우리를 그 누구도 예수님 손에서 빼앗아갈 수 없다고 하셨으니 우리가 받은 영생이 얼마나 안전하고 미더운가. 롬 8:35은 "누가 우리를 그리스도의 사랑에서 끊으리요 환난이나 곤고나 박해나 기근이나 적신이나 위험이나 칼이랴"라고 했고, 롬 8:38-39에서는 "사망이나 생명이나 천사들이나 권세자들이나 현재 일이나 장래 일이나 능력이나 높음이나 깊음이나 다른 어떤 피조물이라도 우리를 우리 주 그리스도 예수 안에 있는 하나님의 사랑에서 끊을 수 없으리라"라고 했다. 우리를 구원하시되 르호보암과 같이 조금 구원이 아니라(대하 12:7) 완전하고, 또 완전한 구원을 주신 하나님께 깊은 감사를 드린다.

범죄했으나

대하 12장에서 르호보암이 범죄함으로 그의 견고가 맥을 못 쓴 것은 사실이다. 그러나 비록 그가 범죄했다 해도 그에게 아름다운 일 두 가지가 있었으니, 하나는 그가 애굽 왕 시삭을 통한 하나님의 채찍을 맞을 때 스스로 겸비한 사실이다(대하 12:6). 범죄한 결과로 채찍을 맞으면서도 겸비할 줄을 모르고 계속 교만하면 최후의 멸망을 면할 길이 없겠으나 다행히도 그는 겸비했다. 그가 겸비했다는 말씀은 12절에 또 나온다. 더욱이 7절은 그의 겸비를 하나님께서 인정해주셨다고 증언한다. 자기 혼자만의 겸비가 아니라 하나님께서 인정해주실 수 있는 참된 겸비였다.

비록 어떤 사람이 범죄했을지라도 그가 하나님 앞에 겸비한 자세를 취한다면 하나님께서는 이를 측은(惻隱)히 여기시는 것 같다. 북국 이스라엘의 제7대 왕 아합이 왕상 21장에서 나봇을 죽이고 그의 포도원을 빼앗자 하나님께서 선지자 엘리야를 보내사 아합을 책망했을 때(왕상 21:17-24), 아합은 이 책망을 듣자 하나님 앞에서 겸비했다. 그러자 하나님께서는 엘리야에게 "아합이 내 앞에서 겸비함을 네가 보느냐 그가 내 앞에서 겸비하므로 내가 재앙을 저의 시대에는 내리지 아니하고 그 아들의 시대에야 그의 집에 재앙을 내리리라"(왕상 21:29)라고 말씀하시면서 아합에게 내리기로 작정하셨던 재앙을 그의 아들의 시대로 미루셨다.

다른 하나는 범죄하여 채찍에 맞으면서도 여호와는 의로우시다고 고백한 사실이다(대하 12:6). 하나님께서 불의하시기 때문에 우리가 벌 받는 것이 아니다. 우리가 벌 받는 것은 어디까지나 우리가 범죄했기 때문이지, 우리의 죄에 대하여 공의대로 심판하시는 하나님 편에서는 조금도 잘못이 없고 불의가 없으시다. 성경은 전체적으로 이 사실을 보여준다(스 9:15, 느 9:33, 단 9:7, 14, 애 1:18). 심지어 애굽 왕 바로까지도 범죄하여 심판을 받을 때 "여호와는 의로우시고 나와 나의 백성은 악하도다"(출 9:27)라고 했다. 르호보암은 자기가 심판을 받는 것은 어디까지나 자기의 죄와 잘못 때문이며, 자기의 죄에 대하여 심판하시는 하나님께서는 절대적으로 의로우시다는 사실을 분명히 인정했다.

그가 범죄한 것은 사실이다. 그러나 그는 범죄한 후에 그 범죄의 뒷수습을 잘 하였다. 우리가 우선 범죄하지 않는 것이 제일 중요하다. 그러나 부득이하여 범죄한 경우에는 그 범죄의 뒷수습이 범죄하지 않으려고 애쓰는 것 못지 않게 또 중요하다. 마치 우리 육체를 두고 말한다면 우리가 우선 병에 걸리지 않는 것이 중요하다. 그러나 부득이하여 병에 걸리면 그 병을 어떻게 다스릴지 그 뒷수습이 병에 안 걸리려고 애쓰는 일 못지 않게 중요한 것과 똑같다. 성경에 보면 어떠한 사람들은 범죄할 때 그 뒷수습을 바로 하지 못했기 때문에 제이, 제삼의 범죄를 더하든가 또는 받는 징계를 더 혹독하게 받는 사람들도 있는데, 불행 중 다행으로 르호보암은 범죄 후 뒷수습을 잘 하여 겸비하고 자기를 치시는 여호와를 원망하지 않았다. 그러기에 하나님께서는 노를 시삭의 손을 통해 예루살렘에 쏟지 아니하시고(대하 12:7) 노를 돌이키사 다 멸하지 아니하셨다(대하 12:12). 범죄한 르호보암의 뒷수습이 우리에게 거울이 되기를 바란다.

제2대 아비야

대하 13장

아비야의 승리

　남국 유다의 제2대 왕 아비야와 북국 이스라엘의 제1대 왕 여로보암 사이에 전쟁이 있었는데 여로보암은 이 전쟁에서 두 가지 면에서 우세했다. 첫째는 남국 유다는 군사가 40만 명이나 북국 이스라엘은 80만 명이니 (대하 13:3) 수에 있어서 우세했고, 둘째는 대하 13:13-14에서 여로보암이 유다의 뒤에 복병을 숨겼으므로 유다는 앞과 뒤에서 적병을 맞이하게 되었으니 작전 면에서 우세했다.

　그러나 여로보암은 패하고 말았다. 왜? 두 나라가 질적인 면에서 차이가 있었기 때문이다. 어떠한 차이인가?

1. 이스라엘

1) 이스라엘은 하나님을 배반했다(대하 13:11).

2) 여호와의 제사장과 레위 사람을 쫓아냈다(대하 13:9). 하나님께서는 제사장들에게 백성들을 축복하는 축복권을 주셨는데(신 1:8, 21:5, 대상 23:13, 대하 30:27) 축복권을 가진 제사장들을 쫓아냈으니 제사장들을 통해 받는 축복을 다시는 받을 수 없게 되었다.

3) 이방 백성의 풍속을 좇아 마음대로 제사장들을 세웠다(대하 13:9). 여호와의 제사장이 아니라 이방 백성의 풍속을 좇아 세움을 받은 제사장들은 축복권이 없다.

4) 이스라엘에는 여로보암이 그들을 위하여 신으로 만든 금송아지 우상밖에 없었다(대하 13:8).

5) 이스라엘은 다윗 자손의 손으로 다스리시는 여호와의 나라를 대적했다(대하 13:8).

6) 따라서 여호와와 싸우는 나라가 되었다(대하 13:12). 도대체 여호와와 싸워서 이길 자가 어디에 있겠는가. 잠 21:30에 "지혜로도 못하고, 명철로도 못하고 모략으로도 여호와를 당하지 못하느니라"라는 말씀이 있다. 사람들이 아무리 지혜와 명철을 짜내고 모략을 세운다 해도 여호와를 당해낼 수 없다는 말씀이다. 욥 9:4에는 "그는 마음이 지혜로우시고 힘이 강하시니 그를 거슬러 스스로 완악하게 행하고도 형통할 자가 누구이랴"라고 했다.

하나님께서는 마음이 지혜롭고 심히 강하신 고로 어느 누구도 스스로 강퍅하게 하여 하나님을 거역하다가 형통한 사람이 없었다는 말씀이다. 따라서 삼상 2:9-10에는 어느 누구도 힘으로는 여호와를 이길 사람이 없으니 여호와를 대적하는 자는 산산이 깨어질 것이라고 했다. 그런 고로 렘 49:19에서 하나님께서는 "나와 같은 자 누구며 나와 더불어 다툴 자 누구며 내 앞에 설 목자가 누구냐"라고 하셨다.

7) 이 모든 말씀의 결론을 대하 13:12은 이스라엘이 형통치 못하겠다고 했다.

반면에 유다의 길은 어떠했던가?

2. 유다

1) 하나님께서 그들과 함께 하사(대하 13:12), 여호와께서 그들의 하나님이 되셨고(대하 13:10), 하나님께서 그저 그들의 하나님이 되실 뿐만 아니라 그들의 머리가 되셨으며(대하 13:12), 그들은 여호와의 나라가 되었다(대하 13:8). "여호와를 자기 하나님으로 삼은 나라 곧 하나님의 기업으로 선택된 백성은 복이 있도다"(시 33:12, 144:15)라고 하신 대로 유다는 여호와를 자기 하나님으로 삼은 복된 나라였다.

2) 아무리 여호와를 자기 하나님으로 삼은 나라라고 할지라도 이스라엘처럼 현재에 와서 하나님을 배반한 나라라면(대하 13:11) 아무 소용이 없겠으나 유다는 현재 하나님을 배반치 않았다(대하 13:10).

3) 이스라엘은 여호와의 제사장들을 쫓아냈으나(대하 13:9) 유다는 제사장들을 그대로 모시고 있었다(대하 13:10). 더욱이 유다가 모시고 있던 제사장들은 이스라엘처럼 이방 백성들의 풍속을 따라 세운 제사장들이 아니고(대하 13:9) 아론의 자손들인(대하 13:10) 정통 제사장들이었다(대하 13:10). 아론의 자손들인 정통 제사장들은 여호와의 축복권을 가진 제사장들이다(신 10:8, 21:5, 대상 23:13, 대하 30:27).

4) 아무리 아론의 자손인 정통 제사장들이라도 제사장들이 해야 할 직책을 다하지 아니하고 쉬고 있는 제사장들이라면 아무 소용이 없겠으나

유다의 제사장들은 제사장의 직책을 현재 충실히 감당하는 사역하는 제사장들이었다. 대하 13:10-11에서 레위 사람이 수종을 들며 매일 아침 저녁으로 여호와 앞에 번제를 드리고 분향하며 또 깨끗한 상에 진설병을 놓고 또 금 등잔대가 있는 등에 저녁마다 불을 켠다고 했으니 제사장들로서 해야 할 직무를 그대로 감당하는 제사장들이었다. 따라서 제사장들로서 백성들에게 유익을 끼칠 수 있는 사역하는 제사장들이었다.

5) 유다는 여호와의 계명을 지키고 있었다(대하 13:11).

6) 싸움터에 나온 전투 현장에서는 그들이 하나님 여호와를 의지했고(대하 13:18), 여호와께 부르짖었고(대하 13:14), 민 10:9의 약속의 말씀을 의지하여 제사장들은 나팔을 불었다(대하 13:12,14). 일찍이 하나님께서는 이스라엘 백성들에게 "또 너희 땅에서 너희가 자기를 압박하는 대적을 치러 나갈 때에는 나팔을 크게 불지니 그리하면 너희 하나님 여호와가 너희를 기억하고 너희를 너희의 대적에게서 구원하시리라"(민 10:9)라고 약속하셨다. 그래서 대하 13장에서 유다의 제사장들은 이 약속대로 나팔을 불었고 하나님께서는 이 약속대로 지켜주셨다. 그런데 수적인 면과(대하 13:3) 작전적인 면에서(대하 13:13-14) 우세했으나 질적으로 차이나는 두 나라가 싸운 결과는 어떻게 되었는가?

3. 결과

1) 하나님께서 이스라엘을 유다의 손에 넘기셨고(대하 13:16), 2) 이스라엘을 치시니(대하 13:15), 3) 아비야와 그 백성이 이스라엘을 크게 도륙했다(대하 13:17). 여로보암은 큰 무리를 이끌고(대하 13:8) 유다를 치러 왔으나 도리어 유다에게 크게 도륙을 당했다(대하 13:17). 잠 14:19에 "악인은 선인 앞에 엎드리고 불의한 자는 의인의 문에 엎드리느니라"라는 말

씀이 있다. 여로보암이 한 때는 큰 무리를 가지고 유다를 치러 왔으나(대하 13:8) 그는 질이 좋지 않은 악인인 고로 선한 사람 아비야 앞에 엎드러졌고, 질이 안 좋은 불의한 자인 고로 의인 아비야의 문에 엎드러지고 말았다. 4) 여로보암이 다시는 강성하지 못하다가(대하 13:20) 5) 하나님께 치심을 받아 죽고 말았다(대하 13:20). 반면에 6) 아비야는 점점 강성하여졌다(대하 13:21).

우리가 땅에 사는 동안 많은 싸움을 싸워야 한다. 특히 영적인 싸움을 많이 싸워야 한다. 그때마다 우리는 아비야의 승리를 기억해야 한다. 영적인 싸움에서 승리하는 비결이 무엇인가? 우리의 속, 즉 질이 우세해야 한다. 여로보암은 수적인 면과(대하 13:3) 작전적인 면에서 우세했지만(대하 13:13-14) 위에서 살펴본 대로 여로보암의 속과 질이 안 좋으니 "악인은 선인 앞에 엎드리고 불의한 자는 의인의 문에 엎드리느니라"(잠 14:19)는 말씀대로 속과 질이 깨끗했던 아비야 앞에서 패하고 말았다. 얼마나 많은 군대와 얼마나 우세한 작전을 가지고 싸우느냐가 문제가 아니고, 우리의 속과 질이 얼마나 깨끗하며 얼마나 신앙적이며 얼마나 하나님 앞에서 올바로 서 있는가가 문제이다. 땅에서 사는 동안 우리가 싸워야 할 많은 영적인 전쟁에서 우리는 우리의 속과 질이 깨끗하여 아비야처럼 승리할 수 있기를 바라며 아비야의 승리가 바로 우리의 승리가 될 수 있기를 바란다.

여호와께 치심을 받은 왕들

성경에 보면 여호와께 치심을 받아 죽은 네 왕들이 나온다. 대하

13:20에서 여로보암이 "여호와의 치심을 입어 죽었고"라고 했으니 우선 북국 이스라엘의 제1대 왕 여로보암이 여호와께 치심을 받아 죽었다. 둘째로 대하 21:18에 "이 모든 일 후에 여호와께서 여호람을 치사 능히 고치지 못할 병이 그 창자에 들게 하셨으므로"라고 말한 대로 남국 유다의 제5대 왕 여호람이 여호와께 치심을 받아 죽었다. 셋째로 대하 26:20에서 "여호와께서 치시므로 왕도 속히 나가니라"라고 말한 대로 남국 유다의 제10대 왕 웃시야가 여호와께 치심을 받아 죽었다. 넷째로 행 12:23에 "주의 사자가 곧 치니 벌레에게 먹혀 죽으니라"라고 말한 대로 헤롯 왕이 여호와께 치심을 받아 죽었다.

위에서 말한 네 왕이 여호와께 치심을 받아 죽은 것은 다 그들이 지은 죄 때문이었다. 여로보암이 지은 죄는 왕상 12:25-33에 보면 금송아지 우상 두 개를 만들어 하나는 단과 하나는 벧엘에 두어 백성들로 하여금 숭배케 한 것이었다. 이 사실을 성경은 "이 일이 죄가 되었으니 이는 백성들이 단까지 가서 그 하나에게 경배함이더라"(왕상 12:30)라고 했고, "여호와께서 여로보암의 죄로 말미암아 이스라엘을 버리시리니 이는 그도 범죄하고 이스라엘로 범죄하게 하였음이니라"(왕상 14:16)라고 했다.

남국 유다의 제5대 왕 여호람의 죄는 "네가 네 아비 여호사밧의 길과 유다 왕 아사의 길로 행하지 아니하고 오직 이스라엘 왕들의 길로 행하여 유다와 예루살렘 주민들이 음행하게 하기를 아합의 집이 음행하듯 하며 또 네 아비 집에서 너보다 착한 아우들을 죽였으니……또 너는 창자에 중병이 들고 그 병이 날로 중하여 창자가 빠져나오리라"(대하 21:12-15)의 죄였다.

남국 유다의 제10대 왕 웃시야의 죄는 "그가 강성하여지매 그의 마음이 교만하여 악을 행하여 그의 하나님 여호와께 범죄하되 곧 여호와의 성전에 들어가서 향단에 분향하려 한지라"(대하 26:16)의 죄였고, 헤롯 왕의 죄는 그가 손을 들어 교회 중 몇 사람을 해하려 하여 요한의 형제 야고보를 칼로 죽인 죄도 있거니와(행 12:1-2) 영광을 하나님께 돌리지 않은 죄가 더 컸다(행 12:23).

이 세상에서 가장 높은 자리는 왕의 자리다. 그래서 성경도 왕은 자기가 하고자 하는 것을 다 행할 수 있다고 했고 왕의 말은 권능이 있다고 했다(전 8:3-4). 그런데 문제는 아무리 최고의 자리에 올라갔다 할지라도 그 자리에서 얼마나 오래 있을 수 있느냐가 더 큰 문제다. 아무리 최고의 자리에 올라갔다 할지라도 위에서 말한 네 왕들처럼 내가 지은 죄로 인하여 여호와께 치심을 받아 죽고 만다면 그 최고의 자리가 나에게 무슨 소용이 있단 말인가.

그러니 우리가 최고의 자리에 올라가는 것도 중요하지만 그보다 더 중요한 것은 그 자리에서 얼마나 오래 있을 수 있느냐이다. 최고의 자리에서 오래 있을 수 있는 비결은 죄를 짓지 않고 의를 행하는 것이다. 잠 20:28에 "왕은 인자와 진리로 스스로 보호하고 그의 왕위도 인자함으로 말미암아 견고하니라"라는 말씀이 있다. 한글성경의 "보호"는 히브리어로 "보존(保存)"을 뜻한다. 그리고 한글성경의 "스스로"가 히브리어에는 없다. 그러므로 한글성경의 "왕은 인자와 진리로 스스로 보호하고"는 히브리어대로 하면 "왕은 인자와 진리로 보존하고"라는 뜻이다. 즉 왕은 인자와 진리로 최고로 높은 왕의 자리에서 오래 보존될 수 있다는 말씀이다.

최고의 자리인 왕의 자리에서 오래 보존될 수 있는 비결은, 내가 죄를 지어 여호와께 치심을 받지 아니하고 인자와 진리, 즉 의롭게 사는 것이다. 그래서 잠 16:12에는 "악을 행하는 것은 왕들이 미워할 바니 이는 그 보좌가 공의로 말미암아 굳게 섬이니라"라고 했다. 왕의 보좌가 굳게 설 수 있는 비결은 공의를 행하는 것이니 그러므로 왕된 자는 악을 행하는 것을 미워해야 한다는 말씀이다.

최고의 자리인 왕의 자리에서 얼마나 오래 보존되느냐의 문제는 아름다운 땅, 가나안 땅에서 얼마나 오래 살 수 있느냐와도 관계가 된다. 성경은 가나안 땅을 아름다운 땅이라고 했다(출 3:8, 신 8:7, 11:17, 수 23:13, 15, 16). 그런데 문제는 이 아름다운 땅을 차지하는 것도 문제지만 차지한 아름다운 땅에서 얼마나 오래 사느냐가 더 큰 문제다. 이스라엘 백성들이 가나안 땅에 들어가서 죄를 짓지 아니하고 하나님 말씀대로 순종하며 살 때 그 아름다운 땅에서 장구하겠다고 하셨고(신 5:33, 11:9), 신 4:40에서는 "네 하나님 여호와께서 네게 주시는 땅에서 한없이 오래 살리라"라고 하시면서 더욱 강조하여 말씀하셨다.

반면에 비록 네가 가나안 땅을 차지하지만 하나님의 말씀대로 순종하지 아니하고 죄를 지을 때에는 여호와께서 주신 아름다운 땅에서 속히 멸망하게 될 것이라고 말씀하셨다(신 11:17, 수 23:13, 15, 16). 가나안 땅이 아무리 아름다운 땅인들 여호와께 치심을 받아 죽은 네 왕들처럼, 그 땅에서 범죄하여 속히 멸망하고 말면 그 아름다운 땅이 이스라엘 백성들에게 무슨 소용이 있단 말인가. 아름다운 땅을 차지한 그 땅에서 한없이 오래 살 때에만 아름다운 땅이 이스라엘 백성들에게 가치가 있지 않은가.

우리는 지금까지 왕과 가나안 땅을 아울러 생각해왔다. 이 세상에서 가장 높은 자리가 왕의 자리일지라도, 범죄하여 여호와께 치심을 받아 죽은 네 왕들처럼, 왕의 자리에서 오래 보존되지 못한다면 그 높은 왕의 자리가 우리와 무슨 상관이 있겠는가. 비록 가나안 땅이 아무리 아름다운 땅일지라도 범죄하여 그 자리에서 속히 멸망하고 만다면 그 아름다운 땅이 우리에게 무슨 소용이 있겠는가.

중요한 것은 가장 높은 왕의 자리에서 어떻게 하면 오래 보존될 수 있고, 아름다운 땅 가나안에서 한없이 오래 살 수 있느냐이다. 그때만이 왕의 자리와 가나안 땅이 우리에게 가치가 있다. 가장 높은 왕의 자리에서 오래 보존될 수 있는 길과 아름다운 땅 가나안 땅에서 한없이 오래 살 수 있는 비결은 죄를 짓지 않고 의롭게 사는 길이다.

우리는 삼가 조심하여 죄를 짓지 않고 의롭게 살아서 가장 높은 자리인 왕의 자리에서도 오래 보존될 수 있고, 아름다운 땅 가나안 땅에서 한없이 오래 살 수 있는 복된 성도들이 될 수 있기를 바란다.

대하 14장

평화의 왕

이스라엘이 남국과 북국으로 갈라진 후 남국과 북국 사이에는 전쟁이 그칠 날이 없었다. 남국 유다의 제1대 왕 르호보암과 북국 제1대 왕 여로보암 사이에도 전쟁이 있었고(왕상 14:30, 15:6, 대하 12:15), 남국 유다의 제2대 왕 아비야와 북국 이스라엘의 제1대 왕 여로보암 사이에도 전쟁이 있었다(왕상 15:7, 대하 13장). 그러다가 남국 유다의 제3대 왕 아사가 왕이 되자 비로소 평화가 찾아왔다. 대하 14:1은 그 시대에 그 땅이 10년 동안 평안했다고 했고, 대하 14:5은 나라가 그 앞에서 평안함을 누렸다고 했고, 대하 14:6은 그 땅이 평안하여 여러 해 싸움이 없었다고 했으니 남북이 갈라진 후 전쟁만 계속하다가 남국 유다의 제3대 왕 아사가 왕이 되자 비로소 평화가 이루어졌다. 그러니 아사 왕은 평화의 왕이었다.

1. 평화의 원인

이스라엘이 남북으로 갈라진 후 전쟁만 계속하다가 어찌하여 남국 유다의 제3대 왕 아사가 왕이 되자 비로소 평화를 누릴 수 있었던가? 그 이유를 성경은 여호와께서 평안함을 주셨기 때문이라고 했다. 대하 14:6은 여호와께서 아사에게 평안을 주셨다고 했고, 대하 14:7은 주께서 우리의 사방에 평안을 주셨다고 했으며, 대하 15:15은 여호와께서 그들의 사방에 평안함을 주셨다고 했다. 남국 유다의 제4대 왕 여호사밧 때에도 나라가 태평했는데, 그 까닭을 대하 20:30은 하나님이 사방에서 그들에게 평강을 주셨기 때문이라고 했다.

성경은 근본적으로 우리에게 평화가 있기 위해서는 하나님께서 우리에게 평화를 축복으로 주셔야만 가증하다는 사실을 말한다. 레 26:6은 "내가 그 땅에 평화를 줄 것인즉 너희가 누울 때 너희를 두렵게 할 자가 없을 것이며 내가 사나운 짐승을 그 땅에서 제할 것이요 칼이 너희의 땅에 두루 행하지 아니할 것이며"라고 했다. 너희가 누울 때 너희를 두렵게 할 자가 없고 칼이 너희 땅에 두루 행하지 아니하게 된다는 것은 사람이나 칼로 인한 전쟁이 없겠다는 말씀이다. 그리고 사나운 짐승을 그 땅에서 제하시겠다는 말씀은 짐승으로 인한 피해까지 없겠다는 말씀이니 완전한 평화를 주시겠다는 말씀이다. 그런데 사람과 칼, 짐승으로 인한 피해까지 없는, 완전한 평화가 어떻게 이루어질 수 있겠는가? 하나님께서 그 땅에 완전한 평화를 축복으로 주실 때만 가능하다.

대상 22:9은 "보라 한 아들이 네게서 나리니 그는 온순한 사람이라 내가 그로 주변 모든 대적에게서 평온을 얻게 하리라 그의 이름을 솔로몬이라 하리니 이는 내가 그의 생전에 평안과 안일함을 이스라엘에게 줄 것임이니라"라고 했다. 솔로몬이 사면 모든 대적으로부터 평강할 수 있었던 까닭은 하나님께서 솔로몬에게 평강을 주셨기 때문이었다. 시 147:12은 "예루살렘아 여호와를 찬송할지어다 시온아 네 하나님을 찬양할지어다"라고 했다. 예루살렘이 여호와를 찬송한 까닭은 무엇인가? 시 147:14은 네 경내(境內)를 평안하게 하셨기 때문이라고 했다. 예루살렘이 평안할 수 있었던 까닭은 하나님께서 예루살렘에 평안을 주셨기 때문이므로 여호와를 찬송하라고 했다.

그런데 어찌하여 여호와께서 아사에게 평안을 주셨는가?

2. 여호와를 찾았으므로

대하 14:7과 15:15은 여호와를 찾았으므로 주께서 사방에 평안을 주셨다고 하였다. 하나님께서 아사에게 평화를 주신 까닭은 아사와 유다 백성들이 여호와를 찾았기 때문이었다. 그런데 여호와를 찾은 아사에게 여호와께서 평화를 주시기 전에 평화보다 앞서 주신 은혜가 따로 있었다. 그것은 바로 "우리가 우리 하나님 여호와를 찾았으므로 이 땅이 아직 우리 앞에 있나니"(대하 14:7)이다. 여호와를 찾은 아사에게 평화를 주시기 전에, 먼저 유다의 땅이 원수에게 침략 당하거나 빼앗기지 않도록 땅을 보존하여 주신 은혜가 있었다. 땅을 빼앗긴 곳에 무슨 평화가 있겠는가. 우선 땅이 보존되어야 평화가 있을 수 있지 않겠는가. 그래서 하나님께서는 여호와를 찾는 아사에게 평화를 주시기 전에 먼저 땅을 보존시켜 주시는 은혜를 주셨던 것이다.

더욱이 아사는 하나님을 찾되 막연하게 찾은 것이 아니라 구체적으로 소극적인 면과 적극적인 면을 가지고 하나님을 찾았다. 소극적인 면에서는 우상을 제거하였다. 대하 14:3에서는 아사가 이방 제단과 산당을 없애고 주상을 깨뜨리며 아세라 상을 찍고, 대하 14:5에서는 유다 모든 성읍에서 산당과 태양상을 없애고, 왕상 15:12에서는 남색하는 자들을 그 땅에서 다 쫓아내었다. 적극적으로는 아사가 하나님 보시기에 선과 정의를 행하고(대하 14:2), 하나님의 율법과 명령을 행하게 하고(대하 14:4), 유다 사람에게 명하여 열조의 하나님 여호와를 찾게 하였다(대하 14:4).

그러고 보면 대하 14:7에 두 번이나 나오는 하나님 여호와를 찾았다는 말씀은 우연하게 된 것이 아니라 아사가 왕으로서 유다 사람에게 명하여 열조의 하나님 여호와를 찾게끔 지도하고 교육시킨 결과요 열매였던 것이다.

3. 평화의 간수

아사는 10년의(대하 14:1) 평화를 누리는 동안 마음 놓고 방심한 것이 아니라 하나님께서 주신 평화를 잘 간수하는 일에도 신경을 썼다. 그는 대하 14:6-7에서 견고한 성읍들을 건축하며 그 주위에 성곽과 망대와 문과 빗장을 만들고, 유다에서는 큰 방패와 창을 잡는 30만 명의 군대와 베냐민에서는 작은 방패를 잡으며 활을 당기는 28만 명의(대하 14:8) 군대를 훈련시키는 일에 게으르지 않았다. 성경에 보면 한때는 은혜와 축복을 받았지만 게으르고 방심하여 받은 은혜와 축복을 잃어버리는 사람들이 제법 많이 나오지만 아사는 하나님께서 주신 평화를 잘 간수하는 일에도 신경을 쓰는 주밀(周密)한 사람이었다.

4. 평화의 계속

아사는 10년 동안의(대하 14:1) 평화만 누린 것이 아니라 아사 왕 15년(대하 15:10)부터 아사 왕 35년(대하 15:19)까지 20년 동안 제2의 평화를 다시 누린 사람이다. 그런데 아사 왕이 20년 동안의 제2의 평화를 거저 누렸는가? 아니다. 아사 왕 15년 3월에 유다 백성들이 예루살렘에 모여서 마음을 다하고 성품을 다하여 열조의 하나님 여호와를 찾기를 언약하고 무릇 이스라엘 하나님 여호와를 찾지 아니하는 자는 대소 남녀를 무론하고 죽이는 것이 마땅하다 하고 무리가 큰 소리를 지르며 맹세하면서 여호와를 찾을 때에(대하 15:10-15) 20년 동안 제2의 평화를 누릴 수 있었다.

제1의 평화인 10년도(대하 14:1) 여호와를 찾았으므로 누렸고(대하 14:7), 제2의 평화인 20년도 여호와를 찾았으므로 얻었다. 그리고 제1의 평화를 누릴 때보다 제2의 평화를 누릴 때에는 여호와를 좀 더 강하게 찾았다. 대하 14:7에서는 여호와를 찾았다고 하였으나 대하 15:12에서는 마음을 다하고 성품을 다하여 여호와를 찾기로 맹세하면서까지 찾았다고 하였다. 제1의 평화 때보다 더 강하게 여호와를 찾으니 제2의 평화는 20년을 누릴 수 있었던 것이다.

우리는 지금까지 평화의 왕 아사를 살펴보았다. 남국 유다의 제1대 왕 르호보암과 북국 이스라엘의 제1대 왕 여로보암 사이에 전쟁이 계속됐고(왕상 14:30, 15:6, 대하12:15), 남국 유다의 제2대 왕 아비야와 북국 이스라엘의 제1대 왕 여로보암 사이에도 전쟁이 계속 되다가(왕상 15:7, 대하 13장) 남국 유다의 제3대 왕 아사 때에 비로소 평화가 있었다. 왜? 그가 여호와를 찾았기 때문에. 그는 받은 평화를 잘 간수하여 20년 동안 제2의 평화까지 누렸다. 그러니 그는 과연 평화의 왕이었다. 우리도 아사 왕처럼 개인적으로나 가정적으로나 교회적으로 평화를 누리는 평화의 사람이 될 수 있으면 좋겠다. 아사 왕처럼 여호와를 찾으므로 평화를 누리고, 이 평화를 잘 간수하고, 과거에 여호와를 찾았던 것보다 좀 더 강하게 여호와를 찾아 제2, 제3의 평화를 계속해서 누릴 수 있는 21세기의 한국의 아사 왕이 될 수 있으면 좋겠다.

승리의 왕

남국 유다의 제3대 왕 아사는 평화의 왕인 동시에 승리의 왕이었다. 대하 14:9-15에는 아사가 구스와 싸워 승리한 비결이 나온다. 아사 왕의 58만 명의 군대에 비하여(대하 14:8) 구스는 군사 100만 명과 병거 300대이니(대하 14:9) 거의 두 배나 되는 대군과 맞닥뜨리게 되었다. 대하 16:8에서 선견자 하나니도 구스의 군대를 크고 심히 많은 군대라고 할 정도였다. 그러니 아사가 대하 14:11에서 고백한 대로 강한 자와 약한 자 사이의 전쟁이었다. 그런데 이 강한 자와 약한 자 사이의 전쟁에서 어찌하여 약한 아사가 승리하게 되었으며 그 승리의 비결이 어디에 있었던가? 본문은 그 승리의 비결을 세 가지로 보여준다.

1. 인식을 바로 하였다

대하 14:11에서 아사가 "강한 자와 약한 자 사이에는 주밖에 도와줄 이가 없사오니……"라고 말한 것을 보면 아사 왕은 강한 자와 약한 자가 맞붙어 싸울 때, 약한 자를 도우시는 분은 오직 하나님뿐이심을 바로 인식했다. 전 6:10에서 솔로몬이 "자기보다 강한 자와는 능히 다툴 수 없느니라"라고 고백한 대로 약한 자는 자기보다 강한 자와 능히 다툴 수 없는 법이다. 그런데 본문의 경우에는 강한 구스 사람이 약한 아사를 먼저 치러왔으니 싸우고 싶지 않아도 싸우지 않을 수 없는 지경에 이르렀다. 원치 않으나 약한 자가 강한 자와 싸울 수밖에 없는 피할 수 없는 지경에 이르렀을 때, 아사 왕은 약한 자를 도우실 분은 오직 하나님밖에 없다는 사실을 바로 인식했다.

신 7:1-2에는 네 하나님 여호와께서 너를 인도하사 네가 가서 차지할 땅으로 들이시고 네 앞에서 여러 민족 곧 "너보다 많고 힘이 센 일곱 족속을 쫓아내실 때에 네 하나님 여호와께서 그들을 네게 넘겨 네게 치게 하시리니 그때에 너는 그들을 진멸할 것이라"라는 말씀이 있다. 가나안 백성들은 이스라엘 백성들보다 수적으로 많고 질적으로 힘이 있었다. 그들에 비하면 이스라엘 백성들을 가나안 백성들보다 수적으로 적고 질적으로 힘이 약하다. 이러한 이스라엘 백성들이 그들보다 수적으로 많고 질적으로 힘 있는 가나안의 일곱 족속을 어떻게 쫓아낼 수 있겠는가. 그 비결은 "네 하나님 여호와께서 그들을 네게 넘겨 네게 치게 하시리니"(신 7:2), 즉 "강한 자와 약한 자 사이에는 주밖에 도와줄 이가"(대하 14:11) 없듯이 여호와께서 그들을 도우실 때에 가능하다는 말씀이다.

시 35:10에 "여호와와 같은 이가 누구냐 그는 가난한 자를 그보다 강한 자에게서 건지시고 가난하고 궁핍한 자를 노략하는 자에게서 건지시는 이라"라는 말씀이 있다. 가난한 자는 바로 약한 자다. 가난하고 약한 자가 그보다 강한 자와 싸울 때 가난한 자를 그보다 강한 자로부터 건지시는 분은 하나님이시다. 가난하고 궁핍한 자가 노략하는 자와 싸울 때 가난하고 궁핍한 자를 노략하는 자에게서 건지시는 분은 하나님뿐이시다. 그러니 여기에서도 "여호와여 힘이 강한 자와 약한 자 사이에는 주밖에 도와줄 이가 없사오니"(대하 14:11)의 말씀이 다시 한 번 입증(立證)되었다.

고전 1:27의 "세상의 약한 것들을 택하사 강한 것들을 부끄럽게 하려

하시며"의 말씀도 "여호와여 힘이 강한 자와 약한 자 사이에는 주밖에 도와줄 이가 없사오니"(대하 14:11)의 말씀을 입증(立證)해준다. 대하 14장에서 약한 아사가 강한 구스와 싸우려 할 때 한 이러한 신앙고백은 바로 신 7:2, 시 35:10, 고전 1:27과 같은 신앙고백이었다.

2. 바른 인식을 실천하였다

아무리 인식을 바로 했다 해도 실천하지 않으면 아무 소용이 없다. 올바른 인식을 실천할 때 비로소 효력이 나타나는 법이다. 알고도 실천하지 않는 것을 심지어 야고보는 "그러므로 사람이 선을 행할 줄 알고도 행하지 아니하면 죄니라"(약 4:17)라고까지 말씀하지 않았던가. 본문에서 아사 왕은 강한 자와 약한 자 사이에는 주밖에 도와줄 이가 없는 줄을 알 뿐만 아니라, "우리가 주를 의지하오며 주의 이름을 의탁하옵고 이 많은 무리를 치러 왔나이다"(대하 14:11)라고 하면서 도우심을 받는 방법으로 주를 의지한다고 하였다.

주를 의지하는 것은 약한 자를 도우시는 하나님의 도우심을 받는 방법이다. 강한 자와 약한 자가 맞닥뜨릴 때 약한 자가 하나님의 도우심을 받는 방법은 주를 의지하는 길인데, 아사 왕은 바로 주를 의지했던 것이다. 아사 왕은 올바른 인식을 인식 그대로만 묵혀두지 않고 실천하는 일에 민첩한 사람이었다. 대하 15:2에서 선지자 오뎃의 아들 아사랴가 아사 왕에게 말한 "너희가 만일 그를 찾으면 그가 너희와 만나게 되시려니와"(대하 15:2)의 교훈을 들었을 때 그는 이 교훈을 인식 그대로만 묵혀두지 않고 대하 15:12에서 마음을 다하고 목숨을 다하여 조상들의 하나님 여호와를 찾기로 언약했고, 대하 15:15에서는 무리가 마음을 다하여 맹세하고 뜻을 다하여 여호와를 찾았다고 하였다.

성경에 보면 믿음의 사람들은 알고 있는 인식을 인식 그대로만 묵혀두지 않고 그 인식을 실천한 일들을 여러 곳에서 볼 수 있다. 시 20:6에서 다윗은 "여호와께서 자기에게 기름 부음 받은 자를 구원하시는 줄 이제 내가 아노니 그의 오른손의 구원하는 힘으로 그의 거룩한 하늘에서 그에게 응답하시리로다"라고 인식한 후에 인식만 하고 가만히 있은 것이 아니라, 7절에서 "어떤 사람은 병거, 어떤 사람은 말을 의지하나 우리는 여호와 우리 하나님의 이름을 자랑하리로다"라고 하면서 기름 부음 받은 자를 구원하는 하나님을 의지하는 실천행위를 가졌다.

시 44:1-4에서 시인은 이스라엘로 하여금 가나안을 점령케 하신 분은 오직 하나님이시라고 했다. 즉 이스라엘이 구원 받은 것은 자기 칼이나 활이 아니라 오직 주님의 손이 열방을 쫓아내셨기 때문이라고 했다. 이렇게 인식한 시인은 5-6절에서 어떻게 하였는가? "우리가 주를 의지하여 우리 대적을 누르고 우리를 치러 일어나는 자를 주의 이름으로 밟으리이다 나는 내 활을 의지하지 아니할 것이라 내 칼이 나를 구원하지 못하리이다"라고 하면서 1-4절에서 얻은 올바른 인식을 그대로 실천하겠다고 하였다.

시 119:1-4에서는 전심으로 여호와를 구하고 여호와의 율법을 지킴으로써 행위가 온전하게 된 자는 복이 있다고 하였는데 이 사실을 인식한 시인은 아는 그대로 가만히 있었던 것이 아니라, 5절에서 "내 길을 굳게 정하사 주의 율례를 지키게 하소서"라고 하면서 여호와의 법을 지키는 일에 힘쓸 것을 다짐하였다. 다시 말하면 1-4절의 인식을 그대로 실천하였다는 말이다. 시인은 다시 시 119:9에서 청년은 주의 말씀을 지킴으로써 범죄하지 않게 된다는 사실을 알고 난 후에는 그대로 가만히 있은 것이 아니라, 11절에서 "내가 주께 범죄하지 아니하려 하여 주의 말씀을 내 마음에 두었나이다"라고 하면서 범죄하지 않기 위하여 주의 말씀을 자기 마음에 모시는 실천행위를 취했던 것이다.

3. 주를 이기지 못하게

아사 왕은 대하 14:11에서 "여호와여 주는 우리 하나님이시오니 원하건대 사람이 주를 이기지 못하게 하옵소서"라고 하면서 이번 전쟁의 승패(勝敗)와 직결시켰다. 남국 유다의 승리는 바로 하나님의 승리요, 남국 유다의 패배는 바로 하나님의 패배다. 그러니 유다로 하여금 이기게 하심으로써 그 결과 사람으로 주를 이기지 못하게 해달라는 기도다. 하나님 편에서, 사람으로 하여금 주를 이기게 하실 수 있겠는가? 있을 수 없다. 그러니 이번 전쟁에서는 유다가 기어코 이겨야 되지 않겠는가? 그러니 이번 전쟁은 하나님께서 책임지시고 기어코 유다를 이기게 하셔야 될 일이었다.

아사의 신앙

아사 왕은 왕으로서의 신분도 가지고 있었지만 우선은 개인적으로, 한 인간으로서, 한 믿음의 사람으로서 아름다운 신앙을 가지고 있었다. 아사의 신앙은 네 가지 특색이 있었다.

1. 나부터

대하 14:2은 아사가 하나님 여호와 보시기에 선과 정의를 행했다고 하였다. 이 말씀은 아사가 왕의 신분으로서 그렇게 행하였다고 볼 수 있겠지만 왕의 신분보다도 개인적으로, 한 인간으로서, 한 믿음의 사람으로서의 생활로 보는 것이 더 합당해보인다. 아사 왕은 왕의 신분보다도 우선 개인적으로, 한 인간으로서, 한 믿음의 사람으로서 여호와 보시기에 선과 정의를 행하는 일에 그 누구보다도 앞섰다.

남국 유다의 20명의 왕들 중에서 믿음으로 산 왕들을 우리는 보통 제3대 아사, 제4대 여호사밧, 제13대 히스기야, 제16대 요시야 왕으로 꼽는다. 그런데 이 네 왕들의 공통된 특색은 이들이 왕의 신분보다도 개인적으로, 한 인간으로서, 한 믿음의 사람으로서 믿음으로 사는 데 남보다 앞섰다는 사실이다.

제4대 왕 여호사밧이 그러하였다는 사실을 대하 17:3-4은 그가 그의 조상 다윗의 처음 길로 행하여 바알들에게 구하지 아니하고 오직 그 아버지의 하나님께 구했다고 하였고, 6절은 그가 전심으로 여호와의 길을 걸었다고 하였다.

제13대 왕 히스기야가 그러했다는 사실을 왕하 18:3은 히스기야가 그 조상 다윗의 모든 행위와 같이 여호와 보시기에 정직히 행했다고 하였고, 6절에서는 그가 여호와께 연합하여 그에게서 떠나지 아니하고 여호와께서 모세에게 명령하신 계명을 지켰다고 하였다.

제16대 왕 요시야가 그러하였다는 사실을 대하 34:2-3은 그가 여호와 보시기에 정직하게 행하여 그의 조상 다윗의 길로 걸으며 좌우로 치우치지 아니하고 아직도 어렸을 때 곧 왕위에 있은 지 8년에 그의 조상 다윗의 하나님을 비로소 찾았다고 하였다.

마 12:35에서 예수님께서는 "선한 사람은 그 쌓은 선에서 선한 것을 내고 악한 사람은 그 쌓은 악에서 악한 것을 내느니라"라고 말씀하셨다. 나 홀로 선을 쌓은 선한 사람에게서 선을 기대할 수 있지 나 홀로 악을 쌓은 악인에게서 어떻게 선을 기대할 수 있겠는가. 삼상 24:13의 "옛 속담에 말하기를 악은 악인에게서 난다 하였으니"라는 말씀대로 악인에게서는 악만 나오지 선이 나올 수 없다.

왕으로서 한 나라를 다스릴 사람들이 나부터 먼저 믿음으로 살지 아니하고 어떻게 백성들을 믿음으로 지도할 수 있으며, 나부터 먼저 선하게 살지 않고 어떻게 백성들을 선하게 지도할 수 있겠는가. 남국 유다의 20명의 왕들 중에서 믿음으로 산 제3대 아사, 제4대 여호사밧, 제13대 히스기야, 제16대 요시야 왕들은 왕의 신분을 논하기 전에 우선 개인적으로, 한 인간으로서, 한 믿음의 사람으로서 다른 사람들보다 나부터 먼저 믿음으로 살았으니 감사하고 다행한 일이다.

2. 구체적으로

아사 왕은 나부터 먼저 믿음으로 살되 막연하게 산 것이 아니라 아주 구체적으로 믿음으로 살았다. 대하 14:3은 아사 왕이 믿음으로 산 구체적인 경우를 말하는데, 먼저 이방 제단과 산당을 없애고 주상을 깨뜨리며 아세라 상을 찍었다고 하였고, 대하 14:5은 유다 모든 성읍에서 산당과 태양상을 없앴다고 하였다.

대하 17:4은 제4대 왕 여호사밧이 믿음으로 산 구체적인 내용을 하나님의 계명을 행하고 이스라엘의 행위를 따르지 아니했다고 했고, 대하 17:6은 산당들과 아세라 목상들도 유다에서 제거했다고 하였다.

왕하 18:4은 제13대 왕 히스기야가 믿음으로 산 구체적인 내용을 여러 산당들을 제하고 주상을 깨뜨리며 아세라 목상을 찍었다고 하였고, 왕하 18:6은 히스기야가 여호와께서 모세에게 명하신 계명을 지켰다고 하였다.

대하 34:3-4은 제16대 왕 요시야가 믿음으로 산 구체적인 내용을 산당들과 아세라 목상들과 아로새긴 우상들과 부어 만든 우상들을 제거하여 버리며 바알의 제단들을 훼파하고 그 제단 위에 높이 달린 태양상들을 찍어 버리고 아세라 목상들과 아로새긴 우상들을 제거했다고 하였다. 이와 같이 제3대 아사, 제4대 여호사밧, 제13대 히스기야, 제16대 요시야 왕들은 다른 사람들보다 나부터 먼저 믿음으로 살되 막연하게 산 것이 아니라 각각 구체적인 내용을 가지고 믿음으로 살았다.

3. 백성에게 영향을

아사 왕이 지도자로서 나부터 먼저 앞서서 믿음으로 사니 그러한 생활은 피지도자인 백성에게 영향을 미쳤다. 그가 백성에게 미친 영향을 대하 14:4은 "유다 사람에게 명하여 그 조상들의 하나님 여호와를 찾게 하며 그의 율법과 명령을 행하게 하고"라고 했다. 아사 왕이 백성들에게 조상들의 하나님 여호와를 찾으라고 명령하니 백성들이 그대로 순종하였고, 아사 왕이 백성들에게 하나님의 율법과 명령을 행하라고 하니 백성들이 그대로 순종하였다는 말씀이다. 지도자인 나부터 먼저 믿음으로 살지 못하고 따라서 백성들에게 믿음으로 사는 좋은 본을 보여주지 못하고 백성들에게 믿음으로 살라고 하면 어느 백성이 그 말씀에 순종하겠는가. 그러나 아사 왕이 지도자로서 나부터 먼저 믿음으로 살고 따라서 백성들에게 아름다운 믿음의 본을 먼저 보여주니, 조상들의 하나님 여호와를 찾으라는 명령과 하나님의 율법과 명령을 지키라는 아사 왕의 명령을 백성들이 전적으로 순종하여 따랐던 것이다.

나부터 먼저 믿음으로 살고 따라서 아름다운 믿음의 본을 보여준 사람들이 다른 사람들에게도 좋은 영향을 끼친다는 사실을 성경은 다른 곳에서도 보여준다. 다윗은 시 34:1-3에서 "내가 여호와를 항상 송축함이여 내 입술로 항상 주를 찬양하리이다 내 영혼이 여호와를 자랑하리니 곤고한 자들이 이를 듣고 기뻐하리로다 나와 함께 여호와를 광대하시다 하며 함께 그의 이름을 높이세"라고 했다.

다윗은 여호와를 항상 송축했으므로 그 송축함이 다윗의 입에서 떠나지 않았다. 다윗은 여호와를 송축할 뿐만 아니라 여호와를 자랑했다. 다윗이 은혜를 받아 하도 여호와를 신나게 송축하며, 다윗의 영혼이 여호와를 자랑하니, 찬송하고는 담을 쌓고 살던 곤고한 자가 다윗의 찬송을 듣고 감동을 받아 기뻐하게 되었다. 곤고한 자는 평생을 살아도 찬송할 수 없고 날마다 탄식과 눈물로 세월을 보내는 사람이 아닌가. 다윗이 하도 신나게 하나님을 송축하고, 다윗의 영혼이 여호와를 자랑하니 그 찬송과 자랑에 감동되어 곤고한 자도 기뻐하고 다윗과 함께 여호와를 찬송할 마음이 생겼던 것이다.

그래서 다윗은 3절에서 "나와 함께 여호와는 광대하시다 하며 함께 그의 이름을 높이세"라고 하면서 곤고한 자에게 함께 찬송하자고 권면하였다. 이와 같이 다윗의 찬송은 찬송과는 거리가 먼 곤고한 자까지도 함께 찬송할 마음이 나게 할 만큼 아름다운 영향을 미쳤다.

시 40:1-3에는 "내가 여호와를 기다리고 기다렸더니 귀를 기울이사 나의 부르짖음을 들으셨도다 나를 기가 막힐 웅덩이와 수렁에서 끌어올리시고 내 발을 반석 위에 두사 내 걸음을 견고하게 하셨도다 새 노래 곧 우리 하나님께 올릴 찬송을 내 입에 두셨으니 많은 사람이 보고 두려워하여 여호와를 의지하리로다"라는 말씀이 있다.

한때 기가 막힐 웅덩이와 수렁에 빠진 다윗이 그 자리에서 벗어나기 위하여 여호와를 기다리고 기다리며 부르짖었더니 하나님께서는 다윗의 부르짖음을 들으시사 기가 막힐 웅덩이와 수렁에서 끌어올리시고 다윗의 발을 반석 위에 두사 그의 걸음을 견고케 하시고 다윗의 입에 새 노래를 담아주셨다. 이 사실을 본 많은 사람들이 다윗에게 영향을 받아 자기들도 다윗처럼 여호와를 의지하고 싶은 마음이 생겨서 그들도 여호와를 의지하게 되었다고 한다.

이렇게 다윗의 기도 생활은 다른 사람들도 다윗처럼 여호와를 의지할 마음이 나게 할 정도로 좋은 영향을 미쳤다. 이와 같이 아사 왕의 믿음은 시 34:1-3, 40:1-3의 다윗처럼 백성들에게 아름다운 영향을 미쳤다.

4. 선지자에게 순종

대하 15:7에서 선지자가 아사 왕에게 "그런즉 너희는 강하게 하라 너희의 손이 약하지 않게 하라 너희 행위에는 상급이 있음이라"라고 하자 아사가 이 말 곧 선지자 오뎃의 예언을 듣고 마음을 강하게 하였다고 한다(대하 15:8). 그러니 아사 왕은 선지자의 말에 순종하였다. 대하 15:2에서 선지자가 아사 왕에게 "너희가 만일 그를 찾으면 그가 너희와 만나게 되시려니와……"라고 했더니 대하 15:12에서 마음을 다하고 목숨을 다하여 조상들의 하나님 여호와를 찾기로 언약하였고, 대하 15:15에서는 무리가 마음을 다하여 맹세하고 뜻을 다하여 여호와를 찾았으므로 여호와께서도 그들을 만나 주시고 그들의 사방에 평안을 주셨다고 한다. 그러니 아사 왕은 선지자의 말에 한 번만이 아니라 두 번까지 순종하였다. 대하 20:20에 "그의 선지자들을 신뢰하라 그리하면 형통하리라"라고 했는데 아사 왕이 이 말씀대로 선지자의 말에 순종하였더니 여호와께서 그들을 만나주시고 그 사방에 평안을 주시는(대하15:15) 형통의 축복을 받았다.

아사 왕은 왕으로서 또는 지도자로서 다른 사람들보다 나부터 먼저 믿음으로 살고, 믿음으로 살되 막연하게 산 것이 아니라 구체적으로 살고, 따라서 백성에게 아름다운 영향을 미치고 선지자의 말에 순종하여 형통의 축복을 받았다.

신약시대의 지도자인 사람들도 다른 사람들보다 나부터 먼저 믿음으로 살고 구체적으로 믿음으로 살아, 지도를 받는 신약시대의 성도들에게 아름다운 영향을 끼치는 지도자들이 될 수 있기를 바란다. 그리고 신약시대에는 선지자들은 없지만 어떤 면에서는 신구약 성경말씀 전체가 선지자들의 말이라고도 볼 수 있다. 그러므로 선지자들의 말인 성경말씀에 순종하여 "그의 선지자들을 신뢰하라 그리하면 형통하리라"(대하 20:20)의 약속대로 형통의 축복을 받을 수 있기를 바란다.

왜 전쟁이?

하나님께서는 레 26:3에서 이스라엘이 하나님의 규례와 계명을 준행하면 그 땅에 평화를 주시고(레 26:6) 그 땅에 칼이 행하지 않게(레 26:6), 즉 전쟁이 없게 하겠다고 말씀하셨다.

남국 유다의 제3대 왕 아사는 왕이 되자마자 "아사가 그의 하나님 여호와 보시기에 선과 정의를 행하여 이방 제단과 산당을 없애고 주상을 깨뜨리며 아세라 상을 찍고 유다 사람에게 명하여 그 조상들의 하나님 여호와를 찾게 하며 그의 율법과 명령을 행하게 하고 또 유다 모든 성읍에서 산당과 태양상을 없애매 나라가 그 앞에서 평안함을 누리니라"(대하 14:2-5)의 정책, 즉 레 26:3의 말씀에 순종하였다. 그랬더니 하나님께서는 레 26:6에서 약속하신 대로 "내가 그 땅에 평화를 줄 것인즉……칼이 너희의 땅에 두루 행하지 아니할 것이며"의 평화를 주셨다(대하 14:1, 5, 6, 7).

그런데 대하 14:9에서 구스 사람 세라가 군사 100만 명과 병거 300대를 거느리고 아사를 치려고 오는 전쟁은 왜 일어났을까? 이 전쟁은 너희가 나의 규례와 계명을 준행하면(레 26:3) 내가 그 땅에 평화를 줄 것인즉 너희가 누울 때 너희를 두렵게 할 자가 없을 것이며 칼이 너희의 땅에 두루 행하지 않게 하시겠다는 레 26:6 말씀에 어긋나지 않는가?

성경에 보면 하나님의 백성인 이스라엘이 범죄할 때 하나님께서 징계의 채찍으로 전쟁을 주시는 경우가 상당히 많이 나온다. 그런데 전쟁은 이스라엘이 범죄할 때 징계의 채찍으로만 주시는 것이 아니다. 그렇지 않은 경우도 있다. 레 26장에서도 이스라엘이 하나님의 규례와 계명을 준행할 때 평화를 주겠다고 약속하시고도(레 26:3-6) 레 26:7-8에는 전쟁에 대한 말씀이 나온다. 하나님의 규례와 계명을 준행하여(레 26:3) 평화의 축복을 받던(레 26:6) 백성에게 임하는 전쟁은 그들을 해하고 망하게 하는 전쟁이 아니라 다섯이 백을 쫓는 20대 1, 백이 만을 쫓는 100대 1(레 26:8), 한 사람이 천 명을 쫓는 1000대 1(수 23:10), 대적이 한 길로 치러 왔다가 일곱 길로 도망하는(신 28:7) 엄청난 승리를 주시기 위한 축복의 전쟁이다.

여호와 보시기에 선과 정의를 행하여(대하 14:2) 10년 동안의 평화를 누리던 아사 왕에게(대하 14:1) 구스 사람 세라가 치러 온 전쟁은 하나님께서 아사에게 징계의 채찍으로 주시는 전쟁이 아니고 레 26:8, 수 23:10, 신 28:7의 약속대로 구스 사람 100만 대군과 병거 300대가 완전히 패하여 살아남는 자가 한 사람도 없게 되는 대하 14:13의 대승리를 아사 왕에게 안겨주시기 위한 축복의 전쟁이었다.

남국 유다의 제4대 왕 여호사밧은 왕이 되자 하나님께 구하되(대하 17:4) "그는 전심으로 여호와를 구하던 여호사밧"(대하 22:9)이라고 다른 사람들이 인정할 정도로 전심으로 구하고, 전심으로 여호와의 길을 걷는(대하 17:6), 즉 레 26:3의 생활을 하였다. 그 결과 "여호와께서 유다 사방의 모든 나라에 두려움을 주사 여호사밧과 싸우지 못하게 하시매 블레셋 사람들 중에서는 여호사밧에게 예물을 드리며 은으로 조공을 바쳤고 아라비아 사람들도 짐승 떼 곧 숫양 칠천칠백 마리와 숫염소 칠천칠백 마리를 드렸더라"(대하 17:10-11)와 "여호사밧이 부귀와 영광을 크게 떨쳤고"(대하 18:1)의 축복을 받았다.

이러한 여호사밧에게 왜 모압 자손과 암몬 자손과 마온 사람의 큰 무리가(대하 20:1-2) 치러 오는 전쟁이 일어났는가? 이 전쟁은 결코 여호사밧을 망하게 하는 전쟁이 아니라 여호사밧을 치러왔던 세 나라의 연합군대가 자기들끼리 싸워 망하고(대하 20:23), 한 사람도 피한 자가 없고(대하 20:24), 노략물을 사흘 동안이나 거두어들이는(대하 20:25) 대승리를 여호사밧에게 안겨주시기 위한 축복의 전쟁이었다.

남국 유다의 제13대 왕 히스기야는 왕이 되자 하나님 보시기에 정직히 행하고(왕하 18:3), 여호와를 의지하되 전무후무하게 의지하고(왕하 18:5), 하나님의 계명을 지켰다(왕하 18:6). 그 외에도 귀한 일을 많이 하였기 때문에 대하 32:1은 히스기야의 일을 "이 모든 충성된 일"이라고 결론지었다. 즉 "너희가 내 규례와 계명을 준행하면"(레 26:3)의 일을 하였다.

그런데 이러한 히스기야에게 왜 앗수르가 쳐들어왔는가? 이는 결코 "너희가 내 규례와 계명을 준행하면"(레 26:3)의 일을 하는 히스기야를 망하게 하는 전쟁이 아니다. 히스기야를 치러왔던 앗수르의 군사

185,000명을 하룻밤 사이에 전멸시키고(왕하 19:35) 한 걸음 더 나아가 "여러 사람이 예물을 가지고 예루살렘에 와서 여호와께 드리고 또 보물을 유다 왕 히스기야에게 드린지라 이 후부터 히스기야가 모든 나라의 눈에 존귀하게 되었더라"(대하 32:23)의 영광을 히스기야 왕에게 안겨주시기 위한 전쟁이었다.

우리가 이 세상에 사는 동안 전쟁보다 더 큰 환난이 또 어디 있겠는가. 환난 중에서도 최고, 최악의 환난은 전쟁이다. 그런데 그 최악의 환난인 전쟁도 "너희가 내 규례와 계명을 준행하면"(레 26:3)의 삶을 사는 자에게는 승리와 축복의 전쟁이 되는 것이다. 그러니 최악의 환난인 전쟁 그 자체가 문제되는 것이 아니라 내가 어떠한 삶 속에서 그 전쟁을 겪느냐가 더 중요한 문제이다. 나의 삶이 "너희가 내 규례와 계명을 준행하면"(레 26:3)의 삶을 살고 있다면 최악의 환난인 전쟁도 우리에게는 승리와 축복으로 결과 되어진다.

우리는 오늘날 어떠한 삶을 살고 있는가? 환난 중에도 최악의 환난인 전쟁조차 승리와 축복으로 결과 되어지는 "너희가 내 규례와 계명을 준행하면"(레 26:3)의 삶을 살기 바란다.

하나님의 규례와 계명을 준행하여(레 26:3) 평화를 누리던 사람에게도(레 26:6) 전쟁이 있을 수 있다는 사실은 다윗의 역사에서도 볼 수 있다. 다윗은 하나님의 축복으로 우선 헤브론에서 7년 6개월 동안 유다 지파만의 왕으로 있다가(삼하 5:4-5, 대상 11:1-30), 예루살렘으로 올라가 전국 왕이 되었다(삼하 5:6-10, 대상 11:4-8). 뿐만 아니라 두로 왕 히람이 다윗을 위하여 왕궁까지 건축해주었다(삼하 5:11, 대상 14:1). 그리하여 "만군의 하나님 여호와께서 함께 계시니 다윗이 점점 강성하여 가니라"(삼하 5:10, 대상 11:9)와 "그의 백성 이스라엘을 위하여 그의 나라가 높이 들림을 받았음을 앎이었더라"(대상 14:2)의 축복으로 이어졌다. 다윗도 이 모든 사실을 알고 "다윗이 여호와께서 자기를 세우사 이스라엘 왕으로 삼으신 것과 그의 백성 이스라엘을 위하여 그 나라를 높이신 것을 알았더라"(삼하 5:12)라고 하면서 감사했다.

이러한 다윗에게 블레셋이 두 번씩이나 쳐들어왔다(삼하 5:17-25, 대상 14:8-17). 다윗의 현재 상태에서 보면 범죄자에게 주시는 징계와 채찍인 전쟁을 겪어야만 할 아무런 근거가 없다. 하나님의 축복으로 한창 번성해나가는 다윗에게 왜 전쟁이 일어났는가? 그 까닭은 이 전쟁으로 다윗을 괴롭히려는 뜻이 아니었다. 대상 14:17은 이 전쟁의 결과를 "다윗의 명성이 온 세상에 퍼졌고 여호와께서 모든 이방 민족으로 그를 두려워하게 하셨더라"라고 했으니 하나님의 규례와 계명을 준행하여(레 26:3) 평화를 누리던(레 26:6) 다윗에게 주신 전쟁은 축복으로 인도하시기 위한 전주곡(前奏曲)이었다.

치러 오는 자를 치시는 하나님

신 28:1에서 하나님께서는 이스라엘 백성들에게 "네가 네 하나님 여호와의 말씀을 삼가 듣고 내가 오늘 네게 명령하는 그의 모든 명령을 지켜 행하면", "여호와께서 너를 대적하기 위해 일어난 적군들을 네 앞에서 패하게 하시리라 그들이 한 길로 너를 치러 들어왔으나 네 앞에서 일곱 길로 도망하리라"(신 28:7)의 축복을 주시겠다고 약속하셨다.

성경에는 이 약속대로 이루어진 일들이 여러 번 나온다. 삼상 7장에서 이스라엘 백성들이 선지자 사무엘의 지도를 받아 전심으로 여호와께 돌아와 회개운동을 할 때 갑자기 블레셋의 군대가 그들을 습격하였다. 그들은 싸우러 온 것이 아니고 회개하려고 왔으니 아무 무기도 갖추지 못한 빈손들이었다. 그러니 블레셋의 습격을 그대로 받을 수밖에 없었다.

그러나 "네가 네 하나님 여호와의 말씀을 삼가 듣고 내가 오늘 네게 명령하는 그의 모든 명령을 지켜 행하는"(신 28:1) 이스라엘 백성들에게 "여호와께서 너를 대적하기 위해 일어난 적군들을 네 앞에서 패하게 하시리라"(신 28:7)라는 약속을 지키시기 위하여 "그 날에 여호와께서 블레셋 사람에게 큰 우레를 발하여 그들을 어지럽게 하시니 그들이 이스라엘 앞에 패한지라"(삼상 7:10)의 승리를 주셨다. 즉 이스라엘을 치러 온 블레셋 군대를 하나님께서 치셨다.

하나님 여호와의 말씀을 삼가 듣고 그 모든 명령을 지켜 행하는(신 28:1) 남국 유다의 제3대 왕 아사에게 구스 사람 세라가 군사 100만 명과 병거 300백 대를 거느리고 치러 왔다. 그러나 "여호와께서 구스 사람들을 아사와 유다 사람들 앞에서 치시니 구스 사람들이 도망하는지라"(대하 14:12)의 결과가 나타났다. 그리하여 하나님 여호와의 말씀을 삼가 듣고 그 모든 명령을 지켜 행하는(신 28:1) 아사 왕을 치러 왔던 구스 사람을 하나님께서 치심으로 "너를 대적하기 위해 일어난 적군들을 네 앞에서 패하게 하시리라"(신 28:7)의 약속을 이루셨다.

암몬, 모압, 세일산 사람들의 연합 군대가 하나님 여호와의 말씀을 삼가 듣고 그 모든 명령을 지켜 행하는(신 28:1) 남국 유다의 제4대 왕 여호사밧을 치러 왔다. 그러나 "여호와께서 복병을 두어 유다를 치러 온 암몬 자손과 모압과 세일 산 주민들을 치게 하시므로 그들이 패하였으니"(대하 20:22)의 결과가 나타나게 하셨고, 앗수르의 185,000명의 군대가 하나님 여호와의 말씀을 삼가 듣고 그 모든 명령을 지켜 행하는(신 28:1)

남국 유다의 제13대 왕 히스기야를 치러 왔을 때 "여호와께서 한 천사를 보내어 앗수르 왕의 진영에서 모든 큰 용사와 대장과 지휘관들을 멸하신지라"(대하 32:21)의 결과가 나타나게 하심으로써 "너를 대적하기 위해 일어난 적군들을 네 앞에서 패하게 하시리라"(신 28:7)의 약속을 다시 한 번 이루셨다.

겔 38:15-16에서는 곡 나라가 북쪽 끝에서 많은 백성 곧 다 말을 탄 큰 무리와 능한 군대와 함께 오되 구름이 땅을 덮음같이 내 백성 이스라엘을 치러 온다고 하였다. 본문에 나오는 곡 나라의 군대를 다시 한 번 살펴보자. 우선 그들은 많은 백성이라고 했고 큰 무리라고 했다. 이 말씀은 곡 나라의 군대가 수적으로 많다는 뜻이다. 그리고 그들은 다 말을 탄 군대라고 했다. 말을 탄 군대는 기병들이니 보병보다 좀 더 시설 면에서 강하다. 그리고 그들은 능한 군대라고 했다. 이것은 곡 나라의 군대가 질적으로 우세하다는 말이다. 그리고 또 이 많은 군대들이 구름이 땅에 덮임같이 내 백성 이스라엘을 치겠다고 하였다. 구름이 땅에 덮인다는 말은 무슨 뜻인가? 구름이 땅에 덮일 때에는 인간의 힘으로 막을 재간이 없다. 오늘날과 같이 과학의 힘이 아무리 발달했다 할지라도 구름이 땅에 덮이는 일은 인간의 힘으로 막을 재간이 없다.

이와 같이 이스라엘을 치러 오는 곡 나라의 군대는 막을 재간이 없다. 그렇다고 이스라엘이 당할 수밖에 없는 것인가? 겔 38:21은 "주 여호와의 말씀이니라 내가 내 모든 산 중에서 그를 칠 칼을 부르리니 각 사람이 칼로 그 형제를 칠 것이며"라고 했다. 곡 나라가 이스라엘을 치려고 많은 백성, 말을 탄 큰 떼, 능한 군대가 구름이 땅에 덮임같이 온다 할지라도 여호와께서 그들을 칠 칼을 부르사 그들을 치겠다고 하셨다.

뿐만 아니라 겔 38:22에서는 전염병과 피로 그를 심판하시며 쏟아지는 폭우와 큰 우박덩이와 불과 유황으로 하나님께서 친히 그들을 치겠다고 하셨다. 곡 나라가 많은 백성, 다 말을 탄 큰 무리와 능한 군대가 구름이 땅을 덮음같이 내 백성 이스라엘을 치러 온다고 할지라도 우리 하나님께서는 우선 그들을 칠 칼을 부르사 그들을 치시고 뿐만 아니라 전염병과 피로 그를 심판하시며 쏟아지는 폭우와 큰 우박덩이와 불과 유황으로 그들을 친히 치심으로 "너를 대적하기 위해 일어난 적군들을 네 앞에서 패하게 하시리라"(신 28:7)의 약속을 이루겠다고 하셨다.

시 35:1에서 다윗은 "여호와여 나와 다투는 자와 다투시고 나와 싸우는 자와 싸우소서"라고 기도하였다. 무슨 뜻인가? 이스라엘을 치러 오는 블레셋 군대를 하나님께서 치시고(삼상 7:10), 아사를 치러 오는 구스 사람을(대하 14:12), 여호사밧을 치러 온 세 나라의 연합 군대를(대하 20:22), 히스기야를 치러 온 앗수르 군대를(대하 32:21), 이스라엘을 치러 온 곡 나라를 하나님께서 치셨듯이(겔 38:21-22), 다윗과 다투는 자를 하나님께서 다투시고 다윗과 싸우는 자와 더불어 하나님께서 싸우셔서 다윗을 치러 오는 자를 주께서 쳐주시기를 바라는 기도이다.

그러면 어떠한 때 우리를 치러 오는 자들을 하나님께서 치시는가? "네가 네 하나님 여호와의 말씀을 삼가 듣고 내가 오늘 네게 명령하는 그의 모든 명령을 지켜 행하면"(신 28:1)의 삶을 살 때이다. 우리는 삼상 7장 당시의 이스라엘 백성, 아사 왕, 여호사밧 왕, 히스기야 왕, 겔 38:15-16 당시의 이스라엘 백성들처럼 하나님 여호와의 말씀을 삼가 듣고 그의 모든 명령을 지켜 행함으로(신 28:1) "너를 대적하기 위해 일어난 적군들을 네 앞에서 패하게 하시리라"(신 28:7)의 말씀대로 우리를 치러 오는 자를 주님께서 쳐주시는 축복을 받을 수 있기 바란다.

대하 15장

사람이 행하는 대로

　대하 15:2에서 선지자 아사랴는 아사 왕에게 하나님께서는 사람들이 행하는 대로 응해주신다는 사실을 말했는데 하나는 선한 면에 대하여, 다른 하나는 나쁜 면에 대하여 말하였다. 선한 면에 대해서는 우리가 여호와와 더불어 함께 하기를 힘쓸 때에 여호와께서 우리와 함께 하여주시고 인간들 편에서 하나님을 찾을 때에 하나님께서도 우리 인간들에게 만난 바 되어 주신다는 말씀이다.
　반면에 나쁜 면에서는 우리 사람들 편에서 하나님을 버리면 하나님께서도 우리 사람들을 버리신다는 말씀이다.

1. 선한 면에서

성경은 여러 곳에서 이 두 가지 원리에 대하여 말하는데 우선 선한 면에 대하여 보기를 들어보자.

삼하 7:5에서 "네가 나를 위하여 내가 살 집을 건축하겠느냐"라고 말씀하신 대로 하나님의 집에 대해 큰 관심을 보이는 다윗에게 하나님께서는 "여호와가 너를 위하여 집을 짓고"(삼하 7:11), "네 집과 네 나라가 내 앞에서 영원히 보전되고 네 왕위가 영원히 견고하리라"(삼하 7:16)라고 말씀하셨다.

다윗 편에서 먼저 하나님의 집을 위하여 깊은 관심을 가졌더니 하나님께서 다윗의 집을 위하여 깊은 관심을 가져주시니 다윗은 너무 감격스러운 나머지 "다윗 왕이 여호와 앞에 들어가 앉아서 이르되 주 여호와여 나는 누구이오며 내 집은 무엇이기에 나를 여기까지 이르게 하셨나이까 주 여호와여 주께서 이것을 오히려 적게 여기시고 또 종의 집에 있을 먼 장래의 일까지도 말씀하셨나이다 주 여호와여 이것이 사람의 법이니이다"(삼하 7:18-19)라고 하면서 감사하였다.

이와 같이 하나님의 집에 대하여 깊은 관심을 가지는 다윗에게 우리 하나님께서는 다윗의 집에 영구히 이를 계획을 세우시고 그 자손에서 예수님을 탄생시키셨다.

신 30:1-5은 이방에 사로잡혀 간 이스라엘을 하나님께서 그 본토로 돌아오게 하시는 문제를 다룬다. 신 30:5은 "네 하나님 여호와께서 너를 네 조상들이 차지한 땅으로 돌아오게 하사 네게 다시 그것을 차지하게 하실 것이며……"라고 했는데, 언제 하나님께서 그들을 돌아오게 하시겠다는 말씀인가? 신 30:2은 "너와 네 자손이 네 하나님 여호와께로 돌아와……"라고 했으니, 사람들 편에서 먼저 회개하고 하나님께로 돌아올 때 하나님께서도 그들을 본토로 돌아오게 하시겠다는 말씀이다. 사람들 편에서 먼저 하나님께로 돌아와야만 하나님께서도 그들의 본토에 돌아오게 하신다는 사실을 성경 다른 곳에서도 가르친다.

 왕상 8:33-34에 보면 "만일 주의 백성 이스라엘이 주께 범죄하여 적국 앞에 패하게 되므로 주께로 돌아와서 주의 이름을 인정하고……주는 하늘에서 들으시고……그들의 조상들에게 주신 땅으로 돌아오게 하옵소서"라고 했으니, 전쟁에 패하여 사로잡혀갔던 이스라엘이 본토로 돌아오려면 순서적으로 사람들 편에서 먼저 하나님께 돌아와야 한다는 것이다. 대상 28:9에서 아버지 다윗은 아들 솔로몬에게 "내 아들 솔로몬아 너는 네 아버지의 하나님을 알고 온전한 마음과 기쁜 뜻으로 섬길지어다……네가 만일 그를 찾으면 만날 것이요 만일 네가 그를 버리면 그가 너를 영원히 버리시리라"라고 타일렀다.

 대하 30:6에서는 "너희는 아브라함과 이삭과 이스라엘의 하나님 여호와께로 돌아오라 그리하면 그가 너희 남은 자 곧 앗수르 왕의 손에서 벗어난 자에게로 돌아오시리라"라고 했고, 대하 30:9에서는 "너희가 만일 여호와께 돌아오면 너희 형제들과 너희 자녀가……다시 이 땅으로 돌아오리라"라고 말씀하셨다. 느 1:9에서는 "만일 내게로 돌아와 내 계명을 지켜 행하면 너희 쫓긴 자가 하늘 끝에 있을지라도 내가 거기서부터 그들을 모아 내 이름을 두려고 택한 곳에 돌아오게 하리라"라고 말씀하셨다.

 행 13:22에 보면 "내가 이새의 아들 다윗을 만나니 내 마음에 맞는 사람이라 내 뜻을 다 이루리라 하시더니"라고 했는데 어찌하여 하나님께서 다윗을 통하여 그 뜻을 다 이루겠다고 하셨는가? 그 이유는 행 13:36에 "다윗은 당시에 하나님의 뜻을 따라 섬기다가……"이다. 다윗 편에서 먼저 하나님의 뜻을 따라 섬기는 생활을 하니 하나님께서도 그러한 다윗을 통하여 하나님의 뜻을 이루시겠다는 말씀이다. 약 4:8에 "하나님을 가까이하라 그리하면 너희를 가까이하시리라"라고 했다. 하나님께서는 어떠한 자를 가까이해주시는가? 사람들 편에서 먼저 가까이하려고 애쓰는 자를 하나님께서도 가까이해 주시겠다고 하셨다. 계 3:10에는 "네가 나의 인내의 말씀을 지켰은즉 내가 또한 너를 지켜 시험의 때를 면하게 하리니"라고 했다. 빌라델비아 교회가 먼저 주의 말씀을 지킬 때에 우리 주님께서도 그들을 지켜 시험의 때를 면하게 해주시겠다는 말씀이다.

2. 나쁜 면에서

이제는 나쁜 면에서 사람들이 행하는 대로 하나님께서 응해주신다는 사실을 생각해보자. 우선 본문에 나오는 "너희가 만일 그를 버리면 그도 너희를 버리시리라"(대하 15:2)를 비롯하여 성경에 나오는 다른 경우들을 생각해보자.

레 26:30에서 하나님께서는 "내 마음이 너희를 싫어할 것이며"라고 하셨다. 하나님의 마음이 왜 이스라엘을 싫어하시는가? 이스라엘 백성들이 하나님을 사랑함에도 불구하고 하나님 편에서 일방적으로 이스라엘을 싫어하셨는가? 아니다. 하나님의 마음이 이스라엘을 싫어하시기 전에 사람들 편에서 하나님을 싫어하는 행동이 먼저 앞섰다.

레 26:15에는 이스라엘 백성들이 하나님의 법도를 마음으로 싫어하였다고 한다. 사람들 편에서 먼저 마음으로 하나님의 법도를 싫어하니 하나님 편에서도 마음으로 그들을 싫어하는 보응이 뒤따랐다.

레 26:24, 41에서는 하나님께서 이스라엘을 대항하셨다고 하였다. 왜? 이스라엘 백성들이 하나님을 사랑하고 하나님의 말씀을 순종함에도 불구하고 하나님께서 일방적으로 이스라엘을 대항하셨는가? 아니다. 하나님께서 이스라엘을 대항하시기 전에 레 26:23, 27, 40에서 이스라엘 백성들이 하나님을 대항하는 일이 먼저 앞섰던 것이다. 하나님께서 이스라엘을 대항하신 것은 사람들 편에서 먼저 하나님을 대항한 결과로 이루어진 보응이다.

삿 2:3-21에서 하나님께서는 이스라엘 백성들 앞에서 이방 사람들을 다시는 쫓아내지 않겠다고 하셨다. 왜? 이스라엘 백성들이 하나님께서 명하신 대로 있는 힘을 다하여 이방 사람들을 쫓아내려고 노력함에도 불구하고 하나님께서 일방적으로 가나안 사람을 이스라엘 백성들 앞에서 쫓아내지 않겠다는 말씀인가? 아니다. 이 말씀이 나오기 전에 이스라엘 백성들이 이방 사람들을 쫓아내라는 하나님의 말씀을 순종치 아니하고 이스라엘 백성들 앞에서 가나안 사람들을 쫓아내지 않는 행동이 먼저 앞서니 그 결과로 하나님께서도 이스라엘 백성 앞에서 가나안 백성들을 쫓아내지 않으시는 보응이 뒤따랐던 것이다.

삼상 15:23, 26에는 "왕이 여호와의 말씀을 버렸으므로 여호와께서도 왕을 버려 왕이 되지 못하게 하셨나이다"라고 했다. 누가 먼저 버렸는가? 여호와의 말씀을 버리는 일을 사울이 먼저 범했다. 여호와께서 사울을 버리신 일은 사울 편에서 여호와의 말씀을 먼저 버린 결과로 이루어진 보응이다.

대하 12:1-5에는 남국 유다의 제1대 왕 르호보암 때 애굽 왕 시삭이 올라와서 예루살렘을 점령한 사실이 나온다. 하나님께서는 예루살렘을 왜 애굽 왕 시삭에게 내어주셨는가? 그 까닭을 대하 12:5은 "너희가 나를 버렸으므로 나도 너희를 버려 시삭의 손에 넘겼노라"라고 말한다. 대하 29:8에는 여호와께서 유다와 예루살렘에 진노하시고 내버리셨다고 하였다. 왜 예루살렘을 내버리셨는가? 하나님께서 예루살렘을 내버리시기 전에 먼저 이스라엘 백성들이 하나님 여호와 보시기에 악을 행하여 하나님을 버리는(대하 29:6) 일을 먼저 앞서 행하였던 것이다. 그러니 하나님께서 예루살렘을 먼저 내버리신 일은 그보다 먼저 이스라엘 백성들이 하나님 여호와 보시기에 악을 행하여 하나님을 먼저 버린 결과로 되어진 보응이었다.

잠 1:27-28에는 미련한 자들에게 두려움이 광풍같이 임하겠고 재앙이 폭풍같이 이르러 그들이 근심과 슬픔에 싸여 지혜를 부르나 지혜가 대답하지 아니하였고 지혜를 부지런히 찾았으나 지혜를 만나지 못했다고 하였다. 왜 그렇게 되었는가? 그 까닭은 "지혜가 길거리에서 부르며 광장에서 소리를 높이며 시끄러운 길목에서 소리를 지르며 성문 어귀와 성중에서 그 소리를 발하여 이르되 너희 어리석은 자들은 어리석음을 좋아하며 거만한 자들은 거만을 기뻐하며 미련한 자들은 지식을 미워하니 어느 때까지 하겠느냐 나의 책망을 듣고 돌이키라 보라 내가 나의 영을 너희에게 부어 주며 내 말을 너희에게 보이리라 내가 불렀으나 너희가 듣기 싫어하였고 내가 손을 폈으나 돌아보는 자가 없었고 도리어 나의 모든 교훈을 멸시하며 나의 책망을 받지 아니하였은즉"(잠 1:20-25)이었다.

렘 18:17에는 "그들의 재난의 날에는 내가 그들에게 등을 보이고 얼굴을 보이지 아니하리라"라는 말씀이 있다. 왜 그렇게 되었는가? 그 까닭은 이스라엘 백성들이 렘 2:27에서 그 등을 하나님께로 향하고 그 얼굴은 하나님께로 향하지 아니하는 일을 먼저 행했기 때문이다. 이스라엘 백성들이 평소에 그 등을 하나님께로 향하고 그 얼굴을 하나님께로 향하지 아니하는 일을 먼저 행하니 그 보응으로 하나님께서도 그들의 재앙의 날에 그들에게 등을 보이고 얼굴을 보이지 아니하시는 일을 하셨던 것이다.

호 4:6에는 "내 백성이 지식이 없으므로 망하는도다 네가 지식을 버렸으니 나도 너를 버려 내 제사장이 되지 못하게 할 것이요 네가 네 하나님의 율법을 잊었으니 나도 네 자녀들을 잊어버리리라"라고 했다. 이스라엘 백성들 편에서 먼저 지식을 버리니 하나님 편에서도 그들을 버리셨고 사람들 편에서 하나님의 율법을 잊으니 하나님께서도 그 자녀들을 잊어버리겠다고 하셨다.

암 8:11에 "내가 기근을 땅에 보내리니 양식이 없어 주림이 아니며 물이 없어 갈함이 아니요 여호와의 말씀을 듣지 못한 기갈이라"라고 하였는데 왜 하나님께서 그들에게 기근을 보내겠다고 하셨는가? 아모스 당시의 이스라엘 백성들이 하나님의 말씀을 몹시 사모함에도 불구하고 하나님께서 그들에게 말씀의 기근을 보내시겠다는 것인가? 아니다. 결코 그렇지 않다. 하나님께서 그들에게 말씀의 기근을 보내시기 전에 그들 편에서 먼저 하나님의 말씀 듣기를 거부하였다.

암 2:12에서는 "선지자에게 명령하여 예언하지 말라"고 하였고, 암 7:13에서는 이스라엘 백성들이 선지자 아모스에게 "다시는 벧엘에서 예언하지 말라"고 하였다. 아모스 당시의 이스라엘 백성들이 말씀의 기근을 당하는 불행을 맞이하게 된 것은 그들 편에서 먼저 말씀 듣기를 싫어하는 결과로 얻어진 하나님의 보응이었다.

슥 7:13에는 "내가 불러도 그들이 듣지 아니한 것처럼 그들이 불러도 내가 듣지 아니하리라"라는 말씀이 있다. 하나님께서 스가랴 당시의 이스라엘 백성들을 먼저 불러도 그들이 듣지 아니하니 이스라엘 백성들이 하나님을 불러도 하나님께서 듣지 않으시겠다는 말씀이다. 그들이 하나님을 불러도 들으심을 받지 못한 결과는 하나님께서 그들을 부르실 때 그들 편에서 먼저 하나님을 듣지 않은 결과로 나타난 보응이다.

살후 2:9-12에는 "악한 자의 나타남은 사탄의 활동을 따라 모든 능력과 표적과 거짓 기적과 불의의 모든 속임으로 멸망하는 자들에게 있으리니 이는 그들이 진리의 사랑을 받지 아니하여 구원함을 받지 못함이라 이러므로 하나님이 미혹의 역사를 그들에게 보내사 거짓 것을 믿게 하심은 진리를 믿지 않고 불의를 좋아하는 모든 자들로 하여금 심판을 받게 하려 하심이라"라는 말씀이 있다.

하나님께서 멸망하는 자들에게는 유혹의 저주 가운데 역사하게 하사 거짓 것을 믿게 하시고 심판을 받게 하신다고 하였다. 얼마나 불행하고 비참한 일인가. 그런데 그들이 왜 이렇게 비참하고 불행한 보응을 받게 되었는가? 그 까닭은 멸망하는 자들 편에서 먼저 진리의 사랑을 받지 아니하고, 진리를 믿지 않고 불의를 좋아하는 행동을 앞세웠기 때문이다. 그러니 하나님께서 멸망하는 자들에게 유혹이 역사하게 하사 거짓 것을 믿게 하시고 심판을 받게 하시는 것은 멸망하는 자들 편에서 먼저 진리의 사랑을 받지 아니하고 진리를 믿지 아니하며 불의를 좋아하는 행동을 앞세웠던 일에 대한 필연적인 보응이었다.

우리는 어떠한 사람들이 되려는가? 우리 편에서 먼저 여호와와 더불어 함께 하기를 힘썼기 때문에 하나님께서도 우리와 함께 해주시고, 우리 편에서 먼저 여호와를 찾았기 때문에 하나님께서도 우리에게 만난 바 되어주시는(대하 15:2) 복된 사람이 되려는가? 아니면 우리 편에서 하나님을 버렸기 때문에 하나님께서도 우리를 버리실 수밖에 없는(대하 15:2) 불행한 사람이 되겠는가?

우리는 우리 편에서 먼저 하나님과 더불어 함께 하기를 힘썼기 때문에 하나님께서도 우리와 함께 해주시고, 우리 편에서 먼저 하나님을 찾았기 때문에 하나님께서도 우리에게 만난 바 되어 주시는 복된 사람들이 될지언정 우리 편에서 먼저 하나님을 버렸기 때문에 하나님께서도 우리를 버리실 수밖에 없는 불행한 자들이 되어서는 안 되겠다. 그리고 "네가 만일 그를 찾으면 만날 것이요 만일 네가 그를 버리면 그가 너를 영원히 버리시리라"(대상 28:9)는 말씀도 명심할 필요가 있다.

하나님을 찾은 아사

대하 14장과 15장은 아사 왕이 하나님을 찾은 생활이 어떠했는지를 보여준다.

1. 하나님을 찾은 태도

대하 15장은 아사 왕이 하나님을 찾은 태도에 대하여 세 가지를 보여준다.

1) 여호와께 돌아와

대하 15:4은 "그들이 그 환난 때에 이스라엘 하나님 여호와께로 돌아가서 찾으매 그가 그들과 만나게 되셨나니"라고 했다. 대하 15:4은 아사 왕 자신이 그렇게 했다는 말씀이 아니고 이스라엘 백성들이 그렇게 하였다는 말씀이지만 우리가 하나님을 찾되 어떠한 태도로 찾아야 하는가를 보여주는 말씀이다. 우리가 하나님을 찾되 범죄한 자리에서 돌이키지 아니하고 하나님을 찾는다는 것은 헛된 찾음이 되고 말 것이다. 언제라도 범죄한 자리에서 떠나 회개하고 하나님께로 돌아와 하나님을 찾아야 비로소 효력을 나타낼 수 있다.

느 9:28에 "그들이 평강을 얻은 후에 다시 주 앞에서 악을 행하므로 주께서 그들을 원수들의 손에 버려두사 원수들에게 지배를 당하게 하시다가 그들이 돌이켜 주께 부르짖으매 주께서 하늘에서 들으시고 여러 번 주의 긍휼로 건져내시고"라는 말씀이 있다. 이스라엘이 악을 행하므로 주께서 그 원수들의 손에 버려두사 원수들에게 지배를 당하게 하셨는데, 그들이 지은 죄를 깨닫고 범죄한 자리에서 하나님께 돌아와 주님께 부르짖을 때 주께서 하늘에서 들으시고 그들을 건져내셨다는 말씀이다.

그들의 부르짖음이 언제 보람을 보았는가? 범죄한 자리에서 회개하고 돌이켜 하나님께 돌아와 부르짖을 때 그들의 부르짖음이 보람을 보았던 것이다. 그래서 사 55:7은 "악인은 그의 길을, 불의한 자는 그의 생각을 버리고 여호와께로 돌아오라 그리하면 그가 긍휼히 여기시리라 우리 하나님께로 돌아오라 그가 너그럽게 용서하시리라"라고 했다. 악인이 그 악한 행실을 그대로 두고, 불의한 자가 그 불의한 생각을 그대로 가지고 여호와께 백 번 돌아와야 아무 소용이 없고 언제라도 악인은 그 길을, 불의한 자는 그 불의한 생각을 버리고 여호와께로 돌아와야 보람이 있다는 말씀이다.

2) 마음과 성품과 뜻을 다하여

우리가 하나님을 찾을 때 가져야 할 두 번째 태도는 마음과 성품과 뜻을 다하여 찾는 일이다. 대하 15:12에는 이스라엘 백성들이 마음을 다하고 목숨을 다하여 조상들의 하나님 여호와를 찾기로 언약했다고 하였고, 대하 15:15에서는 무리가 마음을 다하여 맹세하고 뜻을 다하여 여호와를 찾았다고 한다. 이것은 아사 왕 자신이 한 일이다. 범죄한 자리에서 떠나 하나님께로 돌아와 여호와를 찾되 마음과 목숨과 뜻을 다하여 찾아야 한다. 이렇게 찾는 일은 그렇게 해도 되고 안 해도 되는 일이 아니다. 꼭 해야 할 필수조건이다. 왜? 대하15:15은 우리에게 "무리가 마음을 다하여 맹세하고 뜻을 다하여 여호와를 찾았으므로 여호와께서도 그들을 만나 주시고"라고 말하였다. 이스라엘 백성들이 마음을 다하고 뜻을 다하여 찾을 때 여호와께서 그들을 만나주셨다는 말씀이다. 우리가 하나님을 찾을 때 하나님께서 우리를 만나주시는 조건은 사람들 편에서 마음을 다하고 뜻을 다하여 찾을 때 한해서 우리를 만나주시는 것이다. 그러므로 우리가 하나님을 찾을 때 마음을 다하고 뜻을 다하는 것은 하나님께서 우리를 만나주시는 필수조건이다. 그러므로 우리는 하나님을 찾되 마음과 목숨과 뜻을 다하여 찾아야 한다.

3) 대하 15:13 말씀 정도로

대하 15:13에서 아사 왕은 하나님을 찾되 "이스라엘 하나님 여호와를 찾지 아니하는 자는 대소 남녀를 막론하고 죽이는 것이 마땅하다"라고 결정할 정도로 하나님을 찾았다. 대하 15:13의 결정은 아사 왕이 자기 마음대로 한 것이 아니고 어디까지나 신 13:1-11의 성경에 근거한 결정이었다. 이 말씀은 이스라엘 백성들 가운데서 누구를 막론하고 하나님을 섬기지 않고 우상을 섬기는 자는 돌로 쳐죽이라고 했다. 이것이 하나님의 법이다. 아사 왕은 이 말씀에 근거하여 대하 15:13의 결정을 하고 하나님을 섬기기로 작정하였다. 그러니 얼마나 강한 결심으로 하나님을 찾을 각오를 세웠던가.

2. 하나님을 찾은 결과

위에서 말한 대로 아사 왕이 세 가지 자세로 하나님을 찾을 때 어떠한 결과가 나타났는가? 세 가지 결과가 나타났다.

1) 하나님께서 만나주셨다

대하 15:2에서는 "너희가 만일 그를 찾으면 그가 너희와 만나게 되시려니와"라고 했고, 대하 15:4에서는 "그들이 그 환난 때에 이스라엘 하나님 여호와께로 돌아가서 찾으매 그가 그들과 만나게 되셨나니"라고 했고, 대하 15:15에서는 무리가 마음을 다하여 맹세하고 뜻을 다하여 여호와를 찾았으므로 여호와께서 그들을 만나주셨다고 하였다. 이와 같이 우선 하나님께서는 하나님을 찾는 그들을 만나주셨다. 대상 28:9에서 아버지 다윗은 아들 솔로몬에게 "네가 만일 그를 찾으면 만날 것이요"라고 했다.

2) 영토가 보존되었다

대하 14:7에서 아사는 "우리가 우리 하나님 여호와를 찾았으므로 이 땅이 아직 우리 앞에 있나니……"라고 말하였다. 아사가 하나님을 찾지 않았더라면 영토가 보존되지 못했을 것인데 아사가 하나님을 찾은 고로 영토가 적국의 침략을 받지 않고 그대로 보존되도록 하나님께서 유다의 영토를 지켜주셨다.

3) 보존된 영토에 평안을 주셨다

대하 14:7에서 아사는 또다시 "우리가 주를 찾았으므로 주께서 우리 사방에 평안을 주셨느니라"라고 말하였다. 대하 15:15에서도 무리가 마음과 뜻을 다하여 여호와를 찾았으므로 여호와께서도 그 사방에 평안을 주셨다고 하였다. 아무리 영토가 보존되어 있다 해도 그 영토에 전쟁이 그치지 않고 고통과 두려움과 기근과 홍수로 평안할 날이 없다면 영토는 보존됐다 해도 별로 가치가 없다. 그러나 하나님께서는 하나님을 찾은 아사에게 영토를 보존시켜 주셨을 뿐만 아니라 보존시켜 주신 그 영토에 평안까지 주셨다. 그리하여 대하 15:19은 "이때부터 아사 왕 제삼십오 년까지 다시는 전쟁이 없으니라"라고 말한다. 이때가 언제인가? 아사 왕 15년이다(대하 15:10). 아사 왕 15년에 무리가 마음과 성품과 뜻을 다하여 여호와를 찾기로 언약을 한 그때부터 아사 왕 35년까지 20년간의 평안이 있었다. 이 20년간의 평안은 아사 왕이 즉위하자마자 받은 10년의 평안에 이어(대하 14:6) 받은 두 번째의 평안이었다.

우리는 하나님을 찾은 아사 왕의 생활을 그대로 본받자. 하나님을 찾되 1) 지은 죄를 회개하고 돌아와 하나님을 찾고, 2) 마음과 성품과 뜻을 다하여 하나님을 찾고, 3) 구약시대 같으면 하나님을 찾지 않는 자를 죽일 정도로 강하게 하나님을 찾아, 1) 하나님께서 우리를 만나주시고, 2) 우리의 영토가 보존되고, 3) 보존된 영토에서 영원한 평안을 누릴 수 있는 축복을 받기 바란다.

보람이 된 예언

대하 15:1-7은 승리하고 돌아오는 아사 왕에게 선지자 아사랴가 하나님의 신의 감동으로 예언한 내용이다. 이 예언을 들은 아사 왕은 어떠한 태도를 취하였는가? 다섯 가지 태도를 취하였다.

1) 아사 왕 자신은 마음을 강하게 하였다(대하 15:8).

본디 하나님의 말씀에는 힘이 있다. 잠 8:14은 하나님의 말씀인 지혜에는 능력이 있다고 하였고, 히 1:3은 하나님의 말씀을 능력의 말씀이라고 했다. 그러므로 이 말씀을 받는 자는 그 마음에 힘을 얻기 마련인데, 아사 왕은 선지자 아사랴의 예언을 듣자 마음에 힘을 얻고 강하게 하였다. 예언을 듣는다고 누구나 마음을 강하게 할 수 있는가? 아니다. 예언의 말씀을 바로 받는 자에 한하여 이러한 결과가 나타날 수 있는 법인데, 아사 왕은 선지자 아사랴를 통하여 주신 예언의 말씀을 바로 받아 마음을 강하게 하였으니 그에게 주신 예언의 말씀은 보람을 보았다.

2) 마음을 강하게 한 아사 왕은 나라 안의 모든 우상을 철폐하였다(대하 15:8).

3) 여호와의 제단을 재건하였다(대하 15:8).

4) 전국 백성을 모아 마음과 목숨을 다하여 여호와를 찾기로 언약하였다(대하15: 9-15).

5) 언약한 대로 실행하였다(대하 15:15-16).

대하 15:15은 무리가 마음을 다하여 맹세하고 뜻을 다하여 여호와를 찾았다고 하였으니 맹세만 하고 그친 것이 아니라 맹세한 대로 실행하였다. 맹세한 대로 실행한 일에 있어서 우리가 하나 더 볼 수 있는 일은 이 맹세의 실행에 있어서 인정과 정실에 치우치지 않고 단호하게 실행한 일이다. 대하 15:16에 보면 아사 왕의 모친인 마아가가 아세라의 가증한 목상을 만들었을 때, 비록 왕의 어머니라 할지라도 덮어두지 않고 징계하여 태후의 위를 폐하고 우상을 찍고 빻아 기드론 시냇가에서 불살라버리는 단호한 조치를 취하였다. 이것이 선지자 아사랴의 예언을 들은 아사 왕의 반응이었으니 그에게 임한 예언은 과연 보람을 나타냈다.

우리는 성경 가운데서 그 예언을 들은 사람들의 반응 여하에 따라 그 예언들이 보람이 된 경우와 보람이 되지 않은 경우를 볼 수 있다.

1. 보람이 된 경우

삼상 7:3에 보면 사무엘이 이스라엘 온 족속에게 "너희가 전심으로 여호와께 돌아오려거든 이방 신들과 아스다롯을 너희 중에서 제거하고 너희 마음을 여호와께로 향하여 그만을 섬기라 그리하면 너희를 블레셋 사람의 손에서 건져내시리라"라고 외치자 그들이 사무엘의 이 예언의 말씀을 그대로 순종하여 미스바에 모여 "우리가 여호와께 범죄하였나이다"(삼상 7:6) 하면서 회개할 때, 이스라엘이 블레셋에서 건지심을 받는 보람을 나타냈으니 그들에게 임한 사무엘의 예언은 보람을 보았다.

다윗이 범죄하였을 때(삼하 11장), 선지자 나단이 그를 꾸중하자(삼하 12:1-12) 다윗은 선지자 나단의 예언을 듣고 바로 그 말씀을 따라 회개하였으니 다윗에게 임한 선지자 나단의 예언도 보람을 보았다. 선지자 학개와 스가랴의 때를 보자. 선지자 학개와 스가랴 때에 이스라엘 백성들은 여호와의 전을 건축할 시기가 이르지 아니하였다 하며(학 1:2) 성전 지을 생각을 안 하고 있을 때, 선지자 학개와 스가랴가 그들에게 성전 지을 것을 강하게 독촉하였다. 그러자 총독 스룹바벨과 대제사장 여호수아와 남은 모든 백성이 하나님 여호와의 목소리와 선지자 학개의 말을 청종하여(학 1:12) 성전 짓는 일을 착수했으니 그때에도 선지자 학개를 통하여 주신 예언의 말씀이 보람을 보았다.

잠 1:8-9에 "내 아들아 네 아비의 훈계를 들으며 네 어미의 법을 떠나지 말라 이는 네 머리의 아름다운 관이요 네 목의 금 사슬이니라"라고 했다. 여기에 나오는 아비와 어미의 말은 인간의 아비와 어미의 말이 아니라 아비와 어미의 입을 통하여 나오는 하나님의 말씀을 뜻한다. 우리가 아비와 어미의 입을 통하여 나오는 하나님의 훈계와 법을 그대로 들을 때 그 하나님의 말씀들은 우리 머리의 아름다운 관과 목의 금 사슬이 된다고 하였다. 사무엘의 예언을 들은 이스라엘 백성, 나단의 책망을 들은 다윗, 선지자 학개와 스가랴의 예언을 들은 이스라엘 백성들에게는 그들에게 주신 선지자들의 예언이 다 그들 머리의 아름다운 관이 되고 목의 금 사슬이 되었다. 위에서도 강해한 대로 선지자 아사랴의 예언을 바로 들은 아사 왕에게도 아사 왕 15년부터(대하 15:10) 아사 왕 35년까지(대하 15:19) 20년 동안 평안을 얻었으니 선지자 아사랴를 통하여 아사 왕에게 주신 예언의 말씀도 아사 왕의 머리의 아름다운 관과 목의 금 사슬이 되었다.

2. 보람이 안 된 경우

남국 유다의 제8대 왕 요아스는 어릴 때부터 제사장 여호야다의 신세를 많이 졌다. 그런데 여호야다가 세상을 뜬 후 요아스 왕이 우상을 섬기자 제사장 여호야다의 아들 스가랴가 하나님의 신의 감동을 받아(대하 24:20) "너희가 어찌하여 여호와의 명령을 거역하여 스스로 형통하지 못하게 하느냐……너희가 여호와를 버렸으므로 여호와께서도 너희를 버리셨느니라"(대하 24:20)라고 예언하자 무리가 돌로 쳐죽였다(대하 24:21-22). 그 후 요아스 왕도 심복들에 의하여 침상에서 암살을 당하고 말았으니(대하 24:25) 요아스 왕에게 임한 선지자 스가랴의 예언은 전혀 보람이 되지 못했다.

렘 21:8에서 선지자 예레미야는 남국 유다의 제20대 왕 시드기야에게 "내가 너희 앞에 생명의 길과 사망의 길을 두었노라……이 성읍에 사는 자는 칼과 기근과 전염병에 죽으려니와 너희를 에워싼 갈대아인에게 나가서 항복하는 자는 살 것이나 그의 목숨은 전리품같이 되리라"라고 예언했다. 그러나 시드기야는 예레미야의 예언을 듣지 않았으니 이 예언은 다시 한 번 아무 보람도 보지 못하고 말았다.

잠 25:12에 "슬기로운 자의 책망은 청종하는 귀에 금 고리와 정금 장식이니라"라는 말씀이 있다. 슬기로운 자의 책망은 그 가치가 마치 금 고리와 정금 장식같이 귀하다. 그런데 누구에게나 금 고리와 정금 장식같이 귀한가? 아니다. 조건부다. 청종하는 귀에, 즉 그 말씀을 듣는 자의 귀에 한하여 금 고리와 정금 장식 같은 값이 나타나게 된다. 슬기로운 자의 책망이 아무리 금 고리와 정금 장식같이 귀하다고 해도 듣지 않는 자에게는 아무 소용도 없다. 대하 24:20에서 선지자 스가랴가 요아스 왕에게 전한 예언의 말씀, 렘 21:8에서 선지자 예레미야가 시드기야 왕에게 전한 말씀은 금 고리와 정금 장식같이 귀한 말씀이었지만 그들이 듣지 않을 때 그들에게는 아무 소용도 없었고 어떠한 보람도 나타내지 못했다.

선지자 아사랴가 아사 왕에게 전한 예언, 선지자 사무엘이 이스라엘 백성들에게 전한 예언, 선지자 나단이 다윗에게 전한 말씀, 선지자 학개와 스가랴가 이스라엘 백성들에게 전한 예언은 그들이 잘 받아들임으로 그들에게 보람이 되었고, 그 머리에 아름다운 관이요 그들의 목에 금 사슬이 되었고(잠 1:9), 그들에게 금 고리와 정금 장식이 되었다(잠 25:12).

반면에 선지자 스가랴가 요아스에게 전한 예언, 선지자 예레미야가 시드기야 왕에게 전한 말씀은 그들이 잘 들었다면 그들의 머리에 아름다운 관과 목에 금 사슬이 되고(잠 1:9) 금 고리와 정금 장식이(잠 25:12) 될 뻔하였는데, 그들이 예언과 말씀을 잘 듣지 않았기 때문에 모처럼의 아름다운 보람들이 무산되고 말았다.

우리는 어떠한 사람들이 되려는가? 아사 왕, 사무엘 당시 이스라엘 백성, 다윗, 학개와 스가랴 당시의 이스라엘 백성처럼 예언의 말씀을 잘 들어 그 예언의 말씀들이 우리 머리에 아름다운 관이요, 우리 목에 금 사슬이 되고 금 고리와 정금 장식이 되는 아름다운 보람이 될지언정, 요아스 왕과 시드기야 왕처럼 예언의 말씀을 듣지 않고 멸시하다가 보람들을 무산시키고 날려버리는 불행한 자가 되어서는 안 되겠다.

불행한 백성

대하 15:3은 북극 이스라엘의 불행한 선택을 세 가지로 말한다.

1. 참 신이 없었다

북극 이스라엘은 참 신이 없는 나라였다. 왜 참 신이 없게 되었는가? 왕상 12:25-33에 보면 북국 이스라엘의 초대 왕 여로보암은 나라를 얻자마자 이스라엘의 북쪽 도시 단과 남쪽 도시 벧엘에 각각 금송아지 우상을 만들어 세우고 "이스라엘아 이는 너희를 애굽 땅에서 인도하여 올린 너희의 신들이라"(왕상 12:28)라고 하면서 우상을 섬기려 하였다. 그러나 왕상 13장에서 유다에서 올라온 선지자에게 책망을 듣고 혼이 난 후에도 계속 우상을 섬겼다(왕상 13:33-34). 이때부터 시작하여 북국 이스라엘은 대대로 우상을 섬기는 나라가 되고 말았다. 시 33:12에 "여호와를 자기 하나님으로 삼은 나라 곧 하나님의 기업으로 선택된 백성은 복이 있도다"라고 했는데, 북극 이스라엘은 참 신 여호와를 자기 하나님으로 삼지 못하였으니 불행하게 되었다.

2. 가르치는 제사장이 없었다

또한 어느 분이 참 신이며 그 참 신을 섬기는 방법을 가르쳐주는 제사장들이 있었더라면 그 가르침을 받아 어느 분이 참 신이며 그 참 신을 섬기는 방법도 알 수 있을 뻔하였는데 그들을 가르치는 제사장도 없으니 불행하게 되었던 것이다. 왜 제사장이 없게 되었는가? 대하 11:13-15은 "온 이스라엘의 제사장들과 레위 사람들이 그들의 모든 지방에서부터 르호보암에게 돌아오되 레위 사람들이 자기들의 마을들과 산업을 떠나 유다와 예루살렘에 이르렀으니 이는 여로보암과 그의 아들들이 그들을 해임하여 여호와께 제사장의 직분을 행하지 못하게 하고 여로보암이 여러 산당과 숫염소 우상과 자기가 만든 송아지 우상을 위하여 친히 제사장들을 세움이라"라고 말한다. 이때부터 북국 이스라엘에는 참 신과 그 참 신을 섬기는 법을 가르쳐주는 제사장들이 없었으니 불행한 나라가 되고 말았던 것이다.

3. 율법이 없었다

대하 15:3은 이스라엘에는 율법이 없었다고 말한다. 비록 가르치는 제사장이 없다 해도 율법책만 있으면 그 율법책을 기초로 하여 사람들의 믿음은 다시 부흥될 수 있다. 남국 유다의 제16대 왕 요시야가 대제사장 힐기야를 시켜서 성전을 수리하던 중에 율법책을 발견하게 되었다. 그리하여 율법책만을 근거로 하여 우선 요시야 왕 자신이 회개했고 (왕하 22:11,19), 율법책을 근거로 하여 율법책에 어긋나는 모든 죄악을 이스라엘에서 청산했으며(왕하 23:1-20), 율법책의 말씀에 근거하여 유월절을 지켰다(왕하 23:21-23). 이 유월절은 사사가 이스라엘을 다스리던 시대부터 이스라엘 여러 왕의 시대이든 유다 여러 왕의 시대이든 이렇게 유월절을 지킨 일이 없었을 정도로(왕하 23:22) 오랫동안 중단되었던 유월절을 다시 지켰다. 요시야 왕 때 이러한 신앙 부흥이 일어났던 것은 제사장의 가르침이 있어서가 아니고 순전히 율법책을 근거로 하여 이렇게 엄청난 신앙 부흥이 일어났다. 북국 이스라엘에 비록 가르치는 제사장이 없었다 해도 요시야 왕 때처럼 율법책만 있었더라면 언제든지 그 율법책을 통하여 북국 이스라엘에도 놀라운 신앙 부흥을 기대할 수 있었겠지만 불행하게도 율법책까지 없었으니 북국 이스라엘에서 신앙 부흥을 기대한다는 것은 영영히 있을 수가 없었다. 그러니 불행하지 않은가.

율법이 없었기 때문에 당하게 되는 또 하나의 불행이 있다. 신 28:1의 "네가 네 하나님 여호와의 말씀을 삼가 듣고 내가 오늘 네게 명령하는 그의 모든 명령을 지켜 행하면 네 하나님 여호와께서 너를 세계 모든 민족 위에 뛰어나게 하실 것이라"라고 했다. 북국 이스라엘에 율법책이 있었더라면 우선 신앙 부흥의 기회를 가질 수 있었던 것은 물론이고, 한 걸음 더 나아가 신 28:1에서 약속하신 대로 그의 모든 명령을 지켜 행하면 모든 민족 위에 뛰어난 나라가 될 수도 있을 뻔했는데 율법책이 없으니 이러한 영광은 더욱 기대할 수가 없었다.

신약시대의 성도들은 어떠한가? 우리는 대하 15:3에 나오는 북국 이스라엘이 갖지 못하였던 세 가지를 다 가지고 있다. 우리는 참 신 하나님을 모시고 있다. 가르치는 제사장인 목사님들도 있다. 그리고 율법, 즉 성경책도 가지고 있다. 그렇다고 하여 우리는 자동적으로 복 받은 백성들인가? 그렇지 않다. 성경책을 갖고 있다는 사실만으로 자동적으로 복이 되는 것은 아니다. 성경 말씀을 읽어서 성경 말씀이 주는 축복을 우리가 친히 받아야 복된 사람들이 될 수 있다.

시 119:50은 "이 말씀은 나의 고난 중의 위로라"라고 했고, 시 119:24은 "주의 증거들은 나의 즐거움이요"라고 했다. 성경 말씀은 고난 중에 있는 우리들을 위로해주고 즐거움을 주는 말씀이다. 즐거움을 주되 보통 즐거움을 주는 말씀이 아니고 시 119:143에서 시인이 "환난과 우환이 내게 미쳤으나 주의 계명은 나의 즐거움이니이다"라고 말한 대로 환난과 우환 속에 있는 우리에게도 즐거움을 주는 말씀이다. 시인은 한때 환난과 우환 속에 갇혀 있었다. 한 편에서는 환난이 다른 편에서는 우환이 시인을 향하여 돌격해오니 환난과 우환 속에 갇힌 시인은 정신을 차릴 수가 없었다. 이러한 시인에게까지 하나님의 말씀은 즐거움을 줄 수 있는 강한 즐거움을 가진 말씀이다. 한 걸음 더 나아가 "주의 법이 나의 즐거움이 되지 아니하였더면 내가 내 고난 중에 멸망하였으리이다"(시 119:92)의 말씀이다. 무슨 뜻인가? 멸망을 피할 수 없을 정도로 무서운 고난을 당하던 시인은 성경이 주는 즐거움을 통하여 멸망을 면하고 다시 살아갈 용기를 얻었다는 말씀이다.

비록 우리가 성경을 들고 있다 해도 우리가 읽지 않기 때문에 고난 중에 있는 우리들을 위로해주고 즐거움을 주되(시 119:50, 24) 환난과 우환 속에 갇힌 성도에게까지 즐거움을 주고(시 119:143), 심지어 멸망을 면할 수 없는 고난 속에 있는 자들에게까지 멸망을 면하고 다시 살아갈 용기를 줄 정도로 강한 즐거움을 주는(시 119:92) 말씀의 유익을 받지 못한다면 우리도 불행한 자가 아닌가.

딤후 3:16에는 모든 성경은 하나님의 감동으로 된 것으로 교훈과 책망과 바르게 함과 의로 교육하기에 유익하다고 하였다. 성경은 우선 우리가 어떻게 믿어야 하며 믿는 우리는 어떻게 살아야 하는지, 즉 신앙과 행위에 대하여 교훈을 해준다. 그러나 타락한 아담의 자손들은 성경의 교훈을 받고도 그대로 살지 못하고 실수하여 곁길로 떨어지게 된다. 그때에 성경은 우리를 책망한다. 그 책망을 듣고 우리는 다시 바른 길로 돌아오게 된다. 타락한 아담의 자손들에게는 평생토록 성경을 통해 받는 이 교훈이 필요하다.

그런데 우리가 성경을 손에 들고 있기만 하고 읽지 않기 때문에 성경을 통한 교훈도 받지 못하고, 성경으로 책망도 받지 못하며, 따라서 바른 길로 다시 돌아올 일도 없이 아담의 자손들의 타락한 길을 한없이 따라간다면 우리도 불행한 자가 아닌가.

위에서 살펴본 대로 우리는 대하 15:3 당시의 북국 이스라엘 백성들처럼 참 신도 없고 가르치는 제사장도 없고 율법도 없는 불행한 자들이 아니다. 참 신과 가르치는 제사장들과 율법을 다 가진 복된 신약의 성도들이다. 그러나 성경을 손에 들고 있기만 하고 읽지 않기 때문에 성경이 주는 위로와 즐거움을 전혀 받지 못하고 성경을 통한 교훈과 책망과 바르게 하는 일도 전혀 받지 못하는, 복된 것 같으나 사실에 있어서 불행한 성도들이 되어서는 안 되겠다.

하나님께서 함께 하심을 보고

대하 15:9은 북국 이스라엘에서 에브라임, 므낫세, 시므온 지파 사람들이 아사에게로 돌아온 자가 많았다고 한다. 그들이 돌아오는 역사는 일찍이 대하 11:13-16에서부터 시작되었다. 우선 제사장과 레위 사람들이 돌아왔는데, 그들이 돌아온 모습을 대하 11:13-15은 "온 이스라엘의 제사장들과 레위 사람들이 그들의 모든 지방에서부터 르호보암에게 돌아오되 레위 사람들이 자기들의 마을들과 산업을 떠나 유다와 예루살렘에 이르렀으니 이는 여러보암과 그의 아들들이 그들을 해임하여 여호와께 제사장의 직분을 행하지 못하게 하고 여로보암이 여러 산당과 숫염소 우상과 자기가 만든 송아지 우상을 위하여 친히 제사장들을 세움이라"라고 했다.

여로보암과 그의 아들들이 제사장과 레위 사람들을 폐하여 여호와 앞에서 제사장의 직분을 행치 못하게 하니 제사장과 레위 사람들이 북국 이스라엘을 떠나 남국 유다로 돌아오는 것은 백 번 당연하다. 그런데 대하 11:16은 이스라엘 모든 지파 중에 마음을 굳게 하여 이스라엘 하나님 여호와를 찾는 자들이 레위 사람들을 따라 예루살렘에 돌아왔다고 한다. 레위 사람들을 따라 예루살렘에 돌아온 사람들은 어느 특수한 한 지파만이 아니라 이스라엘 모든 지파 중에서 돌아왔다고 한다. 우선 대하 15:9에도 에브라임, 므낫세, 시므온 세 지파의 이름들이 언급되었다. 돌아오되 신앙적으로 별볼일없는 무가치한 지파들이 아니라 대하 11:16은 마음을 굳게 하여 이스라엘 하나님 여호와를 찾는 믿음의 사람들이 돌아왔다고 한다. 이들이 아사에게로 돌아온 까닭은 무엇인가? 대하 15:9은 그들이 아사의 하나님 여호와께서 그와 함께 하심을 보고 아사에게로 돌아왔다고 한다(이 강해에 대해서는 박희천 저, 『북국 이스라엘』 p. 17-20를 참고하기 바란다.).

그렇다. 북국 이스라엘 사람들이 남쪽 예루살렘으로 돌아온 까닭은 아사의 하나님 여호와께서 아사와 함께 하심을 보았기 때문이다. 그들이 예루살렘으로 돌아온 것은 일시적인 흥분이나 기대에 들떠서 돌아온 것도 아니고, 예루살렘에 돌아와야 직업이 생기기 때문도 아니며, 사업상 유리하기 때문에 돌아온 것도 아니다. 순전히 아사의 하나님 여호와께서 아사와 함께 하심을 보았기 때문이다. 그들은 마음을 굳게 하여 이스라엘 하나님 여호와를 찾는(대하 11:16) 믿음의 사람들이다. 이들은 아사의 하나님 여호와께서 아사와 함께 하신다는 사실과 호흡이 맞지, 우상을 섬기는 여로보암이 다스리는 북국 이스라엘과 더불어 호흡을 맞출 수 없었다. 아사의 하나님 여호와께서 아사와 함께 하시는 예루살렘에 와야 믿음의 호흡이 맞는 것이다. 그래서 그들은 북국 이스라엘을 떠나 예루살렘으로 왔다.

하나님께서 이스라엘과 함께 하신다는 사실 때문에 심지어 이방 사람들까지도 예루살렘으로 돌아오게 된 사실은 성경 다른 곳에서도 말씀하셨다. 슥 8:2-23에는 "많은 백성과 강대한 나라들이 예루살렘으로 와서 만군의 여호와를 찾고 여호와께 은혜를 구하리라……그날에는 말이 다른 이방 백성 열 명이 유다 사람 하나의 옷자락을 잡을 것이라 곧 잡고 말하기를 하나님이 너희와 함께 하심을 들었나니 우리가 너희와 함께 가려 하노라"라는 말씀이 있다. 하나님께서 이스라엘과 함께 하신다는 사실 때문에 많은 백성과 강대한 나라들이 예루살렘으로 와서 만군의 여호와를 찾고 여호와께 은혜를 구하겠다고 하였다. 그리고 다른 이방 백성 10명이 유다 사람 1명의 옷자락을 잡으며 "하나님이 너희와 함께 하심을 들었나니 우리가 너희와 함께 가려 하노라"라고 부탁을 한다는 것이다. 이들이 부탁하게 된 것이 그들이 예루살렘에 와야만 물질적인 문제, 직업적인 문제, 정치적인 유익이 있기 때문이 아니고 오로지 만군의 여호와를 찾고 여호와께 은혜를 구하기 위함이라고 했다.

하나님의 백성과 하나님의 교회가 하나님께서 함께 하신다는 사실을 분명히 보여줄 때 북국 이스라엘 사람들은 말할 것도 없고 심지어 이방 사람들까지도 예루살렘으로 올 수밖에 없는 강력한 매력을 가지게 된다. 사 45:14에는 "애굽의 소득과 구스가 무역한 것과 스바의 장대한 남자들이 네게로 건너와서 네게 속할 것이요 그들이 너를 따를 것이라 사슬에 매여 건너와서 네게 굴복하고 간구하기를 하나님이 과연 네게 계시고 그 외에는 다른 하나님이 없다 하리라"라는 말씀이 있다. 하나님께서 하나님의 백성인 이스라엘과 함께 하신다는 사실을 알고 애굽과 구스와 스바의 장대한 남자들이 이스라엘에 돌아와 그들에게 속하고 그들을 따르고 그들에게 굴복하겠다고 하였으니 하나님의 백성인 이스라엘에게 하나님께서 함께 하신다는 사실이 이방 사람들에게 얼마나 강한 매력을 보여줄 수 있었던가.

하나님의 교회가 이방 사람들에게 매력을 줄 수 있는 또 하나의 조건은 하나님의 교회가 빛을 발하는 일이다. 사 60:1-3에 "일어나라 빛을 발하라……보라 어둠이 땅을 덮을 것이며 캄캄함이 만민을 가리려니와……나라들은 네 빛으로, 왕들은 비치는 네 광명으로 나아오리라"라고 했다. 어둠이 땅을 덮고 캄캄함이 만민을 가리울 때, 하나님의 교회가 일어나 빛을 발하면 나라들은 네 빛으로, 왕들은 비치는 네 광명으로 나아오겠다는 말씀이다. 이와 같이 하나님의 교회가 빛을 발할 때 그 매력에 끌려 나라들이 하나님의 교회로 모여들게 된다는 것이다.

벌떼와 나비떼들은 꿀을 가진 꽃을 향하여 찾아간다. 꿀이 없는 조화(造花)가 아무리 벌떼와 나비떼를 향하여 초대장을 내고 오라고 선전하여도 벌떼와 나비떼들은 꿀이 없는 조화를 향하여 찾아가지 않는다. 꿀을 가진 꽃은 비록 사람들의 왕래가 전혀없는 심산유곡(深山幽谷)에 묻혀 있다 할지라도 벌떼와 나비떼들은 그 꿀을 향하여 지독하게 찾아간다. 하나님의 백성과 하나님의 교회가 하나님께서 함께 하신다는 사실을 보여줄 수 있고 빛을 발할 수 있다면, 모든 이방 사람들을 오게 할 수 있는 매력을 가지게 된다. 바라건대 신약시대의 교회들이 대하 15:9 당시의 아사 왕처럼 하나님께서 함께 하신다는 사실을 보여주고, 어둠이 땅을 덮고 캄캄함이 만민을 가리울 때 일어나 빛을 발하여 모든 이방 사람들이 하나님의 교회를 향하여 다투어 모여들 수 있을 만큼 강한 매력을 가질 수 있기 바란다.

왕과 선지자

대하 15장은 왕인 아사와 선지자인 아사랴가 혼연일체(渾然一體)가 되어 움직임을 보여준다. 아사 왕이 대하 14장에서 있었던 구스와의 전쟁에서 이기고 돌아오자 하나님의 신이 아사랴에게 임하여 여호와를 찾는 자가 받는 복이 어떤가에 대하여 대하 15:1-7 사이에서 예언하였다. 이 예언을 들은 아사 왕은 마음을 강하게 하여(대하 15:8) 새로운 개혁운동을 일으켰다. 이 개혁운동의 내용은 대하 15장에서 강해한 "보람이 된 예언"에 자세히 나타나 있다. 여하튼 대하 15장에서는 왕인 아사와 선지자인 아사랴가 혼연일체가 되어 움직였다.

성경에 보면 왕과 선지자가 혼연일체가 되어 행동한 때가 본장 외에 두 번 더 있었다. 그 하나는 다윗과 나단의 경우다. 다윗과 나단의 경우에서는 세 가지 사건에서 왕과 선지자가 하나가 되어 움직였는데, 그 첫째는 삼하 7장에서 성전을 지으려던 때다. 다윗이 성전을 지을 계획을 세우고 우선 선지자 나단과 협의하였고 선지자 나단은 그날 밤에 자기에게 임하신 여호와의 말씀을 왕 다윗에게 전하였다. 둘째는 삼하 12장에 나오는 다윗의 범죄에 대한 선지자 나단의 책망이었다. 다윗이 밧세바와 간음하자 선지자 나단이 그를 무섭게 책망했지만 다윗은 그 책망을 약으로 받아들여 그 말씀 앞에서 회개하였다. 셋째는 왕상 1장에서 솔로몬을 왕으로 세운 일이었다. 그때 아도니야가 왕이 되려고 모든 계획을 세웠으나 선지자 나단과 왕 다윗이 하나가 되어 아도니야를 물리치고 솔로몬을 왕으로 세웠다. 아마 그때 왕과 선지자가 하나가 되어 행동하지 않았더라면 솔로몬이 왕이 되기는 힘들었을 것이다. 왕과 선지자가 하나가 되어 행동하였기 때문에 이미 왕이 다 되었던 아도니야를 물리치고 솔로몬을 왕으로 세울 수 있었다.

다음은 왕 히스기야와 선지자 이사야의 경우다. 히스기야와 이사야는 두 가지 면에서 왕과 선지자가 하나가 되어 움직였는데, 첫째는 왕하 18장에 나오는 앗수르의 침략이 있을 때다. 앗수르가 유다를 침략하여 포위했을 때, 왕인 히스기야와 선지자 이사야가 한마음이 되어 하나님께 기도할 때(대하 32:20) 앗수르를 물리치는 대승리가 있었다. 둘째는 왕하 20장에 나오는 히스기야가 범죄했을 때의 일이다. 그때에도 왕과 선지자는 긴밀하게 연락하였다.

반대로 이스라엘 역사를 보면 왕과 선지자가 서로 상반되게 움직이거나 서로 대적하여 엇갈리게 나간 적도 많다. 그 보기를 보자면 한이 없을 정도가 아닌가. 이스라엘의 역사에서 왕과 선지자가 하나가 되어 움직인 때는 위에서 말한 아사 왕, 다윗 왕, 히스기야 왕 세 사람뿐이고, 그 밖의 왕들은 거의 다 상반되게 행동하였다. 심지어 아사 왕도 대하 16:10에서는 선지자를 거스렸다.

그런데 왕과 선지자가 하나가 되어 움직인 때와 그렇지 않은 때의 결과는 어떻게 됐는가? 그 결과는 여호사밧이 말한 대로 "그의 선지자들을 신뢰하라 그리하면 형통하리라"(대하 20:20)이다. 대하 20:20의 한글성경은 번역이 잘못되었다. 한글성경의 "그의 선지자들을 신뢰하라 그리하면 형통하리라"는 히브리어대로 하면 "그의 선지자들을 신뢰하라 그리고 너희 남자들은 형통하라"이다. 한글성경의 "형통하리라"는 미래형이지만 히브리어는 남성 2인칭 복수 명령형, 즉 "너희 남자들은 형통하라"이다. 너희가 그 선지자들을 신뢰하면 장차 "형통하게 될 것이다"가 아니고, 너희가 "그의 선지자들을 신뢰하라 그리고 너희 남자들은 형통하라"이다.

성경은 우리가 말씀대로 살 때 그 축복의 결과가 너무나 확실하기에 그 축복의 결과를 명령형으로 말씀한 적이 있다. 잠 7:2의 한글성경은 "내 계명을 지켜 살며"라고 되어 있으나, 히브리어대로 하면 "너는 내 명령대로 지키라 그리고 네가 살라"이다. 히브리어대로 하면 명령형이 두 가지다. 하나는 "너는 내 명령대로 지키라"이고 다른 하나는 "그리고 네가 살라"이다. 네가 내 명령들을 지키면 네가 죽지 않고 반드시 살게 될 것이 너무나 확실하기 때문에 아예 명령형으로 "네가 살라"라고 강하게 말하였다. 대하 20:20에서도 선지자들을 신뢰할 때 그 결과 장래가 형통하게 될 것이 너무 확실하기 때문에 여호사밧은 아예 명령형으로 "너희 남자들은 형통하라"라고 자신 있고 강하게 말한 것이다.

왕과 선지자가 하나가 되어 움직이며, 선지자에게 주신 하나님의 말씀을 왕이 정책에 반영시킬 때 그 결과는 형통이다. 대하 20:20의 말씀대로 된 경우가 바로 스 6:14이다. 거기에 보면 "유다 사람의 장로들이 선지자 학개와 잇도의 손자 스가랴의 권면을 따랐으므로 성전 건축하는 일이 형통한지라"라고 되어 있다. 이는 에스라 당시의 성전 건축은 말할 수 없이 힘든 일이었지만 유다의 장로들이 선지자들을 신뢰할 때 형통하게 된 사실을 우리에게 보여준다.

오늘날 한국교회에도 선지자들을 신뢰하여 형통하는 대하 20:20의 축복이 재연(再演)될 수 있기를 바란다.

대하 16장, 왕상 15:16-22

인간 아사

아사가 왕이 되자 우선 15년 동안의 평안이 있었고(대하 14:1) 이어서 아사 왕 제15년부터(대하 15:10) 제35년에 이르기까지(대하 15:19) 20년 동안 평화를 누렸다. 그러나 아사 왕 36년에 이스라엘 왕 바아사가 남국 유다를 침범하자(대하 16:1) 아사 왕은 여호와의 전 곳간과 왕궁 곳간의 은금을 취하여 아람 왕 벤하닷에게 보내며 바아사를 치게 하였다(대하 16:2-6).

정치가로서 할 만한 일이요 있을 수 있는 일이다. 그런데 대하 16:7-9에서 선견자 하나니가 지적한 대로 구스 사람 세라가 100만 명의 군사와 병거 300대를 거느리고 유다를 칠 때에도(대하 14:9-15) 아사가 이러한 태도를 취하였던가? 그때는 아사가 여호와만 의지하고(대하

14:11, 16:8) 100만 대군을 물리치지 아니하였던가. 그날의 아사가 오늘에는 어디에 있는가? 이것이 그날의 아사가 한 일인가? 아니다. 오늘의 아사가 한 일은 그날의 아사가 한 일이 아니다. 오늘 아사가 한 일은 그날의 아사에게서 찾아볼 수 없고 그날의 아사가 한 일 가운데서는 오늘의 아사를 찾아볼 수 없다.

오늘의 아사가 한 일은 무엇인가? 1) 하나님을 의지하지 않고 사람을 의지하였다(대하 16:7). 2) 하나님을 의지하지 않고 사람을 의지하였기 때문에 책망한 선견자를 옥에 가두었다(대하 16:10). 3) 백성을 학대하였다(대하 16:10). 4) 발에 병이 들자 여호와께 구하지 않고 의원들에게 구하였다(대하 16:12).

대하 14장 당시의 하나님을 의지하고 구스의 100만 대군을 물리치던 그날의 아사가 어찌하여 오늘에 와서는 이렇게 되었는가? 도대체 무슨 일 때문에 그날의 아사가 오늘의 아사로 몰락했는가? 인간 아사이기 때문이다. 아사라고 하여 피조물이라는 인간의 울타리를 벗어난, 인간 아닌 천사가 아니다. 인간의 약점 특히 타락한 인간의 약점이 없는 초인간이 아니다. 그도 별 수 없이 하나의 인간이요 더구나 아담의 피가 어김없이 흐르는 타락한 인간 가운데 한 사람이다. 따라서 모든 인간들이 지니고 있는 피조물이라는 인간의 약점을 그도 가지고 있으며, 아담의 자손들이라면 누구나 가지고 있는 타락성을 그도 역시 가지고 있었다. 그런 고로 그에게도 오늘과 같은 실수가 있었던 것이다.

한때는 하나님만 의지하던 아사 왕, 믿음으로 살던 아사 왕, 그도 역시 하나의 인간임에는 틀림없었다. 인간이 무엇인가? 잠시라도 하나님께서 붙드시지 않으면 얼마든지 미련해지고 어두워지고 약해지고 어떠한 죄라도 지을 수 있고 가룟 유다의 할아버지도 될 수 있는 것이 인간이다. 인간이라면 아사 왕만이 아니라 누구든지 이러한 타락성을 가지고 있다. 믿음의 사람이었던 아사 왕에게 인간의 본성이 그대로 드러났던 것이다. 주와 더불어 감옥에도, 죽는 데도 함께 가겠다고 큰소리치던 베드로가(마 26:31-35) 우리보다 못 나서 그날 밤 주님을 세 번씩 부인했던가(마 26:69-75)? 아니다. 인간 베드로였기 때문이다. 잠시라도 주님이 붙드시지 않으면 우리는 언제라도 베드로 이상의 실수와 범죄를 저지를 가능성을 다분히 가진 인간들이다.

이 자리에서 아무리 잘나고 훌륭하고 똑똑하다 해도 우리는 어디까지나 피조물임을 잊지 말자. 인간이란 무엇인가? 잠시라도 주의 붙드심 없이는 얼마든지 어두워지고 약해지고 미련해지고 무슨 죄라도 다 지을 수밖에 없는 피조물이다. 이 엄연하고 냉혹한 사실을 잊어서는 안 된다. 너는 인간이다.

믿음이 떠나니

한때는 믿음으로 살던 아사가 어찌하여 인간 아사로 몰락했는가? 그에게서 믿음이 떠났기 때문이다. 위에서 살펴본 대로 우리 인간들은 별수가 없다. 믿음으로 살 때는 하나님의 사람의 구실을 제대로 할 수 있으나 믿음이 떠나면 언제라도 아담의 후손으로 돌아가 인간의 타락하고 부패한 냄새를 그대로 풍기게 되는 것이다. 아사에게서 믿음이 떠날 때 어떠한 결과가 나타났는가? 다섯 가지 결과가 나타났다.

1. 하나님을 의지하던 자리에서 사람을 의지하는 자리로

아사가 믿음에서 떠나니 그의 마음이 하나님을 의지하는 데서 사람을 의지하는 데로 자리했다. 선견자 하나니가 "왕이 아람 왕을 의지하고 왕의 하나님 여호와를 의지하지 아니하였으므로"(대하 16:7)라고 말하면서 그의 마음이 하나님을 의지하던 자리에서 사람을 의지하는 자리로 기울었음을 지적한다.

아사에게서 믿음이 떠날 때 그의 믿음이 하나님에게서 사람에게로 기울어진 사실은 대하 16:12에 또 나타난다. 거기에 보면 그의 발이 병들었을 때 그가 여호와께 구하지 아니하고 의원들에게 구하였다고 한다. 대하 14장에서 구스 사람을 칠 때 같았으면 그의 발이 병들었을 때 하나님께만 구했을 터인데 오늘에 와서 그에게서 믿음이 떠나니 하나님보다 의원들에게 구하게 되었다. 더욱이 본문이 의원들이라 한 것을 보면 여기저기 의원을 찾아다니면서 구했던 모양이다. 그가 얼마나 의원들에게만 구했던가. 우리에게서 믿음이 식어지면 곧바로 우리의 마음이 하나님에게서 떠나 사람에게 기울어지는 현상이 나타난다.

2. 공들인 탑을 무너뜨림

아사 왕이 한때 믿음으로 살 때는 그의 아버지가 구별한 물건과 자기가 구별한 물건 곧 은과 금과 그릇들을 하나님의 전에 드렸다(왕상 15:15, 대하 15:18). 그런데 이스라엘 왕 바아사가 쳐들어오자 아사가 여호와의 전 곳간과 왕궁 곳간의 많은 은금을 취하여 아람 왕 벤하닷에게 보냈다(왕상 15:18, 대하 16:2). 아람 왕에게 보내도 적당히 보낸 것이 아니라 왕상 15:18은 모두 가져다가 보냈다고 하니 보내도 철저하게 다 보냈다. 왕상 15:15, 대하 15:18에서 힘들여 세워놓은 공든 탑을 왕상 15:18, 대하 16:2에서 다 무너뜨리고 말았다.

　믿음으로 살 때 쌓은 공든 탑을 믿음이 떠난 때 다 무너뜨린 일이 남국 유다의 제8대 왕 요아스에게서도 볼 수 있다. 왕하 12:17-18에 보면 요아스가 한때는 자기의 성물(聖物)을 구별하여 여호와의 전 곳간에 드렸는데 아람 왕 하사엘이 쳐들어오자 자기가 구별하여 드렸던 성물(聖物)과 금을 다 취하여 그에게 보냈다. 요아스가 믿음으로 살 때는 성물을 구별하여 여호와의 전에 드리더니 그에게서 믿음이 떠나자 믿음으로 살 때 구별하여 드렸던 보물을 다 아람 왕 하사엘에게 보냈으니 여기에서도 다시 한 번 공들인 탑을 무너뜨리고 말았다.

3. 선견자의 경고를 듣지 않음

　대하 16:10은 그가 믿음에서 떠나자 그의 잘못을 경고해주는 선견자의 경고를 듣지 않은 사실을 보여준다. 우리가 믿음으로 살 때는 내 잘못을 경고해주는 선지자의 경고를 양약(良藥)으로 받아들이나 우리에게서 믿음이 떠날 때는 그처럼 달게 듣던 선지자의 경고를 배척하게 된다.

4. 사나워짐

　대하 16:10은 아사가 또 백성 중에서 몇 사람을 학대하였다고 말한다. 아사가 믿음으로 살 때 언제 아사에게 이런 잔인한 일을 볼 수 있었던가. 볼 수 없었다. 그에게서 믿음이 떠나니 그가 옛날에 믿음으로 살 때는 볼 수 없었던 잔인한 행동이 나왔다. 믿음으로 사는 사람은 잔인할 수 없다. 왜? 믿음으로 사는 사람은 하나님을 두려워하는 사람인데, 잔인한 짓을 하다가는 하나님의 심판이 임할 것을 알기 때문에 그는 결코 잔인한 짓을 할 수 없다.

그러나 그에게서 믿음이 떠나는 날 그는 하나님을 두려워할 줄 모르며 따라서 하나님의 심판을 생각하지 않는 고로 어떠한 잔인한 일도 할 수 있다. 그래서 예수님께서도 "믿음이 없고 패역한 세대여"(마 17:17)라고 하셨다. 믿음이 없는 세대는 패역해질 수밖에 없고 잔인해질 수밖에 없다.

5. 일생(一生) 동안 전쟁이 있음

대하 16:9에는 이후부터는 왕에게 전쟁이 있으리라고 했으나 왕상 15:32에서는 좀 더 구체적으로 "아사와 이스라엘의 바아사 왕 사이에 일생(一生) 동안 전쟁이 있으니라"라고 했다. 아사가 이 말씀을 들을 때는 아사 왕 36년이요(대하 16:1) 아사가 죽을 때는 아사 왕 41년이니(대하 16:13) 6년 동안 전쟁이 그치지 않았다. 아사가 전쟁을 피하려고 아람 왕에게 뇌물을 보냈더니(대하 16:2) 도리어 더 크고 더 오랜 전쟁의 화를 받게 되었다.

이것이 믿음을 떠난 사람에게 나타나는 다섯 가지 결과다. 그런데 아사에게만 이렇게 되겠는가? 아니다. 믿음에서 떠나면 우리에게도 이러한 결과가 나타날 수밖에 없다. 우리가 참된 믿음으로 살 때는 하나님의 사람의 구실을 올바로 할 수 있으나 믿음에서 떠나면 우리는 아담의 후손으로 돌아가 타락한 인간 본연의 썩어진 모습을 취하는 육의 인간이 될 수밖에 없다.

믿음으로 살 때는 성자요 의인이나 믿음에서 떠날 때는 하루아침에 성자와 의인의 자리에서 떠나 가룟 유다로 몰락할 수밖에 없다. 우리가 믿음으로 살 때와 그렇지 못할 때의 차이는 이렇게까지 심각하다. 우리는 겸손하여 믿음의 자리에 계속 머물러 살기를 힘써야겠다.

겉모양은 같으나

　남국 유다의 제3대 왕 아사가 적군을 물리친 일이 두 번 있었는데, 하나는 대하 14:9-15에서 구스의 100만 대군을 물리친 경우이고 다른 하나는 대하 16장에서 이스라엘 왕 바아사를 물리친 일이다. 전자의 경우에서나 후자의 경우에서나 적국을 물리쳤다는 결과적인 면에서는 똑같다. 그런데 적국을 물리쳤다는 겉모양은 같으나 속의 내용은 판이하게 다르다. 전자는 순전히 신앙적인 방법으로 하나님을 의지하여 물리쳤고 따라서 선지자 아사랴와(대하 15:1-7) 하나니도(대하 16:7-8) 그 사실을 인정할 정도였으나, 후자의 경우에는 신앙적인 방법을 떠나 순전히 사람을 의지하는 정치적인 방법으로 물리쳤고 따라서 선견자 하나니도 이 점을 공격하였다(대하 16:7-9).

　왕으로서 적군을 막아내고 물리쳤다는 겉모양은 똑같았으나 물리친 내용에 있어서는 신앙적인 방법과 인간적인 방법으로 판이하게 달랐고 서로 상반되는 양극(兩極)이었다. 되어진 어떠한 일이 겉모양이 같다고 하여 속도 같은가? 겉모양만 같으면 속은 어떠하든지 상관없다는 말인가? 그렇지 않다.

　겉모양이 어떠하다는 것보다도 되어진 일의 내용과 속이 어떠한가가 더 문제된다. 세상에서도 그러하거니와 특히 하나님 앞에서 마음과 내용이 어떠한가를 문제 삼는 기독교에서는 더욱 그러하다. 되어진 일의 겉모양이 어떠한가도 문제가 될 수 있으나 보다 더 문제가 되는 일은 되어진 일의 내용이 우리의 중심을 보시는 하나님 앞에서 어떻게 평가되겠느냐이다.

　겉모양보다 내용이며 결과보다 동기이다. 우리는 성경 여러 곳에서 겉모양보다 내용도 중요시하는 경우들을 더듬어 볼 수 있다. 가인과 아벨이 제사를 드릴 때 제사를 드린다는 겉모양은 똑같았다. 어떤 이들은 그들의 제물에 있어서 아벨은 양으로 드렸고 가인은 농산물로 드렸는 고로 차이가 있었다고 하나, 레 2장에서는 소제(素祭)에 대한 언급이 있고 레 23:9-14에는 곡물의 첫 이삭 한 단을 드린다고 했으니 가인이 양이 아닌 농산물로 제물을 드린 것이 잘못이 아니다. 양으로 드렸든 농산물로 드렸든 제물을 드렸다는 겉모양에 있어서는 똑같았다. 다만 달랐던 것은 제물을 드리는 그들의 중심이었다. 중심의 어느 점에서 달랐던가? 아벨은 믿음으로 더 나은 제사를 드렸고(히 11:4) 요일 3:12에서는 가인의 행위가 악하였다고 한다. 양으로 드렸든 농산물로 드렸든 하나님께 제물을 드렸다는 겉모양에 있어서는 같았으나 그들의 중심에는 서로 상반되는 양극(兩極)이 있었다.

출 7:10-13에서 아론도 지팡이로 뱀이 되게 하고 애굽의 술객들도 자기들의 지팡이로 뱀을 만들었으니 그들에게 이루어진 두 가지 일이 겉모양만 보자면 같았다. 조금도 다른 면이 없었다. 그렇다고 내용까지 다 같았던가? 아니다. 아론의 뱀은 하나님의 권능으로 이루어진 뱀이요 애굽의 술객들의 뱀은 마법으로 되어진 뱀이다. 겉모양은 같았으나 내용에 있어서는 달랐다. 표적과 기사라고 하여 다 같은가? 아니다. 겉모양만 보면 어떠한 표적과 기사도 다 같아 보이나 내용에 있어서는 하나님의 능력에 의하여 되어지는 표적과(막 6:12-13) 거짓 선지자와(마 24:24) 악한 자를 통하여 이루어진 표적은(살후 2:9, 10, 계13:13) 차이가 있다. 겉모양은 같으나 내용은 서로 다르다.

인구조사를 보자. 다윗도 왕으로서 인구조사를 하였고(삼하 24장, 대상 21장) 그의 아들 솔로몬도 인구조사를 하였다(대하 2:17). 왕으로서 백성의 수를 조사하는 일은 당연하다. 인구조사하는 겉모양에 있어서 다윗의 인구조사나 솔로몬의 인구조사나 같았다. 그런데 두 사람이 다 똑같은 인구조사를 했는데 어찌하여 솔로몬은 무사하였고 다윗은 벌을 받아 7만 명의 백성이 전염병으로 죽는 벌을 받았던가(대상 21:14)? 인구조사라는 겉모양은 같았으나 내용이 서로 달랐다. 다윗의 인구조사는 사탄에게 격동되어 했던 조사이고(대상 21:1), 솔로몬의 인구조사는 왕으로서 그저 백성들의 수를 알아보기 위한 평범한 조사였다. 여기에서도 다시 한 번 겉모양은 같았으나 내용은 서로 달랐다.

마 7:21-23에 "주여, 주여" 한 사람들이 나오는데 "주여, 주여" 한다고 하여 다 같은 사람들인가? "주여, 주여" 하는 겉모양은 같으나 마 7:21-23에 나오는 자들은 내용에 있어서 불법을 행하는 자들이었다. 마 25:1-13에 나오는 열 처녀 비유에서도 등불이라는 겉모양에 있어서는 똑같은 등불이었으나 그 등불의 내용은 서로 다른 양극(兩極)이었다. 슬기로운 다섯 처녀의 등에는 기름이 들어있었고 미련한 다섯 처녀의 등에는 등불의 모양은 같았으나 기름이 없었다. 등의 겉모양은 같았으나 그 내용에 있어서는 서로 달랐다.

행 4:34-5:2 사이에 밭을 팔아 그 값을 사도들의 발 앞에 두었다는 말씀이 세 번 나온다. 밭을 팔아 그 값을 사도들의 발 앞에 둔 겉모양은 같으나 내용에 있어서는 서로 달랐다. 행 4:34, 37의 경우는 순수한 동기였으나 5:1-2의 경우는 내용에 거짓이 섞여 있었다. 그리하여 아나니아와 삽비라는 베드로의 발 앞에서 즉사하였다.

고후 8:2에 보면 마게도냐 교회들은 환난의 많은 시련과 극한 가난 속에서도 연보를 넘치도록 풍성하게 드렸다고 한다. 그런데 이 연보라는 말은 헬라어로 "하플로테스"(ἁπλότης)인데 본래는 연보라는 뜻보다는 "순종"이라는 뜻이 있다. 그래서 이 구절을 헬라어대로 직역을 한다면 풍성한 순종을 넘치도록 하였다는 뜻이다. 그러면 여기에 연보라고 번역된 헬라어가 왜 순종이라는 단어로 쓰여졌을까? 그 이유는 마게도냐 교회가 연보하는 내용이 어떠한가를 밝히기 위함이다. 마게도냐 교회들은 연보를 하되 하나님 앞에 진심으로 바친다는 순종의 마음 외에 다른 어떠한 잡념도 없었다.

그렇다면 하나님 앞에 헌금한 사람의 생각에 하나님 앞에만 바친다는 순전한 생각 외에 또 다른 잡된 생각이 섞일 수 있단 말인가? 하나님 앞에 헌금할 때 하나님 앞에 바친다는 순전한 생각 외에 다른 잡된 생각을 가질 수도 있음을 오랜 목회 경험이 보여준다. 헌금을 하되 헌금을 한 만큼의 효과를 노리고 하는 일도 전혀없지는 않다. 심지어 어떤 정치적인 효과를 계산해놓고 헌금하는 일도 있다. 이러한 헌금은 진심으로 하는 헌금과 겉모양은 같으나 그 내용은 서로 다르다. 마게도냐 교회가 하나님 앞에 헌금을 하되 그 내용과 속은 순전히 하나님 앞에 헌금한다는 순전한 생각뿐이었을 뿐 그 헌금을 기초로 어떤 정치적인 효과를 계산하는 잡된 생각이 전혀없었다. 그러기에 "하플로테스"(ἁπλότης)이다. 헌금이라고 다 같은 헌금인가? 아니다. 헌금하는 겉모양은 같으나 내용에 있어서는 서로 다르다. 마게도냐 교회들이 하나님 앞에 드리는 헌금은 정치적인 헌금과 겉모양은 같았으나 그 내용은 정치적인 헌금에 비하면 하늘과 땅 차이가 있었다.

갈 4:17, 18에 두 가지 열심이 나온다. 17절의 열심은 나쁜 뜻의 열심이고 18절의 열심은 좋은 뜻의 열심이다. 열심이라 하여 다 같은 열심인가? 아니다. 열심의 겉모양은 같으나 내용은 서로 다르다. 빌 1:12-18 에는 바울 당시의 전도하는 두 계통의 사람을 언급했는데 겉으로 나타난 전도의 모양은 같으나 내용에 있어서는 서로 달랐다. 하나는 투기와 분쟁이, 다른 하나는 착한 뜻이 전도의 동기가 되고 있었다(빌 1:15). 그러니 전도하는 겉모양은 같았으나 그 내용은 서로 달랐다.

구제라고 하여 다 같은 구제인가? 그렇지 않다. 밖으로 나타나는 구제의 모양은 같다 해도 그 내용에 있어서는 서로 다르다. 왜? 성경은 우리의 구제에 대하여 네 가지 교훈을 가르치기 때문이다. 1) 눅 11:41에는 오직 그 안에 있는 것으로 구제하라고 했다. 아마 이 뜻은 중심의 간절성 없이 건성으로 구제하지 말고 안에 있는 진실한 마음으로 구제하라는 뜻 같다. 2) 롬 12:8에는 구제하는 자는 성실함으로 하라고 했다. 이것은 위에서 연보에 대하여 언급한 것과 같이 구제함으로 그 어떠한 대가를 바라거나 정치적인 효과를 계산해내는 잡된 생각을 하지 말고 순전히 구제하기 위한 생각만으로 구제하라는 뜻이다. 3) 마 6:2-4에서는 은밀하게 하라고 했고 4) 고전 13:3-4에서는 구제하되 사랑의 동기로 구제하라고 했다. 그러니 겉모양은 다 같은 구제라 해도 어떤 구제는 성실성 없이 건성으로 하는 구제도 있겠고, 성실한 마음 없이 정치적으로 하는 구제도 있겠고, 사람들에게 보이려고 하는 구제도 있겠고, 사랑의 동기 없이 하는 구제도 있을 터이니 그 내용에 있어서는 차이가 난다.

지금까지 우리는 성경 가운데서 겉모양은 같으나 내용에 있어서는 서로 다른 종류들을 열거하였다. 이렇게 열거해보니 되어진 어떤 일의 겉모양은 같으나 그 내용에 있어서는 차이가 있다는 사실을 알 수 있었다. 그러니 되어진 일의 겉모양보다 그 내용이 어떠한가가 더 중요하다.

아사 왕이 적군을 물리친 일의 겉모양은 같으나 그 내용에 있어서는 위에서 말한 대로 신앙적인 면과 인간적인 면의 양면이 있었다. 그렇다면 오늘날 우리에게 되어진 일들 가운데서 그 되어진 일의 겉모양도 중요하지만 어떠한 내용으로 되어졌는가는 더 중요하다.

오늘날 우리가 어떠한 일을 이루어놓았다면 그 내용을 예리하게 살펴보아야겠다. 이루어진 그 일의 내용이 과연 하나님 중심으로 한 신앙적인 방법으로 이루어졌는가 아니면 인간적인 방법으로 이루어졌는가? 그 내용이 하나님을 향한 신앙적인 방법으로 이루어졌다면 하나님께로부터 칭찬이 있겠으나 그렇지 못한 경우에는 하나님께로부터 칭찬이 없을 것이다. 우리는 현재 하고 있는 일들을 예리하게 살펴보자. 현재 하고 있는 일들이 내용에 있어서 하나님을 향한 신앙적인 방법으로 하고 있는가 아니면 하나님을 떠나 인간적인 방법 또는 불신앙적인 방법으로 하고 있는가? 어느 편인가?

경험을 살리지 못한 아사

우리가 신앙생활을 함에 있어서 과거에 하나님께서 우리에게 베풀어주신 능력과 경험을 살리고, 못 살리고는 현재와 미래의 신앙생활에 큰 영향을 미친다. 현재, 특히 우리가 무서운 고난을 당하고 있을 때, 과거에 하나님께서 베풀어주신 능력과 경험을 살릴 때에는 현재와 미래의 신앙생활에 큰 도움을 받을 수 있으나 하나님께서 베풀어주신 능력과 경험을 기억하지 못하고 살리지 못할 때에는 안 해도 될 고민과 고난을 일부러 사서 당하는 어려움을 겪게 된다. 성경에도 이 두 부류의 사람들의 이야기가 나온다.

1. 경험을 살리지 못한 자

　시 78편은 이스라엘 백성들이 지은 많은 죄를 열거(列擧)하였는데 그 많은 죄를 짓게 된 원인을 성경은 "여호와께서 행하신 것과 그들에게 보이신 그의 기이한 일을 잊었도다"(시 78:11), "그들이 그의 권능의 손을 기억하지 아니하며 대적에게서 그들을 구원하신 날도 기억하지 아니하였도다"(시 78:42)라고 했다.

　이스라엘 백성들이 왜 이렇게까지 많은 죄를 범하게 되었는가? 그 이유는 간단하다. 과거에 하나님께서 이스라엘 백성들에게 베풀어주신 능력과 경험을 현재에서 살리지 못하기 때문에 그처럼 많은 죄를 범하게 되었던 것이다. 시 106편에도 시 78편과 같이 이스라엘 백성들의 많은 죄가 열거(列擧)되어 있다. 그들이 왜 이렇게 많은 죄를 범하게 되었는가? 그 이유를 성경은 "그러나 그들은 그가 행하신 일을 곧 잊어버리며 그의 가르침을 기다리지 아니하고"(시 106:13)라고 했다. 시 106편에서 이스라엘 백성들이 그처럼 많은 죄악을 범하게 된 이유는 시 78편과 똑같았다. 과거에 하나님께서 이스라엘 백성들에게 베풀어주신 능력과 경험을 잊어버리고, 기억하지 못하고, 살리지 못할 때는 이렇게 많은 죄를 지을 수밖에 없었다.

　과거에 하나님께서 우리에게 베풀어주신 능력과 경험을 기억하지 못하고 살리지 못함으로 오늘과 미래의 신앙생활에 손해를 본 경우는 예수님 당시의 열두 제자들에게서도 찾아볼 수 있다. 마 15:32에서 예수께서 제자들을 부르시며 "내가 무리를 불쌍히 여기노라 그들이 나와 함께 있은 지 이미 사흘이매 먹을 것이 없도다 길에서 기진할까 하여 굶겨 보내지 못하겠노라"라고 하실 때, 제자들이 과거의 능력과 경험을 기억하여 "예수님, 마태복음 14장에서 떡 다섯 개와 물고기 두 마리로 5천

명을 먹이시고도 열두 광주리 남게 거두지 아니하셨습니까? 이번에도 그렇게 하시면 되지 않겠습니까?"라고 대답했다면 그 말을 들으신 예수님께서 얼마나 기뻐하셨겠는가. 그러나 과거를 살리지 못한 제자들인지라 "광야에 있어 우리가 어디서 이런 무리가 배부를 만큼 떡을 얻으리이까"(마 15:33)라고 했으니 예수님이 얼마나 섭섭하셨겠는가.

그 다음에 예수님께서 "너희에게 떡이 몇 개나 있느냐"(마 15:34)라고 물으실 때 과거의 능력과 경험을 조금이라도 기억하고 어느 정도 눈치가 있었다면 "예수님, 과거에 떡 다섯 개와 물고기 두 마리로 5천 명을 먹이신 일이 생각납니다. 그러면 이번에도 그렇게 해주십시오."라고만 대답했어도 예수님께서 얼마나 기뻐하셨겠는가. 그러나 제자들은 여전히 기억하지 못하였다. 그러니 예수님의 마음이 얼마나 섭섭하셨겠는가. 제자들은 이 정도로 아둔하였다.

지금까지의 일은 그렇다고 치자. 마 16:5에서 제자들이 건너편으로 갈새 떡 가져가기를 잊었다고 하였다. 과거의 경험을 살리지 못해 마 15:32-33, 34에서 두 번씩이나 망신을 당했으니 이번에야말로 과거의 사실을 기억하여 떡 다섯 개와 물고기 두 마리로 5천 명을 먹이시고 떡 일곱 개와 작은 생선 두 마리로 4천 명을 먹이신 주님께서 우리와 함께 하심을 믿고 안심했어야 했는데 이번에도 과거의 경험을 살리지 못하고 불안해하다가 "삼가 바리새인과 사두개인들의 누룩을 주의하라"(마 16:6)는 책망을 들었다. 이번에도 제자들은 과거의 경험을 살리지 못해 오늘과 내일의 믿음의 손해를 보는 일을 여전히 반복하였다.

2. 경험을 살린 자

삼상 17장에서 다윗이 골리앗과 싸울 때 다윗은 "주의 종이 아버지의 양을 지킬 때에 사자나 곰이 와서 양떼에서 새끼를 물어가면 내가 따라가서 그것을 치고 그 입에서 새끼를 건져내었고 그것이 일어나 나를 해하고자 하면 내가 그 수염을 잡고 그것을 쳐죽였나이다 주의 종이 사자와 곰도 쳤은즉 살아 계시는 하나님의 군대를 모욕한 이 할례 받지 않은 블레셋 사람이리이까 그가 그 짐승의 하나와 같이 되리이다 또 다윗이 이르되 여호와께서 나를 사자의 발톱과 곰의 발톱에서 건져내셨은즉 나를 이 블레셋 사람의 손에서도 건져내시리이다"(삼상 17:34-37)라고 하면서 과거의 하나님께서 자기에게 베풀어주신 능력과 보호의 경험을 살려서 골리앗과 싸울 새 용기와 힘을 얻었다.

이와 같이 과거의 경험을 살리는 사람은 오늘과 내일의 신앙생활에 있어서 새로운 도움을 얻는다.

다윗은 시 143:3-4에서 "원수가 내 영혼을 핍박하며 내 생명을 땅에 엎어서 나로 죽은 지 오랜 자같이 나를 암흑 속에 두었나이다 그러므로 내 심령이 속에서 상하며 내 마음이 내 속에서 참담하니이다"라는 고통을 당할 때, "내가 옛날을 기억하고 주의 모든 행하신 것을 읊조리며 주의 손이 행하는 일을 생각하고 주를 향하여 손을 펴고 내 영혼이 마른 땅같이 주를 사모하나이다"(시 143:5-6)라고 하면서 내가 오늘 당하는 고난 속에서도 과거의 하나님께서 자기에게 베풀어주신 경험을 살리는 일로 새로운 용기와 힘을 다시 한 번 얻었다.

시 77:4-9에서 고난 중에 있던 시인은 "주께서 내가 눈을 붙이지 못하게 하시니 내가 괴로워 말할 수 없나이다……주께서 영원히 버리실까, 다시는 은혜를 베풀지 아니하실까, 그의 인자하심은 영원히 끝났는가, 그의 약속하심도 영구히 폐하였는가, 하나님이 그가 베푸실 은혜를 잊으셨는가, 노하심으로 그가 베푸실 긍휼을 그치셨는가"라고 말했다.

그러다가 시인은 "지존자의 오른손의 해 곧 여호와의 일들을 기억하며 주께서 옛적에 행하신 기이한 일을 기억하리이다 또 주의 모든 일을 작은 소리로 읊조리며 주의 행사를 낮은 소리로 되뇌이리이다"(시 77:10-12)라고 하면서 과거에 하나님께서 행하신 기적과 권능의 경험을 기억하면서 새로운 용기와 힘을 다시 얻었다.

아사 왕이 대하 14장에서 얻은 경험을 대하 16장에서 다시 살리지 못했기 때문에 손해를 본 것처럼, 오늘날 당하는 고난과 어려움 속에서 과거에 하나님께서 베풀어주신 경험을 살리지 못함으로 손해를 보는 사람들이 많다. 그러나 우리는 다윗처럼(삼상 17:34-37, 시 143:5-6), 시인처럼(시 77:10-12) 과거에 하나님께서 베풀어주신 경험을 다시 살림으로 오늘 당하는 고난과 어려움 속에서도 새로운 용기와 힘을 얻는 믿음의 사람들이 될 수 있기를 바란다.

말씀을 멀리하니…

대하 16:3에서 아사 왕이 아람 왕 벤하닷에게 "내 아버지와 당신의 아버지 사이에와 같이 나와 당신 사이에 약조하자"라고 말하였다. 한글성경의 "나와 당신 사이에 약조하자"는 히브리어대로 하면 두 가지 뜻으로 번역할 수 있다. 그 하나는 한글성경과 같이 앞으로 나와 당신 사이에 약조하자는 뜻으로 번역될 수 있고, 다른 하나는 "나와 당신 사이에 과거에 이미 약조가 되어 있으니"라고 번역할 수 있다. 즉 아사 왕과 아람 왕 사이에는 이미 과거에 약조가 되어 있었다는 뜻으로도 번역될 수 있다. 그래서 영어성경들도 어떠한 번역은 전자로, 어떠한 번역은 후자로 번역했다. 전자로 번역하든 후자로 번역하든 상관이 없다. 여하튼 아사 왕은 과거에 이미 아람 왕과 약조를 맺고 있었든지, 아니면 아람 왕과 새로운 약조를 맺고 싶었던 것이다.

그런데 아사 왕이 아람 왕과 약조한다는 것은 성경에 어긋나는 일이다. 출 23:32, 34:12, 15, 신 7:2, 삿 2:2에서 하나님께서는 이스라엘 백성들에게 이방 사람들과 아무런 약조도 맺지 말라고 하셨다. 그런데 아사 왕이 왜 이 말씀을 어기고 아람 왕과 약조하였던가? 그 까닭은 아사 왕이 일시적이나마 하나님의 말씀을 멀리하였기 때문에 이러한 실수를 저지른 것이다. 이방 사람들과 어떠한 약조도 맺지 말라는 하나님의 말씀들이 아사 왕의 마음에 살아있었다면 이러한 실수를 하지 않았을 것이다.

왕들에게 이러한 실수가 있겠기에 하나님께서는 일찍이 신 17:18-19에서 앞으로 왕 될 사람들에게 "그가 왕위에 오르거든 이 율법서의 등사본을 레위 사람 제사장 앞에서 책에 기록하여 평생에 자기 옆에 두고 읽어 그의 하나님 여호와 경외하기를 배우며 이 율법의 모든 말과 이 규례를 지켜 행할 것이라"라고 말씀하지 아니하셨던가. 아사 왕이 신 17:18-19의 말씀과 같이 레위 사람 제사장 앞에 보관한 율법서를 등사하여 평생에 자기 옆에 두고 읽어서 그 하나님 여호와 경외하기를 배웠더라면 이러한 실수를 하지 않았을 것인데 그도 인간인지라 일시적이나마 하나님의 말씀을 멀리하다가 이방인들과 어떠한 약조도 맺지 말라는 말씀들까지 멀어짐으로 아람과 약조하는 실수를 저질렀던 것이다.

아담의 자손들은 별수가 없다. 하나님의 말씀을 멀리할 때에는 못난 사람만 죄를 짓는 것이 아니라 아무리 똑똑하고 잘난 사람들이라도 별수 없이 죄를 지을 수밖에 없다. 솔로몬 왕이 못나고 미련한 자였던가?

아니다. 솔로몬처럼 지혜롭고 똑똑한 왕이 없었는데 그도 아담의 자손인지라 앞으로 왕 될 사람에게 경고한 "아내를 많이 두어 그의 마음이 미혹되게 하지 말 것이며"(신 17:17)의 말씀이 그에게서 멀어지자 "솔로몬 왕이 바로의 딸 외에 이방의 많은 여인을 사랑하였으니 곧 모압과 암몬과 에돔과 시돈과 헷 여인이라"(왕상 11:1)의 실수를 저지르고 말았다.

이 일이 얼마나 마음 아팠으면 느헤미야가 "옛적에 이스라엘 왕 솔로몬이 이 일로 범죄하지 아니하였느냐 그는 많은 나라 중에 비길 왕이 없이 하나님의 사랑을 입은 자라 하나님이 그를 왕으로 삼아 온 이스라엘을 다스리게 하셨으나 이방 여인이 그를 범죄하게 하였나니"(느 13:26)라고 탄식했겠는가. 세계에서 가장 지혜로운 솔로몬 왕도 별수 없다. 그에게서 말씀이 멀어지자 그가 상상도 못할 무서운 죄를 짓게 되었다.

반면에 성경은 비록 아담의 자손이라 할지라도 말씀을 따라 살 때는 범죄하지 않을 수 있다고 하였다. 시 119:9은 "청년이 무엇으로 그의 행실을 깨끗하게 하리이까 주의 말씀만 지킬 따름이니이다"라고 했다. 왜 청년인가? 청년은 어린이나 노인들에 비하여 죄 지을 확률(確率)이 높은 나이다. 이러한 청년들이라도 주의 말씀을 따라 삼가서 살 때 그 행실을 깨끗하게 할 수 있다고 하였다.

이 말씀대로 이루어진 역사적인 사실이 다윗의 경우다. 다윗은 시 17:3에서 "주께서 내 마음을 시험하시고 밤에 내게 오시어서 나를 감찰하셨으나 흠을 찾지 못하셨사오니 내가 결심하고 입으로 범죄하지 아니하리이다"라고 했다. 이 말씀은 예사로이 생각할 말씀이 아니다. 다윗의 마음을 시험하신 분은 주님이시라고 했다. 사람들의 눈에는 어느 정도의 과실이 용납될 수 있으나 불꽃 같은 눈으로 살피시는 하나님 앞에서는 어떠한 가식도 용납되지 않는다. 그 하나님께서 다윗의 마음을 시험하시고 감찰하셨음에도 불구하고 흠을 찾을 수 없을 만큼 다윗은 깨끗하였다. 그 까닭이 무엇인가? 다윗이 똑똑해서인가? 잘나서인가? 아니다. "사람의 행사로 논하면 나는 주의 입술의 말씀을 따라 스스로 삼가서 포악한 자의 길을 가지 아니하였사오며 나의 걸음이 주의 길을 굳게 지키고 실족하지 아니하였나이다"(시 17:4-5)의 결과였다.

다윗도 아담의 자손이다. 아담의 자손인 다윗이라도 주의 입술의 말씀을 좇아 스스로 삼가며 살고 그의 걸음이 주의 길을 굳게 지킬 때에, 주께서 그의 마음을 시험하고 감찰하실지라도 흠을 찾을 수 없을 만큼 깨끗하게 살 수 있었다.

다윗이 시 18:20에서 "여호와께서 내 의를 따라 상 주시며 내 손의 깨끗함을 따라 내게 갚으셨으니"라고 한 대로 다윗은 하나님께서 상으로 갚아주실 만큼 의롭고 깨끗하게 살 수 있었다. 아담의 자손인 다윗에게 어떻게 이러한 일이 가능할 수 있었던가? 그 까닭은 "이는 내가 여호와의 도를 지키고 악하게 내 하나님을 떠나지 아니하였으며 그의 모든 규례가 내 앞에 있고 내게서 그의 율례를 버리지 아니하였음이로다"(시 18:21-22)였다. 아담의 자손인 다윗이라도 그가 여호와의 도를 지키고 악하게 하나님을 떠나지 아니하고 모든 규례를 자기 앞에 모시고 살고 율례를 버리지 아니할 때 이러한 생활이 가능할 수 있었다.

아사 왕도 말씀을 멀리할 때 범죄하였고, 세계에서 가장 지혜롭고 똑똑한 솔로몬도 말씀을 멀리할 때 범죄했으나, 다른 연령층에 비하여 범죄할 확률(確率)이 높은 청년들과 아담의 자손인 다윗도 하나님의 말씀을 마음속에 모시고 살 때는 범죄하지 않을 수 있었다.

그러므로 잠 6:20-21은 "내 아들아 네 아비의 명령을 지키며 네 어미의 법을 떠나지 말고 그것을 항상 네 마음에 새기며 네 목에 매라"라고 했다. 왜 네 아비의 명령과 네 어미의 법을 목에 매라고 했을까? 잠 6:23은 명령은 등불이요 법은 빛이라고 했다. 아무리 우수한 등불과 빛이라 할지라도 방안에 가만히 놓아두기만 하고 캄캄한 밤길을 다닐 때 들고 다니지 아니하면 무슨 소용이 있겠는가. 아무리 우수한 등불이라도 방안에 가만히 놓아두기만 하고 캄캄한 밤길을 다닐 때 손에 들고 다니지 아니하면 그 우수한 등불은 나와는 아무 상관이 없다. 그래서 네 목에 매라고 한 것이다.

우리가 아무리 캄캄한 길을 간다 할지라도 하나님의 말씀인 등불을 목에 매고 다닌다면 말씀의 등불이 언제나 나와 함께 하니 범죄치 않을 수 있다. 그래서 말씀의 등불을 목에 매라고 한 것이다. 잠 7:3 말씀처럼 우리가 하나님의 말씀을 내 손가락에 매고 우리 마음판에 새기고 다닐 때에는 우리가 어디를 가든 말씀과 동행할 수 있고 따라서 범죄치 않게 된다.

아사 왕이 왜 실수하였으며 가장 지혜로운 솔로몬이 왜 범죄하였는가? 이는 말씀을 멀리하였기 때문이다. 우리도 아담의 자손들이다. 아사 왕과 솔로몬처럼 말씀을 멀리하다가 예상하지 못한 실수와 죄를 지을 것이 아니라, 하나님의 말씀을 목에 매고(잠 6:21) 마음판에 새겨서(잠 6:21, 7:3) 범죄치 않고 사는 믿음의 사람들이 될 수 있기를 바란다.

미련하게

이스라엘 왕 바아사가 유다를 치려 하자 아사 왕은 아람 왕과 맺은 약조를 근거로 하여 아람 왕에게 은금을 보내어(대하 16:3) 이스라엘 왕 바

아사를 물리쳤다. 그러자 선견자 하나니는 아사 왕이 망령되이 행하였다고 책망했다(대하 16:7-9). 한글성경의 망령되이 행하였다는 말씀은 히브리어대로 하면 미련하게 행하였다로 번역할 수 있다.

적국의 침략에서 나라를 보호하기 위하여 아람 왕에게 은금을 보내어 도움을 구한 일은 한 나라의 왕으로서 마땅히 할 수 있는 지혜로운 정책일 수 있는데 어찌하여 선견자는 미련하게 행했다고 꾸중하였을까? 그 까닭은 아람의 도움을 얻은 근거는 약조이며(대하 16:3), 그 약조는 위에서 강해한 대로 아사 왕이 말씀을 멀리할 때 맺어진 약조이기 때문이다. 그러니 이번에 되어진 모든 일의 최초의 출발점은 아사 왕이 말씀을 멸시한 일이요, 말씀을 멸시한 일로 말미암아 결국에는 미련하게 행하는 결과가 나타났다.

말씀을 멀리할 때 행한 일들이 왜 결과적으로 미련한 행동으로 나타나게 되는가? 성경은 하나님의 말씀이 바로 지혜와 지식이라고 했다. 잠 2:1-5에서 우리가 하나님의 말씀을 받으면 그 결과 하나님을 알게 된다고 했는데 한글성경의 "하나님을 알게 되리니"(잠 2:5)는 잘못된 번역이다. 히브리어대로 하면 "하나님의 지식을 발견하게 되리니"이다. 우리가 하나님의 말씀을 받을 때 그 결과 하나님의 지식을 발견하게 된다는 말씀은 하나님의 말씀 자체가 바로 하나님의 지식의 말씀이라는 뜻이다.

잠 8:14은 "내게는 계략과 참 지식이 있으며 나는 명철이라"라고 했으니, 하나님의 말씀은 바로 계략, 지식, 명철의 말씀이라는 뜻이다. 시 119:24은 "주의 증거들은 나의 즐거움이요 나의 충고자니이다"라고 했다. 성경은 하나님의 말씀이 바로 지혜와 지식이라고 했는데 어느 정도의 지혜와 지식의 말씀인가? 잠 21:30에 "지혜로도 못하고, 명철로도 못하고 모략으로도 여호와를 당하지 못하느니라"라고 했으니 세상의 어떠한 지혜와 명철과 모략도 여호와의 지혜와 명철과 모략을 당해낼 수가 없다. 하나님의 말씀은 우주에서 최고의 지혜와 명철과 모략을 가지신 하나님의 지혜와 지식이니 그 누구도 성경의 지혜와 지식을 당해낼 수 없다.

신 4:6은 하나님께서 이스라엘 백성들에게 너희가 가나안 땅에 들어가거든 하나님의 말씀을 지키고 행하라고 했고 그렇게 하면 하나님의 말씀이 "여러 민족 앞에서 너희의 지혜요 너희의 지식이라 그들이 이 모든 규례를 듣고 이르기를 이 큰 나라 사람은 과연 지혜와 지식이 있는 백성이로다 하리라"라고 했다. 이스라엘 백성들이 가나안 땅에 들어가서 지혜로도 명철로도 모략으로도 당해낼 수 없는 여호와의 말씀을 지켜 행할 때, 그것을 본 여러 민족들이 "이 큰 나라 사람은 과연 지혜와 지식이 있는 백성이로다"라고 평할 수밖에 없는 것은 너무나 당연한 일이 아닌가.

하나님의 말씀은 지혜로도 명철로도 모략으로도 당해낼 수 없는 여호와의 지혜와 지식의 말씀일 뿐만 아니라 이 말씀을 읽고 듣고 행하는 자에게 지혜와 지식을 주기까지 하는 말씀이다. 시 19:7에서 여호와의 증거는 확실하여 우둔한 자로 지혜롭게 한다고 하였고 이 말씀대로 시인은 주의 법도들로 말미암아 명철하게 되었다고 한다(시 119:104). 더욱이 시 119:98-100은 하나님의 말씀이 시인으로 하여금 원수, 스승, 노인보다 더 지혜롭게 하였다고 한다.

원수는 나를 망하게 하려고 인간적으로는 최고의 지혜를 짜낸다. 그러나 지혜로도 명철로도 모략으로도 당해낼 수 없는 여호와의 지혜와 함께 하는 시인은 당해낼 수 없었다. 스승은 옛날에 나에게 세상 학문을 가르친 선생님이다. 옛날에는 나에게 세상 학문을 가르쳐주신 선생님이지만, 지혜로도 명철로도 모략으로도 당해낼 수 없는 여호와의 증거를 묵상하는 지금은 그 스승보다 더 지혜로워졌던 것이다. 성경은 늙은 자에게 지혜가 있다고 하였다(욥 12:12). 노인에게 지혜가 있는 것은 사실이다. 그러나 지혜로도 명철로도 모략으로도 당해낼 수 없는 주의 법도를 지키는 시인의 명철을 노인이 당해낼 재간이 없다. 더욱이 시 119:98-100에 나오는 원수, 스승, 노인이 히브리어성경에서는 복수로 되어 있다. 한 원수, 한 스승, 한 노인이 아니라 많은 원수들, 많은 스승들, 많은 노인들이다. 지혜로도 명철로도 모략으로도 당해낼 수 없는 여호와의 지혜를 가진 시인을 많은 원수들, 많은 스승들, 많은 노인들도 당해낼 재간이 없었다.

성경은 말씀을 따라 살다가 결과적으로 지혜로워진 사람과 말씀을 버리고 살아 결과적으로는 미련해진 사람들의 보기들을 우리에게 보여준다. 하나님께서 아브라함에게 "너의 고향과 친척과 아버지의 집을 떠나 내가 네게 보여 줄 땅으로 가라"(창 12:1)라고 하셨다. 이 말씀은 예사롭게 생각할 말씀이 아니다. 창 12:4은 아브라함이 하란을 떠날 때 나이가 75세라고 했으니 아브라함은 본토에서 75년 동안 살았다. 부동산의 재산도 상당했을 것이고 친척과 형제들도 많았을 것이다. 그런데 하나님께서는 아브라함에게 고향과 친척과 아버지의 집을 떠나라고 하시니 떠나가는 그날부터 아브라함은 경제적으로는 빈손이요 인간적으로는 도울 친척과 형제들도 없는 셈이다. 잠 17:17에 "형제는 위급한 때를 위하여 났느니라"라고 한 대로 위급할 때 나를 도울 사람은 형제들밖에 없는데 아브라함은 친척과 형제를 다 버리고 떠나니 떠나는 그날부터 어떠한 위급한 일을 당하여도 도울 형제들이 한 사람도 없는 셈이다.

하나님의 말씀대로 고향과 친척과 아버지의 집을 떠나는 것이 인간적으로는 가장 위험하고 불행한 일 같았으나 창 12:4은 아브라함이 여호와의 말씀을 따라갔다고 하였다. 인간적으로는 아무 희망이 없었으나 아브라함은 다만 여호와의 말씀만 믿고 여호와의 말씀에 생명을 걸고 순종하였다. 이는 "나는 이 땅을 네게 주어 소유를 삼게 하려고 너를 갈대아인의 우르에서 이끌어 낸 여호와니라"(창 15:7), "보라 아브라함이 혼자 있을 때에 내가 그를 부르고 그에게 복을 주어 창성하게 하였느니라"(사 51:2)라는 복을 주시기 위함이었으니 하나님의 말씀만 믿고 순종하고 따라갔던(창 12:4) 아브라함의 결과는 지혜로운 결과였다.

"선생님 우리들이 밤이 새도록 수고하였으되 잡은 것이 없지마는"(눅 5:5)이라고 베드로가 말한 대로 베드로는 갈릴리 바다에서 밤이 새도록 수고를 하였으되 잡은 것이 하나도 없었다. 그러한 베드로에게 예수님께서는 "깊은 데로 가서 그물을 내려 고기를 잡으라"(눅 5:4)라고 말씀하셨다. 이 말씀이 고기잡이 전문가인 베드로에게는 다소 이해가 되지 않았겠지만 베드로는 "선생님 우리들이 밤이 새도록 수고하였으되 잡은 것이 없지마는 말씀에 의지하여 내가 그물을 내리리이다"(눅 5:5)라고 하면서 그날까지 갈릴리 바다에서 고기를 잡아오던 모든 경험과 이론을 다 무시하고 "말씀에 의지하여"(눅 5:5) 그물을 던졌더니 그물이 찢어질 정도로 많은 고기를 잡을 수 있었다. 예수님의 말씀이 다소 이해되지 않을지라도 다만 "말씀에 의지하여", 즉 말씀 한마디에 생명을 내걸고 순종하였더니 그물이 찢어질 만큼 많은 고기를 잡을 수 있었다. 그러니 말씀에만 의지하던 베드로는 결과적으로 지혜로운 사람이 되지 않았는가.

바벨론이 예루살렘을 멸망시킬 때 대다수의 사람들은 포로로 끌고 가고 얼마는 남겨두었다. 그 남은 사람들이 선지자 예레미야에게 "당신은 우리의 탄원을 듣고 이 남아 있는 모든 자를 위하여 당신의 하나님 여호와께 기도해 주소서 당신이 보는 바와 같이 우리는 많은 사람 중에서 남은 적은 무리이니 당신의 하나님 여호와께서 우리가 마땅히 갈 길과 할 일을 보이시기를 원하나이다"(렘 42:2-3)라고 하면서, 이어서 "우리가 당신의 하나님 여호와께서 당신을 보내사 우리에게 이르시는 모든 말씀대로 행하리이다 여호와께서는 우리 가운데에 진실하고 성실한 증인이 되시옵소서 우리가 당신을 우리 하나님 여호와께 보냄은 그의 목소리가 우리에게 좋든지 좋지 않든지를 막론하고 순종하려 함이라 우리가 우리 하나님 여호와의 목소리를 순종하면 우리에게 복이 있으리이다"(렘 42:5-6)라고 했다.

그러자 하나님께서는 남은 자들에게 애굽으로 내려가지 말라고 선지자 예레미야를 통하여 말씀하시자 남은 자들이 예레미야에게 "네가 거짓을 말하는도다 우리 하나님 여호와께서 너희는 애굽에서 살려고 그리로 가지 말라고 너를 보내어 말하게 하지 아니하셨느니라 이는 네리야의 아들 바룩이 너를 부추겨서 우리를 대적하여 갈대아 사람의 손에 넘겨 죽이며 바벨론으로 붙잡아가게 하려 함이라"(렘 43:2-3)라고 하면서 애굽으로 내려가지 말라는 하나님의 말씀을 거절하였다.

그랬더니 어떠한 결과가 나타났는가? "너희가 만일 애굽에 들어가서 거기에 살기로 고집하면 너희가 두려워하는 칼이 애굽 땅으로 따라가서 너희에게 미칠 것이요 너희가 두려워하는 기근이 애굽으로 급히 따라가서 너희에게 임하리니 너희가 거기에서 죽을 것이라 무릇 애굽으로 들어가서 거기에 머물러 살기로 고집하는 모든 사람은 이와 같이 되리니 곧 칼과 기근과 전염병에 죽을 것인즉 내가 그들에게 내리는 재난을 벗어나서 남을 자 없으리라"(렘 42:15-17)의 결과가 나타났다.

이것이 결과적으로 지혜로운 일인가? 하나님의 말씀을 거절하고 자기들 욕심대로 고집을 피우고 억지로 밀고 나가던 이스라엘 백성들의 결과는 결코 지혜로운 결과가 되지 못하고 도리어 미련한 결과로 끝났다. 이것이 말씀을 버린 자가 당하는 미련하게 끝나는 결과이다.

아사 왕이 말씀을 멀리하였기 때문에 말씀에 어긋나는 약조를 맺었고 (대하 16:3) 그 약조를 근거로 아람의 도움을 받아 이스라엘 왕 바아사를 물리쳤더니 선견자 하나니는 아사 왕이 미련하게 행하였다고 꾸중하였다 (대하 16:9).

아사 왕만이 아니다. 천하의 그 어떠한 사람이라도 말씀에서 떠나는 자는 미련하게 행할 수밖에 없다. 그래서 렘 8:9은 "보라 그들이 여호와의 말을 버렸으니 그들에게 무슨 지혜가 있으랴"라고 했다. 예레미야의 말은 백 번 당연하다. 지혜로도 명철로도 모략으로도 여호와를 당할 수 없나니(잠 21:30) 여호와의 지혜가 담겨 있는 여호와의 말씀을 버린 자에게 무슨 지혜를 찾아볼 수 있겠는가. 그래서 예레미야도 이렇게까지 강하게 말한 것이다.

그러므로 우리는 내 명령과 내 법을 항상 네 마음에 새기고 네 목에 매라는 잠 6:21, 7:3의 말씀을 명심하고 살아서 하나님의 말씀 때문에 결과적으로 지혜로운 삶을 사는 복된 백성들이 될 수 있기를 바란다.

기적이 이루어지려면…

하나님을 믿는 사람들이라면 누구나 자기에게도 하나님의 기적이 이루어지기를 바랄 것이다. 그러면 성경은 어떠한 자에게 하나님의 기적이 이루어질 수 있다고 우리에게 가르치고 있는가?

1. 전심으로 자기에게 향하는 자에게

대하 16:9은 "여호와의 눈은 온 땅을 두루 감찰하사 전심으로 자기에게 향하는 자들을 위하여 능력을 베푸시나니"라고 했다. 여호와의 눈은 온 땅을 두루 감찰하시면서 누가 전심으로 자기에게 향하는가를 찾으신다. 그러한 자를 찾으시면 그 사람을 위해서만 능력을 베푸신다는 말씀이다. 그러니 하나님께서 우리를 위하여 기적의 능력을 베풀어주시는 조건은 전심으로 하나님께 향하는 일이다.

우리는 여기에서 막 5:25-34에 나오는 혈루증으로 앓던 여인의 경우를 생각해보자. 그 여인은 열두 해를 하혈로 고생하였다. 여자들에게 하혈은 큰 병이다. 한 주간 동안의 하혈이 아니라 열두 해 동안이나 계속 피를 흘렸으니 얼마나 괴로웠겠는가. 그래서 이 여인은 자기 병을 고쳐보려고 병원이란 병원은 다 다녔다. 그런데 우리가 다 알다시피 병원 출입에 돈이 남아나는가? 그 여인은 재산을 다 팔아서 병원비용을 댔으므로 이제는 더 이상 팔 만한 재산도 없었다. 그러니 더 가볼 만한 병원도 없을 뿐더러 혹시 병원이 있다 해도 그 병원에 가볼 만한 돈도 없었다. 병이라도 차도가 있으면 또 몰라도 병은 중해지기만 했다. 그러니 이제는 이럴 수도 저럴 수도 없어 그저 앉아서 피를 쏟다가 죽을 날을 기다리는 수밖에 없었다. 본문은 이 형편을 "많은 의사에게 많은 괴로움을 받았고 가진 것도 다 허비하였으되 아무 효험이 없고 도리어 더 중하여졌던 차에"(막 5:26)라고 했다.

그러던 중 예수님께서 지나가신다는 말을 들었다. 그 소식을 들은 이 여인은 예수님의 옷가라도 만지고 싶었다. 그런데 예수님의 옷가를 만지려던 이 여인의 마음 자세는 어떠하였을까? 예수님의 옷가를 만져 병이 나으면 다행이나 만일 병이 낫지 않는다 해도 별로 문제는 없다, 또 어떻게 해서라도 돈을 조금 마련하여 아무 병원에 다시 가보겠다는 그러한 마음이었겠는가? 그런 마음이 전혀 아니었을 것이다. 앞에서 말한 대로 이제는 더 가볼 만한 병원도 없을 뿐더러 있다 해도 그 병원에 갈 만한 돈도 다 떨어져 그저 앉아서 계속 피를 흘리면서 죽을 날을 기다릴 수밖에 없는 형편이 아니었던가. 그러니 지금 이 여자의 살 길은 예수님의 옷가를 만지는 길밖에 없었다. 그래서 이 여자는 마음을 다하여 예수님의 옷가를 만졌다. 예수님의 옷가를 시험삼아 한 번 만져보다가 병이 낫지 않으면 다른 방도를 취해보겠다는 생각은 추호도 없었다. 딴 생각을 가진다면 그것은 전심이 아니다. 지금에 와서 살 길이 있다면 예수님의 옷가를 만지는 이 길밖에 없는 고로 있는 마음을 다하여 아니 심지어 다른 데서 마음을 빌려올 수만 있다면 그 마음을 빌려다가 내 마음과 보태어 전심으로 예수님의 옷가를 만져보겠다는 생각이었을 것이다. 그때 예수님을 통한 기적이 나타났다. 이것이 바로 전심으로 예수님께 향하는 자이다.

삼상 7:3에서 사무엘은 이스라엘 백성들에게 "너희가 전심으로 여호와께 돌아오려거든……너희 마음을 여호와께로 향하여 그만을 섬기라"라고 했다. 사무엘의 말에 순종하여 그들이 전심으로 여호와께 돌아왔을 때 기적이 나타났다. 그들을 향하여 공격해오던 블레셋 군대를 하나님께서는 우레로 어지럽게 하사(삼상 7:10) 패하게 하시는 기적을 베풀어 주셨다.

모압, 암몬, 마온의 세 나라가 예루살렘을 포위하고 공격할 때 남국 유다의 제4대 왕 여호사밧은 "우리를 치러 오는 이 큰 무리를 우리가 대적할 능력이 없고 어떻게 할 줄도 알지 못하옵고 오직 주만 바라보나이다"(대하 20:12) 하면서 주님만을 바라보았다. 여기에 전심이라는 단어는 없으나 내용으로는 전심으로 주님을 바라본 자세이다. 그렇게 할 때 우리 하나님께서는 세 나라의 연합 군대를 파하는 기적을 베푸셨다(대하 20:22-23).

아사 왕의 경우도 그러하다. 그가 대하 14:11에서 "여호와여 힘이 강한 자와 약한 자 사이에는 주밖에 도와 줄 이가 없사오니 우리 하나님 여호와여 우리를 도우소서 우리가 주를 의지하오며 주의 이름을 의탁하옵고 이 많은 무리를 치러 왔나이다"라고 하면서 주님을 바라볼 때도 단어상으로는 전심이라는 단어는 없으나 내용으로는 전심으로는 주님을 바라본 일이 아닌가. 그러할 때 하나님께서 구스 사람 100만 대군을 살아남은 자가 한 사람도 없을 정도로(대하 14:13) 패하게 하시는 기적을 행하여 주셨다.

삼상 28장에서 블레셋 군대가 공격할 때 사울 왕이 우선은 하나님께 기도해보다가 안 되니 신접한 여인에게 찾아갔다(삼상 28:6-7). 이것은 전심이 아니다. 이러한 사람에게는 하나님께서 기적을 행하여 주지 않으신다. 예수님의 옷가를 만지던 여인의 마음속에서, 주님만 바라보던 여호사밧과 아사 왕의 마음속에서 사울 왕과 같은 마음 자세는 전혀 찾아볼 수 없었다.

전능하신 하나님께서 우리에게 기적을 베풀어주실 수 있는 조건은 무엇인가? 전심으로 주님께 향하는 것이다. 전능하신 주님께서 우리에게 기적을 베풀어주시기를 바라는가? 전심으로 주님만을 바라보자.

2. 약한 데서

고후 12:9은 "내 능력이 약한 데서 온전하여짐이라"라고 했다. 이 말씀은 무슨 뜻인가? 내가 강한 줄 알고, 내 힘으로 무엇이든지 다 할 수 있는 줄 알고, 주님의 도우심과 기적이 필요하다고 느끼지 않는 사람에게는 기적이 이루어지지 않는다. 내가 약한 줄 알고, 내 힘만 가지고는 아무 것도 할 수 없는 줄 알고, 주님의 도우심과 기적의 힘이 아니고는 도저히 할 수 없다고 깨닫고 주님의 도우심만을 바라보는 그러한 사람에게 주님의 기적이 이루어진다는 말씀이다.

하나님의 기적이 그렇게 값싼 것은 아니다. 또 값쌀 필요도 없다. 자기가 강하여 무엇이든 자기 능력으로 할 수 있는 줄 알고 주님의 기적을 별로 요구하지도 않는 자를 일부러 찾아다니시면서까지 기적을 베풀어주시는 그러한 하나님은 아니시다. 내가 약한 줄 알고 주님의 도우심과 기적이 아니고는 어떠한 일도 도저히 할 수 없다고 느끼며 주님의 기적을 간절히 사모하고 바라보는 그러한 사람에 한하여 하나님의 기적은 나타나는 법이다. 그렇기 때문에 하나님께서 기적을 역사해주실 때는 일부러 인간을 약하게 만들어서 그로 하여금 약한 자리에서 하나님의 기적을 바라보고 사모하게 하여 기적을 역사하시는 때도 있다.

그 첫 번째 경우가 고후 12:1-10에 나오는 바울의 경우다. 여기에서 바울은 놀라운 계시를 보았다. 그 계시를 본 바울에게 하나님께서는 육체의 가시 곧 사탄의 사자를 주셨는데 그것은 바울을 쳐서 너무 자고하지 않게 하려 하심이라고 한다. 바울도 인간인지라 지극히 큰 계시를 받은 후에 혹시나 교만하여 강해지는 날에는 그에게 하나님의 능력이 더 이상 역사하지 않으실 터이니, 하나님께서는 그에게 육체의 가시 곧 사탄의 사자를 주사 억지로라도 약하게 만들어 그로 하여금 계속 하나님의 능력을 사모하고 바라보게 함으로써 하나님의 기적을 계속 역사해주시려고 바울을 약하게 만드셨던 것이다.

두 번째 경우는 창 32:24-32에 나오는 야곱의 경우다. 어떤 사람이 야곱과 씨름을 하다가 야곱의 환도뼈를 쳤다. 환도뼈가 상한 야곱은 어떻게 할 것인가? 환도뼈가 상하지 않았더라면 400명을 거느리고 오는 에서와 싸우든가 아니면 도망을 칠 것이나 환도뼈가 상했으니 이제는 형 에서와 싸울 수도 없고 도망칠 수도 없고 그저 앉은 자리에서 형의 칼에 죽는 길밖에 남지 않았다.

그러니 이렇게 된 야곱에게 살 길이 있다면 하나님의 축복을 바라는 길밖에 없었다. 그러기에 그는 죽기를 한하고 자기를 축복해달라고 그 사람에게 매달렸다. 야곱의 환도뼈가 상하지 않고서야 야곱이 이렇게까지 하나님의 축복을 바라보고 매어 달렸겠는가? 그러니 그 사람이 야곱의 환도뼈를 상하게 한 것은 그로 하여금 죽기를 한하고 하나님의 축복을 사모하지 않고는 견딜 수 없도록 그를 약하게 하시려는 하나님의 섭리였다.

세 번째 경우는 삿 7:1-8에 나오는 기드온의 경우다. 기드온이 미디안과 싸우려고 나팔을 불자 32,000명이 모였다. 그런데 "여호와께서 기드온에게 이르시되 너를 따르는 백성이 너무 많은즉 내가 그들의 손에 미디안 사람을 넘겨 주지 아니하리니 이는 이스라엘이 나를 거슬러 스스로 자랑하기를 내 손이 나를 구원하였다 할까 함이니라"(삿 7:2) 하여 32,000명을 300명으로 약하게 만들었다. 300명으로 메뚜기같이 많은 보병과 해변의 모래같이 많은 약대를 가진 대군을(삿 7:12) 물리친다는 것은 도저히 불가능한 일이다. 그러니 기드온은 주님의 도우심만 바라보지 않을 수 없게 되었다. 하나님께서 기드온의 군대 32,000명을 300명으로 약하게 하신 이유는 기드온에게 하나님의 기적을 역사해주시려는 하나님의 섭리였다.

어떠한 자에게 하나님의 기적이 역사하는가? 약한 자에게 역사하신다. 약하되 객관적으로 약한 자가 아니라 주관적으로 약하게 느껴 주님의 기적을 사모하고 하나님의 도우심을 바라는 자에게 베푸신다. 객관적으로 약한 것과 주관적으로 약한 것은 무엇인가? 다른 사람이 보기에 객관적으로 약하게 보이지만 자신은 강한 줄로 아는 자가 객관적으로 약한 자요, 다른 사람이 보기에는 강하게 보이나 자기가 알기로는 약한 줄 아는 자가 주관적으로 약한 자다. 전능하신 주님께서 기적을 베풀어 주시기를 원하는가? 약한 자가 되자. 약한 자가 되되 객관적으로 약한 자가 아니라 주관적으로 약한 자가 되자.

3. 성결

기적이 이루어질 수 있는 세 번째 조건은 성결이다. 수 3:5에서 여호수아는 "너희는 자신을 성결하게 하라 여호와께서 내일 너희 가운데에 기이한 일들을 행하시리라"라고 말했다. 여기에서 여호수아는 백성들에게 스스로 성결하게 하라고 한다. 왜? 그 이유는 여호와께서 내일 그들 가운데 기이한 일들을 행하실 터인데, 여호와께서 우리에게 기사를 행하실 수 있는 조건은 성결이기 때문이다.

전기의 힘이 놀랍고 크지만 그 놀랍고 큰 전기의 힘은 구리줄을 통해서만 전달되지 나무나 사기를 통해서는 전달되지 않는다. 그와 같이 하나님의 기적은 성결이라는 구리줄을 통해서만 우리 인간에게 전달되며 죄라는 나무나 사기를 통해서는 인간들에게 전달될 수 없다.

사 59:1-3은 우리에게 "여호와의 손이 짧아 구원하지 못하심도 아니요 귀가 둔하여 듣지 못하심도 아니라 오직 너희 죄악이 너희와 너희 하나님 사이를 갈라 놓았고 너희 죄가 그의 얼굴을 가리어서 너희에게서 듣지 않으시게 함이니라 이는 너희 손이 피에, 너희 손가락이 죄악에 더러워졌으며 너희 입술은 거짓을 말하며 너희 혀는 악독을 냄이라"라고 했다. 전능하신 여호와의 손이 짧아서 우리를 구원치 못하시는 것도 아니고 그분의 귀가 둔하여 듣지 못하심이 아니라 오직 우리의 죄가 전능하신 여호와의 기적의 손이 우리에게 미칠 수 없도록 막아버렸다는 말씀이다. 즉 하나님과 우리 사이에 성결이란 구리줄이 없다는 말씀이다.

대하 14장에서 아사가 구스 사람들을 물리칠 때, 대하 20장에서 여호사밧이 모압, 암몬, 마온 연합 군대를 물리칠 때, 대하 32장에서 히스기야 왕이 앗수르의 군대 185,000명을 물리칠 때, 사드락, 메삭, 아벳느고가 풀무에서 건짐을 받을 때, 다니엘이 사자굴에서 건짐을 받을 때 기적들이 나타났는데 이는 그들에게 성결이란 구리줄이 준비되어 있었기 때문이다. 그들에게 준비되었던 이 성결이란 구리줄을 통하여 하나님의 기적이 나타났다.

우리에게도 전능하신 하나님의 기적이 이루어지기를 바라는가? 성결의 구리줄을 마련하자.

대하 17장

보람을 본 견고

아사의 아들 남국 유다의 제4대 왕 여호사밧이 왕이 되자 스스로 강하게 하여(대하 17:1) 유다 모든 견고한 성읍에 군대를 주둔시키고 유다 땅의 성읍들에 영문을 두어(대하 17:2) 견고케 하였다고 한다. 그랬더니 유다를 견고케 하려는 그의 정책은 네 가지 점에서 실효를 거두었다.

1) 대하 17:5은 여호와께서 나라를 그의 손에서 견고하게 하셨다고 하였다.

2) 대하 17:10은 여호와께서 유다 사방의 모든 나라에 두려움을 주사 여호사밧과 싸우지 못하게 하셨다고 하였다. 하나님께서 열국으로 하여금 아예 여호사밧과 싸우지도 못하게 하셨던 것이다.

3) 대하 17:12은 여호사밧이 점점 강대해졌다고 하였다. 견고해진 상태에서만 머물러 있었던 것이 아니라 날이 갈수록 여호사밧은 점점 더 강대해지기만 하였다.

4) 군사적인 면만이 아니라 경제적인 면에서까지 축복을 받았다. 대하 17:5은 유다 무리가 여호사밧에게 예물을 드렸다고 하였고, 대하 17:11은 블레셋 사람들이 여호사밧에게 은을 조공으로 바쳤고 아라비아 사람들은 짐승으로 조공을 드려 그는 부귀와 영광을 크게 떨쳤다고 하였다(대하 17:5).

그런데 그의 이 견고가 보람을 본 까닭은 무엇인가? 무엇 때문에 그의 이 견고가 실효를 거두었는가? 그 이유는 "이는 그가 그의 조상 다윗의 처음 길로 행하여 바알들에게 구하지 아니하고 오직 그의 아버지의 하나님께 구하며 그의 계명을 행하고 이스라엘의 행위를 따르지 아니하였음이라 그러므로 여호와께서 나라를 그의 손에서 견고하게 하시매……"(대하 17:3-5)라고 했다. 제아무리 견고케 한다고 하여도 하나님의 도우심과 지키심이 없는 견고는 맥을 추지 못한다. 여호사밧의 견고가 보람을 본 까닭은 그가 다윗의 처음 길로 행하여 하나님을 구하고 전심으로 여호와의 도를 행하였기 때문이다.

보람을 본 여호사밧의 견고는 대하 11-12장에 나오는 르호보암의 견고와 좋은 대조가 된다. 르호보암도 왕이 되자 유다 땅을 방비하는 성읍들을 건축하고(대하 11:5) 이 모든 성읍들을 더욱 견고케 하여 지휘관들을 그 가운데 두고 양식과 기름과 포도주를 저축하고 모든 성읍에 방패와 창을 두어 매우 강하게 하였으나(대하 11:11-12), 그가 여호와의 율법을 버릴 때(대하 12:1) 여호와께서도 그를 버리사 애굽 왕 시삭의 손에 붙이셨으니(대하 12:2-5) 그가 이룩한 견고가 무슨 소용이 있었던가. 애굽 왕 시삭이 예루살렘을 치러 온 때는 르호보암 왕 제5년이니(대하 12:2) 르호보암의 견고는 5년간 지속하다가 무너지고 말았다.

제아무리 인간적으로 견고하게 한다 해도 하나님께서 지켜주지 않으시는 견고는 모래 위에 세운 성에 불과하다. 그러고 보니 "여호와께서 성을 지키지 아니하시면 파수꾼의 깨어 있음이 헛되도다"(시 127:1)라고 한 시인의 말이 과연 참되다는 사실을 다시 한 번 연상케 된다. 우리 스스로를 견고케 하고 싶은가? 다윗의 처음 길로 행하자. 그렇지 못하면 우리의 견고는 모래 위에 세운 성에 불과하다.

다윗의 처음 길

다윗의 처음 길을 왕상 9:4은 마음을 온전히 하고 바르게 하여 하나님 앞에서 행했다고 하였고, 왕상 14:8은 하나님의 명령을 지켜 전심으로 하나님을 따르며 하나님 보시기에 정직한 일만 행했다고 하였고, 왕상 15:5은 "이는 다윗이 헷 사람 우리아의 일 외에는 평생에 여호와 보시기에 정직하게 행하고 자기에게 명령하신 모든 일을 어기지 아니하였음이라"라고 했다. 대하 17:3은 여호사밧이 즉위하자 위에서 말한 대로 다윗의 처음 길로 행했다고 하면서 그가 행한 다윗의 처음 길의 내용과 받은 축복을 3-5절에서 설명한다.

여호사밧이 행한 다윗의 처음 길의 내용은 어떠하였던가? 소극적으로는 바알들에게 구하지 아니하고(대하 17:3), 이스라엘의 행위를 따르지 아니하였으며(대하 17:4), 적극적으로는 부친의 하나님께 구하며 계명을 행하였다(대하 17:4). 그가 다윗의 처음 길로 행함으로 받은 축복은 어떠한가? 1) 여호와께서 여호사밧과 함께 해주셨고(대하 17:3), 2) 여호와께서 나라를 그 손에서 견고하게 하셨고(대하 17:5), 3) 부귀와 영광을 크게 떨치게 하셨다(대하 17:5, 18:1).

우리도 여호사밧처럼 언제나 다윗의 처음 길로 행하여 여호사밧이 받았던 축복을 우리도 받을 수 있기를 바란다.

하나님을 구한 여호사밧

여호사밧은 왕이 되자마자 조상 다윗의 처음 길로 행하여(대하 17:3) 부친의 하나님께 구하였다(대하 17:4). 그가 하나님께 구한 생활은 세 가지 특색을 가지고 있었다.

1) 대하 19:3은 여호사밧이 마음을 기울여 하나님을 찾았다고 하였고, 대하 22:9은 전심으로 여호와를 구했다고 하였다. 르호보암은 마음을 기울여 여호와를 구하지 못한 잘못을 저질렀으나(대하 12:14) 여호사밧은 마음을 기울여 전심으로 하나님을 구하였다.

성경은 하나님을 사랑하는 일에(신 6:5), 하나님을 섬기는 일에(신 11:13), 하나님께 순종하는 일에(신 30:2), 하나님께 돌아오는 일에(신 30:10) 마음을 다하라고 했고 신 4:29은 우리가 마음을 다하여 하나님을 찾을 때 하나님께서 만나주시겠다고 하였다. 그런데 여호사밧은 위에서 말한 대로 모든 면에서 마음을 다하여 전심으로 여호와를 구했기 때문에 하나님께서 그를 만나주시는 복을 받았다.

2) 그가 전심으로 여호와를 구하였다는 사실은 다른 사람들에게 인정

을 받을 정도였다. 대하 22:9에서 여호사밧이 전심으로 여호와를 구하였다는 사실은 북국 이스라엘의 제10대 왕 예후도 증언했다. 그가 전심으로 여호와를 구하였다는 사실은 이와 같이 다른 사람에게 인정을 받을 정도였다.

3) 그가 하나님을 구하였다는 것은 말로만 구한 것이 아니라 적극적인 면과 소극적인 면에서 구체적인 내용을 가지고 하나님을 구하였다. 적극적인 면에서는 하나님의 계명을 행하되(대하 17:4) 전심으로 여호와의 도를 행하였고(대하 17:6) 산당과 아세라 목상을 유다에서 제거해버렸다(대하 17:6). 소극적으로는 바알들에게 구하지 아니하고(대하 17:3) 이스라엘의 행위를 좇지 아니하였다(대하 17:4). 이와 같이 그는 구체적인 면과 소극적인 면에서 실적을 가지고 하나님을 구하였다.

대하 17:6은 조금 해석이 필요하다. 한글성경의 "그가 전심으로 여호와의 길을 걸어"를 히브리어대로 직역하면 "그의 마음이 여호와의 말씀들 안에서 높아졌다"이다. 여기서 높아졌다는 히브리어 말은 "가바흐"(גָּבַהּ)인데 이 단어의 뜻은 1) "높다", 2) "높이 들리어졌다", 3) "교만하다"이다. 이 단어가 대하 17:6 외에는 전부 나쁜 뜻으로 사용되었다. 대하 26:16, 32:25, 시 138:6에서는 "교만"으로, 삼상 2:3, 사 5:15에서는 "오만"으로, 사 10:33에서는 "높은 자"라고 번역되었다. 대하 17:6의 "가바흐"(גָּבַהּ)를 위에서 설명한 뜻으로 해석을 하면 말이 되지 않는다. 그러나 다행히도 독일의 주석가 카일(Keil and Delitzsch, *The Book of the Chronicls*. trans. by Andrew Harper (Grand Rapids: Wm. B. Eerdmans Publishing Company, 1950, p. 373)은 "하나님을 기쁘시게 하는 길들로 행하기 위하여 높여진 용기"라고 주석하였다.

얼마나 정곡(正鵠)을 찌르는 해석인가. 그의 해석대로라면 여호사밧이 여호와의 도를 행하되 하나님을 기쁘시게 하는 길들로 행하기 위하여 높여질 대로 높여진 용기를 가지고 여호와의 도를 행하였다는 뜻이니 이러한 뜻에서 한글성경의 "그가 전심으로 여호와의 길을 걸어"는 참으로 잘된 번역이다. 여호사밧은 하나님을 구하는 사람으로서 적극적인 면에서는 하나님을 기쁘시게 하는 길들로 행하기 위하여 높여질 대로 높여진 용기를 가지고 여호와의 도를 행한 사람이었다.

우리는 하나님을 구하는 사람들인가? 그렇다면 우리도 여호사밧처럼 1) 전심으로 구하고, 2) 남에게 인정 받을 정도로 구하고, 3) 하나님을 구하는 자로서의 구체적인 실적을 가지고 구해야겠다.

함께 하시는 하나님은…

성경은 하나님께서 누구와 함께 하신다는 것은 단순히 누구와 가만히 함께 하시는 것만을 뜻하지 않고 그 사람을 위하여 어떠한 일을 해주신다는 사실을 묘사한다. 이 사실을 렘 32:40은 "내가 그들에게 복을 주기 위하여 그들을 떠나지 아니하리라"라고 했다. 옳은 말씀이다. 하나님께서 우리와 함께 하신다는 사실은 단순히 물리적인 뜻에서 함께 하시는 것이 아니라 우리에게 복을 주시기 위한 목적으로 함께 하신다는 말씀이다. 따라서 시 73:28은 "하나님께 가까이함이 내게 복이라"라고 했고, 반면에 호 9:12은 "내가 그들을 떠나는 때에는 그들에게 화가 미치리로다"라고 했다. 신 31:17은 "내가 그들에게 진노하여 그들을 버리며… 허다한 재앙과 환난이 그들에게 임할 그때에 그들이 말하기를 이 재앙이 우리에게 내림은 우리 하나님이 우리 가운데에 계시지 않은 까닭이 아니냐 할 것이라"라고 했다.

  위에서 인용한 성경 말씀들이 우리에게 보여주는 대로 하나님께서 우리와 함께 하신다는 것은 단순히 물리적으로 함께 하시는 것을 뜻하지 않고 우리에게 복을 주시기 위하여 함께 하시는 것이다. 하나님께서 우리와 함께 하시지 않는다는 것은 단순히 물리적으로 함께 하시지 않는 것이 아니라 바로 우리에게 화가 미침을 보여준다. 우리는 이 사실을 성경에서 좀더 구체적으로 생각해보자.

  1) 우선 대하 17:3에 여호와께서 여호사밧과 함께 하셨다고 하였는데 여호사밧과 함께 하시는 하나님은 단순히 물리적인 면에서 함께 하신 것이 아니라 대하 17:5에서 보면 그 나라를 여호사밧의 손에 견고케 하시는 일을 행하여 주셨다.

  2) 창 21:20은 아브라함의 집에서 쫓겨난 이스마엘에게 하나님께서 함께 하셨다는 말씀이 나온다. 이스마엘이 아브라함 집에서 쫓겨날 때 살림 밑천이라고는 떡과 물 한 가죽부대밖에 없었다(창 21:14). 쫓겨난 후 광야에서는 일정한 직업과 생활 근거도 없었다. 그러나 하나님께서 이스마엘과 함께 하실 때 이스마엘은 137세까지 살았으니(창 25:17) 살 만큼 살았고, 열두 아들을 낳았으니(창 25:12-16) 사람으로서 특히 아버지로서 할 책임을 다하고 살 수 있었다. 빈손 들고 광야로 쫓겨난 이스마엘이 살 만큼 살았고 사람으로서 할 일을 다하고 살 수 있었던 것은 순전히 하나님께서 이스마엘과 함께 하셨기 때문이었다.

  3) 창 26:3에서 하나님께서는 이삭에게 내가 너와 함께 있어 네게 복을 주겠다고 약속하셨는데 그 약속대로 창 26:12-14에서 "이삭이 그 땅에서 농사하여 그 해에 백 배나 얻었고 여호와께서 복을 주시므로 그

사람이 창대하고 왕성하여 마침내 거부가 되어 양과 소가 떼를 이루고 종이 심히 많으므로"의 복을 받았다. 이 말씀은 예사로이 볼 말씀이 아니다. 창 26장 때는 이스라엘 나라에 흉년이 들어서 이삭은 살기 위하여 애굽으로 가려고 했지만 하나님께서 "애굽으로 내려가지 말고 내가 네게 지시하는 땅에 거주하라"(창 26:2)라고 지시한 말씀대로 이스라엘 땅에 머물렀다. 흉년 때문에 다른 사람들은 농사가 잘 되지 않았지만 하나님께서 함께 하시는 이삭에게는 창 26:12-14의 복을 받는 기적이 나타났다. 뿐만 아니라 창 26:24에서 "두려워하지 말라 내 종 아브라함을 위하여 내가 너와 함께 있어 네게 복을 주어 네 자손이 번성하게 하리라"의 제2의 복을 약속하셨다. 이 모든 복은 다만 이삭에게 하나님께서 함께 하셨기 때문에 이루어진 복이다. 이삭과 함께 하셨던 하나님께서는 이삭에게 그저 물리적으로만 함께 하셨던 것이 아니라 창 26:12-14과 24절의 기적적인 복을 주시는 하나님으로 함께 하셨던 것이다.

4) 창 28:15에서 하나님께서는 야곱에게 내가 너와 함께 있어 네가 어디로 가든지 너를 지켜주겠다고 약속하셨다. 이렇게 약속하신 하나님께서는 "내가 그대들의 아버지의 안색을 본즉 내게 대하여 전과 같지 아니하도다 그러할지라도 내 아버지의 하나님은 나와 함께 계셨느니라"(창 31:5)라는 야곱의 말대로 외삼촌 라반의 안색이 안 좋은 불안한 때에도 계속 야곱과 함께 하셨고, "그대들의 아버지가 나를 속여 품삯을 열 번이나 변경하였느니라 그러나 하나님이 그를 막으사 나를 해치지 못하게 하셨으며"(창 31:7)라는 야곱의 말대로 하나님께서는 야곱과 함께 하셔서 창 28:15에서 "내가 너와 함께 있어 네가 어디로 가든지 너를 지키며"의 약속을 지켜주셨다.

5) 창 31:3에서 하나님께서는 야곱에게 "네 조상의 땅 네 족속에게

로 돌아가라 내가 너와 함께 있으리라"라고 말씀하셨다. 이 말씀을 들은 야곱은 그동안 모은 모든 재산과 가족을 거느리고 라반에게 알리지 않은 채 비밀리 떠났다. 야곱이 도망한 지 3일 만에(창 31:22) 이 사실을 안 라반은 화가 나서 야곱의 뒤를 추격하다가 7일 만에(창 31:23) 야곱에게 미쳐 야곱을 습격하려고 하였다. 그러나 그날 밤 하나님께서 라반에게 꿈속에 나타나 "너는 삼가 야곱에게 선악간에 말하지 말라"(창 31:24)라고 하셨다. 그래서 야곱을 습격할 수 없었다. 다음날 야곱을 만난 라반은 "너를 해할 만한 능력이 내 손에 있으나 너희 아버지의 하나님이 어제 밤에 내게 말씀하시기를 너는 삼가 야곱에게 선악간에 말하지 말라"(창 31:29)라고 하셨기 때문에 해하지 못했다고 하였다. 창 31:3에서 "내가 너와 함께 있으리라"의 하나님께서는 야곱이 라반의 습격을 받아 모든 재산을 빼앗기고 빈손이 될 수밖에 없는 위기일발(危機一髮)의 찰나(刹那)에서 야곱을 지켜주시는 하나님으로 함께 하셨다.

6) 창 39:2은 여호와께서 요셉과 함께 하시므로 그가 형통한 자가 되었다고 하였다. 여호와께서 요셉과 함께 하심으로 요셉에게 주신 형통은 네 가지 점에서 특수하다. 일반적으로는 도저히 형통을 기대할 수 없는 세 가지 최악의 환경에서 형통하였다.

첫째로 그는 종의 자리에서 형통하였다. 창 39:17, 19은 요셉을 종이라고 했다. 세상에서 가장 낮은 종의 신분이 아닌가. 높은 벼슬자리에서 형통하기는 쉬우나 세상에서 가장 낮은 종의 자리에서 어떻게 형통을 기대할 수 있겠는가. 그러나 요셉은 종의 자리에서 형통하였다.

둘째로 창 39:20은 요셉이 감옥에 갇혔다고 하였고, 창 39:21은 여호와께서 요셉과 함께 하셨다고 하였고, 창 39:23은 여호와께서 그의 범사에 형통케 하셨다고 하였으니 요셉은 감옥에서도 형통하였다. 사람이 사는 세상에서 가장 불행한 자리는 감옥이다. 감옥에서 어떻게 형통을 기대할 수 있겠는가. 그러나 하나님께서 함께 하시는 요셉은 가장 불행한 감옥의 자리에서도 형통하였다.

셋째로 요셉은 애굽 시민이 아니고 히브리 나라에서 온 외국 사람이었다. 자신의 나라에서 형통하기는 쉽지만 말과 생활과 문화와 역사가 다른 애굽에서 형통하기는 힘들지 않겠는가. 한국 속담에 있는 대로 팔이 안으로 굽지 밖으로 굽지 않는 법인데 애굽 사람들이 자기 동족에게 더 관심을 두지 다른 나라에서 온 외국 사람에게 자기 동족에게 주는 것보다 더 큰 관심을 줄 수 없지 않은가. 그런데 요셉은 하나님께서 함께 하심으로 애굽 시민이 아닌 히브리 나라에서 온 사람으로서 형통하였다.

넷째로 창 39:3, 23은 여호와께서 그의 범사에 형통케 하셨다고 하였다. 한 가지 일에만 형통하여도 축복인데 범사에 형통케 하셨다니 얼마나 큰 축복인가. 창 39:3은 그 주인이 여호와께서 그의 범사에 형통케 하심을 보았다고 하였다. 여호와께서 요셉을 형통케 하셨다고 하지만 그 형통의 정도가 너무 미약하여 밖으로까지 나타날 정도가 못 되는 보잘것없는 형통이 아니라, 여호와께서 요셉에게 주신 형통은 그 정도와 규모가 너무 커서 형통의 사실이 밖으로 분명하게 드러나 누구라도 형통의 결과를 들어보고 알 수 있을 만한 표가 나는 형통이었다.

창 39:5은 주인이 요셉에게 자기 집과 모든 소유물을 주관하게 한 때부터 여호와께서 요셉을 위하여 그 애굽 사람의 집에 복을 내리셨다고 한다. 무슨 말씀인가? 여호와께서 요셉에게 주신 형통 때문에 다른 사람까지 복을 받게 되었다는 말씀이다. 어떤 사람들은 새로운 사업을 시작하면서 친척들의 돈을 많이 빌려다가 시작하였으나 그 사업이 실패함으로 나만이 아니라 돈을 빌려준 친척들까지 망하게 하는 불행한 일들이 더러 있는데, 요셉은 여호와께서 자기에게 주신 형통 때문에 다른 사람까지 복을 받게 했다.

왕하 18:7은 "여호와께서 그와 함께 하시매 그가 어디로 가든지 형통하였더라"라고 하면서 남국 유다의 제13대 왕 히스기야에게 여호와께서 함께 하심으로 히스기야도 형통의 축복을 받은 사실을 말한다. 여호와께서 히스기야와 함께 하심으로 그가 받은 형통의 특색은 그가 어디로 가든지 형통하였다는 사실이다. 즉 장소에 상관없이 히스기야가 동으로 가나 서로 가나 남으로 가나 북으로 가나 어디로 가든지 형통의 축복을 받았다.

7) 신 2:7에는 "네 하나님 여호와께서 이 사십 년 동안을 너와 함께 하셨으므로 네게 부족함이 없었느니라"라고 했다. 이스라엘 백성들이 애굽에서 나올 때 20세 이상 싸움에 나갈 만한 남자의 수가(민 1:3) 60만 명이었다면 20세 이하와 20세 이상의 남자, 그리고 모든 여자들을 합치면 약 200만 명은 되었을 것이다. 그 200만 명이 40년 동안 농사도 짓지 아니하고 어떻게 먹고 살았는가? 하나님께서는 만나로 먹이시고 의복은 "이 사십 년 동안에 네 의복이 해어지지 아니하였고 네 발이 부르트지 아니하였느니라"(신 8:4)의 방법으로 그들에게 부족함이 없게 하셨다.

8) 신 20:4에는 "너희 하나님 여호와는 너희와 함께 행하시며 너희를 위하여 너희 적군과 싸우시고 구원하실 것이라"라고 했다. 여기에서 함께 하시는 하나님은 이스라엘의 대적을 치고 구원하시는 하나님으로 묘사되었다. 신 7:21-22에서도 하나님께서 너희 중에 계셔서 이 민족들을 네 앞에서 쫓아내시겠다고 하셨다. 신 31:6에서는 여호수아에게 "네 하나님 여호와 그가 너와 함께 가시며 결코 너를 떠나지 아니하시며 버리지 아니하실 것임이라"라고 하셨는데 과연 여호수아와 함께 하시는

하나님께서는 어떠한 일을 하시는가? "네 하나님 여호와께서 너보다 먼저 건너가사 이 민족들을 네 앞에서 멸하시고"(신 31:3). 여호와께서 그들을 너희 앞에 넘기시는 일을(신 31:5) 하겠다고 하셨다. 이와 같이 함께 하시는 하나님은 이스라엘의 대적들을 치고 멸하시는 하나님으로 묘사되었다.

9) 수 1:5에는 "네 평생에 너를 능히 대적할 자가 없으리니 내가 모세와 함께 있었던 것같이 너와 함께 있을 것임이니라"라고 하시면서 하나님께서 여호수아와 함께 하심으로 평생토록 여호수아를 당할 자가 없게 되는 결과가 나타날 것을 말씀하셨다. 하나님께서 여호수아와 함께 하시면 여호수아는 평생토록 자기를 당할 자가 없는 행복을 누리게 되는데 얼마동안 그 행복을 누릴 수 있단 말인가? 체육계에서는 영원한 승자가 없다고 한다. 옳은 말이다. 오늘의 승자가 영원한 승자가 될 수 없다. 언제라도 다른 선수가 그 승자를 제치고 올라올 기회를 노리고 있다. 그러나 여호수아는 자기를 능히 당할 자가 없는 행복을 평생토록 누릴 수 있으니 하나님께서 함께 하심으로 받는 여호수아의 축복이 얼마나 놀라운가.

하나님께서 함께 하시는 자를 당할 수 없다는 사실은 사 8:9-10에서는 "너희 민족들아 함성을 질러 보아라 그러나 끝내 패망하리라 너희 먼 나라 백성들아 들을지니라 너희 허리를 동이라 그러나 끝내 패망하리라 너희 허리에 띠를 띠라 그러나 끝내 패망하리라 너희는 함께 계획하라 그러나 끝내 이루지 못하리라 말을 해 보아라 끝내 시행되지 못하리라 이는 하나님이 우리와 함께 계심이니라"라고 했다.

여러 민족들이 모여서 허리를 동이고 띠를 띠고 우리를 망하게 하려고 함께 계획하지만 그들의 계획은 시행되지 못하고 필경 망할 수밖에 없다고 한다. 왜? 그 까닭이 무엇인가? 이는 "하나님이 우리와 함께 계심이니라"이다. 아무리 여러 민족들이 모여서 허리를 동이고 띠를 띠고 우리를 망하게 하려고 함께 계획하지만 그 계획이 실행되지 못하고 끝내 패망할 수밖에 없는 이유는 하나님께서 함께 하시는 우리를 당해낼 수 없기 때문이다.

같은 사실을 행 18:10은 "내가 너와 함께 있으매 어떤 사람도 너를 대적하여 해롭게 할 자가 없을 것이니"라고 했다. 하나님께서 바울과 함께 하시니 그 누구도 그를 대적하여 해롭게 하며 당해낼 자가 없겠다는 말씀이다.

10) 삼상 3:19은 "사무엘이 자라매 여호와께서 그와 함께 계셔서 그의 말이 하나도 땅에 떨어지지 않게 하시니"라고 했다. 사무엘이 선지자로서 여러 가지 말씀으로 백성들을 가르쳤는데 그 가르친 말씀들이 하나도 땅에 떨어지지 아니하고 다 열매를 맺게 된 까닭은 여호와께서 그와 함께 하셨기 때문이라고 한다.

거짓 선지자들의 특색을 렘 14:14은 "선지자들이 내 이름으로 거짓 예언을 하도다 나는 그들을 보내지 아니하였고 그들에게 명령하거나 이르지 아니하였거늘 그들이 거짓 계시와 점술과 헛된 것과 자기 마음의 거짓으로 너희에게 예언하는도다"라고 했다. 그러니 그들의 예언은 하나도 열매를 맺지 못하고 전부 땅에 떨어지고 말 것이 아닌가. 그러니 거짓 선지자들의 예언에 대하여 렘 6:14은 "그들이 내 백성의 상처를 가볍게 여기면서 말하기를 평강하다 평강하다 하나 평강이 없도다"라고 했다. 거짓 선지자들이 백성들의 상처를 가볍게 여기면서 평강이 있겠다고 말했지만 그들의 말은 거짓 선지자들의 말이기 때문에 하나도 열매를 맺지 못하고 전부 땅에 떨어져 거짓말이 되고 말았다는 것이다.

렘 28:3-4에서 거짓 선지자 하나냐는 바벨론에 포로로 잡혀간 이스라엘 백성들이 2년 안에 다시 예루살렘으로 돌아오겠다고 말했으나 그는 거짓 선지자인 고로 그의 말은 열매를 맺지 못하고 전부 땅에 떨어지고 말았다. 그러나 사무엘이 백성들에게 준 말씀은 하나도 땅에 떨어지지 아니하고 다 열매를 맺었는데 그 까닭은 여호와께서 그와 함께 하셨기 때문이라고 한다.

11) 삼하 7:9은 "네가 가는 모든 곳에서 내가 너와 함께 있어 네 모든 원수를 네 앞에서 멸하였은즉"이라고 했다. 여기에서 하나님께서 다윗과 함께 하시는 특색은 다윗이 어디를 가든지 하나님께서 그와 함께 하셔서 그의 모든 원수를 다윗 앞에서 멸하셨다는 것이다. "멸하였은즉"은 미래가 아니고 과거다. 다윗의 대적들을 앞으로, 미래에 멸하여 주겠다는 말씀이 아니고 이미 과거에 다 멸하셨다는 뜻이다. 하나님께서 다윗과 함께 하셔서 그의 모든 대적을 멸하시되 "네가 가는 모든 곳에서"이다.

다윗이 동으로 갈 때에는 다윗의 대적들을 멸하여 주셨지만 서로 갔을 때에는 그렇게 안 하신 것이 아니라 다윗이 동으로 가나 서로 가나 남으로 가나 북으로 가나 어디를 가든지 장소에 상관없이 다윗의 대적들을 멸하여 주셨다.

그래서 다윗은 삼하 4:9, 왕상 1:29에서 "내 생명을 여러 환난 가운데서 건지신 여호와께서 살아 계심을 두고 맹세하노니"라고 했고, 삼하 7:1에서는 "여호와께서 주위의 모든 원수를 무찌르사 왕으로 궁에 평안히 살게 하신 때에"라고 했고, 시 18편에서는 그 제목을 "여호와께서 다윗을 그 모든 원수들의 손에서와 사울의 손에서 건져 주신 날에 다윗이 이 노래의 말로 여호와께 아뢰어 이르되"라고 했다.

12) 대상 22:18에서 다윗은 "너희 하나님 여호와께서 너희와 함께 계

시지 아니하시느냐 사면으로 너희에게 평온함을 주지 아니하셨느냐"라고 하면서 하나님께서 함께 하시는 자에게는 평강이 있을 것을 말했다. 레 26:14-39, 신 28:15-68은 이스라엘 백성들이 범죄하여 하나님께 버림 받을 때 온갖 환난과 재앙과 고통과 근심이 그들에게 임할 것이라 했다. 하나님을 떠난 자에게 평강이 있을 수 없다. 평강은 오직 하나님께서 함께 하시는 자만이 받을 수 있는 특권이다.

13) 대하 1:1은 "다윗의 아들 솔로몬의 왕위가 견고하여 가며 그의 하나님 여호와께서 그와 함께 하사 심히 창대하게 하시니라"라고 하면서 하나님께서 함께 하시는 자가 받는 특권 가운데 하나는 창대라고 했다. 사람들은 모두 자기의 앞길이 창대해지기를 바란다. 그런데 우리가 창대해질 수 있는 비결은 하나님께서 우리와 함께 하실 때만이다. 렘 17:5-6은 하나님을 떠난 자들의 비참에 대하여 "마음이 여호와에게서 떠난 그 사람은 저주를 받을 것이라 그는 사막의 떨기나무 같아서 좋은 일이 오는 것을 보지 못하고 광야 간조한 곳, 건건한 땅, 사람이 살지 않는 땅에 살리라"라고 했다. 그러니 하나님을 떠난 자에게 창대라는 것은 있을 수 없다는 말씀이다.

14) 사 41:10은 "두려워하지 말라 내가 너와 함께 함이라……내가 너를 굳세게 하리라 참으로 너를 도와주리라 참으로 나의 의로운 오른손으로 너를 붙들리라"라고 하면서 하나님께서 함께 하시는 자는 하나님께서 굳세게 하시며 참으로 도우시며 하나님의 오른손으로 붙들어 주시는 은혜를 받게 된다고 하였다. 대하 32:8은 "우리와 함께 하시는 이는 우리의 하나님 여호와시라 반드시 우리를 도우시고"라고 하면서 하나님께서 함께 하시는 자가 받는 축복 중에 하나는 하나님의 도우심임을 다시 한 번 강조하였다.

15) 렘 1:8은 "너는 그들 때문에 두려워하지 말라 내가 너와 함께 하여 너를 구원하리라"라고 하면서 하나님께서 함께 하시는 자가 받는 축복은 하나님께서 그들을 구원해주시는 복이라고 말한다.

16) 습 3:15은 "이스라엘 왕 여호와가 네 가운데 계시니 네가 다시는 화를 당할까 두려워하지 아니할 것이라"라고 하면서 하나님께서 함께 하시는 자가 받는 축복 중에 하나는 화를 당하지 않는 일이라고 말한다.

17) 행 7:9-10은 "하나님이 그와 함께 계셔 그 모든 환난에서 건져내사 애굽 왕 바로 앞에서 은총과 지혜를 주시매 바로가 그를 애굽과 자기 온 집의 통치자로 세웠느니라"라고 했다. 여기에서 하나님께서 함께 하시는 요셉이 받은 축복은 두 가지다. 하나는 우선 그 모든 환난에서 건지심을 받은 일이다. 17세 때 애굽에 노예로 팔려온 요셉에게 얼마나 많은 환난이 있었겠는가. 그러나 하나님께서 함께 하셨기 때문에 그 모든 환난에서 건지심을 받았다. 둘째로 바로 앞에서 은총과 지혜를 주사 애굽 나라의 통치자로 삼아주셨다. 어느 나라가 외국 사람을 국무총리로 세우는 나라가 있겠는가. 그러나 요셉은 하나님께서 함께 하시니 자기 나라가 아닌 애굽 나라에서 국무총리로 세우심을 받는 엄청난 복을 받았 다. 왜? 하나님께서 함께 하셨기 때문에.

신앙의 진전(進展)

그릇에 물이 차면 밖으로 흘러나오기 마련이고 무엇이든지 마음에 가득하면 입으로 나오기 마련인데 선한 사람은 그 쌓은 선에서 선한 것을 내고, 악한 사람은 그 쌓은 악에서 악한 것을 낸다고 예수님께서도 말씀하셨다(마 12:34-35). 어떠한 사람의 마음속에 신앙이 꽉 차면 그 꽉 찬 신앙은 그 사람의 마음속에 그대로 머물러 있는 것이 아니라 밖으로 나와 다른 사람들에게 영향과 감화를 끼친다.

대하 17:7-9은 여호사밧의 마음에 가득 차 있는 믿음이 밖으로 나와 이스라엘 백성들 전체에 영향을 미친 사실을 보여준다. 말하자면 그의 신앙의 진전이다. 그가 즉위한 지 3년째 되던 해(대하 17:7)에는 방백, 레위 사람, 제사장들을 여러 성읍에 보내어 여호와의 율법책을 백성들에게 가르치게 하였다.

어느 한 사람의 마음에 신앙이 가득 찰 때에 그 한 사람 속에만 머물러 있지 않고 밖으로 나와 다른 사람들에게 감화와 영향을 미친다는 것은 여호사밧에게만 국한된 일이 아니다. 대하 14:4에 보면 남국 유다의 제3대 왕 아사가 "유다 사람에게 명하여 그 조상들의 하나님 여호와를 찾게 하며 그의 율법과 명령을 행하게 하고"라고 했는데 이것도 역시 그 당시 아사의 마음에 가득 차 있던 믿음이 밖으로 흘러나와 유다 사람들로 하여금 그 조상들의 하나님 여호와를 찾게 하며 그의 율법과 명령을 행하게 하는 방향으로 그의 믿음이 진전되어 나아간 사실을 보여준다.

이러한 일은 남국 유다의 제16대 왕 요시야에게서도 볼 수 있다. 대하 34:3에 보면 "아직도 어렸을 때 곧 왕위에 있은 지 팔 년에 그의 조상 다윗의 하나님을 비로소 찾고 제십이 년에 유다와 예루살렘을 비로소 정결하게 하여……"라고 했다. 이것은 무엇을 보여주는가? 8세 때(대하 34:1) 왕위에 오른 요시야는 8년이 지난 16세 때 비로소 독립적인 신앙을 가지게 되었고 그때부터 4년 후인 20세 때는 그의 속에 가득한 독립적인 신앙이 밖으로 흘러나와 유다와 예루살렘을 정결케 하는 방향으로 그의 신앙이 진전되어 나아간 상태를 보여준다.

우리도 먼저 나 자신의 신앙을 바로 세우고 그 후에 우리 속에 가득한 참된 신앙이 밖으로 흘러나와 많은 사람들에게 감화와 영향을 미치는 신앙의 진전이 있기를 바란다.

여호사밧의 군대

대하 17:12-19에서는 여호사밧의 군대에 대하여 논한다. 여호사밧의 군대는 세 가지 면에서 생각해볼 수 있다.

1. 사병들

1) 여호사밧의 군대의 사병들은 용맹한 사병들이었다. 용맹하되 보통 용맹한 것이 아니라 13절에서는 크게 용맹하다고 하였고 14, 16절에서는 큰 용사라고 했다. 군대의 생명은 용맹이다. 아무리 수요가 많다 해도 용맹하지 못하여 총소리 한 번만 들어도 겁이 나서 도망치고 마는 오합지졸(烏合之卒)이라면 그 군대는 아무 소용이 없다. 그런데 여호사밧의 사병은 용맹하되 보통 용맹한 것이 아니었고, 용사로되 보통 용사가 아니라 큰 용사들이었다.

2) 그런데 크게 용맹하고 큰 용사라도 무기가 없다면 싸움을 할 수 없다. 삼상 13장에서 이스라엘과 블레셋이 싸울 때 블레셋 사람이 말하기를 히브리 사람이 칼이나 창을 만들까 두려워서 이스라엘 온 땅에 철공(鐵工)을 없이하니(삼상 13:19) "싸우는 날에 사울과 요나단과 함께 한 백성의 손에는 칼이나 창이 없고 오직 사울과 그의 아들 요나단에게만 있었더라"(삼상 13:22). 무기를 가진 사람은 사울과 요나단뿐이요 나머지 사병

들에게는 무기가 없었으니 어떻게 싸울 수 있었겠는가. 여호사밧의 사병도 그러했던가? 아니다. 대하 17:17은 여호사밧의 사병들은 활과 방패를 잡았다고 했으니 사병들 전체가 활과 방패로 완전무장하고 있었다. 그러니 어떠한 전쟁도 치를 수 있었다.

  3) 그런데 아무리 크게 용맹하고 큰 용사요 무기를 갖추었다 할지라도 싸움을 예비하지 못하고 방심하다가 적군의 기습을 받을 때 당황한다면 그 큰 용맹과 무기는 효력을 발할 수 없다. 그런데 다행히도 대하 17:18은 여호사밧의 사병들은 싸움을 예비한 사병들이라고 했다. 그들은 큰 용사요 무기를 갖춘 동시에 싸움을 예비하여 언제 어디서 어떠한 적군의 기습을 받는다 해도 능히 대처할 수 있는 군대였으니 믿을 만한 사병들이 아닌가.

2. 장교들

여호사밧의 군대의 장교들은 어떠한 장교들이었는가? 아무리 사병들은 크게 용맹하고 큰 용사요, 무기를 갖추고, 싸움을 예비하였다 할지라도 그들을 인솔한 장교들이 시원치 못하면 사병들의 용맹도 소용이 없을 터인데 여호사밧의 군대의 장교들은 다음과 같았다. 1) 대하 17:16이 말한 대로 신앙적으로 자기를 여호와께 즐거이 드린 자들이었다. 자기를 여호와께 드리되 다른 사람의 눈치를 보아가면서 마지못해 여호와께 드리는 사람들이 아니고 중심으로, 마음속에서 우러나오는 참된 마음으로 즐거이 자기를 여호와께 드린 믿음의 장교들이었다. 이러한 장교들에게 지도를 받는 사병들은 얼마나 복된가. 2) 대하 17:17은 장교 중의 한 사람인 엘리아다를 큰 용사라고 했다. 사병들이 큰 용사들인데 큰 용사인 사병들을 거느린 장교 자신이 큰 용사가 아니라면 어떻게 큰 용사인 사병들을 거느릴 수 있겠는가.

3. 왕을 섬기는 군대

비록 사병들이 크게 용맹하고 무기를 준비하고 싸움을 예비한 자들이요, 그 장교들이 자기를 여호와께 드린 신앙적인 장교요 큰 용사라 할지라도 그 군대가 왕을 배반하여 반역하며 군사혁명을 일으킬 수 있는 군대라면 그러한 군대는 왕에게 아무런 도움도 되지 못하고 도리어 위험하다.

성경에도 그러한 보기들이 더러 있는데 그 대표적인 보기가 왕상 16:8-14에 나오는 북국 이스라엘의 제5대 왕 시므리다. 북국 이스라엘의 제4대 왕 엘라가 술을 마시고 있을 때 그 심복 곧 병거 절반을 통솔한 장관 시므리가 왕을 배반하여 엘라를 죽이고 대신 왕이 되었다. 그러니 병거 절반을 통솔한 시므리의 군대는 왕을 섬기는 군대가 아니라 왕을 배반하여 군사혁명을 일으킨 군대였다. 여호사밧의 군대도 그러한 군대였는가? 대하 17:19은 여호사밧의 군대는 왕을 섬기는 군대라고 했다. 다 왕을 섬기는 군대라고 했으니 그 많은 군대 가운데서 어떠한 부대는 왕을 섬기나 다른 부대는 그렇지 않은 부대도 있었다는 것이 아니라 군대 전부가 왕을 섬기는 군대였던 것이다. 이러한 군대라야 왕에게 도움이 되는 군대가 아니겠는가.

출 12:41에는 이스라엘 민족을 여호와의 군대라고 했고, 딤후 2:3에서 바울은 디모데에게 그리스도의 좋은 군사가 되라고 했다. 어느 면에서 우리는 다 그리스도의 군사들이다. 그리스도의 군사들인 우리는 우선 크게 용맹한 군사들이 되자. 그리고 전신갑주를 취하고, 진리로 허리띠를 띠며, 의의 호심경을 붙이고, 평안의 복음이 준비한 것으로 신을 신으며, 믿음의 방패를 가지고, 구원의 투구와 성령의 검 곧 하나님의 말씀으로 무장하자(엡 6:13-17). 그리고 마귀의 어떠한 기습에도 대처할 수 있도록 싸움을 예비하자. 사병을 지휘하는 지도자들은 자기를 여호와께 즐거이 헌신하는 신앙적인 사람인 동시에 큰 용사들이 되자. 그리고 우리는 왕이신 그리스도를 섬기는 군대가 될지언정 그리스도를 배반하는 군대는 하나도 없는 여호사밧의 군대가 되기를 바란다.

최선의 국방책

어느 나라든 국방문제는 중요하다. 나라가 망하면 지구상에서 아주 없어지고 말기 때문이다. 국방문제에 대한 일차적인 책임은 그 나라의 정부에 있지만 성경은 우리의 구원에 대해서만 말씀하는 것이 아니라 국방문제에 대해서도 말한다. 더욱이 최선의 국방책이 무엇인가를 우리에게 제시한다. 성경이 말하는 최선의 국방책은 백성들이 하나님 앞에서 바로 살 때 하나님께서 그 나라의 국방문제를 책임져주신다는 것이다. 하나님 앞에서 바로 살 때 하나님께서는 어떠한 방법으로 국방문제를 책임져주시는가?

1. 대하 17:10

백성들이 하나님 앞에서 바로 살 때 그 나라의 국방문제를 책임져주시는 첫 번째 방법은 대하 17:10의 방법이다. 대하 17:10은 "여호와께서 유다 사방의 모든 나라에 두려움을 주사 여호사밧과 싸우지 못하게 하시매"라고 했다. 여호사밧 왕이 백성을 믿음으로 잘 지도함으로 백성들이 하나님 앞에서 올바로 사니 여호와께서 유다 사방의 모든 나라에 두려움을 주사 여호사밧과 싸우지 못하게 하시므로 아예 전쟁이 일어나지 아니하니 국방문제는 자동적으로 해결된 것이 아닌가. 그러니 백성들이 하나님 앞에서 바로 서는 것이 최선의 국방책이다.

이러한 사실은 출애굽기에도 나온다. 출 34:18-24에는 하나님께서 이스라엘 백성들에게 무교절, 칠칠절, 수장절을 지키라고 하시면서 "너희의 모든 남자는 매년 세 번씩 주 여호와 이스라엘의 하나님 앞에 보일지라"(출 34:23)라고 하셨다. 이 말씀은 국방문제로 볼 때 간단한 문제가 아니다. 이스라엘의 모든 국경에서 국방문제를 책임지고 있던 이스라엘 모든 남자가 매년 세 번씩 하나님 앞에 보이려고 예루살렘으로 온다면 이스라엘의 모든 국경은 무방비 상태가 되지 않겠는가. 그렇다면 적국이 이스라엘을 침범할 수 있는 절호의 기회다.

그러나 성경은 뭐라고 말하는가? "네가 매년 세 번씩 여호와 네 하나님을 뵈려고 올 때에 아무도 네 땅을 탐내지 못하리라"(출 34:24)라고 하셨다. 대하 17:10과 똑같은 말씀이다. 이스라엘의 모든 남자가 매년 세 번씩 무교절, 칠칠절, 수장절을 지키기 위하여 국경을 비우고 예루살렘에 온다는 것은 하나님의 말씀을 순종하기 위함이요. 하나님의 말씀을 순종한다는 것은 바로 하나님 앞에서 바르게 사는 생활이 아닌가. 하나님의 말씀을 순종하며 하나님 앞에서 바로 살기 위하여 이스라엘의 모든 남자가 국경을 무방비 상태로 방치하고 예루살렘에 온다고 할지라도 아무 사람도 그 땅을 탐내어 엿보지 못하도록 하나님께서 국방문제를 책임져주시겠다니, 백성들이 하나님 앞에서 올바로 사는 것이야말로 최선의 국방책이 아닌가.

"너희가 내 규례와 계명을 준행하면"(레 26:3) "내가 그 땅에 평화를 줄 것인즉 너희가 누울 때 너희를 두렵게 할 자가 없을 것이며……칼이 너희 땅에 두루 행하지 아니할 것이며"(레 26:6)라고 했다. 이스라엘 백성들이 하나님의 규례와 계명을 준행한다는 것은(레 26:3) 바로 하나님 앞에서 바르게 사는 생활이 아닌가. 그들이 하나님 앞에서 바르게 살 때 하나님께서 그들에게 평화를 주심으로 그들을 두렵게 할 자가 없고 칼이 그 땅에 두루 행하지 않게 하시겠다는 말씀은 바로 전쟁이 일어나지 않게 하시겠다는 말씀이다. 이 말씀도 아예 전쟁이 일어나지 않게 하시는 방법으로 이스라엘의 국방문제를 하나님께서 책임져주시겠다는 말씀이다. 이 말씀도 대하 17:10, 출 34:24과 똑같은 말씀이다.

창 34장에서는 야곱의 딸 디나가 세겜 성의 추장 세겜에게 강간을 당하였으므로 디나의 오라비 시므온과 레위가 부지중에 그 성을 엄습하였다. 그러자 야곱은 "나는 수가 적은즉 그들이 모여 나를 치고 나를 죽이리니 그러면 나와 내 집이 멸망하리라"(창 34:30)라고 걱정하였다. 그때 벧엘로 올라가서 단을 쌓으라는 하나님의 말씀을 듣고 야곱은 이방 신상을 버리고 자신을 정결케 하고 의복을 바꾸어 입고(창 35:2), 즉 다시 한 번 하나님 앞에서 바르게 사는 자세를 취하고 벧엘을 향하여 출발하였다. 그런데도 "하나님이 그 사면 고을들로 크게 두려워하게 하셨으므로 야곱의 아들들을 추격하는 자가 없었더라"(창 35:5)의 기적이 나타났다.

세겜 사람들이 얼마든지 야곱의 아들들을 추격할 수 있고, "나는 수가 적은즉 그들이 모여 나를 치고 나를 죽이리니 그러면 나와 내 집이 멸망하리라"(창 34:30)라고 걱정하지 않았던가. 그런데 어찌하여 세겜 사람들이 야곱의 아들들을 추격하지 않았는가? 그 이유는 오로지 한 가지 "하나님이 그 사면 고을들로 크게 두려워하게 하셨으므로 야곱의 아들들을 추격하는 자가 없었더라"(창 35:5)이다. 여기에서도 야곱이 하나님 앞에서 바르게 살고자 할 때 하나님께서 책임지시고 야곱을 보호해주셨다. 이 사건도 대하 17:10, 출 34:24, 레 26:6과 똑같은 말씀이다. 이와 같이 하나님의 백성들이 하나님 앞에서 올바로 살 때 하나님께서는 아예 전쟁이 일어나지도 않는 방법으로 이스라엘의 국방문제를 책임져주시니 하나님의 백성들이 하나님 앞에서 올바로 사는 것이 최선의 국방책이다.

2. 슥 2:4-5

스가랴서는 이스라엘 백성들이 지은 죄로 말미암아 바벨론에 포로로 끌려가 70년 동안 고생하다가 포로생활을 끝낸 후 다시 예루살렘에 돌아와 살게 된 때를 기록한다. 그러니 스가랴 당시는 이스라엘 백성이 하나님 앞에서 바로 살던 때다. 슥 2:4은 "예루살렘은 그 가운데 사람과 가축이 많으므로 성곽 없는 성읍이 될 것이라"라고 했다. 예루살렘에 사람과 가축이 많은 것은 좋으나 그것이 성곽 없는 성읍과 같다고 하였다.

옛날 도시에서 성곽은 적국의 침략을 막는 유일한 방어벽이다. 그런데 예루살렘은 성곽이 없는 성읍이니 적국의 어떠한 공격도 막아낼 수 없고 원수의 공격을 당할 수밖에 없는 불안한 상태에 놓여 있다. 그러나 2:5은 뭐라고 말하는가? "여호와의 말씀에 내가 불로 둘러싼 성곽이 되며 그 가운데에서 영광이 되리라"라고 했다. 눈에 보이는 구조상의 성곽은 없으나 하나님께서 친히 불로 둘러싼 성곽이 되어 주시겠다는 말씀이다. 하나님의 불성곽을 뚫고 들어올 자가 누구인가? 아무도 없다.

죄악을 용서받고 예루살렘에 돌아와 하나님 앞에서 바로 사는 이스라엘 백성들에게는 원수의 침략을 막는 눈에 보이는 구조적인 성곽은 없으나 하나님께서 친히 둘러싼 불성곽이 되어 예루살렘을 지켜주시니 어느 누가 예루살렘을 침략할 수 있겠는가. 그러니 하나님의 백성들이 하나님 앞에서 바로 사는 것이 최선의 국방책이다. 슥 9:8은 "내가 내 집을 둘러 진을 쳐서 적군을 막아 거기 왕래하지 못하게 할 것이라 포학한 자가 다시는 그 지경으로 지나가지 못하리니"라고 했는데, 여기에 불성곽이라는 단어는 없으나 하나님께서 친히 이스라엘을 막아주시겠다는 말씀이니 내용으로는 슥 2:5과 같은 뜻이다. 이와 같이 하나님의 백성들이 하나님 앞에서 바르게 살 때 하나님께서는 원수를 친히 막아주시는 최선의 국방책이 되어주신다.

3. 레 26:7-8

최선의 국방책에 대하여 성경은 첫째로는 아예 전쟁이 일어나지 않게 하는 방법으로, 둘째로는 불성곽이 되어 지키시겠다고 하였는데 만일 전쟁이 일어나면 어떻게 되는가? 레 26:7-8은 "너희의 원수들을 쫓으리니 그들이 너희 앞에서 칼에 엎드러질 것이라 또 너희 다섯이 백을 쫓고 너희 백이 만을 쫓으리니 너희 대적들이 너희 앞에서 칼에 엎드러질 것이며"라고 했다. 다섯이 백을 쫓으면 20대 1의 승리다. 그러면 백은 이천을 쫓아야 할 터인데 백이 만을 쫓는다고 하였으니 이것은 수학적인 계산에 어긋난다. 무슨 뜻인가? 만일 전쟁이 일어나면 수학적인 비율(比率)을 초월한 승리를 주시겠다는 말씀이다.

신 28:7에는 "여호와께서 너를 대적하기 위해 일어난 적군들을 네 앞에서 패하게 하시리라 그들이 한 길로 너를 치러 들어왔으나 네 앞에서 일곱 길로 도망하리라"라고 했다. 이렇게 된 역사적인 사실이 대하 14장의 아사 왕 때, 대하 20장의 여호사밧 왕 때, 대하 32장의 히스기야 왕 때 세 번씩이나 있었다. 아사 왕의 군대는 58만 명밖에 안 되나(대하 14:8) 구스의 군대는 100만 대군이었다(대하 14:9). 그런데 구스 사람이 엎드러지고 살아남은 자가 한 사람도 없었다고 했는데(대하 14:13) 이 놀라운 승리를 아사에게 안겨주신 분이 누구신가? 대하 14:12은 여호와께서 그렇게 하셨다고 하였다. 바로 레 26:7-8, 신 28:7 말씀 그대로 이루어졌다. 대하 20장에서 여호사밧 왕 때 모압, 암몬, 마온 세 나라의 연합 군대가 예루살렘을 치러 왔으나 전멸하고 말았다(대하 20:22-23). 그렇게 하신 분이 누구신가? 대하 20:22은 바로 여호와시라고 했다. 대하 32장에서는 히스기야 왕 때 185,000명의 앗수르 군대가(왕하 19:35) 예루살렘을 치러 왔다. 그러나 이번에도 바로 여호와께서(대하 32:21) 185,000명의 앗수르 군대를 전멸시키셨다.

아사 왕, 여호사밧 왕, 히스기야 왕 때는 유다 백성들에게 공통적인 사실 하나가 있었는데 모두 다 그 당시에는 유다 백성들이 하나님 앞에서 바로 살던 때였다. 이와 같이 유다 백성들이 하나님 앞에서 바르게 살 때 비록 원수의 나라가 유다를 치러 왔으나 하나님께서 다섯이 백을 쫓고 백이 만을 쫓게 하시며(레 26:8) 원수들이 한 길로 치러왔으나 일곱 길로 도망치는(신 28:7) 방법으로 원수를 물리치게 하셨으니 이 세 번의 경우에도 결국은 하나님의 백성들이 하나님 앞에서 바로 사는 것이 최선의 국방책이 되었다.

이렇게 한 나라의 국방문제는 중요하다. 그리고 이 국방문제는 정부가 책임질 일이다. 그러나 우리는 지금까지 국방문제에 대한 성경의 견해를 생각해왔다. 성경은 국방에 대하여 대하 17:10, 슥 2:4-5, 레 26:7-8의 세 가지 경우를 말한다. 그리고 이 세 가지 경우의 공통된 사실은 하나님의 백성들이 하나님 앞에서 바로 살 때 국방문제를 하나님께서 책임져주신다는 말씀이다.

대하 17:10에서는 하나님의 백성들이 하나님 앞에서 올바로 살 때 아예 전쟁이 일어나지 않게 하는 방법으로, 슥 2:4-5에서는 하나님께서 불성곽이 되어서 지켜주시고, 레 26:7-8에서는 전쟁이 일어나면 하나님께서 다섯이 백을 쫓고 백이 만을 쫓게 하시며(레 26:8) 원수가 한 길로 치러왔다가 일곱 길로 도망치는 방법으로(신 28:7) 국방문제를 하나님께서 책임져주시겠다고 하셨다. 어느 때에? 하나님의 백성들이 하나님 앞에서 바로 살 때이다. 그래서 성경은 하나님의 백성들이 하나님 앞에서 바르게 사는 것이 최선의 국방책이라고 말한다. 대한민국이 하루 속히 이러한 나라가 될 수 있기를 바란다.

먼저 그 나라

대하 17장에서 우리는 "너희는 먼저 그의 나라와 그의 의를 구하라 그리하면 이 모든 것을 너희에게 더하시리라"(마 6:33)의 말씀이 역사적으로 실현된 사실을 볼 수 있다. 여호사밧이 왕이 되자 1) 그 조상 다윗의 처음 길로 행하고(대하 17:3), 2) 오직 그 부친의 하나님께 구하며(대하 17:4), 3) 하나님의 계명을 행하되(대하 17:4), 4) 전심으로 여호와의 도를 행하였다(대하 17:6). 즉 마 6:33의 말씀대로 그의 나라와 그의 의를 먼저 구하였다.

그렇게 할 때 어떠한 축복을 받았는가? 1) "유다 무리가 여호사밧에게 예물을 드렸으므로 그가 부귀와 영광을 크게 떨쳤더라"(대하 17:5), 2) "블레셋 사람들 중에서는 여호사밧에게 예물을 드리며 은으로 조공을 바쳤고 아라비아 사람들도 짐승 떼 곧 수양 칠천칠백 마리와 숫염소 칠천칠백 마리를 드렸더라"(대하 17:11), 3) "여호사밧이 부귀와 영광을 크게 떨쳤고"(대하 18:1)의 축복을 받았다. 즉 "너희는 먼저 그의 나라와 그의 의를 구하라 그리하면 이 모든 것을 너희에게 더하시리라"(마 6:33)의 말씀이 그대로 이루어졌다.

우리는 이 사실을 성경 다른 곳에서도 볼 수 있다. 다윗은 삼하 7:2에서 피조물인 자기는 백향목 궁에 거하나 창조주 하나님의 궤는 500년 동안 낡아빠진 휘장 가운데 모시고 있는 것이 너무 마음이 아파서 "나는 백향목 궁에 살거늘 하나님의 궤는 휘장 가운데에 있도다"라고 하면서 선지자 나단에게 하나님의 궤를 위하여 성전을 지어드릴 뜻을 밝혔다. 즉 하나님의 나라를 먼저 구했다. 여기에 대하여 하나님께서는 "네가 나를 위하여"(삼하 7:5)에 대하여 "여호와가 너를 위하여"(삼하 7:11)로, "내가 살 집을"(삼하 7:5)에 대하여 "여호와가 너를 위하여 집을 짓고"(삼하 7:11)로, 즉 하나님을 위하는 다윗에게 하나님께서는 다윗을 위하여, 하나님의 집을 건축하려는 다윗에게 하나님께서는 다윗의 집을 이루어주시겠다는 대조적인 말씀으로 응답해주셨다.

뿐만 아니라 "네 수한이 차서 네 조상들과 함께 누울 때에 내가 네 몸에서 날 네 씨를 네 뒤에 세워 그의 나라를 견고하게 하리라……나는 그의 나라 왕위를 영원히 견고하게 하리라 나는 그에게 아버지가 되고 그는 내게 아들이 되리니……네 집과 네 나라가 내 앞에서 영원히 보전되고 네 왕위가 영원히 견고하리라"(삼하 7:12-16)라고 하시면서 다윗의 집에 메시야를 허락하셨다.

이 약속에 대하여 다윗은 너무 감격하여 "다윗 왕이 여호와 앞에 들어가 앉아서 이르되 주 여호와여 나는 누구이오며 내 집은 무엇이기에 나를 여기까지 이르게 하셨나이까 주 여호와여 주께서 이것을 오히려 적게 여기시고 또 종의 집에 있을 먼 장래의 일까지도 말씀하셨나이다"(삼하 7:18-19) 하면서 감사하였고 "주께서 이 좋은 것을 종에게 말씀하셨사오니 이제 청하건대 종의 집에 복을 주사 주 앞에 영원히 있게 하옵소서 주 여호와께서 말씀하셨사오니 주의 종의 집이 영원히 복을 받게 하옵소서"(삼하 7:28-29)라고 하면서 감사기도를 드렸다.

"자기를 위하여 장수하기를 구하지 아니하며 부도 구하지 아니하며 자기 원수의 생명을 멸하기도 구하지 아니하고 오직 송사를 듣고 분별하는 지혜를"(왕상 3:11) 구한 솔로몬에게, 즉 하나님 나라를 먼저 구한 솔로몬에게 "내가 또 네가 구하지 아니한 부귀와 영광도 네게 주노니 네 평생에 왕들 중에 너와 같은 자가 없을 것이라"(왕상 3:13)라고 하셨고, "솔로몬 왕의 재산과 지혜가 세상의 그 어느 왕보다 큰지라 온 세상 사람들이 다 하나님께서 솔로몬의 마음에 주신 지혜를 들으며 그의 얼굴을 보기 원하여 그들이 각기 예물을 가지고 왔으니 곧 은 그릇과 금 그릇과 의복과 갑옷과 향품과 말과 노새라"(왕상 10:23-25)의 축복을 더하셨다. 마 6:33의 말씀이 그대로 응하게 하셨다.

남국 유다의 제13대 왕 히스기야가 왕이 되자 그 조상 다윗의 모든 행위와 같이 여호와 보시기에 정직히 행하며(왕하 18:3) "히스기야가 이스라엘 하나님 여호와를 의지하였는데 그의 전후 유다 여러 왕 중에 그러한 자가 없었으니 곧 그가 여호와께 연합하여 그에게서 떠나지 아니하고 여호와께서 모세에게 명령하신 계명을 지켰더라"(왕하 18:5-6)의 하나님 나라를 먼저 구하는 삶을 살았다.

그랬더니 "여러 사람이 예물을 가지고 예루살렘에 와서 여호와께 드리고 또 보물을 유다 왕 히스기야에게 드린지라 이 후부터 히스기야가 모든 나라의 눈에 존귀하게 되었더라"(대하 32:23)와 "히스기야가 부와 영광이 지극한지라"(대하 32:27)의 축복을 받았다. 즉 다시 한 번 하나님 나라를 먼저 구하는 자에게 이 모든 것을 더하신다는 마 6:33의 말씀이 그대로 이루어졌다.

반면에 선지자 학개 당시의 이스라엘 백성들은 하나님의 전이 황무하였으나(학 1:4) "여호와의 전을 건축할 시기가 이르지 아니하였다"(학 1:2)라고 하면서 하나님 나라를 먼저 구하지 아니하였다. 그랬더니 어떠한 결과가 임하였는가? "너희가 많이 뿌릴지라도 수확이 적으며 먹을지라도 배부르지 못하며 마실지라도 흡족하지 못하며 입어도 따뜻하지 못하며 일꾼이 삯을 받아도 그것을 구멍 뚫어진 전대에 넣음이 되느니라"(학 1:6)와 "너희가 많은 것을 바랐으나 도리어 적었고 너희가 그것을 집으로 가져갔으나 내가 불어 버렸느니라 나 만군의 여호와가 말하노라 이것이 무슨 까닭이냐 내 집은 황폐하였으되 너희는 각각 자기의 집을 짓기 위하여 빨랐음이라 그러므로 너희로 말미암아 하늘은 이슬을 그쳤고 땅은 산물을 그쳤으며 내가 이 땅과 산과 곡물과 새 포도주와 기름과 땅의 모든 소산과 사람과 가축과 손으로 수고하는 모든 일에 한재를 들게 하였느니라"(학 1:9-11)의 저주를 받았다.

우리는 지금까지 여호사밧을 비롯하여 하나님 나라를 먼저 구하는 자들이 마 6:33의 약속대로 이 모든 것에 더하여 주심을 받는 축복을 받은 경우와 하나님 나라를 먼저 구하지 아니하다가 저주를 받은 경우를 생각해보았다. 우리는 여호사밧, 다윗, 솔로몬, 히스기야처럼 하나님 나라를 먼저 구하다가 이 모든 것에 더하여 주심을 받는 마 6:33의 축복을 받을지언정, 선지자 학개 당시의 이스라엘 백성들처럼 하나님 나라를 먼저 구하지 아니하다가 예상하지 못했던 저주를 받는 불행한 삶을 살아서는 안 되겠다.

대하 18장

여호와의 회의에 참석한 선지자

아람과의 전쟁이 어떻게 될 것인지를 말하는 여호와의 참 선지자 미가야의 예언을 믿지 않는 아합 왕에게 미가야는 자기가 본 하늘나라의 광경을 대하 18:18-22에서 설명한다. 즉 하나님 나라에서 회의가 열렸는데 어떻게 하면 아합을 망하게 할 수 있겠는가였다. 렘 23:16-22에 보면 여호와의 회의에 참석한 선지자라는 말씀이 18절과 22절에 두 번 나온다.

예레미야 당시에 거짓 선지자들이 있었는데 그들은 하나님께서 보내신 자들이 아니며 하나님의 말씀을 받은 자들도 아니었다. 그들의 묵시는 자기 마음에서 나온 것이요 여호와의 입에서 나온 것이 아니었다. 하나님을 멸시하는 자에게 그들은 "너희가 평안하리라 여호와의 말씀이니라"(렘 23:17)라고 하고, 자기 마음의 강퍅한 대로 행하는 모든 사람에게 "재앙이 너희에게 임하지 아니하리라"(렘 23:17)라고 거짓 예언을 했는데, 왜 그들이 그렇게 거짓 예언을 하게 되었는가? 그 이유는 그들이 여호와의 회의에 참석하지 못했기 때문이라고 한다.

어느 회의든지 회의에 참석하지 못한 사람은 회의의 내용을 알 수 없다. 국무회의에 참석하지 못한 일반 서민이 어떻게 국무회의의 내용을 알 수 있으며, 교수회의에 참석하지 못한 학생이 어떻게 교수회의의 내용을 알 수 있으며, 당회에 참석하지 못한 평교인이 어떻게 당회의 내용을 알 수 있겠는가. 예레미야 당시의 거짓 선지자들은 여호와의 회의에 참석하지 못했으니 하나님의 뜻을 알 도리가 없고, 하나님의 뜻을 알 수가 없으니 자기 마음에서 나는 대로 적당하게 거짓 예언을 하는 수밖에 없었다.

아합 왕 당시의 거짓 선지자 400명도 예레미야 당시의 거짓 선지자들처럼 여호와의 회의에 참석하지 못한 자들이었는데 참 선지자 미가야만은 하늘나라에서 열리는 여호와의 회의에 참석했었다. 그래서 하늘나라에서 되어지는 여호와의 회의의 내용을 잘 알았고 자기가 본 그대로를 아합 왕에게 전한 것이다.

참 선지자는 백성들에게 전하기 전에 여호와의 회의에 참석하여 하나님의 회의 내용을 바로 알아야 한다. 하나님께서 선지자들에게 예언을 부탁하실 때에는 언제나 백성 앞에 나아가 전할 내용을 미리 보여주시곤 하셨다. 행 22:14-15에 보면 하나님께서 바울을 택하여 증인으로 세우실 때 어떻게 하셨다고 하였는가? "우리 조상들의 하나님이 너를 택하여 너로 하여금 자기 뜻을 알게 하시며 그 의인을 보게 하시고 그 입에서 나오는 음성을 듣게 하셨으니 네가 그를 위하여 모든 사람 앞에서 네가 보고 들은 것에 증인이 되리라"라고 하셨다. 주님께서는 바울을 세워 증인으로 삼으시기 전에 먼저 자기 뜻을 알게 하시고, 자기를 보게 하시고, 자기의 음성을 듣게 하시는 순서를 앞세웠던 것이다.

교회에서 말씀을 전하는 종들에게 있어야 할 필수조건은 바로 이 사실이다. 우리는 여호와의 회의에 참석하여 하나님의 뜻을 바로 알고 전하는 자인가? 아니면 여호와의 회의에 참석하지 못하고, 하나님의 뜻이 무엇인지 전혀 모르고, 우리 마음에서 생각나는 대로 적당하게 전하는 자들인가? 어느 편인가? 오늘날 교회에서 말씀을 전하는 종들은 다 미가야처럼 여호와의 회의에 참석하여 하나님의 뜻을 밝히 알고 전하는 미가야의 후계자들이 될 수 있기를 바란다.

수보다 진리(1)

대하 18장에서 아합에게 나아가 아람과 싸우라고 권하는 선지자는 400명이고 나가서 싸우다가는 죽는다고 주장하는 선지자는 미가야 한 사람이었다. 그러니 400대 1이다. 수적인 면에서 본다면 단연코 400명이 우세하다. 소수보다 다수라는 민주주의 원칙대로 보자면 더욱 그러하다. 그러나 결과를 보면 누구의 말이 맞았는가? 400명이 아니라 한 사람 미가야의 말이 맞았다. 400명이라는 수적인 절대 우세를 가진 다수의 대표 시드기야는 한 사람이라는 수적인 절대 열세를 가진 미가야의 뺨을 치며 "여호와의 영이 나를 떠나 어디로 가서 네게 말씀하더냐"(대하 18:23)라고 하면서 면박을 주었지만 결국에 가서는 한 사람 미가야의 말이 옳았다는 것이 판명되었다.

수보다 진리가 이긴 사실이 성경에 또 나온다. 민 13:25-14:10의 경우다. 거기에 보면 가나안 땅을 정탐하러 갔던 12명 가운데서 10명은 가나안 땅에 도저히 들어갈 수 없다고 하였고 여호수아와 갈렙 두 사람은 믿음으로 들어갈 수 있다고 보고하였다. 수에 있어서 10대 2였다. 미가야의 경우와 같이 400대 1이라는 절대다수는 아니더라도 민주주의 원칙대로 보자면 열 사람의 말이 맞아야 한다. 그런데 결과적으로는 누구의 말이 맞았는가? 두 사람의 말이 맞았다. 가나안 땅에 들어갈 수 없다던 10명은 여호와 앞에서 재앙으로 죽고 말았다(민 14:37).

민 16장의 경우도 그러하다. 그때에 고라와 다단의 무리가 모세와 아론을 대적하기 위하여 회중의 유명한 지휘관 250명을 포섭하였다(민 16:2). 수적으로는 250대 2였다. 그러나 어느 편이 진리였던가? 두 사람인 모세와 아론 편이었다. 비록 250명의 절대다수였지만 그쪽이 진리 편이 아니었기 때문에 불에 타죽고 말았다(민 16:35).

갈멜산의 엘리야의 경우도 그러하다. 바알의 선지자는 450명이요 하나님의 선지자는 엘리야 한 사람이니 450대 1이다. 그러나 450명이란 절대우세를 가진 바알의 선지자들은 진리가 아니었고 한 사람이란 절대 열세를 가진 엘리야는 진리 편이었는 고로 엘리야에게 승리가 있었다.

민주주의 원칙에서는 소수보다 다수이다. 그럴 수밖에 없는 것이 인간의 세계에서 어떠한 사실을 결정할 때는 자연히 수를 표준할 수밖에 없다. 그러나 하나님의 세계에서는 수보다 진리이다. 어느 편이 더 수가 많은가보다 어느 편이 더 진리인가가 더 문제된다. 아무리 수적으로 우세하다 해도 그 다수가 진리 편이 아닐 때에는 그 다수는 설 수 없고, 아무리 수적으로 적다 해도 그 소수가 진리 편일 때에는 그 소수가 승리한다. 어느 편이 수가 많은가 적은가보다 어느 편이 진리 편에 속하는가 아닌가가 더 문제이다. 그러니 천국 백성들의 행동원리는 어느 편이 수가 더 많은가를 보아서 따라갈 것이 아니라, 어느 편이 진리인가를 살펴 진리 편을 따라가야 한다. 그러기에 출 23:2에는 "다수를 따라 악을 행하지 말며 송사에 다수를 따라 부당한 증언을 하지 말며"라고 했다. 그쪽이 악한 줄 알면서도 수가 많기 때문에 그쪽을 따라가지 말며 부당한 증언인 줄 알면서도 그쪽 편이 수가 많기 때문에 그쪽을 따라 부당한 증언을 하지 말라는 말씀이다. 우리는 여기에서 천국 백성의 행동원리를 다시 한 번 가다듬어야겠다. 우리의 행동원리는 어느 편이 수가 더 많으냐보다 어느 편이 더 진리인가를 살펴서 행동해야 한다.

한 걸음 더 나아가 내가 이 길로 걸어가다가 하나님 앞에서 어떠한 심판을 받게 될 것인가도 살펴보아야 한다. 정탐꾼의 경우도 열 사람은 재앙을 받아 죽었고 고라와 다단의 경우도 250명은 불에 타죽는 심판을 받았다. 아무리 수가 많다 해도 많은 쪽을 따라가다가는 하나님의 심판을 면치 못할 것이라면 많은 쪽을 따라 가서는 안 된다. 그러니 천국 백성의 행동원리는 수보다도 어느 편이 진리인가를 살펴야 하며, 수보다도 하나님께로부터 어떠한 심판을 받게 될 것인가를 살펴서 걸어가야 한다.

수보다 진리(2)

수보다 진리에 대하여 우리는 다른 각도에서 또 생각해볼 수 있다. 앞에서는 수적으로 이쪽과 저쪽을 비교하여 생각해보았다: 거짓 선지자 400인 대 참 선지자 미가야 한 사람, 열 정탐꾼과 여호수아와 갈렙의

10 대 2, 고라와 다단의 무리 대 모세와 아론의 250 대 2, 바알 선지자들과 엘리야의 450 대 1. 수적으로는 비교가 안 되는 경우라도 많은 수와 적은 수의 내용에 대하여 생각해볼 수 있다.

사 51:2에 "너희 조상 아브라함과 너희를 낳은 사라를 생각하여 보라 아브라함이 혼자 있을 때에 내가 그를 부르고 그에게 복을 주어 창성하게 하였느니라"라고 했다. 여기에서는 아브라함이 비록 한 사람이요 혼자였으나 그가 믿음으로 살며 하나님의 말씀에 순종하며 살 때 하나님께서 그에게 복을 주어 창성케 하셨다고 한다. 비록 소수요 한 사람의 경우라도 그 한 사람이 믿음으로 살고 하나님의 뜻에 맞게 살 때 하나님께서는 그 한 사람을 크게 축복해주셨다.

반면에 겔 33:24-27에 보면 이러한 말씀이 나온다. "인자야 이 이스라엘의 이 황폐한 땅에 거주하는 자들이 말하여 이르기를 아브라함은 오직 한 사람이라도 이 땅을 기업으로 얻었나니 우리가 많은즉 더욱 이 땅을 우리에게 기업으로 주신 것이 되느니라 하는도다 그러므로 너는 그들에게 이르기를 주 여호와께서 이같이 말씀하시되 너희가 고기를 피째 먹으며 너희 우상들에게 눈을 들며 피를 흘리니 그 땅이 너희의 기업이 될까보냐 너희가 칼을 믿어 가증한 일을 행하며 각기 이웃의 아내를 더럽히니 그 땅이 너희의 기업이 될까보냐 하고 너는 그들에게 이르기를 주 여호와께서 이같이 말씀하시되 내가 나의 삶을 두고 맹세하노니 황무지에 있는 자는 칼에 엎드러뜨리고 들에 있는 자는 들짐승에게 넘겨 먹히게 하고 산성과 굴에 있는 자는 전염병에 죽게 하리라."

에스겔 당시의 이스라엘 백성들은 착각을 하고 있었다. 아브라함은 오직 한 사람이라도 이 땅을 기업으로 얻었으니 우리는 많은 고로 더욱 이 땅을 기업으로 얻을 수 있으리라고 생각했다. 수가 많은 것이 문제보다도 그 내용과 질이 더 문제다. 아브라함은 비록 한 사람이라도 그 질에 있어서 하나님의 말씀에 절대적으로 순종하는 믿음의 사람이었지만, 에스겔 당시의 이스라엘 사람들은 고기를 피째 먹으며, 우상들에게 눈을 들며 피를 흘리고, 칼을 믿어 가증한 일을 행하며, 각기 이웃의 아내를 더럽히는 생활을 하고 있었다. 비록 아무리 수가 많다 할지라도 그 내용과 질에 있어서 이렇게 범죄하는 생활을 하고 있는데 어떻게 가나안 땅을 기업으로 얻을 수 있단 말인가. 제아무리 수는 많다 해도 그 다수의 내용이 범죄한 내용이라면 비록 다수라 해도 복을 받을 수 없다.

고전 10:5에 "그러나 그들의 다수를 하나님이 기뻐하지 아니하셨으므로 그들이 광야에서 멸망을 받았느니라"라고 했다. 다수인데 왜 하나님께서 그들을 기뻐하지 않으셨는가? 그 이유는 고전 10:6에 밝힌 대로 그 다수가 악을 즐겨 한 까닭이었다. 아무리 다수라 해도 그 다수가 악을 즐겨하는 다수라면 멸망을 피할 수 없는 다수가 되고 만다.

우리는 어느 편인가? 비록 아브라함처럼 한 사람이라도 하나님 앞에서 바로 살며 하나님의 말씀에 절대적으로 순종하는 믿음을 가져 복을 받을 수 있는 편인가? 아니면 다수라 할지라도 범죄하는 다수이기 때문에 복을 받을 수 없을 뿐만 아니라 멸망을 피할 수 없는 다수인가?

유혹

대하 18:18-22에 보면 하늘나라에서 회의를 열어 아합을 꾀어 길르앗 라못에서 죽게 할 의논을 하였는데 하나는 이렇게 하고 하나는 저렇게 하겠다고 하는 중 한 영이 나아와 여호와 앞에서 말하기를 내가 나가서 거짓말하는 영이 되어 그 모든 선지자의 입에 있겠다고 하였다. 이 안이 채택되어 여호와께서 거짓말하는 영을 왕의 모든 선지자의 입에 넣어 아합으로 하여금 거짓말하는 400명의 선지자의 말을 믿게 하여 전쟁에 나아가 죽게 하였다. 다시 말하면 아합으로 하여금 거짓말하는 400명의 선지자의 말을 믿게끔 유혹하여 아합을 죽게 하셨던 것이다. 성경에 보면 하나님께서 어떠한 악인들을 심판하실 때 그 악인들로 하여금 유혹을 당하게 하여 망하게 하신다는 말이 나오는데 그 경우는 다섯 가지로 살펴볼 수 있다.

1. 대하 18:18-22의 경우

여기에서는 악인 아합을 심판하여 죽이실 때 아합으로 하여금 거짓말을 하는 400명의 선지자의 거짓말을 믿게끔 유혹하여 망하게 하셨다.

2. 사 19:13-14의 경우

사 19:13-14에는 "소안의 방백들은 어리석었고 놉의 방백들은 미혹되었도다 그들은 애굽 종족들의 모퉁잇돌이거늘 애굽을 그릇 가게 하였도다 여호와께서 그 가운데 어지러운 마음을 섞으셨으므로 그들이 애굽을 매사에 잘못 가게 함이 취한 자가 토하면서 비틀거림 같게 하였으니"라고 했다. 무슨 말인가? 하나님께서 애굽을 심판하실 때 애굽 나라의 모퉁잇돌과 같은 지도자인 방백들을 미혹하여 그들로 하여금 애굽으로 그릇 가게 하였고 지도자인 방백들의 마음에 어지러운 마음을 섞으셔서 그들로 하여금 피지도자인 애굽 사람들을 매사에 잘못 가게 함이 마치 취한 자가 토하면서 비틀거림 같게 하는 방법으로 애굽을 심판하시겠다는 말씀이다.

3. 사 66:4의 경우

사 66:4에서 하나님께서는 "나 또한 유혹을 그들에게 택하여 주며 그들이 무서워하는 것을 그들에게 임하게 하리니"라고 하셨다. 하나님께서 왜 유혹을 그들에게 택하여 주겠다고 하셨는가? 그들은 자기의 길을 택하며 그들의 마음은 가증한 것을 기뻐하고(사 66:3) 하나님께서 불러도 대답하지 않으며 하나님께서 말씀하셔도 그들이 청종하지 않고 오직 하나님의 목전에 악을 행하며 하나님께서 기뻐하지 아니하시는 것을 택한 자들이다(사 66:4). 이러한 자들이니 하나님께서도 유혹을 그들에게 택하여 주며 무서워하는 것을 그들에게 임하게 하시는 심판을 베푸시겠다고 하셨다.

4. 겔 14:9의 경우

겔 14:9에는 "만일 선지자가 유혹을 받고 말을 하면 나 여호와가 그 선지자를 유혹을 받게 하였음이거니와"라는 말씀이 있다. 하나님께서 왜 선지자로 하여금 유혹을 받게 하시는가? 하나님 앞에 바로 서서 하나님의 말씀을 바로 받고 전하는 참된 선지자를 하나님께서 유혹을 받게 하시는가? 그렇지 않다. 성경 전체의 교훈은 어느 사람이 죄를 지을 때에는 그 사람이 죄를 지을 만한 잘못을 저질러서 죄를 짓기 때문에 그 죄를 짓는 책임이 전적으로 사람에게 있다는 사실을 보여준다.

잠 26:1은 미련한 자에게는 영예가 적당치 아니하다고 하였다. 미련한 자에게 왜 영예가 적당치 않은가? 비록 미련한 자이지만 영예가 되는 일을 하기 위하여 애쓰고 노력하고 힘쓰는데도 불구하고 미련한 자라는 조건 때문에 무조건 영예가 되지 않는가? 그렇지 않다. 잠 20:3에는 "다툼을 멀리하는 것이 사람에게 영광이거늘 미련한 자마다 다툼을 일으키느니라"라는 말씀이 있다. 다툼을 멀리해야 그 사람에게 영광이 되는데 미련한 자는 다툼을 일으킴으로 자기에게 영광이 되지 못하게 하니 미련한 자가 영광을 받지 못하는 것은 전적으로 미련한 자에게 책임이 있다.

잠 28:5에 악인은 정의를 깨닫지 못한다고 하였다. 왜? 악인이 정의를 깨달으려고 애쓰고 노력하고 공부를 하는데도 불구하고 단지 악인이라는 조건 때문에 공의를 깨달을 수 없는가? 그렇지 않다. 사 26:10은 악인은 은총을 입을지라도 의를 배우지 않는다고 하였다. 악인은 의를 배우지 않는다. 의를 알려고 노력하거나 공부하지도 않는다. 비록 은총을 입을지라도 의를 배우지 아니하니 의를 배우지 않는 악인이 어떻게 공의를 깨달을 수 있겠는가. 그런 고로 악인이 공의를 깨닫지 못하는 것은 은총을 입을지라도 의를 배우지 아니하는 악인 자신의 책임이다.

에스겔 당시의 선지자들이 유혹을 받은 것은 그들이 하나님 앞에서 참된 선지자 구실을 하려고 애쓰는데도 불구하고 하나님께서 그들에게 유혹을 받게 하신 것이 아니다. 잠 26:1과 28:5이 말한 대로 선지자 자신들에게 유혹을 받을 만한 책임이 있었기 때문이다. 어떠한 책임인가? 겔 13:3-4은 "주 여호와의 말씀에 본 것이 없이 자기 심령을 따라 예언하는 어리석은 선지자에게 화가 있을진저 이스라엘아 너의 선지자들은 황무지에 있는 여우 같으니라"라고 했고, 겔 13:6-7은 "여호와께서 말씀하셨다고 하는 자들이 허탄한 것과 거짓된 점괘를 보며 사람들에게 그 말이 확실히 이루어지기를 바라게 하거니와 그들은 여호와가 보낸 자가 아니라 너희가 말하기는 여호와의 말씀이라 하여도 내가 말한 것이 아닌즉 어찌 허탄한 묵시를 보며 거짓된 점괘를 말한 것이 아니냐"라고 했다.

에스겔 당시의 거짓 선지자들은 본 것 없이 자기 심령을 따라 예언하는 우매한 선지자들이었고, 여호와께서 말씀하셨다고 하나 실상은 허탄한 것과 거짓된 점괘를 치며, 여호와가 보낸 자가 아니고, 여호와의 말씀이라 하여도 실상은 허탄한 묵시와 거짓된 점괘를 치는 자들이었다. 이러한 선지자들에게 하나님께서 유혹을 받게 하셨으니 에스겔 당시 거짓된 선지자들이 유혹을 받게 된 것은 전적으로 그들의 책임이었다.

5. 살후 2:9-12의 경우

여기에 보면 악한 자는, 사탄의 활동을 따라 거짓 기적과 불의의 모든 속임으로 멸망하는 자들에게 임하는데, 그때 하나님께서 미혹을 그들에게 보내사 그들로 하여금 거짓을 믿게 하여 심판받게 하신다고 하였다. 악한 자의 미혹을 받아 심판을 받는 그들은 어떠한 자들인가? 진리의 사랑을 받지 아니하여 구원을 받지 못하는 자요, 진리를 믿지 않고 불의를 좋아하는 자들이라고 했다. 하나님께서 인생들을 구원하시려고 구주를 보내신 진리의 사랑을 믿지 않고 불의를 좋아하여 구원을 얻지 못하는 자들로 하여금 심판을 받게 하시려고 하나님께서 그들에게 악한 자가 가지고 오는 거짓 기적과 불의의 모든 속임을 믿는 미혹을 보내사 망하게 하신다는 것이다.

우리는 지금까지 자기 잘못으로 유혹을 받아 불행하게 된 여러 사람들의 경우를 생각해왔다. 거짓을 말하는 영의(대하 18:11) 유혹을 받은 선지자 400명의(대하 18:5) 예언을 그대로 믿고 전쟁터에 나갔다가 전사한 아합과 같은 불행한 사람이 되어서는 안 되겠다. 애굽 종족들의 모퉁잇돌이 되는 방백들이었지만 미혹을 받았기 때문에 애굽으로 하여금 그릇 가게 한 애굽의 방백들과 같은 사람이 되어서도 안 되겠다(사 19:13-14). 자기 길을 택하며 마음에 가증한 것을 기뻐하다가 유혹을 받아 무서워하는 것이 임하게 되는 심판을 받은 이사야 당시의 이스라엘 백성들이 되어서도 안 되겠다(사 66:3-4). 나 자신의 잘못으로 유혹을 받아 그 유혹을 말하다가 하나님께로부터 멸망 받은(겔 14:9) 에스겔 당시의 거짓 선지자들이 되어서도 안 되겠다. 진리의 사랑을 받지 않고 불의를 좋아하다가 미혹을 받아 망하는 멸망의 사람들이 되어서도 안 되겠다(살후 2:9-12).

선지자 미가야

대하 18장에 나오는 선지자 미가야는 어떠한 선지자였는가?

1. 하늘의 계시를 본 선지자

대하 18:18-22에서 선지자 미가야는 하늘에서 열린 여호와의 회의에 참석하여 하늘의 계시를 보았다. 선지자는 무엇보다도 여호와의 회의에 참석하여 하늘의 계시를 보아야 한다. "누가 여호와의 회의에 참여하여 그 말을 알아들었으며 누가 귀를 기울여 그 말을 들었느냐"(렘 23:18)라고 한 대로 여호와의 회의에 참여한 사람은 그 회의에서 되어지는 말을 듣고 회의의 내용을 알 수 있다. 여호와의 회의에 참여하지 못하고 따라서 하늘나라에서 되어진 사실을 모르는 선지자가 어떻게 예언을 할 수 있겠는가.

그러나 예레미야 당시에는 여호와의 회의에 참여하지 못하고 따라서 하늘나라에서 되어진 내용을 모르는 사람들이 제멋대로 예언하는 거짓 선지자들이 있었다. 그래서 하나님께서도 "그들이 만일 나의 회의에 참여하였더라면 내 백성에게 내 말을 들려서 그들을 악한 길과 악한 행위에서 돌이키게 하였으리라"(렘 23:22)라고 하시면서 탄식하셨다. 그래서 겔 13:3도 "주 여호와의 말씀에 본 것이 없이 자기 심령을 따라 예언하는 어리석은 선지자에게 화가 있을진저"라고 했다. 선지자로서 여호와의 회의에 참여하지 못하여 따라서 여호와의 회의에서 본 것도 없으니 자기 심령을 따라 적당하게 예언할 수밖에 없지 않은가. 그러한 선지자에게 화가 있을 것은 당연하다.

성경에 보면 참된 선지자들은 여호와의 회의에 참여하여 하늘의 계시를 보고 난 후에 예언하였다. 이사야 선지자는 사 6장에서 하늘의 계시를 보고 예언하였고 따라서 요 12:41은 "이사야가 이렇게 말한 것은 주의 영광을 보고 주를 가리켜 말한 것이라"라고 증언(證言)하였다. 선지자 예레미야는 렘 1:11-12에서 살구나무, 렘 1:13-14에서 끓는 가마의 계시를 보았다. 선지자 에스겔은 겔 1장에서 하늘나라의 계시를 보았고, 선지자 다니엘은 단 7:9-14에서 인자의 계시를 보았다. 사도 요한은 계 4:2에서 "내가 곧 성령에 감동되었더니 보라 하늘에 보좌를 베풀었고……"라고 하면서 하늘의 계시를 보았다.

선지자 미가야는 본 것 없이 자기 심령을 따라 예언하는 우매한 선지자가 아니었고(겔 13:3), 선지자 이사야, 예레미야, 에스겔, 다니엘, 사도 요한처럼 여호와의 회의에 참여하여 하늘에서 되어진 일들을 밝히 알고 예언한 선지자였다.

2. 말씀하시는 것만을 말하는 선지자

선지자 미가야는 자기를 부르러 온 아합 왕의 내시(內侍)에게 "여호와께서 살아 계심을 두고 맹세하노니 내 하나님께서 말씀하시는 것 곧 그것을 내가 말하리라"(대하 18:13)라고 하면서 하나님의 선지자로서 다른 말은 하지 않고 오직 하나님께서 말씀하시는 것만을 말하겠다고 하였다. "여호와께서 내게 이르시되 선지자들이 내 이름으로 거짓 예언을 하도다 나는 그들을 보내지 아니하였고 그들에게 명령하거나 이르지 아니하였거늘 그들이 거짓 계시와 점술과 헛된 것과 자기 마음의 거짓으로 너희에게 예언하는도다"(렘 14:14), "만군의 여호와께서 이같이 말씀하시되 너희에게 예언하는 선지자들의 말을 듣지 말라 그들은 너희에게 헛된 것을 가르치나니 그들이 말한 묵시는 자기 마음으로 말미암은 것이요 여호와의 입에서 나온 것이 아니니라"(렘 23:16)라고 한 대로 예레미야 당시의 거짓 선지자들의 문제는, 여호와께서 그들에게 명하시거나 이르지 아니하셨고 따라서 여호와의 입에서 나온 말씀이 아닌데도 자기들 마음으로 적당하게 거짓되게 함부로 예언을 하는 것이었다. 그러나 선지자 미가야는 예레미야 당시의 거짓 선지자들과는 달리 "내 하나님께서 말씀하시는 것 곧 그것을 내가 말하리라"(대하 18:13)라고 하면서 오직 하나님께서 말씀하시는 것만을 말하려는 선지자였다.

렘 23:28은 "여호와의 말씀이니라 꿈을 꾼 선지자는 꿈을 말할 것이요 내 말을 받은 자는 성실함으로 내 말을 말할 것이라 겨가 어찌 알곡과 같겠느냐"라고 하면서 거짓 선지자들의 말과 하나님의 말씀과의 무게를 비교하였다. 꿈을 꾼 선지자들의 말은 겨에 불과하고 하나님의 말씀을 받아 전하는 참된 선지자들의 말은 알곡이라고 했다. 따라서 꿈을 꾸고 말하는 겨에 불과한 거짓 선지자들의 예언은 하나님의 백성들에게 아무 유익이 없다고 하였다(렘 23:32). 제멋대로 말하는 400명의 선지자들의 말은 겨에 불과했고 하나님이 말씀하시는 것 곧 그것을 말하는(대하 18:13) 참된 선지자 미가야의 예언은 알곡이었다.

3. 고난을 받아도 말씀을 양보하지 않은 선지자

대하 18:26에서 아합은 "이 놈을 옥에 가두고 내가 평안히 돌아올 때까지 고난의 떡과 고난의 물을 먹게 하라"라고 하면서 미가야를 감옥에 가두었다. 그러나 선지자 미가야는 비록 감옥에 갇힌다 해도 하나님께서 주신 진리의 말씀을 양보하지 않았다.

성경에 보면 참된 믿음의 사람들은 어떠한 고난 속에서도 말씀을 양보하지 않고 끝까지 붙들고 산 아름다운 모습들을 볼 수 있다. 그 중에서도 시 119편에 나오는 시인의 모습이 그러하였다. 그의 모습을 살펴보자.

1) 시 119:157에 있는 대로 시인을 핍박하는 자와 대적이 많았으나 시인은 주의 증거에서 떠나지 아니하였다고 한다. 즉 시인을 핍박하는 자와 대적하는 자들이 수적인 면에서 많았으나 시인은 주의 말씀을 양보하지 않았다.

2) 시 119:23에서는 고관들도 앉아 시인을 비방하였고, 시 119:51에서는 교만한 자가 시인을 심히 조롱하였지만 시인은 주의 법을 떠나지 않았다고 한다. 다시 말하면 말로 비방하고 심히 조롱해도 시인은 말씀을 양보하지 않았다.

3) 시 119:61에서는 악인들의 줄이 시인에게 두루 얽혔다고 하였고, 시 119:69에서는 교만한 자가 거짓을 지어 시인을 치려 하였고, 시 119:95에서는 악인이 시인을 멸하려고 엿보았고, 시 119:110에서는 악인이 시인을 해하려고 올무를 놓았으나 시인은 주의 법도에서 떠나지 않았다고 하였다. 즉 말로만 비방하고 조롱한 것이 아니라 시인을 공격할 준비를 완료하고 기다리고 있었으나 시인은 말씀을 양보하지 않았다.

4) 시 119:87에서는 그들이 시인을 세상에서 거의 멸하였으나 시인은 주의 법도들을 버리지 않았다고 하였다. 다시 말하면 준비 완료 정도가 아니라 시인을 거의 멸할 정도까지 핍박하였지만 시인은 말씀을 양보하지 않았다.

5) 시 119:78에서는 교만한 자가 무고히 시인을 엎드러뜨렸으나 시인은 주의 법도를 묵상했다고 한다. 거의 멸할 정도가 아니라 시인을 완전히 엎드러뜨렸지만 시인은 말씀을 양보하지 않았다.

6) 시 119:83에 보면 이 모든 고난을 당하는 가운데 시인의 형편은 마치 연기 속의 가죽 부대같이 되었다고 한다. 연기 속에 있는 가죽 부대가 얼마나 고통스럽겠는가. 그러나 시인은 주의 율례를 잊지 아니하였다고 한다. 이렇게 말할 수 없는 무서운 고난 속에서도 말씀을 양보하지 않고 산 시인의 모습이 얼마나 아름다운가.

계 2:13은 "내 충성된 증인 안디바가 너희 가운데 곧 사탄이 사는 곳에서 죽임을 당할 때에도 나를 믿는 믿음을 저버리지 아니하였도다"라고 했다. 버가모 교회의 안디바라는 성도는 사탄이 거하는 곳에서 죽임을 당할 때에도 하나님을 믿는 믿음을 저버리지 아니하였다. 믿음을 저버리지 아니하였다는 것은 바로 말씀을 양보하지 않았다는 것이 아닌가.

4. 400:1의 무게를 가진 선지자

아합 왕의 선지자는 400명이었고(대하 18:5) 참된 선지 미가야는 한 사람이었다. 그런데 400명 선지자의 예언은 빗나갔고 참된 선지자 미가야의 예언은 그대로 응했으니 예언의 가치를 볼 때 미가야는 400대 1의 무게를 가진 선지자였다.

그와 같은 보기가 성경에 또 하나 나온다. 애굽에서 나온 이스라엘 백성 가운데서 20세 이상으로 계수함을 받은 60만 대중은 다 원망하다가 가나안 땅에 들어가지 못하고 광야에서 죽었으나(민 14:29) 그 60만 대중 가운데서도 여호수아와 갈렙은 하나님을 원망하지 않고 끝까지 믿음으로 살다가 가나안 땅에 들어갔다(민 14:30). 그러니 믿음의 무게를 따져볼 때 여호수아와 갈렙이 가졌던 믿음은 원망하다가 광야에서 망한 60만 대중에 비하면 60만 대 2의 무게를 가진 믿음이었다.

  신약교회에서 목회하시는 하나님의 종들이 미가야처럼 1) 하늘의 계시를 보고 예언하는 선지자, 2) 말씀하시는 것만을 전하는 선지자, 3) 고난을 받으면서도 말씀을 양보하지 않는 선지자, 4) 예언의 무게는 400대 1, 믿음의 무게는 60만 대 2의 무게를 가진 종들이 될 수 있기를 바란다.

제4대
여호사밧

대하 19장

두 생명

    삼상 25:29에 "사람이 일어나서 내 주를 쫓아 내 주의 생명을 찾을지라도 내 주의 생명은 내 주의 하나님 여호와와 함께 생명 싸개 속에 싸였을 것이요 내 주의 원수들의 생명은 물매로 던지듯 여호와께서 그것을 던지시리이다"라는 말씀이 있다. 이 말씀은 나발의 아내 아비가일이 다윗에게 한 말인데 이 말씀의 뜻을 좀 생각해보자. 아비가일은 사람이 일어나서 다윗을 쫓아 다윗의 생명을 찾을지라도 다윗의 생명은 하나님 여호와와 함께 생명 싸개 속에 싸여져서 보호 받기를 원했다. 그저 생명 싸개 속에 싸일지라도 안전한데 하나님 여호와와 함께 생명 싸개 속에 싸이면 얼마나 더 안전하겠는가.

    아비가일이 바라는 대로 다윗의 생명은 이러한 보호를 받았다. 삼상

18:11에서 사울이 두 번씩이나 던지는 창을 다윗은 피할 수 있었다. 사울은 평생 전쟁을 치렀으므로 창을 던지는 일에서는 천하의 명수였을 것이다. 더욱이 다윗을 향하여 창을 던질 때는 단단히 겨누고 던졌을 것이다. 그러나 다윗은 두 번 던지는 창을 모두 피하였다. 삼상 19:10에서 사울이 다시 한 번 창을 던졌으나 이번에도 다윗은 그 창을 피할 수 있었다.

삼상 23:14은 "사울이 매일 찾되 하나님이 그를 그의 손에 넘기지 아니하시니라"라고 했다. 사울은 다윗을 잡아 죽이기 위하여 3,000명을 거느리고(삼상 24:2) 매일 다윗을 찾아다녔으나 하나님께서 다윗을 사울의 손에 넘기지 아니하셨다. 삼상 23:24-29에서는 다윗이 숨어 있는 산을 알고 사울이 그 산을 포위하고 점점 포위망을 좁히기 시작하였다. 이번에는 다윗이 꼼짝 못하고 잡히는 수밖에 없는데 느닷없이 블레셋이 이스라엘을 침범하여 사울은 돌아갈 수밖에 없었다.

한 나라의 왕으로서 다윗 한 사람을 잡는 것과 블레셋의 침략을 막는 것 중 어느 것이 더 중요한가? 다윗 한 사람을 잡기 위하여 나라를 망하게 할 수는 없지 않은가. 그래서 사울은 할 수 없이 포위망을 풀고 가는 바람에 다윗은 다시 한 번 피할 수 있었다.

시 140:7에서 다윗은 "내 구원의 능력이신 주 여호와여 전쟁의 날에 주께서 내 머리를 가려 주셨나이다"라고 했다. 전쟁을 하다 보면 찰과상(擦過傷)을 받을 수도 있다. 어느 정도 찰과상을 받아도 생명에는 관계가 없다. 그러나 머리를 다치면 그것은 바로 죽음과 직결되는 치명상(致命傷)이다. 다윗이 한평생 동안 전쟁터에 나갔지만 다윗의 구원의 능력이 되시는 여호와께서 가장 중요한 다윗의 머리를 가리어주셨으므로 다윗의 생명이 무사할 수 있었던 것이다.

그 많은 위험한 자리와 전쟁터에서 다윗이 어떻게 무사할 수 있었던가? 그 까닭은 아비가일이 바라던 대로 사람들이 일어나 다윗을 쫓아 다윗의 생명을 찾을지라도 다윗의 생명은 하나님 여호와와 함께 생명 싸개 속에 싸여 있었기 때문이다.

이렇게 다윗이 많은 위험 속에서 보호를 받은 것은 삼상 25:29의 뜻도 있었지만 다윗의 훌륭한 신앙인격적인 면도 있었다. 다윗은 삼상 26:24에서 "오늘 왕의 생명을 내가 중히 여긴 것같이 내 생명을 여호와께서 중히 여기셔서 모든 환난에서 나를 구하여 내시기를 바라나이다"라고 했다. 다윗은 자기를 잡아 죽이려던 사울 왕의 생명을 중히 여겼다. 다른 사람의 생명을 중히 여기니 하나님께서도 다윗의 생명을 중히 여기셔서 모든 환난에서 구하여 내셨다. 바라건대 우리의 생명이 다윗의 생명과 같이 되기를 바란다.

삼상 25:29 하반절은 "내 주의 원수들의 생명은 물매로 던지듯 여호와께서 그것을 던지시리이다"라고 했다. 이 말씀을 히브리어대로 하면 세 가지 면에서 강조되어 있다. 1) 던지시는 분은 사람이 아니고 바로 여호와시다. 여호와께서 던지시니 얼마나 정확하겠는가. 2) 한글성경의 "물매로"가 히브리어대로 하면 "물매의 중심에서"이다. 물매로 돌을 던질 때에 돌을 물매의 끝이나 변두리에서 던지면 그 돌은 힘이 약하다. 그러나 물매의 중심에서 돌을 던지면 그 돌은 가장 힘차게 던져진다. 그러니 강조다. 3) 한글성경의 던진다는 말이 히브리어에서는 "에너제티크 눈"(energetic Nun)이다. 이 "에너제티크 눈"은 그 동사의 뜻을 강조하기 위하여 쓰는 구문법(構文法)이다. 그러니 던진다는 뜻이 강조되어 있다.

이와 같이 삼상 25:29 하반절이 히브리어대로 하면 세 가지 점에서 강조되어 있으니, 하나님께서 다윗의 원수들의 생명을 물매로 던지실 때에는 그 원수들의 생명은 틀림없이 망할 수밖에 없다. 이것이 다윗의 원수들의 생명이 당하는 운명이다.

대하 19:1의 "유다 왕 여호사밧이 평안히 예루살렘에 돌아와서 그의 궁으로 들어가니라"는 결코 예사롭게 볼 말씀이 아니다. 이 한 말씀 속에서 삼상 25:29의 말씀이 그대로 응했다. 아합과 여호사밧이 성문 어귀 광장에서 각기 보좌에 앉아 있을 때에는 둘이 다 왕복을 입고 앉아 있었으나(대하 18:9), 전쟁터에 나갈 때는 아합이 여호사밧에게 "나는 변장하고 전쟁터로 들어가려 하노니 당신은 왕복을 입으소서"(대하 18:29)라고 하면서 아합은 변장하고 싸움에 나아갔다. 싸움이 시작되기 전 아람 왕이 병거의 지휘관들에게 "너희는 작은 자나 큰 자나 더불어 싸우지 말고 오직 이스라엘 왕하고만 싸우라"(대하 18:30)라고 명령하였다.

싸움이 시작되자 병거의 장관들이 여호사밧을 보고 "이가 이스라엘 왕이라"(대하 18:31)라고 하면서 여호사밧과 더불어 싸우려고 하였다. 그러자 여호사밧이 소리를 지르자 여호와께서 그를 도우시며 하나님이 그들을 감동시키사 그를 떠나가게 하셨다(대하 18:31). 병거의 지휘관들은 그가 이스라엘 왕이 아님을 보고 여호사밧 쫓기를 그쳤다(대하 18:32).

이와 같이 여호사밧이 죽음을 피할 수 없는 자리에서 죽음을 피하고 살게 된 것은 다섯 가지 기적이 나타났기 때문이다. 1) 대하 18:30에서 아람 왕이 병거의 지휘관들에게 "너희는 작은 자나 큰 자나 더불어 싸우지 말고 오직 이스라엘 왕하고만 싸우라"라고 명령하였으니 이 싸움에서 아람의 공격 목표는 오직 이스라엘 왕 한 사람뿐이었다. 2) 아합은 변장했고 왕복을 입은 사람은 오직 여호사밧 한 사람뿐이니 병거의 지휘관들이 여호사밧을 보고 "이가 이스라엘 왕이라"(대하 18:31)라고 하면서 여호사밧이 이스라엘 왕인 줄 알고 여호사밧을 죽이려고 공격하였다. 이대로 시간만 연장되면 여호사밧은 죽을 수밖에 없었다. 3) 죽음을 피할 수 없는 자리에서 우선 죽음을 피할 만한 약간의 시간이 연장되었다. 4) 여호사밧은 자기가 이스라엘 왕이 아니라고 고함을 지른 것도 아닌데 병거의 지휘관들이 그가 이스라엘 왕이 아닌 것을 보고 쫓기를 그쳤다(대하 18:32). 5) 여호사밧이 이스라엘 왕인 줄 알고 공격하던 병거의 지휘관들이 그가 이스라엘 왕이 아닌 줄 알고 쫓기를 그친 것은 하나님께서 그들을 감동시키신 기적이었다(대하 11:31).

죽을 수밖에 없는 자리에 빠졌던 여호사밧이 어찌하여 다섯 가지 기적을 통하여 죽음을 면하고 살아남을 수 있었던가? 그 까닭은 그가 조상 다윗의 처음 길로 행하여 바알들에게 구하지 아니하고 오직 아버지의 하나님께 구하며 그의 계명을 행하고 이스라엘의 행위를 따르지 아니하고(대하 17:3-4) 전심으로 여호와의 길를 걷는(대하 17:6) 믿음의 사람이었기 때문이다. 사람이 일어나 다윗의 생명을 찾을지라도 믿음으로 의롭게 살던 다윗의 생명을 하나님께서 여호와와 함께 생명 싸개 속에 싸아 보호하셨듯이(삼상 25:29) 믿음으로 의롭게 살던 여호사밧의 생명도 하나님께서 그와 같이 보호하셨기 때문이다.

반면에 아합은 이번 싸움에서 살기 위하여 인간적인 꾀를 부렸다. 전쟁에서는 아무래도 졸병들보다 왕을 노릴 것이니 여호사밧에게만 왕복을 입히고 자기는 왕복을 입지 않고 변장하고 졸병들 속에 숨어서 싸움에 나갔다(대하 18:29). 그러니 상당히 안전했을 것이다. 그런데 아람 군사가 아합이 이스라엘의 왕인 줄 알고 화살을 겨누고 쏜 것도 아니고 한 사람이 무심코 활을 당기어 쏜 것뿐인데 기적같이 그 화살이 아합에게 명중되었다(대하 18:33). 왜 그렇게 되었는가? 삼상 25:29 말씀대로 아합의 생명은 물매로 던지듯이 여호와께서 던지셨기 때문이다. 여호와께서 왜 아합의 생명을 물매로 던지듯이 던지셨는가? 그가 죄인이었기 때문이다. 아합이 나봇을 죽였을 때 하나님께서는 선지자 엘리야를 보내사 "개들이 나봇의 피를 핥은 곳에서 개들이 네 피 곧 네 몸의 피도 핥으리라"(왕상 21:19)라고 하신 말씀을 그대로 이루셨다.

우리는 지금까지 삼상 25:29에 나타난 두 생명에 대하여 생각해왔다. 한 생명은 믿음으로 의롭게 살던 다윗의 생명처럼 사람들이 일어나 다윗의 생명을 찾을지라도 하나님께서 여호와와 함께 생명 싸개 속에 싸아 보호해주시는 생명이고, 다른 하나는 물매로 던지듯이 그것을 던지시는 생명이다. 여호사밧과 아합이 같은 전쟁에 나갔는데 여호사밧의 생명은 다윗처럼 여호와와 함께 생명 싸개 속에 싸아 보호해주셨고, 아합의 생명은 물매로 던지듯이 여호와께서 그것을 던지셨다. 왜 그렇게 하셨는가? 여호사밧은 믿음으로 의롭게 살았고 아합은 악하게 살았기 때문이다.

우리는 두 생명 중 어떠한 생명이 되고 싶은가? 다윗과 여호사밧처럼 사람들이 일어나 우리의 생명을 찾을지라도 하나님께서 여호와와 함께 생명 싸개에 싸아 보호해주시는 생명이 될지언정, 아합처럼 악하게 살다가 물매로 던지듯이 여호와께서 던지시는 불행한 생명들이 되어서는 안 되겠다. 특히 위에서 강해한 대로 물매로 던지듯 여호와께서 던지신다는 말씀은 히브리어대로 하면 세 가지 점에서 강조되었으니 아합처럼 세 가지 점에서 강조된 모습으로 여호와께 던짐 받는 생명은 얼마나 불행한가.

내가 한 일에 대하여

여호사밧이 대하 18장의 전쟁에서 돌아오자 하나니의 아들 선견자 예후가 나가서 여호사밧 왕을 맞으며 "왕이 악한 자를 돕고 여호와를 미워하는 자들을 사랑하는 것이 옳으니이까 그러므로 여호와께로부터 진노하심이 왕에게 임하리이다"(대하 19:2)라고 말했다. 전쟁에서 돌아오자 선지자가 왕을 맞으며 한 말은 여호사밧의 아버지 아사 왕 때도 있었다.

대하 15:2에 보면 오뎃의 아들 아사랴가 아사를 "맞아 이르되"라고 했다. 전쟁에서 돌아올 때 선지자들이 나아와 그들을 맞으며 이른 일은 똑같으나 이른 말씀의 내용은 각각 달랐다. 아버지 아사의 경우는 아사의 한 일을 잘하였다고 칭찬하며 격려하였으나(대하 15:1-7), 아들 여호사밧의 경우는 "왕이 악한 자를 돕고 여호와를 미워하는 자들을 사랑하는 것이 옳으니이까"(대하 19:2)라고 꾸중하였다. 아버지 아사와 아들 여호사밧이 전쟁에서 돌아온 일과 전쟁에서 돌아올 때 선지자들이 나아가 맞이한 일은 같았으나 그 선지자들에게 들은 말씀의 내용은 각각 달랐다. 아버지 아사는 칭찬과 격려였고 아들 여호사밧은 꾸중이었다. 그들이 행한 일에 대하여 하나는 칭찬을 받고 하나는 꾸중을 들었다.

여호사밧이 악한 자와 교제하다가 꾸중을 들은 것은 이번만이 아니다. 대하 20:35-37에서 심히 악을 행하던 북국 이스라엘의 제8대 왕 아하시야와 더불어 결합하고 배를 지어 다시스로 보내려고 할 때 선지자 엘리에셀이 "왕이 아하시야와 교제하므로 여호와께서 왕이 지은 것들을 파하시리라"(대하 20:37)라고 또 한 번 꾸중했다.

아사 왕도 언제나 칭찬을 들은 것은 아니다. 아사 왕 36년에 북국 이스라엘의 제3대 왕 바아사가 유다를 치려고 올라오자 아사 왕은 아람 왕에게 도움을 구하였다(대하 16:1-6). 그때 선지자 하나니가 나아와서 "왕이 아람 왕을 의지하고 왕의 하나님 여호와를 의지하지 아니하였으므로 아람 왕의 군대가 왕의 손에서 벗어났나이다"(대하 16:7), "이 일은 왕이 망령되이 행하였은즉 이 후부터는 왕에게 전쟁이 있으리이다"(대하 16:9)라고 꾸중하였다. 왜? 아사 왕이 한 일이 하나님의 꾸중을 들을 만한 잘못된 일이었기 때문이다.

삼상 2:22-25에 보면 홉니와 비느하스의 죄에 대하여 아버지 엘리가 꾸중하였다. 어느 누가 보더라도 아버지로서 할 일을 다한 것같이 보인다. 그러나 하나님께서는 아버지 엘리의 꾸중을 액면 그대로 받아들이지 아니하셨다. 엘리의 꾸중에 대하여 하나님의 사람의 해석은 "네 아들들을 나보다 더 중히 여겨 내 백성 이스라엘이 드리는 가장 좋은 것으로 너희들을 살지게 하느냐"(삼상 2:29)였고, 하나님의 해석은 "그가 자기의 아들들이 저주를 자청하되 금하지 아니하였음이니라"(삼상 3:13)였다.

사람들 보기에는 엘리가 아들들을 호되게 꾸중하고 책망한 것 같으나 이것은 체면상 형식적으로 한 꾸중이요, 실은 하나님보다 아들들을 더 중히 여겼고, 한 걸음 더 나아가 저주를 자청하는 아들들의 범죄 행위를 금하지 아니한 일이었다고 하나님께서 간파하신 것이다. 삼상 2:22-25에 나오는 엘리의 꾸중을 액면 그대로 받아넘기시는 하나님이 결코 아니시다. 어느 누가 보더라도 엘리의 꾸중은 아버지의 책임을 다한 것같이 보였으나 하나님께서는 그의 실상을 파헤치신 것이다. 하나님은 속지 않으신다. 어떠한 형식과 가식의 껍질도 예리하게 파헤치시니 참되고 거짓이 없는 진실이 아니고는 그분 앞에 진실로 인정될 수 없다.

우리는 같은 사무엘상에서 이와 같은 보기를 또 하나 볼 수 있다. 삼상 28:6에 "사울이 여호와께 묻자오되 여호와께서 꿈으로도, 우림으로도, 선지자로도 그에게 대답하지 아니하시므로"라고 되어 있듯이 블레셋 군대가 쳐들어 올 때 사울은 여호와께 물었다고 분명히 기록되어 있다. 그러나 같은 사건에 대한 대상 10:14의 기록은 어떠한가? 사울의 죄목의 하나를 여호와께 묻지 않은 죄라고 했다. 삼상 28:6대로 하면 분명 사울이 여호와께 물었다고 하였는데 어찌하여 대상 10:14은 여호와께 묻지 아니하였다고 했을까? 분명코 사울은 여호와께 물었다. 그러나 그것은 블레셋 군대가 쳐들어오니 급한 생각에 습관상 형식적으로 물은 것이지 진정 하나님의 뜻을 알기 위해 진지한 태도로 물었던 것이 아니다.

그러니 사람들 보기에는 사울이 여호와께 물은 것이 사실이나 속지 않으시는 하나님 보시기에는 진심으로 물은 것이 아니다. 대상 10:14의 기록은 바로 이 점을 파헤친 것이다. 엘리와 사울이 한 일이 사람들 보기에는 그럴 듯하게 보였으나 하나님께서는 속지 않으시는 분이신 고로 그들이 한 행동에 대하여 꾸중하셨다.

민 25:1-13에서 이스라엘 백성들이 모압의 우상에게 제사를 드리며 모압 여자들과 음행하기 시작하자 하나님께서 그들에게 염병을 내리셨다. "이스라엘 자손의 온 회중이 회막 문에서 울 때에 이스라엘 자손 한 사람이 모세와 온 회중의 눈앞에 미디안의 한 여인을 데리고 그의 형제에게로 온지라"(6절). 이것을 본 제사장 아론의 손자 비느하스가 회중 가운데서 일어나 손에 창을 들고 그 이스라엘 남자를 따라 그의 장막에 들어가서 그 여인의 배를 꿰뚫어서 두 사람을 죽이니 염병이 이스라엘 자손에게서 그쳤다.

비느하스가 행한 일을 보신 하나님께서는 너무 기뻐셔서 "제사장 아론의 손자 엘르아살의 아들 비느하스가 내 질투심으로 질투하여 이스라엘 자손 중에서 내 노를 돌이켜서 내 질투심으로 그들을 소멸하지 않게 하였도다 그러므로 말하라 내가 그에게 내 평화의 언약을 주리니 그와 그의 후손에게 영원한 제사장 직분의 언약이라 그가 그의 하나님을 위하여 질투하여 이스라엘 자손을 속죄하였음이니라"(민 25:11-13)라고 하셨다. 비느하스가 행한 일에 대하여 하나님께서 얼마나 기뻐셨으면 이렇게까지 말씀하셨겠는가.

마 26:6-13에서 어느 여자가 매우 귀한 향유 한 옥합을 가지고 나아와 예수님의 발에 부으니 제자들은 "무슨 의도로 이것을 허비하느냐"(마 26:8)라고 꾸짖었다. 그러나 예수님께서는 "그가 내게 좋은 일을 하였느니라"(마 26:10)라고 하시면서 그를 칭찬하셨다. 그러니 내가 한 일에 대하여 사람들이 뭐라고 말하느냐가 문제가 아니라 하나님과 선지자가 무엇이라고 평하느냐가 문제다. 내가 하는 일에 대하여 백 사람이 나쁘다고 해도 하나님 한 분이 잘했다고 칭찬하시면 그 일은 잘된 일이고, 내가 한 일에 대하여 백 사람이 다 칭찬해도 하나님 한 분이 꾸짖으시면 그 일은 잘못된 일이다.

그렇다면 우리가 한 일에 대하여 하나님과 선지자들은 무엇이라고 평할 것 같은가? 칭찬일까 꾸중일까? 위에서 말한 아버지 아사와 아들 여호사밧의 일을 다시 한 번 생각해보자. 아버지 아사와 아들 여호사밧이 똑같이 전쟁에서 돌아오는데 선지자들이 나타나 아버지 아사는 칭찬과 격려를 해주었고 아들 여호사밧은 꾸중을 했다. 내가 한 일에 대하여 하나님께서는 어떻게 말씀하실 것 같은가? 우리는 아사, 비느하스, 마리아처럼 내가 한 일에 대하여 하나님의 칭찬을 받을지언정, 여호사밧, 엘리, 사울처럼 내가 한 일에 대하여 하나님의 꾸중을 들을 수밖에 없는 그러한 삶을 살아서는 안 되겠다.

교제의 슬기

여호사밧이 전쟁에서 돌아오자 선견자 예후가 책망한 말씀은 "왕이 악한 자를 돕고 여호와를 미워하는 자들을 사랑하는 것이 옳으니이까"(대하 19:2)였다. 악한 자를 도왔다는 것은 여호사밧이 사람과의 교제에서 슬기롭지 못했다는 말이다. 여호사밧 다른 점에 있어서는 우수한 일들이 많았으나 악한 자를 도왔으니 사람과의 교제에서는 약간의 실수가 있었다.

교제의 실수는 이번만이 아니라 대하 20:36-37에서도 또 한 번 있었다. 거기에 보면 여호사밧이 북국 이스라엘의 제8대 왕 아하시야와 더불어 교제했는데 아하시야는 심히 악을 행한 자라고 했다(왕상 22:51, 대하 20:35). 악한 자를 돕다가 선견자 예후에게 한 번 책망을 들었으면 정신차릴 일인데 심히 악한 아하시야와 다시 교제함으로 내가 원했던 바는 아니지만 결과적으로는 "개가 그 토한 것을 도로 먹는 것같이 미련한 자는 그 미련한 것을 거듭 행하느니라"(잠 26:11)의 말씀을 이루어놓았으니 아무래도 여호사밧은 사람과의 교제 면에서는 슬기롭지 못하였다. 성경은 성도의 교제에 대하여도 여러모로 가르치는데 그 교훈의 내용을 네 가지 면에서 생각해볼 수 있다.

1. 결과

첫째로 성경은 우리가 누구와 교제하느냐에 따라 그 교제에서 생기는 결과가 어떠함에 대하여 말한다. 잠 13:20에 "지혜로운 자와 동행하면 지혜를 얻고 미련한 자와 사귀면 해를 받느니라"라고 했다. 여기에서는 우리가 지혜로운 자와 미련한 자와 더불어 사귀는 그 결과가 어떠함에 대하여 말씀하였다. 우리가 지혜로운 자와 동행하면 그 지혜로운 자의 영향을 받아 나도 아울러 지혜로워지고, 미련한 자와 사귀면 내가 해를 받는 결과에 이른다는 것이다. 우선 대하 19장에서 여호사밧이 악한 자를 돕고 여호와를 미워하는 자를 사랑하다가 "여호와께로부터 진노하심이 왕에게 임하리이다"(대하 19:2)의 결과를 맞이하게 되었다. 사 31:2에는 "악행하는 자들의 집을 치시며 행악을 돕는 자들을 치시리니"라고 했다. 악을 행하는 당사자가 하나님께로부터 치심을 받는 것은 당연하거니와 당사자가 아니더라도 행악하는 자를 돕는 교제의 실수를 하는 그 사람까지도 하나님의 치심을 받는다는 뜻이다. 그러니 우리는 어떠한 자와 사귀느냐에 신경을 쓰지 않을 수가 없다.

2. 교훈

따라서 성경은 악한 자와 교제하지 말고 믿음의 사람과 교제하라고 교훈한다. 잠 22:24-25에는 "노를 품는 자와 사귀지 말며 울분한 자와 동행하지 말지니 그의 행위를 본받아 네 영혼을 올무에 빠뜨릴까 두려움이니라"라고 했다. 노를 품는 자와 울분한 자와 사귀지 말라고 한 이유는 우리가 그들의 행위를 본받아 우리도 그들과 같이 노하고 울분을 내다가 우리의 영혼을 음부에 빠뜨리는 결과에 이르게 되기 때문이라고 했다. 반면에 바울은 디모데에게 "주를 깨끗한 마음으로 부르는 자들과 함께 의와 믿음과 사랑과 화평을 따르라"(딤후 2:22)라고 하면서 주를 깨끗한 마음으로 부르는 자들과 함께 교제하되 의, 믿음, 사랑, 화평의 내용을 가지고 교제하라고 했다.

감사하게도 앞서 가신 믿음의 사람들은 이러한 성경의 교훈대로 살았다. 시 139:21-22에서 다윗은 "여호와여 내가 주를 미워하는 자들을 미워하지 아니하오며 주를 치러 일어나는 자들을 미워하지 아니하나이까 내가 그들을 심히 미워하니 그들은 나의 원수들이니이다"라고 했다. 다윗은 아무 생각 없이 함부로 주를 미워하는 자와 교제하고 동행한 것이 아니라 주를 미워하는 자들을 다윗도 미워하였고 주를 치러 일어나는 자를 미워했다고 하였다. 다윗은 아무 생각 없이 주를 치러 일어나는 자와 동행하여 교제한 것이 아니라 주를 치러 일어나는 자를 다윗은 미워하였다고 한다. 주를 미워하는 자와 주를 치러 일어나는 자를 다윗은 미워하되 보통 미워한 것이 아니라 심히 미워하였고 한 걸음 더 나아가 그들은 다윗의 원수가 되었다고 한다.

시 15:4은 주의 장막에 머물고 주의 성산에 사는 자의 자격 중의 하나를 그의 눈은 망령된 자를 멸시하는 사람이라고 했다. 주의 장막에 머물고 주의 성산에 사는 자는 아무 생각 없이 망령된 자와 함부로 교제하고 사귀는 사람이 아니고, 그가 아무리 재산이 많고 교양이 많고 사회적 지위가 높다 해도 그가 망령된 자라면 그를 존경하여 교제하거나 사귀지 않고 그를 멸시한다고 하였다. 왜? 시 119:118에서 주의 율례들에서 떠나는 자는 주께서 다 멸시하신다고 하였기 때문이다. 주의 율례들에서 떠난 자는 망령된 자이니 아무리 재산이 많고 교양이 많고 사회적 지위가 높다 해도 주의 율례에서 떠난 망령된 자는 하나님께서 그를 멸시할 수밖에 없다.

3. 기도

시인은 악인과 교제하지 않게 해달라고 기도하였다. 시 28:3에서 시인은 "악인과 악을 행하는 자들과 함께 나를 끌어내지 마옵소서 그들은 그 이웃에게 화평을 말하나 그들의 마음에는 악독이 있나이다"라고 기도하였다. 이웃에게 화평을 말하나 그 마음에 악독이 있는 악인과 행악하는 자와 함께 다니지 않게 해달라는 기도였다.

4. 실행

이렇게 기도한 시인은 기도한 대로 실제로 실행하여 악인과 교제하지 않기를 힘썼다. 시 26:4-5에서 "허망한 사람과 같이 앉지 아니하였사오니 간사한 자와 동행하지도 아니하리이다 내가……악한 자와 같이 앉지 아니하리이다"라고 하면서 과거에 이미 허망한 사람과 같이 앉은 일이 없었으며 앞으로도 간사한 자와 동행치 않으며 악한 자와 앉지 아니하겠다고 하였다.

이와 같이 성경은 악한 자와 교제하는 결과가 어떻게 되며, 따라서 교제하지 말라고 교훈하고, 교제하지 않게 해달라고 기도하며, 기도한 대로 악한 자와 교제하지 않은 사실을 우리에게 보여주는데, 여호사밧은 이 점에서 실패하여 옥에 티를 남기는 실수를 저질렀다. 여호사밧 왕의 이 실수가 우리의 거울이 되어야겠다.

외인(外人)에게서도 선한 증거를

딤전 3:7은 감독이 될 사람은 외인에게서도 선한 증거를 받는 사람이라야 된다고 하였다. 대하 17:6은 여호사밧을 전심으로 여호와의 길을 걷는 사람이라고 했고, 대하 22:9에서 북국 이스라엘의 제10대 왕 예후는 여호사밧을 가리켜 그는 전심으로 여호와를 구하던 사람이라고 했으니 전심으로 여호와의 길을 걸으며 산 여호사밧은(대하 17:6) 딤전 3:7이 말씀한 대로 외인에게서도 선한 증거를 받은 왕이었다.

성경에 보면 하나님의 사람으로서 외인에게도 선한 증거를 받은 사람들이 더러 나온다. 삼상 9:6에서 사울의 사환은 사울에게 사무엘을 소개하면서 "보소서 이 성읍에 하나님의 사람이 있는데 존경을 받는 사람이라"라고 소개하였다. 존경을 받는다는 말은 바로 딤전 3:7대로 외인에게도 선한 증거를 받고 산다는 말이 아니겠는가.

욥은 욥 29:12-13에서 부르짖는 빈민과 도와줄 자 없는 고아를 건지며 과부의 마음을 기쁘게 해주었고, 욥 29:15-17에서는 맹인의 눈이 되고 다리 저는 사람의 발도 되고 빈궁한 자의 아버지도 되고 모르는 사람의 송사를 돌보아주었으며 불의한 자의 턱뼈를 부수고 노획한 물건을 그 잇새에서 빼내어주는 선한 일을 많이 하였다. 그랬더니 귀가 들은즉 나를 위하여 축복하고 눈이 본즉 나를 위하여 증거하였다고 한다(욥 29:11). 위에서 말한 욥의 선한 일을 들은 사람들은 욥이 저렇게 선한 일을 많이 했으니 복을 받아야 된다고 축복하였고, 위에서 말한 욥의 선한 일을 눈으로 본 사람들은 선한 일들은 다른 사람이 아닌 욥이 한 선한 일이라고 증거해주었으니 욥도 딤전 3:7에 있는 대로 외인에게도 선한 증거를 받은 사람이었다.

눅 7:2-10에서 백부장이 자기 부하의 병을 고치기 위하여 유대인의 장로들을 예수께 보냈더니 "이 일을 하시는 것이 이 사람에게는 합당하니이다 그가 우리 민족을 사랑하고 또한 우리를 위하여 회당을 지었나이다"(눅 7:4-5)라고 하면서 백부장을 칭찬하였다. 그러니 백부장도 외인에게서 선한 증거를 받은 사람이었다.

행 10:22에서 고넬료의 보냄을 받은 하인들이 베드로에게 "백부장 고넬료는 의인이요 하나님을 경외하는 사람이라 유대 온 족속이 칭찬하더니"라고 하면서 백부장 고넬료가 유대 온 족속에게 칭찬 받는 사람임을 알려주었다.

요삼 12절에서 "데메드리오는 뭇 사람에게도, 진리에게서도 증거를 받았으매 우리도 증언하노니"라고 했듯이 데메드리오라는 사람의 생활은 진리의 증거를 받을 뿐만 아니라 사람의 증거를 받았는데 그것도 한두 사람이 아니고 뭇 사람에게서 증거를 받았고 사도들에게서도 증거를 받았으니 그만큼 데메드리오는 외인에게서 선한 증거를 받은 사람이었다.

반면에 삼상 25:3에서 나발은 완고하고 행실이 악한 자라고 했고, 삼상 25:25에서는 나발의 아내가 다윗에게 "내 주는 이 불량한 사람 나발을 개의치 마옵소서 그의 이름이 그에게 적당하니 그의 이름이 나발이라 그는 미련한 자니이다"라고 했다. 다른 사람도 아닌 자기 부인에게까지 이렇게 악한 평을 받은 나발은 얼마나 불행한가.

우리는 여호사밧, 사무엘, 욥, 백부장, 데메드리오처럼 외인에게도 선한 증거를 받고 사는 하나님의 사람들이 될지언정 나발처럼 심지어 자기 아내에게까지 악평을 듣는 불행한 사람들이 되어서는 안 되겠다.

여호와께서 함께 하시는 자

대하 19장은 여호와께서 어떠한 자와 함께 하시는가에 대하여 두 가지로 말한다.

1. 여호와를 위하여 일(재판)하는 자

대하 19:6은 "너희가 재판하는 것이 사람을 위하여 할 것인지 여호와를 위하여 할 것인지를 잘 살피라 너희가 재판할 때에 여호와께서 너희와 함께 하심이니라"라고 했다. 우리가 재판을 하든지 무슨 일을 하든지 사람을 위하여 하지 않고 오직 여호와를 위하여 할 때 여호와께서 우리와 함께 하시겠다고 하셨다. 여호와를 위하여 한다는 것을 조금 더 구체적으로 말하면 "우리의 하나님 여호와께서는 불의함도 없으시고 치우침도 없으시고 뇌물을 받는 일도 없으시니라"(대하 19:7)라고 했으니, 우리가 무슨 일을 할 때 특히 재판할 때 불의, 편벽, 뇌물을 받는 일이 없는 것이 바로 여호와를 위한 일이다. 그리고 "너희는 진실과 성심을 다하여 여호와를 경외하라"(대하 19:9)라고 한 대로 무슨 일을 할 때 여호와를 위하여 한다는 것은 바로 여호와를 경외하고 진실과 성심으로 그 일을 하는 것이다.

이 진리를 깨달은 믿음의 사람들은 다 이렇게 살았다. 여호수아는 이스라엘 백성들에게 땅을 나누어줄 때 "내가 여기서 너희를 위하여 우리 하나님 여호와 앞에서 제비를 뽑으리라"(수 18:6)라고 했다. 하나님 여호와 앞에서 제비를 뽑겠다는 말씀은 무슨 뜻인가? 제비를 뽑을 때 하나님 앞에서 정직하게, 양심의 가책됨 없이, 진실하게, 조금도 부끄러움 없이 제비를 뽑겠다는 말이다. 이 말씀을 대하 19:6대로 표현한다면 바로 여호와를 위하여 제비를 뽑겠다는 말씀이 아닌가.

바울은 갈 1:10에서 "이제 내가 사람들에게 좋게 하랴 하나님께 좋게 하랴 사람들에게 기쁨을 구하랴 내가 지금까지 사람들의 기쁨을 구하였다면 그리스도의 종이 아니니라"라고 했다. 바울의 전체 생활은 사람들에게 좋게 하는 것보다 하나님께 좋게 하고 사람들에게 기쁨을 구하기보다 하나님께 기쁨을 구하는 삶을 살겠다고 하였고, 만일 사람들의 기쁨을 구하는 삶을 산다면 그리스도의 종이 아니라고까지 하였다. 즉 대하 19:6대로 사람을 위함이 아니고 여호와를 위하는 삶을 살겠다고 하였다. 그래서 바울은 롬 14:7-8에서 "우리 중에 누구든지 자기를 위하여 사는 자가 없고 자기를 위하여 죽는 자도 없도다 우리가 살아도 주를 위하여 살고 죽어도 주를 위하여 죽나니"라고 했고, 고전 10:31에서는 "그런즉 너희가 먹든지 마시든지 무엇을 하든지 다 하나님의 영광을 위하여 하라"라고 했다.

다윗이 하나님의 법궤를 예루살렘으로 모실 때 규례대로(대상 15;13) 레위 사람들이 메지 아니하고 새 수레에 싣고 오다가 실패한 이후에는(삼하 6:1-11, 대상 13:1-14) 모세가 여호와의 말씀을 따라 명하신 대로(대상 15:15) 레위 자손이 채에 하나님의 궤를 꿰어 어깨에 메고 올 때, 즉 순전히 하나님을 위하여 하나님께서 명하신 대로 할 때, 하나님께서는 너무 기쁘셔서 그들과 함께 하실 뿐더러 여호와의 언약궤를 멘 레위 사람을 도우셨다고 하였다(대상 15:26). 여호와께서 명하신 대로(대상 15:15) 하나님의 법궤를 메고 올 때 하나님께서 얼마나 기쁘셨으면 그들과 함께 하셔서 여호와의 언약궤를 멘 레위 사람들을 도우시기까지 하셨겠는가. 이와 같이 하나님께서는 여호와를 위하여 하는 자들과 함께 하신다.

선지자 학개 당시에 이스라엘 백성들이 하나님의 성전을 지으려고 할 때, 즉 하나님을 위하여 일하려고 할 때, 하나님께서는 너무 기쁘셔서 "여호와가 말하노니 내가 너희와 함께 하노라"(학 1:13)라고 하셨고, "스룹바벨아 스스로 굳세게 할지어다……대제사장 여호수아야 스스로 굳세게 할지어다……이 땅 모든 백성아 스스로 굳세게 하여 일할지어다 내가 너희와 함께 하노라"(학 2:4)라고 하셨다. 이스라엘 백성들이 황폐한 성전을 다시 지으려고 할 때, 즉 하나님을 위하여 일하려고 할 때, 하나님께서 얼마나 기쁘셨으면 그렇게까지 말씀하셨겠는가. 이와 같이 하나님께서는 사람을 위함이 아니요 여호와를 위하여 일하는 자와 함께 하신다(대하 19:6) 하셨다.

시 82편에서 그 당시의 재판장들은 불공평한 판단을 하며 악인의 낯을 보아주고 가난한 자와 고아를 위하여 판단하지 아니하며, 곤란한 자와 빈궁한 자에게 공의를 베풀지 아니하며, 가난한 자와 궁핍한 자를 구원하여 악인들의 손에서 건지지 않았다. 그리고 알지도 못하고 깨닫지도 못하여 흑암 중에 왕래하고 있었다(시 82:2-5).

그래서 하나님께서 "너희가 불공평한 판단을 하며 악인의 낯 보기를 언제까지 하려느냐"(시 82:2), "너희는 신들이며 다 지존자의 아들들이라 하였으나 그러나 너희는 사람처럼 죽으며 고관의 하나같이 넘어지리로다"(시 82:6-7)라고 하시면서 그들을 책망하셨다. 재판장들의 본디 신분은 신들이요 지존자의 아들들이었으나, 그들이 여호와를 위하여 재판하지 아니하고 사람들을 위하여 재판할 때, 하나님께서 그들과 함께 하지 않으시는 것은 말할 것도 없거니와 그들은 사람처럼 죽으며 고관의 하나같이 넘어지겠다고 하였다. 재판장으로서 하나님을 위하여 재판하지 아니하고 사람들을 위하여 재판하는 자와는 하나님께서 함께 하실 수 없다.

슥 7:5-6에는 "너희가 칠십 년 동안 다섯째 달과 일곱째 달에 금식하고 애통하였거니와 그 금식이 나를 위하여, 나를 위하여 한 것이냐 너희가 먹고 마실 때에 그것은 너희를 위하여 먹고 너희를 위하여 마시는 것이 아니냐"라고 하셨다. 우리가 금식하고 애통하되 하나님을 위하여 금식하고 애통하는 것이 아니고, 먹고 마시되 하나님의 영광을 위하여 하지 아니하고(고전 10:31) 자기를 위하여 먹고 마시는 그러한 사람들에게 하나님께서 어떻게 함께 하실 수 있겠는가. 함께 하실 수 없다.

2. 선한 자

대하 19:11은 여호와께서 선한 자와 함께 하신다고 하였다. 고후 6:14-15이 "의와 불법이 어찌 함께 하며 빛과 어둠이 어찌 사귀며 그리스도와 벨리알이 어찌 조화되며"라고 말했듯이 의로우신 하나님께서 어떻게 불법한 자와 함께 하실 수 있으며, 빛 되신 하나님께서 어떻게 어두움에 있는 자와 함께 하실 수 있으며, 그리스도가 어떻게 벨리알과 조화될 수 있겠는가. 선한 자와 함께 하시는 하나님께서는(대하 19:11) 불법, 어두움, 벨리알과 더불어 함께 하실 수 없다.

이스라엘 나라의 초대 왕 사울을 보자. 여호와의 신이 그에게 임하며(삼상 10:6) 하나님이 새 마음을 주사(삼상 10:9) 변하여 새 사람이 되었고(삼상 10:6) 왕으로 당선되었을 때 어떤 불량배는 이 사람이 어떻게 우리를 구원하겠느냐며 멸시하고 예물을 바치지 아니하였으나(삼상 10:27) 사울은 잠잠하였고 그들을 용납하여 관용하는 선한 사람이었을 때 하나님께서 그와 함께 하셨다(삼상 10:7).

그러나 나중에 사울이 망령된 일을 행하고(삼상 13:13), 하나님의 말씀에 순종치 아니하며(삼상 13:13, 15:11, 19), 여호와께서 악하게 여기시는 일을 행하고(삼상 15:19), 하나님의 말씀을 버릴 때(삼상 15:23, 26), 하나님께서는 사울을 떠나실 정도만 아니라(삼상 18:12, 28:15) 심지어 사울의 대적까지 되셨다(삼상 28:16).

우리는 지금까지 대하 19장에서 하나님께서 어떠한 자와 함께 하시는가에 대하여 생각해왔다. 우리가 어떠한 일을 할 때 사람을 위하여 하지 않고 하나님을 위하여 할 때 하나님께서 우리와 함께 하신다. 우리는 여호수아, 바울, 다윗처럼 무슨 일을 하나 사람을 위하여 하지 아니하고 오직 하나님만을 위하여 함으로 하나님께서 우리와 함께 하시는 복된 사람이 될지언정, 시 82편에 나오는 불의한 재판장과 슥 7:6에 나오는 이스라엘 백성들처럼 무슨 일을 하나 여호와를 위하여 하지 아니하고 사람들을 위하여 함으로 하나님께서 우리와 함께 하실 수 없는 불행한 사람들이 되어서는 안 되겠다. 그리고 삼상 10장 당시의 사울처럼 선한 사람이 되어 하나님께서 함께 하시는 복된 사람이 될지언정, 선한 사람의 자리에서 떠나 범죄함으로 하나님께서 함께 하실 수 없는 죄를 지은 이후의 사울처럼 되어서는 안 되겠다.

제4대 여호사밧

대하 20장

문제가 생겼을 때

　모압, 암몬, 마온의 연합 군대, 그것도 큰 무리가(대하 20:2, 12, 15) 여호사밧을 치러와 엔게디까지 미쳤다는 소식을 들었을 때(대하 20:2) 여호사밧은 그도 인간인지라, 우선은 두려워하였다(대하 20:3). 세 나라의 연합 군대가, 그것도 큰 무리가 자기를 치러 왔다는데 두려워하는 것이 당연하다. 그런데 이 문제가 생겼을 때 그가 어떠한 자세를 취하였는가? 이것이 중요한 사실이다. 성경에 보면 사람들마다 문제가 생겼을 때 취한 자세가 각각 다른데 크게 나누면 두 가지 자세로 나누어볼 수 있다. 하나는 불신앙적인 자세요 다른 하나는 신앙적인 자세이다.

1. 불신앙적인 자세

이 불신앙적인 자세의 대표적인 경우는 사 7:1-2에 나오는 남국 유다의 제12대 왕 아하스의 경우다. 유다 왕 아하스 때 아람 왕 르신과 이스라엘 왕 베가의 연합 군대가 예루살렘을 치러 왔을 때 왕의 마음과 백성의 마음이 두려워서(사 7:4) 숲이 바람에 흔들림같이 흔들렸다고 한다(사 7:2). 숲의 나무가 바람에 흔들려 정신없이 떨 듯이 유다에 이 문제가 생기자 왕과 백성의 마음이 두려워 떨었다고 했으니 얼마나 두려웠으면 그렇게까지 떨었겠는가. 아람 왕 르신과 이스라엘 왕 베가가 연합하여 아하스를 치러 온다는 소식을 듣고 아하스는 두려워 떨기만 하고 아무런 대책도 세우지 못했으니 무슨 일을 어떻게 해결했겠는가. 문제가 생겼을 때 정신을 차리지 못하는 것은 신앙적인 자세가 아니다. 따라서 이러해서는 아무 일도 해결할 수 없다.

문제가 생겼을 때 불신앙적인 자세는 두려워 떨기만 하는 것이 아니라 하나님 아닌 개인이나 다른 나라에 도움을 구하는 면에도 나타난다. "그들이 바로의 세력 안에서 스스로 강하려 하며 애굽의 그늘에 피하려 하여 애굽으로 내려갔으되"(사 30:2)와 "도움을 구하려 애굽으로 내려가는 자들은 화 있을진저 그들은 말을 의지하며 병거의 많음과 마병의 심히 강함을 의지하고 이스라엘의 거룩하신 이를 앙모하지 아니하며 여호와를 구하지 아니하나니"(사 31:1)를 보면 이사야 당시의 이스라엘 백성들은 문제가 생겼을 때 하나님 아닌 애굽을 의지하려는 마음이 강하였다.

그런데 이사야 당시의 하나님께서는 어떠한 하나님으로 계셨는가? "큰 사자나 젊은 사자가 자기의 먹이를 움키고 으르렁거릴 때에 그것을 치려고 여러 목자를 불러 왔다 할지라도 그것이 그들의 소리로 말미암아 놀라지 아니할 것이요 그들의 떠듦으로 말미암아 굴복하지 아니할 것이라 이와 같이 나 만군의 여호와가 강림하여 시온산과 그 언덕에서 싸울 것이라 새가 날개 치며 그 새끼를 보호함같이 나 만군의 여호와가 예루살렘을 보호할 것이라 그것을 호위하며 건지며 뛰어넘어 구원하리라"(사 31:4-5)라고 말씀하신 대로 하나님께서는 이스라엘을 보호하고 구원하실 준비를 다 하고 계셨지만 이스라엘 백성들은 이 하나님께 도움을 구하지 아니하고 애굽으로 내려가는 실수를 범하였다. 더욱이 "애굽의 도움은 헛되고 무익하니라 그러므로 내가 애굽을 가만히 앉은 라합이라 일컬었느니라"(사 30:7)라고 했다.

 이스라엘이 여리고 성을 점령할 때 라합이 식구들을 구하려면 식구들을 자기 집으로 불러 모으는 활동을 해야 식구들이 구원을 받지 그들을 자기 집으로 불러 모으는 활동은 하지 않고 가만히 앉아 있으면 라합의 식구들이 어떻게 구원을 받을 수 있겠는가. 이것이 가만히 앉은 라합이다. 가만히 앉은 라합이 식구들을 구원하지 못하는 것처럼 애굽은 가만히 앉은 라합이라 하였으니 애굽은 결코 이스라엘을 구원할 수 없는 나라이다.

 호 7:11-12에는 "에브라임은 어리석은 비둘기같이 지혜가 없어서 애굽을 향하여 부르짖으며 앗수르로 가는도다 그들이 갈 때에 내가 나의 그물을 그 위에 쳐서" 떨어뜨리겠다고 하셨다. 애굽을 향하여 부르짖는 에브라임 백성들을 하나님께서는 어리석은 비둘기같이 지혜가 없다고 하셨다. 왜 어리석은 비둘기같이 지혜가 없는가? 가만히 앉아 있는 애굽에게 도움을 구하러 가는 자들이니 어리석은 비둘기같이 지혜가 없지 않은가. 잠 25:19에 "환난 날에 진실하지 못한 자를 의뢰하는 것은 부러진 이와 위골(違骨)된 발 같으니라"라고 했다. 부러진 이로 어떻게 음식을 씹을 수 있으며 위골된 발로 어떻게 걸을 수 있겠는가. 부러진 이와 위골된 발은 겉모양은 있으나 구실을 하지 못하는 상태를 말한다. 환난 날에 진실치 못한 자를 의뢰하는 것은 우리를 도와줄 것 같은 겉모양은 있으나 실상은 전혀 도울 수 없는 겉모양뿐인 것과 같다.

우리에게 문제가 생겼을 때 아하스 왕처럼 두려워 떨기만 하고, 이사야 당시의 이스라엘 백성들처럼 가만히 앉은 라합과 같은 애굽을 의지하거나, 부러진 이와 위골된 발 같은 진실치 못한 자를 의뢰하는 것은 다 불신앙적인 자세이다.

2. 신앙적인 자세

그런데 여호사밧의 자세는 어떠하였던가? "여호사밧이 두려워하여 여호와께로 낯을 향하여 간구하고"(대하 20:3)였다. 그에게 문제가 생겼을 때 그는 여호와께로 낯을 향하여 간구하는 자세를 취하였다. 즉 하나님 앞에 나아가 하나님께 간구하는 "너희 중에 고난 당하는 자가 있느냐 그는 기도할 것이요"(약 5:13)의 자세를 취함으로 문제를 해결하고자 하였다.

여호사밧의 이 신앙적인 자세는 히스기야 왕의 경우에서도 볼 수 있다. 히스기야 왕 제14년에(왕하 18:13) 앗수르 185,000명의(왕하 19:35) 대군이 예루살렘을 에워쌌을 때 그도 인간인지라 우선 두려워하였다(왕하 19:6, 사37:6). 그러나 "히스기야 왕이 듣고……여호와의 전에 들어가서"(왕하 19:1)와 "히스기야가……여호와의 성전에 올라가서"(왕하 19:14)였다. 이 자세도 역시 여호사밧처럼 여호와의 전에 들어가 내게 닥친 문제를 하나님 앞에서 간구하는 방법으로 해결코자 하는 신앙적인 자세였다.

애기를 낳지 못하여 브닌나에게 말할 수 없는 고통을 당하고 있던 한

나는 어떠한 방법으로 문제를 해결코자 하였던가? "한나가 마음이 괴로워서 여호와께 기도하고 통곡하며 서원하여 이르되"(삼상 1:10)의 방법이었다. 12월 13일, 민족적으로 망할 수밖에 없었던 위급한 일을 당한 이스라엘 백성들은 어떠한 방법으로 그 문제를 해결코자 하였던가? "당신은 가서 수산에 있는 유다인을 다 모으고 나를 위하여 금식하되 밤낮 삼 일을 먹지도 말고 마시지도 마소서 나도 나의 시녀와 더불어 이렇게 금식한 후에 규례를 어기고 왕에게 나아가리니 죽으면 죽으리이다"(에 4:16)의 방법이었다. 또 그렇게 할 때 일이 해결되었다.

시 31:19-20에 "주를 두려워하는 자를 위하여 쌓아 두신 은혜 곧 주께 피하는 자를 위하여 인생 앞에 베푸신 은혜가 어찌 그리 큰지요 주께서 그들을 주의 은밀한 곳에 숨기사 사람의 꾀에서 벗어나게 하시고 비밀히 장막에 감추사 말 다툼에서 면하게 하시리이다"라는 말씀이 있다. 이 말씀은 험악한 세상을 살아가다가 어려운 문제가 생겼을 때 다른 방법으로 해결하지 아니하고 오직 인생 앞에서 주께 피하는 방법으로 그 문제를 해결코자 하는 자를 위하여 쌓아두셨다가 베풀어주시는 은혜가 얼마나 큰지를 말해준다. 주님께서는 주의 은밀한 곳에 숨기사 그들을 해하려 하는 사람들의 꾀에서 벗어나게 해주신다고 하였다.

더욱이 사 30:18은 "그러나 여호와께서 기다리시나니 이는 너희에게 은혜를 베풀려 하심이요 일어나시리니 이는 너희를 긍휼히 여기려 하심이라 대저 여호와는 정의의 하나님이심이라 그를 기다리는 자마다 복이 있도다"라고 했다. 문제가 생겼을 때 주께 피하는 자를 위하여 주의 은밀한 곳에 숨기시고 그들을 해하려는 사람의 꾀에서 벗어나게 하려는 은혜를 쌓아두시고(시 31:19-20) 그 은혜를 베푸시려고 기다리고 계시는 (사 30:18) 하나님을 버리고 어디로 갈 것인가. 이러한 하나님을 버리고 애굽으로 가는 이스라엘 백성들이야말로 호 7:11에 말씀한 대로 어리석은 비둘기같이 지혜가 없는 사람들이 아니겠는가.

잠 29:26에 "주권자에게 은혜를 구하는 자가 많으나 사람의 일의 작정은 여호와께로 말미암느니라"라는 말씀이 있다. 여호와께서는 사람의 일을 작정하시고 그 열쇠를 가지고 계시는 분이시다. 그러므로 문제가 생겼을 때 그 해결을 위하여 찾아갈 올바른 번지수는 바로 여호와시다. 그런데 이 사실을 모르고 세상 권세를 가진 주권자에게 찾아가는 사람들이 많은데 이것은 잘못된 번지수를 찾아가는 것과 같다. 이스라엘 백성들이 그러하였다. 그들은 문제해결의 열쇠를 가지신 여호와를 버리고 가만히 앉은 라합과 같은(사 30:7) 애굽을 찾아갔으니 호 7:11 말씀대로 비둘기같이 어리석은 지혜가 없는 사람들이었다. 그러나 여호사밧, 히스기야, 한나, 에스더는 문제해결의 열쇠를 가지신 여호와를 찾아갔으니 문제해결의 올바른 번지수를 찾아간 사람들이다.

우리는 여호사밧, 히스기야, 한나, 에스더처럼 문제해결의 열쇠를 가지신 여호와께 찾아가 기적적인 해결을 받는 지혜롭고 복된 사람들이 될지언정, 이사야 당시의 이스라엘 백성들처럼 가만히 앉은 라합과 같은 애굽을 찾아갔다가 아무 도움도 받지 못하고 부끄러움을 당하는 미련하고 불행한 사람들이 되어서는 안 되겠다.

지도자의 결단

세 나라의 연합 군대가 여호사밧을 치고자 하여 엔게디까지 미친 위급한 순간에 여호사밧은 여호와께로 낯을 향하여 간구하고 백성들에게는 금식을 공포하여 국가적인 위기를 하나님께 기도하는 방법으로 해결코자 하였다(대하 20:3). 지도자 여호사밧의 이 결단은 적중되어 유다에게 임했던 위기를 승리로 이끌었다. 교회적으로나 민족적으로나 국가적으로 어떠한 위기를 만났을 때 지도자가 어떠한 결단을 내리느냐는 그 단체의 존망(存亡)을 결정한다. 어떠한 단체가 위기를 만났을 때 지도자가 비신앙적이고 인간적인 잘못된 결단을 내릴 때는 그 단체가 망할 수밖에 없고, 지도자가 신앙적이요 지혜로운 결단을 내릴 때는 위기에서 벗어날 수 있다.

지도자로서 올바른 결단을 내려 민족을 위기에서 구출한 사실은 지도자 모세의 경우에서도 볼 수 있다. 애굽에서 나온 이스라엘이 홍해에 이르렀을 때 앞에는 홍해가 가로막혀 있고 뒤에는 애굽의 군대가 뒤따랐다. 이 상태로 얼마만 더 지나면 이스라엘은 전멸할 수밖에 없었다. 더구나 백성들은 모세에게 "애굽에 매장지가 없어서 당신이 우리를 이끌어 내어 이 광야에서 죽게 하느냐 어찌하여 당신이 우리를 애굽에서 이끌어 내어 우리에게 이같이 하느냐 우리가 애굽에서 당신에게 이른 말이 이것이 아니냐 이르기를 우리를 내버려 두라 우리가 애굽 사람을 섬길 것이라 하지 아니하더냐 애굽 사람을 섬기는 것이 광야에서 죽는 것보다 낫겠노라"(출 14:11-12)라며 원망했다.

이 와중에 지도자 모세가 내린 결단은 무엇이었던가? "두려워하지 말고 가만히 서서 여호와께서 오늘 너희를 위하여 행하시는 구원을 보라"(출 14:13)였다. 그의 결단은 세 가지였다. 1) 두려워 말고, 2) 가만히 서서, 3) 여호와의 구원을 보라는 것인데 이 세 가지는 서로 연관되어 있다. 두려워하지 않아야 가만히 설 수 있고, 가만히 설 수 있어야 여호와의 구원을 볼 수 있다. 두려워하면 가만히 설 수 없고, 가만히 설 수 없으면 여호와의 구원을 볼 수 없다. 반면에 여호와의 구원을 보기 위해서는 가만히 서야 하고, 가만히 설 수 있기 위해서는 두려워하지 말아야 한다. 이 세 가지 결단이 적중되어 이스라엘은 전멸의 일보직전에서 구원을 받게 되었다.

히스기야 왕의 경우도 그러하다. 앗수르 185,000명의 대군이 예루살렘을 포위했을 때 그는 어떠한 결단을 내렸던가? 성문 광장으로 무리를 모으고 말로 위로하며 "너희는 마음을 강하게 하며 담대히 하고 앗수르 왕과 그를 따르는 온 무리로 말미암아 두려워하지 말며 놀라지 말라 우리와 함께 하시는 이가 그와 함께 하는 자보다 크니 그와 함께 하는 자는 육신의 팔이요 우리와 함께 하시는 이는 우리의 하나님 여호와시라 반드시 우리를 도우시고 우리를 대신하여 싸우시리라"(대하 32:7-8)라고 했다. 앗수르 왕이 보낸 편지를 받아보고 여호와의 전에 올라가 여호와 앞에 그 편지를 펴놓고 "여호와여 귀를 기울여 들으소서 여호와여 눈을 떠서 보시옵소서"(왕하 19:16)라고 하면서 하나님 앞에서 기도하는 방법으로 이 난국을 타개해나갈 결단을 내릴 때 승리로 이끌었다.

반면에 히스기야 왕의 아버지 아하스 왕은 그렇지 못하였다. 그가 범죄하자 하나님께서 먼저 그를 아람 왕의 손에 넘기시매 아람이 와서 심히 많은 무리를 사로잡아 갔고(대하 28:5) 다음에는 이스라엘 왕의 손에 넘기시매 이스라엘 왕이 와서 크게 살륙을 했다(대하 28:5). 두 차례의 침략을 받고 정신이 없는데 이번에는 에돔이 또 침략하자 그는 정신을 차리지 못하고 앗수르 왕에게 도와주기를 구하였으나 앗수르 왕이 돕지 아니할 뿐더러 도리어 와서 남국 유다를 군박하자 아하스가 여호와의 전과 왕궁과 방백들의 집에서 재물을 가져다가 앗수르 왕에게 보냈으나 아무 유익이 없었다(대하 28:16-21). 이리하여 그가 곤고하게 되자 이번에는 자기를 친 다메섹 신들에게 제사하면서 "아람 왕들의 신들이 그들을 도왔으니 나도 그 신에게 제사하여 나를 돕게 하리라"(대하 28:23) 하였으나 도리어 아하스와 온 이스라엘을 망하게 하였다(대하 28:22-23). 국가적인 위기를 만났을 때 여호사밧과 히스기야처럼 하나님 앞에서 기도함으로 위기를 타개해나가겠다는 신앙적인 결단을 내리지 못하고 놀란 토끼나 노루처럼 정신을 차리지 못하고 이리 덤벙 저리 덤벙 하다가 마침내 나라를 망치는 결과에 이르고 말았다.

그러니 교회나 민족이나 국가가 난국에 처했을 때 지도자가 어떠한 결단을 내리느냐는 그 단체를 살리느냐 죽이느냐의 중대한 결과를 낳게 한다. 오늘의 교회가 난국에 처했을 때 교회 지도자가 모세, 여호사밧, 히스기야처럼 신앙적인 올바른 결단을 내려 난국에서 교회를 구출해내는 지도자가 많아지기를 바란다.

평소의 훈련

여호사밧이 다스리던 때에 모압, 암몬, 마온 세 나라의 연합 군대가 여호사밧을 치고자 예루살렘에 왔는데 그 군대는 큰 무리라고 했다(대하 20:2, 12, 15). 이때 여호사밧은 두려워하여 여호와께로 낯을 향하여 간구하고 온 유다 백성에게 금식을 공포하였다(대하 20:3). 그러자 백성들은 여호사밧의 이 명령에 놀라울 정도로 잘 협조하였다. 4절은 "유다 사람이 여호와께 도우심을 구하려 하여 유다 모든 성읍에서 모여와서 여호와께 간구하더라"라고 했다. 왕이 여호와께 간구하자(대하 20:3) 백성들도 왕과 호흡을 맞춰 여호와께 간구하였다(대하 20:4). 특히 대하 20:4은 유다 모든 성읍에서 모여왔다고 하였다. 여호사밧에게 협조한 백성들은 어느 한두 성읍이 아니라 유다의 모든 성읍에서 빠짐없이 나아와 여호사밧에게 협력하였다.

백성들이 왕과 호흡을 맞추어 협력한 사실은 18절에 또 나온다. "여호사밧이 몸을 굽혀 얼굴을 땅에 대니 온 유다와 예루살렘 주민들도 여호와 앞에 엎드려 여호와께 경배하고." 3절과 4절에서는 여호와께 간구하는 일에 백성들이 왕과 호흡을 맞추어 협력하더니 18절에서는 엎드려 경배하는 일에 호흡을 맞추어 왕에게 협력하였다.

이와 같이 백성들이 모여 여호와께 간구하는 일과 엎드려 경배하는 일에 왕과 호흡을 맞추어 협력했는데, 왕과 호흡을 맞추어 협력하러 예루살렘에 모인 백성들의 성분은 어떠하였던가? 대하 20:13은 유다 모든 사람들은 그들의 아내와 자녀와 어린이와 더불어 여호와 앞에 서 있었다고 하였다. 왕과 호흡을 맞추어 협력하러 모였던 백성들은 남자들만이 아니라 여자들도 왔고 어른만이 아니라 자녀와 어린이도 함께 모였으니 말하자면 거국적(舉國的)인 총동원이었다. 왕이 백성에게 금식을 선포하자(대하 20:3) 이 왕의 명령에 호흡을 같이 하여 협력하려고 남자, 여자, 어른, 어린이 할 것 없이 온 백성이 총동원하여 합세했던 것이다.

여호사밧이 국가적인 위기에 처했을 때 어찌하여 온 백성들이 왕의 행동에 호흡을 맞추어 합세해주었던가? 그것은 결코 하루아침에 이루어진 일이 아니다. 여호사밧이 평소에 백성들을 신앙으로 훈련시키는 일에 힘썼으므로 위급할 때 효력을 나타내었던 것이다. 평소의 훈련은 언제 시켰는가? 대하 17:7-9과 대하 19:4-7의 경우다. 대하 17장에서는 그가 왕에 오른 지 3년 만에 방백(대하 17:7), 레위사람(대하 17:8), 제사장(대하 17:8)들을 전국에 보내어 그들에게 여호와의 율법을 가르치게 하였고, 대하 19:4에서는 왕이 친히 나가서 민간에 두루 다니며 그들의 조상들의 하나님 여호와께로 돌아오라고 가르치는 훈련의 씨앗을 심었던 것이다. 17장과 19장에서 두 차례에 걸쳐서 뿌린 평소의 훈련의 씨앗이 위급한 일을 당한 오늘에 이르러 열매가 맺혀졌던 것이다.

그는 왕으로서 평소에 백성들을 믿음으로 잘 훈련시키는 일에 성공한 왕이다. 세상에 무슨 일이든지 갑자기 하루아침에 되는 일이 있겠는가. 로마는 하루에 건설되지 않았다는 말도 있지 않은가(Rome was not built in a day). 대로마제국이 건설되는 일은 결코 하루아침에 불쑥 솟아난 일이 아니라 오랜 세월을 두고 조금씩 발전해 내려온 그 씨앗이 모여서 마침내 대로마제국이라는 큰 열매가 맺혀진 것이 아닌가. 군대도 그렇다. 평소에 훈련을 철저히 받지 않던 군대가 전쟁에서 갑자기 잘 싸울 수 있겠는가? 절대 불가능하다. 운동선수나 공부하는 학생들도 그렇다. 평소에 맹훈련을 쌓은 자가 경기에서 이기게 된다.

그렇다면 우리 교회에서도 평소의 훈련이 중요하다. 평소부터 교인들을 믿음으로 잘 훈련시켜야 위급한 일을 당하거나 환난의 때 능히 믿음으로 승리하게 될 것이다. 순교는 결코 하루아침에 갑자기 되는 일이 아니다. 평소부터 순교자적인 씨앗을 가지고 살던 자가 총칼 앞에서 순교하는 열매를 맺게 되는 것이다. 평소에 교인들을 믿음으로 훈련시키지 못한 교회가 환난의 때에 이기리라는 꿈을 구어서는 안 된다. 여호사밧이 평소에 백성들을 믿음으로 훈련시켰기 때문에 오늘의 위급에서 보람을 본 이 점을 오늘의 교회 훈련에도 적용해야겠다.

하나님의 벗 아브라함

대하 20:7은 아브라함을 하나님의 벗이라고 했다. 아브라함이 다른 사람도 아닌 하나님의 벗이 되었다고 하니 얼마나 복된가. 성경에는 벗의 종류에 대하여 네 가지로 말한다.

1. 왕의 벗

삼하 15:37, 16:16, 대상 27:33에는 후새가 다윗 왕의 친구요, 왕상 4:5에는 사붓이 솔로몬 왕의 친구라고 했으니, 왕의 친구된 자는 얼마나 복되겠는가. 그런데 누가 왕의 친구가 될 수 있는가? 잠 22:11은 "마음의 정결을 사모하는 자의 입술에는 덕이 있으므로 임금이 그의 친구가 되느니라"라고 했으니 마음이 정결한 자가 왕의 친구가 될 수 있다.

2. 하나님의 벗

대하 20:7, 사 41:8, 약 2:23에는 아브라함을 하나님의 벗이라고 했으니 하나님의 벗이 된 자는 왕의 벗이 된 사람보다 얼마나 더 복되겠는가. 그런데 아브라함은 어찌하여 하나님의 벗이 될 수 있었던가? 약 2:21-23은 그가 믿음과 행위를 겸하여 가지고 있었기 때문이라고 한다. 아브라함은 하나님을 전적으로 믿을 뿐만 아니라 외아들 이삭도 바칠 정도의 행위까지 가지고 있었다. 이러한 아브라함을 하나님께서는 벗으로 삼으셨던 것이다.

3. 예수님의 벗

요 15:14-15에서는 예수님께서 우리를 친구라고 하셨는데 어떠한 조건에서 우리를 친구로 삼으셨는가? "너희는 내가 명하는 대로 행하면 곧 나의 친구라"(요 15:14)이다. 우리가 예수님께서 명하신 모든 일들을 행할 때 우리를 친구로 삼으시겠다는 말씀이다.

4. 세상의 벗

약 4:4은 세상과 벗이 된 자가 있다고 하였고 이어서 세상과 벗이 된 자는 바로 하나님과는 원수된 자라고 했다. 그런데 하나님의 원수가 된 자는 어떠한 운명에 처하게 되는가? 시 37:20은 "여호와의 원수들은 어린 양의 기름같이 타서 연기가 되어 없어지리로다"라고 했다. 그러니 여호와의 원수된 자의 운명이 얼마나 비참한가.

우리는 마음을 정직하게 하여 왕의 벗이 되고, 믿음과 행위를 겸하여 아브라함과 같이 하나님의 벗이 되고, 예수님이 명하신 일을 행하여 예수님의 벗이 될지언정, 세상과 벗이 되니 바로 하나님의 원수가 되어 어린 양의 기름같이 타서 연기되어 없어지는 불행한 사람들이 되어서는 안 되겠다.

오직 주만 바라보나이다

세 나라의 연합 군대가 여호사밧을 치러 왔으나, 여호사밧은 그 큰 무리를 대적할 능력이 없고 어떻게 할 줄도 몰라 오직 주만 바라본다고 하였다(대하 20:12). 전쟁에서 이기는 방법은 두 가지일 것이다. 하나는 힘이다. 군대의 수효나 무기나 장비에 있어서 적군보다 많아야 한다. 힘이 없이는 전쟁에서 이길 수 없다. 성경도 "자기보다 강한 자와는 능히 다툴 수 없느니라"(전 6:10)라고 하면서 이 사실을 인정한다. 따라서 눅 14:31-32은 "또 어떤 임금이 다른 임금과 싸우러 갈 때에 먼저 앉아 일만 명으로써 저 이만 명을 거느리고 오는 자를 대적할 수 있을까 헤아리지 아니하겠느냐 만일 못할 터이면 그가 아직 멀리 있을 때에 사신을 보내어 화친을 청할지니라"라고 하면서 힘이 약하면 싸우기 전에 미리 화친하라고 권할 정도이다.

그러나 부득이하여 힘이 적군보다 못할 때에는 작전이 우수해야 한다. 비록 힘에 있어서는 적군보다 열세라 해도 작전만 우수하면 그 우수한 작전으로 이길 수 있다. 전쟁 역사에서 비록 힘이 적군보다 못해도 그 작전이 우수하기 때문에 전쟁에서 이긴 보기는 수없이 많다. 이러한 경우를 성경에서도 볼 수 있다. 그러기에 잠 20:18은 "지략을 베풀고 전쟁할지니라"라고 했고, 잠 24:6은 "너는 전략으로 싸우라 승리는 지략이 많음에 있느니라"라고 했고, 단 11:25은 남방 왕이 심히 크고 강한 군대를 가지고 북방 왕과 싸웠으나 능히 당하지 못한 것은 북방 왕이 계략을 세웠기 때문이라고 했다. 이와 같이 전쟁에서 어떤 때는 작전이 힘보다 앞서는 때도 있다.

전쟁에서 이기는 두 가지 방법은 힘과 작전인데 여호사밧에게는 이 두 가지가 다 없었다. 대하 20:12에서 말한 우리를 치러 오는 이 큰 무리를 우리가 대적할 능력이 없다는 말씀은 바로 힘이 없다는 말씀이고, 어떻게 할 줄도 알지 못하겠다는 말씀은 바로 작전이 없다는 말씀이다. 특히 대하 20:12의 "어떻게 할 줄도 알지 못하옵고"가 히브리어대로 하면 미완료형(未完了形, Imperfect Tense)이다. 히브리어의 미완료형은 앞으로 언제라도 완료를 기대할 수 없는 뜻을 나타내는 시제(時制)이다. 그러니 여호사밧이 "어떻게 할 줄도 알지 못하옵고"는 비록 현재는 작전이 없다 해도 시간이 지나면 좋은 작전이 떠오르는 희망이 있는 것이 아니라 영원토록 좋은 작전을 기대할 수 없는 절망 상태를 말한다. 그러니 여호사밧이 얼마나 불행한가. 전쟁에서 이길 수 있는 두 가지 방법인 힘과 작전도 없이 여호사밧은 빈손만 들고 다만 주님만을 바라본다고 하였다. 그가 자기를 치러 온 큰 무리를 대적할 능력도 없고 어떻게 할 줄도 알지 못하고 오직 주님만을 바라볼 때 하나님께서는 어떻게 대해주셨는가?

1. 전쟁을 맡으시고

대하 20:15의 "이 전쟁은 너희에게 속한 것이 아니요 하나님께 속한 것이니라"는 바로 이 전쟁을 하나님께서 맡아주시겠다는 말씀이다. 전쟁은 여호와께 속하였다고(삼상 17:47) 말한 성경말씀대로 이 전쟁도 하나님께서 맡으셨다.

2. 싸워주심

대하 20:17의 "이 전쟁에는 너희가 싸울 것이 없나니 대열을 이루고 서서 너희와 함께 한 여호와가 구원하는 것을 보라"는 하나님께서 대신하여 이 전쟁을 싸워주시겠다는 말씀이다. 신 28:7에 "여호와께서 너를 대적하기 위해 일어난 적군들을 네 앞에서 패하게 하시리라 그들이 한 길로 너를 치러 들어왔으나 네 앞에서 일곱 길로 도망하리라"라고 약속하신 대로 이번 전쟁을 하나님께서 대신 싸워주셨다. 어떠한 방법으로 싸워주셨는가? 대하 20:23에 있는 대로 세 나라의 연합 군대가 여호사밧을 치러 왔다가 무슨 일이 생겼는지는 모르지만 우선 모압과 암몬 두 나라가 연합하여 세일 산 주민들을 쳐부수고, 세일 산 주민을 멸한 후에는 모압과 암몬이 자기들끼리 싸워서 아주 망하고 말았다. 이러한 작전을 하나님 외에 어떤 사람이 취할 수 있겠는가. 하나님께서 이렇게 묘한 방법으로 여호사밧을 위해서 싸워주셨다. 대하 20:29의 "이방 모든 나라가 여호와께서 이스라엘의 적군을 치셨다 함을 듣고"를 보면 여호와께서 이스라엘을 위하여 싸워주신 사실을 이방 모든 나라들이 밝히 알고 인식할 정도로 표가 나게 싸워주셨다.

험악한 세상을 살아가다 보면 여호사밧과 같이 어려운 문제에 부딪칠 때가 있다. 더욱이 여호사밧처럼 문제를 해결할 만한 힘과 작전도 없는 불행한 때도 있다. 그렇다고 낙심하거나 실망하지 말자. 여호사밧처럼 빈손을 들고 오직 주님만을 바라봄으로써, 하나님께서 여호사밧에게 행해주신 것처럼 문제를 주님께서 맡으시고 싸워주심으로 예상하지 못했던 승리의 영광을 주신 복을 받아 누릴 수 있기를 바란다.

미련하였으나 지혜로워진 자

세 나라의 연합 군대가 쳐들어오자 여호사밧은 왕으로서 어떠한 대책도 세우지 못하고 다만 "우리를 치러 오는 이 큰 무리를 우리가 대적할 능력이 없고 어떻게 할 줄도 알지 못하옵고 오직 주만 바라보나이다"(대하 20:12)라고 하면서 빈손들고 주님만을 바라보았으니 어느 면에서는 미련한 자였다. 그러나 결과적으로는 지혜로운 자가 되었다. 왜? 여호사밧은 바라보아서 일이 해결될 만한 올바른 자리에서 바라보았고, 바라보되 그 일을 해결해주실 만한 올바른 분을 바라보았기 때문이다. 여호사밧이 바라보던 그 하나님은 어떠한 분이신가?

1. 힘

여호사밧은 이 큰 무리를 대적할 능력이 없었으나(대하 20:12) 그가 바라본 하나님은 힘을 가지신 분이시다. 우선 대하 20:6은 주의 손에 권세와 능력이 있사오니 능히 주와 맞설 사람이 없다고 하였다. 욥 9:19은 힘으로 말하면 그가 강하시다고 하였고, 시 62:11은 권능은 하나님께 속했다고 하였고, 시 66:3은 주의 큰 권능으로 말미암아 주의 원수가 주께 복종할 것이라고 했다. 사 45:24은 공의와 힘은 여호와께만 있다고 하였고, 렘 10:6은 주의 이름이 그 권능으로 말미암아 크시다고 하였고, 나 1:3은 여호와는 권능이 크시다고 하였고, 계 19:1에는 능력이 우리 하나님께 있다고 하였다.

2. 지혜

잠 21:30은 "지혜로도 못하고 명철로도 못하고 모략으로도 여호와를 당하지 못하느니라"라고 했다. 사람들이 아무리 지혜롭고 명철하고 모략이 많다 해도 여호와의 지혜와 명철과 모략을 당해낼 사람이 없다는 말씀이니 하나님의 지혜와 명철과 모략은 최고의 지혜와 명철과 모략이다. 사 28:29은 여호와의 경영은 기묘하며 그 지혜는 광대하시다고 하였고, 사 40:28은 하나님의 명철은 한이 없으시다고 하였다.

3. 힘과 지혜

사람들 가운데는 힘은 있으나 지혜가 없는 사람이 있고, 지혜는 있으나 힘이 없는 사람이 있으나 성경은 하나님께서는 힘과 지혜를 함께 가지고 계신 분이라고 했다. 욥 9:4은 하나님은 마음이 지혜로우시고 힘이 강하시다고 하였고, 12:13은 지혜와 권능이 16절에서는 능력과 지혜가 하나님께 있다고 하였고, 26:12은 하나님은 능력과 지혜를 함께 가지고 계신 분이라고 했고, 36:5은 하나님께서는 능하신 동시에 지혜가 무궁하시다고 하였다. 시 147:5은 하나님께서는 능력이 많으시며 그 지혜가 무궁하시다고 하였고, 렘 32:19은 만군의 여호와는 책략이 크시며 하시는 일에 능하시다고 하였고, 단 2:20은 지혜와 능력이 하나님께 있다고 하였다. 마 13:54은 예수님의 고향 사람들이 "이 사람의 이 지혜와 이런 능력이 어디서 났느냐"라고 하면서 놀랐다.

4. 이길 사람이 없음

성경은 하나님께서는 힘과 지혜를 함께 가지고 계신 분이신 고로 사람들 가운데서는 어느 누구도 하나님을 당해낼 자가 없다고 하였다. 삼상 2:9-10은 힘으로는 이길 사람이 없으니 여호와를 대적하는 자는 산산이 깨어질 것이라고 했고, 욥 41:10은 하나님을 당해낼 자가 없다고 하였고, 렘 49:19, 50:44은 "나와 같은 자 누구며 나와 더불어 다툴 자 누구며 내 앞에 설 목자가 누구냐"라고 하면서 하나님과 더불어 다투거나 하나님 앞에 설 사람은 아무도 없다고 하였다. 특히 시 24:8은 하나님을 강하고 능한 여호와시요 전쟁에 능하신 여호와시라고 했으니 이러한 하나님과 싸워서 이길 사람이 어디 있겠는가.

세 나라의 연합 군대가 쳐들어왔는데도 왕으로서 아무 대책도 세우지 못하고 "이 큰 무리를 우리가 대적할 능력이 없고 어떻게 할 줄도 알지 못하옵고 오직 주만 바라보나이다"(대하 20:12)라고 하면서 빈손 들고 하나님만 바라보는 여호사밧이 다른 사람들 보기에는 미련한 자처럼 보였다. 그러나 강하고 능하셔서 특히 전쟁에 능하신 여호와께서(시 24:8) 이 전쟁을 맡으시고(대하 20:15) 대신 싸워주심으로(대하 20:17, 29) 여호사밧에게 엄청나게 큰 대승리를 안겨주셨으니 결과적으로는 여호사밧이 지혜로운 자였다.

세상을 살아갈 때 여호사밧처럼 어려운 문제에 부딪칠 때 우리의 계획에서 하나님을 떼어버리고 내 지혜와 내 명철대로만 해결한다고 나아가다가 "하나님은 교활한 자의 계교를 꺾으사 그들의 손이 성공하지 못하게 하시며 지혜로운 자가 자기의 계략에 빠지게 하시며 간교한 자의 계략을 무너뜨리시므로"의(욥 5:12-13) 올무에 걸리는 불행한 자가 될 것이 아니라, 여호사밧처럼 빈손 들고 주님만을 바라보다가 하나님께서 우리의 문제를 맡으시고 대신 싸워주사 큰 승리를 안겨주는, 미련한 자 같았으나 결과적으로 지혜로운 자들이 될 수 있기를 바란다.

형통하라

대하 20:20의 "그의 선지자들을 신뢰하라 그리하면 형통하리라"에서 "형통하리라"가 히브리어대로 하면 남성 2인칭 복수 명령형으로 "너희 남자들은 형통하라"이다. "그의 선지자들을 신뢰하라"가 남성 2인칭 복수 명령형인 것처럼 그리하면 "형통하리라"도 남성 2인칭 복수 명령형이다.

성경은, 우리가 하나님 말씀에 순종하면 그 결과가 너무나 확실하다는 사실을 표현할 때, 명령형을 사용하는 것을 그 어법(語法)으로 삼는다. 레 25:3-5에는 "너는 육 년 동안 그 밭에 파종하며 육 년 동안 그 포도원을 가꾸어 그 소출을 거둘 것이나 일곱째 해에는 그 땅이 쉬어 안식하게 할지니 여호와께 대한 안식이라 너는 그 밭에 파종하거나 포도원을 가꾸지 말며 네가 거둔 후에 자라난 것을 거두지 말고 가꾸지 아니한 포도나무가 맺은 열매를 거두지 말라 이는 땅의 안식년임이니라"라고 했다. 그럴 때 백성들은 자동적으로 "우리가 만일 일곱째 해에 심지도 못하고 소출을 거두지도 못하면 우리가 무엇을 먹으리요"(레 25:20)라고 걱정할 것이 분명하다. 그래서 하나님께서는 "내가 명령하여 여섯째 해에 내 복을 너희에게 주어 그 소출이 삼 년 동안 쓰기에 족하게 하리라"(레 25:21)라고 하셨다. 여섯째 해에 그 소출이 3년 쓰기에 족할 만큼 하나님께서 복을 명하시겠다고 하셨으니 그 복이 얼마나 확실한가.

"네가 네 하나님 여호와의 말씀을 삼가 듣고 내가 오늘 네게 명령하는 그의 모든 명령을 지켜 행하면"(신 28:1) 여호와께서 명하사 네 창고와 네 손으로 하는 모든 일에 복을 내리시겠다고(신 28:8) 하셨다. 여호와께서 복을 명하겠다고 하셨으니 그 받는 복이 얼마나 확실한가. 시 133:3에는 "거기서 여호와께서 복을 명령하셨나니 곧 영생이로다"라는 말씀이 있다. 형제가 연합하여 동거할 때(시 133:1) 하나님께서 복을 명하시겠다고 하셨으니 형제가 연합하여 동거하는 자들이 받는 복이 얼마나 확실한가. 이와 같이 성경은 우리가 하나님 말씀에 순종할 때 받는 복이 너무나 확실하다는 사실을 하나님께서 복을 명하신다는 어법으로 표현한다.

우리가 선지자를 신뢰하면 반드시 형통한다는 사실을 강조하기 위하여 성경은 "형통하라"(대하 20:20)라는 명령형을 사용하였다. 20년 동안(삼상 7:2) 블레셋의 식민지로 있던 이스라엘이 "너희가 전심으로 여호와께 돌아오려거든 이방 신들과 아스다롯을 너희 중에서 제거하고 너희 마음을 여호와께로 향하여 그만을 섬기라 그리하면 너희를 블레셋 사람의 손에서 건져내시리라"(삼상 7:3)라고 한 선지자 사무엘을 신뢰하여 이스라엘 자손이 바알들과 아스다롯을 제하고 여호와만 섬겼더니(삼상 7:4) 블레셋에서 해방되는 형통의 축복을 받았다. 그러니 선지자를 신뢰하라 그리고 "형통하라"(대하 20:20)의 명령형이 현실에서 실현되지 않았는가.

선지자는 하나님의 말씀을 받아 백성들에게 전하는 대언자(代言者)이다. 대언자를 신뢰하여도 그 형통이 너무나 확실하기 때문에 "형통하라"(대하 20:20)의 명령형을 사용할 정도라면, 그 선지자에게 말씀을 주시는 하나님의 말씀이야 얼마나 더 형통이 확실하겠는가. 그래서 하나님께서도 하나님의 말씀을 순종하는 자의 복이 너무나 확실한 고로 그 받는 복을 명령형으로 말씀하셨던 것이다.

잠 4:4의 "내 말을 네 마음에 두라 내 명령을 지키라 그리하면 살리라"의 "살리라"가 히브리어대로 하면 남성 2인칭 단수 명령형, 즉 "네가 살라"이다. 하나님의 말씀을 마음에 두고 하나님의 명령을 지키는 자가 반드시 살 수 있다는 사실이 너무나 확실하기 때문에 하나님께서는 "네가 살라"라는 명령형으로 강하게 말씀하셨다.

잠 7:2의 "내 계명을 지켜 살며 내 법을 네 눈동자처럼 지키라"의 "살며"가 히브리어대로 하면 남성 2인칭 단수 명령형 "네가 살라"이다. 우리가 하나님의 명령을 지키며 하나님의 법을 눈동자처럼 지킬 때 반드시 살게 된다는 사실이 너무나 확실한 고로 하나님께서는 "네가 살라"는 명령형으로 강하게 말씀하셨다.

위에서도 말한 대로 하나님의 말씀을 받아 대언하는 선지자를 신뢰하여도 그 받는 형통이 너무나 확실하기 때문에 "형통하라"(대하 20:20)의 명령형으로 말할 정도라면, 그 선지자에게 말씀을 주시는 하나님의 말씀에 순종할 때에는 그 형통이 얼마나 더 확실하겠는가. 그래서 하나님께서도 그 형통의 확실을 보증하기 위하여 "네가 살라"(잠 4:4, 7:2)라는 명령형으로 보증하지 않으셨는가. 더욱이 사 55:10-11은 "이는 비와 눈이 하늘로부터 내려서 그리로 되돌아가지 아니하고 땅을 적셔서 소출이 나게 하며 싹이 나게 하여 파종하는 자에게는 종자를 주며 먹는 자에게는 양식을 줌과 같이 내 입에서 나가는 말도 이와 같이 헛되이 내게로 되돌아오지 아니하고 나의 기뻐하는 뜻을 이루며 내가 보낸 일에 형통함이니라"라고까지 말씀하셨다.

그러하다. 하나님의 입에서 나가는 말씀은 헛되이 하나님께로 돌아가는 법이 없고 반드시 하나님의 뜻을 이루고야 말고 하나님께서 명하여 보내신 일에 형통의 열매를 맺고야 만다. 선지자를 신뢰하여도 형통하겠거늘 하물며 말씀에 순종할 때에는 그 형통이 얼마나 확실하겠는가. 우리는 하나님 말씀에 순종할 때 받는 형통이 너무나 확실하다는 사실을 명령형으로 보장해주신 하나님 말씀에 순종하여, 명령형으로 보장해주신 형통의 축복을 한없이 받아 누리는 복된 백성들이 될 수 있기를 바란다.

두려움이 즐거움으로

대하 20:3에 보면 여호사밧이 두려워하여 여호와께로 낯을 향하여 간구했다고 한다. 이렇게 간구한 결과 나중에는 어떻게 되었는가? 27절에 보면 유다와 예루살렘 모든 사람이 여호사밧을 선두로 즐겁게 예루살렘으로 돌아왔다고 하였고, 19절에는 저희가 심히 큰소리로 이스라엘 하나님 여호와를 찬송했다고 하였고, 26절에는 여호와를 송축하였다고 했으니 그들의 두려움은 즐거움과 찬송으로 바뀌었다. 이와 같이 두려울 때 하나님께 나아가 간구하는 자는 그 두려움이 즐거움과 찬송으로 바뀌게 된다.

특히 27절을 다시 보면 이스라엘이 즐거워할 수 있었던 까닭은 여호와께서 그들로 하여금 즐거워하게 하셨음이라고 하면서 그들이 즐거워하게 된 이유는 하나님께서 축복으로 주신 선물임을 보여준다. 그들의 즐거움은 그들에게서 나온 것이 아니라 하나님께서 주신 즐거움이었으니 두려워할 때 주님 앞에 나아가 간구하는 자에게 하나님께서 그 두려움을 즐거움으로 바꾸어주신다.

대하 20장에 여호사밧이 여호와의 전에 나아갔다는 말씀이 두 번 나온다. 5절과 28절이다. 5절에서는 두려움을 안고 나아갔고, 28절에서는 즐거움을 안고 나아갔으니 두려움을 안고 여호와의 전에 나아가는 자는 후에 즐거움을 안고 감사하기 위하여 나아가게 됨을 보여준다.

두려움을 안고 주님 앞에 나아갔던 자가 결과적으로 즐거움을 갖게 된 사실은 성경 다른 곳에도 나온다. 에 9:22에 보면 이 달 이 날에 유다인들이 대적에게서 벗어나서 평안함을 얻어 슬픔이 변하여 기쁨이 되고 애통이 변하여 길한 날이 되었다고 한다. 유다 사람들이 하만의 흉계로 열두째 달 십삼 일에 전멸을 당하는 것이 두려워 하나님께 나아가 금식하면서 기도했더니(에 4:3) 그들의 기도가 응답되어 그들의 슬픔이 변하여 기쁨이 되고 애통이 변하여 길한 날이 되는 재미를 보게 되었다. 한나가 마음이 괴로워 여호와 앞에 나아가 심히 통곡했더니(삼상 1:10) 나중에는 사무엘을 얻어 그 사무엘을 안고 기쁨과 즐거움으로 감사하기 위하여 성전에 다시 나아가게 되지 않았던가(삼상 1:24-28).

이와 같이 두려움을 안고 하나님 앞에 나아갔던 자들이 즐거움과 찬송을 갖고 돌아오게 되는 사실을 성경은 우리에게 보여준다. 우리도 두려움이 임할 때마다 다른 것에 쏟아낼 것이 아니라 여호사밧, 에스더 당시의 유다 민족들, 한나와 같이 두려움을 안고 하나님 앞에 나아갔다가 즐거움과 찬송을 갖고 돌아오는 재미를 볼 수 있기를 바란다.

제일원인(第一原因)

대하 20:27은 "유다와 예루살렘 모든 사람이 다시 여호사밧을 선두로 하여 즐겁게 예루살렘으로 돌아왔으니 이는 여호와께서 그들이 그 적군을 이김으로써 즐거워하게 하셨음이라"라고 하면서, 유다와 예루살렘이 즐거워할 수 있었던 까닭은 하나님께서 그들에게 즐거움을 주셨기 때문이라고 했다. 이는 자기들 편에서 나온 것이 아니고 하나님께서 즐거움을 주셔서 된 결과니 유다와 예루살렘이 즐거워할 수 있었던 까닭은 하나님이 제일원인이었다.

대하 20:29-30은 "이방 모든 나라가 여호와께서 이스라엘의 적군을 치셨다 함을 듣고 하나님을 두려워하므로 여호사밧의 나라가 태평하였으니 이는 그의 하나님이 사방에서 그들에게 평강을 주셨음이더라"라고 하면서, 여호사밧의 나라가 태평할 수 있었던 까닭은 하나님께서 그들에게 평강을 주셨기 때문이라고 했다. 그러니 여호사밧의 나라가 태평할 수 있었던 원인도 그들에게 있었던 것이 아니라 하나님께서 그들 사방에 평강을 주셨기 때문에 된 결과니, 여호사밧의 나라가 태평을 누릴 수 있었던 제일원인은 바로 하나님이셨다.

성경은 우리에게 어떠한 축복이 있기 위해서는 하나님께서 먼저 그 밑천을 주셔야 된다는 사실, 즉 하나님께서 제일원인이 되어주셔야 된다는 사실을 보여주는데 여러 가지 면에서 그 보기들을 살펴보자.

1. 선한 일의 제일원인

1) 대적을 쫓는 일

성경은 우리가 적국과 싸울 때 대적을 쫓는 일은, 하나님께서 먼저 대적을 쫓아주시는 제일원인이 되어주셔야 쫓을 수 있다는 사실을 보여준다. 출 23:31에는 "네 경계를 홍해에서부터 블레셋 바다까지, 광야에서부터 강까지 정하고 그 땅의 주민을 네 손에 넘기리니 네가 그들을 네 앞에서 쫓아낼지라"라고 하면서 이스라엘이 가나안 땅을 쫓아내기 위해서는 하나님께서 먼저 그들을 이스라엘 백성들의 손에 붙여주시는 제일원인이 앞서야 가능하다는 사실을 보여준다.

신 2:24은 "너희는 일어나 행진하여 아르논 골짜기를 건너라 내가 헤스본 왕 아모리 사람 시혼과 그의 땅을 네 손에 넘겼은즉 이제 더불어 싸워서 그 땅을 차지하라"라고 하면서, 이스라엘이 헤스본 왕 아모리 사람 시혼의 땅을 얻기 위해서는 하나님께서 먼저 그 땅을 이스라엘의 손에 붙여주시는 제일원인이 앞서야 한다는 사실을 말한다.

신 2:31은 하나님께서 비로소 시혼과 그 땅을 이스라엘의 손에 넘겨주시는 제일원인이 앞섰기 때문에 그들이 그 땅을 기업으로 얻을 수 있었다고 하였고, 신 2:33-34에서는 하나님께서 가나안 백성을 이스라엘의 손에 넘겨주시는 제일원인이 앞섰기 때문에 이스라엘이 그들을 쳐서 멸하고 하나도 남김없이 진멸할 수 있었다고 하였으며, 신 2:36은 하나님께서 그 모든 땅을 그들에게 넘겨주시는 제일원인이 앞섰기 때문에 이스라엘은 모든 높은 성읍을 취할 수 있었다고 하였다.

가나안 백성들은 이스라엘보다 많고 힘이 있으나 하나님께서 그들을 이스라엘에게 넘겨 치게 하시는 제일원인이 앞서면 이스라엘은 능히 그들을 진멸할 수 있다고 말씀하셨다(신 7:1-2). 가나안 땅의 성읍들은 크고 성벽은 하늘에 닿았으며 크고 많은 백성은 아낙 자손이니 누가 그들을 당하리요 하고 걱정하겠으나 여호와께서 그들을 멸하사 엎드러지게 하시는 제일원인이 앞설 때 그들을 쫓아내며 속히 멸할 수 있으니 걱정하지 말라고 했다(신 9:1-3).

사사시대에 와서 유다 지파가 가나안 사람과 싸워 이기게 된 것은 하나님께서 가나안 사람을 유다 지파에게 넘겨주신 연고라고 했고(삿 1:2, 4), 사사 옷니엘이 메소보다미아 왕 구산 리사다임을 이길 수 있었던 까닭은 하나님께서 그들을 옷니엘의 손에 넘겨주시는 제일원인이 앞섰기 때문이라고 했으며(삿 3:10), 사사 에훗이 모압과 싸워 이긴 까닭은 여호와께서 그들을 에훗의 손에 넘겨주신 제일원인이 앞섰기 때문이라고 했고(삿 3:28-29), 사사 바락과 드보라가 가나안 사람을 이긴 까닭은 여호와께서 그들을 사사 바락의 손에 넘겨주신 연고라고 했다(삿 4:7-14). 행 7:45은 이스라엘 백성들이 가나안 땅을 점령할 수 있었던 원인은 하나님께서 그들을 이스라엘 앞에서 쫓아내신 제일원인이 있었기 때문이라고 했다.

2) 긍휼

왕상 8:50에 "그들을 사로잡아 간 자 앞에서 그들로 불쌍히 여김을 얻게 하사 그 사람들로 그들을 불쌍히 여기게 하옵소서"라는 말씀이 있다. 무슨 뜻인가? 이스라엘 백성들이 범죄하여 원수의 나라에 포로로 끌려갔을 때 그들이 포로로 끌려간 나라에서 하나님 앞에 회개하면 하나님께서 그들의 죄를 용서하시고 하나님께로부터 불쌍히 여김을 받게 해달라고 했다. 그들이 하나님께로부터 불쌍히 여김을 받을 때 그들을 포로로 끌고간 원수의 나라 사람들까지도 이스라엘을 불쌍히 여기게 된다는 말씀이다. 이렇게 되기 위해서는 원수의 나라 사람들에게 불쌍히 여김을 받기 전에 먼저 그들이 하나님께로부터 불쌍히 여김을 받는 제일원인이 앞서야 된다는 말씀이다.

렘 42:12에 "내가 너희를 불쌍히 여기리니 그도 너희를 불쌍히 여겨 너희를 너희 본향으로 돌려보내리라 하셨느니라"라는 말씀이 있다. 예루살렘이 바벨론에 망한 후 남은 유대인들이 예레미야에게 와서는 앞으로 자기들이 어떻게 해야 할지를 하나님께 물어달라고 부탁하였다. 예레미야가 하나님께로부터 말씀을 받고 너희는 다른 데로 가지 말고 예루살렘에 그대로 머물라고 했고 예루살렘을 망하게 한 바벨론 왕을 두려워하지 말라고 했다. 그렇게 하면 하나님께서 긍휼히 여기시고 바벨론의 왕으로 하여금 너희를 긍휼히 여기게 하시겠다고 하였다. 예루살렘을 망하게 한 바벨론 왕까지도 이스라엘을 긍휼히 여기게 되는 까닭은 먼저 하나님께서 그들을 긍휼히 여기시는 제일원인이 앞섰기 때문이다.

3) 복

사 19:24-25에는 "그 날에 이스라엘이 애굽 및 앗수르와 더불어 셋이 세계 중에 복이 되리니 이는 만군의 여호와께서 복 주시며 이르시되 내 백성 애굽이여, 내 손으로 지은 앗수르여, 나의 기업 이스라엘이여, 복이 있을지어다 하실 것임이라"라는 말씀이 있다. 하나님의 백성인 이스라엘은 말할 것도 없거니와 어찌하여 애굽과 앗수르까지 복을 받게 되는가? 그 까닭은 하나님께서 그들에게 복을 주시는 제일원인이 먼저 앞섰기 때문이다.

4) 응하심

호 2:21-22에 "여호와께서 이르시되 그 날에 내가 응답하리라 나는 하늘에 응답하고 하늘은 땅에 응답하고 땅은 곡식과 포도주와 기름에 응답하고 또 이것들은 이스르엘에 응답하리라"라는 말씀이 있다. "나는 하늘에 응답하고"가 무슨 뜻인가? 하늘이 땅에 비를 내릴 수 있기 위해서는 하나님께서 하늘에 허락하셔야 비를 내릴 수 있다는 말씀이다. 왜 그런가? 렘 14:22에서 "이방인의 우상 가운데 능히 비를 내리게 할 자가 있나이까 하늘이 능히 소나기를 내릴 수 있으리이까 우리 하나님 여호와여 그리하는 자는 주가 아니시니이까"라고 말한 대로 상천하지(上天下地)에서 땅에 비를 내릴 수 있는 특권(特權)을 가진 분은 오직 하나님뿐이시다. 하나님께서 하늘에 허락하셔야 하늘이 땅에 비를 내릴 수 있고, 그 하늘이 비를 내려야 땅은 비를 받을 수 있고, 그 땅이 비를 받아야 곡식과 포도주와 기름이 잘 자랄 수 있고, 그것들이 잘 자라야 사람들의 입에 먹을 것이 풍족하게 된다. 그러니 사람들의 입에 먹을 것이 풍족하기 위해서는 비를 내리시는 특권을 가지신 하나님께서 하늘이 비를 내릴 수 있도록 허락해주시는 제일원인이 앞서야 한다.

5) 행 11:21

행 11:19-21에 보면 스데반의 일로 일어난 환난을 인하여 흩어진 자들이 안디옥에 가서 헬라인에게도 주 예수를 전파하니 주의 손이 그들과 함께 하시매 수많은 사람들이 믿고 주께 돌아왔다고 한다. 복음을 전파한다고 다 잘 받는가? 스데반의 전도를 받은 사람들은 이를 갈며 돌로 스데반을 쳐죽였고(행 7:54-60), 행 13:45에서 바울의 전도를 받은 유대인들은 시기가 가득하여 바울이 말한 것을 반박하고 비방하며, 행 13:50에서는 유대인들이 바울과 바나바를 박해하여 그 지역에서 쫓아내고, 행 14:2에서는 유대인들이 이방인들의 마음을 선동하여 형제들에게 악감을 품게 하였다.

그런데 어찌하여 행 11:21에서는 유대인들도 아닌 헬라인들이 바울의 전도를 받고 수많은 사람이 믿고 주께 돌아올 수 있었던가? 그 까닭은 "주의 손이 그들과 함께 하시매"(행 11:21)였다. 제자들을 전도하러 보내시면서 "볼지어다 내가 세상 끝날까지 너희와 항상 함께 있으리라"(마 28:20)라고 말씀하셨고 "제자들이 나가 두루 전파할새 주께서 함께 역사하사 그 따르는 표적으로 말씀을 확실히 증언하시니라"(막 16:20)의 주님의 손이 함께 하사 도우신 제일원인이 그 이유였다.

6) 수치를 당하게 함

시 53:5에 "하나님이 그들을 버리셨으므로 네가 그들에게 수치를 당하게 하였도다"라는 말씀이 있다. 여기에 나오는 그들이 누구인가? 그 마음에 이르기를 하나님이 없다 하면서 부패하여 가증한 악을 행하는 어리석은 자들이다(시 53:1). "네가"는 시 53:4에 나오는 "내 백성"이다. 네가 저희로 수치를 당하게 할 수 있었던 근거는 하나님께서 그들을 버리신 제일원인이 앞섰기 때문이다. 하나님께서 그들을 버리신 제일원인이 앞섰기 때문에 하나님의 백성들이 저희로 하여금 수치를 당하게 할 수 있었다.

7) 다윗의 승리

시 18:37-38에서 다윗은 "내가 내 원수를 뒤쫓아가리니 그들이 망하기 전에는 돌아서지 아니하리이다 내가 그들을 쳐서 능히 일어나지 못하게 하리니 그들이 내 발 아래에 엎드러지리이다"라고 했다. 다윗은 원수가 망하기 전에는 돌아서지 아니하였고 원수를 쳐서 발 아래 엎드러뜨려 능히 일어나지 못하게 하였다. 어떻게 그렇게 할 수 있었던가? 그 까닭은 "주께서 나를 전쟁하게 하려고 능력으로 내게 띠 띠우사 일어나 나를 치는 자들이 내게 굴복하게 하셨나이다 또 주께서 내 원수들에게 등을 내게로 향하게 하시고 나를 미워하는 자들을 내가 끊어 버리게 하셨나이다"(시 18:39-40)였다.

하나님께서 다윗을 치는 자들로 하여금 다윗에게 굴복케 하셨고, 다윗의 원수들로 하여금 다윗에게 등을 돌리게 하셨고, 다윗으로 하여금 그를 미워하는 자를 끊어버리게 하신 제일원인이 앞섰기 때문에 다윗이 승리했다. 다윗은 또 시 18:43-45에서 "주께서 나를 백성의 다툼에서 건지시고 여러 민족의 으뜸으로 삼으셨으니 내가 알지 못하는 백성이 나를 섬기리이다 그들이 내 소문을 들은 즉시로 내게 청종함이여 이방인들이 내게 복종하리로다 이방 자손들이 쇠잔하여 그 견고한 곳에서 떨며 나오리로다"라고 했다. 과거에 다윗을 알지 못했던 이방인들이 그 견고한 곳에서 나아와 다윗을 섬기며 다윗에게 복종했다고 하였으니 얼마나 놀라운 일인가. 그런데 왜 이러한 일이 생겼는가? 그 까닭은 "주께서 나를 백성의 다툼에서 건지시고 여러 민족의 으뜸으로 삼으셨으니"(시 18:43)의 제일원인이 앞섰기 때문이었다.

우리는 지금까지 여러 가지 면에서 복 받은 사람들의 보기들을 더듬어 보았는데 그들이 복을 받게 된 근본원인은 하나님께서 복을 받을 수 있도록 제일원인을 먼저 제공해주셨기 때문임을 발견할 수 있었다. 그러고 보니 하늘에서 주신 바가 아니면 사람이 아무 것도 받을 수 없다(요 3:27)는 말씀을 다시 한 번 연상케 된다. 그러하다. 하늘에서 주신 바 아니면 사람이 아무 것도 받을 수 없다. 위에서 열거한 사람들이 받은 복들도 하늘에서 주신 바가 없는데 자기들이 근거가 되어서 받게 된 복이 아니고 하늘에서 주셔서, 즉 하나님께서 복 받을 수 있는 제일원인을 제공해주셨기 때문에 받게 된 복이다. 우리는 하늘에서 주신 바가 아니면 사람이 아무 것도 받을 수 없다는 요 3:27의 진리를 잊어버리고 나 스스로 어떠한 복이라도 다 받을 수 있는 줄로 착각하고 내 힘과 내 재간과 내 수단만 믿고 덤비다가 실패하는 불행한 자가 될 것이 아니라, 하늘에서 주신 바가 아니면 사람이 아무 것도 받을 수 없는 줄 알고 하나님을 바라보며 의지하고 그 하나님께서 내가 복을 받을 수 있는 제일원인을 먼저 제공해 주심으로 나도 복을 받을 수 있는 믿음의 사람들이 될 수 있기를 바란다.

2. 악한 일의 제일원인

하나님의 제일원인은 선한 일에만 작용하는 것이 아니라 악한 일에도 적용된다. 이번에는 악한 일들에 작용되는 하나님의 제일원인을 살펴보자.

1) 정복 당하는 일

성경은 하나님의 백성들이 원수의 나라에 정복 당하게 되는 것은 우연히 되는 일이 아니고 그들이 원수의 나라에 정복 당할 수밖에 없는 하나님의 제일원인이 앞섰기 때문이라고 한다. 레 26:17은 "내가 너희를 치리니 너희가 너희의 대적에 패할 것이요 너희를 미워하는 자가 너희를 다스릴 것이며"라고 했다. 이스라엘 백성들이 대적에게 패하여 그들을 미워하는 자의 다스림을 받게 되는 것은 군대의 수효가 적든가 작전의 실패가 아니고, 그들의 죄 때문에 하나님께서 그들을 먼저 치시는 하나님의 제일원인이 앞섰기 때문이라고 한다.

삿 2:14은 "여호와께서 이스라엘에게 진노하사 노략하는 자의 손에 넘겨 주사 그들이 노략을 당하게 하시며 또 주위에 있는 모든 대적의 손에 팔아 넘기시매 그들이 다시는 대적을 당하지 못하였으며"라고 하면서 이스라엘 백성들이 대적에 정복 당하는 까닭은 그들이 지은 죄로 말미암아 하나님께서 진노하사 노략하는 자의 손에 붙이시며 사방 모든 대적의 손에 그들을 파시는 제일원인 때문에 되어진 일이라고 한다.

삿 6:1-2은 이스라엘 백성들이 미디안에 정복 당하게 된 까닭은 이스라엘 자손이 여호와의 목전에 악을 행하였으므로 여호와께서 7년 동안 그들을 미디안의 손에 넘겨 주신 제일원인이 있었기 때문이라고 했다.

2) 불사름을 당함

렘 43:12-13에는 "내가 애굽 신들의 신당들을 불지르리라 느부갓네살이 그들을 불사르며……애굽 신들의 신당들을 불사르리라"라고 했다. 바벨론 왕 느부갓네살이 애굽 신들의 신당들을 불사른다는 말이 두 번씩이나 나오는데 왜 그렇게 되었는가? 그 까닭은 하나님께서 애굽 신들의 신당들에 불을 놓으시는(렘 43:12) 제일원인을 먼저 앞세우셨기 때문이다.

3) 쓰러지고 서지 못함

렘 46:15에 "너희 장사들이 쓰러짐은 어찌함이냐 그들이 서지 못함은 여호와께서 그들을 몰아내신 까닭이니라"라는 말씀이 있다. 무슨 말씀인가? 바벨론이 애굽 나라의 장사들을 쳐서 쓰러뜨리고 서지 못하게 하겠다는 말씀이다. 애굽 나라도 상당히 강한 나라인데 왜 이렇게 맥없이 쓰러지고 서지 못하게 되었는가? 그 까닭은 하나님께서 애굽 장사들을 쓰러뜨리고 서지 못하도록 몰아내신 제일원인이 앞섰기 때문이다. 아무리 강한 애굽의 장사들이라도 하나님께서 쓰러뜨려 서지 못하도록 몰아내시는 제일원인을 앞세우실 때는 그들도 맥없이 쓰러지고 서지 못하게 된다.

4) 즐거움과 기쁨이 떠남

사 16:10은 모압은 즐거움과 기쁨이 기름진 밭에서 떠나고, 노래와 즐거운 소리가 포도원에서 없어지며, 포도주 틀에는 포도를 밟을 사람이 없어지겠다고 하였다. 모압이 왜 이렇게 비참한 결과에 이르게 되었는가? 그 까닭은 모압의 교만 때문에(사 16:6) "이는 내가 즐거운 소리를 그치게 하였음이라"(사 16:10)의 하나님의 제일원인이 앞섰기 때문이다. 모압의 교만 때문에 하나님께서 즐거움과 기쁨의 소리를 그치게 하시는데 모압이 어떻게 더 이상 즐거워하고 기뻐할 수 있겠는가.

5) 곤고

애 1:4에는 "시온의 도로들이 슬퍼함이여 절기를 지키려 나아가는 사람이 없음이로다 모든 성문들이 적막하며 제사장들이 탄식하며 처녀들이 근심하며 시온도 곤고를 받았도다"라는 말씀이 있다. 예루살렘이 망하여 곤고하게 되겠다는 말씀인데 왜 곤고하게 되었는가? 그 까닭은 "그의 죄가 많으므로 여호와께서 그를 곤고하게 하셨음이라"(애 1:5)의 제일원인 때문이다. 그들의 죄로 인하여 하나님께서 그들을 곤고케 하시는 제일원인이 앞서는데 예루살렘 백성들이 어떻게 곤고를 당하지 않을 수 있겠는가.

6) 내버린 은

렘 6:30에 "사람들이 그들을 내버린 은이라 부르게 될 것은 여호와께서 그들을 버렸음이라"라는 말씀이 있다. 예레미야 당시 세상 사람들이 예루살렘을 내버린 은이라고 칭하게 되겠는데 이는 그들의 지은 죄로 말미암아 하나님께서 먼저 버리시는 제일원인이 앞섰기 때문이었다.

7) 멸시를 받음

옵 2절에 "보라 내가 너를 나라들 가운데에 매우 작게 하였으므로 네가 크게 멸시를 받느니라"라고 했다. 에돔이 멸시를 받되 보통 멸시가 아니라 크게 멸시를 받겠다고 하였는데, 왜 에돔이 크게 멸시를 받아야 했는가? 그 까닭은 "내가 너를 나라들 가운데에 매우 작게 하였으므로"(옵 2절)의 하나님의 제일원인 때문이었다. 에돔의 교만 때문에(옵 3절) 하나님께서 에돔을 나라들 가운데 매우 작게 하시는 제일원인을 앞세우시는데 에돔이 어떻게 멸시를 피할 수 있겠는가.

8) 아끼지 아니하고 멸하심

렘 21:7에 바벨론 군대가 예루살렘을 멸하되 측은히 여기지 아니하며 멸하겠다고 하였는데 그렇게 될 수밖에 없는 까닭은 렘 13:14에서 이스라엘의 범죄로 인하여 하나님께서 예루살렘을 멸하시되 불쌍히 여기지 아니하며 사랑하지 아니하며 아끼지 아니하고 멸하시겠다는 제일원인이 앞서 있었기 때문이다.

9) 깨닫지 못함

시 106:7은 이스라엘 백성들이 애굽에 있을 때 주의 기이한 일들을 깨닫지 못하며 주의 크신 인자를 기억하지 아니하였다고 한다. 왜 그렇게 되었는가? 신 29:2-4은 여호와께서 애굽 땅에서 이스라엘 백성들과 바로와 그의 모든 신하와 그의 온 땅에 큰 시험과 이적과 큰 기사를 많이 행하였으나 깨닫는 마음과 보는 눈과 듣는 귀는 하나님께서 그들에게 주지 아니하셨다고 한다. 아무리 큰 시험과 이적과 큰 기사를 많이 행하였다 할지라도 하나님께서 깨닫는 마음과 보는 눈과 듣는 귀를 주시지 않는 제일원인이 앞서는데 어떻게 그들이 깨달을 수 있겠는가. 참으로 불행하고 안타까운 일이다.

우리는 지금까지 하나님께서 제일원인을 앞세우셨기 때문에 여러 사람들이 선한 일의 결과를 받는 복된 일들과 하나님께서 제일원인을 앞세우셨기 때문에 여러 사람들이 악한 일의 결과를 받는 불행한 결과들을 생각해왔다. 우리는 하나님을 사랑하고 하나님 앞에서 바로 살고 믿음으로 삶으로 하나님께서 세우신 제일원인대로 선한 일의 결과를 받는 복된 사람들이 될지언정, 하나님 앞에 바로 살지 못하고 범죄하여 하나님께서 세우신 제일원인대로 악한 일의 결과를 받는 불행한 사람들이 되어서는 안 되겠다.

멸망으로의 연합

대하 20장에서 모압 자손과 암몬 자손과 마온 사람이 연합하여 여호사밧을 치러 왔으나(대하 20:1) 전부 멸망하고 말았으니(대하 20:22-23) 그들의 연합은 결과적으로 멸망으로의 연합이었다. 성경에 보면 여러 나라 사람들이 서로 연합하였으나 결과적으로는 멸망의 연합이 된 보기들이 더러 나온다.

1) 시 118:10-12

시 118:10-12에는 "뭇 나라가 나를 에워쌌으니 내가 여호와의 이름으로 그들을 끊으리로다 그들이 나를 에워싸고 에워쌌으니 내가 여호와의 이름으로 그들을 끊으리로다 그들이 벌들처럼 나를 에워쌌으나 가시덤불의 불같이 타 없어졌나니 내가 여호와의 이름으로 그들을 끊으리로다"라고 했다. 뭇 나라라고 했으니 여러 나라들의 연합군이다. 여러 나라의 연합군들이 시인을 에워싸되 벌떼와 같이 에워쌌으나 시인은 여호와의 이름으로 저희를 끊되 가시덤불의 불같이 완전히 소멸하였다고 한다. 그러니 여러 나라의 연합군들이 시인을 치려고 연합한 것은 결과적으로 볼 때 멸망의 연합이었다.

2) 겔 38:2

겔 38:2에 보면 로스와 메섹과 두발 왕의 연합 군대가 이스라엘을 치러 왔다. 그런데 어떠한 결과가 나타났는가? 하나님께서 전염병과 피로 그를 심판하며 쏟아지는 폭우와 큰 우박덩이와 불과 유황으로 그와 모든 무리와 그와 함께 있는 많은 백성에게 비를 내리듯 하시는(겔 38:22) 방법으로 그들을 전멸시키셨으니 그들의 연합은 결과적으로 멸망의 연합이 되고 말았다.

3) 계 20:7-10

계 20:7-10에는 "천 년이 차매 사탄이 그 옥에서 놓여 나와서 땅의 사방 백성 곧 곡과 마곡을 미혹하고 모아 싸움을 붙이리니 그 수가 바다의 모래 같으리라 그들이 지면에 널리 퍼져 성도들의 진과 사랑하시는 성을 두르매 하늘에서 불이 내려와 그들을 태워버리고 또 그들을 미혹하는 마귀가 불과 유황 못에 던져지니 거기는 그 짐승과 거짓 선지자도 있어 세세토록 밤낮 괴로움을 받으리라"라는 말씀이 있다. 땅의 사방 백성 곧 곡과 마곡이라고 했으니 이것도 연합 군대. 옥에서 나온 사탄이 땅의 사방 백성 곧 곡과 마곡의 연합 군대를 이끌고 성도들의 진과 사랑하시는 성을 에워쌌으나 하늘에서 나온 불에 전부 소멸되고 말았으니 그들의 연합은 또 한 번 멸망의 연합이었다.

4) 민 16:1-2

민 16:1-2에는 고라, 다단, 아비람, 온, 250명이 연합하여 모세와 아론을 대적하였다. 그런데 그 결과가 어떻게 되었는가? 여호와께서 새 일을 행하사 땅이 입을 열어 이 사람들과 그들의 모든 소유물을 삼켜 산 채로 스올에 빠지게 하셨고(민 16:30) 여호와로부터 불이 나와서 분향하는 250명을 불살랐다(민 16:35). 그러니 그들의 연합도 멸망으로의 연합이었다.

민 16:1-2의 연합에서는 우리가 한 번 생각해볼 만한 일이 있다. 먼저 나온 시 118:10-12, 겔 38:2, 계 20:7-10의 연합은 전부 이방인들의 연합이었다. 그러나 민 16:1-2은 이방인들의 연합이 아니고 하나님의 백성들의 연합이다. 그들은 지금까지 주신 하나님의 말씀을 잘 알고 있고 하나님의 백성들 가운데서 지금까지 이루어진 과거의 역사를 잘 알고 있었다. 출 22:28에 "너는 재판장을 모독하지 말며 백성의 지도자를 저주하지 말지니라"라는 말씀이 있는데, 이 말씀을 잘 알고 있는 그들이 왜 이 말씀에 어긋나게 모세와 아론을 대적하였을까? 민 12장에서 미리암과 아론이 모세를 대적하다가 미리암이 문둥병에 걸리는(민 12:10) 벌을 받는 과거의 역사를 잘 알고 있는 그들이 왜 모세와 아론을 대적했을까? 잠 22:3에 "슬기로운 자는 재앙을 보면 숨어 피하여도 어리석은 자는 나가다가 해를 받느니라"라는 말씀이 있다. 슬기로운 자들은 길을 가다가 재앙을 보면 숨어 피하여 그 재앙을 면한다. 그런데 어리석은 자들은 재앙을 보고도 그대로 앞으로 나아가다가 해를 받는다.

고라와 다단의 무리가 출 22:28의 성경도 알고 민 12장에서 모세를 대적하던 미리암이 어떠한 벌을 받았는지도 잘 알고 있었으므로 모세와 아론을 대적하면 어떠한 벌을 받을지도 잘 알았을 것이다. 그러면서도 모세와 아론을 대적하다가 멸망의 연합이 되고 말았으니 그들이 어디에 가서 누구에게 어떠한 변명을 할 수 있겠는가. 입이 백이라도 할 말이 없다.

이방인들은 성경도 모르고 하나님의 백성들 가운데서 되어진 과거의 역사도 모르니 도매금(都賣金)으로 연합했다가 멸망의 연합으로 끝났으나, 출 22:28의 성경말씀도 알고 민 12장에서 모세를 대적하던 미리암이 어떠한 벌을 받았는지도 잘 아는 그들이 정신만 바짝 차리고 있었더라면 "슬기로운 자는 재앙을 보면 숨어 피하여도"(잠 22:3)의 말씀대로 재앙을 피할 뻔했는데 생각없이 그대로 나아가다가 "어리석은 자는 나가다가 해를 받느니라"(잠 22:3)의 말씀대로 기어코 멸망의 연합으로 끝내고 말았다.

민 16:1, 12에는 엘리압의 아들이 다단과 아비람 두 사람으로 기록되어 있으나 민 26:9에는 엘리압의 아들들이 느무엘, 다단, 아비람 세 사람으로 기록되어 있다. 그러니 엘리압의 아들들은 다단과 아비람 두 사람만이 아니고 맏형 느무엘이 있었다. 그런데 다단과 아비람이 연합하는 일에 맏형인 느무엘은 왜 연합하지 않았을까? 그 까닭은 성경이 밝히지 않았으니 어떠한 추측도 불가능하며 반면에 어떠한 추측도 부인할 수 없다. 출 22:28의 말씀을 알고 민 12장에서 모세를 대적하다가 벌 받은 미리암의 역사도 아는 두 동생 다단과 아비람이 모세와 아론을 대적하니 아마 맏형 느무엘은 두 동생을 만류(挽留)했을 수도 있다. 또는 아무리 만류해도 동생들이 고집을 피우고 끝까지 말을 듣지 않으니 할 수 없이 포기하고 합세하지 않았을 수도 있다.

만일 이 추측이 사실이라면 맏형 느무엘은 형제보다 진리, 형제보다 하나님을 먼저 생각한 사람이다. 아무리 타이르고 만류해도 두 동생들은 끝까지 말을 듣지 않고 고집을 피우며 기어코 멸망의 연합으로 돌진해 나아갔으나, 맏형 느무엘은 형제보다 진리, 형제보다 하나님을 먼저 생각하고 두 형제와의 연합에서 벗어났으므로 결과적으로는 멸망의 연합에서 벗어날 수 있었다. 그리하여 그는 재앙을 보면 숨어 피하는 슬기로운 자가(잠 22:3) 될 수 있었다.

우리는 지금까지 멸망으로의 연합을 생각해왔다. 위에서 말한 대로 이방인들은 성경말씀을 모르니 세상이 어떻게 돌아가는지도 모르고 도매금으로 멸망의 연합에 동참할 수 있으나, 성경을 알고 하나님의 백성들 가운데서 되어진 과거의 역사도 아는 하나님의 백성들인 우리는 되어지는 일을 예리하게 살펴서 멸망의 연합에서 벗어날 수 있어야 한다. 우리는 출 22:28의 성경도 알고 모세를 대적하던 미리암이 어떠한 벌을 받았는지도 알면서 모세와 아론을 대적하다가 멸망의 연합으로 끝나고 만 고라와 다단같이 어리석은 자들이 될 것이 아니라, 엘리압의 맏아들 느무엘처럼 형제보다 진리, 형제보다 하나님을 더 생각하여 멸망의 연합에 동참하지 아니하고 멸망의 연합에서 완전히 벗어나는 지혜로운 사람들이 될 수 있기를 바란다.

생각나는 성구들

세 나라의 연합 군대를 맞이하여 어떤 힘이나 작전에 의지하지 않고 오직 주님만을 바라보다가 놀라운 승리를 거둔 여호사밧을 살펴볼 때 생각나는 성구들이 있다.

1. 대하 16:9

대하 16:9은 "여호와의 눈은 온 땅을 두루 감찰하사 전심으로 자기에게 향하는 자들을 위하여 능력을 베푸시나니……"라고 했다. 전능하신 하나님께서는 어떠한 자에게 능력을 베푸시는가? 전심으로 하나님께 향하는 자이다. 전심으로 하나님께 향하지 않고 그 마음의 몇 분의 일은 다른 곳을 향하고 몇 분의 일만 하나님께 향하는 자를 위하여서는 절대로 능력을 베풀지 아니하신다. 하나님 아닌 다른 곳에는 마음의 만 분의 일이라도 향하지 않고 오직 전심으로 주님께 향하는 사람을 위해서만 능력을 베풀어주시는데 여호사밧이야말로 대하 16:9의 말씀 그대로 전심으로 주님을 바라본 사람이다. "우리를 치러 오는 이 큰 무리를 우리가 대적할 능력이 없고 어떻게 할 줄도 알지 못하옵고 오직 주만 바라보나이다"(대하 20:12)는 전심으로 하나님께 향하는 태도이다. 대하 16:9의 말씀대로 전심으로 하나님께 향하는 여호사밧에게 하나님께서는 큰 승리를 주셨으니 과연 하나님께서는 대하 16:9의 말씀대로 전심으로 자기에게 향하는 자를 위하여 문자 그대로 능력을 베풀어주신다는 사실을 알게 된다.

2. 시 116:6

시 116:6은 "여호와께서는 순진한 자를 지키시나니"라고 했다. 순진한 자는 어떠한 자인가? 일반적으로 말하는 순진한 자가 아니고 본문의 문맥을 보아 어떠한 어려움을 당하였을 때 그 어려움을 해결하기 위하여 다른 어떠한 방법을 취하지 않고 다만 기도로만 해결코자 하는 사람이다.

이런 사람들은 다른 사람들이 볼 때에는 어떠한 뜻에서는 어리석은 자이다. 자기가 당한 어려움을 해결하기 위하여 다른 방법을 쓰지 않고 오직 하나님 앞에 엎드리며 주님을 바라보는 자리에서만 그 어려움을 해결하고자 하는 자이니 어리석게 보일 만도 하다. 그런데 하나님께서는 당한 어려움을 기도로만 해결하고자 주님 앞에 엎드리는 이 순진한 자를 지켜주신다는 말씀이다. 여호사밧이 바로 시 116:6이 말씀대로의 순진한 자이다. 세 나라의 연합 군대가 치러 왔을 때 다른 어떠한 방법을 취하지 않고 오직 주님만 바라보나이다 하면서 주님만을 바라보니 세상 사람들 보기에는 백 번 순진한 자이다.

이러한 여호사밧을 하나님께서 지켜주셨으니 과연 하나님께서는 순진한 자를 지켜주신다는 사실을 다시 한 번 확인할 수 있다.

3. 나 1:7

나 1:7은 "여호와는 선하시며 환난 날에 산성이시라 그는 자기에게 피하는 자들을 아시느니라"라고 했다. 자기에게 의뢰하는 자들을 아신다는 말씀이 무슨 뜻인가? "아하! 지금 아무개가 나를 의뢰하고 있구나"라고 하시면서 하나님께서 그저 아신다는 말씀이겠는가? 결코 그러한 뜻은 아닐 것이다. 하나님께서는 자기를 의뢰하는 자들을 책임지고 구원해주신다는 말씀이 아니겠는가.

그러하다. 우리 하나님께서는 자기를 의뢰하는 자를 책임지고 구원해주시는데 이 말씀이 바로 여호사밧에게 이루어졌다. 세 나라의 연합 군대가 여호사밧을 치러 왔을 때 여호사밧은 이들을 대적할 만한 능력도 없고 어찌할 줄도 모르나 오직 주님만을 바라보고 의지할 때 이 여호사밧을 하나님께서는 책임지고 알아주셨으니 과연 하나님께서는 나 1:7의 말씀대로 자기를 의뢰하는 자들을 알아주신다는 사실을 분명히 깨달을 수 있다. 오늘날 우리도 나 1:7대로, 여호와를 의뢰함으로써 하나님께서 우리를 책임지고 구원해주시는 축복을 받을 수 있는 믿음의 사람들이 될 수 있기를 바란다.

4. 시 118:10-12

시 118:10-12은 "뭇 나라가 나를 에워쌌으니 내가 여호와의 이름으로 그들을 끊으리로다 그들이 나를 에워싸고 에워쌌으니 내가 여호와의 이름으로 그들을 끊으리로다 그들이 벌들처럼 나를 에워쌌으나 가시덤불의 불같이 타 없어졌나니 내가 여호와의 이름으로 그들을 끊으리로다"라고 했다.

여기에는 뭇 나라가 시인을 에워싸는 모습이 세 가지 면에서 점진적(漸進的)으로 강조되었다. 10절에서는 "에워쌌으니"라고 한 번 나오더니 11절에서는 "에워싸고 에워쌌으니"라고 하면서 두 번 나왔고 12절에서는 벌들처럼 에워쌌다고 한다. 벌들처럼 에워쌌으니 얼마나 강한 에워쌈인가. 이와 같이 뭇 나라가 시인을 에워싼 모습은 점진적으로 강하게 표현된 만큼 아주 강했다. 그런데 열방이 아무리 시인을 강하게 에워쌌어도 결국은 여호와의 이름으로 끊어졌고 가시덤불의 불같이 타 없어지고 말았다. 그렇게 강한 에워쌈이었으나 여호와의 이름으로 끊어지고 말았다는 사실을 강조하기 위하여 여호와의 이름이라는 말씀이 10절과 12절에 두 번 나온다.

열방은 점진적으로 강조될 만큼 시인을 아주 강하게 에워쌌으나 오직 한 분 여호와의 이름으로 가시덤불의 불같이 타 없어지고 말았다. 이와 같이 여호와의 이름은 강하시다. 상천하지(上天下地)에서 여호와의 이름을 당해낼 자는 아무도 없다. 세 나라의 연합 군대가 여호사밧을 치러 왔지만 시 118:10, 12의 여호와의 이름으로 가시덤불의 불같이 타 없어지고 말았다.

여호와의 이름만 강하신 것이 아니다. 땅 위에 사는 어떠한 성도라도 강하신 여호와의 이름과 함께 하는 성도는 강하신 여호와의 이름이 주시는 혜택을 받아 누릴 수 있다. 그 혜택을 받은 사람이 바로 여호사밧이다. 세 나라의 연합 군대가 여호사밧을 치러 왔으나 강하신 여호와의 이름이 함께 하시는 여호사밧을 당해내지 못하였다. 오늘날 우리도 여호사밧처럼 시 118:10, 12의 여호와의 이름이 함께 하시는 사람들이 되어 강하신 여호와의 이름이 주시는 혜택을 그대로 받아 누릴 수 있는 21세기의 여호사밧이 될 수 있기를 바란다.

5. 사 30:15

사 30:15은 "주 여호와 이스라엘의 거룩하신 이가 이같이 말씀하시되 너희가 돌이켜 조용히 있어야 구원을 얻을 것이요 잠잠하고 신뢰하여야 힘을 얻을 것이거늘"이라고 했다. 우리가 구원을 얻을 수 있는 비결을 말한다. 우리가 구원을 얻기 위해서는 여기저기 다니며 덤빌 것이 아니라 한 자리에 가만히 서서 조용히 있고 잠잠하고 신뢰하여야 구원을 얻을 수 있다고 하였다. 그렇게 하지 못하고 여기저기 다니며 덤비면 절대로 구원을 얻을 수 없다.

이와 같은 말씀을 모세는 출 14:13에서 "너희는 두려워하지 말고 가만히 서서 여호와께서 오늘 너희를 위하여 행하시는 구원을 보라"라고 했다. 여기에서는 세 가지를 말씀하는데 1) 두려워 말고, 2) 가만히 서서, 3) 여호와의 구원을 바라보는 일이다. 이 세 가지는 순서대로 되어 있다. 두려워하지 말아야 가만히 설 수 있고 가만히 설 수 있어야 하나님의 구원을 바라볼 수 있다. 두려워서 정신을 차리지 못하는 사람이 어떻게 가만히 설 수 있으며 가만히 서지 못하고 덤비는 사람이 어떻게 여호와의 구원을 바라볼 수 있겠는가. 그러니 두려워하지 말아야 가만히 설 수 있고 가만히 설 수 있어야 여호와의 구원을 바라볼 수 있다.

이 말씀은 거꾸로도 순서가 된다. 우리가 여호와의 구원을 바라볼 수 있기 위해서는 가만히 서야 하고 가만히 설 수 있기 위해서는 두려워하지 말아야 한다. 뒤에는 애굽의 군대가 따라오고 앞에는 홍해가 가로막 혔으니 이 절체절명(絶體絶命)의 자리에서 어떻게 두려워하지 않고 가만 히 설 수 있겠는가. 그러나 살 수 있는 유일한 길은 아무리 두렵더라도 두려워하지 말고 가만히 서서 여호와의 구원을 바라보는 것이다. 또 이 스라엘이 그렇게 하였기 때문에 살 수 있었다.

이 말씀대로 실천한 사람이 바로 여호사밧이다. 세 나라의 연합 군대 가 예루살렘을 치러 온 절체절명의 자리에서 여호사밧은 두려워하고 덤 비면서 여기저기 뛰어다닌 것이 아니라, 사 30:15 말씀대로 조용히 있 어 잠잠하고 신뢰하였고 출 14:13 말씀대로 두려워하지 않고 가만히 서 서 여호와의 구원을 바라보는 성경이 말하는 자세를 취하였다. 그러기 에 구원과 승리가 있었다. 여호사밧의 자세가 바로 우리의 자세가 되기 를 바란다.

6. 잠 24:10

잠 24:10에는 "네가 만일 환난 날에 낙담하면 네 힘이 미약함을 보임 이니라"라는 말씀이 있다. 피조물인 인간의 힘은 미약하다. 아무리 힘이 미약해도 환난 날이 아닌 평화의 때에는 그 미약한 힘 가지고도 감당이 된다. 그러나 평화의 때보다 더 큰 힘이 요구되는 환난 날에는 그 미약 한 힘 가지고는 감당이 안 된다. 하나님과의 관계를 못 가진 불신자들의 경우는 다 이러하다.

그러나 하나님과의 관계를 가진 성도들의 세계에는 잠 24:10 외에 다 른 세계가 있다. 어떠한 세계인가? 바로 사 40:28-31의 "너는 알지 못 하였느냐 듣지 못하였느냐 영원하신 하나님 여호와, 땅 끝까지 창조하 신 이는 피곤하지 않으시며 곤비하지 않으시며 명철이 한이 없으시며 피곤한 자에게는 능력을 주시며 무능한 자에게는 힘을 더하시나니 소년이라도 피곤하며 곤비하며 장정이라도 넘어지며 쓰러지되 오직 여호와를 앙망하는 자는 새 힘을 얻으리니 독수리가 날개치며 올라감 같을 것이요 달음박질하여도 곤비하지 아니하겠고 걸어가도 피곤하지 아니하리로다"의 세계이다. 하나님께서는 피곤치 않으시고 곤비치 아니하실 뿐만 아니라 피곤하고 무능한 자리에서도 여호와를 앙망하는 자에게는 능력과 힘을 주시는 고마운 분이시다. 여호와를 앙망할 때 따르는 이 능력과 힘을 얻지 못한 사람은 비록 힘이 있는 소년과 장정들이라도 피곤하고 넘어지고 쓰러질 수밖에 없으나, 여호와를 앙망하여 능력과 힘을 얻은 사람은 독수리의 날개치며 올라감 같을 것이요 달음박질하여도 곤비하지 아니하겠고 걸어가도 피곤치 않는 놀라운 축복을 받게 된다는 말씀이다.

이 말씀대로 된 사람들을 성경에서 보고자 한다.

1) 삼상 30:4

삼상 30:4에서 다윗과 그와 함께 한 백성은 울 기력이 없도록 소리를 높여 울었다. 얼마나 힘이 없으면 더 울고 싶어도 울 기력이 없어서 울지 못할 정도로 힘이 빠졌겠는가. 그때 다윗은 하나님 여호와를 힘입고 용기를 얻었다(삼상 30:6). 여호와를 앙망하여 새 힘을 얻은 다윗은 새벽부터 이튿날 저녁까지(삼상 30:17) 전쟁을 계속하여 큰 승리를 얻었다. 새벽부터 이튿날 저녁까지면 만 이틀 동안이다. 세상에서 전쟁하는 일이 제일 힘든 일인데 울 기력이 없도록 힘이 빠졌던 다윗이 새벽부터 이튿날 저녁까지 만 이틀을 싸웠으니 그 힘이 어디에서 생겼는가? 바로 하나님 여호와를 힘입고 용기를 얻은(삼상 30:6), 즉 여호와를 앙망하여 새 힘을 얻은 사 40:28-31의 힘이었다. 피조물로서 미약한 힘을 가진 다윗은 환난 날에 낙담하였으나(잠 24:10) 그는 하나님과의 관계를 가졌던 성도인지라 여호와를 앙망하여 새 힘을 얻어 잠 24:10의 말씀을 초월한 초자연적인 힘을 얻을 수 있었다.

2) 왕상 19:4-8

갈멜산에서 바알의 선지자들과 용감무쌍하게 싸운 엘리야지만 그도 환난 날에 낙담하여 미약함을 보이는 피조물에 불과했다. 그래서 "여호와여 넉넉하오니 지금 내 생명을 거두시옵소서 나는 내 조상들보다 낫지 못하니이다"(왕상 19:4)라고 하면서 죽기를 자청할 정도로 미약해졌으나 하나님께서는 그에게 떡을 먹이사 40주 40야를 행하여 하나님의 산 호렙에 이를 만큼 엄청난 힘을 더하여 주셨다. 하나님과의 관계를 못 가진 불신자라면 "네가 만일 환난 날에 낙담하면 네 힘이 미약함을 보임이니라"(잠 24:10)의 말씀으로 끝나고 말 뻔하였는데 그는 하나님과의 관계를 가졌고 하나님께로부터 새 힘을 얻어 잠 24:10의 말씀을 초월하는 힘을 가질 수 있었다.

3) 단 10:15-23

다니엘은 한때 몸에 힘이 없어졌고 호흡이 남지 아니할 정도로 약해졌다(단 10:17). 한때는 뜻을 정하여 왕의 진미와 포도주로 자기를 더럽히지 않기 위하여 믿음으로 강하게 살던 다니엘(단 1:8), 왕 아닌 어느 신에게나 사람에게 무엇을 구하면 사자굴에 던진다는 사실을 알고도 예루살렘을 향하여 열린 창에서 전에 행하던 대로 하루 세 번씩 무릎을 꿇고 기도했던 다니엘도 "네가 만일 환난 날에 낙담하면 네 힘이 미약함을 보임이니라"(잠 24:10)의 피조물에 불과했다.

이러한 때 다니엘이 하나님과의 관계를 못 가진 불신자라면 그대로 끝날 뻔했는데 하나님께서는 그를 그대로 두지 않으시고 "또 사람의 모양 같은 것 하나가 나를 만지며 나를 강건하게 하여 이르되 큰 은총을 받은 사람이여 두려워하지 말라 평안하라 강건하라 강건하라 그가 이같이 내게 말하매 내가 곧 힘이 나서 이르되 내 주께서 나를 강건하게 하셨사오니 말씀하옵소서"(단 10:18-19)의 사실이 이루어지게 하셨다.

하나님과의 관계를 못 가졌던 불신자였더라면 잠 24:10의 상태로 끝날 뻔했는데 다니엘은 하나님과의 관계를 가졌고 하나님께로부터 힘을 얻었기 때문에 호흡이 남지 아니할 정도까지 약해졌던 자리에서 잠 24:10의 말씀을 초월하는 새로운 힘을 얻게 되었다.

4) 살전 2:2

바울은 살전 2:2에서 "우리가 먼저 빌립보에서 고난과 능욕을 당하였으나 우리 하나님을 힘입어 많은 싸움 중에 하나님의 복음을 너희에게 전하였노라"라고 했다. 바울이 데살로니가에 오기 전에 이미 빌립보에서 고난과 능욕을 당하여 약해질 대로 약해진 상태로 데살로니가에 왔다. 이렇게 약해질 대로 약해진 상태로 데살로니가에 왔으니 조금 쉬어야 하겠는데 데살로니가에도 많은 싸움이 바울을 기다리고 있었다. 이런 상태에서 어떻게 복음을 전할 수 있겠는가? "내가 달려갈 길과 주 예수께 받은 사명 곧 하나님의 은혜의 복음을 증언하는 일을 마치려 함에는 나의 생명조차 조금도 귀한 것으로 여기지 아니하노라"(행 20:24)의 바울도 데살로니가에서는 "네가 만일 환난 날에 낙담하면 네 힘이 미약함을 보임이니라"(잠 24:10)의 피조물에 불과하였다. 그런데 하나님과의 관계를 못 가진 불신자라면 잠 24:10의 상태로 끝날 뻔했는데 하나님과의 관계를 가졌던 바울에게는 하나님께서 힘을 주셨다. 바울은 그 하나님께로부터 힘을 얻어 많은 싸움 중에서도 다시 한 번 데살로니가에서 하나님의 복음을 전할 수 있었다.

5) 대하 20:12

세 나라의 연합 군대가 여호사밧을 치러 왔으나 "우리를 치러 오는 이 큰 무리를 우리가 대적할 능력이 없고"(대하 20:12)라고 고백한 대로 여호사밧은 힘이 없었다. 더욱이 여호사밧 때는 환난도 보통 환난이 아니고 환난 중에서도 최고 환난인 전쟁의 때였다. 특히 전 6:10에서는 "자기보다 강한 자와는 능히 다툴 수 없느니라"라고까지 말하지 않았는가. 그러나 하나님과의 관계를 가지고 있고 "강한 자와 약한 자 사이에는 주 밖에 도와 줄 이가 없사오니"(대하 14:11)라고 고백한 여호사밧은 하나님의 도우심을 받아 세 나라의 연합 군대를 전멸시키는 놀라운 승리를 얻었다. 여호사밧은 잠 24:10의 상태에서 끝나지 않고 하나님의 기적적인 도우심을 받았다.

7. 시 107:27

시 107:27에는 "그들이 이리저리 구르며 취한 자같이 비틀거리니 그들의 모든 지각(知覺)이 혼돈 속에 빠지는도다"라는 말씀이 있다. 한글성경의 "지각이 혼돈 속에 빠지는도다"는 잘 된 번역은 아니다. 히브리어 대로 하면 지각이 소모되어 없어졌다는 말이다. 인간의 지각이 다 소모되어 없어졌다는 말은 사람이 가지고 있는 지각의 모든 밑천이 없어져서 이제는 사람의 지각으로는 무슨 일도 할 수 없는 끝장에 이르렀다는 뜻이다. "여호와께서 행하신 일들과 그의 기이한 일들을 깊은 바다에서 보나니 여호와께서 명령하신즉 광풍이 일어나 바다 물결을 일으키는도다 그들이 하늘로 솟구쳤다가 깊은 곳으로 내려가나니 그 위험 때문에 그들의 영혼이 녹는도다 그들이 이리저리 구르며 취한 자같이 비틀거리니"(시 107:24-27) 인간의 지각으로 어떻게 벗어날 수 있겠는가. 그러니 인간의 지각이 다 소모되어 끝장에 이르지 않았는가. 잠 24:10에서는 인간의 힘이 끝장에 이르렀으나 시 107:27에서는 인간의 지각이 끝장에 이르렀다.

하나님과의 관계를 못 가진 이방인들에게는 이러한 자리에서 아주 끝장나고 만다. 그러나 하나님과의 관계를 가지고 있는 성도들은 이러한 자리에서 새로운 세계를 바라볼 수 있다. 어떠한 세계인가? "이에 그들이 그들의 고통 때문에 여호와께 부르짖으매 그가 그들의 고통에서 그들을 인도하여 내시고 광풍을 고요하게 하사 물결도 잔잔하게 하시는도다 그들이 평온함으로 말미암아 기뻐하는 중에 여호와께서 그들이 바라는 항구로 인도하시는도다"(시 107:28-30)의 세계다.

여호사밧이 바로 이러한 자리에 있었다. 세 나라의 연합 군대가 여호사밧을 치러왔을 때 여호사밧은 "우리를 치러 오는 이 큰 무리를 우리가 대적할 능력이 없고 어떻게 할 줄도 알지 못하옵고 오직 주만 바라보나이다"(대하 20:12)라고 했다. 여기에 나오는 "어떻게 할 줄도 알지 못하옵고"가 바로 시 107:27의 지각이 소모되었다는 말씀과 같은 뜻이다. 여호사밧이 하나님과의 관계를 못 가진 이방인이었다면 이 자리에서 아주 끝날 뻔했는데 다행히도 그는 하나님과의 관계를 가진 하나님의 백성인지라 "우리를 치로 오는 이 큰 무리를 우리가 대적할 능력이 없고 어떻게 할 줄도"(대하 20:12) 알지 못하는 자리에서, "오직 주만 바라보나이다"(대하 20:12)의 새로운 세계를 바라볼 수 있었다. 그러할 때 하나님께서 세 나라의 연합 군대를 전멸시키는 엄청난 기적을 여호사밧에게 행하여 주셨다. 인간의 지각이 다 소모되고 인간의 지혜로는 무슨 일도 할 수 없는 끝장난 자리에서 하나님을 바라보는 자에게 하나님께서는 누구도 할 수 없고 오직 전능하신 하나님만이 하실 수 있는 놀라운 기적으로 응답해주신다.

이러한 사실을 선지자 다니엘에게서도 볼 수 있다. 단 6:14은 다리오 왕이 다니엘을 살려보려고 힘을 다하며 마음을 썼다고 한다. 그러나 아무리 힘을 다하였지만 "왕은 자기가 하고자 하는 것을 다 행함이니라"(전 8:3)의 무소불능(無所不能)의 힘을 가진 다리오 왕도 할 수 없었다. 그리고 마음을 썼다는 것은 다니엘을 구원하려고 인간의 지각과 지혜를 다 짜내보았지만 할 수 없었다는 말이다. 힘을 다하여도 안 됐다는 말은 잠 24:10대로 인간의 힘이 한계에 이르렀다는 말씀이고 마음을 써도 안 됐다는 말씀은 시 107:27대로 인간의 지각이 한계에 이르렀다는 말이다.

다리오 왕은 인간의 힘과 지혜가 한계에 이르렀다. 그는 하나님과의 관계를 못 가진 이방인인지라 그것으로 끝날 수밖에 없었다. 그래서 다니엘을 사자굴에 던질 수밖에 없었다. 그러나 하나님과의 관계를 가진 하나님의 백성 다니엘에게는 또 다른 세계가 있었다. 어떠한 세계인가? 단 6:23은 다니엘이 사자굴에 빠질 때 그가 하나님을 의뢰하였다고 한다. 하나님과의 관계를 못 가진 이방인은 가질 수 없고 하나님과의 관계를 가진 하나님의 백성들만이 가질 수 있는 하나님을 의뢰하는 믿음을 가질 때 "왕은 자기가 하고자 하는 것을 다 행함이니라"(전 8:3)의 다리오 왕도 할 수 없었던 일을 하나님은 하셨다.

험악한 세상을 살아가다가 힘의 한계(잠 24:10)와 지혜의 한계(시 107:27)를 느낄 때 앞서 간 믿음의 조상들이 그렇게 하였듯이 우리도 그 자리에서 하나님을 바라보고 하나님을 믿으며 하나님을 의뢰하여 피조물인 인간은 누구도 할 수 없고 오직 전능하신 하나님만이 하실 수 있는 놀라운 기적의 은총을 경험할 수 있기를 바란다.

8. 마 6:29

마 6:29에는 "그러나 내가 너희에게 말하노니 솔로몬의 모든 영광으로도 입은 것이 이 꽃 하나만 같지 못하였느니라"라고 했다. 솔로몬의 옷은 당시 인간의 세계에서는 1) 옷감, 2) 색깔, 3) 디자인(design), 4) 바느질 솜씨에서 최고의 작품이었다. 솔로몬이 입은 옷의 옷감은 당시 세계에서 최고의 옷감이었고, 그 색깔도 최고로 우아한 색깔이었고, 디자인은 그 당시 세계에서 최고의 기술자가 만든 디자인이었고, 바느질 기술에 있어서는 그 당시 최고 기술자가 만든 작품이었다. 그래서 성경도 솔로몬의 모든 영광으로 입은 옷이라고까지 말하지 않았는가.

솔로몬의 옷에 비하면 백합화 한 송이는 어떠한가? 하나님께서 우주를 창조하신 대창조에 비하면 백합화 한 송이는 지극히 작은 솜씨 중에 하나라고 볼 수 있다. 하나님께서 만드신 지극히 작은 솜씨 중의 하나인 백합화는 인간이 만든 작품 중에서 네 가지 면에서 최고의 작품인 솔로몬의 옷보다도 낫다는 말씀이다.

왜 그러한가? 백합화는 솔로몬의 옷이 가지지 못한 향기와 생명을 가지고 있다. 네 가지 면에서 인간이 만든 작품 중에서 최고의 작품인 솔로몬의 옷에는 백합화가 가지고 있는 향기와 생명이 없다. 그러므로 하나님께서 만드신 지극히 작은 솜씨는 인간이 만든 최고 작품보다 우수하다는 말씀이다.

이 사실이 대하 20장의 여호사밧에게 이루어졌다. 대하 20:15은 "이 큰 무리로 말미암아 두려워하거나 놀라지 말라 이 전쟁은 너희에게 속한 것이 아니요 하나님께 속한 것이니라"라고 했고, 대하 20:17은 "이 전쟁에는 너희가 싸울 것이 없나니 대열을 이루고 서서 너희와 함께 한 여호와가 구원하는 것을 보라"라고 했다. 왜 이러한 말씀이 나왔는가?

세 나라의 연합 군대가 여호사밧을 치러 왔을 때 여호사밧은 "우리를 치러 오는 이 큰 무리를 우리가 대적할 능력이 없고 어떻게 할 줄도 알지 못하옵고 오직 주만 바라보나이다"(대하 20:12)라고 하면서 이 전쟁을 오로지 주님께만 의탁하였다. 그러할 때 하나님께서는 이 전쟁을 주님께서 맡으시고(대하 20:15) 싸워주심으로 구원해주셨다(대하 20:17). 세 나라의 연합 군대가 여호사밧을 치러 왔을 때 여호사밧은 어떠한 인간적인 방법이나 수단을 쓰지 아니하고 오직 이 문제를 주님께만 맡겼고 주님께서 이 전쟁을 맡으시고(대하 20:15) 싸워서 구원해주시는 때(대하 20:17), 어느 인간들이 하는 것보다도 가장 깨끗하고 우수한 작품을 만드셨다. 인간들이 만든 최고 작품인 솔로몬의 옷보다 더 우수한 백합화 한 송이의 작품을 하나님께서 만드셨다.

여호사밧 왕의 이 자세는 대하 28장에 나오는 남국 유다의 제12대 아하스 왕과 좋은 대조가 된다. 그가 범죄함으로 여러 나라가 연합하여 침략해 들어올 때 그는 여호사밧처럼 이 문제를 하나님 앞에 나아가 엎드리는 믿음의 방법으로 해결코자 하지 않고 순전히 인간의 방법으로만 해결코자 하였다. 에돔이 침략해오자 그는 앗수르에 도움을 구하였으나 앗수르가 돕지 아니하고 도리어 아하스를 공격했다고 하였다(대하 28:16-20). 그러자 아하스는 앗수르 왕의 마음을 사려고 여호와의 전과 왕궁과 방백들의 집에서 재물을 가져다가 앗수르 왕에게 주었으나 아무 유익이 없었다(대하 28:21).

아하스가 곤고할 때 더욱 여호와께 범죄하여 자기를 친 다메섹 신들에게 제사하며 "아람 왕들의 신들이 그들을 도왔으니 나도 그 신에게 제사하여 나를 돕게 하리라"(대하 28:23)라고 했으나 그 신이 도리어 아하스와 온 이스라엘을 망하게 하였다고 한다(대하 28:22-23). 왕이 한 나라를 구원해보려고 쓰는 방법은 결코 어린아이들의 장난이 아니다. 왕의 방법은 인간적으로는 애국의 지혜를 짜낸 최고의 방법이다. 아하스가 나라를 구원해보려고 인간적인 면에서는 최고의 지혜와 최고의 방법을 취해보았지만 무슨 보람이 있었는가?

세 나라의 연합 군대가 여호사밧을 치러 왔을 때 여호사밧은 아하스와 같은 방법은 하나도 쓰지 않았다. 그는 문제를 전적으로 주님께 맡겼다. 그랬더니 주님께서 그 전쟁을 맡으시고 가장 깨끗하고 가장 우수한 방법으로 작품을 만들어주지 않으셨던가. 아하스가 취한 태도는 인간적인 면에서는 최고의 기술을 짜낸 솔로몬의 옷이었고 여호사밧이 취한 방법은 하나님께서 만드신 백합화 한 송이의 작품이었다. 아하스는 인간적인 면에서는 최고의 지혜를 다 짜내어 최고의 작품을 만들었다고 했지만 아하스의 작품은 솔로몬의 옷이었고 여호사밧의 기도를 들으시고 하나님께서 만드신 작품은 백합화의 작품이었다. 아하스가 만든 최고의 작품은 하나님께서 만드신 지극히 작은 솜씨보다 못하였다.

우리는 어떠한 사람들이 되려는가? 아하스처럼 문제를 해결하기 위하여 인간적인 면에서는 최고의 지혜와 방법을 다 동원하여 최고의 작품을 만들었다고 하지만 하나님께서 만드신 백합화 한 송이보다 못한 솔로몬의 옷을 만드는 데 그치는 불행한 자들이 되어서는 안 되겠다. 우리는 여호사밧처럼 인간적인 방법을 다 버리고 빈손 들고 하나님 앞에 나아가 문제를 전적으로 주님께 맡기고 주님만을 바라보자. 그렇게 할 때 하나님께서 문제를 맡으시고 해결해주시되 솔로몬의 모든 영광으로 입은 옷보다 더욱 귀한 백합화 한 송이의 작품을 만들어주시는 복된 사람들이 될 수 있기를 바란다.

9. 시 37:5

여호사밧의 일은 시 37:5의 말씀이 생각나게 한다. "네 길을 여호와께 맡기라 그를 의지하면 그가 이루시고." 세 나라의 연합 군대가 여호사밧을 치러 왔을 때 여호사밧은 이 심각한 문제를 하나님께 맡기고 하나님을 의지할 때 하나님께서 여호사밧에게 큰 승리를 안겨주심으로써 시 37:5의 약속을 그대로 지켜주셨다. 시 55:22의 말씀도 생각나게 한다. "네 짐을 여호와께 맡기라 그가 너를 붙드시고 의인의 요동함을 영원히 허락하지 아니하시리로다." 세 나라의 연합 군대가 여호사밧을 치러 왔다는 이 골치아픈 짐을 여호와께 맡겨버릴 때 하나님께서는 여호사밧을 붙드시고 영영히 요동치 않게 하셨다.

그리고 잠 16:3의 말씀도 생각나게 한다. 거기에는 "너의 행사를 여호와께 맡기라 그리하면 네가 경영하는 것이 이루어지리라." 세 나라의 연합 군대가 쳐들어왔을 때 여호사밧은 어떻게 할 것인가에 대하여 생각지 아니하고 "오직 주만 바라보나이다"(대하20:12)라고 하면서 모든 경영을 하나님께 맡겼으므로 하나님께서 그가 경영하는 바를 승리로 이끄셨다.

또 벧전 5:7의 말씀도 생각나게 한다. "너희 염려를 다 주께 맡기라 이는 그가 너희를 돌보심이라"라고 했다. 세 나라의 연합 군대가 여호사밧을 치러 왔으니 한 나라의 존폐(存廢) 문제가 생긴 것이다. 한 나라를 다스리는 왕으로서 그 나라의 존폐 문제 이상 더 큰 염려가 또 어디 있겠는가. 여호사밧이 이 염려를 오직 주님께 맡겼더니 하나님께서 여호사밧의 문제를 잘 돌보아주셔서 그의 염려를 큰 승리로 바꾸어주심으로 벧전 5:7의 약속을 지켜주셨다.

10. 슥 12:1-6

여호사밧의 문제는 마지막으로 슥 12:1-6의 말씀이 생각나게 한다. 거기에 보면 "여호와 곧 하늘을 펴시며 땅의 터를 세우시며 사람 안에 심령을 지으신 이가 이르시되 보라 내가 예루살렘으로 그 사면 모든 민족에게 취하게 하는 잔이 되게 할 것이라 예루살렘이 에워싸일 때에 유다에까지 이르리라 그 날에는 내가 예루살렘을 모든 민족에게 무거운 돌이 되게 하리니 그것을 드는 모든 자는 크게 상할 것이라 천하 만국이 그것을 치려고 모이리라 여호와가 말하노라 그 날에 내가 모든 말을 쳐서 놀라게 하며 그 탄 자를 쳐서 미치게 하되 유다 족속은 내가 돌보고 모든 민족의 말을 쳐서 눈이 멀게 하리니 유다의 우두머리들이 마음속에 이르기를 예루살렘 주민이 그들의 하나님 만군의 여호와로 말미암아 힘을 얻었다 할지라 그 날에 내가 유다 지도자들을 나무 가운데에 화로 같게 하며 곡식단 사이에 횃불 같게 하리니 그들이 그 좌우에 에워싼 모든 민족들을 불사를 것이요 예루살렘 사람들은 다시 그 본 곳 예루살렘에 살게 되리라"라는 재미있는 말씀이 나온다. 이 말씀 가운데는 네 가지 내용이 나온다.

1) 천하만국이 예루살렘을 치려고 모임으로(슥 12:3) 예루살렘은 에워싸이게 된다(슥 12:2).

2) 그때 하나님께서 예루살렘으로 하여금 그 사면 민족에게 취하게 하는 잔이 되게 하시고(슥 12:2), 무거운 돌이 되게 하심으로 그것을 드는 자가 크게 상하게 되고(슥 12:3), 유다 우두머리들로 하여금 나무 가운데 화로 같게 하며 곡식단 사이에 횃불 같게 함으로 그들이 그 좌우에 에워싼 모든 민족들을 불사르게 된다(슥 12:6).

3) 예루살렘을 에워싼 원수들의 말을 쳐서 놀라게 할 뿐 아니라 눈이 멀게 하고 말을 탄 자들을 쳐서 미치게 하신다(슥 12:4).

4) 천하만국 백성에게 에워싸였던 예루살렘은 하나님께서 돌아보시고 (슥 12:4), 예루살렘 사람들은 그 본국 예루살렘에 살게 되니(슥 12:6), 유다의 우두머리들이 마음속에 이르기를 예루살렘 주민이 그들의 하나님 만군의 여호와로 말미암아 힘을 얻었다고 말하게 된다(슥 12:5).

이 네 가지 사실이 믿음으로 살던 여호사밧에게 그대로 이루어졌다. 우리도 여호사밧처럼 믿음으로 살다가 여호사밧에게 이루어진 슥 12:1-6의 네 가지 사실이 우리에게도 재현(再現)될 수 있기를 바란다.

제5대

여호람

대하 21장

피할 수 없는 일과 피할 수 있는 일

대하 21:1의 "여호사밧이 그의 조상들과 함께 누우매"는 여호사밧이 세상을 떠나 조상들이 있는 곳에 갔다는 말이다. 땅에 사는 사람으로서 이 세상을 떠나 조상들의 자리에 가게 된다는 사실은 어느 누구도 피할 수 없는 일이다. 아무리 건강하고 돈이 많고 권세가 많아도, 창 5:24의 에녹과 왕하 2:11의 선지자 엘리야 외에는, 그 누구도 이 길을 피할 수 없다.

그러나 우리가 땅에 사는 동안 악하게 살다가 세상을 떠난 조상들의 길을 본받아 살지 아니면 그 길을 떠나 의로운 길로 돌이킬지, 의롭게 살다가 세상을 떠난 조상들의 길을 그대로 본받아 의롭게 살지 아니면 그 길에서 떠나 탈선하여 악한 자리에 빠질지는 얼마든지 우리의 의지로 결정할 수 있다.

1. 악한 일

조상들의 악을 본받아 계속해서 악하게 산 사람들의 모습을 살펴보자.

1) 조상들의 악을 계속해서 본받은 경우

우선 대하 21장에 나오는 여호람 왕이 그러한 사람이다. 대하 21:6은 여호람이 이스라엘 왕들의 길로 행하여 아합의 집과 같이 하였다고 한다. 그리고 대하 21:12-13은 선지자 엘리야가 여호람에게 글을 보내며 네가 네 아비 여호사밧의 길과 유다 왕 아사의 길로 행하지 아니하고 오직 이스라엘 왕들의 길로 행하여 유다와 예루살렘 주민들이 음행하게 하기를 아합의 집이 음행하듯 하게 했다고 하였다. 특히 이 일에 있어서는 북국 이스라엘의 왕들이 그러하였다. 여로보암을 이어 이스라엘의 왕이 된 18명 가운데 제4대 엘라(왕상 16:6-14), 제15대 살룸(왕하 15:10, 13-15) 외에는 여로보암의 죄에서 돌이킨 사람이 한 사람도 없고 모두 여로보암의 죄를 그대로 본받았다. 조상의 죄를 본받는 일에 그처럼 집념(執念)이 강해야 했던가(이 강해에 대해서는 박희천 저, 『북국 이스라엘』 p. 319-321의 "죄악의 닻"을 참고하기 바란다.).

2) 조상들의 의로운 생활을 계승하지 못하고 탈선하여 악에 빠진 자들

왕상 11:4, 33은 솔로몬의 나이가 많을 때 그의 여인들이 그의 마음을 돌려 다른 신들을 따르게 하였으므로 왕의 마음이 그의 아버지 다윗의 마음과 같지 아니했다고 했고, 왕상 15:3은 남국 유다의 제2대 왕 아비야의 마음이 그 조상 다윗의 마음과 같지 아니했다고 했다. 겔 18:5-9에는 의인의 생활이 나오는데 그 사람은 의로워서 "정의와 공의

를 따라 행하며 산 위에서 제물을 먹지 아니하며 이스라엘 족속의 우상에게 눈을 들지 아니하며 이웃의 아내를 더럽히지 아니하며 월경 중에 있는 여인을 가까이 하지 아니하며 사람을 학대하지 아니하며 빚진 자의 저당물을 돌려 주며 강탈하지 아니하며 주린 자에게 음식물을 주며 벗은 자에게 옷을 입히며 변리를 위하여 꾸어 주지 아니하며 이자를 받지 아니하며 스스로 손을 금하여 죄를 짓지 아니하며 사람과 사람 사이에 진실하게 판단하며 내 율례를 따르며 내 규례를 지켜 진실하게" 행하는 사람이라고 했다. 그런데 그의 아들은 아버지의 의로운 생활을 계승하지 못하고 탈선하여 죄악의 길에 빠졌다(겔 18:10-13).

2. 선한 일

우리가 세상을 떠날 때 조상들과 같은 자리에 가는 것은 피할 수 없는 운명이지만 땅에 살 동안 조상들처럼 의롭게 사느냐 악하게 사느냐, 조상들과 달리 의롭게 사느냐 악하게 사느냐는 얼마든지 의지로 결정할 수 있다. 성경은 조상을 따라 혹은 조상과 달리 선하게 산 사람들의 이야기도 나오는데 그 모습도 두 가지 특색이 있다.

1) 조상들을 따라 아예 처음부터 의롭게 산 사람들

왕상 15:11에는 남국 유다의 제3대 왕 아사가 그 조상 다윗처럼 여호와 보시기에 정직하게 행했다고 하였고, 왕상 22:43, 대하17:3에는 남국 유다의 제4대 왕 여호사밧이 그 부친 아사의 모든 길로 행하며 돌이켜 떠나지 아니하고 여호와 보시기에 정직히 행했다고 하였고, 대하 29:2에는 남국 유다의 제13대 왕 히스기야가 그 조상 다윗의 모든 행실과 같이 여호와 보시기에 정직하게 행했다고 하였다.

2) 조상들의 잘못을 거울로 삼아 선한 길로 돌이킨 사람

겔 18:10-13에는 어떠한 사람이 "강포하거나 살인하거나 산 위에서 제물을 먹거나 이웃의 아내를 더럽히거나 가난하고 궁핍한 자를 학대하거나 강탈하거나 빚진 자의 저당물을 돌려주지 아니하거나 우상에게 눈을 들거나 가증한 일을 행하거나 변리를 위하여 꾸어 주거나 이자를 받거나" 하다가 자기의 죄가 자기에게로 돌아가 죽은 사람이 나온다. 그에게 아들이 태어났는데 그는 그 아버지가 행한 모든 죄를 보고 두려워하여 그대로 행하지 아니하고 돌이켜 선한 일을 행하며 살았다(겔 18:14-17).

우리는 지금까지 조상을 따라 또는 조상과는 달리 선하거나 악하게 살다가 복 받거나 화를 받은 사람들의 보기들을 살펴보았다. 우리가 세상을 살 때 조상들이 있는 자리에 함께 가야 하는 일은 피할 수 없는 운명이지만 세상을 사는 동안 조상을 따라 또는 조상과는 달리 선하거나 악하게 살 수 있는 것은 우리의 의지로 결정할 수 있는 자유라면 그 자유를 살려서 얼마든지 선하게 살 수 있지 않겠는가. 이 세상을 사는 동안 우리의 자유의지를 충분하게 살려서 얼마든지 선하게 살다가 하나님께로부터 큰 축복을 받는 복된 백성들이 될 수 있기를 바란다.

왕위(王位)냐 재물이냐

남국 유다의 제5대 왕 여호람에게는 동생 여섯이 있었는데(대하 21:2) 그 부친이 여섯 아들에게는 은금과 보물과 유다 견고한 성읍들을 선물로 후히 주었고 여호람은 장자이므로 왕위를 주었다고 한다(대하 21:3). 대하 21:3을 히브리어대로 하면 질적으로는 은과 금과 보물이요 양적으로는 선물들과 보물들과 견고한 성읍들, 즉 복수로 주었으니 양적으로 많이 주었다. 이러한 일은 남국 유다의 제1대 왕 르호보암에게도 있었다(대하 11:18-23). 르호보암에게는 아들 28명이 있었는데 왕위는 아비야에게 주었고 다른 아들들에게는 유다와 베냐민의 온 땅 모든 견고한 성읍에 흩어 살게 하고 양식을 후히 주고 아내를 많이 구하여 주었다(대하 11:23).

그런데 여호람 왕의 동생 6명이 아무리 많은 재물을 받았다 할지라도 여호람이 그 부친의 위에 올라 세력을 얻은 후 6명의 동생을 죽였으니 (대하 21:4) 동생 6명이 받은 그 많은 재물들이 무슨 소용이 있었는가. 결국에는 왕위가 재물보다 우수한 셈이다.

성경은 하나님을 모르는 자들에게도 하나님께서 어느 정도의 재물을 주신다고 말한다. 욥 12:6은 하나님을 진노하게 하는 자가 평안하니 이는 하나님이 그의 손에 후히 주시기 때문이라고 했고, 욥 22:18은 하나님이 좋은 것으로 악인의 집에 채우신다고 하였다. 시 17:14에는 "이 세상에 살아 있는 동안 그들의 분깃을 받은 사람들에게서 주의 손으로 나를 구하소서 그들은 주의 재물로 배를 채우고 자녀로 만족하고 그들의 남은 산업을 그들의 어린아이들에게 물려 주는 자니이다"라고 했다.

이 세상에서 그들의 분깃을 받은 사람들이라고 했으니 내세에서 받을 것은 하나도 없지만 우선 이 세상에서나마 그들의 분깃을 받은 자들이다. 그들은 하나님을 모르는 세상 사람들이라고 했다. 그들은 주님께서 주신 재물로 자기 배를 채울 뿐만 아니라 자기 배를 채우고 남은 산업을 그들의 어린아이들에게 물려주기까지 한다고 하였다.

눅 12:16-21, 16:19-31에 나오는 두 부자도 다 하나님을 모르는 불신자들이다. 그런데 아무리 많은 재물을 얻는다 할지라도 결국은 음부에 떨어지고 마니(눅 16:23) 그들의 많은 재물이 무슨 소용이 있는가. 참으로 예수님께서 "사람이 만일 온 천하를 얻고도 제 목숨을 잃으면 무엇이 유익하리요 사람이 무엇을 주고 제 목숨과 바꾸겠느냐"(마 16:26)라고 말씀하신 대로 온 천하를 얻고도 제 목숨을 잃으면 아무 유익이 없다. "어리석은 자여 오늘밤에 네 영혼을 도로 찾으리니 그러면 네 준비한 것이 누구의 것이 되겠느냐"(눅 12:20)라고 말씀하신 대로 하나님을 모르는 사람들이 예비했던 재물들은 아무 소용이 없다.

요 1:12-13, 롬 8:15, 엡 1:5, 요일 3:1은 우리가 하나님의 아들들이 되었다고 한다. 그리고 롬 5:17, 딤후 2:12은 우리가 장차 왕이 되겠다고 하였다. 여호람은 자기보다 선한 동생들(대하 21:13) 6명을 죽이는 잔인한 일을 하면서까지 왕이 되었으나 불과 8년밖에 왕노릇하지 못하였다(대하 21:5, 20). 그러나 하나님의 아들 된 우리들은 왕노릇하되 세세토록 왕노릇하게 된다고 하였다(계 20:5).

옛날에는 왕이 되려면 왕의 자손으로 태어나야 했다. 남국 유다의 왕들도 제7대 아달랴 외에는 모두 왕의 자손들이었다. 우리나라 조선시대 500년 동안 27대 왕들도 전부 다 왕의 자손으로 태어났다. 아무리 잘나고 뛰어난 사람이라도 왕의 자손이 아닌 사람은 왕이 될 수 없었다. 대통령은 선거로 될 수 있지만 왕조시대에는 선거나 투표도 없었다. 우리가 하나님의 아들이 되는 것도 이러한 조건이라면 누가 감히 하나님의 아들 되기를 바랄 수 있겠는가.

다행히도 요 1:12-13은 "영접하는 자 곧 그 이름을 믿는 자들에게는 하나님의 자녀가 되는 권세를 주셨으니 이는 혈통으로나 육정으로나 사람의 뜻으로 나지 아니하고 오직 하나님께로부터 난 자들이니라"라고 했다. 우리가 하나님의 아들들이 되는 것은 혈통으로 되는 것이 아니다. 왕의 자손으로 태어나지 않아도 얼마든지 하나님의 아들들이 될 수 있다. 세상에서는 혈통이 아니더라도 양자(養子) 제도를 통하여 아들이 될 수 있다. 그것을 성경은 "육정으로나 사람의 뜻으로"라고 했다. 우리가 하나님의 아들들이 되는 것은 혈통으로 왕의 자손으로 태어나지 못해도 괜찮다. 그리고 육정으로나 사람의 뜻으로 양자가 되지 못해도 괜찮다. 다만 "영접하는 자 곧 그 이름을 믿는 자들에게는 하나님의 자녀가 되는 권세를 주셨으니"(요 1:12) 얼마나 다행인가. 그래서 예수님께서도 "귀신들이 너희에게 항복하는 것으로 기뻐하지 말고 너희 이름이 하늘에 기록된 것으로 기뻐하라"(눅 10:20)라고 하셨다.

우리는 주의 재물로 배를 채우심을 입고 그 남은 산업을 어린아이들에게 유전까지 하나 내세에서는 아무 것도 받을 것이 없고 다만 금생에서만 분깃을 받는 세상에 속한 사람들이 아니고(시 17:14), 온 천하를 얻고도 자기 목숨을 잃을 수밖에 없는(마 16:26) 불행한 자들이 아니고, 하늘나라에서 세세토록 왕노릇할 수 있는(계 22:5) 하나님의 아들로 태어난 것을 다시 한 번 감사하자.

피는 피로

여호람 왕의 아버지 여호사밧이 세상을 뜨기 전 장자인 여호람에게는 왕위를 주었고 남은 여섯 아들에게는 은금과 보물과 유다의 견고한 성읍들을 선물로 후히 주었다(대하 21:2-3). 그러나 여호람이 그 부친의 위에 올라 세력을 얻은 후에는 그 모든 아우와 이스라엘 방백 중 몇 사람을 칼로 죽였다(대하 21:4). 더욱이 대하 21:13은 그 아우들이 여호람보다 선한 아우들이었다고 한다. 아마 동생들이 자기를 반역하여 왕위를 빼앗을 것을 우려하여 그렇게 한 것 같다. 그러나 많은 사람들의 피를 흘렸다.

이에 대하여 선지자 엘리야는 "여호와가 네 백성과 네 자녀들과 네 아내들과 네 모든 재물을 큰 재앙으로 치시리라 또 너는 창자에 중병이 들고 그 병이 날로 중하여 창자가 빠져나오리라 하셨다"(대하 21:14-15)라고 했으며, 그 예언대로 여호와께서 블레셋 사람과 구스에서 가까운 아라비아 사람의 마음을 격동시키사 여호람을 치게 하셨으므로 그들이 올라와서 유다를 침략하여 왕궁의 모든 재물과 그의 아들들과 아내들을 탈취하여 간 것만 아니라(대하 21:16-17) 왕의 아들들을 다 죽였다(대하 22:1). 자기 동생 6명의 피를 흘렸더니 자기 아들들의 피를 흘리게 되었다.

그러나 히스기야 왕은 29년 동안(대하 29:1) 왕노릇하다가 죽으면서도 유다와 예루살렘의 주민들에게 존경을 받았고(대하 32:33), 선지자 사무엘은 나이가 많아 늙어 머리가 희어져(삼상 12:2) 죽어도 무리가 슬피 울었다고 했는데(삼상 25:1), 8년 동안 짧게 왕노릇하다가 40세의 젊은 나이로 세상을 떠났는데도 아끼는 자 없이 죽었다고 했으니 백성들에게 얼마나 미움을 받았으면 그렇게까지 되었겠는가.

자기보다 선한 아우 6명을 죽인 여호람은 아들들과 함께 비명(非命)에 갔으니 우리는 이 사건에서 피에 대하여 언급한 성경말씀을 다시 한 번 기억하게 된다. 창 9:5은 "내가 반드시 너희의 피 곧 너희의 생명의 피를 찾으리니……사람이나 사람의 형제면 그에게서 그의 생명을 찾으리라"라고 했고, 민 35:31은 "고의로 살인죄를 범한 살인자는 생명의 속전을 받지 말고 반드시 죽일 것이며"라고 했다. 세상 법에도 벌금으로 형벌을 면하는 일이 있듯이 성경에도 그러한 법이 있다(출 21:30). 그러나 고의로 살인죄를 범한 살인자의 경우에는 출 21:30의 법이 통하지 않는다. 이러한 살인자는 벌금을 받고 형벌을 면해주어서는 안 되고 반드시 죽이라는 것이 민 35:31의 법이다. 그리고 민 35:33에서는 "피 흘림을 받은 땅은 그 피를 흘리게 한 자의 피가 아니면 속함을 받을 수 없느니라"라고 했다. 피 흘림을 받은 땅은 다른 어떠한 방법으로도 속할 길이 없고 반드시 피를 흘린 자가 죽임을 당하여 자기의 피를 흘리는 길밖에는 속할 길이 없다는 말씀이다(여기에 대해서는 박희천 저, 『북국 이스라엘』 p. 515-521의 "피는 피로"를 참고하기 바란다.).

여호람이 자기보다 선한 아우 6명의 피를 흘렸으니 다른 어떠한 것으로도 그 피를 해결할 길이 없고 다만 자기의 아들들과 자신의 피를 흘리는 것으로 마무리를 지었던 것이다. "피는 피로"이다. 우리는 이 불변의 교훈을 다시 한 번 명심해야겠다.

하나님을 버리니

대하 21:8-10에 보면 에돔과 립나가 여호람을 배반한 일이 나오는데, 대하 21:10은 그들이 여호람을 배반한 까닭을 그가 그의 조상들의 하나님 여호와를 버렸기 때문이라고 한다. 내가 하나님을 버리면 바로 나 자신이 사람에게 버림을 받는다.

하나님을 버린 자가 사람에게 버림받는다는 사실은 대하 25:27에도 나온다. 거기에 보면 남국 유다의 제9대 왕 아마샤가 돌이켜 여호와를 버린 후로부터 예루살렘에서 무리가 그를 반역하였다고 한다. 여호와를 버린 아마샤가 예루살렘 무리에게 배반을 당한 것이다. 이와 같은 일은 솔로몬의 경우에서도 볼 수 있다. 솔로몬이 하나님을 버리니(왕상 11:9)

에돔 사람 하닷이(왕상 11:14), 르손이(왕상 11:23), 그리고 또 솔로몬의 심복이었던 여로보암이(왕상 11:26) 솔로몬을 거스려 배반하였다.

어떤 이들은 사람이 자기를 배반했을 때 이것을 괘씸하게 여기는데 우리는 이 일에 대하여 한 번 생각해봐야 한다. 에돔과 립나가 여호람을 배반하고(대하 21:8-10), 예루살렘 사람이 아마샤를 배반하고(대하 25:27), 에돔 사람 하닷과(왕상 11:14) 르신이(왕상 11:23), 그리고 여로보암이 솔로몬을 배반했을 때 자기를 배반한 자들을 괘씸하게 여길 수 있는가? 그럴 수 없다. 그들이 배반한 까닭이 무엇 때문인가? 그들이 배반하기 전에 내가 먼저 하나님을 버렸기 때문에 그렇게 된 것이 아닌가? 내가 먼저 하나님을 버린 결과로 그들이 나를 배반한 것인데 내가 어떻게 그들을 원망할 수 있겠는가.

남을 괘씸하게 여기기 전에 먼저 내 과거를 살피자. 그들이 나를 배반하기 전에 내가 먼저 하나님을 버리지 않았는지. 그들이 오늘 나를 배반하는 것은 그들이 나를 배반하기에 앞서 내가 먼저 하나님을 버린 결과로 되어진 배반이 아닌가? 그렇다면 내가 어떻게 그들을 원망할 수 있겠는가. 남이 나를 배반한다고 원망하기 전에 나 자신의 과거를 예리하게 살펴보자.

불행한 피지도자

대하 21:14에 유다 백성들이 큰 재앙으로 치심을 받겠다고 하였다. 그런데 백성들이 왜 치심을 받게 되는가? 그 까닭은 지도자인 왕 여호람이 피지도자인 예루살렘 주민으로 하여금 음행하게 하고, 유다를 미혹하고(대하 21:11), 유다와 예루살렘 주민으로 하여금 음행하게 하기를 아합의 집과 같이 하였기 때문이다(대하 21:13). 그러니 피지도자인 백성이 큰 재앙으로 치심을 받게 된 까닭은 지도자인 왕을 잘못 만난 탓이었다.

백성만이 아니다. 14절은 그의 자녀와 아내들까지 큰 재앙으로 치심을 받겠다고 하였다. 그의 자녀와 아내들까지 큰 재앙으로 치심을 받게 된 까닭도 자기보다 선한 아우 6명을 죽인 아버지와 남편의 죄 때문이니 그의 자녀와 아내들도 집안의 지도자인 아버지와 남편을 잘못 만났기 때문에 가정의 피지도자인 그들이 큰 재앙으로 치심을 받게 되었던 것이다. 그러니 올바른 지도자를 만나지 못한 피지도자는 얼마나 불행한가.

올바른 지도자를 만나지 못한 불행한 피지도자에 대하여 성경은 다른 곳에서도 언급한다. 사 9:16은 "백성을 인도하는 자가 그들을 미혹하니 인도를 받는 자들이 멸망을 당하는도다"라고 하면서 인도를 받는 피지도자들이 멸망을 당하게 되는 까닭은 그들을 인도하는 지도자들이 피지도자들을 미혹케 한 까닭이라고 한다. 렘 14:15에는 거짓 선지자가 받는 벌에 대하여 "그러므로 내가 보내지 아니하였어도 내 이름으로 예언하여 이르기를 칼과 기근이 이 땅에 이르지 아니하리라 하는 선지자들에 대하여 여호와께서 이와 같이 말씀하셨노라 그 선지자들은 칼과 기근에 멸망할 것이요"라고 했다. 거짓 선지자가 잘못함으로 그들 자신이 벌 받는 것은 당연하다.

그런데 16절에는 거짓 선지자들에게 예언을 받은 피지도자들이 받을 벌에 대하여 언급하면서 "그들의 예언을 받은 백성은 기근과 칼로 말미암아 예루살렘 거리에 던짐을 당할 것인즉 그들을 장사할 자가 없을 것이요 그들의 아내와 아들과 딸이 그렇게 되리니 이는 내가 그들의 악을 그 위에 부음이니라"라고 했다. 16절에서 피지도자들이 받는 벌은 순전히 지도자를 바로 만나지 못했기 때문에 받는 벌이다. 그들이 올바른 선지자들을 만났더라면 올바른 지도를 받아 복 받을 뻔했는데 그들이 거짓 선지자들을 만나 거짓된 예언을 따라가다가 화를 받게 되었다. 올바른 지도자를 만나지 못한 피지도자가 얼마나 불행한가.

렘 20:6에 보면 이런 말이 나온다. "바스훌아 너와 네 집에 사는 모든 사람이 포로 되어 옮겨지리니 네가 바벨론에 이르러 거기서 죽어 거기 묻힐 것이라 너와 너의 거짓 예언을 들은 네 모든 친구도 그와 같으리라 하셨느니라." 거짓 예언을 한 바스훌 자신만 벌 받는 것이 아니라 그의 거짓된 예언을 들은 그의 모든 친구까지도 바스훌과 같은 벌을 받겠다고 하니 지도자를 바로 만나지 못한 피지도자가 얼마나 불행한가를 말해준다.

마 23:15에서 예수님께서 "화 있을진저 외식하는 서기관들과 바리새인들이여 너희는 교인 한 사람을 얻기 위하여 바다와 육지를 두루 다니다가 생기면 너희보다 배나 더 지옥 자식이 되게 하는도다"라고 하셨는데, 여기에서 서기관들과 바리새인들에게 지도를 받은 사람이 그들을 지도한 바리새인들보다 배나 더 지옥 자식이 되는 것은 그들이 지도자들을 바로 만나지 못한 탓이니 여기에서도 지도자를 바로 만나지 못한 피지도자의 불행을 말한다.

반면에 골로새 교회는 올바른 지도자 에바브라를 바로 만난 복된 교회였다. 골로새 교회는 감사할 만한 다섯 가지 근거가 있었는데 1) 믿음(골 1:4), 2) 사랑(골 1:4), 3) 소망(골 1:5), 4) 하나님의 은혜를 참으로 깨닫고(골 1:6), 5) 전도의 열매가 자라났다(골 1:6). 골로새 교회를 이렇게 복 받는 교회로 만든 지도자가 누구인가? 바로 에바브라다(골 1:7). 그는 어떠한 지도자였는가? 1) 신실한 일꾼이었다(골 1:7). 이것은 에바브로의 인격을 말한다. 그의 인격은 신실하였다. 아무리 살펴보아도, 거짓이나 가식을 발견할 수 없는 신실한 일꾼이었다. 2) 기도하는 자였다. 그는 피지도자인 골로새 교회를 위하여 기도하되 시간적으로는 항상 기도하였고 질적으로는 애써서 기도하였다(골 4:12). 3) 수고하는 자였다(골 4:13). 그는 골로새 교회를 위하여 항상 애써서 기도할 뿐만 아니라 몸으로 수고하되 많이 수고하였다. 이렇게 하여 피지도자인 골로새 교회를 모범적인 복 받는 교회로 키웠으니 골로새 교회의 지도자 에바브라야말로 참으로 올바른 지도자였다.

신약시대의 교회에서 양떼를 먹이는 우리 목자들은 어떠한가? 여호람 왕과 예레미야 당시의 거짓 선지자들처럼 우리 때문에 피지도자인 양떼들에게 손해를 끼치는 불행한 지도자들이 되어서는 안 되겠다. 골로새 교회의 에바브라처럼 올바르게 지도하여 지도를 받는 양떼들이 말할 수 없는 축복을 받는 복된 지도자들이 될 수 있기를 바란다.

남을 치는 자

대하 21:4에서 여호람이 자기의 동생 6명과 이스라엘 방백 중 몇 사람을 죽였다고 했는데, 이 사실을 생각할 때 한문의 자두연두기(煮豆燃豆萁), 두재부중읍(豆在釜中泣)의 글이 연상된다. 콩깍지와 콩은 본디 같은 뿌리에서 태어났는데 같은 뿌리에서 태어난 콩깍지로 콩을 삶으니 콩은 솥 안에서 흐느낀다는 뜻으로 형제간에 서로 해함을 비유하는 글이다. 여호람의 집안에서 바로 이러한 일이 생겼다.

내가 남을 쳤더니 나는 어떻게 되었는가? 여호와께서 그를 치시는데 한 번은 사람을 통하여, 한 번은 친히 치셨다. 대하 21:16에 보면 여호와께서 블레셋 사람과 아라비아 사람을 격동시켜 여호람을 치셨다고 했는데 이것은 사람을 통하여 치신 일이다. 대하 21:18에는 여호와께서 그를 치사 능히 고치지 못할 병이 그 창자에 들게 하셨다는 것은 여호와께서 그를 친히 치신 것이다. 이와 같이 남을 치는 자는 하나님께로부터 치심을 받되 때로는 사람을 통하여, 때로는 하나님께로부터 친히 치심을 받는다. 우리나라 속담에 "남잡이 제잡이"라는 말이 있듯이 남을 치는 일은 바로 자신을 치는 일이다.

인생은 한 번뿐이다. 우리는 여호람처럼 남을 치다가 나 자신이 치심을 받는 불행한 자들이 되어서는 안 되겠다.

왕가(王家)를 망친 모녀

대하 21:6에 보면 여호람이 이스라엘 왕들의 길로 행하여 아합의 집과 같이 하였는데 그 이유는 아합의 딸이 그의 아내가 되었기 때문이라고 한다. 아합의 딸은 아달랴요(대하 22:2) 그의 어머니는 이세벨인데 어머니 이세벨과 딸 아달랴는 그들의 남편들의 왕가를 망쳐놓았으니 이 두 모녀는 왕가를 망친 모녀들이다. 먼저 어머니 이세벨을 보자.

이스르엘의 농부 나봇이 아합에게 포도원 팔기를 거절하자 아합은 근심하고 답답하여 궁에 들어와서는 침상에 누워 얼굴을 돌이키고 식사를 하지 않았다(왕상 21:4). 이렇게 상심하여 누운 아합으로 하여금 나봇을 억울하게 죽이고 포도원을 빼앗도록 옆에서 선동한 자가 누구인가? 다른 사람 아닌 바로 그의 아내 이세벨이었다. 아합 자신은 나봇을 죽이고 포도원을 빼앗을 잔인한 계획까지는 세우지 못했는데 그 잔인한 계획을 안출(案出)하고 실행에 옮긴 자는 바로 이세벨이다. 이 일로 "개들이 나봇의 피를 핥은 곳에서 개들이 네 피 곧 네 몸의 피도 핥으리라"(왕상 21:19)의 선언이 내려져 아합이 망하게 되었으니 어머니 이세벨은 아합의 왕가를 망친 여자였다.

그의 딸 아달랴는 어떠하였던가? 딸 아달랴는 세 가지 면에서 왕가를 망쳤다.

1) 그 첫째는 대하 21:6의 경우다. 여호사밧의 아들 여호람이 이스라엘 왕들의 길로 행하여 아합의 집과 같이 하게 된 까닭은 아합의 딸, 즉 이세벨의 딸 아달랴가 그의 아내가 되었기 때문이라고 했다. 어머니 이세벨이 아합이 죄 짓도록 부채질하더니 그의 딸 아달랴도 여호람이 죄 짓도록 부채질하였다.

2) 그 둘째는 대하 22:2-4의 경우다. 아달랴의 남편 여호람이 죽고 그의 아들 아하시야가 왕이 되자 이번에는 그의 아들 아하시야를 꾀어 죄 짓게 하였다. 특히 3절은 아하시야가 아합의 집 길로 행하였는데 그 이유는 그의 모친, 즉 아달랴가 그를 꾀어 악을 행하게 하였다고 한다. 대하 21:4은 아합의 집의 가르침은 패망케 하는 가르침이라고 했는데, 아들 아하시야로 패망케 하는 아합의 집 길로 가도록 꼬인 자는 바로 그의 어머니 아달랴였다. 단 5:10-12에 보면 벨사살 왕이 어려움을 겪을 때 그의 어머니는 도움을 주었으나, 아하시야의 어머니 아달랴는 자기 아들에게 도움을 주기는커녕 도리어 패망케 하는 아합의 집 길로 꼬여 왕가를 망쳐놓았다.

3) 그 셋째는 대하 22:10-12의 경우다. 자기의 아들 아하시야가 이

스르엘에서 치료 받고 있는 이스라엘 왕 요람을 방문갔다가 죽자 그의 어머니 아달랴는 유다 집의 왕의 씨를 전멸하였으니 또 한 번 왕가를 망쳤다. 오죽하면 역대하 기자는 아달랴를 가리켜 "그 악한 여인 아달랴"(대하 24:7)라고까지 평하였겠는가.

어머니 이세벨은 아합의 왕가를 망쳤고 딸 아달랴는 남편 여호람의 왕가, 아들 아하시야의 왕가, 그리고 유다 집의 왕의 씨를 전멸시켜 세 차례에 걸쳐 왕가를 망쳤으니 이 모녀는 왕가를 망치는 일을 사명으로 삼고 이 세상에 태어났는가. 아합의 집에 이세벨이 들어오자 아합 집의 왕가를 망쳤고, 여호람에게 아달랴가 들어오자 유다 집의 왕가들을 망쳐놓았다. 그러니 어머니 이세벨과 딸 아달랴가 이스라엘과 유다의 왕가들을 얼마나 망친 셈인가.

반면에 잠 12:4에 어진 여인은 그 지아비의 면류관이라고 했고, 잠 31:10-31에는 그러한 여인의 모습이 나오고, 그러한 여인들의 대표로 디모데의 외조모 로이스와 어머니 유니게가 언급되었다(딤후 1:5). 그리고 이러한 여인들은 여호와께로서 말미암는다고 하였다(잠 19:14). 우리 교회 안의 모든 가정들은 하나님의 축복으로(잠 19:14) 그 지아비의 면류관이 되는 어진 여인(잠 12:4, 31:10-31), 그 대표로 디모데의 외조모 로이스와 디모데의 어머니 유니게 같은 여인들을 집안으로 들이는 복된 가정들이 될 수 있기를 바란다.

왕과 가장(家長)으로서

대하 21장은 남국 유다의 제5대 왕 여호람이 왕과 가장으로서 나라와

가족들에게 미친 영향을 말한다.

1. 왕으로서

대하 21:14은 여호와가 백성을 큰 재앙으로 치시겠다고 하였으니 여호람은 왕으로서, 자신의 범죄로 말미암아 왕의 지도를 받는 피지도자인 백성들이 큰 재앙으로 치심을 받게 한 왕이었다.

2. 가장으로서

대하 21:14은 "여호와가……네 자녀들과 네 아내들과 네 모든 재물을 큰 재앙으로 치시리라"라고 했으니 여호람은 한 집안의 가장으로서 자신이 범죄함으로 자녀와 아내들과 모든 재물이 큰 재앙으로 치심을 받게 만든 가장이었다(대하 22:1).

3. 나 자신에게

대하 21:15은 "너는 창자에 중병이 들고 그 병이 날로 중하여 창자가 빠져나오리라", 대하 21:19에는 "여러 날 후 이 년 만에 그의 창자가 그 병으로 말미암아 빠져나오매 그가 그 심한 병으로 죽으니"라고 한 대로 여호람 자신은 창자에 중병이 들고 그 병이 날마다 중하여 창자가 다 빠져나와 죽고 말았다. 한 나라의 왕으로서 범죄함으로 백성이 큰 재앙으로 치심을 받게 하고, 한 가정의 가장으로서 범죄함으로 자녀와 아내들과 모든 재물이 큰 재앙으로 치심을 받게 하고, 마지막으로 나 자신도 중병에 걸려 창자가 다 빠져나와 죽고 말았으니 이 세상에서 여호람만큼 불행한 사람이 또 어디에 있겠는가.

반면에 우리는 같은 왕과 같은 가장으로 살면서도 여호람과는 달리 살았던 다윗의 경우를 살펴보자. 시 132:1-5은 "여호와여 다윗을 위하여 그의 모든 겸손을 기억하소서 그가 여호와께 맹세하며 야곱의 전능자에게 서원하기를 내가 내 장막 집에 들어가지 아니하며 내 침상에 오르지 아니하고 내 눈으로 잠들게 하지 아니하며 내 눈꺼풀로 졸게 하지 아니하기를 여호와의 처소 곧 야곱의 전능자의 성막을 발견하기까지 하리라 하였나이다"라고 했다. 다윗은 여호와의 처소 곧 야곱의 전능자의 성막을 발견하기까지 자기 장막에 들어가지 아니하고 침상에 오르지 아니하고 자기 눈으로 잠들게 아니하며 눈꺼풀로 졸게 아니하기를 맹세하고 서원하면서까지 하나님을 향하여 정성을 다하였다.

이러한 다윗을 하나님께서는 어떻게 대하여 주셨는가? "여호와께서 다윗에게 성실히 맹세하셨으니 변하지 아니하실지라 이르시기를 네 몸의 소생을 네 왕위에 둘지라 네 자손이 내 언약과 그들에게 교훈하는 내 증거를 지킬진대 그들의 후손도 영원히 네 왕위에 앉으리라 하셨도다"(시 132:11-12)였다.

법궤를 모시고 오는 일에 맹세하고 서원하면서까지 하나님의 일을 하려는 다윗에게 하나님께서는 다윗의 자손들 가운데서 다윗의 왕위에 오를 사람이 끊어지지 않겠다고 맹세하면서까지 약속해주셨다. 그 약속대로 다윗의 후손 가운데서 예수님이 오셨고 그 사실을 눅 1:32-33은 "그 조상 다윗의 왕위를 그에게 주시리니 영원히 야곱의 집을 왕으로 다스리실 것이며 그 나라가 무궁하리라"라고 했다.

다윗은 여호람과 같은 왕과 가장으로 지냈지만 하나님을 향하여 맹세하고 서원하면서까지 하나님을 위하여 일하려고 할 때 그 자손들이 말할 수 없는 복을 받았다. 우리는 여호람처럼 왕으로서 내가 범죄함으로 다스림을 받는 피지도자인 백성들이 큰 재앙으로 치심을 받게 하고, 한 집안의 가장으로서 내가 범죄함으로 자녀와 아내들과 모든 재물이 큰 재앙으로 치심을 받게 하는 불행한 왕과 불행한 가장이 될 것이 아니라, 다윗처럼 하나님을 위하여 맹세하고 서원하면서까지 충성을 다함으로 내 자손들이 말할 수 없는 복을 받게 하는 진실한 가장이 될 수 있기를 바란다.

백성을 교육시킨 왕

성경에 보면 왕으로서 백성들을 교육시킨 왕이 있는데, 한 왕은 선한 면에서 교육을 시켰고 한 왕은 악한 면에서 교육을 시켰다.

1. 여호사밧

대하 17:7-9에 보면 여호사밧 왕이 위에 있은 지 3년에 방백들, 레위 사람, 제사장들을 시켜서 여호와의 율법책을 유다에서 가르치되 모든 성읍을 순회하며 백성들을 가르치게 했다. 그리고 대하 19:4에서는 왕인 여호사밧이 친히 브엘세바에서부터 에브라임 산지까지 민간에 두루 다니면서 백성들로 하여금 그 조상들의 하나님 여호와께로 돌아오도록 가르쳤다.

이렇게 백성들을 선하게 가르치자 어떠한 결과가 나타났는가? 대하 20:3-4에 "온 유다 백성에게 금식하라 공포하매 유다 사람이 여호와께 도우심을 구하려 하여 유다 모든 성읍에서 모여와서 여호와께 간구하더라", "유다 모든 사람들이 그들의 아내와 자녀와 어린이와 더불어 여호와 앞에 섰더라"(대하 20:13)의 말씀이 나오는데 이 사실은 무엇을 뜻하는가?

남국 유다가 모압, 암몬, 마온 세 나라의 침략을 받아 일촉즉발(一觸卽發)의 위기에 처했을 때 백성들이 왕인 여호사밧의 지시를 잘 따르며 호흡을 맞추어주었다는 말씀이다. 이는 결코 우연히 된 일도 아니고 갑자기 된 일도 아니다. 평소에 왕인 여호사밧이 백성들을 선하게 잘 교육시켰고 백성들은 그 선한 교육을 잘 받아온 결과로 맺어진 열매이다. 여호사밧 왕이 평소에 백성들을 선하게 잘 교육시킨 그 교육은 일촉즉발의 위기에서 나라를 구하는 기본이 되었다.

2. 여호람

대하 21:11의 "여호람이……예루살렘 주민으로 음행하게 하고"와 "유다와 예루살렘 주민들이 음행하게 하기를"(대하 21:13)은 여호람이 백성들을 교육시키되 악하게 교육시켰다는 뜻이다. 그 결과 여호와께서 백성들을 큰 재앙으로 치시는(대하 21:14) 불행한 일이 벌어졌다.

백성들을 악하게 교육시킨 왕은 여호람만이 아니라 북국 이스라엘의 제1대 왕 여로보암도 그러하였다(왕상 14:16, 15:26, 30, 34, 16:19). 그런데 묘하게도 백성을 악하게 교육시키다가 나라를 망하게 한 여호람이 만든 결과와 똑같은 결과를 여로보암도 만들었다. 왕하 17:7-8은 북국 이스라엘이 망한 원인을 "이 일은 이스라엘 자손이 자기를 애굽 땅에서 인도하여 내사 애굽의 왕 바로의 손에서 벗어나게 하신 그 하나님 여호와께 죄를 범하고 또 다른 신들을 경외하며 여호와께서 이스라엘 자손 앞에서 쫓아내신 이방 사람의 규례와 이스라엘 여러 왕이 세운 율례를 행하였음이라"라고 했다. 북국 이스라엘이 망하게 된 원인은 바로 여로보암이 백성들을 악하게 교육시켰기 때문이다. 여호람이 백성들을 악하게 교육시켜 나라를 망하게 하였고, 여로보암도 백성들을 악하게 교육시켜 나라를 망하게 하였다.

신약시대의 교회에서 양떼를 교육하는 목자들은 여호사밧처럼 평소에 양떼들을 믿음으로 잘 교육시켜, 환난 날에 목자와 호흡을 맞추어 믿음으로 싸워 이기는 양떼들로 키울 수 있는 21세기의 한국의 여호사밧이 될 수 있기를 바란다.

삼무(三無)의 죽음

대하 21:19-20은 여호람 왕의 죽음을 말하면서 그의 죽음은 세 가지가 없이 죽었다고 한다. 그래서 삼무(三無)의 죽음이다.

1. 분향하지 않았음

대하 21:19의 "백성이 그들의 조상들에게 분향하던 것같이"와 렘 34:5의 "사람이 너보다 먼저 있은 네 조상들 곧 선왕(先王)들에게 분향하던 것같이 네게 분향하며"를 보면 남국 유다에서는 왕들이 세상을 떠날 때 백성들이 왕에게 분향을 했던 것 같다. 그래서 대하 16:14은 남국 유다의 제3대 아사 왕이 세상을 떠났을 때 백성들이 그를 위하여 많이 분향했다고 하였다. 그러나 여호람이 세상을 떠났을 때에는 백성들이 그에게 분향하지 않았다.

2. 아끼는 자가 없었음

대하 21:20은 여호람이 아끼는 자 없이 세상을 떠났다고 한다. 여호람이 얼마나 악한 왕이었으면 아끼는 자 없이 세상을 떠났겠는가.

민 20:29에는 아론이 세상을 떠났을 때 온 회중 곧 이스라엘 온 족속이 아론이 죽은 것을 보고 위하여 30일을 애곡하였다고 한다. 30일을 애곡하되 한두 사람이 애곡한 것이 아니라 온 회중 곧 이스라엘 온 족속이 애곡하였다.

신 34:8은 모세가 세상을 떠났을 때에 이스라엘 자손 전체가 30일을 애곡하였다고 한다. 한두 사람이 애곡한 것이 아니라 이스라엘 자손 전부가 애곡하였다.

삼상 25:1, 28:3에는 사무엘이 죽으매 온 이스라엘 무리가 모여 그를 애곡하였다고 한다. 여기에서도 다시 온 이스라엘이라고 했다. 사무엘의 죽음을 애곡한 사람은 한두 사람이 아니라 온 이스라엘 백성이었다.

대하 32:33에는 남국 유다의 제13대 왕 히스기야가 그의 조상들과 함께 누우매 온 유다와 예루살렘 주민이 그를 다윗 자손의 묘실 중 높은 곳에 장사하여 그의 죽음에 경의를 표하였다고 한다. 히스기야 왕의 죽음에 존경을 표한 사람도 한두 사람이 아니고 온 유다와 예루살렘 주민 전부였다고 하였다.

대하 35:24-25은 남국 유다의 제16대 왕 요시야가 세상을 떠났을 때 "온 유다와 예루살렘 사람들이 요시야를 슬퍼하고 예레미야는 그를 위하여 애가를 지었으며 모든 노래하는 남자들과 여자들은 요시야를 슬피 노래하니 이스라엘에 규례가 되어 오늘까지 이르렀으며 그 가사는 애가 중에 기록되었더라"라고 했다. 여기에서도 요시야 왕의 죽음을 슬퍼한 사람은 한두 사람이 아니라 온 유다와 예루살렘 사람들이라고 했고, 선지자 예레미야는 일부러 요시야를 위하여 애가를 지었고, 노래하는 남자들과 여자들은 요시야를 슬피 노래하였다고 한다. 그가 얼마나 선하게 살았기에 온 이스라엘 백성들이 그처럼 슬퍼하였겠는가. 그러나 오직 여호람만이 아끼는 자 없이 세상을 떠났다.

3. 열조의 묘실에 두지 않음

대하 21:20은 무리가 여호람을 다윗 성에 장사하였으나 열왕의 묘실에는 두지 아니하였다고 한다. 왕들이 묻힌 묘실에 둘 만한 가치가 없었기에 그렇게 한 것 같다. 유다 왕들 중에 열왕의 묘실에 들어가지 못한 왕은 여호람 왕 외에도 제8대 왕 요아스(대하 24:25), 제12대 왕 아하스(대하 28:27)도 있었다.

한문에 반원와철(攀轅臥轍)이라는 글이 있다. 수레의 끌채에 매달리고 수레바퀴 앞에 눕는다는 말이다. 자기 고을에 와서 다스리던 관원이 그동안 너무 선하고 착하게 다스렸는데, 이번에 전근 명령을 받고 다른 고을로 떠나게 되니, 착하고 선한 관원이 다른 고을로 가는 것이 너무 안타까워 이삿짐을 실은 수레가 앞으로 갈 수 없도록 그 고을 주민들이 수레의 끌채에 매달리고 수레바퀴 앞에 눕는다는 말이다. 그런데 여호람은 얼마나 악하였기에 아끼는 자 없이 세상을 떠났겠는가. 신약시대의 교회에서 목회하는 주의 종들이 교회를 떠날 때 반원와철(攀轅臥轍)의 일이 이루어질 정도가 될 수 있기를 바란다.

제6대
아하시야

대하 22장

할아버지의 실수를 거듭한 손자

대하 22:5에 보면 남국 유다의 제6대 왕 아하시야가 이스라엘 왕 아합의 아들 요람과 함께 길르앗 라못으로 가서 아람 왕 하사엘과 싸웠다는 말이 나온다. 일찍이 아하시야의 할아버지 남국 유다의 제4대 왕 여호사밧이 이스라엘 왕 아합과 더불어 길르앗 라못에서 아람과 싸울 때, 여호사밧이 악한 자를 돕고 여호와를 미워하는 자를 사랑한다고 선지자 예후에게 꾸중을 들은 일이 있다(대하 19:2). 한 번 꾸중을 들은 후에도 정신 차리지 못하여 대하 20:35-37에서 이스라엘 왕 아하시야와 다시 교제하다가 이번에는 선지자 엘리에셀에게 꾸중을 들었다.

할아버지 여호사밧이 악한 사람과 교제하다가 선지자들에게 두 번씩이나 꾸중을 들었다면 그의 손자 아하시야는 할아버지의 잘못을 거울로 삼아 같은 실수를 저지르지 않아야 될 터인데 할아버지와 같은 실수를 또 했으니 답답한 일이다. 더욱이 장소도 할아버지와 똑같은 길르앗 라못이요(대하 18:2, 22:5) 싸운 나라도 할아버지와 똑같은 아람이니(대하 18:10, 22:5) 악인과 교제하던 할아버지의 행위만 본받은 것이 아니라 장소와 싸운 나라까지 본받았다.

조상들이 잘한 일은 본받지 못하고 잘못한 일은 그대로 답습하기를 좋아하니 아담의 자손이라서 그러한가? 무엇 때문에 역사를 배우는가? 앞서간 사람들의 잘한 점을 본받아 나도 그와 같이 하고, 잘못한 점을 거울로 삼아 그러한 잘못을 되풀이하지 않기 위함이 아닌가.

우리는 조상들의 잘못을 거울로 삼아 그들의 잘못을 되풀이하지 않는 슬기로운 자손들이 되어야겠다.

주 안에서 부모를

대하 22:4은 아하시야가 패망케 하는 아합의 집 교도(敎導)를 행하게 된 것은 그 모친 아달랴가 아하시야를 꾀었기 때문이라고 한다. 아달랴는 대하 21:6에서 남편인 남국 유다의 제5대 왕 여호람을 꾀어 아합의 집 길로 행하게 하더니 이번에는 자기의 아들 아하시야를 꾀어 아합의 집 길로 가게 하였다. 아달랴가 자기의 아들 아하시야를 꾀어 아합의 집 길로 가게 한 것은 물론 잘못이나 어머니의 꼬임을 그대로 따라간 아하시야도 잘못이 있다.

성경은 주 안에서 부모를 순종하라고 교훈하였다(엡 6:1). 아무리 부모님의 말씀이라도 그 말씀이 주님의 뜻에 어긋나고 성경의 교훈에 어긋난다면 부모님의 말씀을 따를 수 없다. 어머니 아달랴가 가르치는 아합 집의 교훈은 분명히 성경과 어긋나는 교훈이다. 그렇다면 아무리 어머니의 교훈이라도 성경에 어긋나는 교훈이니 따르지 말아야 하는데 아하시야는 이 점에서 실패하였다.

아하시야의 증조할아버지인 남국 유다의 제3대 왕 아사는 어떠하였던가? 아사 왕은 어머니 마아가가 아세라의 가증한 목상을 만들었다고 하여 태후의 자리에서 폐하고 그의 우상을 찍고 빻아 기드론 시냇가에서 불사르지 않았던가(대하 15:16). 아사 왕은 부모님보다도 하나님의 말씀을 더욱 높였다.

신 33:9은 레위 지파에 대하여 "그는 그의 부모에게 대하여 이르기를 내가 그들을 보지 못하였다 하며 그의 형제들을 인정하지 아니하며 그의 자녀를 알지 아니한 것은 주의 말씀을 준행하고 주의 언약을 지킴으로 말미암음이로다"라고 했다. 레위 지파 사람들이 그 부모를 보지 못하였다고 하니 인간적으로는 불효한 사람같이 되었으나 그들이 그렇게 된 이유는 주의 말씀을 준행하고 주의 언약을 지키기 위함이었다고 한다. 레위 지파가 부모님보다도 하나님의 말씀에 더 순종하여 따르려니 본의는 아니나 결과적으로는 부모를 보지 못하게 되는 지경에까지 이르렀는데, 그것은 그들이 부모에게 불효하기 위함이 아니라 부모님보다 하나님의 말씀을 준행하는 일에 중점을 두다 보니 그렇게 된 것이다.

아하시야도 마땅히 그랬어야 했다. 아사나 레위 지파 사람들처럼 어머니 아달랴의 말보다 하나님의 계명을 순종하는 데 더 무게를 두었어야 했는데 하나님의 말씀보다 어머니의 교훈을 따르다가 실패하였다. 하나님의 말씀보다 어머니 아달랴의 꼬임을 따르다가 어떻게 되었는가? 하나님의 징계로 예후에게 잡혀서 죽게 되었다(대하 22:9).

기독교의 효도관은 주 안에서 부모를 순종하는 것이다. 우리는 패망케 하는 아합 집의 교도로 꼬이는 어머니의 꼬임을 하나님의 계명보다 더 순종하다가 망한 아하시야의 잘못을 거울로 삼아야겠다.

패망케 하는 교도(敎導)를 들은 아하시야

아하시야는 대하 22:3에서 어머니의 꼬임을 들을 뿐만 아니라 대하 22:4에서는 그를 패망케 하는 교도관들의 교도까지 들었으니 아하시야야말로 패망케 하는 교도를 들은 지도자였다.

그가 패망케 하는 교도를 들은 까닭은 하나님의 말씀을 멀리하였기 때문이다. 신 17:18-19은 "그가 왕위에 오르거든 이 율법서의 등사본을 레위 사람 제사장 앞에서 책에 기록하여 평생에 자기 옆에 두고 읽어 그의 하나님 여호와 경외하기를 배우며 이 율법의 모든 말과 이 규례를 지켜 행할 것이라"라고 했다. 그 당시에는 인쇄기가 없으니 율법책을 등사할 수밖에 없었다. 왕이 된 사람은 레위 사람 제사장 앞에 보관한 율법책을 등사하여 평생에 자기 옆에 두고 읽어서 하나님 여호와 경외하기를 배우며 이 율법의 모든 말과 이 규례를 지켜 행하라고 했는데 아하시야는 이 일을 하지 않았기 때문에 실수하였다.

특히 신 13:1-3은 "너희 중에 선지자나 꿈 꾸는 자가 일어나서 이적과 기사를 네게 보이고 그가 네게 말한 그 이적과 기사가 이루어지고 너희가 알지 못하던 다른 신들을 우리가 따라 섬기자고 말할지라도 너는 그 선지자나 꿈 꾸는 자의 말을 청종하지 말라"라고 했다.

더욱이 신 13:6-8은 "네 어머니의 아들 곧 네 형제나 네 자녀나 네 품의 아내나 너와 생명을 함께 하는 친구가 가만히 너를 꾀어 이르기를 너와 네 조상들이 알지 못하던 다른 신들 곧 네 사방을 둘러싸고 있는 민족 혹 네게서 가깝든지 네게서 멀든지 땅 이 끝에서 저 끝까지에 있는 민족의 신들을 우리가 가서 섬기자 할지라도 너는 그를 따르지 말며 듣지 말며 긍휼히 여기지 말며 애석히 여기지" 말라고 했다.

　이 말씀을 다시 한 번 새겨보자. 여기서 형제는 형제로되 이복형제가 아니고 한 배에서 태어난 동복형제다. 한 배에서 태어난 동복형제는 이복형제보다 더 정이 가깝다. 네 자녀는 한 배에서 태어난 동복형제보다 더 정이 가깝다. 네 품의 아내는 동복형제나 자녀보다 더 정이 가깝다. 생명을 함께 하는 친구는 어떠한 친구인가? 과거에 죽을 자리에 빠졌을 때 생명을 구원해준 친구가 바로 생명을 함께 하는 친구다. 나와 생명을 함께 하는 친구의 말이라면 어떠한 말이라도 거절할 수 없다. 한 배에서 태어난 동복형제, 눈에 넣어도 쓰리지 않는 자녀, 네 품의 아내, 생명을 함께 하는 친구들의 말이라면 거절할 수 없겠지만 그들이 다른 신을 섬기자고 할 때는 그를 따르지 말며, 듣지 말며, 긍휼히 여기지 말며, 애석히 여기지 말며, 덮어 숨기지 말고, 그리고 용서 없이 그를 죽이라고 했다.

　대하 22:4에 나오는 아하시야로 하여금 패망케 하는 교도를 가르친 자들이 누구인지는 알 수 없으나 아무리 생각해도 신 13:6에 나오는 어머니의 아들 곧 형제, 자녀, 품의 아내, 생명을 함께 하는 친구들보다는 좀 더 거리가 먼 사람들 같은데 아하시야는 신 13:6에 언급된 사람들보다도 좀 더 거리가 먼 사람들의 교도를 따르는 실수를 하였다.

　다윗은 어떠하였던가? 다윗이 숨어 있는 굴속에 사울이 들어와 뒤를 볼 때(삼상 24:3) 다윗의 사람들이 다윗에게 "보소서 여호와께서 당신에게 이르시기를 내가 원수를 네 손에 넘기리니 네 생각에 좋은 대로 그에게 행하라 하시더니 이것이 그 날이니이다"(삼상 24:4)라고 했다. 그러나 다윗은 자기 사람들에게 "내가 손을 들어 여호와의 기름 부음을 받은 내 주를 치는 것은 여호와께서 금하시는 것이니"(삼상 24:6)라고 하면서 거절하였다.

여기에 나오는 다윗의 사람들은 보통 사람들이 아니다. 다윗이 망명하여 다닐 때 다윗과 운명을 함께 하며 다니던 생사고락을 함께 하는 다윗의 심복들이다. 그들의 말이라면 무슨 말이라도 거절할 수 없는 관계인데 다윗이 그들의 말을 거절한 것은 그들의 말이 여호와께서 금하시는 것이기 때문이었다. 다윗은 사람들의 말보다도 하나님의 진리에 순종하기 위하여 부하들의 말을 거절하였다.

삼상 26:8에서도 아비새가 다윗에게 "하나님이 오늘 당신의 원수를 당신의 손에 넘기셨나이다 그러므로 청하오니 내가 창으로 그를 찔러서 단번에 땅에 꽂게 하소서 내가 그를 두 번 찌를 것이 없으리이다"라고 할 때, 다윗은 아비새에게 "죽이지 말라 누구든지 손을 들어 여호와의 기름 부음 받은 자를 치면 죄가 없겠느냐"(삼상 26:9)라고 하면서 다시 한 번 아비새의 요구를 거절하였다. 아비새의 요구를 왜 거절하였는가? 그 까닭은 여호와의 기름 부음을 받은 자를 치면 죄가 되기 때문이었다. 아무리 심복의 말이지만 그의 말대로 하면 다윗이 죄를 짓게 되는 고로 죄를 피하기 위하여 심복의 말을 거절하였다. 그러나 아하시야는 다윗과는 달리 패망케 하는 아합의 집 교도임에도 불구하고(대하 22:4) 거절하지 아니하고 그대로 따르다가 망하고 말았다.

사울의 경우는 어떠하였던가? 사울이 "지금 가서 아멜렉을 쳐서 그들의 모든 소유를 남기지 말고 진멸하되 남녀와 소아와 젖 먹는 아이와 우양과 낙타와 나귀를 죽이라"(삼상 15:3)라고 한 여호와의 말씀을 어긴 것은 "내가 백성을 두려워하여 그들의 말을 청종하였음이니이다"(삼상 15:24)였다. 무슨 뜻인가?

사울이 삼상 15:3의 여호와의 말씀을 순종하려고 할 때 백성들이 반대하였다. 백성들의 요구를 들어주지 않으면 인심을 잃을까 두려워서 백성들의 마음을 사기 위하여 하나님의 말씀을 어겼다. 사울이 중요시 하는 것은 하나님보다 백성이었고 하나님의 말씀보다 백성들의 요구였다. 백성들의 요구를 들어주어야 일이 잘 될 줄 알았는데 결과는 "왕이 여호와의 말씀을 버렸으므로 여호와께서 왕을 버려 이스라엘 왕이 되지 못하게 하셨음이니이다"(삼상 15:26)였고, 뿐만 아니라 한 걸음 더 나아가 자기 생명까지 잃게 되었다. 대상 10:13은 "사울이 죽은 것은 여호와께 범죄하였기 때문이라 그가 여호와의 말씀을 지키지 아니하고……"라고 했다. 백성들의 마음을 사기 위하여 여호와의 말씀을 지키지 않은 것이 사울의 죽음의 원인이 되었다. 하나님의 말씀을 거역하여 하나님의 말씀과 어긋난 백성들의 요구를 들어줌으로써 일시적으로는 백성들의 마음을 사고 우선은 성공한 것 같았으나 결국은 왕의 자리에서 쫓겨나게 되고 자기 목숨까지 잃게 되는 가장 불행한 결과에 이르렀다. 아하시야가 바로 사울 왕의 길을 걸었다.

우리는 지금 어떠한 길을 걷고 있는가? 신 13:1-2, 6-8의 말씀을 버리고 패망케 하는 아합의 집 교도를 따르다가(대하 22:4) 망한 아하시야 왕의 길을 걷고 있는가? 또는 백성들의 마음을 사기 위하여 하나님 말씀과 어긋나는 백성들의 요구를 들어주다가 왕의 자리에서 쫓겨나고 한 걸음 더 나아가 죽음의 자리까지 이른 사울 왕의 길을 걷고 있는가? 반면 아무리 심복의 말이지만 그 말이 여호와께서 금하시는 일이요(삼상

24:6) 죄가 되는 일인 고로(삼상 26:9) 거절하다가 실패 같은 성공이요 죽음 같으나 생명의 길을 걸은 다윗의 길을 걷고 있는가? 어느 편인가?

멸하시기로 작정된 예정을 이룬 자들

대하 22:7에 "아하시야가 요람에게 가므로 해를 입었으니 이는 하나님께로 말미암은 것이라"라고 했다. 무슨 말씀인가? 대하 22:3에서 아하시야가 어머니의 꾀임을 받아 악을 행하고 대하 22:4에서는 그를 패망케 하는 아합의 집 교도를 좇아 여호와 보시기에 아합의 집처럼 악을 행한 죄에 대하여 하나님께서 아하시야를 멸하기로 작정하셨는데, 아하시야는 그 예정을 이루려고 요람에게로 갔다는 말씀이다. 요람에게 갔다가 예후에게 잡혀 죽었으니 아하시야가 요람에게 간 길은 바로 아하시야를 멸하기로 작정하신 예정을 이루려고 간 길이 되고 말았다. 이러한 보기들이 성경 다른 곳에서도 나온다.

수 11:20에 "그들의 마음이 완악하여 이스라엘을 대적하여 싸우러 온 것은 여호와께서 그리하게 하신 것이라 그들을 진멸하여 바치게 하여 은혜를 입지 못하게 하시고 여호와께서 모세에게 명령하신 대로 그들을 멸하려 하심이었더라"라는 말씀이 있다. 마음이 강퍅한 가나안 사람들이 왜 이스라엘을 대적하여 싸우러 왔는가? 그들이 싸우려고 오지 않으면 가나안 사람들을 멸할 수 없고 그들이 싸우러 와야 가나안 사람들을 멸할 수 있는데, 그들이 싸우려고 온 것은 여호와께서 그들을 진멸하려고 작정하신 예정을 이루려고 싸우러 왔다는 뜻이다.

삼상 2:25에는 "그들이 자기 아버지의 말을 듣지 아니하였으니 이는 여호와께서 그들을 죽이기로 뜻하셨음이더라"라고 했다. 아버지 엘리가 두 아들 홉니와 비느하스에게 "너희가 어찌하여 이런 일을 하느냐 내가 너희의 악행을 이 모든 백성에게서 듣노라 내 아들들아 그리하지 말라 내게 들리는 소문이 좋지 아니하니라 너희가 여호와의 백성으로 범죄하게 하는도다 사람이 사람에게 범죄하면 하나님이 심판하시려니와 만일 사람이 여호와께 범죄하면 누가 그를 위하여 간구하겠느냐"(삼상 2:23-25)라고 타일렀으나 그들은 아버지의 말을 듣지 아니하였다.

왜? 그들의 범죄로 말미암아 여호와께서는 이미 그들을 죽이기로 작정하셨는데 그들이 아버지의 말을 듣고 돌이키면 작정하신 하나님의 예정이 깨지고 만다. 그들이 아버지의 말을 끝까지 듣지 아니한 것은 여호와께서 그들을 멸하기로 작정하신 하나님의 예정을 이루려고 그렇게 한 것이다. 그러니 홉니와 비느하스는 그들을 멸하기로 작정하신 하나님의 예정을 열심히 이룬 자들이다.

삼하 17:14에 "압살롬과 온 이스라엘 사람들이 이르되 아렉 사람 후새의 계략은 아히도벨의 계략보다 낫다 하니 이는 여호와께서 압살롬에게 화를 내리려 하사 아히도벨의 좋은 계략을 물리치라고 명령하셨음이더라"라는 말씀이 있다. 압살롬이 아버지 다윗의 군대와 싸울 때 그를 돕는 모사 두 사람이 있었는데 하나는 아히도벨이요 하나는 후새였다. 아히도벨은 다윗을 죽이려는 모략가요 후새는 압살롬을 죽이려는 모략가였다. 그런데 이상하게도 압살롬이 자기를 죽이려는 후새의 모략을 택했다. 왜? 압살롬의 죄 때문에 여호와께서 압살롬에게 화를 내리려 하신 하나님의 작정을 이루려고 그렇게 하였다. 세상에서 자기를 죽이려는 모략을 택하는 바보가 어디에 있겠는가? 후새의 모략은 압살롬을 죽이려는 모략이었는데 압살롬이 이를 택한 것은 후새의 모략을 택하면 승리할 줄 알았는데 결과적으로는 압살롬의 악을 인하여 하나님께서 압살롬에게 화를 내리려고 작정하신 그 예정을 이루어드린 결과가 되고 말았다.

대하 25:20에 "아마샤가 듣지 아니하였으니 이는 하나님께로 말미암은 것이라 그들이 에돔 신들에게 구하였으므로 그 대적의 손에 넘기려 하심이더라"라는 말씀이 있다. 남국 유다의 제9대 왕 아마샤가 에돔과 싸워 승리한 후 에돔 자손들의 우상들을 신으로 섬겼다(대하 25:14). 그러자 한 선지자가 나타나 "저 백성의 신들이 그들의 백성을 왕의 손에서 능히 구원하지 못하였거늘 왕은 어찌하여 그 신들에게 구하나이까"(대하 25:15)라고 책망하였다.

그때 왕이 "우리가 너로 왕의 모사로 삼았느냐 그치라 어찌하여 맞으려 하느냐"(대하 25:16)라고 꾸중하였다. 그러자 선지자가 "왕이 이 일을 행하고 나의 경고를 듣지 아니하니 하나님이 왕을 멸하시기로 작정하신 줄 아노라"(대하 25:16)라고 했다. 아마샤가 선지자의 경고를 듣지 아니한 것은 하나님께서 그를 멸하기로 결정하신 예정을 이루려고 듣지 않았던 것이다. 그러니 아마샤도 멸하기로 작정하신 하나님의 예정을 이룬 사람 중 한 사람이다.

반면에 예수님의 아버지 요셉은 결혼하기 전에 마리아가 잉태했다는 소식을 듣고 마리아를 끊고자 하였으나 천사의 지시대로 마리아를 데리고 옴으로 주께서 선지자로 하신 말씀을 이루어드렸고(마 1:18-23), 애굽으로 가라는 천사의 지시를 받고 오밤중에 일어나 애굽에 감으로 다시 한 번 주께서 선지자로 하신 말씀을 이루어드렸다(마 2:13-15).

인생은 한 번뿐이다. 한 번뿐인 인생을 범죄함으로써 멸하기로 작정한 예정을 이루어지게 한 아하시야, 가나안 백성, 홉니와 비느하스, 압살롬, 아마샤 같은 불행한 한평생을 살 것이 아니라, 예수님의 아버지 요셉처럼 순종함으로 선하게 예정하신 하나님의 뜻을 이루어드리는 복된 사람들이 될 수 있기를 바란다.

남을 꾀는 자

대하 22:3에 "이는 그의 어머니가 꾀어 악을 행하게 하였음이라"라고 말씀한 대로 아하시야의 어머니 아달랴는 남을 꾀는 사람이었다. 잠 1:10은 "내 아들아 악한 자가 너를 꾈지라도 따르지 말라"라고 했고, 잠 16:29은 "강포한 사람은 그 이웃을 꾀어 좋지 아니한 길로 인도하느니라"라고 말한 대로 성경에는 남을 꾀는 사람에 대한 언급이 나온다. 그런데 성경은 남을 꾀는 자가 남을 꾀는 그것으로 끝나는 것이 아니라, 잠 28:10이 "정직한 자를 악한 길로 유인하는 자는 스스로 자기 함정에 빠져도"라고 말한 대로 남을 꾀는 자는 자기 함정에 빠지는 벌을 받게 된다고 하였다. 왜 그렇게 되는가? 그 이유는 두 가지이다.

1. 자신이 악한 자이기 때문에

남을 꾀는 자를 잠 1:10은 악한 자라고 했고 잠 16:29은 강포한 사람이라고 했으니 악하고 강포한 사람이 벌을 받는 것은 당연하지 않은가. 특히 잠 16:29은 강포한 사람은 그 이웃을 꾄다고 하였다. 더욱이 잠 27:10의 "가까운 이웃이 먼 형제보다 나으니라"라고 한 것을 보면 성경은 가까이 사는 이웃이 비록 형제는 아니지만 먼 곳에 사는 형제보다 더욱 낫다고 하면서 가까운 이웃이 형제보다도 더 정이 깊다고 말한다. 그러니 잠 16:29의 강포한 사람은 형제보다 더 가까운 이웃을 꾀어 불손한 길로 인도하는 자니 남을 꾀는 자가 얼마나 악하고 강포한가. 남을 꾀는 자는 이와 같이 악하고 강포한 자니 그들이 자기 함정에 빠지는 벌을 받는 것은 당연하지 않은가.

2. 많은 사람을 꾀기 때문에

마 18:6, 막 9:42, 눅 17:2은 "누구든지 나를 믿는 이 작은 자 중 하나를 실족하게 하면 차라리 연자 맷돌이 그 목에 달려서 깊은 바다에 빠뜨려지는 것이 나으니라"라고 했다. 여기에서는 다수가 아니고 소자 한 사람이다. 비록 소자 한 사람이라도 그를 실족케 하면 연자 맷돌을 그 목에 달리우고 깊은 바다에 빠뜨리는 것이 낫다고 하였는데, 잠 28:10의 "정직한 자"는 히브리어대로 하면 복수인 "정직한 자들"이다. 그렇다면 소자 한 사람이라도 실족케 하면 연자 맷돌을 그 목에 달리우고 깊은 바다에 빠뜨리는 것이 낫다고 하였거늘 하물며 정직한 자들, 즉 많은 사람들을 꾀는 자가 받는 벌이 얼마나 더 크겠는가. 그래서 "정직한 자를 악한 길로 유인하는 자는 스스로 자기 함정에 빠져도"(잠 28:10)라고 했다. 이 말씀대로 대하 22:3에서 자기 아들 아하시야를 꾀던 어머니 아달랴는 자기 함정에 빠져 죽게 되었다(대하 23:1-15).

반면에 "많은 사람을 옳은 데로 돌아오게 한 자는 별과 같이 영원토록 빛나리라"(단 12:3)라는 말씀이 있다. 이 말씀대로 산 사람이 바로 세례 요한이다. 눅 1:16은 세례 요한에 대하여 "이스라엘 자손을 주 곧 그들의 하나님께로 많이 돌아오게 하겠음이라"라고 했다. 세례 요한이야말로 단 12:3 말씀대로 많은 사람을 옳은 데로 돌아오게 한 자니 그는 별과 같이 영원토록 비출 것이다.

우리는 지금까지 두 사람의 경우를 생각해왔다. 한 사람은 남을 꾀되 특히 많은 사람을 꾀어 많은 사람을 망하게 하는 동시에 자신도 자기 함정에 빠지는 악하고 불행한 사람을 생각해왔다. 반면에 많은 사람을 옳은 데로 돌아오게 하여 별과 같이 영원토록 비추는 경우도 생각해왔다. 우리는 어떠한 사람들이 되려는가? 다른 사람들을 꾀되 특히 많은 사람을 꾀어 망하게 할 뿐만 아니라 자신도 자신의 함정에 빠지는 불행하고 악한 삶을 살 것이 아니라, 세례 요한처럼 많은 사람을 돌아오게 하여 별과 같이 영영토록 비추는 21세기의 세례 요한과 같은 삶을 살 수 있기를 바란다.

나의 동행자들

대하 22:8은 예후가 아합의 집을 징벌할 때 유다 방백들과 아하시야의 형제의 아들들 곧 아하시야를 섬기는 자들을 만나서 죽였다고 한다. 여기에 나오는 유다 방백들과 아하시야를 섬기는 자들은 다 아하시야와 함께 가던 아하시야의 동행자들이다. 그들은 아하시야와 동행하다가 아하시야 때문에 죽임을 당하였으니 아하시야는 자기와 동행하는 사람들을 죽음으로 몰아넣은 왕이다.

아하시야 왕이 동행자들을 죽음으로 몰아넣은 것은 이번만이 아니다. 왕하 10:12-14에 보면 "예후가 일어나서 사마리아로 가더니 도중에 목자가 양털 깎는 집에 이르러 예후가 유다의 왕 아하시야의 형제들을 만나 묻되 너희는 누구냐 하니 대답하되 우리는 아하시야의 형제라 이제 왕자들과 태후의 아들들에게 문안하러 내려가노라 하는지라 이르되 사로잡으라 하매 곧 사로잡아 목자가 양털 깎는 집 웅덩이 곁에서 죽이니 사십이 명이 하나도 남지 아니하였더라"라고 한 대로 예후가 왕자들에게 문안하러 가던 아하시야의 형제 42명을 죽였다. 그들이 죽임을 당한 것은 아하시야의 동행자라는 죄 때문이니 아하시야는 다시 한 번 자기의 동행자들을 죽음으로 몰아넣었다.

반면에 창 19:29에는 "하나님이 그 지역의 성을 멸하실 때 곧 롯이 거주하는 성을 엎으실 때에 하나님이 아브라함을 생각하사 롯을 그 엎으시는 중에서 내보내셨더라"라는 말씀이 있다. 소돔과 고모라가 유황불로 멸망할 때 롯이 건짐을 받았다. 왜? 성경은 아브라함을 생각하사 롯을 그 엎으시는 중에서 내보내셨다고 한다. 롯은 아브라함의 동행자다. 아브라함은 자기의 동행자를 유황불에서 건져내게 하는 사람이었다.

행 27장에서 바울과 그의 동행자 276명이 풍랑을 만나 구원의 여망이 없어졌을 때(행 27:20) 하나님의 사자가 바울 곁에 서서 "바울아 두려워하지 말라 네가 가이사 앞에 서야 하겠고 또 하나님께서 너와 함께 항해하는 자를 다 네게 주셨다"(행 27:24)라고 했다. 구원의 여망이 없는 풍랑을 만났으나(행 27:20) 바울이 가이사 앞에 서기 위해서는(행 27:24) 반드시 풍랑에서 구원을 받아야 했다. 그런데 구원을 받는 것은 바울 혼자만이 아니라 바울과 함께 행선하는 276명, 즉 바울의 동행자들도 바울과 함께 구원을 받게 되었다. 그러니 바울은 동행자 276명을 바다에서 구원받게 한 사람이다.

우리는 한평생 사는 동안 많은 사람들과 동행하게 된다. 그런데 우리는 동행자들을 어떠한 결과에 이르게 하는가? 아하시야처럼 동행자들을 죽음으로 몰아넣는 불행한 사람인가? 아니면 아브라함과 바울처럼 동행자들을 유황불에서 건지고 바다에서 건지는 혜택을 입히는 사람인가?

우리는 아브라함과 바울처럼 동행자들을 유황불 속에서 건지고 바다에서 건지는 혜택을 입히는 복된 사람이 될지언정, 아하시야처럼 동행자들을 죽음으로 몰아넣는 불행한 사람들이 되어서는 안 되겠다.

세평(世評)

대하 22:9에서 예후가 아하시야를 죽이면서 "그는 전심으로 여호와를 구하던 여호사밧의 아들이라"라고 하였다. 예후가 이렇게 말한 것은 조용한 때가 아니라 정신없이 싸우는 전투 중이었다. 사람이 전투할 때는 다른 것을 생각할 마음의 여유가 없다. 이러한 전투 중에도 불쑥 나온 말이 이러하니 여호사밧이 전심으로 여호와를 구한 사람이라는 세평은 전투 중에도 자연스럽게 나올 만큼 온 세상에 널리 알려진 정평(定評)이었던 것 같다.

성경에 보면 아름다운 세평을 가지고 산 믿음의 조상들이 있다. 창 23:6에서 이방사람들이 아브라함에게 "내 주여 들으소서 당신은 우리 가운데 있는 하나님이 세우신 지도자이시니"라고 했다. 하나님이 세우신 지도자라는 것은 하나님 나라에서 높은 벼슬을 가진 사람이란 뜻이 아니겠는가. 믿음의 조상 아브라함은 자기와 함께 살던 이방사람들에게 "하나님이 세우신 지도자"라는 세평을 받고 살았다.

삼상 9:6에도 사울의 사환이 사울에게 "보소서 이 성읍에 하나님의 사람이 있는데 존경을 받는 사람이라 그가 말한 것은 반드시 다 응하나니"라고 말한 것을 보면 선지자 사무엘은 모든 사람에게 그가 말한 것은 반드시 응한다는 세평을 받고 살았다.

왕하 2:12에서는 선지자 엘리야가, 왕하 13:14에서는 선지자 엘리사가 "이스라엘의 병거와 그 마병이여"라는 세평을 받고 살았다. 왕하 3:12에서 선지자 엘리사는 "여호와의 말씀이 그에게 있도다"라는 세평을 받고 살았다.

구브로에 사는 레위 사람 요셉은 많은 사람을 권면하고 위로하는 삶을 살았기 때문에 사람들은 그를 권위자(勸慰者)라고 이름지었다. 행 20:24에서 바울은 "내가 달려갈 길과 주 예수께 받은 사명 곧 하나님의 은혜의 복음을 증언하는 일을 마치려 함에는 나의 생명조차 조금도 귀한 것으로 여기지 아니하노라"라고 했고, 행 21:13에서는 "나는 주 예수의 이름을 위하여 결박 당할 뿐 아니라 예루살렘에서 죽을 것도 각오하였노라"라는 삶을 살았으므로 "주 예수 그리스도의 이름을 위하여 생명을 아끼지 아니하는 자"(행 15:26)라는 세평을 받고 살았다.

반면에 삼상 25:25에서 나발의 아내는 다윗에게 "그의 이름이 그에게 적당하니 그의 이름이 나발이라"라고 했다. 나발은 히브리 말로 미련한 자라는 뜻이다. 세평은 고사하고 나발은 심지어 자기 아내에게까지 미련한 자라는 세평을 받고 살았으니 얼마나 불행한 사람인가.

성경에는 세평에 대한 언급도 있다. 전 7:1은 아름다운 이름이 보배로운 기름보다 낫다고 하였고, 잠 22:1의 "많은 재물보다 명예를 택할 것이요 은이나 금보다 은총을 더욱 택할 것이니라"라고 했다. 그리고 아 1:3은 "네 이름이 쏟은 향기름 같으므로 처녀들이 너를 사랑하는구나"라고 했으니 쏟은 향기름 같은 아름다운 세평을 받고 산 사람도 있었다. 반면에 잠 21:24이 "무례하고 교만한 자를 이름하여 망령된 자라 하나니 이는 넘치는 교만으로 행함이니라"라고 했고, 잠 24:8이 "악행하기를 꾀하는 자를 일컬어 사악한 자라 하느니라"라고 한 대로 "망령된 자",

"사악한 자"라는 불명예스러운 이름을 갖고 사는 사람들도 있다.

한 번뿐인 인생, 우리는 어떠한 세평을 받고 살 것인가? 여호사밧, 아브라함, 사무엘, 엘리야, 엘리사, 바나바, 바울처럼 아름다운 세평을 받고 살 것인가, 아니면 "망령된 자", "사악한 자"라는 불명예스러운 세평을 받고 살 것인가? 아름다운 이름이 보배로운 기름보다 낫다고 하였으니(전 7:1) 우리는 여호사밧, 사무엘, 엘리야, 엘리사, 바나바, 바울처럼 많은 재물과 은과 금보다 더 귀한 아름다운 세평을 받고 살지언정, 나발처럼 불명예스러운 세평을 받고 사는 사람들이 되지 않기를 바란다.

죽은 후에

대하 22:9에서 예후가 아하시야를 죽이면서 "그는 전심으로 여호와를 구하던 여호사밧의 아들"이라고 한 말씀은 여호사밧이 살아있을 때 한 말이 아니고 죽은 후에 한 말이다. 본인이 살아있는 동안에는, 특히 권력자가 살아있을 동안에는 권력자 앞에서 나쁜 말을 할 사람은 없을 것이다.

선지자 나단의 책망을 달게 들은 성군 다윗 같으면 몰라도 보통 권력자 앞에서 나쁜 말을 하고는 무사할 리가 없다. 아사와 같이 훌륭한 왕도 그를 공격하는 선견자 하나니를 옥에 가두지 않았던가(대하 16:7-10). 나쁜 말은커녕 도리어 권력자 앞에서는 없는 공도 치하(致賀)하며 아첨하게 된다. 행 24:3에서 변호사 더둘로는 벨릭스에게 "벨릭스 각하여 우리가 당신을 힘입어 태평을 누리고 또 이 민족이 당신의 선견으로 말미암아 여러 가지로 개선된 것을 우리가 어느 모양으로나 어느 곳에서나 크게 감사하나이다"라고 아첨하였다. 그러나 권력자 본인이 죽은 후에는 권력자에 대하여 나쁜 말도 할 수 있다.

그런데 오늘 예후는 죽은 권력자 여호사밧에 대하여 전심으로 여호와를 구하는 자라고 증언했으니 이것은 아첨이 아니라 있는 그대로를 표현한 것이다. 여호사밧이 살아있는 동안에 전심으로 여호와를 구했기 때문에 예후가 보고 느낀 그대로를 표현한 것뿐이다. 권력자가 살아있는 동안에는 아첨하느라고 좋은 말을 할 수도 있겠으나, 죽은 후에 하는 칭찬은 그가 참으로 전심으로 여호와를 구한 자임을 자타가 공인하지 않는 한 예후와 같은 발언은 나올 수 없다.

내가 죽은 후에 사람들은 나에 대하여 어떻게 말할 것인가? 우리도 여호사밧처럼 죽은 후에도 모든 사람들의 "그는 전심으로 여호와를 구하던 사람"이라는 증언을 받을 수 있는 한평생을 살기 바란다.

대하 23장, 왕하 11장

그렇게 많이, 밝히 보고도(대하 23장, 왕하 11장)

남국 유다의 제6대 왕 아하시야가 죽자(대하 22:9) 아하시야의 어머니 아달랴가 일어나 유다 집의 왕의 씨를 진멸하였다(대하 22:10-12, 왕하 11:1-3). 그리하여 그 대가로 죽임을 당하였다(대하 23:15, 왕하 11:16). 남을 죽이는 자, 더욱이 무죄한 자의 피를 흘리는 자는 자기의 피를 흘리게 된다는 사실은 인류 역사 전체에 나타난 공통적인 진리요, 특히 아달랴는 가까운 주변에서 많이 밝히 보고도 무죄한 자의 피를 흘리다가 망했으니 한심한 일이다.

일찍이 아달랴의 남편인 남국 유다의 제5대 왕 여호람이 어떠한 일을 하다가 어떻게 망하였는가? 왕위에 오르자 자기보다 선한 아우들을 죽였을 때(대하 21:4, 13) 선지자 엘리야가 그에게 편지하여(대하 21:12-15) 여호람이 창자에 중병이 들고 그 병이 날로 중하다가 창자가 빠져나오리라고 예언했는데(대하 21:15), 그 예언대로 여호와께 치심을 받아 죽지 아니하였던가. 무죄한 자의 피를 흘리는 자는 자기의 피를 흘리게 된다는 사실을 남편 여호람을 보고 경험하였다.

자기 남편만이 아니다. 친정아버지 아합과 친정어머니 이세벨에게서도 그 사실을 보았다. 무죄한 나봇의 피를 흘리게 한 친정 부모 아합과 이세벨이 그 죄로 피를 흘리게 된 사실을 이미 알고 있지 않았던가(왕상 21:1-22:38). 무죄한 자의 피를 흘리는 자가 망한다는 사실을 친정 부모의 경우와 남편의 경우에서 그렇게 밝히 보고도 그가 그 일을 또 하다가 망했으니 그처럼 외골목의 길만 걸어야만 했었던가. 한심한 인생이다. 먼 데서 일어난 일이라면 몰라도 친정 부모와 남편에게서 일어났고 두 눈으로 밝히 보고도 무죄한 자의 피를 흘리는 길을 걷다가 자기도 망해야 했었던가. 그 집안 식구들은 무죄한 자의 피를 흘리다가 망하는 외골목의 길로만 걸어야 했었던가. 그 길밖에 다른 길이 그처럼 없었던가.

잠 22:3에 "슬기로운 자는 재앙을 보면 숨어 피하여도 어리석은 자는 나가다가 해를 받느니라"라는 말씀이 있다. 슬기로운 자들은 길을 가다가 앞에 재앙이 있으면 그것을 보고 속히 숨어 피한다. 그러나 어리석은 자들은 재앙을 보고도 그대로 나아가다가 해를 받는다는 말씀이다. 이 말씀은 솔로몬의 말이요 아달랴는 솔로몬 이후에 태어난 사람이니 능히 잠 22:3의 말씀을 알았을 터인데 아마 잠 22:3의 말씀을 보지 않았던 것 같다.

다른 사람들의 이야기는 그만하자. 오늘날 우리는 어떠한가? 우리는 아달랴가 걷던 길을 걷지 않을 자신이 있는가? 무죄한 자의 피를 흘리다가 망한 사람들의 경우를 그렇게 많이, 밝히 보면서도 얼마나 많은 사람들이 오늘도 그 길을 또 걷고 있는가. 아달랴를 탓하기 전에 먼저 자신의 발밑을 살피자. 아달랴의 경우를 거울 삼아 우리는 평생에 무죄한 자의 피를 흘리는 일은 아예 모양도 내지 말아야 한다. "슬기로운 자는 재앙을 보면 숨어 피하여도 어리석은 자는 나가다가 해를 받느니라"(잠 22:3)의 말씀을 다시 한 번 기억하자.

난사 수행(難事 遂行)의 필연적인 요소(要素)(1)

우리가 세상을 살아가는 동안 원한 바는 아니지만 어려운 문제를 수행해야 할 난관에 종종 부닥칠 때가 있다. 어려운 문제를 수행해야 하는 그때 필요한 것은 힘과 용기다. 잠 24:10에 "네가 만일 환난 날에 낙담하면 네 힘이 미약함을 보임이니라"라는 말씀이 있는데 우리가 환난을 당할 때 힘과 용기를 얻지 못하고 낙담하고 미약하게 되면 어떻게 어려운 문제를 수행해나갈 수 있겠는가. 삼상 30:4에는 다윗과 그와 함께 한 백성이 울 기력이 없도록 소리를 높여 울었다고 했는데 더 울고 싶어도 기력이 없어서 울지 못할 정도로 약해졌으니 이러한 상태에서 무슨 일을 해낼 수 있겠는가. 그러므로 우리가 어려운 일을 당하였을 때 그 어려운 일을 수행해나갈 수 있는 필연적인 요소는 힘과 용기다.

성경에는 말할 수 없는 어려운 자리에 빠졌으나 그 자리에서 용기와 힘을 얻었기 때문에 다시 일어날 수 있었던 보기들이 더러 나온다. 삿 20장에는 이스라엘의 모든 지파와 베냐민 지파 한 지파가 싸운 이야기가 나온다. 이스라엘의 모든 지파는 40만 명이요(삿 20:17) 베냐민 지파는 26,700명이니(삿 20:15) 약 15 대 1이다. 그런데 이스라엘의 모든 지파는 15 대 1이라는 많은 군대가 싸웠으나 21,000명이 죽임을 당하였다(삿 20:21). 그러니 그들이 얼마나 실망했으며 맥이 풀렸겠는가. 그때 그들이 용기를 내지 못하였더라면 그것으로 끝날 뻔했는데 무슨 연고인지는 모르나 그들이 용기를 내었기 때문에(삿 20:22) 다시 싸울 수 있는 힘을 얻게 되었다. 그러니 난사 수행의 필수 요소는 바로 힘과 용기다.

대하 23:1의 "제칠 년에 여호야다가 용기를 내어"를 히브리어대로 표현하면 여호야다가 스스로 힘과 용기를 얻었다는 뜻이다. 남국 유다의 제8대 왕을 세우는 일은 위험하고 어려운 일이다. 그런데 이 위험하고 어려운 일에 손을 댄 여호야다의 밑천은 바로 그가 힘과 용기를 얻었다는 데 있었다. 본디 혁명은 위험한 일이 아닌가. 성공하면 좋지만 실패하면 바로 죽는다. 아달랴의 계략을 꺾고 7세인 어린 요아스를 남국 유다의 제8대 왕으로 세우는 일은 아주 위험천만한 모험이었다. 이렇게 위험천만한 모험에도 불구하고 여호야다가 건곤일척(乾坤一擲)하여 손을 댈 수 있었던 것은 바로 여호야다가 힘과 용기를 얻었다는 사실에 있다. 그러므로 난사 수행의 필연적인 요소는 힘과 용기다.

삿 20:22에서 이스라엘 백성들이, 대하 23:1에서 제사장 여호야다가 힘과 용기를 얻은 일은 순전히 인간적인 면에서 된 일이지 하나님께서 주신 힘과 용기는 아니었다. 인간적인 면에서 얻은 힘과 용기도 어려운 일을 수행하는 데 필연적인 요소가 되었거늘 하물며 하나님께서 힘과 용기를 주신다면 그 결과가 얼마나 놀랍겠는가. 성경은 인간적인 면에서 얻는 힘과 용기보다 하나님께서 친히 힘과 용기를 주셔서 어려운 일들을 수행하게 하신 기록들이 나온다.

그 대표적인 경우가 시 84:5-7이다. 여기에는 시온을 향하여 순례(巡禮) 길을 떠나는 사람의 이야기가 나온다. 시온을 향하여 순례의 길을 떠나는 데 있어서 외부적으로 어떠한 어려움이 있는가는 잘 모르겠다. 그러나 본문에 있듯이 확실한 어려움은 도중에 눈물의 골짜기를 통행하여야 한다는 것이다. 그러므로 웬만한 사람은 감히 시온을 향하여 순례의 길을 떠나지도 못하는데 여기에 시온을 향하여 순례의 길을 떠난 사람이 있다. 그가 누구인가? 바로 주께 힘을 얻은 자이다. 주께 힘을 얻은 자는 순례의 길을 떠날 때 세 가지 축복을 받는다.

1) 우선 순례의 길을 출발하게 된다. 위에서 말한 대로 도중에 눈물 골짜기를 통과해야 되기 때문에 웬만한 사람들은 감히 출발할 용기도 갖지 못하나 다만 주님께 힘을 얻은 자는 도중에 있는 눈물의 골짜기를 마다하지 아니하고 우선 출발하는 용기와 힘을 얻게 된다.

2) 우리가 신앙생활에서 경험한 대로 한 번 주님께 힘을 얻는다고 해서 그 힘이 영원히 지속되는 것은 아니다. 시간이 지남에 따라 주님께 얻었던 힘이 소모된다. 시온을 향하여 순례의 길을 떠날 때는 주님께 힘을 얻고 떠났으나 눈물 골짜기를 통과하는 동안 연약한 인간인지라 시간이 지남에 따라 받았던 힘이 소모될 수도 있다. 그러나 힘이 소모될 때마다 하나님께서는 순례자에게 계속 힘을 공급해주시므로 아무리 힘들고 긴 눈물의 골짜기라 할지라도 순례자는 도중에서 쓰러지지 아니하고 끝까지 성공할 수 있는 힘을 얻고 또 얻는 축복을 받게 된다.

3) 시 84:7은 "시온에서 하나님 앞에 각기 나타나리이다"라고 했다. 여기에 "각기"라는 말이 나온다. "각기"라는 말씀은 "누구나 다"라는 뜻으로 주께 힘을 얻고 시온을 향하여 순례의 길을 떠나는 사람은 눈물의 골짜기를 통행하는 동안에도 계속해서 힘을 얻고 또 얻어 "각기", 즉 예외 없이 누구나 시온에 나타나게 되는 최종 목적을 달성하게 된다는 것

이다. 주께 힘을 얻고 시온을 향하여 순례의 길을 떠났던 사람 가운데 눈물의 골짜기를 통행하는 동안 더러는 쓰러지고 더러는 시온에 나타나는 그러한 일이 있는 것이 아니라, 한 사람도 낙오자 없이 "각기", 즉 예외 없이 누구나 시온에서 하나님 앞에 나타나는 성공의 면류관을 얻게 된다는 말씀이다. 그러니 삿 20:22, 대하23:1에서 인간적으로 얻는 힘과 용기보다 하나님께로부터 힘을 얻는 자의 축복이 얼마나 더 놀라운가. 성경에는 이와 같이 하나님께로부터 힘을 얻은 축복의 사람들이 여러 사람 나오는데 그 가운데서 다윗과 다니엘을 생각해보자.

다윗과 그의 심복부하 600명이 블레셋에서 망명생활을 하는 동안 고맙게도 블레셋 왕이 다윗에게 시글락이라는 동네를 주어 살게 하였다(삼상 27:1-6). 그러던 중 다윗이 작전상 사흘 동안 시글락을 비운 사이 아말렉 군대가 와서 시글락 동네를 불사르고 군인 가족들을 전부 포로로 잡아갔다. 사흘 후에 시글락에 와보니 군인 가족들은 전부 포로가 되고 시글락은 불타서 식은 잿더미만 남아 있었다. 이 광경을 본 다윗과 그의 부하 600명은 울 기력이 없도록 소리를 높여 울다가 마침내 다윗을 돌로 때려 죽이려고 하였다. 이 일촉즉발(一觸卽發)의 찰나(刹那)에서 다윗은 하나님 여호와를 힘입고 용기를 얻었다(삼상 30:1-6). 그리하여 우선 돌에 맞아 죽는 죽음을 면할 뿐 아니라 그에게는 놀라운 일곱 가지 기적이 나타나 실패에서 성공으로, 잿더미에서 놀라운 승리의 언덕에 올라설 수 있었다(여기에 대해서는 박희천 저, 『사무엘상 강해』 p. 816-822의 "여호와를 힘입고 용기를 얻었더라"를 참고하기 바란다.).

한때는 사자굴에까지 들어갔던 용감무쌍한 다니엘도 인간이요 아담의 자손인지라 단 10:16-17에서 "근심이 내게 더하므로 내가 힘이 없어졌나이다"라고 할 정도로까지 약해졌다. 여기에서 다니엘은 삼상

30:1-6의 다윗보다 더 약해졌다. 다윗은 울 기력이 없도록 울었지만 호흡은 남아 있었는데 다니엘은 자기 몸에서 힘이 다 없어졌고 호흡이 남지 아니할 정도까지 약해졌다. 그때 "또 사람의 모양 같은 것 하나가 나를 만지며 나를 강건하게 하여 이르되 큰 은총을 받은 사람이여 두려워하지 말라 평안하라 강건하라 강건하라 그가 이같이 내게 말하매 내가 곧 힘이 나서 이르되 내 주께서 나를 강건하게 하셨사오니 말씀하옵소서"(단 10:18-19)의 사실이 일어났다. 그러니 하나님께로부터 힘을 얻은 다윗과 다니엘은 얼마나 복된 사람인가.

난사 수행의 필연적인 요소는 힘과 용기라고 했다. 대하 23장에서 제사장 여호야다가 아달랴의 세력을 꺾고 요아스를 남국 유다의 제8대 왕으로 세우려는 위험천만한 모험을 수행한 것도 그가 우선 힘과 용기를 얻었기 때문에 가능하였다. 인간적인 힘과 용기를 얻는 것도 좋은 일이지만 하나님께로부터 힘과 용기를 얻었던 순례자(시 84:5-7), 다윗(삼상 30:1-6), 다니엘(단 10:16-19)은 얼마나 더 복되었던가. 험악한 세상을 살아가다가 어려운 일에 부닥칠 때마다 제사장 여호야다처럼 인간적인 면에서 얻는 힘과 용기도 얻으려니와(대하 23:1) 그보다도 순례자(시 84:5-7), 다윗(삼상 30:1-6), 다니엘(단 10:16-19)처럼 하나님께서 주시는 힘과 용기를 얻어 우리 앞에 부닥친 어려움을 잘 헤쳐나갈 수 있기를 바란다.

난사 수행(難事 遂行)의 필연적인 요소(要素)(2)

난사 수행의 첫 번째 필연적인 요소는 힘과 용기이나 두 번째 필연적인 요소는 지혜다. 어떠한 일을 성공적으로 하기 위해서는, 특히 어렵고 위험한 일을 성공적으로 하려면 지혜가 필요하다. 그래서 전 10:10도 지혜는 성공하기에 유익하다고 하였다. 우리가 세상에서 하는 일들 중에 전쟁만큼 심각하고 중요한 일이 또 어디에 있겠는가. 이렇게 가장 심각하고 중요한 전쟁을 치르는 데는 지혜가 필요하기 때문에 잠 24:5-6은 "지혜 있는 자는 강하고 지식 있는 자는 힘을 더하나니 너는 전략으로 싸우라 승리는 지략이 많음에 있느니라"라고 했다.

모사는 지혜를 짜내는 사람들이다. 인생에서 가장 심각하고 중요한 전쟁을 할 때는 지혜가 있어야 승리할 수 있기 때문에 승리는 모사가 많음에 있다고 하였다. 우리가 세상에서 당하는 환난과 어려운 자리에서 구원을 얻는 일에도 지혜가 필요하다. 그래서 잠 11:8에 의인은 환난에서 구원을 얻는다고 했는데 이는 아무리 의롭게 살지만 미련하게 행함에도 불구하고 구원을 받을 수 있는 것이 아니기 때문에, 잠 11:9은 의인은 그의 지식으로 말미암아 구원을 얻는다고 하였다.

이와 같은 사실이 잠 28:18, 26에 또 나온다. 잠 28:18은 성실히 행하는 자가 구원을 얻는다고 하였다. 그런데 우리가 구원을 얻는 일에 있어서 성실 한 가지만 가지고 다 되는가? 비록 성실하게 살지만 그 행동에 있어서 미련하게 행함에도 불구하고 구원을 얻을 수 있는가? 그렇지 않다. 그래서 잠 28:26은 지혜롭게 행하는 자는 구원을 얻는다고 하였다. 아무리 성실하게 살지만 성실만으로는 안 되고 지혜가 함께 해야 구원을 얻을 수 있기 때문이다. 이와 같이 우리가 환난과 어려운 자리에서 구원을 얻는 데는 의와 성실만 가지고는 안 되고 지식과 지혜가 동반되어야 한다. 그래서 잠 13:16은 무릇 슬기로운 자는 지식으로 행한다고 하였다. 왜? 지혜와 지식으로 행해야 보람과 효과가 나타날 수 있기 때문이다.

반면에 성경은 지식과 지혜가 동반되지 않는 일은 실패한다고 하였다. 롬 10:2에 "그들이 하나님께 열심이 있으나 올바른 지식을 따른 것이 아니니라"라고 했다. 여기에 나오는 그들은 바로 유대인들이다. 유대인들이 하나님께 대하여 열심이 있었지만 지혜를 좇은 열심이 아니었기 때문에 실패했다는 말씀이다.

무슨 뜻인가? 사람이 예수님을 믿는 믿음으로 의롭게 되는 것이 하나님의 지혜인데 유대인들은 이 지혜와 지식을 좇지 아니하고 의로운 행위로 구원을 받으려는 방법을 택하였기 때문에 실패했다는 것이다. 그래서 의로운 행동으로 구원을 받으려는 열심은 어느 누구도 당할 수 없는 열심이었으나 십자가를 믿고 의롭게 되는 하나님의 지혜와 지식을 좇지 않았기 때문에 실패했다는 것이다.

이와 같이 우리가 어떠한 일을 할 때 지식과 지혜가 동반되지 아니하면 실패로 끝난다. 그래서 잠 13:16은 다시 한 번 무릇 슬기로운 자는 지식으로 행한다고 하였다.

대하 23장에 지혜라는 말은 한 번도 나오지 않지만 제사장 여호야다는 열 가지 면에서 지혜롭게 행하였다. 그리하여 아달랴의 세력을 꺾고 요아스를 남국 유다의 제8대 왕으로 세우는 일에 성공하였다. 어떠한 지혜인가?

1) 그는 이 일을 성공시키기 위하여 이 일을 수행할 사람들과 더불어 1절과 3절에서 언약을 세웠다. 언약은 두 사람 사이에 세운 약속이니 가볍게 변경할 수 없고 어떠한 일이 있더라도 끝까지 지켜야 하는 책임과 의무를 가지게 되니 말로만 하는 것보다 강한 약속이다. 그래서 어떠한 일이 있어도 서로 변경할 수 없다.

2) 그는 언약을 세우되 백부장들과 언약을 세웠다. 백부장들은 누구인가? 군부의 실세자(實勢者)들이다(대하 23:1). 그리고 레위 사람들과 더불어 세웠다. 레위 사람들은 누구인가? 종교계의 실세자들이다(대하 23:2). 그리고 또 족장들과 더불어 언약을 세웠다. 족장들은 누구인가? 행정의 실세자들이다(대하 23:2). 그리고 또 온 회중과 더불어 언약을 세웠다(대하 23:3). 언약을 세우되 군부의 실세자들인 백부장들, 종교계의 실세자인 레위 사람들, 행정의 실세자들인 족장들, 그리고 또 온 회중과 더불어 언약을 세웠으니 얼마나 단단한 언약인가.

3) 언약의 내용은 "여호와께서 다윗의 자손에게 대하여 말씀하신 대로 왕자가 즉위하여야 할지니"(대하 23:3)이다. 여호와의 말씀을 이루자는 언약이니 그 언약에 누가 반대하겠는가. 이와 같이 여호야다는 언약의 내용을 정하는 일에도 지혜를 썼다.

4) 레위 사람 3분의 1은 문을 지키고, 3분의 1은 왕궁에 있고, 3분의 1은 기초문에 세우는, 즉 레위 사람들을 요소요소에 배치하는 일에 지혜를 썼다(대하 23:4-5).

5) 여호와의 전에 들어갈 수 있는 사람은 제사장들과 레위 사람들뿐이기 때문에(대하 23:6) 여호와의 전에 들어가서는 안 될 백성들은 아예 여호와의 전 뜰에 있게 하였다(대하 23:5).

6) 제사장들과 레위 사람들만 여호와의 전에 들어갈 수 있게 하였다(대하 23:6).

7) 레위 사람은 각각 손에 병기를 잡고 왕을 호위하며 다른 사람이 전에 들어오면 죽이고 왕이 출입할 때 경호하도록 하였다(대하 23:7).

8) 안식일에 비번인 레위 사람들은 집에 보내지 않음으로써 일을 수행하는 데 필요한 충분한 인력(人力)을 확보하였다(대하 23:8).

9) 아달랴를 성전 안에서 죽이지 않고 성전 밖에서 죽이기 위하여 그를 반열(班列) 밖으로 몰아냈다(대하 23:14-15).

10) 일이 끝난 후에도, 여호야다가 여호와의 전에 직원들을 세워 제사장 레위 사람들의 수하에 맡기고 문지기를 여호와의 전 여러 문에 두어 부정한 자는 들어오지 못하게 하는, 사후처리를 잘 하였다(대하 23:18-19).

우리는 지금까지 여호야다가 아달랴를 죽이고 요아스를 남국 유다의 제8대 왕으로 세우는 일을 성공시키기 위하여 10가지 지혜를 동원한 일을 생각해왔다. 그는 이번 일을 성공시키기 위하여 힘과 용기만 얻었던 것이 아니라 지혜까지 동원하였다. 그러므로 난사 수행의 두 번째 필연적인 요소는 지혜다. 그리고 성경은 "너희 중에 누구든지 지혜가 부족하거든 모든 사람에게 후히 주시고 꾸짖지 아니하시는 하나님께 구하라 그리하면 주시리라"(약 1:5)라고 했으니 얼마나 고마운 일인가.

우리가 험악한 세상을 살아가다가 힘들고 어려운 일에 부닥칠 때마다 제사장 여호야다와 같이 힘과 용기를 얻으며, 더욱이 순례자(시 84:5-7), 다윗(삼상 30:6), 다니엘(단 10:18, 19)처럼 하나님께서 주시는 힘을 받고, 모든 사람에게 후히 주시고 꾸짖지 아니하시는 하나님의 지혜를 받아(약 1:5) 우리 앞에 부닥친 어려운 문제를 잘 수행해나갈 수 있기를 바란다.

백성들이 즐거워하고 탄식할 때

성경은 백성들이 즐거워하고 탄식할 때가 어느 때인가를 우리에게 보여준다.

1. 즐거워할 때

잠 11:10에 "의인이 형통하면 성읍이 즐거워하고 악인이 패망하면 기뻐 외치느니라"라고 했다. 여기에서는 백성들이 두 가지 일로 즐거워하고 기뻐하게 된다고 하였다. 그 하나는 의인이 형통할 때 백성들이 즐거워하고 다른 하나는 악인이 패망할 때 백성들이 기뻐 외친다고 하였는데, 대하 23장에서 되어진 일이 바로 잠 11:10 말씀 그대로 되어졌다. 대하 23장에서 의인 요아스가 형통하여 왕위에 올랐고 악인 아달랴가 패망을 당하였다. 그래서 온 백성들이 즐거워하였다(대하 23:13, 21, 왕하 11:14, 20). 잠 11:10과 같은 뜻을 잠 28:12에서는 의인이 득의(得意)하면 큰 영화가 있겠다고 하였다. 한글성경의 "득의"가 히브리어대로 하면 "승리"를 뜻한다. 그러니 의인이 승리하게 되면 큰 영화가 있겠다는 말씀이다.

이 말씀대로 되어진 역사적인 사실이 에 8:15이다. 의인 모르드개가 푸르고 흰 조복을 입고 큰 금관을 쓰고 자색 가는 베 겉옷을 입고 왕 앞에 나오니 수산 성이 즐거이 부르며 기뻐했다고 하였다. 왜? 잠 11:10, 28:12 말씀대로 의인 모르드개와 이스라엘 백성들이 형통하고 승리했고 악인 하만이 패망하였기 때문이다.

사 32:1-2에는 의인이 왕의 자리로까지 형통하여 그가 공의로 통치할 때 백성들이 받는 축복의 상태를 "보라 장차 한 왕이 공의로 통치할 것이요 방백들이 정의로 다스릴 것이며 또 그 사람은 광풍을 피하는 곳, 폭우를 가리는 곳 같을 것이며 마른 땅에 냇물 같을 것이며 곤비한 땅에 큰 바위 그늘 같으리니"라고 했다.

이 말씀을 다시 한 번 새겨보자. 의인이 왕의 자리로까지 형통하여 그가 의로 나라를 통치하게 된다. 최고 통치자인 왕이 공의로 통치하니 그 밑에 있는 방백들이 어떻게 불공평한 정치를 할 수 있겠는가. 왕이 공의로 통치하기 때문에 그 밑에 있는 방백들도 왕을 따라서 정의로 다스리게 된다. 공의로 통치하는 왕은 광풍을 피하는 곳, 폭우를 가리는 곳이 되고 백성들에게는 마른 땅에 냇물 같고 곤비한 땅에 큰 바위 그늘같이 된다고 하니 공의로 통치하는 왕에게 다스림을 받는 백성들이 얼마나 복된가. 그래서 잠 11:10에 의인이 형통하면 백성들이 즐거워한다고 하였다.

2. 탄식할 때

잠 29:2에는 악인이 권세를 잡으면 백성들이 탄식한다고 하였다. 탄식하는 정도가 아니라 잠 28:12, 28에서는 악인이 일어나면 사람들이 숨는다고 하였다. 악인이 일어나서 권세를 잡으면 사람들이 그저 앉은 자리에서 탄식만 하고 있을 뿐만 아니라 아예 숨어버리게 된다. 왜 그렇게 되는가? 그 까닭은 잠 28:15의 "가난한 백성을 압제하는 악한 관원은 부르짖는 사자와 주린 곰 같으니라"이기 때문이다. 부르짖는 사자와 주린 곰이 얼마나 무서운가. 그들은 닥치는 대로 잡아먹거나 찢는다. 가난한 백성을 압제하는 악한 관원이 닥치는 대로 찢는, 부르짖는 사자와 주린 곰 같으니 악인이 일어나 권세를 잡으면 백성들이 탄식하고 숨을 수밖에 없지 않은가.

우리는 어떠한 지도자들이 되려는가? 지도자 자리에 앉을 때, 마치 요아스가 왕위에 오를 때 온 백성이 즐거워하였던 것처럼 온 성읍이 즐거워하고(잠 11:10) 영화가 되는(잠 28:12) 그러한 지도자가 되려는가? 아니면 백성들이 탄식하다 못해(잠 29:2) 심지어 숨어버릴 수밖에 없는(잠 28:12, 28) 불행한 지도자들이 될 것인가? 특히 신약의 교회에서 양떼들을 지도하는 주의 종들은 교회에 부임할 때 온 교회 성도들이 즐거워하고(잠 11:10) 영화롭게 여기는(잠 28:12) 종들이 될지언정, 성도들이 탄식하다 못해(잠 29:2) 이 날까지 섬겨오던 정든 교회를 떠나 다른 교회로 갈 수밖에 없는(잠 28:12, 28) 불행한 종들이 되어서는 안 되겠다.

대하 24장, 왕하 12장

미자립의 신앙

남국 유다의 제8대 왕 요아스는 미자립의 신앙이었다. 그가 미자립의 신앙이었다는 것은 다섯 가지 면에서 추측해볼 수 있다.

1) 왕하 12:2은 요아스가 제사장 여호야다의 교훈을 받을 동안에 여호와 보시기에 정직히 행하였다고 하면서 그 까닭은 자립적인 신앙이 아니고 순전히 여호야다의 교훈을 받아 여호와 보시기에 정직히 행하였다고 하니 그의 신앙이 아직 미자립 상태가 아닌가.

2) 대하 24:14의 "여호야다가 세상에 사는 모든 날에 여호와의 전에 항상 번제를 드렸더라"는 이스라엘 백성들이 여호와의 전에 끊임없이 번제를 드릴 수 있었던 것은 제사장 여호야다의 신앙적인 지도가 있었

음을 암시해준다.

3) 대하 24:3에 여호야다가 왕으로 두 아내에게 장가들게 하였다고 한다. 일평생 중 가장 중요한 일들 중 하나인 결혼을 여호야다가 주장할 수 있을 정도면 요아스 왕의 신앙에도 영향을 미칠 수 있었다는 사실을 우리에게 암시해준다.

4) 대하 24:12은 왕과 여호야다가 그 돈을 여호와의 전 감독자에게 주었다고 하였고, 대하 24:14은 성전 수리가 끝난 후에 그 남은 돈을 왕과 여호야다의 앞으로 가져왔다고 하였고, 대하 24:16은 여호야다가 이스라엘과 하나님과 그의 성전에 대하여 선을 행하였다고 하니, 성전 수리하는 일에 있어서 제사장 여호야다가 왕을 도와 깊이 관여한 사실을 보여준다. 왕이 성전 수리하는 일에 제사장 여호야다가 깊이 관여하였다면 그의 신앙에도 관여하였으리라는 암시를 준다.

5) 대하 24:22은 요아스 왕이 이와 같이 스가랴의 아버지 여호야다가 베푼 은혜를 기억하지 아니하고 그의 아들을 죽였다고 하면서 제사장 여호야다가 요아스 왕에게 은혜를 베푼 사실을 보여준다. 은혜를 베풀었다면 신앙적인 은혜도 베풀었을 것이 아니겠는가. 신앙적인 은혜를 베풀었다는 것은 요아스 왕의 신앙이 아직도 미자립 상태에 있었기 때문에 신앙적으로 도왔다는 말씀이다. 이 다섯 가지 추측 말고도 요아스 왕이 왕위에 오를 때 나이 7세니(대하 24:1) 인간적인 면에서도 요아스 왕이 제사장 여호야다의 신앙적인 지도를 받아야 된다는 것은 상식적으로 이해가 간다.

그러나 제사장 여호야다가 죽은 후(대하 24:15-16) 미자립 상태의 신앙에 있던 요아스 왕의 신앙이 무너져 내리는 사실을 성경은 여섯 가지 모습으로 우리에게 보여준다.

1) 대하 24:17-18은 여호야다가 죽은 후에 유다 방백들이 와서 왕에게 절하매 왕이 그들의 말을 듣고 조상들의 하나님 여호와의 전을 버리고 아세라 목상과 우상을 섬겼다고 하니 요아스 왕은 불신앙적인 말에 귀를 기울이는 실수를 하였다. 어떠한 자가 불신앙적인 말에 귀를 기울이는가? 잠 17:4이 "악을 행하는 자는 사악한 입술이 하는 말을 잘 듣고 거짓말을 하는 자는 악한 혀가 하는 말에 귀를 기울이느니라"라고 말한 대로 악을 행하고 거짓말을 하는 자들은 불신앙적인 말에 귀를 기울인다. 자립적인 신앙을 가지지 못했던 요아스인지라 제사장 여호야다의 교훈이 끊어지자(왕하 12:2) 불신앙적인 말에 귀를 기울일 정도로 악한 자와 호흡을 맞추는(잠 17:4) 상태가 되었다.

　2) 제사장 여호야다의 지도를 받아 여호와의 전을 수리할 뜻을 품을 정도로(대하 24:4) 여호와의 전에 대하여 간절했던 요아스가 여호와의 전을 버리게 되었다(대하 24:18).

　3) 우상까지 섬기게 되었다(대하 24:18).

　4) 선지자들의 경계를 듣지 아니하였다(대하 24:19).

　5) 제사장 여호야다의 아들 스가랴를 죽였다(대하 24:21). 스가랴 한 사람만이 아니라 대하 24:25을 보면 제사장 여호야다의 아들들의 피라고 했으니 스가랴 외에도 다른 아들들까지도 죽였다.

　6) 대하 24:22은 요아스 왕이 이와 같이 스가랴의 아버지 여호야다가 베푼 은혜를 기억하지 아니하였다고 한다. 제사장 여호야다가 요아스에게 베푼 은혜는 어떠한 은혜들인가? 남국 유다의 제7대 왕 아달랴가 왕의 씨를 진멸할 때 제사장 여호야다의 아내가 요아스를 6년 동안 하나님의 전에 숨겨주었고(대하 22:10-12), 제사장 여호야다가 요아스를 왕으로 세워주었고(대하 23장), 아직 어린 7세의 요아스를 믿음으로 잘 교훈해

주던(왕하 12:2) 은인 중에도 대은인이다. 그러한 여호야다의 은혜를 생각지 아니하였으니 배은망덕하다.

요아스가 위에 오를 때 나이 7세니 인간적인 면으로 보아 미자립의 신앙을 가질 만한 나이다. 그러나 때가 지남에 따라 속히 자립적인 신앙을 가져야 되지 않겠는가. 그러나 요아스는 그러하지 못하였다. 요아스가 제사장들에게 성전 수리를 명한 후 요아스 왕 23년에 이르도록 제사장들이 성전 수리를 시작하지 않았으니(왕하 12:6) 요아스 왕의 나이가 벌써 30세가 지났다. 사람의 나이가 30세가 지나면 어떠한 공직도 맡을 수 있는 자격이 있다는 사실을 성경이 보여주는 것 같다. 요셉이 애굽의 국무총리가 될 때(창 41:46), 다윗이 이스라엘의 왕이 될 때(삼하 5:4), 예수님께서 공생활을 시작할 때에도(눅 3:23) 30세였다. 요아스 왕의 나이가 지금은 30세니 자립적인 신앙을 가질 만한 때도 되었다. 그러나 그는 여전히 자립적인 신앙을 가지지 못했다.

남국 유다의 제16대 왕 요시야가 위에 오를 때 나이는 8세였다(대하 34:1). 그가 왕이 된 지 8년 만에, 즉 요시야 왕이 16세 되었을 때 그 조상 다윗의 하나님을 비로소 구하였다(대하 34:3). 이는 요시야 왕의 믿음이 자립적인 신앙으로 자랐다는 말씀이다. 그리고 왕이 된 지 12년 만에, 즉 요시야 왕이 30세 되었을 때 유다와 예루살렘을 비로소 정결케 하여 산당들과 아세라 목상들과 아로새긴 우상들과 부어 만든 우상들을 제거하여 버리며 바알의 제단들을 헐고 그 제단 위에 높이 달린 태양상들을 찍어버렸다는 것은(대하 34:3-4) 바로 종교개혁을 뜻한다. 요시야 왕은 나이 8세라는 어린 나이에 왕이 되었지만 16세에 자립적인 믿음을 가지고 30세에는 종교개혁까지 일으켰다. 그러나 요아스 왕은 30세가 넘도록 자립적인 신앙을 가지지 못하고 미자립의 신앙에 머물러 있었다. 한심하고 답답한 일이다.

우리의 믿음은 어떠한가? 30세가 되도록 제사장 여호야다의 그늘에서 여린 풀처럼 나약하게 자라던 요아스의 믿음은 그늘이 되어주던 여호야다가 세상을 떠나자 하루아침에 무너지고 말았다. 미자립의 믿음은 이와 같이 연약하다. 언제, 어디에서, 어떻게 넘어질지 모르는 불안한 믿음이다. 우리는 언제나 어느 누구의 도움 없이도 성경 말씀만 근거로 하여 나아갈 수 있는 강력한 자립적인 믿음을 가져야겠다.

하나님의 일을 하기에 느린 아담의 자손들

대하 24:5에 보면 요아스 왕이 여호와의 전을 수리할 뜻을 가지고 제사장과 레위 사람들에게 "너희는 유다 여러 성읍에 가서 모든 이스라엘에게 해마다 너희의 하나님의 전을 수리할 돈을 거두되 그 일을 빨리 하라 하였으나 레위 사람이 빨리 하지 아니한지라"라고 했다. 여기에 빨리라는 말이 대조적으로 기록되었다. 요아스는 그들에게 빨리 하라고 했으나 그들은 빨리 하지 않았다고 한다. 왕하 12:6에 보면 그들이 요아스 왕 23년에 이르기까지 하지 않았다고 했는데 요아스 왕이 성전 수리를 언제 명하였는지는 성경에 기록이 없으니 알 수 없으나 만일 요아스가 즉위 초에 명했다면 23년의 세월이 지나도록 안 했다는 계산이 나온다. 잠 10:26의 "게으른 자는 그 부리는 사람에게 마치 이에 식초 같고 눈에 연기 같으니라"라는 말씀대로 성전 수리에 게을렀던 레위 사람들은 마치 요아스 왕에게 이에 식초 같고 눈에 연기 같았을 것이다.

본디 아담의 자손들은 하나님의 일을 하기에 더딘 성격을 가지고 있다. 학 1:9에서 선지자 학개는 이스라엘 백성들을 공격하면서 "내 집은 황폐하였으되 너희는 각각 자기의 집을 짓기 위하여 빨랐음이라"라고 했다. 학개 당시의 이스라엘 백성들도 자기네 집을 꾸리는 데는 빨랐으나 하나님의 집을 짓는 일에는 매우 느렸다.

반면에 아담의 자손들이 악을 행하는 데는 빠르다. 출 32:8에 보면 시내산 밑에 있던 이스라엘 백성들이 하나님께서 그들에게 명한 길에서 속히 떠나 송아지를 만들었다고 하였다. 우상을 섬기지 말라는 하나님의 계명에서 떠나 죄를 짓는 일에는 아주 속하였다. 같은 사실을 신 9:12에서는 내가 그들에게 명령한 도를 속히 떠나 자기를 위하여 우상을 부어 만들었다고 하였고, 신 9:16에서는 이스라엘이 자기를 위하여 송아지를 부어 만들어서 여호와께서 명령하신 도를 빨리 떠났다고 하였다. 삿 2:17은 "그들이 그 사사들에게도 순종하지 아니하고 오히려 다른 신들을 따라가 음행하며 그들에게 절하고 여호와의 명령을 순종하던 그들의 조상들이 행하던 길에서 속히 치우쳐 떠나서 그와 같이 행하지 아니하였더라"라고 하면서 사사시대의 이스라엘 사람들이 하나님의 말씀을 순종하던 길에서 속히 떠났다고 하였다. 사 59:7에서는 이사야 당시의 이스라엘 백성들이 그 발은 행악하기에 빠르고 무죄한 피를 흘리기에 신속했다고 하였고, 갈 1:6에서는 갈라디아 교회들이 그리스도의 은혜로 그들을 부르신 이를 속히 떠나 다른 복음을 따랐다고 했다.

이것이 아담의 자손들의 공통적인 특색이다. 어찌하여 아담의 자손들은 하나님을 떠나 죄 짓는 일은 그렇게 속히 하면서도 하나님의 일을 하는 데는 그렇게 더딘지 모르겠다. 우리는 죄 짓는 일에 더디기는커녕 아예 죄를 지어서도 안 되고 하나님의 일을 하는 데 속하고 빨라야겠다.

스스로 형통치 못하게 하는 자

요아스가 조상들의 하나님 여호와의 전을 버리고 아세라 목상과 우상을 섬길 때(대하 24:18) 하나님의 신이 제사장 여호야다의 아들 스가랴를 감동시켜 "너희가 어찌하여 여호와의 명령을 거역하여 스스로 형통하지 못하게 하느냐"(대하 24:20)라고 했다. 사람은 누구나 자기의 앞길이 형통하기를 바란다. 그 누구의 간섭으로도 형통이 방해되기를 바라는 사람은 한 사람도 없다. 그런데 어떤 외부의 사람의 방해 때문이 아니고 자기 스스로 앞길을 형통치 못하게 만드는 사람이 있다면 얼마나 불행하고 답답한 사람인가.

본문에 나오는 요아스 왕이 바로 그러한 사람이다. 어떠한 외부 사람의 장난으로 자기 앞길의 형통을 망쳐놓아도 억울한 일인데 요아스 왕은 외부 사람의 장난이 아니라 스스로가 앞길을 형통치 못하게 만들어 놓았으니 누구를 원망할 것인가.

그런데 누구도 원망할 수 없는, 자기 앞길을 스스로 형통치 못하게 하는 일을 왜 하는가? 자기 앞길을 일부러 형통치 못하게 하는 자는 없을 것이다. 본문의 요아스 왕도 자기 앞길을 스스로 형통치 못하게 한 것이 아니라, 여호와의 말씀을 거역함으로써 원했던 일은 아니나 결과적으로는 자기 앞길을 형통치 못하게 만든 것이다. 앞길을 스스로 형통치 못하게 하기를 원하는 자가 누가 있겠는가. 그러나 여호와의 명령을 거역할 때는 그 누구도 원치 않는, 자기 앞길을 스스로 형통치 못하게 만드는 결과를 만들게 된다.

이와 같은 일은 민 14:41에서 이스라엘 백성들도 저질렀다. 정탐꾼의 보고를 듣고 원망하다가 모세에게 꾸중을 들은 이스라엘은 고집을 피우면서 아말렉 사람이 있는 곳으로 올라가겠다고 우길 때 모세는 "너희가 어찌하여 이제 여호와의 명령을 범하느냐 이 일이 형통하지 못하리라"(민 14:41)라고 했다. 그러나 이스라엘이 모세의 충고를 듣지 않고 고집을 피우며 여호와의 명령을 범하면서 아말렉 사람들이 있는 곳으로 올라가자 결국은 형통치 못하고 쫓겨내려왔다. 그들도 일부러 앞길을 형통치 못하게 하려 했던 것은 아니다. 나름대로는 잘 되게 하려고 그렇게 하였으나 여호와의 명령을 범하니 원치는 않았으나 결과적으로는 앞길을 스스로 형통치 못하게 만들고 말았다. 욥 9:4은 하나님을 거슬러 스스로 완악하게 행하고도 형통할 자가 있을 수 없다고 하였다. 옳은 말씀이다. 하나님을 거슬러 스스로 완악하게 행하고도 형통할 자가 누구이겠는가.

이 세상에 사는 사람치고 앞길을 스스로 형통치 못하게 만들기 원하는 사람이 어디에 있겠는가. 그러나 우리는 명백히 기억해야 한다. 우리가 요아스 왕과 이스라엘 사람들처럼 여호와의 명령을 거역할 때는 내가 원했던 일은 아니나 결과적으로는 우리 앞길을 형통치 못하게 스스로 망쳐놓게 된다는 사실을 기억해야 한다.

우리는 나 자신이 여호와의 명령을 거역하여 내 앞길을 스스로 형통치 못하게 만드는 불행한 장본인이 되어서는 안 되겠다.

행한 대로

대하 24:23에는 요아스 왕의 방백들이 보응 받은 일이, 24:27에는 요아스 왕이 보응 받은 일이 나온다. 방백들은 어떠한 보응을 받았는가? 아람 군대가 와서 방백들을 멸절하였다. 요아스 왕은 어떠한 보응을 받

있는가? 아람 사람이 요아스를 징벌하여 크게 당하게 하매 적군이 버리고 간 후에 그의 심복들이 모반하여 그를 침상에서 쳐죽였다.

방백들과 요아스가 왜 이러한 보응을 받았는가? 대하 24:17에 보면 여호야다가 죽은 후에 유다 방백들이 와서 왕을 부추겨 우상을 섬기게 했다고 하였다. 이러한 방백들의 죄가 무사할 리가 있겠는가. 하나님께서 아람 군대들을 보내시어 모든 방백들을 멸절케 하시는 보응을 주셨다.

요아스 왕은 무슨 죄를 지었는가? 위에서 말한 대로 은인 여호야다의 아들 스가랴를 죽였다. 그러므로 본문 25절은 요아스가 죽은 원인을 제사장 여호야다의 아들들의 피 때문이라고 했다. 대하 24:21은 무리가 함께 꾀하고 왕의 명령을 따라 그를 여호와의 전 뜰 안에서 돌로 쳐죽였다고 했으니 여호야다의 아들 스가랴를 죽인 장본인은 요아스 왕이다.

방백들과 왕이 그러한 죄를 짓고 어찌 무사할 수 있겠는가. 범죄자 특히 남을 죽이는 범죄자는 반드시 보응을 받기 마련이다. 순진한 농부 나봇을 죽인 아합과 이세벨이 무사하지 못하였고(왕상 21:21-24), 무죄한 제사장 85인을 죽인 사울이(삼상 22:18) 무사하지 못하였다. 범죄자에게는 반드시 보응이 따르기 마련이다. 특히 피 흘린 죄는 더욱 그러하다. 민 35:33에는 피는 땅을 더럽히나니 피 흘림을 받은 땅은 이를 흘리게 한 자의 피가 아니면 속할 수 없다고 하였으니 스가랴의 피 흘림을 받은 땅은 스가랴의 피를 흘리게 한 요아스 왕의 피가 아니면 속할 수 없게 되었다.

왕은 그 나라에서 최고의 권세를 가진 자다. 왕보다 더 높은 사람은 없다. 그러니 왕을 벌할 사람은 한 사람도 없다. 그렇다고 하여 그것이 전부인가? 전 5:8은 우리에게 뭐라고 말하고 있는가? "너는 어느 지방에서든지 빈민을 학대하는 것과 정의와 공의를 짓밟는 것을 볼지라도 그것을 이상히 여기지 말라 높은 자는 더 높은 자가 감찰하고 또 그들보다 더 높은 자들도 있음이니라"라고 말하고 있지 않은가. 요아스가 왕으로서 남국 유다에서 가장 높은 자였지만 높은 자보다 더 높으신 자 곧 요아스보다 더 높으신 하나님께서 감찰하시고 요아스에게 보응의 칼을 보내셨던 것이다.

남국 유다의 제5대 왕 여호람도 그러하였다. 그가 왕위에 오르자 자기의 아우들을 죽이되(대하 21:4) 자기보다 선한 아우들을 죽이었다(대하 21:13). 그러나 여호람은 왕이요 최고 권세자이니 그에게 손을 댈 사람이 아무도 없었으나 여호람보다 더 높으신 여호와께서 여호람을 치사 능히 고치지 못할 병이 들어 급기야는 창자가 빠져나와 죽게 되었다(대하 21:18-19).

왕이 하는 일이라고 하여 어느 누구도 보응하지 못하는 것은 아니다. 높은 자보다 더 높은 자 곧 왕보다 더 높으신 하나님께서 감찰하사 보응하신다는 사실을 우리는 알아야 한다. 네가 왕인가? 인간의 세계에서 최고의 권세를 가진 자인가? 인간의 세계에서는 너보다 높은 자가 없는가? 그렇다고 하여 어떠한 죄라도 지을 수 있단 말인가? 그렇다고 하여 사람들 가운데서는 보응할 자가 한 사람도 없는 줄 아는가? 스스로 속지 말라. 높은 자보다 더 높으신 자 곧 최고 권세자보다 더 높으신 하나님께서 감찰하사 보응하신다는 사실을 잊어서는 안 된다.

사 31:2 말씀이 그대로 이루어짐

사 31:2의 "악행하는 자들의 집을 치시며 행악을 돕는 자들을 치시리니"는 악을 행하는 범인과 그 악행을 돕는 자를 아울러 치신다는 말씀인데 대하 24장에서는 사 31:2의 말씀이 그대로 이루어진 사실을 우리에게 보여준다.

1. 본인 요아스

대하 24:21은 왕의 명을 좇아 여호야다의 아들 스가랴를 죽였으니 스가랴를 죽인 장본인은 요아스다. 그리고 대하 24:25은 여호야다의 아들들의 피라고 했으니 요아스 왕은 여호야다의 아들 스가랴 한 사람만 죽인 것이 아니라 다른 아들들도 죽였다. 그러면 악을 행하는 장본인이었던 요아스 왕은 어떠한 벌을 받았는가? 그가 악을 행하는 본인으로서 받은 벌은 세 가지로 묘사되었다.

1) 대하 24:25은 그의 심복들이 모반(謀反)하여 요아스를 죽였다고 한다. 심복들이 모반하여 왕을 죽였다는 것은 우연하게 된 일이 아니다. 요아스 왕의 심복들이 왕을 모반하기 전에 먼저 요아스 왕이 제사장 여호야다를 모반하였다. 대하 24:22은 요아스 왕이 이와 같이 스가랴의 아버지 여호야다가 베푼 은혜를 생각지 아니하고 그 아들을 죽였다고 하였으니, 이것은 은혜를 베풀어 준 제사장 여호야다에 대한 모반이다. 요아스 왕이 먼저 제사장 여호야다를 모반하니 자기는 심복들에게 모반을 당한 것이다.

2) 대하 24:25은 왕의 심복들이 요아스 왕을 모반하여 침상에서 쳐죽였다고 한다. 성경은 침상에서 사람을 죽이는 일을 달리 죽이는 죄보다 좀 더 악한 죄로 보는 것 같다. 사울의 아들 이스보셋을 침상에서 죽인 죄에 대하여(삼하 4:7) 다윗은 "하물며 악인이 의인을 그의 집 침상 위에

서 죽인 것이겠느냐 그런즉 내가 악인의 피 흘린 죄를 너희에게 갚아서 너희를 이 땅에서 없이하지 아니하겠느냐"(삼하 4:11)라고 하면서 사람을 죽이되 달리 죽인 것보다 침상에서 죽인 죄를 좀 더 엄하게 다스린 것 같다.

3) 대하 24:25은 요아스 왕을 다윗 성에 장사하였으나 왕들의 묘실에는 장사하지 아니하였다고 한다. 대하 24:16은 무리가 제사장 여호야다를 다윗 성 여러 왕들의 묘실에 장사했다고 하였다. 심지어 왕 아닌 제사장까지도 왕들의 묘실에 장사지낸 바 되었는데 왕인 요아스가 왕들의 묘실에 장사되지 못하였다는 것은 말할 수 없는 멸시와 천대다. 이와 같이 제사장 여호야다의 아들 스가랴를 죽이는 일에 장본인이 된 요아스 왕은 죽임을 당하되 심복들에게 모반을 당하여, 침상에서, 왕들의 묘실에 들어가지 못하는 비참한 죽음의 보응을 받았다.

2. 악행을 도운 자들

대하 24:17-18은 여호야다가 죽은 후에 유다 방백들이 와서 왕에게 절하매 왕이 그들의 말을 듣고 그의 조상들의 하나님 여호와의 전을 버리고 아세라 목상과 우상을 섬겼다고 하였으니, 남국 유다의 방백들은 여호와의 전을 버리고 우상을 섬기는 악행을 도운 자들이다. 그리고 대하 24:21은 요아스 왕이 스가랴를 죽일 때 무리가 함께 꾀했다고 하였으니, 그들은 스가랴를 죽인 악행을 도운 자들이다.

사 31:2에 하나님께서는 행악을 돕는 자들을 치신다고 하였는데 요아스 왕의 행악을 두 가지 면에서 도운 남국 유다의 방백들은 어떠한 벌로 치심을 받았는가? 대하 24:23은 1주년 말에 아람 군대가 요아스를 치려고 올라와서 유다와 예루살렘에 이르러 백성 중에서 모든 방백들을 다 죽였다고 하였으니 요아스 왕의 악행을 두 가지 면에서 도운 유다의 방백들을 하나님께서는 아람 군대를 통하여 멸절시키셨다.

악행하는 자의 집을 치시며 행악을 돕는 자를 치신다는 사 31:2의 말씀은 성경 다른 곳에서도 그 보기들을 찾아볼 수 있다. 삿 9:1-6에서는 기드온의 아들 아비멜렉이 세겜에 사는 방탕한 자들을 돈으로 사서 기드온의 아들 70명을 반석 위에서 죽였다. 그 결과는 어떻게 되었는가?

삿 9:56-57은 "아비멜렉이 그의 형제 칠십 명을 죽여 자기 아버지에게 행한 악행을 하나님이 이같이 갚으셨고 또 세겜 사람들의 모든 악행을 하나님이 그들의 머리에 갚으셨으니"라고 했다. 삿 9장에서 악을 행한 본인은 아비멜렉이요 그 행악을 도운 자들은 세겜 성에 사는 방탕한 자들이다. 하나님께서는 악을 행한 본인인 아비멜렉도 치시고 아비멜렉의 행악을 도운 세겜 성에 사는 방탕한 자들도 치셨다. 즉 사 31:2 말씀대로 악행하는 자의 집을 치시며 행악을 돕는 자를 치셨다.

왕상 1장에서 솔로몬을 거스른 본인은 아도니야요 그 악행을 도운 사람들은 요압과 제사장 아비아달이다(왕상 1:7-8). 그리하여 악을 행한 본인 아도니야는 왕상 2:25에서, 아도니야의 악행을 도운 요압은 왕상 2:28-35에서, 제사장 아비아달은 왕상 2:26-27에서 각기 벌을 받았다. 다시 한 번 악행하는 자의 집을 치시며 행악을 돕는 자를 치신다는 사 31:2의 말씀대로 되었다.

한평생 사는 동안 악을 행하는 본인이 되어서도 안 되고, 행악을 돕다가 악행하는 자의 집을 치시며 행악을 돕는 자를 치시는 사 31:2의 말씀이 이루어지게 해서는 절대로 안 된다.

나라와 하나님께

　대하 24:16은 제사장 여호야다가 이스라엘과 하나님과 그 종에 대하여 선을 행하였다고 한다. 이스라엘에 대하여 선을 행하였다는 것은 이스라엘 나라에 대하여 선을 행하였다는 말씀이고, 하나님과 그 종에 대하여 선을 행하였다는 것은 하나님께 대하여 선을 행하였다는 말씀이니, 그는 나라와 하나님께 대하여 다 선을 행한 사람이었다.

　대하 24:14은 그가 하나님과 그 종에 대하여 선을 행한 구체적인 일에 대하여 "그 남은 돈을 왕과 여호야다 앞으로 가져왔으므로 그것으로 여호와의 전에 쓸 그릇을 만들었으니 곧 섬겨 제사 드리는 그릇이며 또 숟가락과 금은 그릇들이라 여호야다가 세상에 사는 모든 날에 여호와의 전에 항상 번제를 드렸더라"라고 했다. 성전을 수리하던 사람들이 수리하는 일을 마치고 그 남은 돈을 왕과 여호야다의 앞으로 가져오니 그것으로 여호와의 전에 쓸 그릇들을 만들었으며 여호야다가 세상에 사는 모든 날 동안 여호와의 전에 항상 번제를 드렸다고 하였으니 이것이 바로 여호야다가 여호와의 전에 대하여 선을 행하였다는 말이 아니겠는가. 요컨대 그는 나라와 하나님께 대하여, 즉 국가적인 면에서나 종교적인 면에서나 다 선을 행한 사람이었다.

　나라와 하나님께, 즉 국가적인 면에서나 종교적인 면에서나 다 선을 행한 사람이 또 한 명 있었는데 곧 바울이다. 그는 행 25:8에서 자기는 가이사에게 도무지 죄를 범하지 아니했다고 했고, 10절에서는 유대인들에게 불의를 행한 일이 없다고 하였으니 이것은 바로 민족이나 국가에 대하여 불의한 일을 하지 않았다는 말이고, 8절에서는 율법이나 성전에 대하여 죄를 범치 아니하였다고 하니 곧 하나님께 대하여 종교적인 죄를 범하지 아니하였다는 말이다.

참된 성도라면 하나님께 대하여 선을 행함은 물론 나라에 대해서도 선을 행하는 사람이 되어야 한다. 진리 문제가 개입된다면 몰라도 진리 문제에 저촉되지 않는 한 성도는 나라에 대해서도 선을 행하여야 한다. 비록 진리 문제에 저촉되므로 나라에 선을 행하지 못한다 해도 겉으로 보기에는 나라에 선을 행하지 못하는 것같이 보이나 사실은 나라에 대하여 선을 행하는 사람이다. 그 이유는 나라가 진리에 어긋나게 나아갈 때 그 나라는 참된 뜻에서 하나님께 축복을 받을 수 없기 때문이다. 나라가 하나님의 법도에 맞게, 하나님의 진리대로 순종해나갈 때 나라가 복을 받을 수 있는 법이지 아무리 정치를 잘 한다 해도 나라가 하나님의 진리에 어긋나게 나아간다면 복을 받을 수 없다.

그러므로 나라가 하나님의 진리에 어긋나게 나갈 때 성도가 그 정책에 순종을 하지 않는다고 하여 나라에 선을 행하지 않는 것이 아니라 어떠한 뜻에서는 나라에 선을 행하는 일이 된다. 왜? 진리에 어긋나게 나아감으로 하나님의 축복에서 멀어지는 나라로 하여금 진리가 무엇인지를 깨우쳐줄 수 있고, 진리에 거슬려 나아가는 나라로 하여금 각성시켜 진리로 돌아와 결과적으로는 하나님의 복을 받을 수 있는 나라로 이끄는 자극을 주기 때문이다.

하나님의 진리에 어긋나게 나아가는 이스라엘을 선지자 예레미야가 공격한다고 하여 예레미야가 비애국자였던가? 예레미야 당시 이스라엘이 망한 이유가 어디에 있었는가? 하나님의 진리에서 떠나 곁길로 잘못 나아가는 이스라엘에게, 따라서 하나님의 축복을 받을 수 없는 일에 치닫는 이스라엘에게, 하나님의 진리로 돌아와 복 받으라고 외치는 선지자 예레미야의 음성을 듣지 않았기 때문에 망하지 않았던가. 그들이 만일, 우선 겉으로 보기에는 나라에 선을 행하지 않는 것같이 보이는 예레미야의 참된 외침에 귀를 기울였더라면 복을 받았을 터이니 나라에 대하여 선을 행하지 않는 것같이 보이던 예레미야가 사실에 있어서는 나라에 선을 행하는 사람이었다.

우리 모든 성도들은 제사장 여호야다와 바울처럼 나라와 하나님께 대하여 선을 행하는 사람들이 될 수 있기를 바란다.

강할 때와 약할 때

대하 24:24은 아람 군대가 적은 무리로 왔으나 여호와께서 심히 큰 군대를 아람에게 붙이셨다고 한다. 아람이 적은 무리로 왔으나 어찌하여 유다의 큰 군대를 쳐서 이길 수 있었던가? 그 이유를 대하 24:24은 "이는 유다 사람들이 그들의 조상들의 하나님 여호와를 버렸음이라"라고 했다. 우리가 강할 때는 어느 때며 약할 때는 어느 때인가? 외부적인 수가 많고 적음에 달린 것이 아니라 하나님 앞에 바로 서고 못 섬에 달려 있다.

남국 유다의 제3대 왕 아사 때 구스 사람 세라가 100만 대군과 병거 300대를 거느리고 58만 명밖에 안 되는 유다를 치러 왔을 때(대하 14:8-9) 아사가 이긴 까닭이 구스 사람보다 수가 많아서인가? 아니다. 그때 아사 왕이 하나님 앞에 바로 섰고 하나님 앞에서 올바로 살고 있었던 고로 하나님께서 그를 도와 이기게 하셨다(대하 14:9-15).

아사의 아들 남국 유다의 제4대 왕 여호사밧이 다스릴 때 모압, 암몬, 마온의 세 나라 연합 군대가 유다를 치러 왔다가 전멸을 당했는데 어찌하여 조그마한 유다가 세 나라의 연합 군대를 물리칠 수 있었던가? 유다의 군대가 세 나라의 연합 군대보다 수가 더 많았던 까닭이며 병거가 더 많았던 까닭인가? 아니다. 결코 그렇지 않다. 여호사밧은 우리를 치러 온 이 큰 무리를(대하 20:2) 우리가 대적할 능력이 없다고 하지 않았던가(대하 20:12). 큰 무리를 대적할 능력이 없는 여호사밧이 어찌하여 큰 무리를 전멸시킬 수 있었던가? 다른 이유가 있었던 것이 아니라 그때 여호사밧이 하나님 앞에서 바로 살았고 하나님 앞에 바로 서 있었기 때문이다(대하 17:3-4).

남국 유다의 제13대 왕 히스기야가 다스리고 있을 때 당시 세계의 최대 강국인 앗수르 185,000명이 히스기야를 치러 왔다. 그때 히스기야가 앗수르 군대를 물리친 것이 히스기야 자신이 강해서인가? 그렇지 않다. 히스기야가 하나님 앞에 바로 살고 하나님 앞에 바로 서 있었기 때문이다(왕하 18:3-7).

반면에 싸움에 이기려고 병기를 갖추고 활을 가졌던 에브라임 자손이(시 78:9) 전쟁의 날에 맥없이 물러나게 된 동기가 무엇인가? 군대의 수가 적었기 때문인가? 무기가 모자라서였는가? 아니다. 그 이유는 저희가 하나님의 언약을 지키지 아니하고 율법 준행하기를 거절하며 여호와께서 행하신 것과 저희에게 보이신 기이한 일을 잊었기 때문이라고 성경은 답변해준다(시 78:9-11). 싸움에 이기려고 만반의 준비를 다 갖춘 에브라임 자손이 왜 전쟁에서 졌는가? 다름 아니라 그들이 하나님 앞에 바로 서지 못하였기 때문이다(시 78:9-11).

우리가 강한 때는 어느 때며 약한 때는 어느 때인가? 내가 주님 앞에 바로 선 때에는 뭇 나라가 나를 에워쌌으나 여호와의 이름으로 그들을 끊을 수 있는 강한 때요(시 118:10-11), 그들이 벌들처럼 나를 에워쌌으나 가시덤불의 불같이 그들을 태울 수 있는 강한 때다(시 118:12). 3,000명의 군대를 거느리고 다윗을 잡으려고 따라다니던 사울이 어찌하여 다윗에게 손을 댈 수 없었던가? 그때 다윗은 하나님 앞에 바로 서 있는 사람이었기 때문이다.

강할 때와 약할 때의 조건이 외적인 수나 세력에 달린 줄 안다면 크게 망신 당할 일이 생긴다. 강하고 약한 조건은 누가 하나님 앞에 바로 섰느냐 못 섰느냐에 달려 있다. 내가 주님 앞에 바로 서 있을 때는 어떠한 세력도 나를 무너뜨릴 수 없으나, 내가 주님 앞에 바로 서 있지 못할 때는 내가 아무리 많은 숫자와 강한 세력을 가지고 있다 해도 그것은 다 모래성이요 불에 탄 삼오라기에 지나지 않는다. 누가 강한 자인가? 하나님 앞에 바로 선 자다. 어느 때 강해질 수 있는가? 내가 주님 앞에 바로 서 있을 바로 그때이다.

공의의 하나님

우리의 하나님은 공의로운 분이시다. 어느 누가 선을 행할 때는 이스라엘 백성만이 아니라 이방인에게도 복을 주시고, 어느 누가 악을 행할 때는 이방인만이 아니라 이스라엘 백성에게도 벌을 내리신다. 민 33:56에 "나는 그들에게 행하기로 생각한 것을 너희에게 행하리라"라고 말씀하셨다. 무슨 뜻인가? 이스라엘 백성이 가나안 땅에 들어오기 전 가나안 백성이 범죄함으로 멸망했는데 가나안 땅에 들어온 이스라엘이 가나안 백성과 같은 죄를 범할 때는 가나안 백성에게 내리셨던 멸망을 이스라엘에게도 똑같이 내리시겠다는 말씀이다. 이스라엘 백성이나 이방인에게 공의의 법칙대로 되어진 보기들이 몇 가지 나오는데 그 보기들을 들어보자.

1) 대하 24:24에 아람 군대가 적은 무리로 왔으나 여호와께서 심히 큰 군대를 그 손에 붙이셨다고 하였다. 이방인들이 범죄할 때 하나님께서 범죄한 이방인들을 이스라엘의 손에 붙이시더니(신 7:2, 삿 1:2, 4, 3:10, 28, 4:7, 14, 7:14), 이스라엘이 범죄하니 범죄한 이스라엘을 아람 군대에 붙이셨다(대하 24:24).

2) 레 18:25은 가나안 백성들이 범죄함으로 가나안 땅이 그 주민을 토하여 냈다고 했다. 땅이 그 주민을 토하여 내는 것은 가나안 백성에게 국한된 일인가? 아니다. 레 18:28은 "너희도 더럽히면 그 땅이 너희가 있기 전 주민을 토함같이 너희를 토할까 하노라"라고 하셨다. 가나안 백성들이 범죄하여 땅을 더럽힐 때 그 땅이 가나안 백성들을 토하여 내었듯이, 가나안에 거하는 이스라엘 백성들이 범죄할 때도 그 땅이 이스라엘 백성들을 토하여 내겠다는 말씀이다. 왜? 우리 하나님은 공의로우신 하나님이시기 때문이다. 가나안 백성들이 범죄할 때 가나안 백성들에게 행하시던 벌을 범죄한 이스라엘에게도 똑같이 행하신다.

3) 레 26:8에는 너희가 하나님 말씀에 순종할 때 너희 다섯이 백을 쫓고 너희 백이 원수 만을 쫓겠다고 하였다. 다섯이 백을 쫓으면 20대 1이요, 이 비율로 따지면 백이 이천 명을 쫓아야 되는데 백이 20대 1을 초월하여 만을 쫓으니, 즉 수적인 비율을 초월한 승리를 주시겠다는 말씀이다. 반면에 신 32:30은 이스라엘이 범죄할 때 이방인 한 사람이 이스라엘 사람 1,000명을 쫓고 이방인 두 사람이 이스라엘 백성 10,000명을 도망하게 하겠다고 하였다. 즉 수적인 비율을 초월한 멸망을 이스라

엘에 내리신다는 말씀이다. 이스라엘이 하나님 말씀에 순종할 때 수적인 비율을 초월한 승리를 주시는 하나님께서는 이스라엘이 범죄할 때 원수의 나라에 수적인 비율을 초월한 승리를 주신다. 왜? 우리 하나님께서는 공의로우신 분이시기 때문이다.

4) 신 28:7은 "너를 대적하기 위해 일어난 적군들을 네 앞에서 패하게 하시리라 그들이 한 길로 너를 치러 들어왔으나 네 앞에서 일곱 길로 도망하리라"라고 하셨고, 신 28:25은 "여호와께서 네 적군 앞에서 너를 패하게 하시니 네가 그들을 치러 한 길로 나가서 그들 앞에서 일곱 길로 도망할 것이며"라고 했다. 이스라엘이 하나님 말씀에 순종할 때 주시던 승리를, 이스라엘이 범죄할 때에는, 그와 똑같은 승리의 비율을 이방 사람들에게 주신다. 왜? 우리 하나님은 공의로우신 하나님이시기 때문이다.

5) 이스라엘이 하나님 말씀에 순종할 때는 그들이 들어가 땅을 차지하고 가나안 사람들과 그들의 왕들과 본토 여러 족속들을 그들의 손에 넘겨 임의(任意)로 행하게 하셨으나(느 9:24), 그들이 범죄할 때는 이방 왕들이 그들의 몸과 가축을 임의로 관할하게 하셨다고 하였다(느 9:37). 이스라엘 백성들이 하나님 말씀에 순종할 때는 이방 나라의 왕들과 그 족속들을 임의대로 행하게 하시더니, 공의로우신 하나님께서는 이스라엘이 범죄할 때 이방 나라의 왕들로 하여금 이스라엘의 몸과 가축을 임의로 관할하게 하셨다.

우리 하나님은 공의로운 하나님이시다. 이방 사람들이 범죄할 때는 해를 받으나 우리가 범죄할 때는 하나님의 자녀인 고로, 성도인 고로, 벌을 면할 줄로 생각해서는 큰 낭패(狼狽)를 당한다. 비록 우리가 하나님의 자녀, 성도라 할지라도 범죄하는 날에는 이방인이 범죄할 때 받는 벌과 똑같은 벌을 받을 것이니 공의로우신 하나님 앞에서 삼가 조심해서 살아야겠다.

인간 요아스

요아스 왕은 왕하 12:4-16, 대하 24:4-13에서 하나님의 성전을 수리하는 아름다운 일을 하였다. 더욱이 제사장들이 성전 수리하는 일을 서두르지 아니하자 왕하 12:7, 대하 24:6에서 대제사장 여호야다와 제사장들을 독촉하면서까지 일을 서둘렀다. 이와 같이 하나님의 성전에 대하여 열성이 간절하던 요아스가 왕하 12:17-18에서는 아람이 예루살렘을 공격하자 남국 유다의 제4대 왕 여호사밧, 제5대 왕 여호람, 제6대 왕 아하시야가 구별하여 드린 모든 성물과 자기가 구별하여 드린 성물과 여호와의 전 곳간과 왕궁에 있는 금을 다 취하여 아람 왕에게 바쳤다. 한때는 하나님의 성전을 위하여 그처럼 간절했던 요아스가 조상들과 자기가 구별하여 드린 성물들을 아람 왕에게 보내니 어떻게 된 일인가? 요아스 왕은 처음부터 미자립의 믿음으로 그렇게 된 것 같다.

그러나 그보다도 우리는 인간 요아스를 생각하게 된다. 요아스도 아담의 자손이다. 아담의 피를 타고난 아담의 자손 인간 속에는 언제 어디서 어떻게 무너질지 알 수 없는 변덕과 약함이라는 뿌리와 씨가 깃들여 있다. 요아스도 아담의 자손이요 인간이기 때문에 그 속에 깃들여 있던 변덕과 약함이 작용한 것이다.

아담의 자손 인간 요아스의 약함은 이것으로만 끝난 것이 아니다. 대제사장 여호야다가 세상을 떠나자(대하 24:15-16) 그는 1) 그 열조의 하나님 여호와의 전을 버리고(대하 24:18), 2) 아세라 목상과 우상을 섬기고(대하 24:18), 3) 그를 경고하는 선지자들의 경고를 듣지 않고(대하 24:19), 4) 심지어 자기의 은인 여호야다의 아들 스가랴를 죽이기까지 하였다(대하 24:21). 터진 방축(防築)에서 흘러나오는 물이 사정없이 밀어 닥치듯이 아담의 자손인 인간 요아스 왕의 믿음의 방축이 무너지니 그 속에서 흘러나오는 탁류(濁流)가 사정없이 휩쓸어갔다. 왜? 요아스 왕도 아담의 자손이요 인간이었기 때문이다.

요아스만이 아니라 아담의 자손 인간은 다 그러하다. 남국 유다의 제3대 왕 아사는 대하 15:18에서 그 부친이 구별한 물건과 자기가 구별한 물건 곧 은과 금과 기명(器皿)들을 하나님의 전에 드릴 정도로 하나님의 전에 대한 생각이 간절하였다. 그러던 아사 왕이었는데 이스라엘 왕이 유다를 치러 올라오자 그는 여호와의 전 곳간과 왕궁 곳간의 은금을 취하여 아람 왕에게 보내면서 자기를 도와주기를 청하였다(대하 16:2).

한때는 하나님의 성전을 위하여 그처럼 간절했던 아사 왕이었지만 그도 아담의 자손이요 인간인지라 그 속에 깃들여 있던 변덕과 약함이 작용했던 것이다. 그리하여 성전의 물건을 아람에게 보내는 것으로만 그치지 않고 그를 경고하는 선지자를 옥에 가두는 일에까지(대하 16:10) 떨어졌다.

한때는 여호와의 도를 지키고 악하게 하나님을 떠나지 아니하였으며, 그 모든 규례를 자기 앞에 모시고 율례를 버리지 아니하였고, 그 앞에 완전하여 죄악에서 스스로를 지키고 살던(시 18:21-23) 다윗이 밧세바와 더불어 간음하고 그 간음죄를 가리기 위하여 남편 우리야를 죽이는(삼하 11장) 잔인한 일을 할 줄 누가 알았겠는가. "모두 주를 버릴지라도 나는 결코 버리지 않겠나이다"(마 26:33)라고 큰소리치던 베드로가 그 날 밤에 나는 예수를 모른다고 맹세까지 하면서 부인할 줄을(마 26:69-75) 누가 알았겠는가.

요아스 왕, 아사 왕, 다윗, 베드로가 우리보다 못 나서 그랬었던가? 아니다. 누구를 막론하고 아담의 자손 인간들에게는 누구나 이와 같은 변덕과 약함이 있다. 우리는 자신의 결심을 결단코 믿을 수 없다. 한때는 바윗돌같이 굳게 결심했던 결심이 다음날 모래같이 한순간 무너지는 일이 얼마든지 있다. 그래서 잠 28:26은 자기의 마음을 믿는 자는 미련한 자라고까지 하지 않았는가. 베드로도 자기가 아담의 자손인 인간인 줄을 모르고 자기 마음과 결심을 믿었다가 실패한 것이다.

우리도 이 자리에서 자신의 신분을 다시 한 번 점검하자. 우리는 천사가 아니다. 아담의 자손이다. 인간이다. 우리 핏속에는 아담의 피가 흐르고 있고 우리 마음속에는 변덕과 약함의 뿌리와 씨가 깃들여 있다. 우리의 결심은 언제 무너질지 모른다. 그러므로 우리는 시인처럼 "나를 붙드소서"(시 119:117)라고 하면서 하나님의 붙드심을 받고, 내 곁에 서서 강건케 하시는(딤후 4:17) 하나님의 도우심으로만 이 험악한 세상을 믿음으로 살아갈 수 있다. 우리 한평생이 그렇게 될 수 있기를 바란다.

다윗과는 달리

남국 유다의 제8대 왕 요아스는 두 가지 면에서 다윗과 달리 행하였다.

1. 대하 24:17

"여호야다가 죽은 후에 유다 방백들이 와서 왕에게 절하매 왕이 그들의 말을 듣고 그의 조상들의 하나님 여호와의 전을 버리고 아세라 목상과 우상을 섬겼다"(대하 24:17-18). 하나님 여호와의 전을 버리고 아세라 목상과 우상을 섬기는 일은 하나님의 말씀과 뜻에 어긋나는 고로 누가 권해도 그 권함을 받지 말아야 되는데 요아스는 방백들의 권함을 듣고 하나님의 말씀과 뜻에 어긋나는 여호와의 전을 버리고 아세라 목상과 우상을 섬기는 실수를 저질렀다.

다윗은 그렇게 하지 않았다. 사울이 엔게디 굴 속에 있을 때 다윗의 사람들이 "보소서 여호와께서 당신에게 이르시기를 내가 원수를 네 손에 넘기리니 네 생각에 좋은 대로 그에게 행하라 하시더니 이것이 그 날이니이다"(삼상 24:4)라고 권하자, 다윗은 "내가 손을 들어 여호와의 기름 부음을 받은 내 주를 치는 것은 여호와께서 금하시는 것이니"(삼상 24:6)라고 하면서 부하들의 권함을 듣지 않았다.

다윗의 부하들이 보통 부하들인가? 다윗이 사울을 피하여 망명생활을 할 때 다윗과 더불어 운명과 생사고락을 함께 한 심복부하들이었다. 심복부하들의 권함을 듣지 않는다는 것은 그들에게 큰 결례(缺禮)가 되는 것은 말할 것도 없고 그들을 무시하고 멸시하고 모욕하는 일이 될 수 있지만 단 한 가지 이유, 즉 그들이 권하는 것은 여호와의 금하시는 것(삼상 24:6)이기 때문에 심복부하들의 권함보다 하나님의 뜻을 따르기 위하여 심복부하들의 권함을 듣지 않았다.

그와 같은 일은 삼상 26장에서 또 한 번 있었다. 삼상 26:8에서 아비새가 다윗에게 "하나님이 오늘 당신의 원수를 당신의 손에 넘기셨나이다 그러므로 청하오니 내가 창으로 그를 찔러서 단번에 땅에 꽂게 하소서 내가 그를 두 번 찌를 것이 없으리이다"라고 하자, 다윗은 "누구든지 손을 들어 여호와의 기름 부음 받은 자를 치면 죄가 없겠느냐"(삼상 26:9)

라고 하면서 아비새의 권함을 듣지 않았다. 그 이유가 무엇인가? 여호와의 기름 부음 받은 자를 치는 것은 죄가 되기 때문이었다. 아무리 심복부하 아비새의 권함이라도 죄가 되는 일인 고로 다윗은 아비새의 권함을 듣지 않았다.

부하들의 권함을 듣고 하나님의 말씀과 뜻에 어긋나는 실수를 저지른 사람이 또 하나 있는데 바로 사울 왕이다. 사울 왕이 "아말렉을 쳐서 그들의 모든 소유를 남기지 말고 진멸하되 남녀와 소아와 젖 먹는 아이와 우양과 낙타와 나귀를 죽이라"(삼상 15:3)라는 하나님의 말씀을 어긴 것은 백성을 두려워하여 그들의 말을 들었기 때문이다(삼상 15:24). 백성들이 사울 왕에게 우양을 죽이지 말자고 권하였다. 아무리 왕이지만 백성들의 요구를 들어주지 않으면 백성들의 인심을 잃게 되니 그것이 두려워서 사울은 백성들의 요구를 들어주었다. 사울 왕은 하나님의 말씀보다 백성들의 요구를 더 중요시하였다.

요아스 왕과 사울 왕이 하나님의 말씀과 뜻에 어긋나는 방백들과 백성들의 말을 들어준 결과, 즉 하나님의 말씀과 뜻보다도 방백들과 백성들을 중요시한 결과가 어떻게 되었는가? 요아스 왕은 심복들에게 모반(謀反)을 당하여 침상에서 죽임을 당하였고(대하 24:25), 사울 왕은 "왕이 여호와의 말씀을 버렸으므로 여호와께서 왕을 버려 이스라엘 왕이 되지 못하게 하셨음이니이다"(삼상 15:26)의 결과를 초래했다. 하나님의 말씀보다 방백들과 백성들의 말을 들어주는 것이 잘 될 줄 알았으나 도리어 망하게 되었다.

우리는 여기에서 크게 각성하자. 세상에서 살아가는 동안 언제나 우리에게는 하나님과 사람 두 편에서 말씀이 온다. 하나는 하나님의 말씀이요 하나는 사람의 말이다. 사람의 요구가 하나님의 말씀과 맞을 때에는 아무 문제가 없지만 사람의 요구가 하나님의 말씀에 어긋날 때에는 심각한 문제가 벌어진다. 사람의 요구를 듣지 않으면 그에게 실례와 결례(缺禮)가 되고, 그를 무시하고 멸시하고 배신하는 자가 되는 것 같은 곤란한 때가 많다.

그러나 우리는 여기에서 사도들의 생활 원칙을 본받아야 한다. 그들은 공회 앞에서 "하나님 앞에서 너희의 말을 듣는 것이 하나님의 말씀을 듣는 것보다 옳은가 판단하라"(행 4:19), "사람보다 하나님께 순종하는 것이 마땅하니라"(행 5:29)라고 하면서 그 누구의 말보다도 하나님의 말씀에 순종하는 것을 생활의 원칙으로 삼았다. 하나님보다 사람을 앞세울 때는 성공 같으나 실패요(대하 24장, 삼상 15장), 사람보다 하나님을 앞세우는 것은 실패 같으나 성공이다(단 3장, 6장). 우리는 요아스 왕과 사울 왕과 같이 하나님보다 사람을 앞세우다가 성공 같은 실패의 길을 걸을 것이 아니라, 다윗과 사도들처럼 사람보다 하나님을 앞세워 실패 같으나 성공의 길을 걸을 수 있기를 바란다.

2. 대하 24:22

대하 24:22에서는 요아스 왕이 자기를 왕으로 세워준 은인 대제사장 여호야다가 자기에게 베푼 은혜를 생각지 아니하고 그 아들 스가랴를 죽였다. 즉 요아스 왕은 신의(信義)를 지키지 않는 사람이었다. 다윗은 그렇지 않았다. 다윗은 삼상 20:15에서 요나단이 다윗에게 "여호와께서 너 다윗의 대적들을 지면에서 다 끊어 버리신 때에도 너는 네 인자함을 내 집에서 영원히 끊어 버리지 말라"라고 한 부탁을 받은 후 요나단과의 신의를 끝까지 지켰다. 사울의 집이 망한 후 다윗은 삼하 9:1에서 "사울의 집에 아직도 남은 사람이 있느냐 내가 요나단으로 말미암아 그 사람에게 은총을 베풀리라"라고 하면서 요나단의 아들 다리 저는 므비보셋을 불러서 왕의 상에서 함께 먹게 하였다(삼하 9:7). 뿐만 아니라 기브온 사람들이 사울의 자손 일곱 사람을 목매어 달게 해달라고 요구할 때도 다윗은 요나단과의 신의를 지켜 므비보셋을 아끼고 그들에게 내어 주지 않았다(삼하 21:1-9).

그리고 또 암몬 자손의 왕 나하스가 세상을 떠나자 그의 아들 하눈이 대신 왕이 되었을 때, 다윗은 "내가 나하스의 아들 하눈에게 은총을 베풀되 그의 아버지가 내게 은총을 베푼 것같이 하리라"(삼하 10:2)라고 하면서 심복들을 보내어 문안하게 하였다. 자기에게 은총을 베푼 암몬 왕 나하스가 죽은 후에도 그 아들에게까지 은총을 베풀 만큼 신의를 지키는 사람이었다.

잠 27:10에는 "네 친구와 네 아비의 친구를 버리지 말며"라고 했다. 너의 친구는 말할 것도 없거니와 네 아버지의 친구까지 버리지 말라고 했으니 성경은 성도가 신의를 지켜야 한다는 사실을 얼마나 강하게 요구하였는가. 다윗은 친구의 아들에게까지 은총을 베풀었으니 아비의 친구를 버리지 말라는 잠 27:10과 비슷한 신의를 지킨 사람이었다.

이와 같이 요아스와 다윗은 하나님의 뜻을 거스르는 부하들의 말을 듣는 면과 듣지 않는 면에서, 신의를 지키는 면과 지키지 않는 면에서 서로 달랐다. 요삼 11절에 "사랑하는 자여 악한 것을 본받지 말고 선한 것을 본받으라"라고 했으니 우리는 요아스 왕이 하나님의 뜻을 거스르는 방백들의 말을 들은 것과 신의를 저버린 악한 것은 본받지 말고, 다윗 왕이 하나님의 뜻을 거스르는 부하들의 말을 듣지 않고 사람보다 하나님을 더 존중히 여긴 면과 본인들이 죽은 후에도 계속해서 신의를 잘 지킨 다윗의 선한 것을 본받는 믿음의 사람들이 되어야겠다.

하나님을 버리니

대하 24장에서 요아스 왕이 하나님을 버렸다는 말이 20절과 24절에 두 번 나온다. 그가 하나님을 버린 결과 어떻게 되었는가?

1) 여호와께서도 그를 버리셨다. 대하 15:2에서 하나님의 신이 오뎃을 통하여 "너희가 만일 그를 버리면 그도 너희를 버리시리라"라고 말씀하신 대로 요아스가 하나님을 버리니 하나님께서도 요아스를 버리셨고, 대하 12:5에서 선지자 스마야가 "너희가 나를 버렸으므로 나도 너희를 버려 시삭의 손에 넘겼노라"라고 말한 대로 르호보암과 방백들이 하나님을 버리니 하나님께서도 그들을 버리셨다.

2) 요아스를 아람 군대에게 붙이셨다. 대하 24:24은 아람 군대가 적은 무리로 왔으나 여호와께서 심히 큰 군대를 그 손에 붙이셨다고 하였는데, 그렇게 하신 까닭을 대하 24:24은 "이는 유다 사람들이 그들의 조상들의 하나님 여호와를 버렸음이라"라고 했다. 요아스가 하나님을 버리니 하나님께서는 유다의 심히 큰 군대를 아람의 손에 붙이셨다.

3) 심복들에게 모반(謀反)을 당하게 하셨다. 대하 24:25은 심복들이 요아스를 모반하여 그를 침상에서 죽였다고 했는데, 요아스가 하나님을 버리니 요아스는 심복들에게 모반을 당하여 침상에서 죽임을 당하는 비참한 결과가 이루어졌다. 하나님을 버린 고로 심복들에게 모반을 당하여 죽임을 당한 일은 요아스의 아들인 남국 유다의 제9대 왕 아마샤에게도 이루어졌다. 대하 25:27은 아마샤가 돌아서서 여호와를 버린 후로부터 예루살렘에서 무리가 그를 반역하였으므로 그가 라기스로 도망하였는데도 반역한 무리가 사람을 라기스로 따라 보내어 그를 거기서 죽

였다고 한다. 자기 아버지가 하나님을 버린 고로 심복들에게 모반을 당하여 죽임을 당한 사실을 알고도 삼가 조심하지 않고 살다가 자기도 하나님을 버림으로 부하들에게 모반을 당하여 죽임을 당하게 되었으니 아마샤는 얼마나 미련하고 어리석은가.

하나님을 버렸기 때문에 사람들에게 배반을 당한 일은 솔로몬에게도 이루어졌다. 왕상 11:9에 솔로몬이 마음을 돌려 이스라엘의 하나님 여호와를 떠났다고 하였다. 그가 하나님을 버리니 에돔 사람 하닷이(왕상 11:14-22), 소바 사람 르손이(왕상 11:23-25), 솔로몬이 감독으로 세웠던(왕상 11:28) 여로보암이 배반하였다(왕상 11:26-40). 솔로몬이 하나님을 사랑할 때 "이제 내 하나님 여호와께서 내게 사방의 태평을 주시매 원수도 없고 재앙도 없도다"(왕상 5:4)라고 하며 기뻐하더니, 솔로몬이 하나님을 버리매 모든 사람들이 그를 배반하였다.

대하 15:2에 "너희가 여호와와 함께 하면 여호와께서 너희와 함께 하실지라"라고 했고, 더욱이 약 4:8에서는 "하나님을 가까이하라 그리하면 너희를 가까이하시리라"라고 했다. 그리고 시 73:28은 "하나님께 가까이함이 내게 복이라"라고 했다. 우리가 하나님과 함께 하기를 원하면 하나님께서는 언제라도 우리와 함께 해주시고(대하 15:2), 우리가 하나님을 가까이 모시기를 원하면 언제라도 우리와 가까이해 주기를 원하시고(약 4:8), 그리고 하나님께 가까이하는 것이 우리에게 참된 복이라고 했는데(시 73:28) 어찌하여 사람들이 이 복을 버리고 하나님을 배반하고 하나님을 버리다가 화를 자청(自請)하는가.

참으로 답답하고 안타까운 일이다. 우리는 요아스, 아마샤, 솔로몬처럼 하나님을 버리다가 화를 자청하는 불행한 사람들이 될 것이 아니라, 하나님을 가까이 모심으로 "하나님께 가까이함이 내게 복이라"(시 73:28)

의 복을 영원히 누릴 수 있는 복된 사람들이 될 수 있기를 바란다.

두 번 치심을 받은 왕들

성경에 보면 북국 이스라엘과 남국 유다의 왕들 중에서 하나님께로부터 두 번 치심을 받은 네 왕들이 나오는데, 일차적으로는 하나님께서 원수의 군대를 통하여 치게 하시고 이차적으로는 하나님께서 친히 치시든가 또는 그 심복들로 하여금 치시게 하셨다.

1) 여로보암. 북국 이스라엘의 제1대 왕 여로보암이 범죄하자 일차적으로는 하나님께서 남국 유다의 제2대 왕 아비야를 통하여 전쟁에서 치셨고(대하 13:15), 이차적으로는 하나님께서 친히 치셨다(대하 13:20).

2) 여호람. 남국 유다의 제5대 왕 여호람이 범죄하자 일차적으로는 블레셋 사람과 아라비아 사람들을 통하여 치셨고(대하 21:16), 이차적으로는 하나님께서 친히 치셨는데, 여호와께서 여호람을 치사 능히 고치지 못할 병이 창자에 들게 하셨으므로 여러 날 후 그의 창자가 빠져나와 죽게 되었다(대하 21:18-19).

3) 요아스. 남국 유다의 제8대 왕 요아스가 범죄하자 일차적으로는 아람을 통하여 그를 치셨고(대하 24:23-24), 이차적으로는 심복들의 모반(謀反)을 통하여 그를 침상에서 죽이게 하셨다(대하 24:25).

4) 아마샤. 남국 유다의 제9대 왕 아마샤가 범죄하니 일차적으로는 북국 이스라엘의 제12대 왕 요아스를 통하여 치셨고(대하 25:17-24), 이차적으로는 부하들의 모반(謀反)을 통하여 그를 죽이게 하셨다(대하 25:27).

하나님께로부터 한 번 치심을 받는 것도 불행한 일인데 얼마나 죄를 많이 지었으면 일차적으로는 사람들을 통하여 치심을 받고 이차적으로는 하나님께로부터 친히 또는 부하들을 통하여 치심을 받게 되었을까? 참으로 불행한 일이다. 선지자 사무엘은 하나님께로부터 치심을 받아 세상을 떠난 것이 아니라 자연사로 세상을 떠났는데 사무엘이 죽으매 온 이스라엘 무리가 모여 그를 애곡했다고 하였고(삼상 25:1), 아론과 모세가 자연사로 세상을 떠났을 때도 이스라엘 온 족속이 그들을 위하여 30일을 애곡하였다고 하니(민 20:29, 신 34:8) 영광스러운 죽음이 아닌가. 한 걸음 더 나아가 요 21:19은 베드로의 죽음에 대하여 "이 말씀을 하심은 베드로가 어떠한 죽음으로 하나님께 영광을 돌릴 것을 가리키심이러라"라고 했으니 베드로의 죽음 또한 얼마나 영광스러운 죽음이었던가.

한 번 죽는 것은 사람에게 정하신 것이니(히 9:27) 땅 위에 태어난 사람이라면 누구도 죽음을 면할 수 없지만 여로보암, 여호람, 요아스, 아마샤처럼 하나님께로부터 두 번씩이나 치심을 받고 죽는 불행한 죽음을 당할 것이 아니라, 사무엘, 아론, 모세, 베드로처럼 많은 사람에게 애곡함을 받으며 하나님께 영광돌리는 죽음으로 마치는 한평생을 살 수 있기를 바란다.

제9대
아마샤

대하 24:27-25:28, 왕하 12:21, 14:1-20

전심으로

대하 25:2은 아마샤가 여호와 보시기에 정직히 행하기는 하였으나 온전한 마음으로 전심으로 행하지 아니했다고 하였다. 그 결과 대하 25장의 강해대로 죄를 지었다. 일반적으로 여호와 보시기에 정직히 행하기는 하나 전심으로 행하지 아니할 때 우리는 실수하게 된다.

성경에 보면 북국 이스라엘과 남국 유다에서 여호와 보시기에 정직히 행하지 않았기 때문에 범죄한 두 왕이 나오는데 그 하나는 대하 12:14에 나오는 남국 유다의 제1대 왕 르호보암이다. 르호보암이 마음을 오로지 하여, 즉 전심으로 여호와를 구하지 아니함으로 악을 행하였더라고 했다. 르호보암도 아마샤처럼 전심으로 여호와를 구하지 아니하였기 때문에 별수 없이 악을 행하는 실수를 하였다.

다른 한 사람은 왕하 10:31에 나오는 북국 이스라엘의 제10대 왕 예후다. "예후가 전심으로 이스라엘 하나님 여호와의 율법을 지켜 행하지 아니하며 여로보암이 이스라엘에게 범하게 한 그 죄에서 떠나지 아니하였더라"라고 했다. 예후가 어찌하여 여로보암이 이스라엘로 범하게 한 그 죄에서 떠나지 아니하였던가? 그 이유는 예후가 전심으로 이스라엘 하나님 여호와의 율법을 지켜 행하지 아니하였기 때문이다.

왕하 10:28-29에도 "예후가 이와 같이 이스라엘 중에서 바알을 멸하였으나 이스라엘에게 범죄하게 한 느밧의 아들 여로보암의 죄 곧 벧엘과 단에 있는 금송아지를 섬기는 죄에서는 떠나지 아니하였더라"라고 했는데, 그가 혁명 운동을 일으키면서 바알은 멸하였으나 느밧의 아들 여로보암의 죄에서 떠날 수 없었던 것은 그가 전심으로 이스라엘 하나님 여호와의 율법을 지키지 못하였기 때문이다. 바알 신을 쳐부수는 혁명을 일으킨 예후지만 전심으로 이스라엘 하나님 여호와의 율법을 지키지 않았기 때문에 결국 예후도 여로보암의 죄에서 떠나지 못하는 죄를 지을 수밖에 없었다.

여기에 사방이 벽으로 싸인 10미터 높이의 물통이 있다고 하자. 비록 사방이 10미터 높이의 물통이 벽처럼 싸여 있다 해도 1미터 높이에 큰 구멍이 뚫려 물이 새나간다면 아무리 물을 퍼부어도 그 물은 10미터 높이로 올라갈 수 없고 1미터 높이에서 머무를 수밖에 없다. 우리의 신앙생활도 다른 면에서는 사방을 벽으로 싼 10미터 높이의 훌륭한 행동을 가진다 할지라도 1미터 높이에 전심으로 여호와를 구하지 못하는 큰 구멍이 뚫려 있다면 그 신앙은 1미터 높이에서 머무를 수밖에 없고 결코 10미터 높이로 올라갈 수 없다.

우리가 전심으로 여호와를 구하고, 그렇지 못한 차이는 이와 같이 심각한 결과를 초래한다. 성경도 신 13:1-3에서 이 사실을 말한다. 거기에 보면 "너희 중에 선지자나 꿈 꾸는 자가 일어나서 이적과 기사를 네게 보이고 그가 네게 말한 그 이적과 기사가 이루어지고 너희가 알지 못하던 다른 신들을 우리가 따라 섬기자고 말할지라도 너는 그 선지자나 꿈 꾸는 자의 말을 청종하지 말라 이는 너희의 하나님 여호와께서 너희가 마음을 다하고 뜻을 다하여 너희의 하나님 여호와를 사랑하는 여부를 알려하사 너희를 시험하심이니라"라고 했다.

아무리 믿음이 좋고 아무리 다른 방면에서는 10미터 높이의 벽을 쌓았다 할지라도 전심으로 여호와를 사랑하지 않는 구멍이 뚫려져 있는 사람은 이방신을 섬기자는 유혹에 넘어가 그것으로써 그의 신앙은 끝나고 만다는 뜻이다.

그러나 전심으로 여호와를 사랑하는 자, 즉 1미터 높이에 전심으로 여호와를 사랑하지 않는 구멍이 뚫려져 있지 않은 사람은, 이방신을 섬기자고 아무리 유혹을 해도 그 유혹에 넘어가지 아니하고 10미터 높이의 믿음의 벽을 그대로 지킬 수 있다. 이처럼 우리의 신앙생활에서 전심으로 여호와를 사랑하지 않는 구멍이 뚫려 있는가 아닌가는 우리의 신앙이 넘어지고 서는 중요한 결과를 가져온다. 그러므로 신앙생활에 있어서 내 믿음의 벽에 전심으로 여호와를 사랑하지 않는 구멍이 뚫려져 있는가 없는가를 늘 살펴야 한다.

하나님께 관한 모든 일에는 마음을 다하는 것이 이와 같이 중요하기 때문에 성경은 1) 우리가 하나님을 사랑하는 일에 마음을 다하라고 했고(신 6:5, 마 22:37, 막 12:30, 눅 10:27), 2) 하나님의 말씀을 순종하는 일에 마음을 다하라고 했고(신 30:2, 왕상 9:4), 3) 주 앞에서 행하는 일에(왕상 8:23, 9:4), 4) 하나님을 좇는 일에(왕상 14:8), 5) 하나님 보시기에 정직한 일을 행하는 일에(왕상 14:8), 6) 하나님을 구하는 일에(신 4:29, 시119:2), 7) 하나님을 섬기는 일에(신 10:12, 11:13), 8) 하나님께 돌아오는 일에(신 30:10), 9) 하나님을 의뢰하는 일에(잠 3:5) 전심을 다하라고 했다.

뿐만 아니라 성경은 우리가 하나님께 관한 일에 대해 전심을 다하여야 그 결과가 유효(有效)하다고 하였다. 1) 신 4:29은 우리가 마음을 다하여 하나님을 구하여야 하나님을 만날 수 있다고 하였고, 2) 신 11:13-14은 우리가 마음을 다하여 하나님을 섬겨야 여호와께서 너희 땅에 이른 비 늦은 비를 적당한 때에 내리사 곡식과 포도주와 기름을 얻게 하시겠다고 하였고, 3) 신 30:2-3은 우리가 마음을 다하여 여호와의 말씀을 청종하여야 하나님께서 우리를 향하여 마음을 돌이키시고 긍휼히 여기사 포로에서 돌아오게 하겠다고 하셨다. 4) 신 30:10은 우리가 마음을 다하여 하나님께 돌아와야 하나님께서 우리 손으로 하는 모든 일과 몸의 소생과 육축의 새끼와 토지소산을 많게 하시고 우리에게 복을 주겠다고 약속하셨다. 5) 시 119:2은 전심으로 여호와를 구하는 자에게 복을 주시겠다고 하였고, 6) 시 119:10은 전심으로 주를 찾는 자로 하여금 주의 계명에서 떠나지 않게 하겠다고 하였고, 7) 왕상 8:23은 온 마음으로 주 앞에서 행하는 종들에게 언약을 지키겠다고 하였다.

남국 유다의 왕들 중에 전심으로 여호와를 구한 왕 두 사람 있으니 그 하나는 다윗이다. 왕상 9:4에서 다윗은 마음을 온전히 하여 하나님 앞에서 행했다고 하였고, 왕상 14:8에서 다윗은 전심으로 하나님을 좇으며 하나님 보시기에 정직한 일을 행했다고 하였다. 다른 한 사람은 제4대 왕 여호사밧이다. 대하 19:3은 여호사밧이 마음을 오로지 하여 하나님을 찾았다고 하였고, 대하 22:9은 전심으로 여호와를 구하던 여호사밧이라고 했다.

우리는 이 자리에서 특히 다윗과 왕상 8:23의 말씀을 연상해보자. 왕상 8:23에서 온 마음으로 주 앞에서 행하는 종들에게 언약을 지키겠다고 하신 대로 마음을 온전히 하고 하나님 앞에서 행한 다윗(왕상 9:4), 전심으로 하나님을 좇으며 하나님 보시기에 정직한 일을 행한 다윗(왕상 14:8)에게 네 후손 가운데서 그리스도를 보내시겠다는 삼하 7:14의 언약을 그대로 지키셨다. 그리하여 왕상 8:23의 말씀대로 다윗에게 행하여 주셨다.

여호와 보시기에 정직히 행하였으나 온전한 마음으로, 즉 전심으로 행하지 못한 르호보암, 예후, 아마샤는 불행하였다. 그러나 전심으로 하나님 앞에서 행한 다윗과 여호사밧은 얼마나 복되었는가. 우리는 전심으로 하나님 앞에서 행하지 못한 르호보암, 예후, 아마샤처럼 불행한 삶을 살 것이 아니라, 전심으로 하나님 앞에서 행한 다윗, 여호사밧처럼 우리도 전심으로 하나님 앞에서 행하여 다윗과 여호사밧이 받던 복을 받기 바란다.

감정보다 진리

대하 24:25에서 요아스가 크게 상함에 적군이 버리고 간 후에 그 심복들이 제사장 여호야다의 아들들의 피로 인하여 모반하여 그를 침상에서 쳐죽였다. 요아스의 아들 아마샤가 왕이 된 후 그 나라가 굳게 서매 그 아버지를 죽인 심복들을 죽였으나 저희 자녀는 죽이지 않았다. 왜? "아버지는 그 자식들로 말미암아 죽임을 당하지 않을 것이요 자식들은 그 아버지로 말미암아 죽임을 당하지 않을 것이니 각 사람은 자기 죄로 말미암아 죽임을 당할 것이니라"(신 24:16)의 하나님의 말씀을 지키기 위함이었다. 내 감정대로라면 아버지를 죽인 심복들과 그 자녀들까지 다 죽이고 싶었겠으나 감정보다도 하나님의 말씀을 더 존중히 여겨 심복들만 죽이고 그 자녀들은 죽이지 않았다(대하 25:3-4). 잠 13:16에 "무릇 슬기로운 자는 지식으로 행하거니와"라는 말씀이 있는데 아마샤는 잠 13:16의 말씀대로 자기의 감정을 좇아 행하지 아니하고 하나님의 말씀의 지식을 따라서 행하였다.

인간은 감정적인 동물이라 아무래도 지식보다 감정을 따라 행하기 쉽다. 성경에도 지식보다 감정을 따라 행하다가 실수한 두 사람의 경우가 나오는데 그 하나는 창 49:6이다. 창 49:6은 "그들이 그들의 분노대로 사람을 죽이고 그들의 혈기대로 소의 발목 힘줄을 끊었음이로다"라고 했다. 무슨 말씀인가? 창 34장에 보면 야곱의 딸 디나가 세겜에게 강간 당하자 디나의 오라비 시므온과 레위가 칼을 가지고 세겜 성을 습격하여 세겜을 죽이고 그 성을 노략한 사실이 있다. 시므온과 레위가 지식은 생각지 아니하고 자기 여동생이 강간 당한 일로 인하여 순전히 분노와 혈기대로 행하였다. 지식을 따라 행하지 아니하고 분노와 혈기대로만 행한 시므온과 레위의 행동이 얼마나 마땅치 아니하였으면 심지어 아버지 야곱까지 "내 혼아 그들의 모의에 상관하지 말지어다 내 영광아 그들의 집회에 참여하지 말지어다……그 노여움이 혹독하니 저주를 받을 것이요 분기가 맹렬하니 저주를 받을 것이라 내가 그들을 야곱 중에서 나누며 이스라엘 중에서 흩으리로다"(창 49:6-7)라고 하였겠는가. 이와 같이 시므온과 레위는 지식보다 감정을 앞세워 행동하다가 큰 실수를 저질렀다.

다른 한 사람은 사울 왕이다. 삼하 21:2은 "이스라엘 족속들이 전에 그들에게 맹세하였거늘 사울이 이스라엘과 유다 족속을 위하여 열심이 있으므로 그들을 죽이고자 하였더라"라고 했다. 무슨 뜻인가? 수 9:15에서 여호수아가 기브온 사람들과 화친하여 그들을 살려주겠다는 언약을 맺고 회중 족장들이 그들에게 맹세하였다. 그런데 사울 왕이 이스라엘과 유다 족속을 위하여 열심이 지나쳐 여호수아가 기브온 사람들과 맺은 맹세를 잊어버리고, 즉 지식을 따라 행하지 아니하고 자기 감정대로 행하다가 이러한 실수를 하고 말았다. 이와 같이 우리가 지식을 따라 행하지 아니하고 감정을 따라 행할 때 실수를 하게 된다.

반면에 감정을 따라 행하지 않고 지식을 따라 행하였기 때문에 성공한 사람도 있다. 바로 남국 유다의 제1대 왕 르호보암이다. 세겜에서 열지파를 빼앗긴 후 "르호보암이 예루살렘에 이르러 유다와 베냐민 족속을 모으니 택한 용사가 십팔만 명이라 이스라엘과 싸워 나라를 회복하여 르호보암에게 돌리려 하더니 여호와의 말씀이 하나님의 사람 스마야에게 임하여 이르시되 솔로몬의 아들 유다 왕 르호보암과 유다와 베냐민에게 속한 모든 이스라엘 무리에게 말하여 이르기를 여호와께서 이같이 말씀하시기를 너희는 올라가지 말라 너희 형제와 싸우지 말고 각기 집으로 돌아가라 이 일이 내게로 말미암아 난 것이라 하셨다 하라 하신지라 그들이 여호와의 말씀을 듣고 돌아가고 여로보암을 치러 가던 길에서 되돌아왔더라"(대하 11:1-4)의 사건이 있었다. 르호보암의 감정 같아서는 군대를 끌고 가서 여로보암과 싸워 나라를 회복할 마음이 있었지만 선지자를 통한 하나님의 말씀을 듣고는 자기의 감정을 버리고 하나님의 말씀의 지식을 좇아 행하였기 때문에 실패하지 아니하고 성공하였다.

우리가 감정대로 행하지 아니하고 말씀의 지식대로 행하기 위해서는 어떻게 하여야 되겠는가? "주의 말씀은 내 발에 등이요 내 길에 빛이니이다"(시 119:105)라는 말씀대로 말씀의 등불과 빛으로 우리의 발과 가는 길을 항상 비추고 걸어가야 한다. 죄악으로 인하여 어두워진 캄캄한 길을 걸어가면서 말씀의 빛으로 우리의 발과 길을 비추지 않는다면 말씀의 지식을 따라 행할 수 없다. 그리고 "내 아들아 네 아비의 명령을 지키며 네 어미의 법을 떠나지 말고 그것을 항상 네 마음에 새기며 네 목에 매라 그것이 네가 다닐 때에 너를 인도하며 네가 잘 때에 너를 보호하며 네가 깰 때에 너와 더불어 말하리니 대저 명령은 등불이요 법은 빛이요 훈계의 책망은 곧 생명의 길이라"(잠 6:20-23)의 말씀대로 하나님의 말씀을 항상 우리 마음에 새기고 우리 목에 매고 다녀야 한다.

우리는 시므온과 레위, 사울처럼 지식보다 감정을 앞세워 행하다가 실수할 것이 아니라, 아마샤 왕과 르호보암처럼 감정보다 지식을 따라 행함으로 성공하는 삶을 살 수 있기를 바란다.

수보다 질

아마샤가 세일 나라와 싸우려고 할 때(대하 25:11) 이스라엘에서 큰 용사 10만 명을 고용하였다(대하 25:6). 그러자 하나님의 사람이 아마샤에게 나아와서 "왕이여 이스라엘 군대를 왕과 함께 가게 하지 마옵소서 여호와께서는 이스라엘 곧 온 에브라임 자손과 함께 하지 아니하시나니"(대하 25:7)라고 하면서 이스라엘 군대와 함께 가는 것을 금하였다. 왜? 이스라엘 군대는 그 질이 좋지 않았기 때문이다.

이스라엘 군대가 질이 좋지 않은 군대라는 것은 네 가지 면에서 나타나는데 1) 여호와께서 함께 하지 아니하시는 군대다(대하 25:7). 2) 선지자의 말을 듣고 이스라엘의 군대를 돌려보냈더니 "그 무리가 유다 사람에게 심히 노하여 분연히 고향으로 돌아갔더라"(대하 25:10)이다. 돌려보낸다고 하여 유다 사람에게 심히 노하여 분연히 고향으로 돌아갈 정도의 군대가 어떻게 아마샤에게 도움이 되겠는가. 3) "아마샤가 자기와 함께 전장에 나가지 못하게 하고 돌려보낸 군사들이 사마리아에서부터 벧호론까지 유다 성읍들을 약탈하고 사람 삼천 명을 죽이고 물건을 많이 노략하였더라"(대하 25:13)이다. 돌려보낸다고 사마리아에서부터 벧호론까지 유다 성읍을 엄습하고 3,000명을 죽이고 물건을 노략하는 정도의 사람들이 어떻게 아마샤에게 도움이 되겠는가. 4) "왕이 만일 가시거든 힘써 싸우소서 하나님이 왕을 적군 앞에 엎드러지게 하시리이다"(대하 25:8)라고 하신 대로, 아마샤가 이스라엘 군대 10만 명과 함께 싸움에 나아가면 아마샤가 아무리 힘써 싸운다 할지라도 하나님께서 아마샤를 대적 앞에 엎드러지게 하시는 참혹한 결과가 나타날 수밖에 없으니 그러한 이스라엘 군대가 아마샤에게 무슨 도움이 되겠는가. 그래서 하나님의 사람은 질이 좋지 않은 이스라엘 군대와 더불어 싸움에 나가지 말라고 권고하였다.

성경에 보면 수보다 질이 우수하다는 점을 여러 곳에서 말한다. 삿 7:1-3에서 기드온이 미디안 군대와 싸우려고 군대를 모집하니 32,000명이 모였는데 "누구든지 두려워 떠는 자는 길르앗 산을 떠나 돌아가라"(삿 7:3)라고 하니 22,000명이 돌아갔다. 비록 32,000명이 모였지만 두려워 떠는 자가 22,000명이니 32,000명의 수가 무슨 힘이 되겠는가. 창 18장에서 의인 10명이 없어서 멸망을 면할 수 없었던 소돔과 고모라의 많은 개인들이 무슨 가치가 있으며, 렘 5:1에서 공의를 행하며 진리를 구하는 한 사람이 없어서 멸망을 면할 수 없었던 예루살렘에 사는 많은 죄인들이 무슨 가치가 있었던가.

겔 33:24에서 "아브라함은 오직 한 사람이라도 이 땅을 기업으로 얻었나니 우리가 많은즉 더욱 이 땅을 우리에게 기업으로 주신 것이 되느니라"라고 하는 이스라엘 백성들에게 하나님께서는 "너희가 고기를 피째 먹으며 너희 우상들에게 눈을 들며 피를 흘리니 그 땅이 너희의 기업이 될까보냐 너희가 칼을 믿어 가증한 일을 행하며 각기 이웃의 아내를 더럽히니 그 땅이 너희의 기업이 될까보냐"(겔 33:25-26)라고 하셨다. 고기를 피째 먹으며 우상들에게 눈을 들며 피를 흘리며 칼을 믿고 가증한 일을 행하며 이웃의 아내를 더럽히는 에스겔 당시의 많은 이스라엘 백성들은 믿음으로 사는 아브라함 한 사람보다도 가치가 없었다.

잠 6:12에 "불량하고 악한 자"라는 말이 나오는데 여기에서 불량하다는 히브리어 단어는 "무가치"하다는 말로도 번역이 가능하다. 만일 이 말을 무가치라고 번역하면 악한 자는 질적으로 무가치하다는 뜻으로 해석이 된다. 그러면 악한 자는 위에서도 말한 대로 그 질에 있어서 무가치한 자들이다.

그렇다면 질에 있어서 우수한 자는 반드시 그 수효가 작아야만 하는가? 그렇지 않다. 질에 있어서 우수한 동시에 그 수도 많으면 더 좋다. 창 1:31에 "하나님이 지으신 그 모든 것을 보시니 보시기에 심히 좋았더라"라고 했다. 엿새 동안 하나하나를 만드신 후에 그저 "하나님 보시기에 좋았더라"(창 1:4, 10, 12, 18, 21, 25)라고만 하셨다가 하나님께서 그 지으신 모든 것, 즉 하나님 보시기에 좋았던 일이 많이 합쳐지니 이번에는 하나님 보시기에 심히 좋았다고 하였다. 이와 같이 성경은 질적으로 좋은 것 하나하나가 모여서 많아지면 그저 좋은 것이 아니라 심히 좋았다고 한다.

계 14장에 144,000명이 나오는데 이들은 "여자와 더불어 더럽히지 아니하고 순결한 자"(계 14:4), "그 입에 거짓말이 없고 흠이 없는 자들이더라"(계 14:5)라고 했는데 여자와 더불어 더럽히지 아니하고 정절이 있으며 그 입에는 거짓말이 없고 흠이 없는 질적으로 깨끗한 동시에 그 수까지 144,000명이니 얼마나 좋은가. 이와 같이 질적으로 깨끗한 동시에 수적으로 많으면 더욱 좋다.

하나님의 교회는 아마샤의 군대처럼 비록 수적으로는 많으나 질적으로는 안 좋은 교회가 되어서는 안 된다. 계 14장의 144,000명처럼 질적으로 깨끗한 동시에 수적으로 많은 교회가 되어야 한다.

눈앞의 손익(損益)보다 하나님의 축복을

아마샤가 은 100달란트로 이스라엘에서 큰 용사 10만 명을 고용해오자(대하 25:6) 하나님의 사람이 아마샤에게 "왕이여 이스라엘 군대를 왕과 함께 가게 하지 마옵소서 여호와께서는 이스라엘 곧 온 에브라임 자손과 함께 하지 아니하시나니"(대하 25:7)라고 하자 아마샤는 "내가 백 달란트를 이스라엘 군대에게 주었으니 어찌할까"(대하 25:9)라고 하면서 이스라엘에 준 은 100달란트를 잃는 것을 걱정하였다. 그러자 하나님의 사람은 "여호와께서 능히 이보다 많은 것을 왕에게 주실 수 있나이다"(대하 25:9)라고 하면서 안심시켰다.

우리는 인간인지라 하나님의 축복보다 눈앞의 손익을 먼저 생각하게 된다. 그러나 성경은 눈앞의 손익보다 하나님의 축복을 먼저 생각하라고 한다. 구약에는 면제의 규례가 있다. 신 15:1-2은 "매 칠 년 끝에는 면제하라 면제의 규례는 이러하니라 그의 이웃에게 꾸어준 모든 채주는 그것을 면제하고 그의 이웃에게나 그 형제에게 독촉하지 말지니 이는 여호와를 위하여 면제를 선포하였음이라"라고 했다. 그런데 하나님의 말씀에 순종하여 내게 빚진 자를 면제해주면 당장은 물질의 손해가 온다. 그러나 성경은 무어라고 말씀하는가? "네가 만일 네 하나님 여호와의 말씀만 듣고 내가 오늘 네게 내리는 그 명령을 다 지켜 행하면 네 하나님 여호와께서 네게 기업으로 주신 땅에서 네가 반드시 복을 받으리니 너희 중에 가난한 자가 없으리라"(신 15:4-5)라고 하셨다. 여기에 "여호와의 말씀만 듣고"(신 15:4)라고 했다. 면제년의 규례를 지키기 위하여 빚진 자를 면제해주면 우선 눈앞의 물질은 손해를 보나 눈앞의 손익보다 "여호와의 말씀만 듣고" 하나님 말씀에 순종하기 위하여 빚을 면제해주면 하나님께서 정녕 복을 주시겠다는 말씀이다.

신 15:9-10에는 "삼가 너는 마음에 악한 생각을 품지 말라 곧 이르기를 일곱째 해 면제년이 가까이 왔다 하고 네 궁핍한 형제를 악한 눈으로 바라보며 아무것도 주지 아니하면 그가 너를 여호와께 호소하리니 그것이 네게 죄가 되리라 너는 반드시 그에게 줄 것이요, 줄 때에는 아끼는 마음을 품지 말 것이니라 이로 말미암아 네 하나님 여호와께서 네가 하는 모든 일과 네 손이 닿는 모든 일에 네게 복을 주시리라"라고 했다.

무슨 말씀인가? 빚을 얻기 바라는 사람이 제7년 하루 앞날인 제6년 12월 31일에 빚을 얻으러 왔다고 하자. 하루 만에 빚을 갚지 못하면 그 빚을 면제해주어야 하니 눈앞의 손익만 생각하면 분명코 나는 손해를 볼 수밖에 없다. 그러나 눈앞의 손익만 생각지 말고 "여호와의 말씀만 듣고"(신 15:4) 반드시 그를 구제하되 심지어 아끼는 마음 없이 구제하면 하나님 여호와께서 네 범사와 네 손으로 하는 바에 복을 주시겠다는 말씀이다.

이번에는 이자를 받는 문제다. 신 23:20에 "타국인에게 네가 꾸어주면 이자를 받아도 되거니와 네 형제에게 꾸어주거든 이자를 받지 말라 그리하면 네 하나님 여호와께서 네가 들어가서 차지할 땅에서 네 손으로 하는 범사에 복을 내리시리라"라고 하셨다. 남에게 돈을 빌려주면 보통 이자를 받는 법인데 성경은 타국인에게 빌려준 돈은 이자를 받아도 괜찮으나 형제에게 빌려준 돈에 대해서는 이자를 받지 말라고 하셨다. 이자를 받지 않으면, 눈앞의 손익만 생각하면 손해다.

그러나 "여호와의 말씀만 듣고"(신 15:4) 형제에게 빌려준 돈에서 이자를 받지 않으면 눈앞의 손익 면에서는 손해가 되는 것 같으나 하나님 여호와께서 네가 들어가서 얻은 땅에서 네 손으로 하는 모든 일에 복을 주시겠다고 하였다.

신 15:12-18은 "네 동족 히브리 남자나 히브리 여자가 네게 팔렸다 하자 만일 여섯 해 동안 너를 섬겼거든 일곱째 해에 너는 그를 놓아 자유롭게 할 것이요 그를 놓아 자유하게 할 때에는 빈 손으로 가게 하지 말고 네 양 무리 중에서와 타작 마당에서와 포도주 틀에서 그에게 후히 줄지니 곧 네 하나님 여호와께서 네게 복을 주신 대로 그에게 줄지니라……그리하면 네 하나님 여호와께서 네 범사에 네게 복을 주시리라"라고 했다.

6년을 부린 종을 자유하게 할 때 공수로 보내지 말고 네 양 무리 중에서와 타작 마당에서와 포도주 틀에서 그에게 후히 주면 우선 눈앞에 보이는 손익 면에서는 손해가 된 것 같으나 "여호와의 말씀만 듣고"(신 15:4) 했는 고로 여호와께서 모든 일에 복을 주시겠다고 하셨다.

신 24:19은 "네가 밭에서 곡식을 벨 때에 그 한 뭇을 밭에 잊어버렸거든 다시 가서 가져오지 말고 나그네와 고아와 과부를 위하여 남겨두라 그리하면 네 하나님 여호와께서 네 손으로 하는 모든 일에 복을 내리시리라"라고 했다. 추수할 때는 밭에 잊어버린 한 뭇이라도 가져와야 내게 유익이다. 그런데 성경은 밭에 잊어버린 한 뭇을 가져오지 말고 나그네와 고아와 과부를 위하여 남겨두라 하니 우선 눈앞에 보이는 손익 면에서는 내게 손해다. 그러나 "여호와의 말씀만 듣고"(신 15:4) 밭에 잊어버린 한 뭇을 나그네와 고아와 과부를 위하여 버려두면 하나님 여호와께서 손으로 하는 모든 일에 복을 내리시겠다고 하였다.

잠 11:24-25은 "흩어 구제하여도 더욱 부하게 되는 일이 있나니 과도히 아껴도 가난하게 될 뿐이니라 구제를 좋아하는 자는 풍족하여질 것이요 남을 윤택하게 하는 자는 자기도 윤택하여지리라"라고 했다. 흩어 구제하면 돈이 나가니 우선 눈앞에 보이는 손익 면에서는 손해가 된다. 그러나 성경은 흩어 구제해도 더욱 부하게 되고, 구제를 좋아하는 자는 풍족해지고, 남을 윤택하게 하는 자는 윤택해진다고 하였다. 그러니 눈앞에 보이는 손익만 생각지 말고 하나님의 축복을 더 높이 더 깊이 생각하라는 말씀이다.

잠 19:17은 "가난한 자를 불쌍히 여기는 것은 여호와께 꾸어 드리는 것이니 그의 선행을 그에게 갚아 주시리라"라고 했다. 나는 그저 가난한 사람을 불쌍히 여겨 구제했는데 그 결과는 하나님께 꾸어드리는 결과가 된다는 말씀이다. 하나님께서 우리 돈을 꾸시고 갚지 않는 일이 있으시겠는가? 결코 그럴 수 없다. 갚아주신다. 가난한 사람을 불쌍히 여겨 구제하면 우선은 돈이 나갔으니 눈앞에 보이는 손익 면에서는 손해가 되는 것 같으나 하나님의 갚음을 받는 축복을 받게 된다.

전 11:1-2에 "너는 네 떡을 물 위에 던져라 여러 날 후에 도로 찾으리라 일곱에게나 여덟에게 나눠 줄지어다 무슨 재앙이 땅에 임할는지 네가 알지 못함이니라"라고 했다. 흘러가는 물 위에 던진 식물이 어떻게 다시 나에게 돌아오겠는가. 인간의 상식으로는 도저히 생각할 수 없는 일이다. 그러나 하나님께서는 묘하게 섭리하셔서 물 위에 던진 떡이 다시 나에게 돌아오게 하신다. 떡을 물 위에 던지니 눈앞에 보이는 손익 면에서 볼 때 우선은 손해가 된다. 그러나 "여호와의 말씀만 듣고"(신 15:4) 떡을 물 위에 던졌더니 하나님의 묘한 섭리로 물 위에 던진 식물이 나에게 돌아오게 하시는 기적적인 축복을 안겨 주신다.

막 10:29-30에서 예수님께서는 "나와 복음을 위하여 집이나 형제나 자매나 어머니나 아버지나 자식이나 전토를 버린 자는 현세에 있어 집과 형제와 자매와 어머니와 자식과 전토를 백 배나 받되"라고 하셨다. 예수님을 위하여 집이나 전토를 버리면 눈앞에 보이는 손익 면에서는 우선 손해가 되는 것 같으나 금세에서 집과 전토를 100배나 갚아주시니 눈앞에 보이는 손익보다 하나님의 축복을 생각하라고 하신다.

눅 6:38에서 예수님께서는 "주라 그리하면 너희에게 줄 것이니 곧 후히 되어 누르고 흔들어 넘치도록 하여 너희에게 안겨 주리라"라고 하셨다. 우리가 남에게 주면 우선 눈앞에 보이는 손익 면에서는 손해가 된다. 그러나 하나님께서 축복해주시되 후히 되어 누르고 흔들어 넘치도록 갚아주시니 다시 한 번 눈앞에 보이는 손익보다도 하나님의 축복을 생각하라고 하셨다.

지금까지 생각한 모든 말씀을 결론적으로 잠 28:8은 "중한 변리로 자기 재산을 늘리는 것은 가난한 사람을 불쌍히 여기는 자를 위해 그 재산을 저축하는 것이니라"라고 했다. 가난한 사람을 불쌍히 여기는 자는 날마다 재산으로 가난한 사람에게 나누어주니 눈앞에 보이는 손익 면에서는 우선 손해를 본다. 그러나 하나님께서는 묘한 섭리로 중한 변리로 자기 재산을 늘리는 자의 재산을 저축하여 두셨다가 가난한 사람을 불쌍히 여기는 자에게 몰아서 주신다. 그러니 가난한 사람을 불쌍히 여기는 자가 결과적으로는 부하게 된다.

반면에 성경은 마땅히 주어야 할 일인데 하나님의 말씀과 축복을 생각하지 않고 눈앞에 보이는 손익만 생각하여 주지 않을 때 우선은 재산이 내 손에 남아 있는 것 같지만 결과적으로는 비참한 손해를 보는 사실을 말해준다. 잠 3:27에 "네 손이 선을 베풀 힘이 있거든 마땅히 받을 자에게 베풀기를 아끼지 말며"라고 했다. 여기에서는 베풀어야 할 두 가지 조건이 있다. 하나는 내게 받으러 온 사람은 마땅히 받을 자이다. 받을 권리와 자격이 있다. 그런데 아무리 마땅히 받을 자이지만 현재 내 손에 돈이 없으면 줄 수 없겠는데 둘째로는 내 손에 선을 베풀 힘이 있다. 현재 돈을 가지고 있다. 그러니 마땅히 베풀어야 되지 않겠는가.

그럼에도 불구하고 이 사람은 베풀지 않았다. 눈앞에 보이는 손익만 생각한다면 우선은 돈이 내 손에 남아 있으니 유익이 되는 것 같으나 잠 28:27은 "가난한 자를……못 본 체하는 자에게는 저주가 크리라"라고 했다. 하나님의 말씀은 "네 손이 선을 베풀 힘이 있거든 마땅히 받을 자에게 베풀기를 아끼지 말며"(잠 3:27)라고 했는데 가난한 자를 못 본 체하는 자는, 베풀지 아니하니 우선 돈이 남아 있는 것 같지만, 결국에는 저주가 있으되 보통 있는 것이 아니라 많겠다고 하였다. 이것이 눈앞에 보이는 손익 문제만 생각하고 하나님의 말씀을 생각지 않는 자가 받는 결과이다. 그래서 잠 11:24도 "과도히 아껴도 가난하게 될 뿐이니라"라고 했다.

대하 25장에 나오는 아마샤 왕은 눈앞에 보이는 손익 문제만 생각하고 하나님의 축복은 생각지 못하였다. 우리는 아마샤 왕처럼 눈앞에 보이는 손익 문제만 생각하고 하나님의 축복을 생각지 못하는 불행한 자가 되어서는 안 되겠다.

눈앞에 보이는 손익 문제만 생각하고 하나님의 축복을 생각지 못하면 성공 같은 실패요, 눈앞에 보이는 손익 문제만 생각지 않고 하나님의 축복을 먼저 생각하면 그것은 실패 같은 성공이다. 우리는 실패 같은 성공의 길을 걸을지언정 성공 같은 실패의 길을 걷는 아마샤와 같은 사람이 되어서는 안 되겠다.

주신 승리를…

에돔과 싸우려고 은 100달란트로 이스라엘 군대를 고용하였다가 하나님의 사람의 충고를 듣고 돌려보낸 뒤 아마샤가 담력을 내어 싸운 결과 에돔 자손 1만 명을 죽이고 사로잡아 바위 꼭대기에 올라가서 거기에서 밀쳐 내려뜨려서 그 몸이 부서지게 하는 대승리를 거두었다. 여기까지는 좋았다(대하 25:11-12).

그런데 아마샤가 에돔 사람을 죽이고 돌아올 때 에돔 자손의 우상들을 가져다가 자기의 신으로 세우고 그 앞에 경배하며 분향하였다(대하 25:14). 모처럼 얻은 승리 뒤에 왜 이러한 짓을 하였을까? 더구나 그 신들은 자기 백성을 아마샤의 손에서 능히 구원하지 못한 신들이 아닌가(대하 25:15).

대하 28:22-23에서 남국 유다의 제12대 왕 아하스가 자기를 친 다메섹 신들에게 제사하였는데 그 까닭은 "아람 왕들의 신들이 그들을 도왔으니 나도 그 신에게 제사하여 나를 돕게 하리라"(대하 28:23)였다. 나름대로 이해는 간다. 다메섹 신들이 아하스를 쳤으니 그 신들이 강한 신들로 인정되었는 고로 그 신들에게 제사하여 도움을 받아보려는 뜻에서였다.

그런데 에돔 신들은 아마샤를 친 신들이 아니고 아마샤의 손에서 구원하지 못한 약하고 무능한 신이었다. 그런데 무엇 때문에 약하고 무능한 신들을 경배하고 분향하였을까? 하나님께서 주신 승리를 감사하는 일로 보답하지 않고 도리어 죄 짓는 일로 보답하고 말았다.

하나님께서 주신 승리를 효과 있게 보답하지 못하고 망령되게 보답한 사람이 또 하나 있는데 그는 북국 이스라엘의 제7대 왕 아합이었다. 왕상 20장에 보면 아합이 아람과 싸울 때 하나님의 도우심으로 두 차례에 걸친 싸움에서 모두 이겼다(왕상 20:1-21, 22-30). 그런데 자기 목숨을 살려달라고 호소하는 아람 왕 벤하닷을 살려줌으로 하나님께서 멸하기로 작정한 사람을 놓아주는 실수를 저지르고 말았다(왕상 20:42). 하나님의 도우심으로(왕상 20:13, 28) 모처럼 이긴 두 번의 싸움의 마무리를 잘못함으로써 하나님께서 주신 승리를 망령된 짓으로 보답하고 말았다.

자기 백성을 구원하지 못한 무능한 신을 왜 섬겨야 하는가(대하 25:15)? 다윗은 그렇게 하지 않았다. 다윗이 블레셋과 싸워 이긴 후 블레셋 사람이 버리고 간 우상을 불사르게 하였다(삼하 5:21, 대상 14:12). 다윗도 전쟁에서 아마샤처럼 이겼고 적국의 우상을 얻었으나 아마샤처럼 그 우상에게 경배하거나 분향하지 않고 불살라버렸다. 싸움에서 이겼는데 적국의 우상을 발견했다고 하여 꼼짝 못하고 그 우상에게 경배하고 분향해야 할 이유가 어디에 있는가?

하나님께서 여호수아에게 "내가 그들을 이스라엘 앞에 넘겨주어 몰살시키리니 너는 그들의 말 뒷발의 힘줄을 끊고 그들의 병거를 불사르라" (수 11:6)라고 하셨고, 싸움에서 이긴 후에 "여호수아가 여호와께서 자기에게 명령하신 대로 행하여 그들의 말 뒷발의 힘줄을 끊고 그들의 병거를 불로 살랐더라"(수 11:9)라고 하면서, 승리하기 전에 여호와께서 주신 말씀을 승리 후에 문자 그대로 순종하였다.

우리의 신앙생활에서도 우선은 하나님께로부터 은혜를 받는 일이 중요하다. 그런데 은혜와 승리를 얻은 후에 그 마무리를 어떻게 하느냐는 은혜와 승리를 얻는 일 못지않게 중요하다. 그 이유는 은혜와 승리를 얻은 후에 마무리를 잘 하면 받은 은혜와 승리를 간수하게 되는 것은 말할 필요도 없거니와 이미 받은 은혜와 승리보다 더 큰 은혜와 승리를 받을 수 있는 기반이 되나, 마무리를 잘 못하게 되면 모처럼 귀하게 받은 은혜와 승리를 간수하지 못하고 쏟아버리게 되기 때문이다.

믿음의 사람들은 하나님께서 주신 은혜를 바로 간수하곤 하였다. 바울은 고전 15:10에서 "그러나 내가 나 된 것은 하나님의 은혜로 된 것이니 내게 주신 그의 은혜가 헛되지 아니하여 내가 모든 사도보다 더 많이 수고하였으나 내가 한 것이 아니요 오직 나와 함께 하신 하나님의 은혜로라"라고 하면서 자기에게 주신 하나님의 은혜를 모든 사도보다 더 많이 수고하는 것으로 보답하였다.

시 78:70-72에는 이러한 말씀이 있다. "또 그의 종 다윗을 택하시되 양의 우리에서 취하시며 젖 양을 지키는 중에서 그들을 이끌어 내사 그의 백성인 야곱, 그의 소유인 이스라엘을 기르게 하셨더니 이에 그가 그들을 자기 마음의 완전함으로 기르고 그의 손의 능숙함으로 그들을 지도하였도다." 하나님께서 다윗을 택하시되 양의 우리와 젖 양을 지키는 중에서 이끄사 그의 백성 이스라엘을 다스리게 하셨더니 다윗은 하나님께서 맡겨주신 이스라엘을 다스리되 마음의 완전함으로 다스렸다고 한다. 다윗은 하나님께서 주신 은혜를 마음의 완전함으로 다스리는 것으로 보답하였다.

하나님께서 주신 승리를 바로 간수하지 못한 아마샤는 어떻게 되었는가? "왕이 이 일을 행하고 나의 경고를 듣지 아니하니 하나님이 왕을 멸하시기로 작정하신 줄 아노라"(대하 25:16)였다. 이 말씀대로 무리가 모반하여 아마샤를 암살하였다(대하 25:27-28). 아마샤가 이러한 실수를 하게 된 것은 하나님께서 모세를 통하여 주신 말씀을 마음에 새기지 않고 잊어버린 탓도 있다. 일찍이 하나님께서 "너는 스스로 삼가 네 앞에서 멸망한 그들의 자취를 밟아 올무에 걸리지 말라 또 그들의 신을 탐구하여 이르기를 이 민족들은 그 신들을 어떻게 섬겼는고 나도 그와 같이 하겠다 하지 말라"(신 12:30)라고 하셨는데 아마샤의 마음에는 이 말씀이 없었던 것이다. 시인은 "내가 주께 범죄하지 아니하려 하여 주의 말씀을 내 마음에 두었나이다"(시 119:11)라고 했는데 아마샤는 신 12:30의 말씀을 마음에 두지 않았기 때문에 실수하였다. 우리는 아마샤의 실수를 통하여 다시 한 번 기억해야겠다.

우리는 하나님께서 주시는 은혜와 승리를 어떻게 보답하려는가? 다윗, 여호수아, 바울처럼 주신 은혜와 승리를 보람있게 보답하려는가, 아니면 아마샤처럼 범죄로 보답하려는가? 어느 편인가?

악으로 예언을 이룬 자

아마샤가 에돔과 싸워서 이겼는데도 세일 자손의 우상들을 가져다가 자기의 신으로 세우고 경배하며 분향하자(대하 25:14) 여호와께서 아마샤에게 진노하사 한 선지자를 보내 경고하셨다. 그러나 아마샤가 선지자의 경고를 듣지 아니할 때 선지자는 "왕이 이 일을 행하고 나의 경고를 듣지 아니하니 하나님이 왕을 멸하시기로 작정하신 줄 아노라"(대하 25:16)라고 했다.

이것은 하나의 예언인데 이 예언이 어떻게 이루어졌는가? 아마샤의 악으로 이루어졌다. 어떠한 악으로? 대하 25:17-28의 악이다. 아마샤가 북국 이스라엘의 제12대 왕 요아스에게 싸움을 걸었다. 요아스는 경고했으나(대하 25:19) 아마샤는 듣지 아니하고 기어코 싸우다가 이스라엘 왕 요아스가 예루살렘에 이르러 아마샤 왕을 사로잡고 예루살렘의 성벽을 다 헐고 하나님의 전 안에 있는 모든 금은과 기명과 왕궁의 재물을 취하고 또 사람을 볼모로 잡아 사마리아로 돌아갔다(대하 25:22-24). 뿐만 아니라 아마샤는 무리의 모반으로 암살을 당해 죽었다(대하 25:27-28).

잠 26:17에 "길로 지나가다가 자기와 상관없는 다툼을 간섭하는 자는 개의 귀를 잡는 자와 같으니라"라는 말씀이 있다. 길가는 중에 자기와 상관없는 다른 사람들의 다툼에 왜 끼어들겠는가? 그러한 사람은 마치 가만히 있는 개의 귀를 잡다가 개에게 물리는 손해를 보는 사람과 같다는 뜻이다. 아마샤가 가만히 있는 개 요아스의 귀를 잡았다가 자기가 물리는 손해를 보게 된 것이다.

성경에 보면 악으로 예언을 이룬 자들이 상당히 많이 나온다. 그 대표적인 보기로 제사장 엘리의 두 아들 홉니와 비느하스를 들어보자. 삼상 2:25에 "그들이 자기 아버지의 말을 듣지 아니하였으니 이는 여호와께서 그들을 죽이기로 뜻하셨음이더라"라는 말씀이 있다. 이것은 하나의 예정이다.

이 예정이 어떻게 이루어졌는가? 홉니와 비느하스의 악으로 이루어졌다. 어떠한 악으로? 아버지 엘리가 그들의 악을 듣고 두 아들에게 "너희가 어찌하여 이런 일을 하느냐 내가 너희의 악행을 이 모든 백성에게서 듣노라 내 아들들아 그리하지 말라 내게 들리는 소문이 좋지 아니하니라……사람이 여호와께 범죄하면 누가 그를 위하여 간구하겠느냐"(삼상 2:23-25)라고 했으나 그들이 끝까지 듣지 아니하니 그들의 악으로 삼상 2:25의 예정이 이루어졌다.

예수님께서는 마 26:24에서 "인자는 자기에 대하여 기록된 대로 가거니와 인자를 파는 그 사람에게는 화가 있으리로다 그 사람은 차라리 태어나지 아니하였더라면 제게 좋을 뻔하였느니라"라고 하셨다. "인자는 자기에 대하여 기록된 대로 가거니와"는 하나의 예정이다. 예수님께서 십자가에 못 박힌다는 것은 이미 구약에 기록되어 있는 예정이다. 그래서 예수님께서는 기록된 예정대로 가신다는 말씀이다. 그런데 그 예정대로 가시게 한 장본인은 누구인가? 바로 가룟 유다다. 가룟 유다의 악으로 기록된 대로 가시는 예수님의 예정을 이루어놓았다.

행 4:27-28에 "과연 헤롯과 본디오 빌라도는 이방인과 이스라엘 백성과 합세하여 하나님께서 기름 부으신 거룩한 종 예수를 거슬러 하나님의 권능과 뜻대로 이루려고 예정하신 그것을 행하려고 이 성에 모였나이다"라고 했다. 헤롯과 본디오 빌라도가 예루살렘에 모인 것은 하나님의 권능과 뜻대로 이루려고 예정하신 그것을 행하려고 모였는데 그들이 선으로 이룬 것이 아니라 거룩한 종 예수를 거스르는 악으로 예정을 이루어놓았다.

그런데 악으로 예정을 이룬 자들은 악으로 예정을 이루는 그것만으로 끝나는 것이 아니라 두 가지 결과가 따른다. 그 하나는 화가 따른다.

마 26:24에서 예수님께서는 기록된 대로 가게 하는, 즉 하나님의 예정을 악으로 이루는 가룟 유다에 대하여 "인자를 파는 그 사람에게는 화가 있으리로다 그 사람은 차라리 태어나지 아니하였더라면 제게 좋을 뻔하였느니라"라고 하셨다. 악으로 예정을 이룬 가룟 유다는 기록된 대로 가게 하시는 일의 협조자도 아니요 공로자도 아니다. 유다의 악으로 예수님께서는 기록된 대로 가셨지만 그렇게 되시게끔 만든 가룟 유다에게는 화가 있겠다는 말씀이다. 화도 보통 화가 아니다. 가룟 유다는 차라리 나지 않았다면 제게 좋을 뻔하였다. 왜? 나지 아니하면 지옥에 가는 일은 없었겠으나 태어나서 악으로 예정을 이루었기 때문에 가룟 유다는 지옥에 빠지는 화를 면치 못하게 되었으니 차라리 나지 아니하였다면 그에게 좋을 뻔하였다.

다른 하나는 "너와 유다가 함께 망하고자 하느냐"(대하 25:19)이다. 이 말은 북국 이스라엘의 제12대 왕 요아스가 자기에게 싸움을 건 아마샤에게 한 말이다. 조용하게 있는 요아스에게 아마샤가 싸움을 걸어오자 "네 마음이 교만하여 자긍하는도다 네 궁에나 있으라 어찌하여 화를 자초하여 너와 유다가 함께 망하고자 하느냐"(대하 25:19)라고 했다. 이 말씀대로 아마샤가 악으로 예언을 이루려 하다가 자기만이 아니라 나라까지 망치고 말았다. 이와 같이 악으로 예언을 이루는 자는 자기만이 아니라 다른 사람까지 심지어 나라까지 망치고 만다.

반면에 성경은 선으로 예언과 예정을 이룬 아름다운 사람들의 이야기도 말해준다. 그 대표적인 보기가 마 1:19-23에 나오는 예수님의 아버지 요셉의 경우다. 마 1:23에 "보라 처녀가 잉태하여 아들을 낳을 것이요 그의 이름은 임마누엘이라 하리라"라고 했는데 요셉은 어떻게 이 예언을 이루었는가? 결혼하기 전에 마리아가 잉태했다는 말을 듣고 요셉은 가만히 끊고자 하였으나 주의 사자가 나타나 "다윗의 자손 요셉아 네 아내 마리아 데려오기를 무서워하지 말라 그에게 잉태된 자는 성령으로 된 것이라 아들을 낳으리니 이름을 예수라 하라 이는 그가 자기 백성을 그들의 죄에서 구원할 자이심이라 하니라"(마 1:20-21)라고 하니 말씀대로 순종하여 이 예언을 이루어놓았다. 그리하여 그 유명한 예수님의 동정녀 탄생이라는 엄청난 역사적인 사실을 성사시켰다.

예수님께서 잡히시던 날 겟세마네 동산에서 베드로가 검을 빼서 대제사장의 종의 귀를 떨어뜨렸을 때 예수님께서는 "네 칼을 도로 칼집에 꽂으라 칼을 가지는 자는 다 칼로 망하느니라 너는 내가 내 아버지께 구하여 지금 열두 군단 더 되는 천사를 보내시게 할 수 없는 줄로 아느냐 내가 만일 그렇게 하면 이런 일이 있으리라 한 성경이 어떻게 이루어지겠느냐"(마 26:52-54)라고 말씀하셨다.

무슨 성경인가? 사 53:7의 "그가 곤욕을 당하여 괴로울 때에도 그의 입을 열지 아니하였음이여 마치 도수장으로 끌려 가는 어린 양과 털 깎는 자 앞에서 잠잠한 양같이 그의 입을 열지 아니하였도다"의 성경이다. 예수님께서는 이 성경을 이루시기 위하여 참으시는 선한 일로 예언을 이루셨다.

우리는 지금까지 예언을 이루는 두 사람의 경우를 생각해왔다. 하나는 아마샤, 엘리의 두 아들, 가룟 유다, 헤롯과 본디오 빌라도처럼 악으로 예언을 이룬 자들이요, 다른 하나는 요셉과 예수님처럼 선으로 예언을 이룬 자들이다. 우리의 인생은 한 번뿐이다. 두 번 다시 거듭하지 않는다.

한 번뿐인 인생을 어떠한 면에서 예언을 이루어드리며 살아갈 것인가? 아마샤, 엘리의 두 아들, 가룟 유다, 헤롯과 본디오 빌라도처럼 악으로 예언을 이루다가 자신이 벌을 받는 것은 당연하거니와 나쁜 아니라 다른 사람까지 심지어 나라까지 망치는 불행한 삶을 살 것이 아니라, 예수님의 아버지 요셉처럼 선으로 예언을 이루는 아름답고 복된 삶을 살 수 있기를 바란다.

전쟁을 즐기는 백성

대하 25:17에서 아마샤는 가만히 앉아 있는 북국 이스라엘의 제12대 왕 요아스에게 먼저 싸움을 걸었다. 아마 아마샤는 전쟁을 좋아하는 왕인가보다. 그런데 시 68:30에 하나님께서는 전쟁을 즐기는 백성을 흩으신다는 말씀이 있다. 그러하다. 하나님께서는 전쟁을 즐기는 백성을 흩으신다. 그래서 예수님께서도 검으로 대제사장의 종의 귀를 떨어뜨리는 베드로에게 "네 칼을 도로 칼집에 꽂으라 칼을 가지는 자는 다 칼로 망하느니라"(마 26:52)라고 하셨고, 계 13:10은 칼로 죽이는 자는 자기도 마땅히 칼에 죽임을 당한다고 하였다.

에브라임 지파 사람들은 전쟁을 즐기는 백성들이었다. 삿 7장에서 기드온이 미디안과 싸워서 이스라엘을 해방시키고 돌아오자 에브라임 사람들이 기드온에게 "네가 미디안과 싸우러 갈 때에 우리를 부르지 아니하였으니 우리를 이같이 대접함은 어찌 됨이냐"(삿 8:1)라고 하면서 크게 다투었다. 삿 8:1이 그들이 크게 다투었다고 한 것을 보면 에브라임 지파 사람들은 전쟁을 즐기는 백성들이었다. 삿 7장에서 기드온이 죽음을 무릅쓰고(삿 9:17) 미디안과 싸울 때에는 일체 나타나지 아니하다가 싸움이 끝난 다음에 와서는 공연한 트집을 잡고 크게 다투었다. 그러나 유순

한 대답은 분노를 쉬게 한다는 잠 15:1의 말씀대로 기드온이 그들에게 유순하게 대답하자 그들의 노가 풀렸다.

그러나 전쟁을 즐기는 백성인지라 그것으로 끝나지 않았다. 삿 12:1에서는 사사 입다에게 대들었다. 사사 입다가 암몬 자손을 치고 돌아오자 에브라임 사람들이 입다에게 "네가 암몬 자손과 싸우러 건너갈 때에 어찌하여 우리를 불러 너와 함께 가게 하지 아니하였느냐 우리가 반드시 너와 네 집을 불사르리라"(삿 12:1)라고 하며 대들었다.

그러자 입다가 그들에게 "나와 내 백성이 암몬 자손과 크게 싸울 때에 내가 너희를 부르되 너희가 나를 그들의 손에서 구원하지 아니한 고로 나는 너희가 도와 주지 아니하는 것을 보고 내 목숨을 돌보지 아니하고 건너가서 암몬 자손을 쳤더니 여호와께서 그들을 내 손에 넘겨 주셨거늘 너희가 어찌하여 오늘 내게 올라와서 나와 더불어 싸우고자 하느냐"(삿 12:2-3)라고 했다. 삿 8:1에서는 크게 다투었다고 했고 삿 12:3에서는 다시 한 번 싸우고자 했다고 한다.

그들이 얼마나 전쟁을 즐기는 백성이면 말할 때마다 크게 다투고 싸우고자 했다는 말이 나오겠는가? 특히 입다가 암몬 자손과 싸울 때는 그들을 불렀으나 그들이 돕지 아니하고도(삿 12:2) "네가 암몬 자손과 싸우러 건너갈 때에 어찌하여 우리를 불러 너와 함께 가게 하지 아니하였느냐"(삿 12:1)라고 하면서 공연한 트집을 부렸다. 그러나 이번에는 삿 8장의 기드온의 경우와 달랐다. 언제나 전쟁을 즐기는 에브라임 사람을 입다가 쳐서 42,000명을 죽였다(삿 12:6). 그리하여 언제나 전쟁을 즐기는 에브라임 사람들은 전쟁을 즐기는 백성을 흩으신다는 시 68:30의 말씀대로 42,000명이 죽임을 당하는 화를 입었다.

겔 35:6-9은 세일 산에 대하여 "내가 나의 삶을 두고 맹세하노니 내가 너에게 피를 만나게 한즉 피가 너를 따르리라 네가 피를 미워하지 아니하였은즉 피가 너를 따르리라 내가 세일 산이 황무지와 폐허가 되게 하여 그 위에 왕래하는 자를 다 끊을지라 내가 그 죽임 당한 자를 그 여러 산에 채우되 칼에 죽임 당한 자를 네 여러 멧부리와, 골짜기와, 모든 시내에 엎드러지게 하고 너를 영원히 황폐하게 하여 네 성읍들에 다시는 거주하는 자가 없게 하리니 내가 여호와인 줄을 너희가 알리라"라고 말했다.

세일 산이 왜 이렇게 망하게 되었는가? 겔 35:5은 그들이 이스라엘을 칼의 위력에 넘겼다고 하였고, 겔 35:6은 그들이 피를 미워하지 아니했다고 했다. 이스라엘을 칼의 위력에 넘기고 피를 미워하지 아니하였다는 말씀은 다시 말하면 전쟁을 즐기는 백성이라는 뜻이다. 그들은 이스라엘을 칼의 위력에 넘기고 피를 미워하지 아니하는, 즉 전쟁을 즐기는 백성이었으므로 전쟁을 즐기는 백성을 흩으신다는 시 68:30 말씀대로 흩어짐을 당하였다.

우리는 지금까지 아마샤, 에브라임 지파, 세일 산 사람들이 전쟁을 즐기다가 전쟁을 즐기는 백성을 흩으신다는 시 68:30 말씀대로 흩어짐을 당한 사실을 생각해왔다. 이 말씀들이 우리의 거울이 되기를 바란다.

너와 유다가

에돔을 친 유다 왕 아마샤가 이스라엘 왕 요아스에게 전쟁을 걸자 요아스는 대하 25:19에서 "네가 에돔 사람들을 쳤다고 네 마음이 교만하여 자긍하는도다 네 궁에나 있으라 어찌하여 화를 자초하여 너와 유다가 함께 망하고자 하느냐"라고 했다.

아마샤가 이스라엘과 싸운 일로 인해 아마샤 자신만 망하는 것이 아니라 유다 백성까지 망하게 되겠다는 말씀이다. 어느 한 사람의 잘못으로 그 한 사람만 망하는 것이 아니라 다른 사람까지도 망하게 만드는 일은 본문에 나오는 아마샤만의 일이 아니라 성경 다른 곳에서도 그 보기를 볼 수 있다(우선 박희천 저, 『사무엘하』 p. 334-336의 "자기와 남을"을 참고하기 바란다.).

대하 21:11, 13은 남국 유다의 제5대 왕 여호람이 자신만 죄를 지은 것이 아니라 백성들까지 죄를 짓게 한 사실을 말한다. 11절의 "여호람이 또 유다 여러 산에 산당을 세워"는 여호람 자신이 지은 죄요 "예루살렘 주민으로 음행하게 하고 또 유다를 미혹하게 하였으므로"는 여호람이 백성들까지 죄 짓게 한 사실을 말한다. 13절의 "오직 이스라엘 왕들의 길로 행하여"는 여호람 자신의 죄요 "유다와 예루살렘 주민들이 음행하게 하기를 아합의 집이 음행하듯 하며"는 여호람이 백성들까지 죄 짓게 한 사실을 말한다.

그랬더니 어떻게 되었는가? 대하 21:15은 여호람 자신이 "너는 창자에 중병이 들고 그 병이 날로 중하여 창자가 빠져나오리라"의 벌을 받았고, 대하 21:14은 "여호와가 네 백성과 네 자녀들과 네 아내들과 네 모든 재물을 큰 재앙으로 치시리라"라고 하면서 백성들과 자녀들까지 받을 벌을 말한다. 이리하여 여호람의 죄로 말미암아 여호람 자신과 백성들까지, 즉 자기와 유다까지 망하게 만들고 말았다.

렘 14:15-16은 거짓 선지자의 잘못으로 거짓 선지자 자신과 그의 예언을 따르던 백성까지 망하게 되는 사실을 말한다. 남을 잘못 지도한 선지자 자신은 어떠한 벌을 받는가? 15절은 "칼과 기근이 이 땅에 이르지 아니하리라 하는 선지자들에 대하여 여호와께서 이와 같이 말씀하셨노라 그 선지자들은 칼과 기근에 멸망할 것이요"라고 했고, 16절은 그들의 예언을 받는 백성들에 대하여 "그들의 예언을 받은 백성은 기근과 칼로 말미암아 예루살렘 거리에 던짐을 당할 것인즉 그들을 장사할 자가 없을 것이요 그들의 아내와 아들과 딸이 그렇게 되리니 이는 내가 그들의 악을 그 위에 부음이니라"라고 했다. 여기에 보면 거짓 선지자 때문에 그 선지자만 망하는 것이 아니라 그에게 예언을 받던 백성들까지 망하게 되었으니, 거짓 선지자 때문에 거짓 선지자와 백성들까지 망하게 되었다.

렘 20:1-6에는 바스훌에 대한 말이 나오는데 특히 6절에는 선지자 예레미야가 바스훌에 대하여 "바스훌아 너와 네 집에 사는 모든 사람이 포로 되어 옮겨지리니 네가 바벨론에 이르러 거기서 죽어 거기 묻힐 것이라 너와 너의 거짓 예언을 들은 네 모든 친구도 그와 같으리라"라고 예언하였다. 바스훌의 거짓 예언 때문에 바스훌 자신은 포로가 되어 바벨론에서 죽게 되고 그의 거짓 예언을 따르던 사람들까지 바벨론의 포로가 되어 죽게 될 것을 예언하였다. 바스훌 한 사람의 거짓 예언 때문에 바스훌 자신과 다른 사람들까지 망하게 되었다.

반면에 성경은 한 사람이 잘 해서 그 사람만 복 받은 것이 아니라 그의 지도를 받는 모든 백성들까지 복 받는 아름다운 일도 말한다. 대하 32:22은 "이와 같이 여호와께서 히스기야와 예루살렘 주민을 앗수르 왕 산헤립의 손과 모든 적국의 손에서 구원하여 내사 사면으로 보호하시매"라고 말한다. 앗수르 군대 185,000명이 예루살렘을 포위하였을 때 히스기야 왕은 오직 하나님께 기도함으로 이 문제를 해결하였다. 히스기야 왕 당시의 유다 백성들은 지도자인 왕을 잘 만났다. 지도자인 왕은 이 문제를 오직 기도함으로 해결하였으니 지도자요 왕인 히스기야는 기도로 자기와 백성들을 살렸다. 그러니 믿음 있는 한 사람의 역량이 얼마나 큰가.

아마샤 한 사람의 잘못 때문에 아마샤 한 사람만 망한 것이 아니라 나라까지 망하게 만들었으니 우리는 아마샤처럼 나 하나의 잘못으로 나와 다른 사람들까지 망치게 하는 불행한 사람이 될 것이 아니라, 히스기야 왕처럼 내가 잘한 일로 나와 다른 사람들까지 복을 받게 하는 사람들이 되어야겠다.

여호와를 버리니…

대하 25:27에 "아마샤가 돌아서서 여호와를 버린 후로부터 예루살렘에서 무리가 그를 반역하였으므로"라고 했다. 아마샤가 여호와를 버리니 자기는 사람들에게 모반을 당하였다. 우리가 여호와를 버리면 나는 사람에게 모반을 당하게 된다. 왕상 11장에 나오는 솔로몬의 경우도 이와 같다. 솔로몬이 마음을 돌이켜 이스라엘 하나님 여호와를 떠나자(왕상 11:9) 에돔 사람 하닷이 솔로몬을 모반하고(왕상 11:14-22), 르손(왕상 11:23-25), 그리고 솔로몬의 심복이었던 여로보암이 이어서 솔로몬을 모반하였다(왕상 11:26-40).

그러니 우리는 사람에게 모반을 당할 때 나를 모반한 그를 괘씸하게 생각할 것이 아니라 사람들이 모반하기 전에 내가 여호와를 버린 일이 없었는지 먼저 진단해보아야 한다. 나를 모반한 사람을 나무라기 전에 나와 하나님과의 관계를 먼저 살펴보아야 한다.

한때 교만하여 왕의 자리에서 쫓겨나 7년 동안 들에서 이슬을 맞으며 지냈으나 그가 겸손하게 회개하며 하나님의 주권을 인정하자(단 4:28-35) 왕의 위엄과 광명(光明)이 그에게 돌아오고 그의 모사들과 관원이 그에게 다시 조회(朝會)하게 되었다(단 4:36). 이와 같이 느부갓네살 왕이 하나님 앞에 바로 설 때 옛날에 멀리했던 그의 부하들이 다시 그 앞에 머리를 숙이게 되었다.

사람들이 나를 모반하는가? 그들을 괘씸하게 생각하기 전에 먼저 하나님을 버린 일이 없는지 미리 점검해보아야 한다.

장소는 옮겼으나…

대하 25:27은 "아마샤가 돌아서서 여호와를 버린 후로부터 예루살렘에서 무리가 그를 반역하였으므로 그가 라기스로 도망하였더니 반역한 무리가 사람을 라기스로 따라 보내어 그를 거기서 죽이게 하"라고 하면서 아마샤가 범죄한 후 벌을 피해보려고 라기스로 도망하는, 즉 장소를 옮기는 일을 해보았으나 효과를 보지 못하고 모반하는 사람들에게 죽임을 당한 사실을 말한다.

범죄한 자가 장소를 피한다고 하여 형벌을 면할 수 있는가? 아무리 장소를 옮기고 도망다니며 피한다 할지라도 형벌은 면할 수 없다. 시 139:7-10은 "내가 주의 영을 떠나 어디로 가며 주의 앞에서 어디로 피하리이까 내가 하늘에 올라갈지라도 거기 계시며 스올에 내 자리를 펼지라도 거기 계시니이다 내가 새벽 날개를 치며 바다 끝에 가서 거주할지라도 거기서도 주의 손이 나를 인도하시며 주의 오른손이 나를 붙드시리이다"라고 했다. 내가 하늘에 올라가고 스올에 내려갈지라도 주께서 거기 계시고, 바다 끝에 가서 거주하더라도 주께서 거기 계시니 나는 주 앞에서는 그 어디에도 피할 수 없다는 말씀이다.

삿 2:15은 "그들이 어디로 가든지 여호와의 손이 그들에게 재앙을 내리시니"라고 하면서 사사시대에 범죄한 이스라엘이 하나님의 형벌을 피해보려고 여기저기 장소를 옮겨보았으나 여호와의 손이 그들을 따라다니면서 재앙을 내리시므로 하나님의 형벌을 피할 수 없었던 사실을 말한다.

민 32:23은 "너희가 만일 그같이 아니하면 여호와께 범죄함이니 너희 죄가 반드시 너희를 찾아낼 줄 알라"라고 했다. 범죄한 자가 형벌을 면해보려고 장소를 옮겨 다니며 숨어다니나 내가 지은 죄에게까지 내가 숨은 장소를 비밀로 할 수는 없다. 내가 지은 죄가 내 죄의 수사관이 되어 정녕 나를 찾아내고야 만다는 말씀이다. 그러니 범죄한 자가 장소를 옮긴다고 형벌을 면할 수는 없다.

암 5:19은 "마치 사람이 사자를 피하다가 곰을 만나거나 혹은 집에 들어가서 손을 벽에 대었다가 뱀에게 물림 같도다"라고 했다. 범죄한 자가 들에서 사자와 곰을 만났으나 다행히 그것들을 피하여 집안까지 들어왔다. 집안은 안전한 줄 알고 벽에 손을 댔다가 뱀에게 물리게 된다는 말이다. 이와 같이 범죄한 자들은 아무리 장소를 옮겨 다녀도 형벌을 피할 수 없다.

암 9:2-4에는 범죄한 자가 아무리 장소를 옮겨 다녀도 형벌을 피할 수 없다는 사실을 "그들이 파고 스올로 들어갈지라도 내 손이 거기에서 붙잡아 낼 것이요 하늘로 올라갈지라도 내가 거기에서 붙잡아 내릴 것이며 갈멜 산 꼭대기에 숨을지라도 내가 거기에서 찾아낼 것이요 내 눈을 피하여 바다 밑에 숨을지라도 내가 거기에서 뱀을 명령하여 물게 할 것이요 그 원수 앞에 사로잡혀 갈지라도 내가 거기에서 칼을 명령하여 죽이게 할 것이라 내가 그들에게 주목하여 화를 내리고 복을 내리지 아니하리라"라고 했다.

욥 20:27은 하늘이 그의 죄악을 드러낼 것이요 땅이 그를 대항하여 일어날 것이라고 했으니 범죄한 자가 아무리 장소를 옮겨다닌다 할지라도 어떻게 형벌을 피할 수 있겠는가. 시 64:7은 범죄한 자에 대하여 "하나님이 그들을 쏘시리니 그들이 갑자기 화살에 상하리로다"라고 했다. 하나님이 쏘시는 화살에 실수함이 있겠는가. 백발백중이다. 하나님이 범죄한 자를 화살로 쏘시니 그 화살을 피할 자가 어디에 있겠는가.

범죄한 자가 형벌을 피해보려고 아무리 장소를 옮겨 다닌다 할지라도 피할 수 없다면 범죄자에게는 아주 절망뿐인가? 그렇지 않다. 형벌을 피해보려고 지역적인 장소를 옮길 것이 아니라 마음의 장소 또는 영혼의 장소를 옮기는 일에 힘써야 한다. 즉 내가 범죄한 자리에서 회개하고 하나님께로 돌아오는 마음의 장소, 영혼의 장소를 옮기는 일에 힘을 쏟아야 한다. 다윗도 밧세바와 간음하고 그의 남편 우리야를 죽이는 간음죄와 살인죄를 지었으나 아마샤처럼 형벌을 면해보려고 여기저기 장소를 옮겨 다니지 않았다. 그는 앉은 자리에서 밤마다 자기 침상을 띄우며 눈물로 자기 요를 적시는(시 6:6) 회개하고 통회하고 참회하는, 즉 마음의 장소, 영혼의 장소를 옮기는 일에 힘을 쏟았다. 그러므로 그는 "나이 많아 늙도록 부하고 존귀를 누리다가 죽으매"(대상 29:28)의 축복을 누렸다.

비록 범죄하였을지라도 형벌을 면해보려고 아마샤처럼 장소를 옮겨 다니지 아니하고 과거의 지은 죄를 회개하고 통회하는 마음의 장소, 영혼의 장소를 옮기는 자에게는 나 자신이 장소를 옮겨 다니지 않아도 하나님께서 복된 장소로 옮겨주신다. 신 30:1-4에는 "내가 네게 진술한 모든 복과 저주가 네게 임하므로 네가 네 하나님 여호와로부터 쫓겨간 모든 나라 가운데서 이 일이 마음에서 기억이 나거든 너와 네 자손이 네 하나님 여호와께로 돌아와 내가 오늘 네게 명령한 것을 온전히 따라 마음을 다하고 뜻을 다하여 여호와의 말씀을 청종하면 네 하나님 여호와께서 마음을 돌이키시고 너를 긍휼히 여기사 포로에서 돌아오게 하시되 네 하나님 여호와께서 흩으신 그 모든 백성 중에서 너를 모으시리니 네 쫓겨간 자들이 하늘 가에 있을지라도 네 하나님 여호와께서 거기서 너를 모으실 것이며 거기서부터 너를 이끄실 것이라"라는 말씀이 있다.

이스라엘은 범죄하여 여호와께로부터 쫓겨나 다른 나라에서 포로생활을 하는 저주를 받았다. 그러나 그들이 "돌아와"(신 30:2), 즉 과거의 죄를 회개하고 하나님께 돌아오는 마음의 장소와 영혼의 장소를 옮길 때 그들을 포로의 자리에서 돌리시되(신 30:3) 그 쫓겨난 자들이 하늘 가에 있을지라도 거기서부터 모으시겠다고 하셨다.

내가 범죄할 때는 아마샤처럼 장소를 옮겨 다니지 않아도 하나님께서 나를 쫓아내신다. 느부갓네살 왕은 단 4:24-27을 통하여 주는 다니엘의 충고를 듣고도 1년이 지나도록(단 4:29) 깨닫지 못하고 교만한 상태로 있었으므로 하나님께서 그를 왕의 자리에서 쫓아버리셨다. 7년 동안 들판에서 살다가 자기의 죄를 회개할 때, 즉 마음의 장소와 영혼의 장소를 옮길 때 그를 다시 왕의 자리로 높이셨다. 그래서 과거에 비록 죄를 지었다 할지라도 아마샤처럼 형벌을 피하려고 장소를 옮겨 다니지 아니하고 과거의 죄를 하나님께 회개하고 돌아오는, 즉 마음의 장소와 영혼의 장소를 옮기는 죄인에게 소망이 있다는 말이다.

땅 위에 사는 아담의 자손으로서 죄를 짓지 않을 수는 없다. 그런데 범죄한 후의 자세는 더 중요하다. 아마샤는 범죄한 후 형벌을 면해보려고 장소를 옮겨 다녔으나 결국은 모반하는 사람들에게 죽임을 당하고 말았다. 그러나 다윗은 범죄하였으나 아마샤처럼 형벌을 피해보려고 장소를 옮겨 다니는 미련한 짓은 하지 않고 앉은 자리에서 눈물로 과거의 죄를 회개하는 마음의 장소와 영혼의 장소를 옮기는 일을 택했다. 느부갓네살 왕과 같이 이방인의 왕이라 할지라도 그가 마음의 장소, 영혼의 장소를 옮길 때 다시 축복을 받았다.

우리는 범죄한 후 아마샤처럼 지리적인 장소를 옮겨 다니는 일로 형벌을 면하려다가 불행한 자리에 빠지지 말고, 다윗처럼 눈물로 회개하고 하나님께 돌아오는 마음의 장소, 영혼의 장소를 옮김으로 새로운 축복을 받는 복된 성도들이 될 수 있기를 바란다.

대하 26장

여호와 보시기에 정직히

대하 26:4, 왕하 15:3은 남국 유다의 제9대 왕 아마샤가 여호와 보시기에 정직히 행했다고 하였다. 이 말은 대하 25:1-4을 두고 하는 말이지 아마샤의 한평생 전부를 두고 말하는 것은 아니다. 특히 대하 25:14 이하의 아마샤가 에돔 사람들의 우상을 가져다가 신으로 경배한 일은 더더욱 아니다. 아마샤가 여호와 보시기에 정직히 행하였다는 것은 대하 25:1-4에서 모세 율법책에 기록된 대로 행하기 위하여 아버지 요아스를 죽인 심복들을 죽였으나 그 자녀들은 죽이지 않은 사실을 두고 하는 말이다. 아마샤가 여호와 보시기에 정직히 행하였다는 것은 여기까지를 두고 하는 말이지 그 이후에 된 일을 말하는 것은 아니다.

대하 26:4, 27:2, 왕하 15:3, 34은 남국 유다의 제10대 왕 웃시야가 여호와 보시기에 정직히 행했다고 하였다. 그러나 이것은 그가 교만하여 분향하기 전, 즉 대하 26:1-15까지를 말하는 것이지 그가 교만하여 분향한 대하 26:16 이하를 말하는 것은 아니다. 대하 29:2은 남국 유다의 제13대 왕 히스기야가 여호와 보시기에 정직히 행했다고 하였다. 그러나 이것은 그가 교만하여 받은 은혜를 보답치 아니한 대하 32:25 이전까지를 말하는 것이지 그가 교만하여 받은 은혜를 보답치 아니하였다는 대하 32:25 이하의 생활까지를 두고 하는 말은 아니다. 왕하 10:30에는 북국 이스라엘의 제10대 왕 예후가 여호와 보시기에 정직히 행했다고 하였는데, 그것은 왕하 10:30까지를 말하는 것이지 왕하 10:31에서 예후가 이스라엘로 범죄케 한, 즉 여로보암의 죄에서 떠나지 아니하였다는 말씀 이후에 나오는 역사에까지 적용되는 것이 아니다.

성경에 다윗이 여호와 보시기에 정직히 살았다는 말씀이 여러 번 나오는데, 그것은 다윗이 삼하 11장에서 우리야의 아내 밧세바와 더불어 동침하기 전을 말하는 것이지 밧세바와 더불어 동침한 후에는 적용될 수 없다. 솔로몬이 여호와 보시기에 정직히 행했다는 것은 왕상 11장에서 여러 나라의 여자들과 관계하기 전을 말하는 것이지 왕상 11장 이후에 여러 나라의 여자들과 관계한 후에는 적용될 수 없다.

남국 유다의 제9대 왕 아마샤는 대하 25:1-4에서, 남국 유다의 제10대 왕 웃시야는 대하 26:15까지, 남국 유다의 제13대 왕 히스기야는 대하 32:24까지, 북국 이스라엘의 제10대 왕 예후는 왕하 10:30까지, 다윗은 삼하 10장까지, 솔로몬은 왕상 10장까지 여호와 보시기에 정직히 사는 생활을 한정적으로 가졌으나, 여호와 보시기에 정직히 사는 생활을 좀 더 길게 가질 수 있었다면 얼마나 좋았겠는가. 구약에서 요셉과 사무엘은 이렇다 할 만한 흠 없이 한평생 여호와 보시기에 정직하게 살

앉고, 신약에서 바울은 "나의 선한 싸움을 싸우고 나의 달려갈 길을 마치고 믿음을 지켰으니"(딤후 4:7)라고 하면서 한평생 여호와 보시기에 정직히 살았다.

아마샤, 웃시야, 히스기야, 예후, 다윗, 솔로몬처럼 한정적으로 여호와 보시기에 정직하게 산 것이 아니라 요셉, 사무엘처럼 한평생을 여호와 보시기에 정직하게 산 바울은 빌립보 교회 성도들을 위하여 진실하여 허물없이 그리스도의 날까지 이르기를(빌 1:10) 기도하였다. 진실하여 허물없이 그리스도의 날까지 이른다는 것은 두 가지 면을 생각해볼 수 있다. 그 하나는 교회를 떠나서 배교(背敎)하는 일을 하지 않는 일이요. 다른 하나는 도덕적인 실수와 잘못을 저지르지 않는 일이다. 우리는 여호와 보시기에 정직하게 살되 한정적으로만 그럴 것이 아니라, 배교하는 일도 없고 표가 나는 큰 도덕적인 허물도 없고 진실하여 허물없이 그리스도의 날까지 이르는(빌 1:10) 21세기의 요셉, 사무엘, 바울이 될 수 있기를 바란다.

듣는 귀

하나님의 묵시를 밝히 아는 스가랴가 웃시야 왕에게 아무리 귀한 양약과 같은 조언(助言)을 했다 해도 웃시야가 듣지 않았던들 그 좋은 조언들이 무산(霧散)되고 말았을 터인데, 웃시야는 하나님의 묵시를 밝히 아는 스가랴의 조언을 잘 들었기 때문에 웃시야에게 양약이 되었다(대하 26:5).

잠 25:12에 "슬기로운 자의 책망은 청종하는 귀에 금 고리와 정금 장식이니라"라고 했다. 그렇다. 슬기로운 자의 책망의 결과는 금 고리와 정금 장식이 되는데 누구에게나 다 그런가? 아니다. 청종하는 귀, 즉 듣는 귀에 한해서 그러한 결과가 나타난다. 아무리 슬기로운 자의 책망이 금 고리와 정금 장식과 같은 결과를 준다 해도 듣지 않는 자에게는 모처럼 맺어질 뻔했던 금 고리와 정금 장식 같은 열매는 무산되고 만다. 그러니 듣는 귀가 얼마나 복된가. 웃시야 왕은 이 듣는 귀를 가지고 있었기 때문에 하나님의 묵시를 밝히 아는 스가랴의 조언이 보람을 나타내어 하나님을 구하는 생활에 큰 활력(活力)이 되었던 것이다. 우리의 귀는 어떠한가?

선지자 예레미야는 남국 유다의 제20대 왕이자 마지막 왕 시드기야에게 바벨론 왕의 방백들에게 항복하라는 여호와의 말씀을 전하면서 항복하면 1) 시드기야의 생명이 살고, 2) 그 가족들이 살게 되고, 3) 예루살렘성이 불사름을 당하지 않는다고(렘 38:17) 하였다. 만일 하나님의 말씀대로 항복하지 아니하면 1) 시드기야는 바벨론 왕의 손에 잡히게 되고, 2) 그 가족들은 갈대아인에게로 끌려가고, 3) 예루살렘성은 불사름을 당하게 된다고(렘 38:23) 하였다. 그러나 시드기야는 예레미야를 통하여 주신 하나님의 말씀을 듣지 않았기 때문에 1) 바벨론 왕이 시드기야 왕의 눈을 빼고 결박하여 바벨론으로 끌고갔고(렘 39:7), 2) 시드기야 왕의 아들들은 아버지인 시드기야 왕의 목전에서 죽임을 당하였고(렘 39:6), 3) 예루살렘성은 불사름을 당하고 말았다(렘 39:8).

위에서 말한 대로 슬기로운 자의 책망은 그 가치가 금고리와 정금 장식같이 귀하지만 다만 듣는 자에 한해서 그 가치가 나타난다. 예레미야를 통하여 시드기야 왕에게 주신 여호와의 말씀을 시드기야가 듣기만 했어도 시드기야에게 금 고리와 정금 장식이 될 뻔하였는데 청종하지 않았기 때문에 여호와의 말씀은 무산(霧散)되고 말았다.

　우리는 어떠한 귀를 가지고 있는가? 슬기로운 자의 책망을 바로 들어 그 결과 그 책망이 나에게 금고리와 정금 장식과 같은 열매를 맺히게 하는 귀를 가지고 있는가? 아니면 아무리 금고리와 정금 장식과 같은 결과를 내는 슬기로운 자의 책망이지만 듣지 않음으로 무산되고 마는 불행한 귀를 가지고 있는가?

　우리는 웃시야 왕처럼 슬기로운 자의 책망을 바로 들어 그 모든 책망이 나에게 금고리와 정금 장식과 같은 열매를 맺게 하는 귀를 가질지언정, 시드기야 왕처럼 슬기로운 자의 책망을 듣지 않음으로, 금고리와 정금 장식과 같은 결과를 맺을 뻔하였던 슬기로운 자의 책망을 무산시키는 불행한 귀를 가진 사람이 되어서는 안 되겠다.

형통한 왕

　웃시야 왕은 형통한 왕이었다. 대하 26:5에 하나님이 형통케 하셨다고 하였다. 그의 형통을 구체적으로 논하기 전에 우선 서론적으로 생각해볼 만한 일 두 가지가 있는데 그 첫째는 그의 형통의 출처다. 그의 형통이 어디에서 왔느냐의 문제다. 그의 형통이 어디에서 유래되었는가? 그의 형통은 다른 데서 온 것이 아니라 대하 26:5은 그의 형통의 출처를 "하나님이 형통하게 하셨더라"라고 밝힌다. 그의 형통은 다른 곳이 아닌 하나님께로부터 왔다. 하나님께서 그에게 형통을 주셨던 것이다.

　기독교는 본디 은혜의 종교다. 하나님께서 주지 않으시면 아무 것도 받을 수 없다. 그러기에 세례 요한도 요 3:27에서 "하늘에서 주신 바 아니면 사람이 아무 것도 받을 수 없느니라"라고 말하지 않았던가. 땅 위에 사는 사람치고 누가 형통을 원하지 않는 사람이 있겠는가. 그런데 누구나 원하는 이 형통은 하나님께서 주지 않으시면 받을 수 없는 법인데 웃시야 왕에게는 하나님께서 이 형통을 주셨다.

그렇다고 하나님께서는 누구에게나 때를 가리지 않고 어느 때나 다 주시는가? 그렇지 않다. 주실 만한 사람에 한하여, 주실 만한 때에 한하여 주신다. 주실 만한 사람은 누구이며 주실 만한 때는 어느 때인가? "그가 여호와를 찾을 동안에는 하나님이 형통하게 하셨더라"(대하 26:5)이다. 여호와를 구하는 웃시야에게, 그것도 그가 여호와를 구하는 때에 한하여 그에게 형통의 복을 주셨다. 같은 웃시야일지라도 나중에 범죄할 때는 더 이상 형통이 계속되지 않았다. 그러니 형통한 왕 웃시야를 생각할 때 형통의 근원은 하나님이시요, 하나님께서 주시는 형통은 여호와를 구하는 사람에 한하여 주신다는 사실을 먼저 기억해야 한다.

그러면 웃시야 왕의 형통은 구체적으로 어떠하였던가? 그의 형통은 전쟁, 외교, 국방, 농업 정책, 군대의 다섯 가지 면에서 나타났다.

1. 전쟁

전쟁의 형통은 대하 26:6-7에 나온다. 대하 26:6에서는 블레셋과 싸워서 이겼고 대하 26:7에서는 아라비아, 마온과 싸워 이겼다. 그가 싸우려고 나갔던 곳에서 다 이겼으니 바로 형통이다. 전쟁에서의 형통함에 대하여 한 가지 관심을 두고 볼 일은 하나님께서 도우신 일이다. 대하 26:7에서는 "하나님이 그를 도우사"라고 했다. 블레셋, 아라비아, 마온 등 여러 나라와 싸울 때 하나님께서 도우심으로 그에게 형통이 있었다.

2. 외교

전쟁에서 형통한 그는 외교에서도 형통하였다. 외교에서의 형통은 대하 26:8에 나오는데 그의 외교에서의 형통은 두 가지 특색이 있으니, 그 하나는 암몬 사람들이 웃시야에게 조공을 바친 일이다. 다른 나라가 조공을 바치게 되었다는 것은 그만큼 외교에서 성공하였기 때문이다. 다른 하나는 웃시야의 이름이 애굽에까지 퍼졌다는 사실이다. 애굽만이 아니라 대하 26:15에서는 그의 이름이 멀리 퍼졌다고 하였다. 그의 이름이 다른 나라에까지 퍼졌다는 것은 그만큼 그 나라가 외교에서 성공하였다는 뜻이다. 외교에서 성공하지 못하고 어떻게 한 나라의 이름이 멀리까지 퍼질 수 있겠는가.

3. 국방

국방의 형통은 대하 26:9에 나온다. 거기에 보면 "웃시야가 예루살렘에서 성 모퉁이 문과 골짜기 문과 성굽이에 망대를 세워 견고하게 하고"라고 했다. 전쟁에서 형통한 후에 적국의 재침을 막기 위하여 그는 수도 예루살렘에 문과 망대를 세워 견고하게 하였다.

4. 농업 정책

농업 정책에서의 형통은 대하 26:10에 나온다. 그는 농사를 좋아한 사람이다. 그래서 농업 정책에 많은 관심을 두어 물 웅덩이를 많이 팠다고 했으니 이는 바로 관개 공사다. 농사에서 물은 필수조건이므로 저수지를 많이 만들어 물을 저장하는 관개 공사를 많이 하였다. 평야와 평지에 가축을 많이 길렀다고 하니 목축업의 형통이다. 또 여러 산과 좋은 밭에 농부와 포도원을 다스리는 자들을 두었다고 했으니 과수원 농사의 형통이다. 우리도 웃시야처럼 여호와를 구하여 여러 면에서 형통함을 받아야겠다.

5. 군대

군대의 형통은 따로 논하겠다.

웃시야의 군대

여호와를 구하여 형통한(대하 26:5) 웃시야 왕의 형통의 구체적인 덕목 가운데 마지막 덕목은 군대였다. 그의 군대는 세 가지 면에서 특색이 있었다.

1. 장교

대하 26:12은 웃시야의 군대 장교는 그 수가 2,600명이라고 했고 그들은 모두 큰 용사라고 했다. 용사도 보통 용사가 아니고 큰 용사다.

군대에서 장교가 얼마나 중요한가. 아무리 사병들이 훌륭해도 그 사병들을 지휘하는 장교가 시원치 못하면 그 훌륭한 사병들은 마치 고장 난 기관차에 끌려다니는 차량과 같다. 그런데 웃시야의 군대는 사병들을 지휘하는 장교들 전원이 다 큰 용사들이라고 했으니 군대 문제에서의 형통이다.

2. 사병들

군대에서 장교가 중요하다 해도 훌륭한 장교의 지휘를 따르는 사병이 좋지 못하다면 그 군대는 마치 기관차는 훌륭하나 수많은 차량이 고장 나서 움직이지 못하는 기차와 같을 것이다. 그런데 웃시야의 군대는 장교만 아니라 사병들도 훌륭하였다. 그의 사병들은 세 가지 면에서 훌륭했는데, 1) 307,500명의 사병이 다 건장했다(대하 26:13). 건장하지 못한 사병이 무슨 소용이 있는가. 병들어 건들건들하는 사병들은 1,000만 명이라도 쓸모없다. 군대는 건장해야 한다. 그런데 웃시야 군대의 사병들은 건장한 사람들이었다. 그런데 아무리 사병들이 건장해도 싸움에 능하지 못한 건장이면 무슨 소용이 있겠는가. 몸만 건장하다면 노동자나 농부나 자연인으로서는 괜찮다. 그러나 전쟁할 군인은 건장만 가지고는 일이 안 된다. 군인은 우선 건장한 동시에 싸움에 능하도록 훈련이 잘 되어 있어야 한다. 그런데 웃시야의 군대는, 2) 싸움에 능하다고 했으니 (대하 26:13) 전쟁을 위한 훈련이 잘 되어 있다는 말이다. 요즘 말로 하면 모두 정병들이었다. 웃시야의 군대는 기본적인 체력이 건장할 뿐더러 전쟁을 위한 훈련이 잘 되어 있는 싸움에 능한 정병들이었다. 아무리 싸움에 능하다 해도 이 군대가 왕을 반역하여 혁명을 일으킬 가능성이 있는 불안한 군대라면 큰 문제다. 그런데 웃시야의 군대는, 3) 왕을 도와 적을 치는 군대라고 했다(대하 26:13). 웃시야의 군대는 경우에 따라서는 왕을 반역할 위험성이 있는 군대가 아니라 어디까지나 왕을 돕는, 왕에 대한 충성심이 강한 군대였다. 이러한 군대라야 웃시야에게 필요하지 않은가. 그는 군대에 있어서 형통한 왕이었다.

3. 장비

비록 웃시야의 군대가 장교들은 모두 큰 용사요 사병들은 건장하고 싸움에 능하고 왕을 돕는 군대라고 하여도 싸울 무기가 없어 빈손만 들고 있는 군대라면 무슨 소용이 있겠는가. 그런데 웃시야의 군대는 그 장비에 있어서도 훌륭하였다. 대하 26:14에 보면 그 온 군대를 위하여 방패, 창, 투구, 갑옷, 활, 물매 돌을 준비하였다고 한다. 그런데 이 무기도 어느 사람은 가졌으나 더러는 가지지 못한 사람이 있었던 것이 아니라 그 온 군대를 위하여 예비하였다고 했으니 웃시야의 군대 중 2,600명의 장교와 307,500명의 사병 전원이 다 무기를 갖추고 있었다. 대하 26:15에 보면 재주 있는 사람들에게 무기를 고안하게 하여 화살과 큰 돌을 쏘고 던지게 하였다고 했으니 그 당시에는 신무기였다. 이렇게 웃시야는 장교와 사병들 전원에게 무기를 갖추어 주었고 특히 신무기까지 마련시켰으니 군대에 있어서 형통한 왕이었다.

우리는 그리스도의 군사다. 장교인 지도자들은 전원이 다 큰 용사여야겠고 사병들인 성도들은 그 신앙이 건장하고, 마귀와의 싸움에 능하며, 우리의 왕이신 그리스도를 도와 대적 마귀를 치는 성도가 되어야겠다. 또한 진리로 허리띠를 띠고, 의의 호심경을 붙이고, 평안의 복음이 준비한 것으로 신을 신고, 믿음의 방패를 가지고, 구원의 투구와 성령의 검으로(엡 6:14-17) 무장을 잘 갖춘 웃시야의 군대와 같은 군사들이 되어야겠다.

도우심을 입은 왕

대하 26:7에 하나님께서 웃시야를 도우사 블레셋 사람과 아라비아 사람과 마온 사람을 치게 하셨다는 말이 나온다. 그러니 웃시야는 하나님께로부터 도우심을 입은 왕이다. 그는 하나님께로부터 도우심을 입되 보통 도우심을 입은 것이 아니라 대하 26:15에 있는 대로 기이한 도우심을 입은 왕이었다.

그가 하나님으로부터 도우심을 입되 기이한 도우심을 입을 때 어떠한 결과가 나타났는가? 두 가지 결과가 나타났는데 첫째는 전쟁에서 이긴 사실이다. 대하 26:7에 "하나님이 그를 도우사 블레셋 사람들과 구르바알에 거주하는 아라비아 사람들과 마온 사람들을 치게 하신지라"라고 했으니 하나님께서 도우심으로 전쟁에서 이길 수 있었다. 둘째로는 강성하게 되었다. 대하 26:15에 "기이한 도우심을 얻어 강성하여짐이었더라"라고 했고 16절에도 강성하여졌다는 말씀이 또 나온다. 하나님께서 도우심으로 그가 강성하되 어느 정도로 강성해졌는가? 대하 26:8은 매우 강성해졌다고 하였다.

그런데 어느 때에 그가 하나님의 도우심을 받았는가? 대하 26:5은 그가 하나님을 구할 때 그렇게 되었다고 한다. 웃시야가 아무 일도 안 하고 가만히 앉아 있는데 하나님께서 도우신 것이 아니라, 그가 하나님의 묵시를 밝히 아는 스가랴의 가르침을 받아 하나님을 구할 때 하나님께서 도우신 것이다.

대상 15:26에 보면 하나님께서 여호와의 언약궤를 멘 레위 사람을 도우셨다는 말씀이 나오는데 거기에 보면 레위 사람들이 하나님을 구했다는 명문(明文)은 없으나 대상 15장의 문맥 전체는 다윗과 온 이스라엘 사람들이 하나님을 구했음을 보여준다. 다윗과 온 이스라엘 백성들이 하나님을 구할 때 하나님께서 여호와의 언약궤를 멘 레위 사람들을 도우셨던 것이다.

우리도 웃시야처럼 하나님을 구하여 마귀와의 싸움에서 이기고 강성해지되 매우 강성해지는 축복을 받을 수 있기를 바란다.

아! 그 교만

웃시야는 하나님의 묵시를 밝히 아는 스가랴의 가르침을 받아 하나님을 구하여 전쟁, 외교, 국방, 농업 정책, 군대에 있어서 형통하고 하나님의 기이한 도우심을 받아 심히 강성해졌다. 여기까지는 좋았다.

그런데 "그가 강성하여지매 그의 마음이 교만하여 악을 행하여 그의 하나님 여호와께 범죄하되"(대하 26:16)라는 데서부터 탈이 생겼다. 대개의 사람들이 그러하듯이 웃시야도 강성한 후에 교만해지는 일반 사람들의 궤도에서 벗어나지 못하였다. 강성해진 후에는 반드시 다 교만해져야 하는가? 그것이 모든 사람들이 걸어야 할 상도(常道)인가? 강성해진 후에는 교만하지 않으면 안 되는가? 기어코 교만해져야만 하는가? 어찌하여 강성해진 후에는 사람들이 교만하지 않고는 견딜 수 없는가? 그리하여 망하지 않고는 견딜 수 없는가? 단 한 사람이라도 그 상도를 벗어나면 안 되는가? 성경에 보면 열국들 가운데서 망한 나라치고 교만하지 않고 망한 나라는 없다. 거의 모든 나라의 멸망 원인이 교만에서 왔다.

바벨론을 보자. 사 13-14장은 바벨론의 멸망을 논하는데 그 이유를 14:13은 "네가 네 마음에 이르기를 내가 하늘에 올라 하나님의 뭇 별 위에 내 자리를 높이리라 내가 북극 집회의 산 위에 앉으리라"라고 하면서 바벨론의 교만한 자세를 언급한다. 렘 50:29-32에서는 바벨론의 교만을 좀 더 구체적으로 말하면서 "그가 이스라엘의 거룩한 자 여호와를 향하여 교만하였음이라……주 만군의 여호와의 말씀이니라 교만한 자여 보라 내가 너를 대적하나니……교만한 자가 걸려 넘어지겠고"라고 했다. 바벨론의 멸망의 원인은 교만이었다.

모압을 보자. 사 15-16장은 모압 나라의 멸망을 말하고, 사 16:6

은 "우리가 모압의 교만을 들었나니 심히 교만하도다 그가 거만하며 교만하며 분노함도 들었거니와 그의 자랑이 헛되도다"라고 한다. 사 25:10-12은 "모압이 거름물 속에서 초개가 밟힘같이 자기 처소에서 밟힐 것인즉 그가 헤엄치는 자가 헤엄치려고 손을 폄같이 그 속에서 그의 손을 펼 것이나 여호와께서 그의 교만으로 인하여 그 손이 능숙함에도 불구하고 그를 누르실 것이라 네 성벽의 높은 요새를 헐어 땅에 내리시되 진토에 미치게 하시리라"라고 했고, 렘 48:26은 "모압으로 취하게 할지어다 이는 그가 여호와에 대하여 교만함이라", 렘 48:29은 "우리가 모압의 교만을 들었나니 심한 교만 곧 그의 자고와 오만과 자랑과 그 마음의 거만이로다", 렘 48:42은 "모압이 여호와를 거슬러 자만하였으므로 멸망하고 다시 나라를 이루지 못하리로다"라고 했고, 습 2:10도 모압의 멸망의 이유를 "그들이 이런 일을 당할 것은 그들이 만군의 여호와의 백성에 대하여 훼방하고 교만하여졌음이라"라고 했다.

두로를 보자. 사 23:9은 두로가 멸망한 이유를 "모든 누리던 영화를 욕되게 하시며 세상의 모든 교만하던 자가 멸시를 받게 하심이라"라고 했고, 겔 28:2은 "네 마음이 교만하여 말하기를 나는 신이라 내가 하나님의 자리 곧 바다 가운데에 앉아 있다", 겔 28:5은 "네 큰 지혜와 네 무역으로 재물을 더하고 그 재물로 말미암아 네 마음이 교만하였도다", 겔 28:17은 "네가 아름다우므로 마음이 교만하였으며"라고 하면서 두로가 멸망한 원인을 교만이라고 규정하였다.

사 10:12은 앗수르의 멸망을 말하면서 "앗수르 왕의 완악한 마음의 열매와 높은 눈의 자랑을 벌하시리라"라고 했고, 겔 31:10-11은 "그러므로 주 여호와께서 이같이 말씀하셨느니라 그의 키가 크고 꼭대기가 구름에 닿아서 높이 솟아났으므로 마음이 교만하였은즉 내가 여러 나라의 능한 자의 손에 넘겨줄지라 그가 임의로 대우할 것은 내가 그의 악으로 말미암아 쫓아내었음이라"라고 했다.

겔 30:6은 애굽의 멸망의 원인을 "애굽의 교만한 권세도 낮아질 것이라", 겔 30:18은 "내가 애굽의 멍에를 꺾으며 그 교만한 권세를 그 가운데에서 그치게 할 때에", 겔 32:12은 "애굽의 교만을 폐하며 그 모든 무리를 멸하리로다"라고 했다.

렘 49:16은 에돔의 멸망의 원인을 "바위 틈에 살며 산꼭대기를 점령한 자여 스스로 두려운 자인 줄로 여김과 네 마음의 교만이 너를 속였도다 네가 독수리같이 보금자리를 높은 데에 지었을지라도 내가 그리로부터 너를 끌어내리리라"라고 했고, 습 2:10은 "그들이 이런 일을 당할 것은 그들이 만군의 여호와의 백성에 대하여 교만하여졌음이라"라고 했다.

사 28:1-4은 에브라임이 멸망한 이유를, 겔 16:49은 소돔이 멸망한 이유를 각각 교만이라고 했다. 이와 같이 모든 나라들이 멸망한 이유는 단 한 가지 교만 죄 때문이었다. 그런데 나라들뿐인가? 개인을 보자.

바벨론의 왕 느부갓네살이 왜 망했는가? "그가 마음이 높아지며 뜻이 완악하여 교만을 행하므로 그의 왕위가 폐한 바 되며 그의 영광을 빼앗기고"(단 5:20)이다. 그의 아들 벨사살은 왜 망했는가? "벨사살이여 왕은 그의 아들이 되어서 이것을 다 알고도 아직도 마음을 낮추지 아니하고 도리어 자신을 하늘의 주재보다 높이며"(단 5:22-23)이었다. 아버지와 아들이 다 교만 때문에 망하였다.

개인이나 국가나 망한 자들은 다 교만 때문이었다. 웃시야 왕도 강성한 후에 거의 모든 사람들이 가는 교만의 길을 가고야 말았으니 안타까운 일이다. 웃시야 한 사람만이라도 예외가 될 수 없었던가. 우리는 웃시야의 경우를 보며 크게 경성하자. 그의 실수를 나의 거울로 삼아 강성해진 후 우리만은 거의 모든 사람들이 걸어온 상도(常道)인 교만의 함정에 빠지지 말고 "벼는 익을수록 고개를 숙인다."는 속담이 우리에게 이루어지게 하자.

교만

이러한 교만을 경계하기 위하여 성경의 교훈을 좀 더 생각해보자. 성경은 교만에 대하여 어떻게 말씀하는가?

1. 교만에 대한 성경의 견해

1) 성경은 교만이 악의 시발점이라고 한다. 사람이 교만하면 바로 그 교만에서 악이 출발하기 때문이다. 대하 26:16도 "그의 마음이 교만하여 악을 행하여"라고 하면서 웃시야 왕이 교만하자 바로 그 교만에서 악이 출발한 사실을 말한다.

유 6절은 "또 자기 지위를 지키지 아니하고 자기 처소를 떠난 천사들을 큰 날의 심판까지 영원한 결박으로 흑암에 가두셨으며"라고 하면서 천사들의 범죄한 상태를 말하는데, 자기 지위를 지키지 않았다는 뜻이 무엇인가? 일반적인 해석은 피조물인 천사가 창조주 하나님 밑에 있어야 할 자기 지위를 지키지 아니하고 창조주 위에 올라앉으려는 천사의 교만한 자세라고 한다. 그리고 딤전 3:6의 "교만하여져서 마귀를 정죄하는 그 정죄에 빠질까 함이요"를 보면 마귀의 죄가 곧 교만이라고 했으니 유 6절의 자기 지위를 지키지 않는 것을 교만이라고 보는 견해는 타당해보인다. 이 견해가 옳다면 마귀의 죄도 교만에서 출발한 것이다.

신 8:14은 "네 마음이 교만하여 네 하나님 여호와를 잊어버릴까 염려하노라"라고 했다. 이스라엘 백성들이 하나님 여호와를 잊어버리게 되는 죄는 바로 그들의 교만에서 옴을 말함으로써 여기에서도 교만이 죄의 시발점임을 다시 한 번 강조한다.

2) 잠 6:16-17, 8:13, 16:5은 하나님께서 교만을 미워하신다고 하였다.

3) 하나님만이 아니라 시 101:5은 완전한 마음으로 완전한 길에 행하려는 참된 성도는 교만을 용납지 아니한다고 하였다.

4) 잠 16:5은 피차 손을 잡을지라도 교만한 자는 벌을 면치 못한다고 하였다. 여기에서 피차 손을 잡는다는 말씀을 박윤선 목사님은 교만한 자들이 벌을 안 받으려고 단합할지라도 벌을 면치 못한다고 주석하였다. 그러기에 시 31:23은 여호와께서 교만하게 행하는 자에게 엄중히 갚으신다고 하였다.

5) 잠 16:18, 18:12은 교만은 패망의 선봉이라고 했다. 군대에서 선봉대가 앞서면 그 뒤로 반드시 본부대가 오기 마련이니 교만이 앞서면 반드시 멸망이 온다. 교만이 앞섰기 때문에 멸망을 면치 못했다는 사실은 이 제목 앞에 있는 "아! 그 교만"에서 세밀하게 논하였으니 참고하기 바란다.

6) 렘 49:16, 옵 3절에서는 교만한 자는 자기 교만에 속는다고 하였다. 자기 교만에 속는다는 것은 무슨 뜻인가? 옵 3절에 의하면 에돔 자손들은 바위 틈에 거주하며 높은 곳에 살면서 자기 마음에 이르기를 "누가 능히 나를 땅에 끌어내리겠느냐"(옵 3절)라고 하면서 자기는 평생가야 고난을 당하지 않고 무사할 줄로만 아는 교만한 마음을 가지고 있었는데, 하나님께서는 "네가 독수리처럼 높이 오르며 별 사이에 깃들일지

라도 내가 거기에서 너를 끌어내리리라"(욥 4절)라고 하시면서 바위 틈에 거주하며 높은 곳에 살던 에돔 자손들을 망하게 하셨으니 이는 교만에 스스로 속아서 망하게 되었다는 말씀이다.

  7) 잠 11:2은 교만한 자는 욕을 당한다고 하였고, 잠 21:24은 교만한 자는 망령된 자라고 일컬음을 받게 된다고 하였으니, 즉 욕을 당한다는 말이다. 잠 22:1은 많은 재물보다 명예를 택하라고 했고 전 7:1은 좋은 이름이 보배로운 기름보다 낫다고 하였는데, 교만한 자는 명예나 좋은 이름을 가지지 못하고 남에게 욕을 먹게 된다.

  8) 잠 21:4은 교만한 자는 바로 악인이라고 했다.

  9) 대하 32:25은 히스기야가 마음이 교만하여 그 받은 은혜를 보답치 아니했다고 했으니 교만한 자는 하나님께로부터 받은 바 은혜를 보답하지 않는다.

  10) 시 119:21은 교만한 자는 저주를 받은 자라고 했다.

  11) 시 119:78은 교만한 자는 수치를 당하게 된다고 하였다.

  12) 잠 29:23, 마 23:12, 눅 14:11, 18:14, 겔 30:6은 교만한 자는 낮아지게 된다고 하였다.

2. 교만한 자에 대한 하나님의 처사

이렇게 교만한 자들을 하나님께서는 어떻게 대하시는가?

  1) 사 25:10-11은 "여호와의 손이 이 산에 나타나시리니 모압이 거름물 속에서 초개가 밟힘같이 자기 처소에서 밟힐 것인즉 그가 헤엄치는 자가 헤엄치려고 손을 폄같이 그 속에서 그의 손을 펼 것이나 여호와께서 그의 교만으로 인하여 그 손이 능숙함에도 불구하고 그를 누르실

것이라"라고 했다. 모압 나라가 망하게 되었을 때 그래도 살아보려고 헤엄치는 자가 헤엄치는 것처럼 그 속에서 손을 펼지라도 여호와께서 그들의 교만과 그 손의 능숙함을 누르시겠다고 하였다. 교만한 자는 망하게 된 자리에서 살아보려고 그 손을 펼 것이나 하나님께서는 그 교만을 누르신다고 하였다.

2) 사 28:1-3은 하나님께서 에브라임의 교만한 면류관을 땅에 던지시니 에브라임의 교만한 면류관이 발에 밟히겠다고 하였다. 하나님께서는 교만한 자를 땅에 던지셔서 발에 밟히게 하신다.

3) 눅 1:51은 하나님께서 교만한 자들을 흩으신다고 하였다. 이 말씀대로 되어진 역사적인 사건이 바벨탑이다. 바벨탑을 쌓았던 사람들은 "생육하고 번성하여 땅에 충만하라"(창 9:1)라는 하나님의 말씀을 거역하고 "자, 성읍과 탑을 건설하여 그 탑 꼭대기를 하늘에 닿게 하여 우리 이름을 내고 온 지면에 흩어짐을 면하자"(창 11:4)라고 하면서 하나님의 말씀을 거스렸다. 이렇게 교만한 그들을 하나님께서는 온 지면에 흩으셨다(창 11:8).

4) 삼하 22:28, 잠 29:23, 시 18:27, 사 2:12,17, 겔 17:24, 21:26, 단 4:37은 하나님께서 교만한 자를 낮추신다고 하였다.

5) 렘 13:9은 "여호와께서 이와 같이 말씀하시니라 내가 유다의 교만과 예루살렘의 큰 교만을 이같이 썩게 하리라"라고 했다.

6) 렘 50:31, 벧전 5:5은 여호와께서 교만한 자를 대적하신다고 했다.

7) 약 4:6은 하나님께서 교만한 자를 물리치신다고 하였다.

8) 사 13:11, 겔 7:24, 30:18, 33:28에서는 교만한 자가 더 이상 교만할 수 없도록 교만을 끊어버리고 그치게 하신다고 하였다.

9) 시 59:12에서 시인은 하나님께 기도하기를 교만한 자로 하여금 그

교만한 중에서 사로잡히게 해달라고 했다.

10) 레 26:19에서 하나님께서는 교만한 자를 꺾으신다고 하였다.

3. 교만의 원인

그런데 이 불행한 교만이 어디에서부터 오며 어디에서부터 싹이 트는가? 시 119:21은 "교만하여 저주를 받으며 주의 계명들에서 떠나는 자들"이라고 했고, 시 119:85은 "주의 법을 따르지 아니하는 교만한 자들"이라고 했다. 교만한 자가 왜 교만해지는가? 주의 법을 따르지 않기 때문이다.

신 17:18-20은 장차 이스라엘의 왕이 되는 자는 어떻게 해야 하는지를 말하면서 그가 왕위에 오르거든 레위 사람 제사장 앞에 보관한 율법서를 등사하여 평생토록 자기 옆에 두고 읽으라고 했다. 그리하면 그의 마음이 그 형제 위에 교만하지 않게 되겠다고 하였다. 왕된 자가 가장 짓기 쉬운 죄가 무엇이겠는가? 도둑질도 아니요 강도질도 아니라 교만의 죄일 것이다. 자기 이상 높은 자가 없고 만조백관(滿朝百官)이 다 자기 앞에 와서 절하고 아첨하면 자기도 모르게 교만해지기 쉽다. 왕으로서 가장 짓기 쉬운 이 교만의 죄에서 어떻게 하면 벗어날 수 있는가? 그 방법은 다른 도리가 없고 율법의 말씀을 늘 읽을 때만이 교만의 죄에서 벗어날 수 있다고 하였다.

딤전 6:3-4에 보면 "누구든지 다른 교훈을 하며 바른 말 곧 우리 주 예수 그리스도의 말씀과 경건에 관한 교훈을 따르지 아니하면 그는 교만하여"라고 했다. 누구든지 말씀에서 떠나면 교만해진다. 반면에 습 2:3은 "여호와의 규례를 지키는 세상의 모든 겸손한 자들아"라고 하면서 여호와의 규례를 지키는 자만이 교만하지 아니하고 겸손해질 수 있다고 말한다.

우리는 언제나 말씀을 읽고 말씀으로 경계함을 받아 교만의 죄에서 벗어날 수 있기를 바란다.

정의와 지혜

웃시야가 분향하러 성소에 들어가자 이 사실을 안 제사장 아사랴는 웃시야를 제지하려고 여호와의 용맹한 제사장 80명을 데리고 성소에 따라 들어갔다. 그가 분향하는 웃시야를 제지하려고 성소에 따라 들어간 것은 정의감에 불타서 한 일이었다. 제사장 아닌 다른 사람이 분향하는 일은 율법에 금지된 일이니 율법에 금지된 일을 하는 것을 볼 때 그대로 두고 볼 수 없는 정의감에서 나온 일이었다.

그런데 아무리 정의감이 있다 해도 이것을 제지하러 들어간 일, 그것도 다른 사람이 아닌 왕이 분향하는 일을 제지하러 들어간다는 것은, 용감하지 않고는 못할 일이다. 그러나 그는 정의감과 그 정의감을 뒷받침하는 용기를 가진 사람이었다. 그런데 아무리 정의감과 용기를 겸하여 가졌다 해도 지혜가 없었더라면 모처럼의 정의감과 용기로 시작했던 일이 차질이 생길 뻔했는데 제사장 아사랴는 정의감과 용기를 지혜로 진행하였다.

어디에서 그 지혜가 나타났는가? 그가 웃시야를 제지하러 들어갈 때 혼자 들어가지 않고 용맹한 제사장 80명을 함께 데리고 들어갔다. 상대가 다른 사람이 아닌 왕이다. 아무리 정의감에 불타서 용감하게 제지하러 들어간다 해도 혼자 들어간다면 대권을 가진 왕 앞에서 별로 효과를 나타내지 못했을 것이다. 아무리 대권을 가진 왕이라 할지라도 80명의 세력 앞에서는 다소 위축이 되었을 것이다.

이것이 아사랴의 지혜다. 돌발적으로 일어난 사실 앞에서 그는 다행히도 순발적인 지혜가 있었다. 아무리 정의감에 불타고 그 정의감을 실천에 옮길 용기가 있다 해도 이 지혜가 없었더라면 그의 용기는 저돌적인 용기가 되어 왕이라는 대권 앞에서 부딪혀 깨어질 뻔했는데, 순간적인 지혜를 발하여 함께 들어간 80명이 왕에게 압력이 되어 모처럼의 정의와 용기가 효력을 나타내게 되었던 것이다. 정의도 좋고 용기도 좋지만 그 정의와 용기를 효력 있게 만들어주는 데는 지혜가 필요하다. 그래서 예수님께서도 열두 제자를 전도하러 내보내시면서 뱀같이 지혜롭게 하라고 하신 것이다(마 10:16).

롬 10:2은 의를 얻으려고 애쓰고 열심을 내본 이스라엘이 의에 이르지 못하고 실패한 원인을 "그들이 하나님께 열심이 있으나 올바른 지식을 따른 것이 아니니라"라고 했다. 열심이면 다인가? 모처럼의 열심을 효과 있게 만드는 데는 지혜가 필요하다. 유대인들의 의를 얻어보려는 열심은 누구 못지 않게 간절했으나 지식을 좇은 열심이 아니었기 때문에 그 뜨거운 열심이 유산되고 말았다.

다시 말하지만 웃시야 왕의 잘못을 제지하려던 제사장 아사랴의 정의와 용기는 지혜를 겸했기 때문에 효과를 나타내게 되었다. 우리가 하나님의 사업을 하려는 사명과 용기는 좋으나 그 사명과 용기를 효과 있게 수행하는 데는 지혜가 필요하다. 더욱이 전 9:16은 지혜가 힘보다 낫다고 하였고, 전 9:18은 지혜가 무기보다 낫다고 하였다.

그러므로 전 10:10은 오직 지혜는 성공하기에 유익하다고 하였다. 우리는 제사장 아사랴처럼 정의와 용기에 힘보다 낫고(전 9:16) 무기보다 낫고(전 9:18) 따라서 성공하기에 유익한 지혜까지 겸하여(전 10:10) 하나님의 일을 가장 효과 있게 해낼 수 있기를 바란다.

그래도 노할 수가…?

대하 26:19을 보면 웃시야가 분향하려 하다가 제사장 아사랴가 들어오는 것을 보고는 화를 냈다고 한다. 왕이 하는 일을 신하인 아사랴가 제지하려 하니 화를 낼 만도 하다. 그러나 본문은 왕이 제사장에게 화를 낼 때 여호와의 전 안 향단 곁 제사장들 앞에서 그의 이마에 나병이 발했다고 한다. 그리고 20절은 여호와께서 왕을 치셨다고 한다. 분향하던 웃시야를 하나님께서 치사 이마에 나병이 발했는데도 웃시야가 계속 노할 수가 있겠는가? 아직도 그 입을 가지고 무슨 할 말이 있겠는가? 여호와께서 치사 이마에 나병이 발함으로 웃시야가 하나님 앞에서 잘못했다는 사실이 백일하에 밝히 드러났는데도 불구하고 아직도 노하거나 무어라고 할 말이 있겠는가. 입이 백 개라도 할 말이 없을 것이다.

같은 사실을 우리는 민 12장에서도 볼 수 있다. 모세가 구스 여자를 취한 일로 미리암과 아론이 모세에게 대들었다. 이론상으로는 미리암과 아론이 옳은 것 같기도 하였다. 그런데 나병이 누구의 머리 위에 떨어졌는가? 이론상으로는 옳아보이던 미리암에게 떨어졌다. 사람들 앞에서는 미리암과 아론의 이론이 옳았는지 몰라도 하나님 앞에서는 미리암이 잘못이었다는 사실이 백일하에 드러났다. 이래도 미리암이 무어라고 말할 수 있겠는가? 자기 머리 위에 나병이 떨어졌음에도 불구하고 아직도 모세에게 대들 수 있단 말인가. 사람들 앞에서는 이론상으로 옳았는지 몰라도 하나님 앞에서는 미리암이 잘못인 사실을 하나님께서 보여주셨다.
　모세를 비방한 사람들은 아론과 미리암인데 왜 하필이면 나병이 미리암의 머리에만 떨어졌는가? 히브리어성경에는 모세를 비방했다는 동사가 여성 3인칭 단수다. 그러니 모세를 비방한 주동자는 여성인 미리암이다. 아론은 모세를 비방한 주동자인 미리암에게 합세한 정도 같다.
　민 16장에 나오는 고라와 다단의 경우를 보자. "너희가 분수에 지나도다"(민 16:3) 하면서 모세에게 대들 때 이론상으로는 고라와 다단이 옳은 것 같기도 하였다. 그런데 불이 누구 위에 떨어졌으며 땅이 누구 밑에서 갈라졌는가? 모세를 대적하던 자들이 아닌가.
　"너희가 분수에 지나도다"라고 하면서 이론상으로는 옳아보이게 주장하면서 모세를 거스르던 그들에게 불이 떨어지고 그들 밑에서 땅이 갈라졌다. 이 사실로 하나님께서는 누가 하나님 앞에서 옳은지, 그른지를 밝히 보여주셨다. 자기들 위에 불이 떨어지고 자기들 밑에서 땅이 갈라져 스올에 떨어졌음에도 불구하고 아직도 "너희가 분수에 지나도다"라고 하면서 모세를 거스를 수 있으며 반역할 수 있겠는가? 입이 백 개라도 못한다.
　말재간이 좋은 사람은 말을 잘하므로 이론적으로는 옳은 듯이 전개해 나갈 수도 있을 것이다. 그러나 문제는 거기에 있는 것이 아니라 하나님 앞에서 누가 참으로 옳으며 하나님은 누구에게 옳다고 도장을 찍어 주시느냐이다. 말재간이 있어서 이론적으로 옳은 듯이 말을 잘 전개시킬 수도 있을 것이다. 그러나 나병이 내 위에 떨어지는데도 불구하고 아직도 이론만 가지고 말을 전개시켜 나갈 수 있겠는가. 내 밑에서 땅이 갈라져 내가 스올에 떨어졌는데도 불구하고 아직도 내 입으로 따질 수 있겠는가. 문제는 누가 말을 잘하며 이론상으로 이기느냐가 아니라 하나님 앞에서 누가 옳다고 인정받느냐이다. 이론상으로는 모세가 미리암과 아론에게 졌다. 그러나 나병은 미리암의 머리 위에 떨어졌다. 이래도 미리암이 말할 수 있겠는가.

조용히 한 번 생각해보자. 나는 이론상으로 이긴 자인가? 아니면 하나님께서 옳다고 도장을 찍어주신 자인가? 이론상으로는 이긴 자이나 나병이 내 머리 위에 떨어진 자는 아닌가? 이론상으로는 진 자이나 내 밑에서 땅이 갈라지는 일에서 벗어난다면 하나님 앞에서는 이긴 자다. 이론상으로는 이겼다 해도 나병이 내 머리 위에 떨어지는 날에는 나는 하나님 앞에서 진 자다. 어느 편인가?

대하 27장, 왕하 15:32-36

여호와 보시기에 정직히 행하였다면…

대하 27:2에서 요담이 그 부친 웃시야의 모든 행위대로 여호와 보시기에 정직히 행했다고 했으나, 대하 27:2 하반절에 있는 "백성은 여전히 부패하였더라"와 왕하 15:35에 있는 "오직 산당을 제거하지 아니하였으므로 백성이 여전히 그 산당에서 제사를 드리며 분향하였더라"는 어떻게 된 일인가? 요담이 진정으로 여호와 보시기에 정직히 행했다면 대하 27:2과 왕하 15:35의 말씀은 없어야 되지 않겠는가?

사람이 건강하다면 병이 없어야 하고 청소를 깨끗이 했다면 그 자리에 티끌이나 먼지가 없어야 한다. 사람이 밤낮 병을 앓고 있으면서 어떻게 건강하다고 할 수 있으며, 청소한 자리에 티끌이나 먼지가 보이는데 어떻게 청소를 철저하게 했다고 할 수 있겠는가? 잠 20:9-10에 "내가 내 마음을 정하게 하였다 내 죄를 깨끗하게 하였다 할 자가 누구냐 한결같지 않은 저울추와 한결같지 않은 되는 다 여호와께서 미워하시느니라"라는 말씀이 있다. 내 몸에 한결같지 않은 저울추와 되를 가지고 남을 속이면서 어떻게 "내가 내 마음을 정하게 하였다 내 죄를 깨끗하게 하였다"라고 할 수 있겠는가? "내가 내 마음을 정하게 하였다 내 죄를 깨끗하게 하였다"라고 할 수 있는 사람이라면 마땅히 자기 몸에 한결같지 않은 저울추와 되는 없어야 한다. 그와 같이 요담이 진정으로 여호와 보시기에 정직히 행하였다면 "백성은 여전히 부패하였더라"(대하 27:2)는 없어야 했다.

성경에 보면 진정으로 여호와 보시기에 정직히 행한 왕들은 왕 자신만이 아니라 백성들도 여호와 보시기에 정직히 행하는 삶을 살게 하는 증거를 남겼다.

대하 14:2-5은 "아사가 그의 하나님 여호와 보시기에 선과 정의를 행하여 이방 제단과 산당을 없애고 주상을 깨뜨리며 아세라 상을 찍고 유다 사람에게 명하여 그 조상들의 하나님 여호와를 찾게 하며 그의 율법과 명령을 행하게 하고 또 유다 모든 성읍에서 산당과 태양상을 없애매 나라가 그 앞에서 평안함을 누리니라"라고 했다. 남국 유다의 제3대 왕 아사는 자기만 여호와 보시기에 정직히 산 것이 아니라 유다 사람들에게 명하여 그 조상들의 하나님 여호와를 찾게 하며 그의 율법과 명령을 행하게 하였다고 한다.

남국 유다의 제4대 왕 여호사밧은 자기가 여호와 보시기에 정직히 행할 뿐 아니라 대하 17:7-9에 보면 그가 왕위에 있은 지 3년에 방백들과 레위 사람들과 제사장들을 유다 모든 성읍에 보내어 그들로 하여금 여호와의 율법책을 백성들에게 가르치게 하였다.

남국 유다의 제13대 왕 히스기야는 자신만 여호와 보시기에 정직하게 산 것이 아니라 여호와의 말씀대로 백성들에게 전한 결과, 하나님이 또한 유다 사람들을 감동시키사 저희로 왕과 방백들이 여호와의 말씀대로 전한 명령을 한마음으로 준행하게 하였다고 한다(대하 30:12).

대하 34:33에는 "이와 같이 요시야가 이스라엘 자손에게 속한 모든 땅에서 가증한 것들을 다 제거하여 버리고 이스라엘의 모든 사람으로 그들의 하나님 여호와를 섬기게 하였으므로 요시야가 사는 날에 백성이 그들의 조상들의 하나님 여호와께 복종하고 떠나지 아니하였더라"라고 했다. 남국 유다의 제16대 왕 요시야가 이스라엘의 모든 사람으로 여호와를 섬기게 하였으므로 요시야가 사는 날 동안 백성이 조상들의 하나님 여호와께 복종하고 떠나지 아니하였다는 말씀이다.

이와 같이 참으로 여호와 보시기에 정직히 산 믿음의 왕들은 자기만이 아니라 백성들까지 여호와 보시기에 정직하게 살 수 있게 하는 증거를 남겼다. 만일 남국 유다의 제11대 왕 요담도 아사, 여호사밧, 히스기야, 요시야 왕처럼 참으로 여호와 보시기에 정직하게 살았더라면 그 백성들까지 여호와 보시기에 정직하게 살 수 있는 증거를 남겼을 터인데 자기는 여호와 보시기에 정직하게 살았으나 백성은 여전히 부패하였다는 것은 아무래도 그가 아사, 여호사밧, 히스기야, 요시야처럼 철저하게 여호와 보시기에 정직하게 행했다고는 보기 힘들다.

잠 20:8은 "심판 자리에 앉은 왕은 그의 눈으로 모든 악을 흩어지게 하느니라"라고 했다. 옛날의 왕은 재판권까지 가지고 있었으므로 왕이 재판을 공평하고 정확하게 하면 그 나라에 있는 모든 악을 흩어지게 한다는 말씀이다. 이 말씀대로 된 역사적인 사실이 왕상 3:16-28에 나오는 솔로몬의 재판이 아닌가. 솔로몬이 두 여인의 소송을 정확하게 판단하므로 나쁜 여자의 악을 물리쳤다. 요담이 솔로몬처럼 정확한 재판을 바로 하였더라면 백성들이 사악을 행하는 일은 없었을 것이다. 잠 20:26에 있는 "지혜로운 왕은 악인들을 키질하며 타작하는 바퀴를 그들 위에 굴리느니라"라는 말씀대로 요담이 악인을 키질하여 타작하는 바퀴로 그들 위에 굴렸더라면 어떻게 백성들이 부패할 수 있었겠는가. 잠 29:4에는 왕은 공의로 나라를 견고케 한다고 하였는데 요담이 공의로 나라를 견고케 하는 정치를 하였더라면 어떻게 백성들이 부패할 수 있었겠는가. 백성들이 부패하였다는 것은 심판 자리에 앉은 왕 요담이 그 눈으로 모든 악을 흩어지게 하지 못하였다는(잠 20:8) 증거요, 악인을 키질하여 타작하는 바퀴로 그들 위에 굴리지 못하고(잠 20:26), 공의로 나라를 견고케(잠 29:4) 하지 못했다는 증거가 아니겠는가.

성경은 우리가 믿음으로 산다면 그 믿음으로 사는 증거를 보이라고 한다. 스스로 경건하다 생각하면서 자기 혀를 재갈 물리는 증거를 보이지 못하면 헛것이라고 했다(약 1:26). 하나님 아버지 앞에서 정결하고 더러움이 없는 경건이라면 고아와 과부를 그 환난 중에 돌보고 자기를 지켜 세속에 물들지 않는 증거를 가져야 한다(약 1:27). "너희 중에 지혜와 총명이 있는 자가 누구냐 그는 선행으로 말미암아 지혜의 온유함으로 그 행함을 보일지니라"(약 3:13)라고 했고 "어떤 사람은 말하기를 너는 믿음이 있고 나는 행함이 있으니 행함이 없는 네 믿음을 내게 보이라 나는 행함으로 내 믿음을 네게 보이리라 하리라"(약 2:18)라고 했다.

요담이 진심으로 여호와 보시기에 정직히 행했더라면 마땅히 그 눈으로 모든 악을 흩어지게 하며(잠 20:8), 악인을 키질하여 타작하는 바퀴로 그들 위에 굴리고(잠 20:26), 공의로 나라를 견고케 하는(잠 29:4) 증거를 나타내야 했는데 도리어 "백성은 여전히 부패하였더라"(대하 27:2)가 나타났으니 그는 진심으로 여호와 보시기에 정직히 행했다고 할 수 없다. 우리는 믿음으로 사는가? 행함으로 믿음을 드러내자(약 2:18). 우리는 경건하게 사는가? 고아와 과부를 그 환난 중에 돌아보고 자기를 지켜 세속에 물들지 않는 증거를 드러내자(약 1:27). 우리에게 지혜와 총명이 있는가? 선행으로 지혜의 온유함을 드러내자(약 3:13).

바로 본받은 왕

대하 27:2에는 요담이 그 부친 웃시야의 모든 행위대로 여호와 보시기에 정직히 행했으나 여호와의 전에는 들어가지 아니했다고 했다. 요담이 그의 부친 웃시야의 모든 행위대로 여호와 보시기에 정직히 행했다는 것은 웃시야가 교만하여 성전 안에 들어가 분향하기 전까지의 모든 선한 일, 즉 대하 26:1-15까지의 일들을 말한다. 그리고 여호와의 전에는 들어가지 않았다는 말은 그의 아버지 웃시야가 여호와의 전에 들어가 분향하다가 벌 받은 일, 즉 대하 26:16-23의 일을 말한다. 그러니 요담은 그의 아버지 웃시야에 대하여 두 가지 점을 거울 삼았는데, 웃시야가 여호와 보시기에 정직히 행한 일은 본받고 웃시야가 성전에 들어가 분향하다가 벌 받은 일은 본받지 않았다. 즉 아버지가 잘한 일은 그대로 본받았고 잘못한 일은 본받지 않았다.

요담의 이 점은 남국 유다의 제15대 왕 아몬과 정반대다. 대하 33:22-23에 보면 아몬이 "그의 아버지 므낫세의 행함같이 여호와 보시기에 악을 행하여 아몬이 그의 아버지 므낫세가 만든 아로새긴 모든 우상에게 제사하여 섬겼으며 이 아몬이 그의 아버지 므낫세가 스스로 겸손함같이 여호와 앞에서 스스로 겸손하지 아니하고 더욱 범죄하더니"라고 했다. 그 부친 므낫세의 행함같이 여호와 보시기에 악을 행했다는 말은 아버지의 잘못된 점을 본받았다는 말이고, 그 부친 므낫세의 스스로 겸손함같이 여호와 앞에서 스스로 겸손하지 아니하였다는 말은 아버지의 잘한 점을 본받지 않았다는 말이다.

므낫세의 생애 중에는 잘못한 일과 잘한 일이 있다. 그가 여호와 보시기에 악을 행하여 아로새긴 모든 우상에게 절한 일은 잘못한 일이다. 그러나 그가 하나님께로부터 징계를 받은 후 그 조상들의 하나님 앞에 크게 겸손한 일은 잘한 일이다(대하 33:12-13). 그런데 그의 아들 아몬은 자기 아버지가 잘못한 일, 즉 여호와 보시기에 악한 일은 본받았으나 자기 아버지가 잘한 일, 즉 하나님 앞에서 겸손한 일은 본받지 않았다.

요담이 아몬의 자리에 있었더라면 요담은 므낫세가 잘못한 일, 즉 여호와 보시기에 악을 행한 일은 본받지 않고 므낫세가 잘한 일, 즉 하나님 앞에서 겸손한 일은 본받았을 터인데, 아몬은 도리어 므낫세가 잘못한 일은 그대로 본받고 므낫세가 잘한 일은 본받지 않았다. 요삼 11절에 "사랑하는 자여 악한 것을 본받지 말고 선한 것을 본받으라"라고 했으니 우리는 요담처럼 악한 것을 본받지 말고 선한 것을 본받는 사람들이 될지언정, 아몬같이 악한 것을 본받고 선한 것을 본받지 않는 미련한 사람들이 되어서는 안 되겠다.

요담 왕에 대하여 생각할 것이 또 하나 있다. 대하 27:6에 "요담이 그의 하나님 여호와 앞에서 바른 길을 걸었으므로 점점 강하여졌더라"라는 말씀이 있다. 대하 27:6의 말씀이 대하 27:2의 "요담이 그의 아버지 웃시야의 모든 행위대로 여호와 보시기에 정직하게 행하였으나"와 무슨 관계가 있는가? 위에서 강해한 대로 요담이 부친 웃시야의 모든 행위대로 여호와 보시기에 정직히 행하였으나 유감스럽게도 "백성은 여전히 부패하였더라"라는 오점(汚點)을 남겼다. 요담이 여호와 보시기에 정직히 행했다고 하였으나 유감스럽게도 "백성은 여전히 부패하였더라"는 오점을 발견했을 때 요담은 아마도, 성경 본문에는 명문(明文)이 없으나 자기가 행한 여호와 보시기에 정직한 일에 대하여 깊이 성찰(省察)했을 것이라 추측된다. 이 추측이 맞다면, 대하 27:2의 "백성은 여전히 부패하였더라"의 잘못을 거울로 삼아, 이 오점을 남기지 않기 위해 여호와 앞에서 힘을 다하여 철저하게 바른 길을 행했을 것이다. 그리하여 "점점 강하여졌더라"(대하 27:6)의 축복도 받았다. 우리는 요담이 자신의 잘못을 거울 삼아 자기의 잘못을 고친 일을 거울로 삼아야겠다.

제12대 아하스

대하 28장, 왕하 16장

실적을 가진 왕

대하 28:2에 아하스가 이스라엘 왕들의 길로 행했다는 말씀이 나오는데 그는 말로만 그렇게 한 것이 아니라 구체적인 내용, 즉 실적을 가지고 그렇게 하였다. 그가 이스라엘 왕들의 길로 행한 실적은 무엇인가? 곧 바알들의 우상을 부어 만들고, 힌놈의 아들 골짜기에서 분향하며, 여호와께서 이스라엘 자손 앞에서 쫓아내신 이방 사람들의 가증한 일을 본받아 그의 자녀들을 불사르고, 산당과 작은 산 위와 모든 푸른 나무 아래에서 제사를 드리며 분향한 일이다(대하 28:2-4). 그는 악을 행하되 악을 행한다는 이름만 가진 자가 아니라 구체적인 실적을 가지고 악을 행한 자다.

성경에 보면 선에 대한 실적을 갖지 못해 주님께 꾸중을 들은 사람들이 있다. 눅 6:46에 "너희는 나를 불러 주여 주여 하면서도 어찌하여 내가 말하는 것을 행하지 아니하느냐"라고 하셨다. 예수님 당시 사람들은 예수님을 "주여 주여"라고 부르면서도 주님의 이름을 부르는 자로서의 실제적인 실적을 갖지 못해 주님께 꾸중을 들었다. 마 23:3에서 예수님께서는 바리새인들을 책망하시면서 저희는 말만 하고 행치 아니한다고 하셨다. 바리새인들은 남에게 선을 행하라고 말은 하나 자신들은 구체적인 실적을 갖지 못했으므로 예수님께 꾸중을 들었다. 그런데 아하스는 말로만 악을 행한 자가 아니라 구체적인 실적을 가지고 악을 행한 자였다.

반면에 성경은 선에 대해서도 실적을 가졌던 사람들을 우리에게 보여준다. 욥이 바로 그러한 사람이었다. 그는 순전하고 정직하여 하나님을 경외하며 악에서 떠난 자로서(욥 1:1, 8) 부르짖는 빈민과 도와줄 자 없는 고아를 건지고(욥 29:12), 맹인의 눈이 되고, 다리 저는 사람의 발도 되고, 빈궁한 자의 아버지도 되며, 모르는 자의 송사를 돌보아 주며, 불의한 자의 턱뼈를 부수고 그 잇새에서 노획한 물건을 빼어내는(욥 29:15-17) 실적을 가지고, 처녀에게 주목하는 일이 없고(욥 31:1), 자기 마음이 여인에게 유혹되어 이웃의 문을 엿보아 기다리는 일도 없고(욥 31:9), 남종이나 여종의 권리를 저버린 일도 없고(욥 31:13), 가난한 자의 소원을 막거나 과부의 눈을 실망하게 하거나 고아를 먹이지 않는 일이 없고, 젊었을 때부터 고아를 그의 아버지처럼 길렀으며, 어렸을 때부터 과부를 인도하였고, 가난한 자가 덮을 것이 없는 것을 보면 자기 양털로 그 몸을 따뜻하게 입혀서 그로 하여금 자기를 위하여 복을 빌게 하였다(욥 31:16-20). 자기를 도와주는 자가 성문에 있음을 보았다고 해도 주먹을 고아에게 휘두르는 일을 하지 않았다(욥 31:21). 그는 말만의 의인이 아니라 구체적인 실적을 가진 의인이었다.

겔 18:5-9에는 이러한 의인이 나온다. 그는 의인으로서 정의와 공의를 따라 행하며, 산 위에서 제물을 먹지 아니하고, 이스라엘 족속의 우상에게 눈을 들지 아니하며, 이웃의 아내를 더럽히지 아니하고, 월경 중에 있는 여인을 가까이하지 아니하며, 사람을 학대하지 아니하고, 빚진 자의 저당물을 돌려주며, 강탈하지 아니하며, 주린 자에게 음식물을 주고, 벗은 자에게 옷을 입히며, 변리를 위하여 꾸어 주지 아니하고, 이자를 받지 아니하며, 스스로 손을 금하여 죄를 짓지 아니하고, 사람과 사람 사이에 진실하게 판단하며, 하나님의 율례를 따르고, 하나님의 규례를 지켜 진실하게 행했다고 했다. 여기에 나오는 의인도 말만의 의인이 아니라 구체적인 실적을 가진 의인이다.

우리는 욥과 에스겔서에 나오는 의인처럼 구체적인 실적을 가진 의인이 될지언정 아하스처럼 구체적인 실적까지 가진 악인이 되어서는 안 되겠다.

적에게 큰 승리를 (대하 28장, 왕하 16장, 사 7:1-9)

아하스가 다스릴 때 아람 왕 르신과 이스라엘 왕 베가가 아하스를 친 사실은 그 사건이 기록된 성경의 세 곳의 기사가 조금씩 다르다. 이 세 곳의 기사를 종합해보면 우선 아람의 르신과 이스라엘의 베가가 동맹하여 아하스를 치러 왔다고 하였다(사 7:2). 이 두 나라가 동맹하여 유다를 치러 왔으나 이기지 못하였다(왕하 16:5, 사 7:1). 이기지 못할 뿐만 아니라 아하스의 부탁을 받은 앗수르 왕이 아람의 수도 다메섹을 치고 아람의 르신을 죽였다(왕하 16:7-9).

이렇게 되겠기에 이사야는 아하스에게 "너는 삼가며 조용하라 르신과 아람과 르말리야의 아들이 심히 노할지라도 이들은 연기나는 두 부지깽이 그루터기에 불과하니 두려워하지 말며 낙심하지 말라"(사 7:4)라고 했다. 두 나라의 동맹국이 아하스를 치러 오자 왕의 마음과 백성의 마음이 숲이 바람에 흔들림같이 흔들리고 있었다(사 7:2). 그러나 이스라엘이 65년 내에 망할 것을 이사야가 예언하였다(사 7:9). 이 모든 사실을 종합해서 왕하 16:5은 "이때에 아람의 왕 르신과 이스라엘의 왕 르말랴의 아들 베가가 예루살렘에 올라와서 싸우려 하여 아하스를 에워쌌으나 능히 이기지 못하니라"라고 했다. 아람 왕 르신과 이스라엘 왕 베가가 아하스를 치러 왔다가 결과적으로 이기지 못한 것은 사실이다. 그러나 일시적으로나마 아하스에게 큰 타격을 준 것도 사실이다. 대하 28장은 바로 이 면을 말한다.

대하 28:5은 여호와께서 아람 왕의 손에 붙이시매 그들이 쳐서 심히 많은 무리를 사로잡아 다메섹으로 갔다고 하였고 이스라엘 왕의 손에 넘기시매 그가 쳐서 크게 살륙했다고 한다. 크게 살륙했다고 하니 어느 정도의 큰 살륙인가? 이스라엘 왕 베가가 유다에서 하루 동안에 용사 12만 명을 죽였다고 했고(대하 28:6) 그것도 보통 사람이 아니라 용사가 12만 명이라고 하니 큰 살륙이 아니고 무엇인가. 하루 동안에 용사 12만 명을 죽인 후에 20만 명의 포로까지 끌고갔으니(대하 28:8) 큰 타격이었다.

위에서 말한 심히 많은 무리를 사로잡아 간 일이나 크게 살륙했다고 한 일은 원수 아람과 이스라엘 나라에 큰 승리를 안겨준 일이다. 전쟁에서 누가 적에게 큰 승리를 안겨주기를 원하겠는가. 나 자신이 큰 승리를 얻기를 바라는 사람은 많으나 적에게 승리 그것도 큰 승리를 안겨주기를 원하는 사람은 아무도 없을 것이다. 그런데 유다 왕 아하스가 자기와 싸운 두 나라에 큰 승리를 안겨주게 되었던 것이다. 그가 원치 않던 이 일이 왜 생겼는가? 그 이유는 대하 28:19이 대답한다. 거기에 보면 "이는 이스라엘 왕 아하스가 유다에서 망령되이 행하여 여호와께 크게 범죄하였으므로"라고 했는데, 그가 여호와께 크게 범죄할 때 적국에게 큰 승리를 안겨주는 결과가 나타났다.

적국에게 큰 승리를 안겨주기를 원하는 사람은 없지만 아하스같이 내가 여호와께 크게 범죄하는 날에는 내가 원하는 일은 아니나 결과적으로는 적에게 큰 승리를 안겨주게 된다. 우리는 평생 마귀와 영적인 전쟁을 싸우는 사람들이다. 우리가 여호와 앞에 크게 범죄하여 대적 마귀에게 일시적이나마 큰 승리를 안겨주는 불행한 사람이 되어서는 안 되겠다.

선지자가 있었던 줄은 알게

이스라엘 자손이 그 형제 중에서 그 아내와 자녀 합하여 20만 명을 사로잡고 그 재물을 많이 노략하여 사마리아로 가져가니(대하 28:8) 그때 오뎃이라는 여호와의 선지자가 나타났다(대하 28:9). 이것을 보면 북국 이스라엘에도 분명 여호와의 선지자가 있었다. 이스라엘이 르호보암 때 유다와 갈라질 때 여로보암의 지도를 따라 우상을 섬겨 왔으나 그렇다고 그들을 깨우치는 여호와의 선지자까지 끊어졌던 것이 아니고 그들의 죄를 깨우치는 여호와의 선지자들은 계속 있었다.

우선 본문에 오뎃이라는 여호와의 선지자가 당당하게 나온다. 오뎃만이 아니다. 쟁쟁한 선지자 엘리야와 엘리사도 바로 북국 이스라엘에서 활동한 선지자들이었다. 한때는 엘리야가 남국 유다의 제5대 왕 여호람에게 편지를 써서 경계하며(대하 21:12) 북국에 있으면서도 남국 유다에까지 활동 범위를 넓힌 적도 있었다. 선지자 아모스도 북국에서 활동한 선지자다(암 1:1, 7:10-17). 선지자 아모스는 아예 선지서에 기록될 만큼 정규적인 선지자였고 엘리야와 엘리사는 선지서를 기록한 선지자는 아니지만 활동 면에서 혁혁한 선지자였던 반면에, 오뎃처럼 거의 우리 기독교인의 눈에서 가리어져 있는 선지자도 있었다. 오뎃이 비록 뚜렷이 나타난 선지자는 아니었지만 성경은 그에게 "여호와의 선지자"라는 이름을 부여하기를 조금도 주저하지 않았다. 이것을 보아 버려진 나라 같은 북국 이스라엘에도 하나님께서는 뚜렷하게 또는 덜 뚜렷하게 여호와의 선지자들을 세우셨던 것이다.

이것은 우리에게 무엇을 보여주는가? 이스라엘이 망할 때 선지자가 없어서, 선지자의 음성을 듣지 못하여서, 선지자의 경고를 듣지 못해서 망했다는 말은 할 수 없음을 보여준다. 그들이 자기 죄로 말미암아 망하기는 했으나 그들 가운데 선지자가 있었다는 사실은 알고 망했던 것이다. 겔 2:1-5에 보면 하나님께서 에스겔을 이스라엘 자손들에게 보내실 때 그들은 얼굴이 뻔뻔하고 마음이 강퍅하여 에스겔의 말을 듣지 않으리라고 하셨다. 그러나 에스겔이 경고할 때 그들 가운데 선지자가 있었다는 사실은 알게 되리라고 하셨다(겔 2:5). 비록 그들이 에스겔의 말을 듣지는 않아도 에스겔의 말이 응할 때는 한 선지자가 그들 가운데 있었다는 사실은 알게 되리라고 하셨다(겔 33:33). 북국 이스라엘이 망할 때 선지자의 경고를 듣지 못해서 망한 것이 아니다. 선지자들의 경고를 듣고도 하나님께로 돌아오지 않았기 때문에 망했던 것이다. 그러니 그들의 멸망에 대하여 그들은 입이 백 개라도 변명할 여지가 없다.

하나님께서는 우리의 잘못을 알리지 않거나 경고하지 않으신 채 심판하시는 일이 없으시다. 먼저 우리의 잘못이 무엇인가를 알리시고 회개하라고 경고하시고 그래도 끝까지 듣지 않을 때 비로소 심판하시는 것이다. 그런 고로 우리의 멸망에 대하여 우리는 항거할 권리가 없다. 심지어 선지자들을 정식으로 가져보지 못한 이방인의 심판에 대해서도 그들은 핑계할 수 없다고 하였거늘(롬 1:20) 하물며 여호와의 선지자를 정식으로 보내셨고 그 선지자들의 음성을 정식으로 듣고도 순종하지 않아서 망한 이스라엘이 어떻게 변명할 수 있단 말인가.

오늘날 우리에게도 선지자는 많다. 성경을 바로 깨닫고 바로 외치는 주의 종들의 경고도 있지만 신구약 성경에 기록된 성경 말씀 전체가 모두 우리의 선지자다. 분명하고도 권위 있는 성경의 경고를 듣고도 그대로 순종하지 않기 때문에 망할 때 할 말이 있겠는가? 북국 이스라엘이 자기들의 죄로 망할 때 그들은 선지자가 있었다는 사실은 알고 망했다. 이 사실이 우리에게 적용되어서는 안 되겠다.

선지자의 말에…

성경에 보면 선지자들의 말씀에 순종한 지도자들이 있는가 하면 불순종한 지도자들도 있다.

1. 순종한 지도자들

우선 대하 28:12에 나오는 이스라엘의 지도자들은 선지자들의 말에 순종한 지도자들이었다. 북국 이스라엘의 제18대 왕 베가가 유다를 쳐서 하루 동안 용사 12만 명을 죽이고(대하 28:6) 20만 명을 사로잡고 그 재물을 많이 노략하여 사마리아로 돌아오자(대하 28:8) 선지자 오뎃이 나타나서(대하 28:9) "너희 손에 넘기셨거늘 너희의 노기가 충천하여 살륙하고 이제 너희가 또 유다와 예루살렘 백성들을 압제하여 노예로 삼고자 생각하는도다 그러나 너희는 너희의 하나님 여호와께 범죄함이 없느냐 그런즉 너희는 내 말을 듣고 너희의 형제들 중에서 사로잡아 온 포로를 놓아 돌아가게 하라 여호와의 진노가 너희에게 임박하였느니라"(대하 28:9-11)라고 했다.

그러자 이스라엘의 지도자들이 나타나서(대하 28:12) "너희는 이 포로를 이리로 끌어들이지 못하리라 너희가 행하는 일이 우리를 여호와께 허물이 있게 함이니 우리의 죄와 허물을 더하게 함이로다 우리의 허물이 이미 커서 진노하심이 이스라엘에게 임박하였느니라"(대하 28:13)라고 하면서 선지자의 말에 순종하여 유다의 포로를 돌려보냈다. 그리하여 여호와의 진노가 그들에게 임박하지 않게 하였고(대하 28:11) 진노하심이 이스라엘에게 임박하지 않게 만들었다(대하 28:13).

이스라엘의 왕이 되려고 세겜에 갔다가 이스라엘의 10지파를 빼앗기고(대하 10장) 예루살렘에 돌아온 르호보암은 유다와 베냐민의 18만 명을 이끌고 이스라엘과 싸워 나라를 회복하고자 하였다(대하 11:1). 그러자 하나님의 사람 스마야가 나타나서 "너희는 올라가지 말라 너희 형제와 싸우지 말고 각기 집으로 돌아가라 이 일이 내게로 말미암아 난 것이라"(대하 11:4)라고 하자, 르호보암은 선지자의 말에 순종하여 집으로 돌아갔다. 르호보암이 선지자의 말에 순종치 않고 시므온과 레위처럼 분노와 혈기대로(창 49:6) 행했다면 큰 실수를 할 뻔했는데, 무릇 슬기로운 자는 지식으로 행한다는 잠 13:16의 말씀대로 선지자가 주는 지식의 말씀대로 행하는 슬기로운 자가 될 수 있었다.

대하 20:20에 "그의 선지자들을 신뢰하라 그리하면 형통하리라"라는 말씀이 있다. 선지자들의 말에 순종하면 형통할 것이 너무나 확실하기 때문에 하나님께서는 형통하라는 명령형으로 말씀하셨다. 대하 28:12에 나오는 이스라엘의 지도자들이나 남국 유다의 제1대 왕 르호보암은 선지자들의 말에 순종하여 "형통하라"라는 명령형으로 말씀하실 정도로 확실한 형통의 축복을 받았다.

2. 불순종한 지도자들

렘 38:17-18에서 선지자 예레미야는 남국 유다의 마지막 왕 시드기야에게 "만군의 하나님이신 이스라엘의 하나님 여호와께서 이와 같이 말씀하시되 네가 만일 바벨론의 왕의 고관들에게 항복하면 네 생명이 살겠고 이 성이 불사름을 당하지 아니하겠고 너와 네 가족이 살려니와 네가 만일 나가서 바벨론의 왕의 고관들에게 항복하지 아니하면 이 성이 갈대아인의 손에 넘어가리니 그들이 이 성을 불사를 것이며 너는 그들의 손을 벗어나지 못하리라"라고 했다.

시드기야 왕이 선지자의 말에 순종하였더라면 세 가지 복, 즉 1) 네 생명이 살겠고, 2) 이 성이 불사름을 입지 아니하겠고, 3) 네 가족이 살 수 있을 뻔하였다. 그러나 시드기야 왕이 선지자의 말에 순종하지 않았기 때문에 바벨론 군대가 1) 시드기야의 두 눈을 빼고 사슬로 결박하여 바벨론으로 끌고갔고(렘 52:11), 2) 시드기야의 아들들은 시드기야의 목전에서 죽이고(렘 52:10), 3) 예루살렘을 불살랐다(렘 52:13). 시드기야가 선지자 예레미야의 말에 순종했더라면 얼마든지 받지 않을 수 있었던 화를 순종하지 않았기 때문에 그 세 가지 화를 고스란히 받았다.

예루살렘이 바벨론에 망한 후 포로로 끌려가지 않고 예루살렘에 남아 있던 사람들이 선지자 예레미야에게 나아가 앞으로 어떻게 해야 할지에 대하여 선지자 예레미야에게 물었다. 그러자 선지자는 "너희가 이 땅에 눌러 앉아 산다면 내가 너희를 세우고 헐지 아니하며 너희를 심고 뽑지 아니하리니 이는 내가 너희에게 내린 재난에 대하여 뜻을 돌이킴이라 여호와의 말씀이니라 너희는 너희가 두려워하는 바벨론의 왕을 겁내지 말라"(렘 42:10-11)라고 말하였고, 이어서 "너희가 만일 애굽에 들어가서 거기에 살기로 고집하면 너희가 두려워하는 칼이 애굽 땅으로 따라가서 너희에게 미칠 것이요 너희가 두려워하는 기근이 애굽으로 급히 따라가서 너희에게 임하리니 너희가 거기에서 죽을 것이라 무릇 애굽으로 들어가서 거기에 머물러 살기로 고집하는 모든 사람은 이와 같이 되리니 곧 칼과 기근과 전염병에 죽을 것인즉 내가 그들에게 내리는 재난을 벗어나서 남을 자 없으리라"(렘 42:15-17)라고 했다.

그러나 지도자 몇 사람이 일어나서(렘 43:2) 선지자 예레미야의 말에 순종하지 아니하고 백성들을 억지로 끌고 애굽 땅으로 내려갔다. 그리하여 애굽으로 간 모든 백성들로 하여금 렘 42:15-17 말씀대로 재앙을 받게 했다(렘 44:11-14).

지도자가 선지자의 말에 순종하면 지도자 자신만 복 받는 것이 아니라 그에게 지도를 받는 백성들까지 아울러 복을 받게 되고, 지도자가 선지자의 말에 불순종하면 지도자 자신만 화를 받는 것이 아니라 그에게 지도를 받는 백성들까지 고스란히 화를 받게 된다. 대하 28:13에서 사마리아의 지도자들이 선지자 오뎃의 말에 순종하여 자신들과 백성들이 아울러 복을 받았고, 르호보암이 선지자의 말에 순종하여(대하 11:1-4) 르호보암 자신과 그에게 지도를 받는 백성들까지 복을 받았다.

반면에 지도자인 시드기야가 선지자의 말에 순종치 않았기 때문에 자신과 그에게 지도를 받는 백성들이 화를 받았고, 렘 43:2에 나오는 지도자들이 선지자 예레미야의 말에 순종치 않았기 때문에 자신들과 그에게 지도를 받는 모든 백성들이 아울러 화를 받았다.

이와 같이 지도자 자신이 선지자의 말에 순종할 때 자신과 그에게 지도를 받는 피지도자들이 아울러 복을 받고, 지도자 자신이 선지자의 말에 불순종할 때 자기를 비롯하여 그에게 지도를 받는 모든 피지도자들이 아울러 화를 받게 된다.

지금은 선지자가 없다. 그러나 신구약 성경의 말씀 전체가 선지자의 말이다. 신약시대의 교회에서 지도하는 주의 종들은 신구약 성경에 나타난 선지자의 말을 바로 깨닫고 바로 지도하여 지도자인 나 자신과 나에게 지도를 받는 피지도자인 성도들을 복 받게 하는 지도자들이 될 수 있을지언정, 나 자신이 성경에 나타난 선지자의 말을 바로 깨닫지 못하고 내게 맡겨 주신 성도들을 바로 지도하지 못함으로 지도자인 나 자신과 나에게 지도를 받는 피지도자인 성도들을 화 받게 하는 불행한 지도자들이 되어서는 안 되겠다.

실패한 외교

대하 28:16-21에는 아하스 왕이 외교에서 실패한 기사가 나온다. 16절에 보면 아하스 왕이 앗수르 왕에게 도와주기를 구했다. 그는 앗수르 왕에게 도와주기를 구하되 거저 간 것이 아니라 21절에 있는 대로 여호와의 전과 왕궁과 방백들의 집에서 재물을 취하여 앗수르 왕에게 보내면서 와서 도와주기를 청했다. 그가 앗수르에게 도움을 청하게 된 까닭은 에돔과 블레셋이 유다를 침략했기 때문이다(대하 28:17-18). 그런데 그 외교의 결과가 어떻게 됐는가? 21절은 유익이 없었다고 하였고 20절은 앗수르 왕이 이르렀으나 돕지 않을 뿐더러 도리어 아하스를 공격했다고 하였으니 그의 외교는 완전히 실패한 외교였다.

그의 외교가 왜 실패했는가? 이유는 두 가지다. 하나는 잠 25:19에 있는 말씀대로 진실치 못한 자를 의뢰했기 때문이다. 거기에 보면 "환난 날에 진실하지 못한 자를 의뢰하는 것은 부러진 이와 위골된 발 같으니라"라고 했다. 부러진 이가 어떠한 이인가? 모양은 이 모양 그대로 남아 있으나 부러진 이인 고로 씹을 수 없으니 실제로는 쓸모없는 이가 바로 부러진 이이다. 위골된 발은 어떠한 발인가? 부러진 이와 마찬가지로 발 모양은 있으나 위골된 발인 고로 걸을 수 없는 발이니 발의 모양만 갖추었지 실제로는 쓸모없는 발이다. 우리가 환난을 당했을 때 진실치 못한 자를 의뢰하는 것은 마치 모양은 갖추었으나 실제로는 쓸모없는 부러진 이와 위골된 발과 같다는 뜻이다. 아하스 왕이 에돔과 블레셋이 침략해 오는 환난을 당했을 때 신실치 못한 앗수르를 의뢰했으나 앗수르 왕은 부러진 이와 위골된 발과 같아서 실제로는 아하스에게 아무 쓸모없는 존재였다.

사 30:7에는 진실치 못한 애굽의 도움을 설명하면서 "애굽의 도움은 헛되고 무익하니라 그러므로 내가 애굽을 가만히 앉은 라합이라 일컬었느니라"라고 했다. 여리고 성의 기생 라합이 정탐꾼을 숨겨주는 동작을 해야지 가만히 앉아 있기만 하면 무슨 소용이 있겠는가. 기생 라합은 정탐꾼을 숨겨주는 동작과 활동을 할 때만이 라합의 사명을 다하게 된다.

애굽은 가만히 앉은 라합이라고 했으니 도와준다는 이름만 가지고 도와준다는 약속만 했을 따름이지 실제로는 아무 도움이 안 된다는 사실을 이렇게 묘사하였다. 환난 날에 진실치 못한 자를 의뢰하는 것은 가만히 앉은 라합을 의뢰하는 것과 같다.

또 하나의 이유는 무엇인가? 첫째보다 더 강하고 근본적인 이유인데 그것은 대하 28:19에 있는 대로 아하스가 유다에서 망령되이 행하여 여호와께 크게 범죄했기 때문이다. 여호와께 크게 범죄한 자가 무슨 일인들 되는 일이 있겠는가. 따라서 외교도 잘 될 리가 없다.

우리는 유다의 왕들 중에서 하나님 앞에서 바로 산 왕들은 하나님의 축복으로 외교가 저절로 성공한 경우들을 볼 수 있다. 대하 17:10-11에 보면 "여호와께서 유다 사방의 모든 나라에 두려움을 주사 여호사밧과 싸우지 못하게 하시매 블레셋 사람들 중에서는 여호사밧에게 예물을 드리며 은으로 조공을 바쳤고 아라비아 사람들도 짐승 떼 곧 숫양 칠천 칠백 마리와 숫염소 칠천칠백 마리를 드렸더라"라고 했다.

여기에 보면 여호사밧이 외교에 성공한 예가 나오는데 하나는 여호와께서 유다 사방의 모든 나라에 두려움을 주사 여호사밧과 싸우지 못하게 하셨다는 것이다. 사방 나라와 더불어 전쟁이 없었다는 것은 외교의 성공이다. 그런데 왜 전쟁이 없었는가? 여호와께서 유다 사방의 모든 나라에 두려움을 주사 여호사밧과 싸우지 못하게 하셨기 때문이다. 다시 말하면 하나님 앞에서 바로 사는 여호사밧에게 하나님께서 주신 외교의 축복이다.

그의 외교가 성공한 다른 면은 모든 나라가 그에게 예물을 가져온 일이다. 이웃 나라가 자기에게 예물을 가져온다는 것은 바로 외교에서 성공한 증거다. 여호사밧이 왜 외교에 성공했는가? 그의 외교 정책의 솜씨도 있었겠지만 그보다 그가 하나님 앞에서 바로 살 때 하나님께서 주신 축복의 결과였다.

웃시야 왕도 그러하였다. 대하 26:8에 보면 "암몬 사람들이 웃시야에게 조공을 바치매 웃시야가 매우 강성하여 이름이 애굽 변방까지 퍼졌더라"라고 했다. 여호사밧의 외교 성공이 두 가지 특색이 있었듯이 웃시야 왕의 외교 성공도 두 가지 특색이 있었는데, 하나는 암몬 사람이 예물을 드린 일과 다른 하나는 그 이름이 애굽 변방까지 멀리 퍼진 일이다. 이웃 나라가 조공을 드리고 이름이 먼 데까지 퍼졌다는 것은 바로 외교에서 성공했다는 말이다. 웃시야 왕이 왜 외교 정책에서 성공했는가? 그의 외교 정책의 솜씨도 있었겠지만 그보다 그가 하나님 앞에서 바로 살기를 힘쓸 때 하나님께서 그에게 주신 여러 가지 축복 중의 하나로 받은 축복이었다.

아하스 왕이 외교 정책에서 실패한 까닭은 그의 외교 솜씨가 없었기 때문이라고 보기는 힘든 것 같다. 왜? 왕하 16:5-9에서는 어느 정도 그의 외교 정책이 성공한 면도 있다. 그러니 그의 외교가 실패한 까닭은 그의 외교 솜씨가 없었다기보다도 그가 여호와께 크게 범죄할 때 하나님께서 내리시는 형벌로 실패했다고 보는 것이 더 옳을 것이다.

아하스는 한 나라의 왕으로서 외교에 실패했다. 왜? 환난 날에 진실치 못한 자를 의뢰했고 여호와께 크게 범죄했기 때문이다. 누가 외교에 실패하기를 원하겠는가. 더구나 한 나라의 왕으로서 말이다. 그러나 환난 날에 진실치 못한 자를 의뢰하거나 더구나 여호와께 크게 범죄하는 날에는 원하지 않아도 결과적으로는 실패하고 말 것이니 아하스의 실패를 거울로 삼아야겠다.

어용(御用) 제사장(왕하 16장)

왕하 16:10-16에 나오는 제사장 우리야는 순전히 왕에게 아부하는 어용 제사장이었다. 그가 어용 제사장의 구실을 한 것은 두 가지 면에서 그러했다. 하나는 왕하 16:10-11에서 아하스 왕이 다메섹에서 제단의 구조와 제도의 양식을 그려온 그대로 만든 일과 다른 하나는 왕하 16:15-16에서 왕이 그 제단 위에서 제사를 드리라는 그대로 제사를 드린 일이다.

이것이 하나님의 제사장이 할 수 있는 일인가? 왕이 하나님의 율법에 어긋나는 이방 제단을 구축하라고 할 때 하나님의 제사장이 어찌 그 제단을 구축할 수 있으며, 왕이 하나님의 율법에 어긋나는 제단에 제사를 드리라고 한다고 하여 하나님의 제사장인 그가 어떻게 그 제단에 제사를 드릴 수 있단 말인가. 다른 제사장들도 그렇게 하였던가? 아니다. 그렇게 하지 않았다.

대하 26:16-23에서 남국 유다의 제10대 왕 웃시야가 여호와의 전에서 분향하려 할 때 제사장 아사랴는 어떻게 하였는가? 그는 용맹한 여호와의 제사장 80명을 데리고 성전에 들어가 "웃시야여 여호와께 분향하는 일은 왕이 할 바가 아니요 오직 분향하기 위하여 구별함을 받은 아론의 자손 제사장들이 할 바니 성소에서 나가소서 왕이 범죄하였으니 하나님 여호와에게서 영광을 얻지 못하리이다"(대하 26:18)라고 하면서 왕을 견제하지 않았던가. 제사장 우리야에게는 왜 이러한 용기가 없었던가?

성경에 보면 어용 제사장 우리야와 같은 사람이 또 한 명 있었다. 삿 17:7-13에 보면 사사시대에 미가라 하는 사람이 자기 집에 신상(神像)

을 세웠다. 마침 거할 곳을 찾아 지나가던 레위 사람을 만나 자기 집의 신상의 제사장으로 일해달라고 했더니 그 레위 사람은 만족히 여겨(삿 17:11) 그 집의 제사장이 되었다. 여호와를 봉사하기 위하여(민 8:11) 부름받은 레위 사람이 어떻게 돈을 받고 이방 신상의 제사장이 될 수 있는가. 그뿐인가?

삿 18장에 보면 단 지파 사람들이 미가의 집의 제사장으로 있던 레위 사람에게 "우리와 함께 가서 우리의 아버지와 제사장이 되라 네가 한 사람의 집의 제사장이 되는 것과 이스라엘의 한 지파 한 족속의 제사장이 되는 것 중에서 어느 것이 낫겠느냐"(삿 18:19)라고 하자 그 제사장이 마음에 기뻐하여 에봇과 드라빔과 새긴 우상을 받아 가지고 그 백성 가운데로 들어갔다(삿 18:20). 여호와를 봉사해야 할(민 8:11) 레위 사람이 한때는 돈을 받고 미가 개인의 제사장으로 있더니 형편이 달라지자 미가의 집에서 섬기던 우상을 가지고 단 지파의 제사장이 되었다. 여호와를 봉사해야 할(민 8:11) 레위 사람이 어떻게 바람부는 대로 정조를 바꾸어 가면서 어용 제사장이 될 수 있단 말인가. 왕하 16장에 나오는 우리야와 조금도 다름이 없는 어용 제사장이다.

우리는 제사장 우리야와 삿 17장에 나오는 레위 사람처럼 하나님의 사람의 정조를 버리고 사람에게 아부하는 어용 제사장 노릇을 해서는 안 되겠다.

나의 도움이?

대하 28:16-21에서 에돔과 블레셋이 유다를 침략할 때 아하스 왕은 앗수르에 도움을 구하였다. 그랬더니 어떠한 결과가 나타났는가? 대하 28:20은 "앗수르 왕 디글랏빌레셀이 그에게 이르렀으나 돕지 아니하고 도리어 그를 공격하였더라"라고 하고 21절은 유익이 없었다고 하였다. 도와주기를 구했더니 돕지 아니하고 도리어 공격하는 결과가 나타났다.

앗수르에 도움을 구하다가 실패하자 대하 28:22-23은 다메섹 신들에게 도움을 구하였다. 대하 28:23에 보면 아하스가 아람 왕들의 신들이 그들을 도왔으니 나도 그 신에게 제사하여 나를 돕게 하리라고 하여 다메섹 신들에게 제사를 드렸더니 어떻게 되었는가? 결과는 그 신들이 아하스와 온 이스라엘을 망하게 하였다고 한다(대하 28:23). 곤고할 때 앗수르 왕에게 도와주기를 구했더니 돕지 아니하고 도리어 공격하며, 다메섹 신에게 도움 받기를 구했더니 도리어 망하게 하는 결과가 나타났다.

나의 도움이 어디서 오는가? "내가 산을 향하여 눈을 들리라 나의 도움이 어디서 올까 나의 도움은 천지를 지으신 여호와에게서로다"(시 121:1-2). 아하스는 이 진리를 잊어버렸던 것이다.

이스라엘의 역사를 보면 이스라엘 백성들이 이 진리를 잊어버리고 탈선된 행동을 한 적이 종종 있었다. 사 31:4-5을 보면 이런 말씀이 있다. "큰 사자나 젊은 사자가 자기의 먹이를 움키고 으르렁거릴 때에 그것을 치려고 여러 목자를 불러 왔다 할지라도 그것이 그들의 소리로 말미암아 놀라지 아니할 것이요 그들의 떠듦으로 말미암아 굴복하지 아니할 것이라 이와 같이 나 만군의 여호와가 강림하여 시온 산과 그 언덕에서 싸울 것이라 새가 날개 치며 그 새끼를 보호함같이 나 만군의 여호와가 예루살렘을 보호할 것이라 그것을 호위하며 건지며 뛰어넘어 구원하리라"

무슨 뜻인가? 큰 사자나 젊은 사자가 먹이를 움키고 으르렁거릴 때 그것을 치려고 여러 목자를 불러 왔다 할지라도 사자들이 많은 목자들로 인하여 놀라지 않고 굴복하지 않는 것처럼 나 만군의 여호와가 어떠한 세력에도 놀라지 않고 시온 산을 지켜주시고 새가 날개 치며 그 새끼를 보호함같이 예루살렘을 보호해주시겠다는 말씀이다. 그러니 이러한 하나님의 보호를 받는 예루살렘이 얼마나 든든한가.

그런데 이처럼 보호해주시는 하나님의 보호하심을 버리고 이사야 당시의 이스라엘 백성들은 왜 도움을 구하려고 애굽에 내려갔던가? 그래서 도움을 구하러 애굽으로 내려가는 자들은 화있을진저 그들은 말을 의지하며 병거의 많음과 마병의 심히 강함을 의지하고 이스라엘의 거룩하신 이를 앙모하지 아니하며 여호와를 구하지 아니한다고(사 31:1) 꾸중을 듣지 않았던가. "애굽은 사람이요 신이 아니며 그들의 말들은 육체요 영이 아니라 여호와께서 그의 손을 펴시면 돕는 자도 넘어지며 도움을 받는 자도 엎드러져서 다 함께 멸망하리라"(사 31:3)라고 계속 책망을 들었다.

많은 목자들을 무서워하지 않는 큰 사자처럼, 새끼를 보호하는 새처럼 하나님께서 예루살렘을 보호해주시고 지켜주시는데 이 보호를 버리고 무엇 때문에 이스라엘 백성들은 도움을 구하러 애굽으로 갔던가? 역시 "나의 도움은 천지를 지으신 여호와에게서로다"(시 121:2)의 말씀을 잊어버렸기 때문이다. 간단한 이 한마디 말씀을 잊어버리면 아하스처럼 실제로 도움을 주지 못할 나라를 이리저리 찾아다니면서 헤매다가 실패로 끝나는 불쌍한 자가 될 수밖에 없다.

정신없이 몰아닥치는 고난 속에서도 "나의 도움은 천지를 지으신 여호와에게서로다"(시 121:2)의 진리를 굳게 붙잡고 흔들리지 말아야 한다. 이 진리는 고난의 물결이 정신없이 휘몰아치는 와중(渦中)에도 굳건한 닻이 되는 말씀이다. 이 닻을 놓칠 때 우리는 아하스처럼 정신없이 여기저기 밀려다니다가 지치고 마는 불행한 자가 될 수밖에 없다. 고난이 밀려올 때 "나의 도움은 천지를 지으신 여호와에게서로다"(시 121:2)의 닻을 굳게 잡고 흔들리지 말자.

호랑이에게 물려가도

한국 속담에 호랑이에게 물려가도 정신만 차리면 산다는 말이 있다. 이 속담의 뜻은 아무리 다급한 일을 당하여도 정신만 차려 침착하게 행동하면 살 길이 열린다는 뜻이다. 대하 28장에 나오는 아하스 왕에게 되어진 일이 마치 호랑이에게 물려갈 정도로 여러 가지 복잡한 일로 다급하게 되었다.

아하스가 범죄하자 아람 왕이 이르러 심히 많은 무리를 사로잡아 다메섹으로 갔고(대하 28:5), 아람을 이어 이스라엘이 와서 크게 살륙하여 하루 동안에 보통 사람도 아닌 용사들만 12만 명을 죽이고 20만 명을 사로잡고 재물을 많이 노략하여 갔다(대하 28:5-15). 이스라엘에 이어 이번에는 에돔이 와서 유다를 치고 사로잡아 갔고(대하 28:17), 블레셋이 와서 유다의 평지와 남방 성읍들을 침략하였다(대하 28:18). 그래서 앗수르에게 도움을 구했더니(대하 28:16) 앗수르 왕이 와서는 도움을 주지 않을 뿐더러 도리어 유다를 공격하였다(대하 28:20). 여기에서 되어진 모든 일들은 마치 아하스가 호랑이에게 물려가는 것 같은 혼란이었다. 이 혼란 속에서 아하스는 정신을 차리지 못하고 처음부터 끝까지 허둥대기만 했다.

이러한 자리에 빠질 때 하나님의 백성은 어떠한 길을 취할 것인가? 바로 출 14:13 말씀이다. 이스라엘이 애굽에서 나와 홍해에 이르렀을 때 뒤에서는 애굽의 군대가 따라오고 앞에는 홍해가 가로막혀 이러지도 저러지도 못하는 절체절명(絶體絶命)의 자리에 빠졌을 때, 모세는 "너희는 두려워하지 말고 가만히 서서 여호와께서 오늘 너희를 위하여 행하시는 구원을 보라 너희가 오늘 본 애굽 사람을 영원히 다시 보지 아니하리라"라고 했다. 이 말씀은 우리가 호랑이에게 물려가는 것 같은 극한 일을 당할 때 하나님의 백성으로서 취할 세 가지 방법을 말해준다.

  1) "두려워 말고"이다. 우리가 극한 일을 당할 때 하나님의 백성으로서 취할 첫째 방법은 두려워하지 않는 일이다. 홍해가에서 이스라엘 백성들이 당한 것과 같은 장면을 당할 때 두려워하지 않는다는 것은 있을 수 없는 일 같지만 그래도 살기 위해서는 두려워하지 않아야 한다. 왜? 두려워하면 가만히 설 수 없다.

  2) "가만히 서서"이다. 극한 일을 당할 때 가만히 서지 못하고 두려워하여 이 사람 찾아가고 저 사람 찾아가고, 동에 갔다 서에 갔다 허둥대면 구원을 얻을 수 없다. 하늘이 무너지고 벼락이 떨어지는 것 같아도 우리는 두려워하지 말고 가만히 서 있어야 구원을 받는다. 그래서 사 30:15도 "주 여호와 이스라엘의 거룩하신 이가 이같이 말씀하시되 너희가 돌이켜 조용히 있어야 구원을 얻을 것이요 잠잠하고 신뢰하여야 힘을 얻을 것이거늘"이라고 했다. 우리가 가만히 서 있어야 할 이유는 여호와께서 우리를 위하여 행하시는 구원을 바라볼 수 있기 때문이다. 가만히 서지 못하고 허둥대면 어떻게 여호와의 구원을 바라볼 수 있겠는가.

  3) "여호와께서 오늘 너희를 위하여 행하시는 구원을 보라"이다. 이 세 가지는 순차적이다. 아무리 어려움을 당하여도 우선 두려워하지 말

아야 하고, 두려워하지 말아야 가만히 설 수 있고, 가만히 서야 여호와의 구원을 바라볼 수 있다. 이 세 가지는 거꾸로 말하여도 논지(論旨)가 선다. 여호와의 구원을 보기 위해서는 가만히 서야 하고, 가만히 서기 위해서는 두려워하지 말아야 한다. 출 14:13 말씀이야말로 호랑이에게 물려갈 것 같은 급한 상황에 처할 때 하나님의 백성들이 살 수 있는 열쇠다.

이 방법대로 실행하여 난국에서 구원 받은 왕이 남국 유다의 제4대 왕 여호사밧이다. 여호사밧 왕 때 모압, 암몬, 마온 세 나라의 연합 군대가 여호사밧을 치러 왔다(대하 20:1). 이 소식을 들은 여호사밧은 아하스처럼 여기저기 다니며 허둥대지 않고 오직 여호와의 전에 올라가 "우리를 치러 오는 이 큰 무리를 우리가 대적할 능력이 없고 어떻게 할 줄도 알지 못하옵고 오직 주만 바라보나이다"(대하 20:12)라고 하면서 출 14:13 말씀대로 두려워하지 아니하고 가만히 서서 여호와의 구원만을 바라보는 자세를 취하였다.

그러할 때 하나님께서 여호사밧을 치러 왔던 세 나라가 자기들끼리 싸워서 다 망하게 하고 여호사밧은 싸우지도 아니하고 그저 놀라운 승리를 얻었다(대하 20:22-24). 여호사밧이 아하스 왕처럼 허둥대다가는 큰일날 뻔했는데 그는 출 14:13 말씀대로 가만히 서서 여호와의 구원을 바라보고, 사 30:15 말씀대로 조용히 있어 잠잠하고 신뢰하였으므로 구원을 얻었다.

출 14:13 말씀대로 실행하여 고난에서 구원 받은 사람이 또 한 명 있으니 선지자 요나이다. 요나가 물고기 뱃속에 들어갔으니 얼마나 급했겠는가. 바로 호랑이에게 물려가는 정도로 급하였다. 그렇다고 그가 아하스 왕처럼 정신을 차리지 못하고 허둥대기만 하였는가? 그렇지 않다.

그는 정신을 차릴 수 없는 고난 속에서도 "내가 받는 고난으로 말미암아 여호와께 불러 아뢰었더니 주께서 내게 대답하셨고 내가 스올의 뱃속에서 부르짖었더니 주께서 내 음성을 들으셨나이다……내가 주의 목전에서 쫓겨났을지라도 다시 주의 성전을 바라보겠다 하였나이다"(욘 2:2-4)라고 하면서 출 14:13 말씀대로 두려워하지 않고, 가만히 서서, 여호와의 구원을 바라볼 때 물고기 뱃속에서 다시 구원을 얻을 수 있었다.

험악한 세월을 사는 중에 호랑이에게 물려가는 것 같은 극한 일을 당할 때 하나님의 백성들이 취할 길은 어떠한 길인가? 아하스 왕처럼 정신을 차리지 못하고 허둥대다가 실패하는 불행한 자가 될 것이 아니라 여호사밧과 요나처럼 두려워하지 말고, 가만히 서서, 여호와의 구원만을 바라보다가 기적적인 구원을 받는(출 14:13) 복된 백성들이 될 수 있기를 바란다.

낮추시는 일

삼상 2:7은 "여호와는……낮추기도 하시고 높이기도 하시는도다"라고 했고, 욥 5:11은 "낮은 자를 높이 드시고"라고 했으며, 시 75:6-7은 "무릇 높이는 일이 동쪽에서나 서쪽에서 말미암지 아니하며 남쪽에서도 말미암지 아니하고 오직 재판장이신 하나님이 이를 낮추시고 저를 높이시느니라"라고 했다.

그런데 하나님께서는 어떠한 자를 낮추시는가? 대하 28:19에 보면 아하스가 유다에서 망령되이 행하여 여호와께 크게 범죄했으므로 여호와께서 유다를 낮추셨다고 하였다. 자기가 낮아지기를 바라는 사람이 어디에 있겠는가. 그러나 죄는 우리를 낮아지게 만든다.

 죄 때문에 낮아짐을 당한 경우가 또 한 번 있다. 시 106:43에 보면 "여호와께서 여러 번 그들을 건지시나 그들은 교묘하게 거역하며 자기 죄악으로 말미암아 낮아짐을 당하였도다"라고 했다. 이것은 이스라엘 백성들이 민족적으로 범죄할 때 어느 누가 강제로 끌어내린 것이 아니라 자기들의 죄악으로 인하여 낮아짐을 당하였다는 말씀이다. 어느 누구도 자기가 낮아짐을 원하는 사람이 없으나 내가 범죄하는 날에는 내가 지은 죄가 나 자신을 낮아지게 한다. 시 56:7은 "그들이 악을 행하고야 안전하오리이까 하나님이여 분노하사 뭇 백성을 낮추소서"라고 했다. 범죄하는 자는 낮아짐을 당하는 것이 하나님의 법칙인 고로 다윗은 죄악을 지은 자에 대하여 "낮추소서"라고까지 기도하였다.

 반면에 어떠한 자를 높이시는가? 신 28:1은 "네가 네 하나님 여호와의 말씀을 삼가 듣고 내가 오늘 네게 명령하는 그의 모든 명령을 지켜 행하면 네 하나님 여호와께서 너를 세계 모든 민족 위에 뛰어나게 하실 것이라"라고 했고, 13절은 "여호와께서 너를 머리가 되고 꼬리가 되지 않게 하시며 위에만 있고 아래에 있지 않게 하시리니"라고 했다. 이스라엘 백성들이 하나님의 말씀대로 순종하여 살 때, 즉 범죄하지 않고 살 때는 그들을 세계 모든 민족 위에 뛰어나게 하시고 머리가 되고 꼬리가 되지 않게 하겠다고 하셨다.

 단 2:48은 왕이 다니엘을 높였다고 하였다. 바벨론 왕이 다니엘을 왜 높였는가? "다니엘은 뜻을 정하여 왕의 음식과 그가 마시는 포도주로 자기를 더럽히지 아니하리라 하고 자기를 더럽히지 아니하도록 환관장에게 구하니"(단 1:8), 즉 범죄하지 아니하고 하나님 말씀대로 살려고 할 때 왕이 그를 높였다. 단 3:30에는 "왕이 드디어 사드락과 메삭과 아벳느고를 바벨론 지방에서 더욱 높이니라"라고 했다. 바벨론 왕이 왜 그들을 더욱 높였는가? 왕이 세운 우상에게 절하지 아니하고, 즉 나 외에 다른 신을 섬기지 말라는 하나님 말씀대로 순종하고 살 때 왕이 그들을 높이되 보통 높인 것이 아니라 더욱 높인 것이다.

하나님께서 높이시는 이유가 또 하나 있다. 삼하 23:1에서 다윗은 "이새의 아들 다윗이 말함이여 높이 세워진 자"라고 했다. 다윗은 자신을 가리켜 높이 세워진 자라고 했는데 하나님께서 왜 다윗을 높이 세워주셨는가? 시 30:1에서 다윗은 "여호와여 내가 주를 높일 것은……"라고 했다. 이 말씀을 보면 다윗은 언제나 주님을 높이 모시고 싶었던 마음이 간절하였다. 삼상 2:30이 "나를 존중히 여기는 자를 내가 존중히 여기고 나를 멸시하는 자를 내가 경멸하리라"라고 말한 대로 평소에 늘 하나님을 높이기를 원하는 마음이 간절했던 다윗을 하나님께서 높여주셨다.

위에서 말한 대로 자신이 낮아지기를 원하는 사람이 어디에 있겠는가. 그러나 우리가 범죄할 때는 하나님께서 우리를 낮추신다. 낮아지기를 원치 않으나 범죄함으로 하나님께로부터 낮추심을 받는 불행한 자가 될 것이 아니라, 신 28장과 다니엘, 사드락, 메삭, 아벳느고처럼 하나님의 말씀에 철저하게 순종하여 하나님께로부터 높임을 받으며, 다윗처럼 하나님을 높이 모시고 살 마음을 가져 하나님께로부터 높이심을 받는 복된 사람들이 될 수 있기를 바란다.

왕하 18장

히스기야의 믿음(왕하 18:1-8)

1. 다윗을 본받은 믿음

왕하 18:3은 히스기야가 그 조상 다윗의 모든 행위와 같이 여호와 보시기에 정직히 행했다고 하였으니 히스기야의 믿음은 다윗을 본받은 믿음이었다. 그러면 다윗은 어떠한 믿음이었던가?

왕상 9:4은 다윗이 마음을 온전히 하고 바르게 하여 하나님 앞에서 행하며 하나님께서 그에게 명한 대로 온갖 것을 순종하며 하나님의 법도와 율례를 지켰다고 하였고, 왕상 14:8은 다윗이 하나님의 명령을 지켜 전심으로 하나님을 따르며 하나님 보시기에 정직한 일만 행했다고 하였으며, 왕상 15:5은 다윗이 헷 사람 우리야의 일 외에는 평생에 여호와 보시기에 정직히 행하고 자기에게 명령하신 모든 일을 어기지 아니했다고 했다. 그렇다면 히스기야도 다윗의 이러한 믿음을 본받았다는 뜻이다.

2. 실천하는 믿음

왕하 18:4은 다윗이 여러 산당을 제하고 주상을 깨뜨리며 아세라 목상을 찍고 모세가 만들었던 놋뱀을 이스라엘 자손이 이때까지 향하여 분향하므로 그것을 부수었다고 하였다. 이것이 무슨 뜻인가? 히스기야가 다윗의 믿음을 본받되 말로만 본받고 만 것이 아니라 다윗의 믿음에 어긋나는 죄악들을 다 제거하고 없애버리는 실천하는 믿음을 가졌다는 뜻이다.

3. 여호와를 의지하는 믿음

왕하 18:5은 히스기야가 이스라엘 하나님 여호와를 의지했다고 하였으니 히스기야는 여호와 하나님을 의지하는 믿음이었다. 그런데 그가 여호와를 의지하되 적당하게 의지한 것이 아니라 구체적인 세 가지 내용을 가지고 의지하였다.

1) 전무후무하게

왕하 18:5은 히스기야가 여호와를 의지하되 그의 전후 유다 여러 왕 중에 그러한 자가 없을 정도로 전무후무하게 여호와를 의지하였다고 한다. 남국 유다의 20명의 왕 중 전무후무하게 산 왕이 두 사람 있는데 그 한 사람은 본문에 나오는 히스기야다. 히스기야는 여호와를 의지하는 일에 있어서 전무후무하였다. 다른 사람은 왕하 23:25에 나오는 남국 유다의 제16대 왕 요시야다. 왕하 23:25은 "요시야와 같이 마음을 다하며 뜻을 다하며 힘을 다하여 모세의 모든 율법을 따라 여호와께로 돌이킨 왕은 요시야 전에도 없었고 후에도 그와 같은 자가 없었더라"라고 했으니 남국 유다의 제16대 왕 요시야는 모세의 율법을 온전히 준행하는 일에 있어서 전무후무한 왕이었다.

2) 여호와께 연합하여 떠나지 아니함

왕하 18:6은 히스기야가 여호와께 연합하여 떠나지 아니했다고 했다. 왕상 11:4에 보면 솔로몬이 나이 많아 늙었을 때 왕비들이 그 마음을 돌이켜 다른 신들을 좇게 하였으므로 왕의 마음이 그 부친 다윗의 마음과 같지 아니하여 하나님 여호와 앞에서 온전치 못했다고 하였다. 솔로몬이 다른 신들을 좇았다는 말은 히스기야처럼 여호와께 연합하지 못하고 여호와를 떠났다는 말이다. 그처럼 똑똑하고 지혜로웠던 솔로몬도 왕비들의 꼬임을 받아 여호와께 연합하지 못하고 여호와를 떠났던 일이 있었는데 히스기야는 여호와께 연합하여 떠나지 아니하였다. 남국 유다의 20명의 왕 중 히스기야처럼 여호와께 연합하여 떠나지 아니한 왕이 또 있었는데 그가 바로 제3대 왕 아사다. 왕상 15:14은 아사의 마음이 일평생 여호와 앞에서 온전했다고 하였으니 제3대 아사 왕이 바로 히스기야처럼 여호와께 연합하여 떠나지 아니한 왕이었다.

3) 계명을 지킴

왕하 18:6은 히스기야가 여호와께서 모세에게 명령하신 계명을 지켰다고 한다. 히스기야가 다윗의 믿음을 본받되 말로만 본받은 것이 아니라 여러 산당을 제하고 주상을 깨뜨리며 아세라 목상을 찍고 모세가 만들었던 놋뱀을 부수었듯이(왕하 18:4) 실천하는 행동으로 다윗의 믿음을 본받았던 것처럼 여호와를 의지하는 일에도 말로만이 아니라 여호와께서 모세에게 명하신 계명을 지키는 실천 행동을 가지고 여호와를 의지하였다.

4. 잠언을 편집한 믿음

잠 25:1은 "이것도 솔로몬의 잠언이요 유다 왕 히스기야의 신하들이 편집한 것이니라"라고 했다. 이것이 무슨 뜻인가? 왕상 4:32에 보면 솔로몬이 잠언 3,000을 지었다고 한다. 그런데 솔로몬 당시 잠언에 편집된 잠언은 잠 1장에서 24장까지였던 것 같다. 솔로몬은 주전 1000년 전의 사람이요 히스기야는 주전 720년에서 692년까지 다스렸으니, 솔로몬 때부터 히스기야 때까지 약 300년 동안 잠 25장에서 29장까지의 내용은 솔로몬의 잠언집에 편집되지 못했던 것 같다. 그런데 솔로몬 왕 때 편집되지 못한 잠 25장에서 29장까지의 내용을 히스기야 왕의 신하들이 편집하여 본래 잠언에 합쳤으니 그 일을 실행한 히스기야 왕의 믿음이 얼마나 훌륭한가.

5. 렘 26:16-19의 믿음

히스기야 왕 때 선지자 미가가 "시온은 밭같이 경작지가 될 것이며 예루살렘은 돌무더기가 되며 이 성전의 산은 산당의 숲과 같이 되리라"(렘 26:18)라고 예언할 때 히스기야는 그를 죽이지 아니하고 여호와를 두려워하여 간구하자 여호와께서 선고한 재앙에 대하여 뜻을 돌이키셨다. 이와 같이 히스기야는 자기를 공격하는 선지자의 책망을 달게 듣고 예루살렘을 멸하고자 하셨던 하나님의 뜻을 돌이키는 일에 성공하는 믿음의 소유자였다.

히스기야의 이 믿음은 대하 24:17-22에 나오는 남국 유다의 제8대 왕 요아스와 좋은 대조가 된다. 요아스가 어릴 때 위험한 자리에 있었으나 제사장 여호야다가 요아스를 잘 보호하여 왕으로 세워주셨으니 여호야다는 요아스 왕에게 큰 은인이었다. 그런데 제사장 여호야다가 죽은 후 백성들이 범죄하자 제사장 여호야다의 아들 스가랴가 하나님의 감동으로 그 죄를 책망하니 요아스 왕이 자기를 도와 왕으로 세워준 여호야다의 아들 스가랴를 돌로 쳐죽었다. 히스기야 왕은 은인의 아들도 아닌 보통 선지자가 예언을 하여도 그 예언을 달게 받고 하나님께 간구함으로 예루살렘을 멸하기로 하셨던 하나님의 심판을 돌이키게 하셨으니 그 믿음이 얼마나 훌륭한가.

6. 축복 받는 믿음

이러한 히스기야에게 "여호와께서 그와 함께 하시매 그가 어디로 가든지 형통하였더라"(왕하 18:7)의 축복을 하나님께서 내려주셨다.

인간 히스기야(왕하 18:13-37)

히스기야 왕 제14년에 앗수르 왕이 올라와서 유다 모든 견고한 성읍들을 쳐서 점령하매 유다 왕 히스기야가 앗수르 왕에게 "내가 범죄하였나이다 나를 떠나 돌아가소서 왕이 내게 지우시는 것을 내가 당하리이다"(왕하 18:14)라고 하자 앗수르 왕이 히스기야에게 은 300달란트와 금 30달란트를 정하여 유다 왕 히스기야에게 내게 하니(왕하 18:14) 히스기야가 여호와의 성전과 왕궁 곳간에 있는 은을 다 주었고 또 여호와의 성전 문의 금과 자기가 모든 기둥에 입힌 금을 벗겨 앗수르 왕에게 주었다(왕하 18:15-16).

그런데 위에서 강해한 대로 그처럼 훌륭한 믿음을 가지고 살던 히스기야가 어떻게 이러한 실수를 할 수 있는가? 마치 하늘에서 살던 히스기야가 땅에 떨어진 것 같다. 그런데 이 문제에 대하여 생각할 일은 히스기야도 역시 천사가 아니요 인간이요 아담의 자손이라는 사실이다. 히스기야의 몸속에는 아담의 피가 흐르고 있다. 아담의 자손은 언제라도 아담의 본색(本色)을 드러내는 요소가 있다. "이는 내가 여호와의 도를 지키고 악하게 내 하나님을 떠나지 아니하였으며 그의 모든 규례가 내 앞에 있고 내게서 그의 율례를 버리지 아니하였음이로다 또한 나는 그의 앞에 완전하여 나의 죄악에서 스스로 자신을 지켰나니"(시 18:21-23)의 깨끗한 삶을 살던 다윗도 아담의 자손인지라 밧세바와 동침했고 그 허물을 가리기 위하여 그의 남편 우리야를 험한 전쟁터에 내보내어 죽이는 잔인한 짓을 하지 않았던가.

왜? 다윗도 아담의 자손이기 때문이다. 다윗의 몸속에 흐르고 있는 아담의 피가 다윗으로 하여금 그처럼 잔인한 다윗으로 만들었다. 다윗과 히스기야의 몸속에 흐르고 있는 아담의 피는 오늘날 우리 몸속에도 흐르고 있다. 우리도 아담의 자손이다. 언제든 아담의 자손의 본색을 드러낼 날이 있을 수 있는 연약한 인간들이다. 인간 히스기야를 강해하기 전에 먼저 이 사실을 염두에 두어야 한다. 아담의 자손인 인간 히스기야를 생각할 때 우리는 두 가지 일을 생각해볼 수 있다.

1. 잠 25:19

잠 25:19은 "환난 날에 진실하지 못한 자를 의뢰하는 것은 부러진 이와 위골(違骨)된 발 같으니라"라고 했다. 부러진 이와 위골된 발이 모양은 있으나 구실은 못한다. 부러진 이로 어떻게 음식을 씹을 수 있으며 위골된 발로 어떻게 걸을 수 있겠는가. 환난 날에 우리가 진실치 못한 자를 의뢰하는 의뢰는 부러진 이와 위골된 발처럼 모양은 있으나 아무런 도움을 주지 못한다는 말씀이다. 남국 유다의 제12대 왕 아하스 때 에돔과 블레셋이 유다를 침략하자 아하스 왕은 왕궁과 방백들의 집에서 재물을 취하여 앗수르 왕에게 보내며 와서 도와주기를 바랐다. 그런데 앗수르가 오기는 왔으나 아무 도움도 주지 않았다. 아하스 왕이 환난 날에 의뢰한 앗수르 왕은 모양은 있으나 아무 구실도 못한 부러진 이와 위골된 발에 불과했다.

사 30:1-8에는 이사야 당시의 이스라엘 백성들이 애굽 나라의 도움을 구하는 장면이 나온다. 그들이 애굽의 그늘에 피하려 하여 애굽으로 내려갔으나 애굽의 그늘에 피함이 그들에게 수치가 된다고 하였다. 그러므로 애굽을 가만히 앉은 라합이라고 했다(사 30:7). 라합이 이스라엘을 돕기 위하여 정탐꾼을 숨겨주는 활동을 해야지 아무런 일도 하지 않고 가만히 앉아 있기만 하면 그 라합이 이스라엘에 무슨 소용이 있겠는가. 아무런 보람도 없다. 그래서 이름만 애굽이지 이스라엘 나라에 아무런 도움도 주지 못하는 애굽을 가만히 앉은 라합이라고 한 것이다. 가만히 앉은 라합은 모양은 있으나 구실은 못하는 부러진 이와 위골된 발에 불과하다.

그래서 시 146:3은 귀인들을 의지하지 말며 도울 힘이 없는 인생도 의지하지 말라고 했다. 전 8:3에 왕은 자기가 하고자 하는 것을 다 행한다고 했으니 왕의 힘이 얼마나 큰가. 그런데 그러한 힘을 가진 왕 다리오도 다니엘이 사자 굴에 들어갈 때 돕지 못하였다. 하고자 하는 것을 다 행할 수 있는(전 8:3) 다리오 왕도 다니엘이 사자 굴에 들어가는 환난 날에는 부러진 이와 위골된 발에 불과했다. 만약 다니엘이 다리오 왕을 의지했었더라면 실패할 뻔하였다.

그래서 시 60:11은 사람의 구원은 헛되다고 하였고, 시 118:8은 여호와께 피하는 것이 사람을 신뢰하는 것보다 나으며 여호와께 피하는 것이 고관들을 신뢰하는 것보다 낫다고 하였다. 그래서 렘 3:23은 작은 산들과 큰 산 위에서 떠드는 무리에게 바라는 것은 참으로 허사라고 했는데, 그럼에도 불구하고 환난 날에 부러진 이와 위골된 발 같은 진실치 못한 자들을 의뢰하다가 실패한 사람들은 "우리가 헛되이 도움을 바라므로 우리의 눈이 상함이여 우리를 구원하지 못할 나라를 바라보고 바라보았도다"(애 4:17)의 탄식으로 끝나고 말았다.

히스기야는 환난 날에 돈의 힘을 의지하여 환난을 해결해보고자 하였으나 그가 의뢰하였던 돈은 부러진 이와 위골된 발에 불과하였다. 우리는 환난 날에 부러진 이와 위골된 발과 같은 진실치 못한 자들을 의뢰하다가 실패한 후 "우리가 헛되이 도움을 바라므로 우리의 눈이 상함이여 우리를 구원하지 못할 나라를 바라보고 바라보았도다"(애 4:17)의 탄식으로 끝나는 불행한 사람들이 아니라, 여호와께 피하는 것이 고관들을 신뢰하는 것보다 낫다는 시 118:9의 복된 고백을 하는 사람들이 될 수 있기를 바란다.

2. 잠 25:26

잠 25:26은 "의인이 악인 앞에 굴복하는 것은 우물이 흐려짐과 샘이 더러워짐과 같으니라"라고 했다. 우물이 흐려지고 샘이 더러워진다는 것은 무슨 뜻인가? 우물과 샘은 많은 사람들이 와서 물을 마시는 곳이므로 흐려지거나 더러워지지 아니하고 맑고 깨끗함을 유지해야 우물과 샘의 존재가치를 발할 수 있다. 우물과 샘이 깨끗하지 못하고 흐려지고 더러워지면 우물과 샘의 존재가치를 상실하게 된다. 의인은 악인 앞에 굴복해서는 안 되는데, 의인이 악인 앞에 굴복하게 되면 마치 흐려진 우물과 더러워진 샘물처럼 그때부터는 의인의 의인다운 존재가치를 상실하게 된다는 말씀이다. 한때는 앗수르 왕을 배척하던 히스기야가(왕하 18:7) 오늘은 앗수르 왕에게 "내가 범죄하였나이다 나를 떠나 돌아가소서 왕이 내게 지우시는 것을 내가 당하리이다"(왕하 18:14)라고 했으니, 이 말이야말로 의인 히스기야가 악인 앗수르에게 굴복한 것이 아닌가. 바로 "의인이 악인 앞에 굴복하는 것은 우물이 흐려짐과 샘이 더러워짐과 같으니라"(잠 25:26)의 말그대로 되어진 일이다.

우리는 성경 다른 곳에서 의인이 악인 앞에 굴복하지 아니하고 의인의 의인다운 존재가치를 끝까지 유지한 사람들의 경우를 볼 수 있다. 대하 20장에서는 남국 유다의 제4대 왕 여호사밧 때 모압, 암몬, 세일 세 나라의 연합 군대가 예루살렘을 치러 왔다. 이 소식을 들은 여호사밧은 왕하 18:14의 히스기야처럼 악인에게 굴복하는 자세는 전혀 없고 의인의 의인다운 존재가치를 강하게 발휘하여 성전에 들어가 엎드려 "우리 하나님이여 그들을 징벌하지 아니하시나이까 우리를 치러 오는 이 큰 무리를 우리가 대적할 능력이 없고 어떻게 할 줄도 알지 못하옵고 오직 주만 바라보나이다"(대하 20:12)라고 하면서 하나님만을 의지했다.

그럴 때 하나님께서 세 나라의 연합 군대를 완전히 섬멸하시는 기적을 베풀어주셨다. 이와 같이 여호사밧은 세 나라의 연합 군대가 예루살렘을 공격하는 가장 위험한 때도 악인에게 굴복하는 기색은 전혀 없고 끝까지 의인의 의인다운 존재가치를 유지하였다.

단 3장에서 느부갓네살 왕이 우상에게 절하기를 요구할 때 사드락과 메삭과 아벳느고는 죄와 타협하거나 양보하지 않고 죽음을 각오하고 의인의 의인다운 존재가치를 지킬 때, 하나님께서는 그들을 풀무불 속에서 건져내시는 기적을 역사해주셨다. 단 6장에서 다니엘은 앞으로 30일

동안 왕 아닌 다른 신에게 기도를 드리는 사람은 사자 굴에 던짐을 받는다는 사실을 알고도 죽음을 각오하고 의인의 의인다운 존재가치를 지킬 때 하나님께서는 그를 사자 굴에서 건지셨다.

한때는 앗수르 왕을 배척하고(왕하 18:7) 믿음으로 강하게 살던 히스기야가 어찌하여 오늘은 앗수르 왕에게 "내가 범죄하였나이다 나를 떠나 돌아가소서 왕이 내게 지우시는 것을 내가 당하리이다"(왕하 18:14)라고 하는 비굴한 자리에 빠졌을까? 히스기야 왕이 우리보다 못나서 그랬는가? 히스기야의 몸에 흐르던 아담의 피가 오늘날 우리 몸에도 흐르고 있지 않은가. 히스기야가 천사가 아니고 아담의 자손이었던 것처럼 우리도 천사가 아니고 다 아담의 자손이다. 히스기야의 몸속에 있던 인간의 약함이 우리 몸속에도 있다. 우리는 잠시라도 아담의 자손이라는 사실을 잊어버려서는 안 되고, 히스기야의 몸속에 있던 인간의 연약함이 우리에게도 있다는 사실을 잊어버려서는 안 된다. 아담의 자손인 우리대로 버려두신다면 우리는 히스기야보다 더 약해질 수 있으며 히스기야보다 더 부끄러운 일을 할 수 있는 요소를 얼마든지 가지고 있다는 사실을 잊어버려서는 안 된다.

다윗이 우리보다 못나서 밧세바와 간음을 하였는가? 히스기야의 몸속에 흐르던 아담의 자손의 피는 다윗의 몸속에도 흐르고 있었고 히스기야 왕이 가졌던 인간의 연약함을 다윗도 가지고 있었던 것이다. 히스기야의 몸속에 흐르던 아담 자손의 피는 다윗의 몸속에도, 우리의 몸속에도 그대로 흐르고 있다. 나는 아담의 자손이 아니요, 히스기야와 다윗의 몸속에 흐르던 아담 자손의 피가 내 속에는 흐르지 않고, 히스기야와 다윗의 몸속에 있던 인간의 연약함이 내 속에는 없다고 착각하고 교만하게 날뛰다가는 히스기야와 다윗보다 더 부끄러운 일들을 얼마든지 할 수 있는 아담의 자손이라는 사실을 잊어버려서는 안 된다.

우리는 여기에서 베드로의 실수를 다시 한 번 생각해보자. 예수님께서 잡히시던 날 저녁에 제자들에게 "오늘 밤에 너희가 다 나를 버리리라 기록된 바 내가 목자를 치리니 양의 떼가 흩어지리라 하였느니라"(마 26:31)라고 말씀하실 때 베드로는 "모두 주를 버릴지라도 나는 결코 버리지 않겠나이다"(마 26:33)라고 강하게 대답했다. 베드로가 이렇게 말하는 것을 보면 아직도 인간이 얼마나 약한지를 몰랐던 것 같다. 히스기야와 다윗의 몸속에 흐르던 아담 자손의 피가 자기 몸속에는 흐르지 않고 인간의 연약함이 자기 속에는 없었던 것으로 알고 있었다. 그래서 자기의 결심을 반석같이 강하게 믿고 요란하게 대답을 하였던 것이다. 그러나 그날 밤에 예수님을 모른다고 세 번씩이나 부인하고 그것이 마음이 아파서 심히 통곡할 때(마 26:75) 인간의 약함을 비로소 알았을 것이다.

베드로가 우리보다 못나서 예수님을 세 번씩이나 부인하였는가? 베드로의 몸속에 흐르던 아담 자손이라는 피가 오늘날 우리 몸속에는 흐르지 않는가? "모두 주를 버릴지라도 나는 결코 버리지 않겠나이다"(마 26:33)라고 큰소리치던 베드로가 그날 밤 예수님을 세 번씩 부인하던 베드로의 약함이 우리 마음속에는 없는가? 아담의 자손인 우리를 그대로 버려두신다면 우리는 베드로보다 더 약해질 수 있고 베드로보다 더 부끄러운 일을 얼마든지 할 수 있는 인간의 약함을 가진 사람들이다. 베드로는 아담의 자손의 결심이 얼마나 약한지 알지 못했기 때문에 자기 마음을 반석같이 믿었다가 실수하였다. 원칙적으로 아담의 자손은 자기 마음을 믿을 수 없다. 반석같이 믿었던 자기 마음이 하루아침에 모래성 같이 무너지고 마는 것이 아담 자손들의 특색이다.

그래서 잠 28:26은 자기의 마음을 믿는 자는 미련한 자라고 했다. 우리는 이 말씀을 마음속에 깊이 새겨야 한다. 우리는 인간의 연약함을 생각지 않고 자기 마음을 반석같이 믿었다가 실패한 베드로의 실패를 거울로 삼고, 히스기야, 다윗, 베드로의 마음속에 있던 인간의 연약함이 내 속에도 있는 줄을 알아 "나를 붙드소서"(시 119:117)의 말씀대로 하나님의 붙드심을 바라며 주님의 도우심을 받아 순간순간을 살아가는 믿음의 사람들이 되어야겠다.

왕하 19장

히스기야가 엎드린 그 자리

왕하 18장에서, 일시적으로 믿음의 자리에서 떠나 돈의 힘으로 환난을 면해보려고 하다가 실패한 히스기야는 왕하 19장에서 다시 믿음의 자리로 돌아왔다. 앗수르 왕이 히스기야 왕에게 보낸 항복을 독촉하는 편지를 받아본 히스기야는 "여호와의 성전에 올라가서 히스기야가 그 편지를 여호와 앞에 펴 놓고 그 앞에서 히스기야가 기도하여 이르되 그룹들 위에 계신 이스라엘의 하나님 여호와여 주는 천하만국에 홀로 하나님이시라 주께서 천지를 만드셨나이다 여호와여 귀를 기울여 들으소서 여호와여 눈을 떠서 보시옵소서 산헤립이 살아 계신 하나님을 비방하러 보낸 말을 들으시옵소서"(왕하 19:14-16)라고 하면서 이 문제를 여호와 앞에서 엎드리는 방법으로 해결하고자 했다. 그런데 그 자리는 히스기야 한 사람만 엎드린 자리가 아니고 신구약 성경을 통해 보면 어려움을 당할 때 믿음의 사람이라면 누구든지 엎드리는 자리이다.

출 17:10-13에서 이스라엘이 아말렉과 싸울 때 모세가 하루 종일 손을 들고 있음으로 아말렉을 전멸시킬 수 있었다. 성경에서 손을 든다는 것은 기도를 가리킨다(왕상 8:22, 28, 29, 38, 54, 대하 6:13, 29, 스 9:5, 욥 11:13, 시 28:2, 77:1-2, 88:9, 141:2, 143:6, 딤전 2:8). 모세는 기도하는 방법으로 아말렉과 싸워 이기려고 하루 종일 손을 들고 있었던 것이다.

수 7:6-9에서 아이 성을 치다가 실패한 여호수아는 옷을 찢고 머리에 티끌을 뒤집어쓰고 여호와의 궤 앞에서 엎드리는 자리에서 이 문제를 해결하고자 하였다. 또 그렇게 할 때 해결되었다. 삼상 1:10-11에서 아기를 낳지 못하여 한없는 멸시를 받던 한나는 여호와께 기도하고 통곡하는 자리에서 이 문제를 해결하고자 하였고 또 그렇게 할 때 해결이 되었다. 여호수아와 한나가 엎드렸던 그 자리는 바로 왕하 19:14-16에서 히스기야가 엎드렸던 그 자리다.

삼하 21:1은 다윗의 시대에 3년 동안 기근이 있었다고 한다. 기근은 1년만 있어도 큰일인데 다윗 왕 때는 3년 동안 기근이 있었으니 한 나라를 다스리는 왕인 다윗의 마음이 얼마나 안타까웠겠는가. 그런데 그는 이 문제를 어떻게 해결하고자 하였는가? 삼하 21:1은 "다윗이 여호와 앞에 간구하매"라고 했다. 3년 동안 계속된 기근이라는 이 중요한 문제를 해결하기 위하여 다윗은 여호와 앞에 엎드리는 방법으로 해결하고자 하였다. 그는 이번만이 아니다. 대상 21장에서 다윗의 인구조사 때문에 이스라엘 백성 7만 명이 죽었을 때(대상 21:14) 그는 장로들과 함께 굵은 베를 입고 얼굴을 땅에 대고 하나님께 아뢰는 방법으로(대상 21:16) 이 문제를 해결하고자 하였다. 다윗이 엎드린 그 자리는 바로 히스기야가 엎드린 그 자리다.

이스라엘 왕 아합 때 이스라엘에 3년 반 동안 비가 오지 않아(왕상 17:1, 18:1, 눅 4:25, 약 5:17) 이스라엘 사람들은 말할 수 없는 고통은 당하였으나 선지자 엘리야가 갈멜 산에 올라가 땅에 꿇어 엎드려 그 얼굴을 무릎 사이에 넣고(왕상 18:42) 기도하는 방법으로 해결을 얻었다.

남국 유다의 제3대 왕 아사가 다스릴 때 구스의 100만 대군이 유다를 치려고 왔으나 "여호와여 힘이 강한 자와 약한 자 사이에는 주밖에 도와줄 이가 없사오니 우리 하나님 여호와여 우리를 도우소서 우리가 주를 의지하오며 주의 이름을 의탁하옵고 이 많은 무리를 치러 왔나이다 여호와여 주는 우리 하나님이시오니 원하건대 사람이 주를 이기지 못하게 하옵소서"(대하 14:11)의 아사 왕의 기도로 해결하였다.

남국 유다의 제4대 왕 여호사밧 때 모압, 암몬, 세일 나라의 연합 군대가 여호사밧을 치러 왔을 때 여호사밧은 성전에 들어가 "우리 하나님이여 그들을 징벌하지 아니하시나이까 우리를 치러 오는 이 큰 무리를 우리가 대적할 능력이 없고 어떻게 할 줄도 알지 못하옵고 오직 주만 바라보나이다"(대하 20:12)라고 하며 주 앞에 엎드리는 방법으로 이 문제를 해결하였다.

욥은 고난을 당할 때 어떠한 방법으로 그 문제를 해결하였는가? "나의 친구는 나를 조롱하고 내 눈은 하나님을 향하여 눈물을 흘리니"(욥 16:20)라고 하면서 하나님을 향하여 눈물을 흘리는 자리에서 그 문제를 해결하였다. 엘리야, 아사, 여호사밧, 욥이 엎드렸던 자리는 바로 히스기야가 엎드렸던 그 자리다.

시 38:12에서 다윗의 생명을 찾는 자가 올무를 놓고, 다윗을 해하려는 자가 괴악한 일을 말하며 종일토록 음모를 꾸몄다. 이 일에 대하여 다윗은 어떠한 자세를 취하였는가? "나는 못 듣는 자같이 듣지 아니하고 말 못하는 자같이 입을 열지 아니하오니 나는 듣지 못하는 자 같아서 내 입에는 반박할 말이 없나이다"(시 38:13-14)라고 하면서 "여호와여 내가 주를 바랐사오니 내 주 하나님이 내게 응답하시리이다"(시 38:15)의 방법으로 그 문제를 해결하고자 하였다.

시 69:1-4에서 다윗은 "하나님이여 나를 구원하소서 물들이 내 영혼에까지 흘러 들어왔나이다 나는 설 곳이 없는 깊은 수렁에 빠지며 깊은 물에 들어가니 큰 물이 내게 넘치나이다 내가 부르짖음으로 피곤하여 나의 목이 마르며 나의 하나님을 바라서 나의 눈이 쇠하였나이다 까닭 없이 나를 미워하는 자가 나의 머리털보다 많고 부당하게 나의 원수가 되어 나를 끊으려 하는 자가 강하였으니 내가 빼앗지 아니한 것도 물어주게 되었나이다"라는 형편을 당하고, "내가 주를 위하여 비방을 받았사오니 수치가 나의 얼굴에 덮였나이다 내가 나의 형제에게는 객이 되고 나의 어머니의 자녀에게는 낯선 사람이 되었나이다 주의 집을 위하는 열성이 나를 삼키고 주를 비방하는 비방이 내게 미쳤나이다 내가 곡하고 금식하였더니 그것이 도리어 나의 욕이 되었으며 내가 굵은 베로 내 옷을 삼았더니 내가 그들의 말거리가 되었나이다 성문에 앉은 자가 나를 비난하며 독주에 취한 무리가 나를 두고 노래하나이다"(시 69:7-12)의 자리에 있을 때, 다윗은 어떠한 자세를 취하였는가?

"여호와여 나를 반기시는 때에 내가 주께 기도하오니 하나님이여 많은 인자와 구원의 진리로 내게 응답하소서"(시 69:13)의 방법을 취하였다.

시 109:2-4에서 다윗이 "그들이 악한 입과 거짓된 입을 열어 나를 치며 속이는 혀로 내게 말하며 또 미워하는 말로 나를 두르고 까닭 없이 나를 공격하였음이니이다 나는 사랑하나 그들은 도리어 나를 대적하니

나는 기도할 뿐이라"의 고난을 당할 때 어떠한 자세를 취하였던가? 그는 다만 "나는 기도할 뿐이라"(시 109:4)의 자세를 취하였다. 시 38:15, 69:13, 109:4에서 다윗이 취한 자세는 바로 히스기야가 엎드렸던 자리에 엎드리는 것이었다.

히스기야를 비롯하여, 위에서 열거한 모든 믿음의 사람들이 고난을 당하여 주 앞에 와서 엎드릴 때 하나님께서는 어떻게 대해 주셨는가? 바로 "주를 두려워하는 자를 위하여 쌓아 두신 은혜 곧 주께 피하는 자를 위하여 인생 앞에 베푸신 은혜가 어찌 그리 큰지요 주께서 그들을 주의 은밀한 곳에 숨기사 사람의 꾀에서 벗어나게 하시고 비밀히 장막에 감추사 말다툼에서 면하게 하시리이다"(시 31:19-20)의 은혜를 주셨다.

히스기야를 비롯하여 위에서 열거한 모든 믿음의 사람들은 주를 두려워하는 자들이요 인생 앞에서 주께 피하는 자들이다. 이들을 위해 주님께서는 저희를 은밀한 곳에 숨기사 사람의 꾀에서 벗어나게 하시고 비밀히 장막에 감추사 말다툼에서 면하게 해주신다고 했다. 험악한 세월을 살아가다가 고난을 받을 때 히스기야처럼 주님 앞에 엎드리는 자리에서 그 고난을 해결하고자 하는 믿음의 사람들에게 하나님께서는 이러한 은혜를 주시니 얼마나 감사한 일인가.

오늘을 살아가는 믿음의 사람들이여, 험악한 세월을 살아가다가 고난을 당하여 어찌할 바를 모를 때 히스기야를 비롯하여 위에서 열거한 믿음의 사람들처럼 주님 앞에 엎드리는 자리에서 문제를 해결하고자 하여 주께 피할 때, 은밀한 곳에 숨기사 사람의 꾀에서 벗어나게 하시고 비밀히 장막에 감추사 말다툼에서 면하게 해주시는 기적적인 은혜를 받을 수 있기를 바란다.

왕하 20장

두 보고

성경에 보면 사람들이 자기가 행한 일을 하나님께 보고할 때 하나님의 인정을 받지 못한 보고와 하나님의 인정을 받은 보고가 있다.

1. 인정을 받지 못한 보고

하나님께서 사울 왕에게 "지금 가서 아말렉을 쳐서 그들의 모든 소유를 남기지 말고 진멸하되 남녀와 소아와 젖 먹는 아이와 우양과 낙타와 나귀를 죽이라"(삼상 15:3)라고 했으나 "사울과 백성이 아각과 그의 양과 소의 가장 좋은 것 또는 기름진 것과 어린 양과 모든 좋은 것을 남기고 진멸하기를 즐겨 아니하고 가치 없고 하찮은 것은"(삼상 15:9) 진멸하고 "내가 여호와의 명령을 행하였나이다"(삼상 15:13)라고 보고하였다. 이러한 보고를 하나님께서 받으시겠는가? 받지 않으셨다.

눅 18:11-12에서 바리새인은 "하나님이여 나는 다른 사람들 곧 토색, 불의, 간음을 하는 자들과 같지 아니하고 이 세리와도 같지 아니함을 감사하나이다 나는 이레에 두 번씩 금식하고 또 소득의 십일조를 드리나이다"라고 보고하였으나, 하나님께서는 눅 18:14에서 "내가 너희에게 이르노니 이에 저 바리새인이 아니고 이 사람이 의롭다 하심을 받고 그의 집으로 내려갔느니라"라고 하시면서 세리가 바리새인보다 더 의롭다 하심을 받았다고 하였으니 바리새인의 보고는 받지 않으셨다는 말씀이다.

마 7:22에서 "그 날에 많은 사람이 나더러 이르되 주여 주여 우리가 주의 이름으로 선지자 노릇하며 주의 이름으로 귀신을 쫓아내며 주의 이름으로 많은 권능을 행하지 아니하였나이까"라고 보고하였으나, 예수님께서는 "내가 너희를 도무지 알지 못하니 불법을 행하는 자들아 내게서 떠나가라"(마 7:23)라고 하시면서 그들의 보고를 강하게 부인하셨다.

잠 24:11은 "너는 사망으로 끌려가는 자를 건져 주며 살륙을 당하게 된 자를 구원하지 아니하려고 하지 말라"라고 했다. 그런데 어느 사람은 "나는 그것을 알지 못하였노라"(잠 24:12)라고 보고하였다. 그렇다고 하여 성경이 그 보고를 그대로 받았는가? 성경은 "마음을 저울질하시는 이가 어찌 통찰하지 못하시겠으며 네 영혼을 지키시는 이가 어찌 알지 못하시겠느냐 그가 각 사람의 행위대로 보응하시리라"(잠 24:12)라고 하면서 그를 책망하였다.

"너는 사망으로 끌려가는 자를 건져 주며 살륙을 당하게 된 자를 구원하지 아니하려고 하지 말라"(잠 24:11)라는 말씀을 분명히 듣고도 그것을 알지 못해서 못하였다고 하는 잠 24:12의 보고를 성경이 어떻게 인정할 수 있겠는가. 성경은 그 보고를 인정하지 않았다.

2. 인정을 받은 보고

"여호와여 구하오니 내가 진실과 전심으로 주 앞에 행하며 주께서 보시기에 선하게 행한 것을 기억하옵소서"(왕하 20:3, 사 38:3)의 보고는 하나님께서 액면 그대로 인정해주셨다.

시 18:20-24에는 "여호와께서 내 의를 따라 상 주시며 내 손의 깨끗함을 따라 내게 갚으셨으니 이는 내가 여호와의 도를 지키고 악하게 내 하나님을 떠나지 아니하였으며 그의 모든 규례가 내 앞에 있고 내게서 그의 율례를 버리지 아니하였음이로다 또한 나는 그의 앞에 완전하여 나의 죄악에서 스스로 자신을 지켰나니 그러므로 여호와께서 내 의를 따라 갚으시되 그의 목전에서 내 손이 깨끗한 만큼 내게 갚으셨도다"라는 말씀이 나온다.

옛날에 다윗은 여호와의 도를 지키고 악하게 하나님을 떠나지 아니하였으며 모든 규례가 자기 앞에 있고 그 율례를 버리지 아니하였으며 그 앞에 완전하며 죄악에서 자신을 지키는 깨끗한 삶을 살았다(시 18:21-23). 이것은 보고라기보다 다윗의 고백이다. 이 고백은 하나님의 인정을 받았는데 그 증거를 어떻게 알 수 있는가? 시 18:20과 24절에서 다윗이 "그러므로 여호와께서 내 의를 따라 갚으시되 그의 목전에서 내 손이 깨끗한 만큼 내게 갚으셨도다"라고 한 것은 하나님께서 다윗의 고백을 인정해주셨다는 증거가 아니겠는가. 이와 같이 하나님께서는 다윗의 고백을 인정해주셨다.

시 119:121에서 시인은 "내가 정의와 공의를 행하였사오니 나를 박해하는 자들에게 나를 넘기지 마옵소서"라고 하면서 정의와 공의를 행한 사실을 고백한다. 본문에는 시인의 고백을 하나님께서 인정해주셨다는 명문은 없으나 문맥은 시인의 고백을 하나님께서 인정해주셨다는 사실을 인정한다.

행 20:18-21에서 바울은 에베소 교인들에게 "아시아에 들어온 첫날부터 지금까지 내가 항상 여러분 가운데서 어떻게 행하였는지를 여러분도 아는 바니 곧 모든 겸손과 눈물이며 유대인의 간계로 말미암아 당한 시험을 참고 주를 섬긴 것과 유익한 것은 무엇이든지 공중 앞에서나 각 집에서나 거리낌이 없이 여러분에게 전하여 가르치고 유대인과 헬라인들에게 하나님께 대한 회개와 우리 주 예수 그리스도께 대한 믿음을 증언한 것이라"라고 말한다.

이 사실을 에베소 교회 장로들이 인정하였을까? 행 20:31은 바울이 아시아에서 3년을 지냈다고 하였고, 행 20:18은 아시아에 들어온 첫 날부터 지금까지 내가 항상 너희 가운데서 어떻게 행한 것을 너희도 아는 바라고 했으니, 바울이 행한 사실을 3년 동안 겪어본 에베소 장로들도 인정하니까 그렇게 말한 것이 아니겠는가.

요 11:3에서 나사로의 누이들이 예수께 사람을 보내어 "주여 보시옵소서 사랑하시는 자가 병들었나이다"라고 했다. 나사로는 마리아의 오빠니까(요 11:2) 자기 오빠를 가리켜 예수께서 사랑하시는 자라고 했겠지만 나사로는 과연 예수님께서 사랑하시는 자라는 사실을 예수님께서도 인정해주셨을까? 감사하게도 요 11:5은 예수께서 본래 마르다와 그 동생과 나사로를 사랑하셨다고 하였다. 그러니 나사로를 가리켜 예수님께서 사랑하시는 자라고 한 마리아의 고백을 요 11:5은 인정해준 것이다.

우리가 수학문제를 풀 때 정답을 알아내려고 애를 쓰면서 수학문제를 푼다. 그런데 아무리 애쓰고 힘들게 수학문제를 풀었다 할지라도 그

답이 틀린다면 애쓰고 힘들게 푼 모든 노력은 헛되고 만다. 그러나 애쓰고 고생해서 푼 수학의 답이 정답이라면 정답을 찾아내기 위한 고생과 수고는 값진 고생이다. 우리의 고백이 삼상 15장의 사울의 고백, 눅 18장의 바리새인의 고백, 마 7:22의 거짓 선지자의 보고, 잠 24장의 고백이라면 그것은 수학에 있어서 정답을 찾아내지 못한 헛수고의 보고에 그친다. 바라건대 우리의 보고는 왕하 20:3, 사 38:3, 시 18:24, 시 119:121, 행 20:18-21, 요 11:3, 5처럼 하나님께서도 액면 그대로 인정해주시는 보고가 되고 정답을 찾아낸 값지고 복된 보고가 될 수 있기를 바란다.

보시고 들으시는 날

선지자 이사야를 통하여 "네가 죽고 살지 못하리라"(왕하 20:1)의 선고를 받은 히스기야가 "낯을 벽으로 향하고 여호와께 기도하여 이르되 여호와여 구하오니 내가 진실과 전심으로 주 앞에 행하며 주께서 보시기에 선하게 행한 것을 기억하옵소서"(왕하 20:2-3)라고 심히 통곡하였더니 하나님께서는 선지자 이사야를 통하여 "내가 네 기도를 들었고 네 눈물을 보았노라 내가 너를 낫게 하리니 네가 삼 일 만에 여호와의 성전에 올라가겠고 내가 네 날에 십오 년을 더할 것이며"(왕하 20:5-6)의 놀라운 응답을 주셨다.

시 56:8에서 다윗은 "나의 유리함을 주께서 계수하셨사오니 나의 눈물을 주의 병에 담으소서 이것이 주의 책에 기록되지 아니하였나이까"라고 기도하였다. 다윗은 여기저기 유리하여 다니면서 많은 눈물을 흘렸다. 사람이 눈물을 흘릴 때는 마음이 괴롭고 고통스러워서 눈물을 흘리는 법인데 다윗은 고통스럽고 괴로워서 흘리는 눈물이 한 방울이라도 하수도로 빠지기를 원하지 아니하고 한 방울의 눈물이라도 남김없이 주님의 병에 담으셨다가 그대로 갚아주시기를 원하였다. 감사하게도 하나님께서는 다윗이 흘린 눈물 한 방울도 하수도로 빠지지 않고 그대로 갚아주시기 위하여 주님의 책에 기록해두셨다니 얼마나 감사한 일인가.

그것이 다윗뿐이겠는가. 하나님께서는 히스기야의 눈물을 주님의 병에 담으셨다가 그대로 갚아주셨다. 다윗과 히스기야의 눈물만이 아니라 오늘날 우리가 흘리는 눈물 한 방울도 헛되지 않고 주님의 병에 담으셨다가, 한 걸음 더 나아가 주님의 책에 기록하셨다가 그대로 갚아주실 터이니 얼마나 감사한 일인가.

하나님께서 우리의 기도를 들으시고 눈물을 보시는 날에는 엄청난 기적을 역사해주신다는 사실을 성경 다른 곳에서도 보여준다. 우선 히스기야에게 그러한 일이 또 한 번 있었다.

185,000명으로 예루살렘을 포위한 앗수르 왕은 히스기야에게 항복을 권하는 항복독촉장을 보냈다. 이 편지를 받아본 히스기야가 "여호와의 성전에 올라가서 히스기야가 그 편지를 여호와 앞에 펴 놓고 그 앞에서 히스기야가 기도하여 이르되 그룹들 위에 계신 이스라엘의 하나님 여호와여 주는 천하만국에 홀로 하나님이시라 주께서 천지를 만드셨나이다 여호와여 귀를 기울여 들으소서 여호와여 눈을 떠서 보시옵소서 산헤립이 살아 계신 하나님을 비방하러 보낸 말을 들으시옵소서 여호와여 앗수르 여러 왕이 과연 여러 민족과 그들의 땅을 황폐하게 하고 또 그들의 신들을 불에 던졌사오니 이는 그들이 신이 아니요 사람의 손으로 만든 것 곧 나무와 돌뿐이므로 멸하였나이다 우리 하나님 여호와여

원하건대 이제 우리를 그의 손에서 구원하옵소서 그리하시면 천하만국이 주 여호와가 홀로 하나님이신 줄 알리이다 하니라"(왕하 19:14-19)라고 기도할 때, 하나님께서는 선지자 이사야를 통하여 "네가 앗수르 왕 산헤립 때문에 내게 기도하는 것을 내가 들었노라"(왕하 19:20)라고 하시며 여호와의 사자를 보내사 185,000명을 송장으로 만드시는(왕하 19:35) 놀라운 역사를 일으키셨다.

애굽에서 400년 동안 노예살이하던 이스라엘 백성들을 애굽 왕이 왜 놓아주겠는가? 어림도 없다. 이스라엘 백성들이 애굽에서 해방되어 나온다는 것은 꿈에서도 상상할 수 없는 일이다. 그런데 이 엄청난 일이 어떻게 이루어졌는가? 그것은 하나님께서 애굽에 있는 하나님의 백성의 고통을 분명히 보고 그들의 부르짖음을 들으시는 날(출 3:7, 9) 이루어졌다. 그들이 언제 부르짖었는가?

출 2:23-25은 "여러 해 후에 애굽 왕은 죽었고 이스라엘 자손은 고된 노동으로 말미암아 탄식하며 부르짖으니 그 고된 노동으로 말미암아 부르짖는 소리가 하나님께 상달된지라 하나님이 그들의 고통 소리를 들으시고 하나님이 아브라함과 이삭과 야곱에게 세운 그의 언약을 기억하사 하나님이 이스라엘 자손을 돌보셨고 하나님이 그들을 기억하셨더라"라고 했다. 400년 동안 노예생활을 하던 애굽에서 해방되어 나온다는 것은 꿈에도 생각 못할 일인데 이 엄청난 사실이 현실로 이루어진 것은 다름 아니고 바로 하나님께서 그들의 기도를 들으시고 고통을 보시는 날 이루어졌다.

그렇다면 하나님께서는 어떠한 기도도 다 들으시는가? 그렇지 않다. 성경은 하나님께서 들으시는 기도가 있고 듣지 않으시는 기도가 있다는 사실을 말한다. 사 1:15은 "너희가 손을 펼 때에 내가 내 눈을 너희에게서 가리고 너희가 많이 기도할지라도 내가 듣지 아니하리니 이는 너희의 손에 피가 가득함이라"라고 했고, 겔 8:18은 "그들이 큰 소리로 내 귀에 부르짖을지라도 내가 듣지 아니하리라"라고 했으며, 사 59:11은 "우리가 곰같이 부르짖으며 비둘기같이 슬피 울며 정의를 바라나 없고 구원을 바라나 우리에게서 멀도다"라고 했다. 반면에 사 58:9은 "네가 부를 때에는 나 여호와가 응답하겠고 네가 부르짖을 때에는 내가 여기 있다 하리라"라고 했고, 사 65:24은 "그들이 부르기 전에 내가 응답하겠고 그들이 말을 마치기 전에 내가 들을 것이며"라고 했다.

재미있는 것은 성경에는 같은 사실을 두고 들으심과 듣지 않으심의 대조(對照)가 나온다. 왕하 20:3에서 히스기야는 통곡했다고 하였고 왕하 20:5에서는 하나님께서 히스기야의 눈물을 보았다고 하셨는데 신 1:45에서는 이스라엘 백성들이 여호와 앞에서 통곡하나 여호와께서 그들의 소리를 듣지 아니하셨다고 하였고, 히 12:17에서는 에서가 축복을 이어 받으려고 눈물을 흘리며 구하되 버린 바가 되어 회개할 기회를 얻지 못하였다고 했다. 사 38:14에서 히스기야는 비둘기같이 슬피 울자 하나님의 들으심을 받았다고 하였으나 사 59:11에서는 히스기야처럼 비둘기같이 슬피 울었으나 구원을 받지 못했다고 하였다. 이와 같이 같은 사실을 두고도 들으심을 받음과 받지 못하는 경우가 나온다.

그런데 같은 사실을 두고도 왜 하나님께서 들으심과 듣지 않으심의 결과가 나오는가? 그것은 바로 기도하는 자의 생활이 깨끗지 못했기 때문이다. 그래서 사 1:15은 "너희가 손을 펼 때에 내가 내 눈을 너희에게서 가리고 너희가 많이 기도할지라도 내가 듣지 아니하리니 이는 너희의 손에 피가 가득함이라"라고 했다. 피가 가득한 손을 가지고 하나님 앞에 나와 기도하는 자의 소원을 하나님께서 어떻게 들으시겠는가. 잠

1:27-30에는 "너희의 두려움이 광풍같이 임하겠고 너희의 재앙이 폭풍같이 이르겠고 너희에게 근심과 슬픔이 임하리니 그때에 너희가 나를 부르리라 그래도 내가 대답하지 아니하겠고 부지런히 나를 찾으리라 그래도 나를 만나지 못하리니 대저 너희가 지식을 미워하며 여호와 경외하기를 즐거워하지 아니하며 나의 교훈을 받지 아니하고 나의 모든 책망을 업신여겼음이니라"라고 했다.

그들의 두려움이 광풍같이 임하고 그들의 재앙이 폭풍같이 이르렀을 때 그들이 나를 부르고 심지어 부지런히 찾을지라도 하나님을 만날 수 없는 것은 그들의 생활이 깨끗지 못하기 때문이라고 한다. 기도하는 자의 공통적인 소원은 내 기도를 하나님께서 들어주시는 것이다. 하나님의 응답을 기대하지 아니하고 기도하는 바보가 어디에 있겠는가. 기도하는 사람들은 하나님께서 응답해주실 것을 기대하는데 그 기도의 응답 여부는 기도하는 자의 깨끗한 생활 여부임을 생각지 못하는 수가 있다. 기도하는 사람은 언제나 깨끗한 생활을 가져야 응답이 될 수 있다는 사실을 명심해야겠다.

하나님께서 기도를 들으시고 눈물을 보시는 날은 우리에게 놀라운 사실이 이루어지는 날이다. 그런데 이 사실이 이루어지기 위해서는 깨끗한 생활이 뒷받침되어야 한다. 우리는 히스기야처럼 깨끗한 생활이 뒷받침되어 기도할 때 하나님께서 "네가 부를 때에는 나 여호와가 응답하겠고 네가 부르짖을 때에는 내가 여기 있다 하리라"(사 58:9)라고 응답해주시고, "그들이 부르기 전에 내가 응답하겠고 그들이 말을 마치기 전에 내가 들을 것이며"(사 65:24)의 응답을 받는 복스러운 기도하는 사람들이 될 수 있기를 바란다.

내 종 다윗을 위하여

왕하 19:34, 20:6, 사 37:35은 앗수르의 공격에서 예루살렘을 지켜주시는 까닭은 내 종 다윗을 위함이라고 했다. 그 까닭은 다윗이 헷 사람 우리야의 일 외에는 평생 여호와 보시기에 정직하게 행하고 자기에게 명령하신 모든 일을 어기지 아니하였기 때문이다(왕상 15:5).

그들의 조상 다윗 때문에 남국 유다를 보호해주신다는 말씀은 일찍이 이스라엘이 남북으로 갈라질 때부터 있었다. 솔로몬이 범죄하자 하나님께서는 솔로몬에게 "내가 반드시 이 나라를 네게서 빼앗아 네 신하에게 주리라 그러나 네 아버지 다윗을 위하여 네 세대에는 이 일을 행하지 아니하고 네 아들의 손에서 빼앗으려니와"(왕상 11:11-12), "오직 내가 이 나라를 다 빼앗지 아니하고 내 종 다윗과 내가 택한 예루살렘을 위하여 한 지파를 네 아들에게 주리라 하셨더라"(왕상 11:13), "여호와의 말씀이 내가 이 나라를 솔로몬의 손에서 찢어 빼앗아 열 지파를 네게 주고 오직 내 종 다윗을 위하고 이스라엘 모든 지파 중에서 택한 성읍 예루살렘을 위하여 한 지파를 솔로몬에게 주리니"(왕상 11:31-32), "내가 그를 위하여 솔로몬의 생전에는 온 나라를 그의 손에서 빼앗지 아니하고 주관하게 하려니와 내가 그의 아들의 손에서 나라를 빼앗아 그 열 지파를 네게 줄 것이요 그의 아들에게는 내가 한 지파를 주어서 내가 거기에 내 이름을 두고자 하여 택한 성읍 예루살렘에서 내 종 다윗이 항상 내 앞에 등불을 가지고 있게 하리라"(왕상 11:34-36)라고 하셨다.

그러기에 왕상 15:1-4에서는 남국 유다의 제2대 왕 아비야가 그의 아버지가 이미 행한 모든 죄를 행하고 그의 마음이 다윗의 마음과 같지 아니하여 하나님 여호와 앞에 온전하지 못하였으나, 다윗을 위하여 예루살렘에서 그에게 등불을 주시되 그의 아들을 세워 뒤를 잇게 하사 예루살렘을 견고케 하시겠다고 말씀하셨기 때문에 아비야를 보존해주셨다고 하였다. 왕하 8:19, 대하 21:7에서는 남국 유다의 제5대 왕 여호람이 여호와 보시기에 악을 행하였으나 여호와께서 그 종 다윗을 위하여 유다 멸하기를 즐겨하지 아니하셨으니 이는 그와 그의 자손에게 항상 등불을 주겠다고 말씀하셨기 때문이라고 했다. 그래서 시편 기자는 시 132:10에서 "주의 종 다윗을 위하여 주의 기름 부음 받은 자의 얼굴을 외면하지 마옵소서"라고 했다.

다윗은 주전 약 1,000년 전의 사람이요 히스기야는 주전 약 700년 전의 사람이니 다윗 왕과 히스기야까지는 300년의 세월의 차이가 있다. 그런데 다윗 때부터 히스기야 때까지 300년의 세월이 흘러갔지만 조상 다윗이 믿음으로 산 그 믿음의 힘이 300년이 지난 히스기야 때까지도 작용하였으니 조상 다윗의 믿음의 뿌리의 힘은 매우 강하였다. 한방에서는 한약의 효력이 강할 때 약발이 세다고 한다. 한방의 표현대로 말하자면 조상 다윗이 믿음으로 산 약발의 힘은 매우 강하였다. 우리도 이러한 조상들이 되면 얼마나 좋겠는가.

조상 때문에 그 후손들이 복 받은 또 하나의 보기가 렘 35장에 나온다. 선지자 예레미야가 하나님의 말씀을 받들어 "레갑 사람들의 후손들 앞에 포도주가 가득한 종지와 술잔을 놓고 마시라 권하매 그들이 이르되 우리는 포도주를 마시지 아니하겠노라 레갑의 아들 우리 선조 요나답이 우리에게 명령하여 이르기를 너희와 너희 자손은 영원히 포도주를 마시지 말며 너희가 집도 짓지 말며 파종도 하지 말며 포도원을 소유하지도 말고 너희는 평생 동안 장막에 살아라 그리하면 너희가 머물러 사는 땅에서 너희 생명이 길리라 하였으므로 우리가 레갑의 아들 우리 선조 요나답이 우리에게 명령한 모든 말을 순종하여 우리와 우리 아내와 자녀가 평생 동안 포도주를 마시지 아니하며 살 집도 짓지 아니하며 포도원이나 밭이나 종자도 가지지 아니하고 장막에 살면서 우리 선조 요나답이 우리에게 명령한 대로 다 지켜 행하였노라"(렘 35:5-10)라고 했다. 레갑 사람들의 후손들은 그들의 선조인 레갑의 아들 요나답을 잘 만났다. 그들은 선조 요나답의 교훈을 잘 지켰으므로 "그러므로 만군의 여호와 이스라엘의 하나님께서 이와 같이 말씀하시니라 레갑의 아들 요나답에게서 내 앞에 설 사람이 영원히 끊어지지 아니하리라 하시니라"(렘 35:19)의 축복을 받을 수 있었다.

다윗과 요나답과 같은 훌륭한 조상을 모신 이스라엘 자손들은 복된 자손들이었다. 오늘날 교회 안의 모든 믿음의 조상들은 믿음으로 살아서 그 약발의 힘이 자손 300년까지도 미치게 하는 다윗과 같은 조상, 자손들을 잘 교육하여 자손들 가운데 하나님 앞에 설 사람이 끊어지지 않게 한 요나답과 같은 조상들이 될 수 있기를 바란다.

제13대 히스기야

대하 29장

히스기야의 종교개혁

히스기야는 왕이 되자마자 우선 세 가지 일을 하였다. 1) 대하 29:3은 왕이 첫째 해 첫째 달에 여호와의 전 문들을 열었다고 하였다. 이것은 대하 28:24과 관계된다. 대하 28:24에 보면 그의 아버지 아하스가 여호와의 전 문들을 닫았다고 했다. 여호와의 전 문들을 닫아 놓으니 누구도 예루살렘 성전에 들어갈 수 없었다. 그런데 히스기야는 왕이 되자마자 첫째 해 첫째 달에 여호와의 전 문부터 열었다. 2) 여호와의 전을 대청소하였다. 대하 29:15-18에서 제사장들과 레위 사람들이 여호와의 전에 있는 더러운 것을 모두 끌어내어 기드론 시내로 가져다 버리는 대청소를 첫째 해 첫째 달에 시작하여 16일 동안이나 했다(대하 29:17). 3) 성전의 기구들을 갖추어놓았다. 대하 29:19에 보면 레위 사람들과 제사장들이 아하스가 범죄할 때 버렸던 모든 그릇들을 갖추어놓았다고 한다. 이것도 대하 28:24과 관계된다. 아하스가 범죄할 때 성전 문만 닫은 것이 아니라 하나님의 전의 기구들을 모아 부수었는데, 아버지 아하스가 부순 성전의 기구들을 히스기야가 다 갖추어놓았다. 이 세 가지 일들은 말하자면 종교개혁이라고 할 수 있다. 히스기야가 이 종교개혁을 할 때, 어떠한 자세로 하였던가?

1. 왕 자신의 개혁부터 앞세웠다

우리는 왕하 18:1-5에서 그의 신앙이 어떠했는지를 논하였다. 대하 29:2에도 히스기야가 그 조상 다윗의 모든 행실과 같이 여호와 보시기에 정직하게 행하였다는 말씀이 있다. 이는 그가 이스라엘에서 종교개혁을 일으키기 전에 먼저 자신의 신앙 개혁부터 앞세웠다는 뜻이다. 교회적으로나, 사회적으로나, 국가적으로나 어떠한 개혁이 이루어지려면 개혁자 자신의 개혁부터 먼저 앞세워야 개혁운동이 바로 된다. 아무리 대외적으로 개혁을 부르짖어도 자신의 개혁부터 먼저 시작하지 않으면 그 개혁은 발동기는 움직이지 않는데 공장의 기계를 억지로 가동시키려는 것처럼 일이 되지 않는다.

히스기야의 이 정신은 그의 후손 요시야 왕에게서도 볼 수 있다. 대하 34장에는 요시야 왕의 종교개혁이 나오는데 그가 개혁운동을 하기에 앞서 먼저 그에게 어떠한 사실이 있었던가? 대하 34:3에 보면 그가 오히려 어렸을 때, 즉 그가 왕위에 오른 지 8년 만에 그 조상 다윗의 하나님을 비로소 구했다는 말씀이 나온다. 그가 개혁운동을 한 것은 왕위에 오른 지 12년 만에 했는데 그가 왕위에 오른 지 8년 만에 그 조상 다윗의 하나님을 비로소 구하였다는 사실은 그가 남국 유다의 종교개혁을 시작하기 4년 전에 먼저 자기 개혁부터 앞세웠다는 말씀이다.

개혁자가 대외적으로 개혁운동을 하기에 앞서 자기 개혁부터 시작해야 한다는 사실은 하나님께서도 요구하시는 일이다. 삿 6:25-26에 보면 하나님께서 기드온을 들어 이스라엘의 개혁자로 쓰시려고 하실 때 기드온이 이스라엘을 개혁하기 전에 먼저 자기 집에서부터 개혁을 시작할 것을 요구하셨다. 하나님께서는 기드온에게 아버지의 수소 곧 7년 된 둘째 수소를 끌어오고 아버지의 바알 제단을 헐며 그 곁의 아세라 상을 찍고 산성 꼭대기에 하나님 여호와를 위하여 규례대로 한 제단을 쌓고 둘째 수소를 잡아 찍은 아세라 나무로 번제를 드리라고 명하셨다.

기드온의 아버지 집에 바알의 단과 아세라 상이 있는데 어디에 가서 누구에게 개혁운동을 한다는 말인가. 있을 수 없는 일이며 한다 해도 발동기는 움직이지 않는데 공장의 모든 기계를 억지로 돌리려는 격이 되고 만다. 그래서 하나님께서는 기드온에게 이스라엘의 개혁을 하기에 앞서 먼저 자기 집부터 개혁할 것을 요구하셨던 것이다. 중국의 공자도 "진실로 자기 몸가짐을 바르게 한다면 정치를 함에 무슨 어려움이 있겠으며, 자기 몸가짐을 바르게 할 수 없다면 백성을 바로 잡는 일을 어찌할 수 있겠는가."라고 하면서 개혁자는 먼저 자신부터 개혁할 것을 강조했다.

2. 지도자부터 먼저 자기 개혁을 했다

대하 29:5에서 히스기야가 제사장과 레위 사람들에게 "레위 사람들아 내 말을 들으라 이제 너희는 성결하게 하고 또 너희 조상들의 하나님 여호와의 전을 성결하게 하여 그 더러운 것을 성소에서 없애라"라고 하면서 너희가 하나님의 성전을 성결케 하기에 앞서 너희 자신의 성결부터 앞세우라고 했다. 이 요구에 응하여 대하 29:15에서는 그들이 먼저 자기들을 성결케 하고 난 후에 여호와의 전을 깨끗하게 하였다고 하고, 대하 29:31에서는 "너희가 이제 스스로 몸을 깨끗하게 하여 여호와께 드렸으니 마땅히 나아와 제물과 감사제물을 여호와의 전으로 가져오라"라고 하면서 그들이 몸을 성결케 했는 고로 제물과 감사제물을 드리기에 합당하게 됐다고 히스기야가 승인하였다.

반면에 대하 29:34에 보면 어떤 제사장들은 자기를 성결케 하는 시간이 조금 늦어졌기 때문에 짐승들의 가죽을 능히 벗기지 못하고 그들의 성결이 마쳐지기까지 우선 레위 사람들이 도왔다고 한다. 이것은 지도자인 제사장들이 먼저 자기를 성결케 하는 일을 앞세우지 못했기 때문에 하나님의 일에 종사할 수 없었다는 사실을 보여준다. 그렇다. 지도자가 먼저 성결케 하지 않고는 하나님의 일에 손을 댈 수 없는 것이 원칙이다.

이와 같은 일은 대하 30:3에도 나온다. 히스기야가 유월절을 지키되 1월 14일에 지키지 못하고 2월로 미룬 까닭은 성결케 한 제사장의 수효가 부족하기 때문이었다고 한다. 그러던 중 2월 14일에 유월절을 지키기에 필요한 성결된 제사장의 수효가 찼기 때문에 드디어 2월 14일에 유월절을 지키게 되었다. 처음에는 성결을 마친 제사장의 수효가 적어서 1월 14일에 지키기로 되어 있는 유월절을 한 달 늦출 정도였으나, 한 달이 지나는 사이에 성결케 한 제사장의 수효가 점점 많아져 유월절을 한 주간만 아니라 두 주간씩이나 지킬 수 있을 정도가 되었다(대하 30:23, 24). 성결케 한 지도자가 많아지는 만큼 그만큼 하나님의 일도 더 많이 할 수 있게 된 것이다.

레위 사람이나 제사장이 하나님의 일을 하기 전에 먼저 자신부터 성결케 한 보기를 성경에 나오는 순서대로 열거해보자. 민 8:6, 7에 보면 하나님께서 모세에게 레위인을 먼저 성결케 하라고 말씀하셨고 이 말씀대로 순종하여 레위인이 죄에서 스스로 깨끗하게 하고 정결케 한 후에 비로소 회막에 들어가 봉사하였다고 한다(민 8:21, 22). 레위인의 봉사에 앞서 먼저 성결이 있었다.

대상 15:12에 보면 다윗이 레위 사람들로 하여금 법궤를 메어오려고 할 때 "너희는 레위 사람의 지도자이니 너희와 너희 형제는 몸을 성결하게 하고 내가 마련한 곳으로 이스라엘의 하나님 여호와의 궤를 메어 올리라"라고 하면서 법궤를 메기 전에 먼저 자기들을 성결케 할 것을 다윗이 요구하였고, 이 요구에 순종하여 대상 15:14에서는 제사장들과 레위 사람들이 이스라엘 하나님 여호와의 궤를 메고 올라가려고 몸을 성결케 했다고 한다.

대상 23:13은 아론이 제사장의 일을 하기에 앞서 먼저 몸을 성결케 하였다고 한다. 대하 5:11은 솔로몬이 성전 낙성식을 행할 때 제사장들이 먼저 성결케 한 후에 봉사했다고 하였고, 대하 35:6은 요시야 왕이 유월절을 지킬 때도 제사장들이 스스로 성결케 하고 유월절 어린 양을 잡았다고 했다.

스 6:20은 에스라 당시에 유월절을 지키는 모습을 말하는데, 제사장들과 레위 사람들이 일제히 몸을 정결케 하여 다 정결하매 유월절 양을 잡았다고 한다. 느 12:30은 제사장들과 레위 사람들이 백성과 성문과 성벽을 정결케 하기에 앞서 먼저 자신을 정결케 한 사실을 보여준다.

느 13:22은 느헤미야가 레위 사람들에게 명하기를 몸을 정결케 하고 와서 성문을 지켜서 안식일을 거룩하게 하라고 했으니 안식일에 장사꾼들이 성 안에 들어오지 못하도록 성문을 지키는 일에도 레위 사람은 먼저 자기를 정결케 해야 했다.

느 13:28에 보면 대제사장의 손자 하나가 이방 사람의 사위가 되었는 고로 느헤미야가 그를 쫓아냈다. 제사장의 손자가 이방인의 사위가 되어 있는데 어떻게 제사장 직분을 올바르게 감당할 수 있겠는가. 그래서 쫓아냈다. 말 2:5, 6에는 레위 사람에 대한 말이 나오는데 그들의 입술에는 불의함이 없었기 때문에, 즉 성결했기 때문에 많은 사람을 돌이켜 죄악에서 떠나게 하는 큰일을 할 수 있었다고 한다. 많은 사람을 돌이켜 죄악에서 떠나게 하는 일을 하려는 자는 먼저 그 입술에 불의가 없고 자신부터 성결해야 한다는 것을 보여준다.

하나님의 일을 하기에 앞서 지도자인 레위 사람과 제사장들이 먼저 성결해야 한다는 사실은 하나님께로부터 비롯되었다. 성경이 레위 사람들과 제사장들에게 하나님의 일을 하기에 앞서 먼저 자기들부터 성결해야 한다고 요구하셨는데, 이는 하나님이 거룩하시므로 너희도 거룩하라고 하셨기 때문이다. 레 11:44, 45에서는 하나님께서 이스라엘 백성들에게 내가 거룩하니 너희도 거룩하라고 하셨는데 같은 말씀이 레 19:2, 20:26, 21:8에도 있다. 욥 14:4의 "누가 깨끗한 것을 더러운 것 가운데에서 낼 수 있으리이까 하나도 없나이다"라는 말씀대로 하나님 자신이 거룩하지 못하면서 레위 사람과 제사장들에게 어떻게 먼저 성결하라고 요구할 수 있겠는가. 우리 하나님께서는 하나님 자신이 먼저 거룩하신 분이시다. 그러기에 우리에게도 거룩을 요구하시는 것이다. 하나님의 일을 하려고 하는가? 나 자신부터 먼저 성결케 하자.

3. 말씀에 근거하여 개혁을 했다

개혁을 하려는 히스기야의 세 번째 요소는 개혁운동 기준을 말씀에 두었다는 사실이다. 히스기야의 개혁운동을 살펴보면 말씀대로 했다는 구절이 여러 번 나온다. 대하 29:15에 제사장과 레위 사람들이 여호와의 전을 성결케 하되 왕이 여호와의 말씀대로 명한 것을 좇아 했다고 한다. 성소를 성결케 하는 일에도 말씀에 근거하여 하였다. 대하 29:25에 보면 왕이 레위 사람을 여호와의 전에 두어서 다윗과 왕의 선견자들이 명령한 대로 제금과 비파와 수금을 잡게 했는데 이는 여호와께서 그의 선지자들로 이렇게 명하셨기 때문이라고 했다.

대하 30:12에는 "하나님의 손이 또한 유다 사람들을 감동시키사 그들에게 왕과 방백들이 여호와의 말씀대로 전한 명령을 한 마음으로 준행하게 하셨더라"라는 말씀이 나온다. 히스기야가 유다 사람들에게 명한 일의 내용은 다름 아닌 바로 여호와의 말씀대로 명한 일이라고 했다. 대하 30:16에 보면 히스기야가 유월절을 지킬 때 하나님의 사람 모세의 율법을 좇아 제사장과 레위 사람의 손에서 피를 받아 뿌렸다고 하니 유월절을 지키는 일도 말씀대로 하였다. 대하 31:3을 보면 여호와의 율법에 기록된 대로 번제 곧 아침과 저녁의 번제와 안식일과 초하루와 절기의 번제에 히스기야의 재산 얼마를 쓰게 하였다고 한다. 즉 히스기야가 자기 재산 중에서 얼마를 정하여 여러 가지 제사를 드리게 하되 여호와의 율법에 기록된 대로 하게 하였다고 한다.

종교개혁에 임한 개혁자 히스기야의 이 세 가지 자세는 모든 개혁자들의 거울이 될 만하다. 어떠한 개혁이든 개혁자 자신이 먼저 신경쓸 일은 개혁자 자신의 개혁이다. 나 자신의 개혁이 있기 전에 어디에 가서 누구를 개혁하겠다는 말인가. 위에서도 말했지만 개혁자 자신의 혁명이 있기 전에 개혁운동을 하려는 것은 마치 공장의 발동기는 움직이지 않는데 공장 전체의 기계를 돌리려는 억지에 불과하다. 일이 제대로 될 리가 없다. 둘째는 지도자의 개혁이 먼저 앞서야 한다. 셋째는 개혁운동이 종교적인 개혁일 때는 개혁의 근거를 말씀에 두어야 한다. 말씀에 근거하지 않는 개혁운동은 허공에 뜬 구름을 기준삼아 개혁하려는 부실(不實)한 개혁이다. 우리의 종교개혁은 어디까지나 말씀에 근거를 두어야 한다.

성소를 등진 결과

대하 29:6에 보면 이스라엘 백성들이 범죄하여 하나님 여호와 보시기에 악을 행하며, 하나님을 버리고, 얼굴을 돌려 여호와의 성소를 등졌다는 말씀이 나온다. 그들이 여호와의 성소를 등졌다는 일에 대하여 성경에 있는 대로 몇 가지를 생각해보자.

1) 내용
그들이 여호와의 성소를 등졌다면 어떠한 내용으로 등졌는가? 대하 29:7은 낭실문을 닫으며 등불을 끄고 성소에서 분향하지 아니하며 이스라엘의 하나님께 번제를 드리지 않았다.

2) 원인
그러면 그들이 왜 여호와의 성소를 등지게 되었던가? 대하 29:6은 하나님을 버렸기 때문에 그리하였다고 한다. 그들이 눈에 보이는 여호와의 성소를 등진 까닭은 눈에 안 보이는 하나님을 먼저 버렸기 때문이다. 그러니 어느 누가 성소를 등진다는 것은 그 전에 하나님을 버린 일이 앞서 있었다는 사실을 알아야 한다.

3) 결과

그들이 하나님을 버림으로써 하나님의 성소를 등지게 된 결과는 어떻게 되었는가? 대하 29:8-9은 "여호와께서 유다와 예루살렘에 진노하시고 내버리사 두려움과 놀람과 비웃음거리가 되게 하신 것을 너희가 똑똑히 보는 바라 이로 말미암아 우리의 조상들이 칼에 엎드러지며 우리의 자녀와 아내들이 사로잡혔느니라"라고 한다.

이 말씀을 다시 한 번 생각해보자. 이스라엘이 여호와의 성소를 등지니 여호와께서 유다와 예루살렘에 진노하사 내어버리셨다. 그들이 마음으로 하나님을 버리고 행동으로 여호와의 성소를 등지니 그들 자신이 여호와께 버림 받는 결과가 나타났다. 여호와께 버림 받으니 그들은 두려움과 놀람과 비웃음거리가 되었다. 바꾸어 말하면 그들은 무가치한 존재가 되었다. 남에게 비웃음거리만 되고 말아도 다행인데 그것만으로 끝나지 않고 한 걸음 더 나아가 칼에 엎드러져 죽기에 이르렀다. 여호와의 성소를 등진 자들이 벌을 받는 것은 마땅하나 그들 때문에 자녀들까지 사로잡히는 결과가 나타났다. 이것이 히스기야가 왕이 되기 전에 유다 백성들이 여호와의 성소를 등지다가 받은 벌이다.

어느 때고 하나님의 백성들이 하나님의 성소를 등질 때는 나름대로의 벌을 받게 된다. 선지자 학개 당시 이스라엘 백성들이 하나님의 성소를 등질 때 받은 벌은 어떠하였던가? 학 1:6은 "너희가 많이 뿌릴지라도 수확이 적으며 먹을지라도 배부르지 못하며 마실지라도 흡족하지 못하며 입어도 따뜻하지 못하며 일꾼이 삯을 받아도 그것을 구멍 뚫어진 전대에 넣음이 되느니라"였다. 그들이 뿌리기는 많이 뿌렸으나 하나님의 축복을 받지 못하니 수입이 적었고, 수입이 적어서 넉넉하게 먹지 못하니 먹을지라도 배가 부르지 않고 마실지라도 흡족하지 못하며, 제대로 된

옷을 사 입지 못하니 입어도 따뜻하지 못하였다. 일꾼이 하루 종일 일하고 삯을 받았으나 구멍 뚫어진 전대에 넣는 것과 같았으니 하루 종일 땀 흘리고 고생한 것이 헛수고가 되고 말았다. 이렇게 기가 막힌 사실이 일어났던 것이다.

학 1:9-10은 어떻게 말하는가? 그들이 처음에는 많은 것을 바랐으나 얻은 것은 도리어 적었고, 적은 그것이나마 집으로 가져갔더니 하나님께서 그것마저 불어버리셨다고 했으니 남은 것이 하나도 없게 되었다. "그러므로 너희로 말미암아 하늘은 이슬을 그쳤고 땅은 산물을 그쳤으며 내가 이 땅과 산과 곡물과 새 포도주와 기름과 땅의 모든 소산과 사람과 가축과 손으로 수고하는 모든 일에 한재(旱災)를 들게 하였느니라"(학 1:10-11). 그리고 "그때에는 이십 고르 곡식 더미에 이른즉 십 고르뿐이었고 포도즙 틀에 오십 고르를 길으러 이른즉 이십 고르뿐이었었느니라 만군의 여호와가 말하노라 내가 너희 손으로 지은 모든 일에 곡식을 마르게 하는 재앙과 깜부기 재앙과 우박으로 쳤으나 너희가 내게로 돌이키지 아니하였느니라……포도나무, 무화과나무, 석류나무, 감람나무에 열매가 맺지 못하였느니라"(학 2:16-19).

슥 8:10은 "사람도 삯을 얻지 못하였고 짐승도 삯을 받지 못하였으며 사람이 원수로 말미암아 평안히 출입하지 못하였으나 내가 모든 사람을 서로 풀어 주게 하였느니라"라고 한다. 사람이 죽도록 일하고도 제대로 삯을 얻지 못하니 짐승에게 먹일 만한 먹이도 충분치 못하다. 그래서 짐승에게 먹이지 못하니 짐승까지도 삯을 받지 못하는 꼴이 되고 말았다. 사람들이 여호와의 성소를 등지다 벌 받는 것은 당연하지만 이러한 사람들 때문에 애매한 짐승들까지 수난을 겪게 되었던 것이다. 이것이 무슨 꼴인가? 학개와 스가랴 선지자 때 이스라엘 백성들이 성소를 등지다가 이러한 징계를 받았던 것이다. 하나님의 백성들이 성소를 등질 때 그 결과는 자기에게로 돌아온다.

반면에 하나님의 백성들이 하나님의 성전을 사랑하고 존중히 여기고 앞세울 때는 그들 자신이 복을 받는다. 그 대표적인 사람이 바로 다윗 왕이다. 다윗 왕이 하나님의 성전을 위하여 사랑하고 사모하던 모습을 시편 기자는 "여호와여 다윗을 위하여 그의 모든 겸손을 기억하소서 그가 여호와께 맹세하며 야곱의 전능자에게 서원하기를 내가 내 장막 집에 들어가지 아니하며 내 침상에 오르지 아니하고 내 눈으로 잠들게 하지 아니하며 내 눈꺼풀로 졸게 하지 아니하기를 여호와의 처소 곧 야곱의 전능자의 성막을 발견하기까지 하리라 하였나이다"(시 132:1-5)라고 했다.

이렇게까지 하나님의 성전을 사모하는 다윗에게 하나님께서는 그의 자손 가운데서 메시야가 탄생할 것을 약속하셨고(삼하 7:13-14), 이 은혜가 너무 감격스러워서 다윗은 여호와 앞에 들어가 "주 여호와여 나는 누구이오며 내 집은 무엇이기에 나를 여기까지 이르게 하셨나이까"(삼하 7:18)라고 하면서 감사하였다.

우리는 히스기야가 왕이 되기 전의 이스라엘 백성들처럼 하나님의 성소를 등지다가 위에서 말한 것과 같은 벌을 받을 것이 아니라, 다윗처럼 성소를 사랑하고 성소를 위하고 성소를 앞세우다가 우리 자신이 복을 받는 21세기의 다윗이 될 수 있기를 바란다.

똑똑히 보는 바라

대하 29:6-8에서 히스기야는 "우리 조상들이 범죄하여 우리 하나님 여호와 보시기에 악을 행하여 하나님을 버리고 얼굴을 돌려 여호와의 성소를 등지고 또 낭실 문을 닫으며 등불을 끄고 성소에서 분향하지 아니하며 이스라엘의 하나님께 번제를 드리지 아니하므로 여호와께서 유다와 예루살렘에 진노하시고 내버리사 두려움과 놀람과 비웃음거리가 되게 하신 것을 너희가 똑똑히 보는 바라"라고 했다. "똑똑히 보는 바라"는 무슨 뜻인가?

우리 열조가 범죄하여 여호와의 성소를 등진 결과 그들이 어떠한 벌을 받았는지를 우리 눈으로 직접 보았으니 범죄하여 여호와의 성소를 등진 자들의 결과를 새삼스럽게 다시 설명할 필요가 없다는 뜻이다. 그들이 눈으로 직접 보았으니 무슨 설명이 또 필요하겠는가.

이 "똑똑히 보는 바라"는 대하 30:7에도 또 나온다. 히스기야는 "너희 조상들과 너희 형제같이 하지 말라 그들은 그의 조상들의 하나님 여호와께 범죄하였으므로 여호와께서 멸망하도록 버려 두신 것을 너희가 똑똑히 보는 바니라"라고 했다. 여기에서도 "똑똑히 보는 바니라"는 같은 뜻으로 쓰여졌다. 너희 열조와 형제들이 여호와께 범죄하다가 멸망하게 된 사실을 너희 눈으로 밝히 보았으니 더 설명할 필요가 없다는 말이다.

"똑똑히 보는 바니라"는 느 2:17에도 나온다. 예루살렘에 온 느헤미야가 예루살렘 성벽이 다 무너져 있고 성문이 불탄 상태를 보고는(느 2:13) 유다 사람들에게 "우리가 당한 곤경은 너희도 보고 있는 바라 예루살렘이 황폐하고 성문이 불탔으니 자, 예루살렘성을 건축하여 다시 수치를 당하지 말자"라고 했다. "너희도 보고 있는 바라"는 우리가 범죄하였으므로 곤경을 당하는 것이라는 사실을 너희가 친히 똑똑히 보는 바니 하나님께 범죄한 자가 당하는 곤경이 어떠한지는 또 설명할 필요가 없다는 뜻이다.

하나님께 범죄한 자가 받는 결과를 친히 똑똑히 본 사람들은 어떠한 태도를 취해야 하는가? 대하 30:7의 태도이다. 히스기야는 우리 조상들이 여호와께 범죄하였으므로 여호와께서 멸망하도록 버려 두신 것을 너희가 똑똑히 보는 바니 "너희 조상들과 너희 형제같이 하지 말라"라고 했다. 너희 조상들과 형제가 여호와께 범죄하다가 여호와께로부터 멸망을 받았으니 너희는 조상들과 형제들과 같이 해서는 안 된다는 뜻이다. 옳다. 이것이 하나님께 범죄하다가 벌 받은 사실을 똑똑히 본 자가 취할 올바른 태도이다. 앞서간 사람들이 하나님께 범죄하다가 벌을 받았으니 우리는 그들의 잘못을 반복하지 말자는 것이 하나님께 범죄하다가 벌 받은 결과를 똑똑히 본 후손들이 취할 태도가 아니겠는가.

그런데 똑똑히 본다고 하여 다 히스기야처럼 정신을 차리는가? 선배가 하나님께 범죄하다가 어떻게 됐는지를 똑똑히 보고도 그보다 한술 더 뜨는 사람들도 있다. 겔 23:5-10에 보면 사마리아가 하나님께 범죄하여 어떠한 벌을 받았는가에 대한 기록이 나온다. 사마리아가 애굽과 앗수르와 영적 간음을 범하니 하나님께서 그를 그 정든 자 연애하는 앗수르 사람의 손에 넘겨 그들로 하여금 사마리아의 하체(下體)를 드러내게 하고 그의 자녀를 빼앗으며 칼로 그를 죽여 여인들에게 이야깃거리가 되게 하셨다고 한다. 그런데 겔 23;11에 보면 그 아우 유다가 이것을 보고도 그의 형보다 음욕을 더하며 그의 형의 간음함보다 그 간음이 더 심하므로 그의 형보다 더 부패해졌다고 한다. 사마리아가 애굽과 앗수르와 영적으로 간음하다가 어떠한 벌을 받았는지를 그의 아우 유다가 똑똑히 보고도 정신 차리지 못하고 도리어 그 형 사마리아보다 더 음욕을 품고 간음이 심했다고 한다. 그러니 그가 받을 벌도 더 크지 않겠는가.

앞서간 사람들이 하나님께 범죄하다가 벌 받은 사실을 똑똑히 본 우리는 어떠한 자세를 가질 것인가? 겔 23장의 유다처럼 사마리아의 심판을 똑똑히 보고도 그들의 악을 계속 따라갈 것인가? 아니면 히스기야처럼 하나님께 범죄하다가 망한 열조처럼 하지 않고 그들의 길에서 돌이킬 것인가? 우리는 히스기야처럼 돌이킴의 길을 택할지언정 겔 23장의 유다 백성들처럼 사마리아의 잘못을 똑똑히 보고도 미련하고 강퍅한 백성들이 되어서는 안 되겠다.

맹렬한 노를 떠나게 한 왕

히스기야 이전의 유대 민족들이 범죄하여 여호와 보시기에 악을 행하고 얼굴을 돌려 여호와의 성소를 등지므로 여호와께서 유다와 예루살렘에 진노하시고 내버리사 두려움과 놀람과 비웃음거리가 되게 하시고 그들의 조상들이 칼에 엎드러지며 그들의 자녀와 아내가 사로잡히게 되었다(대하 29:6-10). 이러한 계제(階梯)에 임금의 자리에 오른 히스기야는 대하 29:10에서 레위 사람들에게 이제 이스라엘의 하나님 여호와와 더불어 언약을 세워 그 맹렬한 노를 우리에게서 떠나게 할 마음이 있다고 하였다. 그러니 히스기야는 조상들의 범죄로 말미암아 임하게 되었던 여호와의 맹렬한 노를 떠나게 한 왕이었다.

그는 대하 30:8에서도 이러한 말을 또 하였다. 그가 유월절을 지키려고 보발(步撥)꾼들을 이스라엘과 유다에 보내면서, 너희 조상들이 여호와께 범죄하였으므로 여호와께서 멸망하도록 버려 두신 것을 너희가 똑똑히 보는 바니 이제는 너희가 여호와께 돌아와 영원히 거룩하게 하신 전에 들어가서 너희 하나님 여호와를 섬겨 그의 진노가 너희에게서 떠나게 하라고 했다.

　그가 여호와의 노를 떠나게 한 일은 렘 26:16-19에도 또 나온다. 히스기야 시대에 미가라는 사람이 시온은 밭처럼 경작지가 될 것이고 예루살렘은 돌 무더기가 되며 이 성전의 산은 산당의 숲과 같이 되리라고 할 때, 히스기야가 여호와를 두려워하여 여호와께 간구하매 여호와께서 그들에게 선고하신 재앙에 대하여 뜻을 돌이키셨다고 하였다. 여호와께서 그들에게 선고하신 재앙에 대하여 뜻을 돌이키셨다는 것은 바로 노를 떠나게 했다는 말이다. 여하튼 히스기야는 조상들의 죄 때문에 임하게 된 여호와의 노, 그것도 맹렬한 노를 떠나게 한 왕이다.

　여호와의 노를 떠나게 한 사람들의 역사를 더듬어 보면 우선 민 25:4에서 그 경우를 볼 수 있다. 이스라엘이 싯딤에 있을 때 이스라엘이 모압 여자들과 음행하여 여호와께서 이스라엘에 진노하셨다. 그때 여호와께서 모세에게 "백성의 수령들을 잡아 태양을 향하여 여호와 앞에 목매어 달라 그리하면 여호와의 진노가 이스라엘에게서 떠나리라"(민 25:4)라고 하셨다. 모압 여자들과의 음행으로 여호와의 진노가 이스라엘에 임했을 때 백성들의 수령들을 잡아 태양을 향하여 여호와 앞에 목매달음으로써 여호와의 노를 떠나게 한 적이 있었다.

　또 한 번은 스 10:14의 경우다. 에스라 때 이스라엘 백성들이 이방 사람들과 혼인을 하므로 여호와의 진노가 그들에게 임했다. 그런데 이 보고를 들은 에스라가 속옷과 겉옷을 찢고 머리털과 수염을 뜯으며(스 9:3) 하나님의 성전 앞에 엎드려 울며 기도하고 자복할 때(스 10:1) 그와 뜻을 같이 하는 동지들이 에스라에게 "이제 온 회중을 위하여 우리의 방백들을 세우고 우리 모든 성읍에 이방 여자에게 장가든 자는 다 기한에 각 고을의 장로들과 재판장과 함께 오게 하여 이 일로 인한 우리 하나님의 진노가 우리에게서 떠나게 하소서"(스 10:14)라고 제안했다. 여하튼 에스라가 중심이 되어 이방 혼인으로 말미암아 이스라엘에 임했던 여호와의 진노를 떠나게 한 셈이다. 이 사람들은 다 여호와의 진노를 떠나게 한 사람들이다.

반면에 성경에 보면 여호와의 진노를 임하게 한 사람들도 있다. 우선 남국 유다의 제8대 왕 요아스를 들 수 있다. 요아스는 자기를 믿음으로 잘 지도했던 제사장 여호야다가 세상을 떠나자, 유다 백성들의 꾐에 빠져 여호와의 전을 버리고 아세라 목상과 우상을 섬겼으므로 그 죄로 인하여 진노가 유다와 예루살렘에 임하게 되었다고 한다(대하 24:18). 요아스 한 사람이 범죄하자 그 한 사람의 범죄로 말미암아 여호와의 진노가 유다와 예루살렘에게 임하게 되었다.

다음은 남국 유다의 제14대 왕 므낫세다. 아버지 히스기야는 맹렬한 노를 떠나게 했지만 그의 아들 므낫세는 여호와의 노를 불러들인 자였다. 왕하 21:6은 므낫세가 여호와 보시기에 악을 많이 행하여 여호와의 진노를 일으켰다고 한다. 그가 여호와의 진노를 일으키되 어느 정도로 일으켰는가? 왕하 23:26은 "그러나 여호와께서 유다를 향하여 내리신 그 크게 타오르는 진노를 돌이키지 아니하셨으니 이는 므낫세가 여호와를 격노하게 한 그 모든 격노 때문이라"라고 했다. 무슨 뜻인가? 므낫세의 손자인 남국 유다 제16대 왕 요시야가 왕위에 오르자 일대 개혁운동을 일으켰다. 여러 면에서 개혁운동을 일으켰으나 므낫세가 지은 죄가 하도 심하니 므낫세의 죄로 인하여 불러들인 여호와의 진노가 너무 무거워 요시야의 종교개혁으로는 여호와의 노를 돌이키게 할 수 없을 정도였다는 말씀이다.

또한 백성들 전체가 여호와의 진노를 불러일으킨 경우가 있다. 대하

36:16은 "그의 백성이 하나님의 사신들을 비웃고 그의 말씀을 멸시하며 그의 선지자를 욕하여 여호와의 진노를 그의 백성에게 미치게 하여 회복할 수 없게 하였으므로"라고 했다. 유다가 망할 무렵에 유다 백성들이 민족적으로 범죄하여 어떠한 방법으로도 여호와의 진노를 만회할 수 없게 만들어놓았으니 그들이 불러일으킨 여호와의 진노가 얼마나 컸기에 이 지경에까지 이르게 했겠는가. 참으로 가슴 아픈 일이다.

느 13:18 때에도 그러하였다. 느헤미야 때 이스라엘 백성들이 안식일을 범하여 여호와의 진노가 이스라엘에게 임하되 더욱 심하게 한 적이 있었다. 이와 같이 어느 개인만이 아니라 이스라엘이 민족적으로 범죄하여 여호와의 진노를 그들에게 임하게 한 적이 있었다.

이 모든 일들보다 더 마음 아픈 일이 있다. 무슨 일인가? 그것은 왕이 되자마자 이스라엘에 내려진 하나님의 맹렬한 진노를 떠나게 했던 히스기야 왕 자신이 말년에는 진노가 유다와 예루살렘에게 임하도록 만들었다는 사실이다. 대하 32:25은 "히스기야가 마음이 교만하여 그 받은 은혜를 보답하지 아니하므로 진노가 그와 유다와 예루살렘에 내리게 되었더니"라고 한다. 얼마나 가슴 아픈 일인가.

한때는 조상들의 범죄로 말미암아 그들에게 임했던 여호와의 맹렬한 노를 떠나게 하더니 이제는 자신이 여호와의 진노를 다시 불러들이게 만들었다. 이 얼마나 유감스러운 일인가. 물론 대하 32:26에 보면 그의 회개로 여호와의 진노가 생전에는 내리지 않았으나 그가 죽은 후 후손들에게 임하게 되지 않았던가. 무엇이 히스기야를 변질시켜 놓았던가? 교만이다. 마음의 교만이 한때 맹렬한 노를 떠나게 했던 히스기야로 하여금 나중에는 여호와의 노를 불러들이는 사람으로 변질시켜 놓았던 것이다. 지어서는 안 될 죄는 교만이라는 사실을 다시 한 번 뼈저리게 느끼게 된다.

여하튼 히스기야는 왕이 되자마자 조상들의 범죄 때문에 자기들 머리 위에 무겁게 내렸던 여호와의 맹렬한 노를 떠나게 한 사람이니 우리도 히스기야처럼 조상들의 범죄로 우리에게 임했던 여호와의 맹렬한 노를 떠나게 하는 후손들이 되어야겠다. 우리 한국 교회에서 선조들로 말미암아 우리에게 임했던 여호와의 맹렬한 노를 떠나게 할 수 있는 제이 제삼의 히스기야가 많이 나타날 수 있기를 바란다.

주님의 일을 하려는 자에게

히스기야는 왕이 되자마자 성전 청결(대하 29:1-19), 속죄제(대하 29:20-28), 감사제(대하 29:29-36), 유월절을 지키는 일(대하 30장) 등 여러 가지 면에서 하나님의 일을 많이 하였다. 히스기야가 이렇게 하나님의 일을 많이 할 때 하나님께서도 그와 함께 하셔서 여러 면에서 도우신 사실을 볼 수 있다. 본디 성경은 하나님께서는 일을 하려는 자에게 함께 하셔서 여러 면에서 도우신다는 사실을 보여준다. 하나님의 일을 안 하고자 하는 자는 하나님께서도 돕지 않으시나 하나님의 일을 하고자 나서는 자에게는 하나님께서 그와 함께 하셔서 도우시는데 그 도우시는 방법은 경우에 따라 다르다. 이번에는 하나님의 일을 하려는 히스기야를 도우신 경우를 생각해보자. 히스기야의 경우는 어떻게 도우셨는가?

1. 예비해 주셨다

대하 29:36은 "이 일이 갑자기 되었으나 하나님께서 백성을 위하여 예비하셨으므로……"라고 했다. 이 일이 무슨 뜻인가? 감사제다. 히스기야가 감사제를 드릴 때 수소 70마리, 숫양 100마리, 어린 양 200마리, 구별하여 드린 소가 600마리, 양이 3,000마리였다(대하 29:32-33). 오랫동안 제사를 드려보지도 못했던 백성들이 히스기야가 즉위하자마자 갑자기 제사를 드리게 되었는데, 갑자기 제사를 드리면서도 많은 짐승이 준비될 수 있었던 것은 하나님께서 백성을 위하여 예비해주셨기 때문이라고 했다. 간절한 마음으로 하나님의 일을 하려는 히스기야를 하나님께서도 이렇게 물질적으로 도우셨다.

하나님의 일을 하려는 자에게 물질적으로 예비해주신 일은 히스기야만이 아니다. 창 22장에 보면 아브라함이 하나님의 말씀에 순종하여 이삭을 드리려고 모리아 산에 올라갔을 때 하나님께서는 한 숫양을 예비하시고(창 22:13) 그를 기다리고 계셨다. 이와 같이 진실한 마음으로 주님의 일을 하려고 나서는 자에게는 하나님께서 물질적으로 예비해주시는 사실을 볼 수 있다.

2. 감동시켜 주셨다

대하 30:12은 "하나님의 손이 또한 유다 사람들을 감동시키사 그들에게 왕과 방백들이 여호와의 말씀대로 전한 명령을 한 마음으로 준행하게 하셨더라"라고 말한다. 오랫동안 지키지 않던 유월절을 히스기야가 지키려고 할 때, 하나님께서는 유다 사람들의 마음을 감동시켜 왕의 명령을 준행하여 유월절을 지키는 일에 협력하도록 해주신 것이다. 전자가 물질적인 예비라면 이것은 심령에 관한 도우심이다. 하나님께서 백성들의 마음을 감동시켜 유월절을 지키려는 히스기야에게 협력하도록 해주셨다.

총독 스룹바벨과 대제사장 여호수아가 선지자 학개의 예언을 듣고 하나님의 성전을 건축하고자 나설 때, 하나님께서는 스룹바벨과 여호수아와 모든 백성들의 마음을 감동시키시어 하나님의 전 공사를 하게 하셨다(학 1:14). 이것은 영적인 면의 도우심이다. 스룹바벨과 여호수아가 아무리 성전을 건축하려 해도 백성들이 협조하지 않는데 어떻게 성전을 세울 수 있겠는가. 하나님께서 백성들의 마음을 감동시키사 성전을 세우려는 스룹바벨과 여호수아에게 협력하도록 하셨다. 이와 같이 하나님께서는 하나님의 일을 하려는 자를 영적인 면에서 도우신다.

3. 육체를 고치셨다

대하 30:18에 보면 에브라임, 므낫세, 잇사갈, 스불론 지파의 많은 무리가 자기들을 깨끗하게 하지 아니하고 유월절 양을 먹어 기록한 규례를 어겼다. 이 사실을 본 히스기야는 18-19절에서 "선하신 여호와여 사하옵소서 결심하고 하나님 곧 그의 조상들의 하나님 여호와를 구하는 사람은 누구든지 비록 성소의 결례대로 스스로 깨끗하게 못하였을지라도 사하옵소서"라고 기도했더니 "여호와께서 히스기야의 기도를 들으시고 백성을 고치셨더라"(대하 30:20)라고 했다. 백성을 고치신 사실을 보면 아마 이 지파 사람들이 기록된 규례대로 성결케 하지 않고 유월절 양을 먹었기 때문에 육체적인 어떤 병에 걸리는 심판을 받은 모양 같다. 이 일을 본 히스기야가 하나님께 기도했더니 하나님께서 그의 기도를 들으시고 백성을 고치신 것이다. 대하 29:36이 물질적인 도우심이요, 대하 30:12이 영적인 도움이시라면, 대하 30:20은 육체적인 도우심이다. 하나님께서는 진심으로 하나님의 일을 하려는 히스기야에게 육체적으로 치료해주시는 도우심을 주셨다.

블레셋에 빼앗겼던 법궤가 아비나답의 집에 온 후 20년을 지냈고(삼상 7:1-2), 그 후에 사울이 40년간 왕으로 있었으며, 다윗이 아비나답의 집에서 법궤를 예루살렘으로 모신 때는 삼하 6장의 때니, 법궤가 아비나답의 집에서 예루살렘으로 모셔지기까지는 60년 이상의 세월이 흘렀다. 60년 이상의 세월이 흐르는 동안 이스라엘 백성 가운데서 누구 하나 하나님의 법궤를 예루살렘으로 모셔오자고 하는 사람은 없었다. 더욱이 사울은 40년간 왕으로 있으면서 법궤에 대한 생각은 조금도 없었다.

다윗이 왕이 되자마자 60년 이상 아비나답의 집에 방치되었던 하나님의 법궤를 예루살렘으로 모시고자 하였으니 그 일을 하나님께서 얼마나 기쁘게 여기셨겠는가. 그래서 하나님께서는 여호와의 궤를 멘 레위 사람을 도우셨다고 하였다(대하 15:26). 남국 유다의 제10대 왕 웃시야가 왕으로서 하나님과 나라를 위하여 여러 면에서 열심히 일을 할 때 하나님께서 그를 도우셨다고 하였고(대하 26:7), 대하 26:15은 하나님께서 그에게 기이(奇異)한 도우심을 주셨다고 한다.

반면에 하나님의 일을 안 하려는 자에게는 하나님께서도 손을 떼신다. 삿 2장이 우리에게 주는 교훈이 무엇인가? 삿 2:2-3에 보면 이스라엘 백성들이 가나안 정복을 중단하니 하나님께서도 가나안을 그들 앞에서 쫓아내지 않겠다고 하셨다. 삿 2:21은 그들이 가나안을 쫓아내지 아니하니 하나님께서 가나안을 그들 앞에서 하나도 쫓아내지 않겠다고 말씀하지 않으셨는가. 사람들 편에서 하나님의 일을 안 하려는 때는 하나님께서도 그들에게서 손을 떼시고 돕지 않으신다. 하나님께서는 언제라도 하나님의 일을 하려는 자에 한하여 도우신다.

우리는 히스기야, 아브라함, 스룹바벨, 여호사밧, 다윗, 웃시야처럼 하나님의 일을 하려 할 때 예상하지 않았던 하나님의 도우심을 받는 복된 사람들이 될지언정, 사사기 당시의 이스라엘 백성들처럼 하나님의 일을 안 하려고 하다가 하나님의 도우심을 못 받는 불행한 자들이 되어서는 안 되겠다.

제13대 히스기야

대하 30장

말씀대로 명하니

히스기야의 종교개혁이 말씀에 근거하여 되어졌다는 사실은(대하 29:15, 25, 30:12, 16) 앞에서도 언급하였다. 그는 언제나 무슨 일을 하든지 늘 말씀에 근거하여 하기를 좋아하는 왕이었다. 대하 31:3에도 보면 여호와의 율법에 기록된 대로 아침과 저녁의 번제와, 안식일과 초하루와 절기의 번제에 왕의 재산 중 얼마를 쓰게 했다고 하였다.

대하 30장에는 히스기야가 유월절을 지키는 일에 있어서도 말씀에 근거하여 명한 이야기가 나온다. 대하 30:1-2에서 히스기야가 백성들에게 유월절을 지키라고 명하였는데, 이 명령은 자기 마음에 내키는 대로 아무렇게나 명한 것이 아니라 대하 30:12에 보면 말씀에 근거하여 명한 일이다. 그가 이렇게 유월절을 지키는 일을 말씀에 근거하여 명할 때 어떠한 결과가 나타났는가?

1. 하나님께서 백성들을 감동시켜 주셨다

대하 30:12에 보면 "하나님의 손이 또한 유다 사람들을 감동시키사 그들에게 왕과 방백들이 여호와의 말씀대로 전한 명령을 한 마음으로 준행하게 하셨더라"라고 했다. 히스기야가 백성들에게 유월절을 지킬 것을 명하되 말씀대로 명하니 하나님께서 유다 사람들이 말씀대로 준행하도록 마음을 감동시켜 주셨다는 말이다.

말씀대로 명하지 않았는데 하나님께서 어떻게 감동시켜주시겠는가. 히스기야가 말씀대로 명하니 말씀대로 명한 그 유월절이 잘 지켜지도록 하나님께서 백성들의 마음을 감동시키시는 일로 히스기야가 하는 일을 도우신 것이다.

창 11장에서 사람들이 바벨탑을 쌓으려는 일은 말씀에 어긋나는 일이었다. 홍수 후 하나님께서는 사람들에게 땅에 충만하라고 하셨는데(창 9:1) 그들은 "온 지면에 흩어짐을 면하자"(창 11:4)라고 하면서 바벨탑 쌓기를 시작하였다. 말씀에 어긋나는 공사를 하나님께서 어떻게 도우시겠는가. 돕지 않으실 뿐더러 그들의 말을 혼잡하게 하사 그들을 지면에 흩으셨다. 감동이 없었다. 하나님께서는 말씀대로 하는 일에 한하여 감동시켜 주신다. 우리가 하는 일에 하나님께서 감동시켜 주시기를 바라는가? 말씀대로 해야 한다.

2. 즐거움이 있었다

대하 30:21은 예루살렘에 모인 이스라엘 자손이 크게 즐거워했다고 하였고, 23절은 즐거이 지켰다고 하였고, 25절은 즐거워하되 몇 사람만 즐거워한 것이 아니라 너 나 할 것 없이 다 즐거워했다고 하였고, 특히 26절은 "예루살렘에 큰 기쁨이 있었으니 이스라엘 왕 다윗의 아들 솔로몬 때로부터 이러한 기쁨이 예루살렘에 없었더라"라고 했다. 솔로몬 때부터 지금까지 가져보지 못한 큰 기쁨을 처음으로 가져본 것이다. 지도자가 말씀대로 명하는 일에는 백성들이 즐거워하되 보통 즐거워하는 것이 아니라 크게 즐거워하며 어느 일부분의 사람만 즐거워하는 것이 아니라 다 즐거워하게 된다.

3. 기도가 상달되었다

히스기야가 말씀대로 유월절을 명할 때 그의 기도가 상달된 경우는 두 번 있었는데 하나는 대하 30:18-20의 경우요, 다른 하나는 대하 30:27의 경우다. 전자의 경우에서는 에브라임, 므낫세, 잇사갈, 스불론 지파의 사람들이 자기를 깨끗하게 하지 아니하고 유월절 양을 먹으므로 대하 30:20의 말씀대로 어떠한 육체적인 병에 걸리는 벌을 받았던 것 같다. 그때 히스기야가 하나님께 기도하였더니 하나님께서 히스기야의 기도를 들으시고 그들의 병을 고쳐주셨다(대하 30:20).

대하 30:27에서는 제사장들과 레위 사람들이 백성을 위하여 축복하는 기도가 하늘에 이르렀다. 하나님께서는 말씀대로 하는 자의 기도를 들으신다. 왕상 18장에서 엘리야의 기도가 상달되어 하늘에서 불이 내려온 이유도 그가 주의 말씀대로 이 모든 일들을 행한 까닭이었다(왕상 18:36).

내가 하는 일에 하나님께서 감동시켜 주시기를 바라는가? 내가 하는 일로 말미암아 많은 사람들이 즐거워하기를 바라는가? 일을 하는 도중에 내 기도가 하나님 앞에 상달되기를 바라는가? 그렇게 되기를 원한다면 모든 일을 말씀에 근거하여 해야 한다.

백성을 즐겁게 한 지도자

앞에서 말한 대로 히스기야가 말씀에 근거하여 백성들에게 유월절을 지키라고 시달하자 백성들은 몹시 즐거워하였다. 이러한 면에서 그는 자기가 결정한 일로 백성들을 즐겁게 한 왕이었다. 그는 대하 29:30에서도 백성을 즐겁게 하였다. 히스기야 왕이 귀인들과 더불어 레위 사람에게 명령하여 다윗과 선견자 아삽의 시로 여호와를 찬송하게 하매 그들이 즐거움으로 찬송하였다고 한다.

성경에 보면 참된 지도자들이 하나님의 뜻에 합당하게 어떠한 일을 결정하고 그 결정된 내용을 사람들에게 알릴 때 그 소식을 들은 사람들이 기뻐한 보기가 다른 곳에서도 나온다.

행 6:1-6에 보면 사도들의 업무량이 너무 많아 도저히 구제하는 일에까지 손이 미치지 못하게 되자 그들은 모여 의논하기를 성령과 지혜가 충만하여 칭찬 받는 사람 일곱을 택하여 구제하는 일을 그들에게 맡기고 사도들은 기도하는 것과 말씀 사역에 힘쓰자고 결정하였다. 그러자 온 무리가 기뻐하였다고 한다(행 6:5). 여기에서도 히스기야 때와 같이 온 무리가 다 기뻐하였다. 무리 가운데 더러는 기뻐하고 더러는 기뻐하지 않은 사람들이 있었던 것이 아니라 온 무리가 예외없이 기뻐하였다. 사도들의 결정이 하나님의 뜻대로 믿음으로 되어질 때 온 무리가 기뻐하였다.

행 15장에서는 유대주의자들이 안디옥에 내려와 너희가 믿기는 믿으나 모세의 법대로 할례를 받지 아니하면 능히 구원을 받지 못한다고 순진한 성도들을 괴롭혔다. 이 일 때문에 사도와 장로들이 예루살렘에 모여 토의하다가 이방인 중에서 하나님께로 돌아오는 자들을 괴롭게 말고 다만 우상의 더러운 것과 음행과 목 매어 죽인 것과 피를 멀리할 것을 결정하고 알리니 무리가 기뻐했다고 하였다(행 15:31). 왜? 사도들의 결정이 인간적인 결정이 아니라 성령님께서 함께 하셔서 인정해주시는 결정이었기 때문이다. 행 15:28은 "성령과 우리는 이 요긴한 것들 외에는 아무 짐도 너희에게 지우지 아니하는 것이 옳은 줄 알았노니"라고 했다. 그들의 결정은 그들만의 인간적인 결정이 아니라 성령님께서 함께 하사 결정된 일이었다. 그러니 하나님의 뜻대로 믿음으로 된 결정이었다. 그러기에 그들의 결정은 무리들을 기쁘게 할 수 있었던 것이다.

반면에 그렇지 못한 때도 있었다. 수 9장에서는 여호수아가 잘못 결정하여 백성들의 원망을 산 적이 있었다. 기브온 백성들이 여호수아에게 찾아와 자기들은 여호수아의 점령지역 밖에 사는 먼 나라 백성들이니 화친하자고 제안하였다. 그런데 이 제안을 들은 여호수아는 여호와께 묻지 아니하고(수 9:14) 그들과 화친하기로 언약을 맺었다고 한다. 믿음의 사람 여호수아도 인간인지라 이때 잠시 인간적인 생각에 빠져 큰 실수를 저질렀다. 하나님의 뜻에 맞는 믿음의 결정이 아니었다.

그 언약을 맺은 후 3일이 지나서 그들이 이스라엘의 점령지역 밖에 있는 사람들이 아니라 점령지역 안에 있는 사람들이라는 것을 알았다. 이 사실을 안 이스라엘 백성들은 족장들을 원망했다고 한다(수 9:18). 원망하되 몇 사람만 원망한 것이 아니라 회중이 다 원망하였다고 한다. 히스기야와 사도들 때와는 정반대이다. 히스기야와 사도들 때에는 백성들이 다 기뻐했는데 여호수아 때는 다 원망했다. 믿음의 사람 여호수아도 일시적이나마 잘못된 결정을 하고 말았다. 그때의 결정은 히스기야처럼 말씀에 근거하거나 사도들처럼 성령께서 함께 하셔서 되어진 결정이 아니라 순전히 사람의 생각대로, 내 생각대로 내린 결정이었으므로 이러한 원망을 사게 되었던 것이다.

교회의 지도자들은 어떠한 결정을 내려 교회에 시달할 것인가? 우리의 결정이 히스기야처럼 하나님의 말씀에 근거한 결정, 사도들처럼 성령께서 함께 하셔서 되어진 결정을 교회에 시달할 때 온 교회가 기뻐하고 즐거워할 것이다. 여호수아처럼 하나님께 묻지 아니하고 인간적인 생각대로 결정하고 교회에 시달할 때는 온 교회가 지도자를 원망할 것이다. 우리는 교회의 지도자로서 어떠한 결정을 내려 교회에 시달할 것인가? 온 교회가 기뻐하고 즐거워하는 결정인가? 아니면 온 교회가 원망할 수밖에 없는 결정을 내려 시달할 것인가? 어느 편인가?

여호와께로 돌아오면

대하 30:6-9은 우리가 여호와께 돌아가면 여호와께서 어떻게 해주시는지에 대하여 세 가지를 말한다. 우리가 여호와께로 돌아갈 때 여호와께서는 우리에게 어떻게 해주시는가?

1. 여호와께서 우리에게 돌아오겠다고 하셨다

대하 30:6에서 왕의 보발(步撥)꾼들이 이스라엘과 유다에 두루 다니며 "이스라엘 자손들아 너희는 아브라함과 이삭과 이스라엘의 하나님 여호와께로 돌아오라 그리하면 그가 너희 남은 자 곧 앗수르 왕의 손에서 벗어난 자에게로 돌아오시리라"라고 전하였다. 범죄하여 하나님을 멀리 떠났던 인생들이 회개하고 하나님께로 돌아올 때 하나님께서도 돌아오시겠다는 말씀이다.

스가랴서는 범죄하여 바벨론에 포로로 끌려갔던 이스라엘이 회개하고 죄사함 받은 후 고국 예루살렘에 돌아와 성전을 짓게 된 사실을 기록한 책인데 범죄했던 이스라엘이 회개하고 돌아올 때 우리 하나님께서는 어떻게 해주셨는가? 슥 1:16에 보면 "그러므로 여호와가 이처럼 말하노라 내가 불쌍히 여기므로 예루살렘에 돌아왔은즉 내 집이 그 가운데에 건축되리니"라고 하셨다. "내가 불쌍히 여기므로 예루살렘에 돌아왔은즉", 범죄한 이스라엘이 회개하고 하나님께로 돌아올 때에 하나님께서도 긍휼히 여기심으로 예루살렘에 돌아오겠다고 말씀하셨다.

　슥 8:3은 또 "여호와가 이같이 말하노라 내가 시온에 돌아와 예루살렘 가운데에 거하리니"라고 말했다. 이스라엘이 회개하고 하나님께로 돌아올 때 하나님께서도 시온에 돌아오신다. 우리가 회개하고 하나님께 돌아올 때는 하나님께서도 우리에게 돌아오시는 날이다.

2. 원수의 나라에 사로잡혀 갔던 포로민이 고국으로 돌아오게 된다고 하셨다

　대하 30:9은 "너희가 만일 여호와께 돌아오면 너희 형제들과 너희 자녀가 사로잡은 자들에게서 자비를 입어 다시 이 땅으로 돌아오리라"라고 했다. 범죄하여 원수의 나라에 포로로 끌려갔던 사람들이 회개하고 하나님께로 돌아올 때 그들의 죄를 용서 받고 포로로 끌려갔던 적국에서 다시 고국으로 돌아오겠다는 말씀이다.

　일찍이 하나님께서 모세를 통하여 "너와 네 자손이 네 하나님 여호와께로 돌아와 내가 오늘 네게 명령한 것을 온전히 따라 마음을 다하고 뜻을 다하여 여호와의 말씀을 청종하면 네 하나님 여호와께서 마음을 돌이키시고 너를 긍휼히 여기사 포로에서 돌아오게 하시되 네 하나님 여호와께서 흩으신 그 모든 백성 중에서 너를 모으시리니 네 쫓겨간 자들이 하늘 가에 있을지라도 네 하나님 여호와께서 거기서 너를 모으실 것이며 거기서부터 너를 이끄실 것이라 네 하나님 여호와께서 너를 네 조상들이 차지한 땅으로 돌아오게 하사 네게 다시 그것을 차지하게 하실 것이며"(신 30:2-5)라고 약속하셨다. 이스라엘이 범죄하여 적국에 포로로 끌려갔다 할지라도 그들이 마음을 다하고 뜻을 다하여 하나님께 돌아오면 비록 그들이 하늘 가에 있을지라도 하나님께서 그들을 거기에서부터 이끌어 고국으로 돌아오게 하시겠다는 말씀이다.

느 1:8-9에서 느헤미야가 하나님께 기도할 때도 모세의 이 약속을 근거로 기도하였다. 거기에 보면 "옛적에 주께서 주의 종 모세에게 명령하여 이르시되 만일 너희가 범죄하면 내가 너희를 여러 나라 가운데에 흩을 것이요 만일 내게로 돌아와 내 계명을 지켜 행하면 너희 쫓긴 자가 하늘 끝에 있을지라도 내가 거기서부터 그들을 모아 내 이름을 두려고 택한 곳에 돌아오게 하리라 하신 말씀을 이제 청하건대 기억하옵소서"라고 기도하였다.

왕상 8:33-34에서 솔로몬이 성전 낙성식 때 한 기도는 어떠한 기도였던가? "만일 주의 백성 이스라엘이 주께 범죄하여 적국 앞에 패하게 되므로 주께로 돌아와서 주의 이름을 인정하고 이 성전에서 주께 기도하며 간구하거든 주는 하늘에서 들으시고 주의 백성 이스라엘의 죄를 사하시고 그들의 조상들에게 주신 땅으로 돌아오게 하옵소서"라고 기도했다. 여기에서도 범죄하여 적국에 포로로 끌려갔던 이스라엘이 회개하고 하나님께 돌아올 때 그들이 포로생활에서 해방되어 고국에 돌아오게 될 것을 말한다.

3. 얼굴을 우리에게서 돌이키지 않겠다고 하셨다

대하 30:9은 또 "너희가 그에게로 돌아오면 그의 얼굴을 너희에게서 돌이키지 아니하시리라"라고 한다. 우리가 범죄할 때 하나님께서는 우리에게서 얼굴을 돌이키시고 얼굴을 숨기신다. 신 31:17은 "내가 그들에게 진노하여 그들을 버리며 내 얼굴을 숨겨 그들에게 보이지 않게 할 것인즉"이라고 하면서 이스라엘이 범죄할 때 하나님께서 그 얼굴을 숨기겠다고 하셨다. 이러한 뜻은 신 32:20에서도 "내가 내 얼굴을 그들에게서 숨겨 그들의 종말이 어떠함을 보리니"라고 하셨고, 사 64:7에서는 주의 이름을 부르는 자가 없으며 스스로 분발(奮發)하여 주를 붙잡는 자가 없는 고로 주께서 이스라엘에게 얼굴을 숨기셨다고 하였다. 겔 39:23은 "그들이 내게 범죄하였으므로 내 얼굴을 그들에게 가리고"라고 했다.

그런데 우리가 범죄할 때 하나님께서 얼굴을 가리시는 것도 사실이지만 사 59:2을 보면 하나님께서 얼굴을 가리시는 것보다 우리 편에서 하나님의 얼굴을 가리운다고 하였다. "오직 너희 죄악이 너희와 너희 하나님 사이를 갈라 놓았고 너희 죄가 그의 얼굴을 가리어서 너희에게서 듣지 않으시게 함이니라"라고 했는데, 우리의 죄 때문에 하나님께서 우리에게서 얼굴을 가리시는 것은 사람이 범죄하여 사람 편에서 하나님의 얼굴을 가린 결과임을 알 수 있다. 여하튼 우리가 범죄할 때 하나님께서는 우리를 향하여 얼굴을 숨기시나 우리가 회개하고 하나님께로 돌아갈 때는 다시는 우리에게서 얼굴을 돌이키지 아니하시고 자비로우신 얼굴로 향해주신다.

눅 15:20에 보면 탕자가 회개하고 아버지께로 돌아올 때 아버지는 아들에게서 얼굴을 가리지 않고 측은(惻隱)히 여겨 달려가 목을 안고 입을 맞추었다고 한다. 탕자가 회개할 때 아버지는 탕자에게서 얼굴을 돌이키지 않고 얼굴을 탕자에게 향하여 달려갔던 것처럼, 우리가 회개하고 하나님께로 돌아올 때도 하나님께서는 우리에게서 그 얼굴을 가리지 않으시고 자비롭게 우리에게로 향해주신다.

범죄한 인간이 하나님께 돌아올 때 하나님께서는 우리에게로 돌아오시고, 우리의 포로를 돌리시고, 그 얼굴을 우리에게서 돌이키지 아니하시니 우리도 하나님께 돌아가 이 세 가지 은혜를 받을 수 있기를 바란다.

지도자를 부끄럽게 한 백성

대하 30:15에 보면 제사장과 레위 사람이 부끄러워하여 성결케 했다고 한다. 왜 부끄러워했던가? 유월절을 지키는 일에 있어서 피지도자인 백성들에게 뒤졌던 것이다. 대하 30:13, 14에 보면 "둘째 달에 백성이 무교절을 지키려 하여 예루살렘에 많이 모이니 매우 큰 모임이라 무리가 일어나 예루살렘에 있는 제단과 향단들을 모두 제거하여 기드론 시내에 던지고"라고 한다. 예루살렘에 있는 이방 제단과 향단들을 제거하여 예루살렘을 성결케 하는 일에 있어서 제사장과 레위 사람들이 피지도자인 일반 백성들에게 뒤졌던 것이다.

지도자인 제사장과 레위 사람들은 어떠한 사람들이었던가? 대하 30:22은 여호와를 섬기는 일에 능숙한 자들이라고 했다. 여호와를 섬기는 일에 능숙한 자들이란 무슨 뜻인가? 즉 여호와를 섬기는 일에 있어서는 전문가들이라는 말이다. 어떻게 하여야 여호와를 바로 섬기며, 잘 섬기느냐에 대한 전문가들인 제사장과 레위 사람들이 유월절을 지키기 위하여 성결케 하는 일에 있어서 피지도자인 일반 백성들에게 뒤졌으니 얼마나 부끄러운 일이겠는가. 과연 부끄러워할 만한 일이었다.

히스기야 왕 때 계급적으로 봐서는 밑에 있었던 자들이 위에 있었던 사람들보다 앞섰던 일이 또 한 번 있었다. 대하 29:34의 경우다. 거기에 보면 "그런데 제사장이 부족하여 그 모든 번제 짐승들의 가죽을 능히 벗기지 못하는 고로 그의 형제 레위 사람들이 그 일을 마치기까지 돕고 다른 제사장들이 성결하게 하기까지 기다렸으니 이는 레위 사람들의 성결하게 함이 제사장들보다 성심(誠心)이 있었음이라"라고 했다. 제사장들이 부끄러워했다는 말씀은 없으나 종교적 위계상 제사장보다 낮은 자리에 있었던 레위 사람들이 자기들보다 높은 자리에 있던 제사장들보다 성결케 하는 일에 있어서 더 성심이 있었던 것은 사실이니 제사장들에게는 부끄러운 일이 아니었겠는가.

성경에 보면 피지도자가 지도자보다 선한 일에 있어서 앞섰던 일이 또 있다. 눅 10:30-37에 나오는 선한 사마리아 사람의 경우가 그러하다. "어떤 사람이 예루살렘에서 여리고로 내려가다가 강도를 만나매 강도들이 그 옷을 벗기고 때려 거의 죽은 것을 버리고 갔더라 마침 한 제사장이 그 길로 내려가다가 그를 보고 피하여 지나가고 또 이와 같이 한 레위인도 그곳에 이르러 그를 보고 피하여 지나가되 어떤 사마리아 사람은 여행하는 중 거기 이르러 그를 보고 불쌍히 여겨 가까이 가서 기름과 포도주를 그 상처에 붓고 싸매고 자기 짐승에 태워 주막으로 데리고 가서 돌보아 주니라 이튿날 그가 주막 주인에게 데나리온 둘을 내어주며 이르되 이 사람을 돌보아 주라 비용이 더 들면 내가 돌아올 때에 갚으리라고 하였으니." 이 비유에 나오는 사람은 유대인도 아닌 이방인 사마리아 사람이다(눅 17:16, 18). 유대인이 아닌 사마리아 사람이 한 선한 일을 여호와를 섬기는 일에 통달한 제사장과 레위인이 하지 않았으니 전문가인 그들이 얼마나 부끄러웠겠는가. 전문가인 제사장과 레위인은 이름 없는 사마리아 사람에게 부끄러움을 당했다.

우리는 종교 전문가라는 이름만 가질 것이 아니라 범사에 피지도자들보다 앞서 나아감으로 대하 30장에 나오는 제사장과 레위 사람들처럼 부끄러움을 당하는 전문가들이 되어서는 안 되겠다.

평소의 훈련

대하 30:18에 보면 에브라임, 므낫세, 잇사갈, 스불론의 많은 무리는 자기를 깨끗하게 하지 아니하고 유월절 양을 먹어 기록한 규례를 어겼다고 한다. 남국 유다에서 지키는 유월절에 어찌하여 북국 이스라엘 사람들이 올 수 있었던가? 히스기야는 남국 유다 사람들만 유월절을 지킬 것이 아니라 함께 지키자는 편지를 북국 이스라엘 사람들에게까지 보냈다. 대하 30:1에 보면 히스기야가 온 이스라엘과 유다에 보내고 또 에브라임과 므낫세에 편지를 보내어 예루살렘 여호와의 전에 와서 이스라엘 하나님 여호와를 위하여 유월절을 지키자고 하였다.

에브라임과 므낫세는 남국 유다가 아니고 북국 이스라엘이다. 5절에 보면 명령을 내려 브엘세바에서부터 단까지 온 이스라엘에게 공포하여 일제히 예루살렘으로 와서 이스라엘 하나님 여호와의 유월절을 지키자고 하였다. 브엘세바는 유다의 남단이요 단은 북쪽에 있는 도시니 브엘세바와 단은 남국 유다와 북국 이스라엘 전체를 가리키는 말이다. 그리하여 10절에서는 보발(步撥)꾼들이 에브라임과 므낫세 지방 각 성읍에 두루 다녀서 스불론까지 이르렀다고 하였고 11절에서는 아셀과 므낫세와 스불론 중에서 몇 사람이 스스로 겸손한 마음으로 예루살렘에 이르렀다고 하였다. 이렇게 되어 이번 유월절에는 남국 유다만이 아니라 북국 이스라엘에서도 예루살렘에 이르러 유월절을 함께 지키게 되었다.

그런데 북국 이스라엘 사람들이 유월절을 지키려고 예루살렘까지 온 것은 고마운데 여기에서 문제가 생겼다. 북국 이스라엘에서 온 에브라임, 므낫세, 잇사갈, 스불론의 많은 무리가 자기를 깨끗하게 하지 아니하고 유월절 양을 먹어 기록한 규례를 어겼던 것이다(대하 30:18). 그들이 왜 이러한 실수를 했을까?

본문에 명백히 나타난 이유는 없으나 한 가지 추측할 수는 있다. 그들은 북국 이스라엘에서 온 사람들이다. 이스라엘이 르호보암 때 남국에서 갈라진 후 그래도 남국 유다에서는 이럭저럭 하나님을 섬기는 일을 아주 끊지는 않고 어느 정도 맥을 이어왔다. 이에 비하여 북국 이스라엘은 건국 초기부터 여로보암의 영향을 받아 하나님을 아주 버리고 우상을 섬기는 일변도(一邊倒)의 길로만 달리고 있었다. 그러니 평소에 여호와를 섬기는 일에 전혀 훈련이 되어 있지 않았다. 평소에 여호와를 섬기는 훈련을 전혀 받지 않았는데 갑자기 유월절을 지키려니 어떻게 그 일이 잘 될 수 있겠는가. 평소에 양반생활을 안 하던 사람이 갑자기 양반생활을 하려면 잘 안 되듯이, 평소에 여호와를 섬기는 훈련을 전혀 받지 않던 사람들이 갑자기 여호와를 섬기는 유월절을 지키려 하니 서툴러서 자기를 깨끗하게 하지 아니하고 유월절 양을 먹어 기록한 규례를 어기는 실수를 저질렀을 것이다(대하 30:18).

평소에 훈련을 받지 않던 운동선수가 국제경기에 갑자기 나가면 어떻게 경기를 잘 할 수 있으며, 평소에 피나는 훈련을 받지 않던 군대가 갑자기 전쟁터에 나간들 어떻게 싸울 수 있겠는가. 우리의 신앙생활도 마찬가지다. 평소에 믿음으로 살지 않던 사람이 중요한 시기에 갑자기 믿음으로 살 수는 없는 것이다.

반면에 여호사밧 왕 때는 평소에 훈련을 잘 시켰던 여호사밧이 국가의 존망을 가르는 위험한 비상시에 큰 보람을 보았다(대하 20장 강해 참조). 여호사밧이 다스리던 때 모압, 암몬, 마온 사람들이 연합하여 유다를 치려고 예루살렘을 포위했는데 여호사밧이 취하는 신앙적인 행위에 백성들이 잘 호응해주었다. 대하 20:3-4에 보면 왕과 백성들의 호흡이 잘 맞았던 기록이 나온다. "여호사밧이 두려워하여 여호와께로 낯을 향하여 간구하고 온 유다 백성에게 금식하라 공포하매 유다 사람이 여호와께 도우심을 구하려 하여 유다 모든 성읍에서 모여와서 여호와께 간구하더라"라고 했다.

우리는 대하 30:18에 나오는 북국 이스라엘 사람들처럼 평소에 믿음으로 살지 못하다가 중요한 때에 실수를 저지르는 불행한 사람들이 될 것이 아니라, 대하 20장에 나오는 여호사밧 당시의 유다 백성들처럼 평소에도 믿음으로 살다가 나라의 존망을 가르는 중요한 때에도 믿음으로 승리하는 복된 백성들이 될 수 있기를 바란다.

하나님의 손

대하 30:12에는 "하나님의 손이 또한 유다 사람들을 감동시키사 그들에게 왕과 방백들이 여호와의 말씀대로 전한 명령을 한 마음으로 준행하게 하셨더라"라고 했다. 많은 대중을 감동시키는 일이 얼마나 어려운 일인가. 그런데 대하 30:12은 왕과 방백들이 여호와의 말씀대로 전한 명령을 한 마음으로 준행할 수 있도록 하나님의 손이 유다 사람들을 감동시키셨다고 한다. 유다 사람들이 왕과 방백들이 여호와의 말씀대로 전한 명령을 한 마음으로 준행할 수 있도록 감동된 것은 순전히 하나님의 손의 힘이라고 했다. 성경에 보면 하나님의 손이 역사한 놀라운 일들이 많으나 그 가운데서 몇 가지만 추려서 생각해보자.

1. 스 8:31

스 8:31은 "첫째 달 십이 일에 우리가 아하와 강을 떠나 예루살렘으로 갈새 우리 하나님의 손이 우리를 도우사 대적과 길에 매복한 자의 손에서 건지신지라"라고 했다. 에스라가 바벨론에서 예루살렘에 오는 길에는 일곱 가지 어려움이 있었다.

1) 만 4개월이 걸리는 긴 여행이었다. 스 7:9은 "첫째 달 초하루에 바벨론에서 길을 떠났고 하나님의 선한 손의 도우심을 입어 다섯째 달 초하루에 예루살렘에 이르니라"라고 했으니 만 4개월이 걸리는 긴 여행이었다. 하루 이틀에 끝나는 간단한 여행 같으면 별로 문제가 없으나 만 4개월이 걸리는 긴 여행이니 그동안 언제 어디에서 무슨 일이 일어날지 모르는 불안한 여행이 아닌가.

2) 스 8:1-20에 보면 에스라가 바벨론에서 예루살렘까지 거느리고 와야 될 사람들의 수는 1,789명이다. 여행을 하되 나 혼자 걸어가는 간단한 여행이 아니고 1,789명의 많은 사람을 거느리고 가는 여행이니 에스라의 책임이 얼마나 무거웠겠는가.

3) 스 8:21은 에스라가 길을 떠나기 전에 앞으로 있을 안전한 여행을

위하여 금식을 선포했다고 하였는데 그 금식기도의 제목 중의 하나가 어린아이들이라고 했다. 1,789명의 어른들만 오는 것이 아니라 그 수에 딸린 어린아이들까지 함께 와야 하니 어린아이들을 돌보는 책임이 얼마나 무거운가.

4) 스 8:21의 금식기도의 다른 제목 중의 하나는 모든 소유였다. 본문에는 소유라고만 했지 그 내용을 밝히지는 않았으나 아마 모든 짐승들 같다. 1,789명의 어른과 어린아이들만이 아니라 많은 짐승까지 함께 해야 하는 무거운 여행이었다.

5) 스 8:24-30에 보면 귀중품인 금, 은, 놋그릇들을 가지고 왔다.

6) 지금까지 말한 어려운 여행이라 해도 4개월을 걸어오는 동안 누구 하나 건드리는 자가 없는 무사태평한 길 같으면 좋겠는데, 스 8:31에 보면 그 여행길은 대적과 길에 매복한 자가 숨어 있다가 지나가는 사람들을 죽이고 물건을 빼앗는 위험천만한 길이었다.

7) 비록 대적과 길에 매복한 자들이 습격하는 위험천만한 길이라 할지라도 지켜주는 호위병들이 있으면 문제가 없다. 그래서 느 2:7-9에 보면 느헤미야가 올 때는 호위병들이 동행해주었다. 에스라도 왕에게 구하기만 하면 얼마든지 호위병을 딸려 보낼 수 있었지만 에스라는 자기들을 도울 보병과 마병을 왕에게 구하는 일을 부끄러워하여(스 8:22) 일부러 빈손으로 왔다. 그래서 대적들이 습격하면 고스란히 당할 수밖에 없는 위험천만한 길이었다.

위험한 일이 일곱 가지나 도사리고 있는 어려운 길을 어떻게 무사하게 왔는가? 그 까닭은 오직 "우리 하나님의 손이 우리를 도우사"(스 8:31)였다. 그러니 하나님의 손의 도우심이 얼마나 놀라운가. 그런데 하나님의 손의 도우심을 받는 비결은 무엇인가? 바로 기도다. "그때에 내가 아하와 강 가에서 금식을 선포하고 우리 하나님 앞에서 스스로 겸비하여 우리와 우리 어린 아이와 모든 소유를 위하여 평탄한 길을 그에게 간구하였으니"(스 8:21) "그의 응낙하심을 입었느니라"(스 8:23).

2. 이사야 63:12

사 63:12에 "그의 영광의 팔이 모세의 오른손을 이끄시며"라는 말씀이 있다. 모세를 통하여 놀라운 이적과 기사가 얼마나 많이 이루어졌는가. 그런데 그 비결을 사 63:12은 하나님께서 영광의 팔로 모세의 오른손을 이끌어주셨기 때문이라고 한다. 모세가 행한 모든 기적의 대표로 출 14:21을 보자. 거기에 보면 "모세가 바다 위로 손을 내밀매 여호와께서 큰 동풍이 밤새도록 바닷물을 물러가게 하시니 물이 갈라져 바다가 마른 땅이 된지라"라고 했다. 모세가 바다 위로 손을 내미니 물이 말랐다고 했는데 모세의 손에 무슨 힘이 있었겠는가. 그는 다만 우리와 같은 피조물 중의 한 사람이었다. 그러나 모세의 손에 여호와의 영광의 팔이 함께 하시니 피조물로서는 도저히 행할 수 없는 놀라운 기적이 나타났다.

3. 사도행전 11:21

행 11:20-21에는 "그 중에 구브로와 구레네 몇 사람이 안디옥에 이르러 헬라인에게도 말하여 주 예수를 전파하니 주의 손이 그들과 함께 하시매 수많은 사람들이 믿고 주께 돌아오더라"라는 말씀이 있다. 우리가 전도한다고 다 믿는가? 아무리 전도하여도 믿지 않는 일들이 얼마나 많은가. 더욱이 헬라인들이 어떠한 사람들인가? 고전 1:22에 헬라인은 지혜를 찾는다고 하였고 따라서 고전 1:23에는 헬라인들이 복음을 미련한 것으로 여겨 받지 않는다고 하였다. 그런데 어떻게 수다한 헬라 사람들이 믿고 주께 돌아올 수 있었던가? 그 이유는 오직 "주의 손이 그들과 함께 하시매"(행 11:21)였다. 헬라인에게 전도하는 구브로와 구레네 사람들에게 주의 손이 함께 하여 역사하실 때 보통 때는 지혜를 찾으며 복음을 미련하게 여겨 믿지 않던(고전 1:22-23) 수많은 헬라 사람들이 믿고 주께 돌아오는 엄청난 결과가 이루어졌던 것이다.

지금까지 하나님의 손의 영향이 얼마나 놀라운가를 살펴보았다. 바라건대 왕과 방백들이 여호와의 말씀대로 전한 명령을 한 마음으로 준행할 수 있도록 이스라엘 백성들을 감동시키셨던 하나님의 손(대하 30:12), 일곱 가지 어려움이 있었음에도 불구하고 4개월 동안 에스라 일행을 바벨론에서 예루살렘에 이를 때까지 지켜주셨던 하나님의 손(스 8:31), 모세의 오른손과 함께 해주셨던 하나님의 팔(사 63:12), 복음에 대하여 까다로운 헬라 사람들을 수다(數多)히 믿게 하셨던 하나님의 손(행 11:21)이 오늘날 우리를 위해서도 역사해주시길 바란다.

대하 31장

십일조 헌금

　대하 31장은 십일조 장이다. 히스기야 왕 때 이스라엘 백성들이 십일조의 축복을 받았는데 대하 31:5에 보면 이스라엘 자손이 십일조를 많이 가져왔다고 하였으니 이것은 그때 바친 십일조의 양적인 면을 말한 것이고, 대하 31:14에는 백성들이 십일조를 즐거이 드렸다고 했으니 이것은 십일조를 드리는 그들의 신앙의 질을 말한 것이다. 그리고 십일조로 드린 곡식을 쌓았는데 셋째 달에서 일곱째 달까지 5개월을 쌓았으니 얼마나 놀라운 일인가(대하 31:7). 이와 같이 히스기야 왕 때 백성들이 십일조를 드리되 양적으로는 많이, 질적으로는 즐거이 드려 그 곡식을 쌓는 데만 5개월이 걸릴 정도였는데 이 놀라운 십일조 헌금의 축복이 왜 있게 되었는가?

1. 영적인 은혜가 먼저 앞섰다

대하 31:1에 보면 "이 모든 일이 끝나매"라고 했는데 이 모든 일이란 어떠한 일들인가? 그가 왕이 되자마자 대하 29:1-19에서는 우선 성전을 청결케 했고, 29:20-30에서는 과거의 지은 죄를 회개하는 속죄제를 드렸고, 29:31-36에서는 감사제를 드렸고, 30장에서는 유월절을 지켰다. 그리고 나서 계속 이스라엘 무리가 나가서 유다 여러 성읍에 이르러 주상들을 깨뜨리며, 아세라 목상들을 찍으며, 유다와 베냐민과 에브라임과 므낫세 온 땅에서 산당들과 제단들을 제하여 멸하는 일들을 하였다(대하 31:1). 지금까지 되어진 모든 일들은 다 영적인 일들이다. 이 영적인 일들이 먼저 앞설 때 물질적인 십일조 헌금을 많이 드렸던 것이다.

성경은 언제나 영적인 일이 앞설 때 물질적인 풍성이 뒤따른다는 사실들을 보여준다. 대하 17:1-6에 보면 남국 유다의 제4대 왕 여호사밧이 왕위에 오르자 조상 다윗의 처음 길로 행하여 바알들에게 구하지 아니하고 오직 그의 아버지의 하나님께 구하여 계명을 행하고 이스라엘의 행위를 따르지 않았다고 하였고, 그가 전심으로 여호와의 길을 걸어 산당들과 아세라 목상들도 유다에서 제거하였다고 한다. 이와 같이 그가 영적인 일들을 먼저 앞세울 때 부귀와 영광을 크게 떨쳤다고 한다(대하 17:5, 18:1). 그러니 여호사밧이 부귀와 영광을 크게 떨치게 된 것은 영적인 일들을 먼저 앞세웠기 때문이다.

행 4:33-35에 보면 사도들이 큰 권능으로 주 예수의 부활을 증언하니 무리가 큰 은혜를 받아 그 중에 가난한 사람이 없게 되었다고 하였다. 무리가 큰 은혜를 받는 영적인 일이 앞서자 물질적인 풍성함까지도 입게 되었다는 것이다.

고후 8:1-5에 보면 마게도냐 교회들에 놀라운 헌금의 축복이 있었다.

그들이 헌금을 많이 하게 된 것은 많은 헌금을 바칠 만한 환경이 좋아서가 아니다. 당시에 그들은 많은 환난의 시련 속에 있었다. 성도에게 환난의 시련이 다가오면 자동적으로 궁핍해지기 마련이므로 마게도냐 교회들도 예외 없이 극도로 가난해졌다. 그들은 가난의 밑바닥에 내려앉게 되어 더 이상 가난해질 여지가 없을 정도로 가난하게 되었다.

그러니 이러한 처지에서는 헌금은 고사하고 구제를 받아도 구제 대상자 제1호가 될 만한 형편인데, 이 가난 속에서도 풍성한 연보가 넘치도록 나왔으니 도대체 어떻게 된 일인가? 더구나 그들은 헌금을 하되 힘껏 할 뿐만 아니라 힘에 지나도록 했다고 한다. 보통 힘에 지나도록 하면 억지로 무리하게 하기 쉬우나 마게도냐 교회들은 힘에 지나도록 하면서도 자원해서 했다고 하니, 도대체 이 거짓말 같은 사실은 어디에서 생겨난 것일까?

그 이유를 고후 8:1이 밝힌다. "형제들아 하나님께서 마게도냐 교회들에게 주신 은혜를 우리가 너희에게 알리노니." 환난의 많은 시련과 극한 가난 속에서도 풍성한 연보를 넘치도록 하고 힘에 지나도록 하면서도 자원해서 할 수 있었던 까닭은 오직 하나님께서 마게도냐 교회들에게 주셨던 은혜 때문이었다. 그들이 하나님께로부터 은혜를 받으니 이 은혜가 그들로 하여금 놀라운 헌금을 하게끔 만들었다. 다시 말하면 먼저 영적인 은혜가 있은 후 물질적인 풍성이 뒤따르게 되었던 것이다.

2. 지도자부터 먼저 헌금했다

히스기야 왕 때 많은 십일조 헌금이 나온 또 하나의 이유는 지도자인 왕부터 먼저 헌금에 앞장섰기 때문이었다. 3절에 보면 왕이 자기 재산 중에서 얼마를 정하여 여호와의 율법에 기록된 대로 번제 곧 아침과 저녁의 번제와, 안식일과 초하루와 절기의 번제에 쓰게 했다고 한다. 그가 낸 헌금은 국고금에서 할애한 것이 아니라 자기 재산에서 낸 헌금이었다. 지도자 그것도 보통 지도자가 아닌 최고 지도자 왕부터 먼저 헌금을 할 때 일반 백성들까지 즐거이 헌금에 응하게 되었던 것이다.

지도자부터 헌금에 앞장 설 때 피지도자가 뒤따른 일은 성경 다른 곳에서도 나온다. 대하 30:24에는 왕인 히스기야가 먼저 수송아지 1,000마리와 양 7,000마리를 회중에게 주니 방백들도 뒤따라 수송아지 1,000마리와 양 10,000마리를 회중에게 주었다고 한다. 여기에서도 지도자인 왕이 헌금에 앞서니 방백들이 뒤따랐다. 대하 35:7-8에 보면 남국 유다의 제16대 왕 요시야 때 유월절을 지키는데 왕인 요시야가 먼저 자기 소유 중에서 유월절 예물을 드리니 방백들도 즐거이 희생을 드렸다고 한다.

대상 29:3-9에 보면 다윗 때 이스라엘 백성들이 솔로몬이 지을 성전을 위하여 미리 헌금을 하되 왕인 다윗이 먼저 사유재산에서 하나님께 드리니(대상 29:3-5) 모든 족장과 이스라엘 모든 지파 어른과 천부장과 백부장과 왕의 사무관이 뒤따라 즐거이 드렸다(대상 29:6-8).

이와 같은 사실은 하나님의 백성들이 헌금을 할 때 지도자부터 먼저 드리니 피지도자들이 영향을 받아 뒤따랐다는 사실을 우리에게 보여준다.

3. 헌금을 많이 한 결과

이렇게 히스기야 때 십일조 헌금을 많이 하니 어떠한 결과가 나타났는가? 그 결과는 세 가지로 나타났는데 첫째로, 만족하게 먹었다고 한다. 10절에 보면 대제사장 아사랴가 왕에게 보고하기를 백성이 십일조를 여호와의 전에 드리기 시작한 날부터 자기들이 만족하게 먹었다고 하였다. 십일조를 드리는 곳에 궁핍이란 없다. 십일조를 드리는 날부터 그들이 만족하게 먹을 뿐만 아니라 둘째로, 남기까지 했다고 한다(대하 31:10). 남되 조금만 남은 것이 아니라 남은 것이 많다고 한다. 그런데 대하 31:10에 나오는 한글성경의 "우리가 만족하게 먹었으나 남은 것이 많으니"가 히브리어대로 하면 "먹었다", "만족하다", "남았다"의 세 가지 동사로 되어 있고 그 세 가지 동사가 다 히브리어 문법대로는 절대적 부정사(Infinite Absolute)로 되어 있다.

히브리어의 절대적 부정사는 어떠한 동작이 한 번만 있고 끝나는 것이 아니라 오래도록 지속하는 상태를 뜻한다. 그러므로 제사장들이 먹고 족하고 남은 상태가 어찌하다가 한 번 있고 그것으로 끝나고 만 것이 아니라 먹고 만족하고 남은 상태가 오래도록 지속된 상태를 뜻한다. 그러니 제사장들이 먹고 만족하고 남은 상태가 오래도록 지속된 시간적인 면에서까지 축복 받은 사실을 말한다. 셋째로, 여호와께서 그들에게 복을 주셨다(대하 31:10). 그들이 십일조를 드리기 시작하자 여호와께서는 그들에게 복을 내리기 시작하셨던 것이다.

4. 십일조 관리에 신경을 씀

히스기야는 십일조를 드리는 일에만 힘을 쓴 것이 아니다. 백성들이 즐거이 드린 십일조 헌금을 잘 관리하는 일에도 신경을 썼다. 첫째로, 성심으로 잘 보관하였다(대하 31:11-13). 백성들은 모처럼 즐거운 마음으로 십일조를 가져오는데 책임자가 보관을 잘 못하여 곡식이 비를 맞아 썩는다면 하나님과 사람들 앞에서 얼마나 죄송스러운 일이겠는가. 그래서 그는 여호와의 전 안에 방을 예비하고 예물과 십일조를 성심으로 잘 보관했다고 한다.

둘째로, 그는 십일조를 지출하는 일을 질서 있게 했다(대하 31:14-19). 백성들이 정성 드려 바친 십일조를 아무렇게나 지출하면 되겠는가? 그래서 그는 고레라는 사람을 지출 책임자로 임명하고(대하 31:14) 십일조를 받을 수 있는 제사장들과 레위 사람에 한하여 나누어주었다. 백성들은 모처럼 정성 드려 십일조를 드리지만 지도자들인 사람들이 관리를 잘못하고 함부로 지출하여 낭비한다면 십일조를 낸 백성들이 얼마나 실망하겠는가.

히스기야는 십일조를 잘 보관하고 지출을 질서 있게 하는 관리에도 세밀한 신경을 썼다. 오늘날 신약 시대의 교회에도 히스기야 때의 십일조 헌금을 그대로 답습해야 될 줄 안다.

사람과 하나님께서

대하 31:8에 보면 히스기야와 방백들이 와서 십일조를 쌓아놓은 더미를 보고는 이스라엘을 축복하였다고 한다. 백성들이 드린 십일조를 5개월 동안이나 걸려 쌓아놓은 더미들을 볼 때 과연 왕과 방백들이 축복해줄 만한 일이 아니었겠는가. 그런데 그들의 십일조를 보고 왕과 방백들만 축복한 것이 아니라 10절에 보면 여호와께서도 그의 백성에게 복을 주셨다고 하였다. 그러니 히스기야 때 백성들이 드린 십일조는 사람들과 하나님께서 다 복을 빌어줄 만한 일이었다.

우리도 우리가 하는 일에 대하여 사람들과 하나님께서 다 복을 빌어주고 싶어할 만한 일을 해야 되지 않겠는가. 우리가 한 일에 대하여 사람들 보기에도 복을 빌어줄 수 없고 하나님께서 보시기에도 축복해주실 수 없는 일이라면 얼마나 불행하겠는가.

성경에 그러한 일이 또 한 번 나온다. 출 39:42-43에 보면 "여호와께서 모세에게 명령하신 대로 이스라엘 자손이 모든 역사를 마치매 모세가 그 마친 모든 것을 본즉 여호와께서 명령하신 대로 되었으므로 모세가 그들에게 축복하였더라"라는 말씀이 있다. 모세가 성막을 만들 때 그 성막의 모든 제도와 치수를 말해주었더니(출 25:40) 이스라엘 백성들이 모세를 통하여 그들에게 전달된 여호와의 지시 그대로 성막의 재료를 완성시켰다. 이 사실을 본 모세는 기뻐서 이스라엘 백성들을 축복해주었다. 하나님께서 그들에게 명하신 대로 치수 하나 어기지 않고 정확하게 순종하여 만들었으니 모세가 보기에 축복해줄 만한 일이 아니었겠는가. 그런데 그들이 지은 성막에 대하여 사람인 모세만 축복해준 것이 아니다.

출 40:34에 보면 여호와께서 명하신 대로 만든 재료를 가지고 성막을 완성했을 때 구름이 회막에 덮이고 여호와의 영광이 성막에 충만했다고 한다. 여기에 여호와께서 그들을 축복하셨다는 말씀은 없으나 영광의 구름이 성막에 충만했다는 것은 내용적으로는 축복해주셨다는 말씀이 아니겠는가. 여호와 보시기에 축복해주실 수 없는 곳에 하나님께서 어떻게 영광의 구름을 충만케 하시겠는가. 여호와 보시기에 축복해주기를 원하시는 것이니 하나님께서 영광의 구름을 충만케 하신 것이 아니겠는가.

우리도 사람들이 축복해주고 싶고 하나님께서도 축복해주시고 싶은 일만을 하면 얼마나 좋겠는가.

히스기야의 형통

대하 31:20-21은 히스기야의 형통을 말한다. 그는 형통하되 어느 한 가지 일에만 형통한 것이 아니라 모든 일에 다 형통하였고(대하 32:30) 어디를 가든지 형통하였다(왕하 18:7). 그가 어떻게 살았기에 그가 하는 모든 일에 형통하였고 어디를 가나 형통의 축복을 받았는가? 본문은 그 이유를 네 가지로 말한다.

1. 하나님을 구했다(대하 31:21)

대하 31:21은 그가 하나님을 구했다고 한다. 하나님을 구한다는 것은 올바른 삶을 사는 근원이 된다. 하나님을 구하지 않는 자는 그 생활도 자연히 해이(解弛)해진다. 대하 17:4도 여호사밧이 하나님의 계명을 행하고 이스라엘의 행위를 좇지 않는 올바른 생활을 하게 된 까닭을 그가 하나님을 구하였기 때문이라고 한다. 엄밀한 뜻에서 하나님을 구하지 않는 자는 참되게 살 수 없는 법이다.

2. 하나님 보시기에 선과 정의와 진실되게 살았다(대하 31:20)

그가 하나님 보시기에 선과 정의와 진실되게 살 수 있었던 것은 그가 먼저 하나님을 구하는 생활을 했기 때문이다. 하나님을 구한다는 것은 그의 신앙을 말하는 것이고 하나님 보시기에 선과 정의와 진실되게 행했다는 것은 하나님을 구하는 그의 신앙에서 나온 생활을 말한다. 그가 신앙적으로는 하나님을 구하고 도덕적으로는 여호와 보시기에 선과 정의와 진실되게 살았기 때문에 형통하였던 것이다.

3. 일심으로(대하 31:21)

이것은 그의 형통의 심리적인 면을 말한다. 그는 여호와 보시기에 선과 정의와 진실되게 할 뿐만 아니라 무슨 일을 할 때 마음을 모두어 일심으로 했다. 우리가 무슨 일을 할 때 마음이 이리저리 갈라지면 집중할 수 없고, 하는 일에 마음을 집중시키지 않으면 그 일에 성공하기 힘들게 된다. 어느 한 가지 일에 마음을 모두어 집중해야 성공하는데 히스기야는 무슨 일을 하든지 마음을 모두어 일심으로 했다.

느 4:6에도 느헤미야가 예루살렘 성벽을 쌓을 때 성공한 까닭을 백성들이 마음 들여 일을 했기 때문이라고 한다. 백성들이 마음 들여 일심으로 성 쌓는 일에 협력했기 때문에 성 쌓는 일에 형통이 있었던 것이다.

4. 모든 일을 다 그렇게 했다(대하 31:21)

히스기야가 하나님을 구하며, 여호와 보시기에 선과 정의와 진실되게 하고, 일심으로 하되 어느 한두 가지 일만 그렇게 한 것이 아니라 모든 일을 그렇게 할 때 모든 일이 형통하게 되었다.

히스기야처럼 우리도 모든 일에 형통하기를 바라는가? 히스기야가 취한 이 네 가지를 취할 때 우리도 그와 같은 형통의 축복을 받게 될 것이다.

제13대
히스기야

대하 32장

기도 응답의 힘(대하 32:7)

시 10:17의 "여호와여 주는 겸손한 자의 소원을 들으셨사오니 그들의 마음을 준비하시며 귀를 기울여 들으시고"라는 말씀에서, "그들의 마음을 준비하시며"를 각주에서는 "견고하게 하시며"라고 했는데 이 표현이 히브리어에 더 가까운 번역이다. 여호와께서 성도들의 소원, 즉 기도를 들으신 후에는 한 걸음 더 나아가 그들의 마음을 견고케 하신다는 뜻이다. 같은 뜻을 시 138:3은 "내가 간구하는 날에 주께서 응답하시고 내 영혼에 힘을 주어 나를 강하게 하셨나이다"라고 했다. "내가 간구하는 날에 주께서 응답하시고", 즉 하나님께서 우리의 기도를 응답하신 후에 한 걸음 더 나아가 우리 영혼을 장려하여 강하게 하신다니 얼마나 감사한 일인가.

성경은 이 진리가 히스기야 왕의 생활에서 이루어진 사실을 보여준다. 앗수르 왕이 예루살렘을 치러 오자 히스기야는 "내가 범죄하였나이다 나를 떠나 돌아가소서 왕이 내게 지우시는 것을 내가 당하리이다······히스기야가 이에 여호와의 성전과 왕궁 곳간에 있는 은을 다 주었고 또 그때에 유다 왕 히스기야가 여호와의 성전 문의 금과 자기가 모든 기둥에 입힌 금을 벗겨 모두 앗수르 왕에게"(왕하 18:14-16) 주었다. 이와 같이 히스기야가 처음에는 앗수르 왕에게 어느 정도 비굴한 자세를 취하였다.

이와 같이 처음에는 비굴한 자세를 취하던 히스기야가 앗수르 왕이 보낸 항복 독촉장을 받고는 여호와의 성전에 들어가서 그 편지를 여호와 앞에 펴놓고 "그룹들 위에 계신 이스라엘의 하나님 여호와여 주는 천하만국에 홀로 하나님이시라 주께서 천지를 만드셨나이다 여호와여 귀를 기울여 들으소서 여호와여 눈을 떠서 보시옵소서 산헤립이 살아 계신 하나님을 비방하러 보낸 말을 들으시옵소서"(왕하 19:14-16)라고 기도했다.

그 기도가 응답되던 때(왕하 19:20) 히스기야는 군대장관들을 세워 백성을 거느리게 하고 성문 광장 자기에게로 무리를 모으고는 "너희는 마음을 강하게 하며 담대히 하고 앗수르 왕과 그를 따르는 온 무리로 말미암아 두려워하지 말며 놀라지 말라 우리와 함께 하시는 이가 그와 함께 하는 자보다 크니 그와 함께 하는 자는 육신의 팔이요 우리와 함께 하시는 이는 우리의 하나님 여호와시라 반드시 우리를 도우시고 우리를 대신하여 싸우시리라"(대하 32:7-8)라고 말로 위로하며 백성들의 마음을 강하게 하고 담대하게 하였다. 처음에는 비굴했던 히스기야가 왕하 19:20에서 시 10:17, 138:3 말씀대로 기도 응답을 받은 후 강하고 담대하게 되었다.

이와 같이 기도 응답을 받기 전에는 약했던 성도가 기도 응답을 받은 후 강하고 담대하게 된다는 사실은 성경 다른 곳에서도 볼 수 있다. 시 6:6-7에서 다윗이 기도 응답을 받기 전에는 몹시 약한 상태에 있었다. "내가 탄식함으로 피곤하여 밤마다 눈물로 내 침상을 띄우며 내 요를 적시나이다 내 눈이 근심으로 말미암아 쇠하며 내 모든 대적으로 말미암아 어두워졌나이다"라고 했다. 그러던 다윗이 기도 응답을 받은 후 어떻게 되었는가? "악을 행하는 너희는 다 나를 떠나라 여호와께서 내 울음 소리를 들으셨도다 여호와께서 내 간구를 들으셨음이여 여호와께서 내 기도를 받으시리로다 내 모든 원수들이 부끄러움을 당하고 심히 떨이여 갑자기 부끄러워 물러가리로다"(시 6:8-10)라고 강하게 말하였다. 바로 시 10:17, 138:3 말씀대로였다.

남국 유다의 제4대 왕 여호사밧이 다스릴 때 모압, 암몬, 마온 세 나라의 연합 군대가 여호사밧을 치러 왔다(대하 20:1). 이 소식을 들은 여호사밧은 두려워하였다(대하 20:3). 세 나라의 연합 군대가 여호사밧을 치러 왔는데 두려워하지 않을 사람이 어디 있겠는가. 그래서 그는 하나님의 전에 들어가 "우리를 치러 오는 이 큰 무리를 우리가 대적할 능력이 없고 어떻게 할 줄도 알지 못하옵고 오직 주만 바라보나이다"(대하 20:12)라고 기도하였더니 "이 큰 무리로 말미암아 두려워하거나 놀라지 말라 이 전쟁은 너희에게 속한 것이 아니요 하나님께 속한 것이니라……이 전쟁에는 너희가 싸울 것이 없나니……너희와 함께 한 여호와가 구원하는 것을 보라"(대하 20:15-17)의 응답을 받았다.

이 응답을 받은 여호사밧은 용기를 얻어 "유다와 예루살렘 주민들아 내 말을 들을지어다 너희는 너희 하나님 여호와를 신뢰하라 그리하면 견고히 서리라 그의 선지자들을 신뢰하라 그리하면 형통하리라"(대하

20:20)의 말씀으로 두려워하던 이스라엘 백성들에게 새로운 용기를 주었다. 바로 시 10:17, 138:3 말씀 그대로였다.

베드로와 요한이 관리들과 장로들에게 끌려가 위협(威脅)을 받고 돌아왔다(행 4:1-22). 사도들이 위협을 받고 돌아오자 온 성도들이 한마음으로 하나님께 소리 높여 기도하였다. 빌기를 다하매 모인 곳이 진동하더니 다 성령이 충만하여 담대히 하나님의 말씀을 전하게 되었다(행 4:31). 기도 응답을 받은 성도들은 관리들과 장로들의 위협 속에서도 계속 담대할 수 있었다. 바로 시 10:17, 138:3 말씀 그대로였다.

시 10:17, 138:3 말씀은 기도 응답을 받은 자가 강해지고 견고해진다고 하였다. 이 말씀 그대로 처음에는 비굴했던 히스기야가 강해졌고, 약했던 시인이 강해졌고, 두려워하던 여호사밧이 강해졌고, 사도들이 위협 속에서도 담대해졌다. 우리도 기도 응답을 받아 히스기야처럼 비굴하던 자리에서도 강해지고, 시인처럼 약했던 자리에서도 강해지고, 여호사밧처럼 두려워하던 자리에서도 강해지고, 사도들처럼 위협 속에서도 담대해지는 은혜를 받을 수 있기를 바란다.

위기(危機)에 처한 지도자의 자세(대하 32:6-8)

백성이 위기에 처했을 때, 백성을 지도하는 지도자가 어떠한 자세를 취하느냐는 백성 전체의 운명을 결정하는 사활(死活)에 관한 문제가 된다. 그러하다는 사실을 본문이 보여준다. 앗수르가 쳐들어왔을 때 히스기야는 백성을 모으며 "너희는 마음을 강하게 하며 담대히 하고 앗수르 왕과 그를 따르는 온 무리로 말미암아 두려워하지 말며 놀라지 말라 우리와 함께 하시는 이가 그와 함께 하는 자보다 크니 그와 함께 하는 자는 육신의 팔이요 우리와 함께 하시는 이는 우리의 하나님 여호와시라 반드시 우리를 도우시고 우리를 대신하여 싸우시리라"(대하 32:7-8)라며 말로 위로했다. 히스기야의 말은 다음과 같은 두 가지 내용이다.

1. 하나님은 우리와 함께 하시는 분이다

히스기야는 먼저 우리와 함께 하시는 이는 어떠한 분이신가를 백성들에게 설명한다. 그는 백성에게 "우리와 함께 하시는 이가 그와 함께 하는 자보다 크니 그와 함께 하는 자는 육신의 팔이요 우리와 함께 하시는 이는 우리의 하나님 여호와시라"(대하 32:7-8)라고 했다. 여호와는 어떠한 분이신가? 잠 21:30은 "지혜로도 못하고, 명철로도 못하고 모략으로도 여호와를 당하지 못하느니라"라고 했다. 사람들이 아무리 지혜를 쓰고 명철을 짜내고 모략을 총동원한다 해도 여호와를 당해낼 수 없다는 말씀이다. 그런 고로 롬 8:31은 "만일 하나님이 우리를 위하시면 누가 우리를 대적하리요"라고 했다.

옳은 말씀이다. 지혜로도, 명철로도, 모략으로도 여호와를 당해낼 수 없는 하나님께서 우리를 위하시면 우리를 대적할 자가 어디에 있겠는가. 있을 수 없다. 히스기야는 앗수르 때문에 두려워하는 백성들에게 먼저 우리와 함께 하시는 분이 어떠한 분이신가를 강조했다.

예로부터 하나님께서 우리와 함께 하신다는 사실을 아는 사람들은 두려워하지 않았다. 선지자 엘리사가 도단 성에 있을 때 아람의 군사와 말과 병거가 엘리사를 잡으려고 도단 성을 에워쌌다. 그것을 본 엘리사의 수종자는 엘리사에게 와서 "내 주여 우리가 어찌하리이까"(왕하 6:15)라고 두려워할 때, 엘리사는 "두려워하지 말라 우리와 함께 한 자가 그들과 함께 한 자보다 많으니라"(왕하 6:16)라고 하면서 두려워하지 않았다.

시 118:6에서 시인은 "여호와는 내 편이시라 내가 두려워하지 아니하리니 사람이 내게 어찌할까"라고 하면서 두려워하지 않았다. 그래서 히스기야도 백성들에게 "우리와 함께 하시는 이가 그와 함께 하는 자보다 크니 그와 함께 하는 자는 육신의 팔이요 우리와 함께 하시는 이는 우리의 하나님 여호와시라"(대하 32:7-8)라고 하면서 "너희는 마음을 강하게 하며 담대히 하고 앗수르 왕과 그를 따르는 온 무리로 말미암아 두려워하지 말며 놀라지 말라"(대하 32:7)라고 백성들에게 용기를 주었다.

2. 하나님께서 우리를 대신하여 싸우신다

히스기야는 하나님께서 우리와 함께 하신다는 사실만을 강조한 것이 아니다. 하나님께서 우리와 함께 하신다는 사실은 나무나 돌로 만든 장승처럼 그저 우리 옆에 가만히 서 계신다는 뜻이 아니고 우리를 도우시고 우리를 대신하여 싸우신다는 사실을(대하 32:8) 강조했다. 하나님께서 우리를 대신하여 싸우신다는 기록은 성경에 여러 번 나오지만 그 대표적인 기사는 수 10장에 나온다.

수 10:14에는 여호와께서 이스라엘을 위하여 싸우셨다고 한다. 여호와께서 이스라엘을 위하여 싸우실 때 세 가지 모습으로 도우신 사실을 말한다. 첫째로, 예루살렘 왕을 중심으로 한 다섯 나라의 연합 군대와 싸워(수 10:3, 5) 이겼다. 둘째로, 다섯 나라의 연합 군대가 여호수아에게 패하여 도망칠 때 하나님께서 그들 위에 우박을 내리사 그들을 죽였는데, 수 10:11은 우박에 죽은 자가 칼에 죽은 자보다 더 많다고 하였다. 셋째로, 여호수아가 다섯 나라의 연합 군대를 완전히 섬멸하기까지 태양이 중천에 머물러 거의 종일토록 속히 내려가지 않게 하는 기적까지 베푸셨다(수 10:12-13). 여호수아 때는 여호와께서 이스라엘을 위하여 이와 같이 싸우셨더니 앗수르와 싸우실 때는 여호와께서 천사를 보내사 앗수르 군대를 전멸시키셨다(대하 32:21).

이스라엘이 위기에 처했을 때 그들의 지도자인 히스기야가 위에서 말한 두 가지 자세로 백성들을 권면할 때 성경은 "백성이 유다 왕 히스기야의 말로 말미암아 안심하니라"(대하 32:8)라고 했다. 바라건대 오늘날 기독교의 모든 지도자가, 심지어 민족의 지도자까지, 히스기야처럼 위기에 처할 때마다 올바른 자세로 백성들을 지도함으로 말미암아 그들에게 지도를 받는 교회 안의 모든 성도와 민족들이 히스기야 왕 때의 백성들처럼 승리와 평화를 얻을 수 있으면 좋겠다.

말씀을 기억하는 자(대하 32:7-8)

신 20:1에는 "네가 나가서 적군과 싸우려 할 때에 말과 병거와 백성이 너보다 많음을 볼지라도 그들을 두려워하지 말라 애굽 땅에서 너를 인도하여 내신 네 하나님 여호와께서 너와 함께 하시느니라"라고 했다. 전쟁할 때 대적의 말과 병거와 백성이 우리보다 많을 때는 두려워하는 것이 일반적이다. 그런데 하나님께서는 너희 대적의 말과 병거와 백성이 너보다 많을지라도 두려워하지 말라고 하신다. 그 까닭은 애굽 땅에서 인도하여 내신 여호와께서 너와 함께 하시기 때문이라고 하신다.

신 20:4에서는 두려워하지 말라는 까닭을 좀 더 구체적으로 강하게 말씀하시면서 "너희 하나님 여호와는 너희와 함께 행하시며 너희를 위하여 너희 적군과 싸우시고 구원하실 것이라"라고 하셨다. 하나님께서 함께 하신다는 것은 그저 물리적으로만 함께 하시는 것이 아니라 두 가지 구체적인 일을 하시면서 함께 하시는데 그 첫째는 너희 대적을 치시고 다음은 너희를 구원하시는 일을 행하시며 함께 하시니 두려워하지 말라고 하신다. 전쟁할 때 비록 우리 대적의 말과 병거와 백성이 우리보다 많다 할지라도 하나님께서 우리와 함께 하사 첫째로 우리 대적을 치시고 둘째로 우리를 구원하신다는 사실을 알 때 왜 두려워하겠는가.

전쟁에 임하는 지도자의 자세는 이 사실을 아는 것이 중요하기 때문에 모세도 세상을 떠나기 전 후계자인 여호수아를 불러서 "너희는 강하고 담대하라 두려워하지 말라 그들 앞에서 떨지 말라 이는 네 하나님 여호와 그가 너와 함께 가시며 결코 너를 떠나지 아니하시며 버리지 아니하실 것임이라"(신 31:6)라고 했고, 모세가 세상을 떠난 후 여호수아가 일선의 지도자로 나섰을 때 하나님께서는 여호수아에게 "네 평생에 너를 능히 대적할 자가 없으리니 내가 모세와 함께 있던 것같이 너와 함께 있을 것임이니라 내가 너를 떠나지 아니하며 버리지 아니하리니 강하고 담대하라"(수 1:5-6)라고 하셨다.

그런데 문제는 우리가 전쟁터에 나아가 적과 마주하며 싸우는 현장에서 이 말씀을 기억하느냐 못 하느냐에 달렸다. 다행히도 히스기야는 전쟁터에서 이 말씀을 기억하였다. 앗수르 185,000명의 대군이 히스기야를 치러 왔을 때 히스기야는 백성들 앞에서 "너희는 마음을 강하게 하며 담대히 하고 앗수르 왕과 그를 따르는 온 무리로 말미암아 두려워하지 말며 놀라지 말라 우리와 함께 하시는 이가 그와 함께 하는 자보다 크니 그와 함께 하는 자는 육신의 팔이요 우리와 함께 하시는 이는 우리의 하나님 여호와시라 반드시 우리를 도우시고 우리를 대신하여 싸우시리라"(대하 32:7-8)라고 했다.

히스기야의 이 말은 바로 신 20:1-4의 말씀과 똑같다. 히스기야가 심각한 전쟁터에서 신 20:1-4의 말씀을 문자 그대로 기억할 때 하나님께서는 신 20:1-4의 말씀을 문자 그대로 지켜주셨다. 신 20:4에서 "너희 하나님 여호와는 너희와 함께 행하시며 너희를 위하여 너희 적군과 싸우시고 구원하실 것이라"라고 하신 그대로 하나님께서는 한 천사를 보내사 앗수르 185,000명을 전멸시키사(대하 32:21) 너희 대적을 치고 구원하신다는 신 20:4의 약속을 그대로 지켜주셨다. 히스기야가 심각한 전쟁터에서 신 20:4 말씀을 문자 그대로 기억하였더니 신 1:1-4에서 약속하신 축복을 문자 그대로 받았다. 느헤미야도 그러한 축복을 받았다(느 4:14).

반면에 심각한 전쟁터에서 말씀을 기억하지 못하는 사람들은 심각한 고통을 겪었다. 삼상 13:4에서는 이스라엘이 블레셋 사람의 가증히 여김이 되었다 함을 듣고 온 이스라엘이 전쟁터에 나섰다. 그런데 블레셋 사람의 병거가 30,000이요 마병이 6,000이요 백성은 해변의 모래같이 많은 사실을 알고(삼상 13:5) 사울을 따라 나섰던 온 이스라엘 사람들은 (삼상 13:4) 전쟁의 위급함을 보고 절박하여 굴과 수풀과 바위틈과 은밀한 곳과 웅덩이에 숨고 어떤 히브리 사람들은 아예 요단 강을 건너 갓과 길르앗 땅으로 도망치고(삼상 13:6-7) 600명만 남았는데(삼상 13:15) 그 남은 600명도 떨고 있었다(삼상 13:7).

왜? 그때 이스라엘 백성 가운데서 신 20:1-4 말씀을 기억하는 사람이 한 사람도 없었기 때문이다. 히스기야 왕처럼 심각한 전쟁터에서 말씀을 기억하는 사람이 한 사람만 있었더라도 이러한 망신스러운 일은 없었을 것이다. 사울을 따라나선 온 이스라엘 백성 가운데서(삼상 13:4) 신 20:1-4 말씀을 기억하는 사람이 한 사람도 없었다.

반면에 사울의 아들 요나단은 "여호와의 구원은 사람이 많고 적음에 달리지 아니하였느니라"(삼상 14:6)라고 말하며 병거 30,000, 마병 6,000, 해변의 모래같이 많은 블레셋 군대 속에 홀로 뛰어 들어갈 때, 하나님께서는 이스라엘에 큰 구원을 이루어주셨다(삼상 14:45). 요나단의 고백은 단어는 다르나 내용은 신 20:1-4 말씀과 같지 않은가. 같은 전쟁터에서 한편에서는 신 20:1-4과 같은 내용의 삼상 14:6의 고백을 하면서 홀로 적군 속에 뛰어든 요나단에게는 큰 구원을 이루게 하시는(삼상 14:45) 놀라운 장면이 있었으나, 신 20:1-4 말씀을 기억하지 못해 떨고만 있던(삼상 13:7) 백성들은 얼마나 비참한가.

지금까지 심각한 전쟁터에서 말씀을 기억한 사람의 행복과 말씀을 기억하지 못한 사람들의 불행을 생각해보았다. 반드시 전쟁터만은 아니다. 우리가 한평생 살아갈 때 여러 환경에 처하게 되는데 좋은 환경은 문제될 것이 없고, 불행하고 고통스럽고 심각하고 위험한 환경에 처했을 때 그 환경을 해결할 만한 말씀을 기억하느냐 못하느냐에 따라 우리의 형편이 달라진다.

히스기야 왕처럼 심각한 환경 앞에서 그 환경을 해결해줄 만한 말씀을 기억할 때는 우리가 복된 사람이 될 수 있고, 삼상 13장 당시의 이스라엘 백성들처럼 심각한 자리에서 그 환경을 해결해줄 만한 말씀을 기억하지 못할 때는 말할 수 없는 불행의 자리에 빠지고 만다.

바라건대 우리는 히스기야처럼 심각한 환경 앞에서 그 환경을 해결해줄 만한 말씀을 기억함으로 그 문제를 선하게 해결할 수 있는 복된 사람들이 될지언정, 삼상 13장 당시의 이스라엘 백성들처럼 심각한 환경 앞에서 그 환경을 해결해줄 만한 말씀을 기억하지 못함으로 말할 수 없는 불행의 자리에 빠지는 불쌍한 사람들이 되어서는 안 되겠다(이 문제에 대해서는 박희천 저,『사무엘상』제13장의 "말씀을 기억지 못하는 자(1)", "말씀을 기억지 못하는 자(2)"를 참고하기 바란다.).

합심 기도(대하 32:20)

역사 이래 어느 나라도 당해낼 수 없었던 연전연승(連戰連勝)의 나라 앗수르가 예루살렘을 치러 왔을 때 왕인 히스기야와 선지자 이사야가 합심하여 기도할 때(대하 32:20) 여호와께서 한 천사를 보내 앗수르의 모든 용사와 대장과 지휘관들을 멸하셨다(대하 32:21).

예수님께서도 합심 기도에 대하여 마 18:19에서 "진실로 다시 너희에게 이르노니 너희 중의 두 사람이 땅에서 합심하여 무엇이든지 구하면 하늘에 계신 내 아버지께서 그들을 위하여 이루게 하시리라"라고 하셨고, 고후 1:11은 "너희도 우리를 위하여 간구함으로 도우라 이는 우리가 많은 사람의 기도로 얻은 은사로 말미암아 많은 사람이 우리를 위하여 감사하게 하려 함이라"라고 하면서 합심 기도의 두 가지 효과를 말한다.

우리가 합심하여 기도하면 첫째로 어떠한 은사가 나타나고 둘째로 나타난 은사로 인하여 많은 사람들이 감사하게 된다고 하였다. 같은 말씀이 고후 4:15에도 나온다. "모든 것이 너희를 위함이니 많은 사람의 감사로 말미암아 은혜가 더하여 넘쳐서 하나님께 영광을 돌리게 하려 함이라."

여기에서도 고후 1:15처럼 합심 기도의 두 가지 효과를 말한다. 첫째로 많은 사람이 감사함으로 하나님께 기도하면 어떠한 은혜가 나타난다고 하였고, 둘째로 나타난 그 은혜로 인하여 많은 사람이 하나님께 영광을 돌리게 된다고 하였는데 하나님께 영광을 돌린다는 것은 바로 고후 1:11처럼 하나님께 감사하게 된다는 말씀이다.

에 4:16에서는 에스더가 수산에 사는 모든 유다인들이 자기와 함께 합심하여 기도하기를 요구하였고, 그 합심 기도의 결과로 첫째로 유다인이 대적에게서 벗어나 평안함을 얻어 슬픔이 변하여 기쁨이 되고 애통이 변하여 길한 날이 되는(에 9:22) 결과가 나타났고, 둘째로 그 결과로 인하여 모든 사람들이 하나님께 감사하게 되었다.

단 2:17-23에는 다니엘과 세 친구의 합심 기도가 나오는데 그들의 합심 기도의 결과로 은사가 하나만 나타난 것이 아니라 세 가지가 나타났다. 첫째로 느부갓네살 왕이 꾼 꿈은 지혜자나 술객이나 점쟁이들이 도저히 알 수 없고 오직 은밀한 곳을 나타내시는 하나님만이 아실 수 있는데(단 2:27-28) 그 꿈의 내용과 해몽까지 알게 되었다. 둘째로 그 꿈의 해몽만이 아니라 능력까지 받았다(단 2:23). 셋째로 다니엘만이 아니라 바벨론의 다른 지혜자들까지 살게 되었다(단 2:18). 다니엘과 세 친구들의 합심 기도의 결과로 이렇게 놀라운 세 가지 은사가 나타났으니 나타난 그 은사로 인하여 다니엘과 세 친구만이 아니라 바벨론의 모든 박사들까지 감사하지 않았겠는가.

행 12장에서 베드로가 감옥에 갇혔을 때 여러 사람이 모여(행 12:12) 간절히(행 12:5) 하나님께 합심하여 기도하였다. 그 결과 베드로가 감옥에서 나오는 은사가 나타났는데 베드로가 감옥에서 나왔다는 것은 두 가지 면에서 특수한 은사였다. 첫째로 천사가 베드로를 감옥에서 이끌어 낼 때 베드로 자신도 그것이 참인 줄 알지 못하고 환상을 보는 줄로 착각하였다. 다른 사람도 아닌 본인인 베드로까지도 참인 줄 알지 못하고 환상으로 착각할 정도로 놀라운 은사였다.

둘째로 베드로가 기도하는 집에 와서 대문을 두드리자 로데라는 여자 아이가 영접하러 나갔다가 베드로의 음성인 줄 알고 베드로가 나왔다고 하니 기도하는 사람들은 로데를 향하여 네가 미쳤다고 하였다(행 12:15). 로데가 계속해서 말하니 그들은 베드로의 천사라고 했다(행 12:15). 베드로를 위하여 간절히 기도하던 사람들까지도 베드로가 왔다는 사실을 말하는 로데를 향하여 미쳤다고 하고 아니면 그의 천사라고 할 만큼 현실의 세계에서는 도저히 믿을 수 없었던 엄청난 은사가 나타났다.

이와 같이 베드로 자신도 환상을 보는 줄로 알았고 베드로를 위하여 간절히 기도하던 사람들도 베드로가 왔다는 로데를 향하여 미쳤다고 하고 그의 천사라고 할 만큼 인간의 세계에서는 도저히 상상할 수 없고 믿을 수 없는 엄청난 은사가 나타났다. 그러니 그러한 은사를 본 사람들이 하나님께 감사할 수밖에 없지 않은가. 이와 같이 우리가 합심하여 기도할 때는 인간의 세계에서는 도저히 믿을 수 없는 엄청난 은사가 나타났고 그 나타난 은사로 인해 많은 사람들이 하나님께 감사하게 된다.

우리의 합심 기도에는 이렇게 놀라운 은사가 나타나는데 우리가 합심 기도를 할 때마다 명심해야 될 일 한 가지가 있다. 즉 문자 그대로 합심이다. 마음을 하나로 합치는 일이다. 그래서 예수님께서도 우리에게 합심 기도를 말씀하실 때 "너희 중의 두 사람이 땅에서 합심하여 무엇이든지 구하면"(마 18:19)이라고 하시면서 합심 기도할 때 명심해야 할 일은 합심이라고 하셨다.

출 17:8-16에서 모세가 손을 들었다는 것은 기도를 뜻한다(왕상 8:22, 38, 대하 6:13, 29, 스 9:5, 욥 11:13, 시 28:2, 44:20, 77:1-2, 88:9, 141:2, 143:6, 사 1:15, 애 2:19, 딤후 2:8). 그런데 모세의 팔이 늘어지자 아론과 훌이 하나는 이편에서 하나는 저편에서 모세의 팔을 붙들어 주었다는 것은 합심 기도를 뜻한다. 아론이 모세의 팔을 붙들어주었다고 해서 아론이 언제나 모세 편에 서서 모세와 합심했던 것은 아니다. 민 12장에서는 미리암과 아론이 모세를 비방하였다. 그러다 미리암은 나병에 걸리는 벌을 받았다. 아론도 인간인지라 한때는 모세를 거슬러 모세를 비방한 적도 있지만 출 17장에서 합심 기도할 때는 모세를 비방하는 기색은 하나도 없고 문자 그대로 모세와 마음을 합하고, 마 18:19에서 예수님께서 말씀하신 그대로 합심하여 기도하였다. 그리하여 합심 기도의 결과가 나타났던 것이다. 행 1:14에도 120명의 성도가 모여서 기도할 때 마음을 같이 하여, 즉 합심하여 기도할 때 오순절 날 성령의 놀라운 은사가 나타나지 않았던가. 합심 기도의 요건(要件)은 문자 그대로 합심이다.

지금까지 성경에 나타난 합심 기도의 놀라운 결과와 명심해야 할 일에 대하여 생각해왔다. 우리도 성경에 나타난 합심 기도의 결과들처럼 마음을 합하고 합심하여 기도하여 합심 기도에 나타났던 성경의 놀라운 결과들이 현 생활에서도 나타날 수 있기를 바란다.

의인에게 임하는 환난 (대하 32:1)

대하 32:1은 이 모든 충성된 일 후에 앗수르 왕 산헤립이 유다에 들어와서 견고한 성읍들을 향하여 진을 치고 쳐서 점령하고자 하였다고 한다. 이 모든 충성된 일들은 대하 29장에서 히스기야가 성전 문을 열고 성전을 청결케 하고, 대하 30장에서는 유월절을 지키고, 대하 31장에서는 십일조 헌금을 한 충성된 일들을 말한다. 일반적으로 의인에게는 환난이 임하지 않는다고들 생각하는데 어찌하여 히스기야에게는 한두 가지도 아니고 이 모든 충성된 일을 한 후에도 앗수르의 환난이 임하였는가? 사 36-37장에서는 대하 32장과 같은 앗수르의 침략을 말했고, 사 38장에서는 히스기야가 병들었다가 나은 사실을 말했다.

사 38장에서 히스기야가 병들었을 때는 히스기야가 범죄한 때가 아니고 의롭게 살던 때였다. 그런데 이렇게 의롭게 살던 히스기야에게 왜 죽을 병이 걸렸는가? 하나님의 기적으로 치료를 받은 후 히스기야는 사 38:17에서 "보옵소서 내게 큰 고통을 더하신 것은 내게 평안을 주려 하심이라"라고 말했다. 히스기야에게 주신 고통은 보통 고통도 아니요 큰 고통이었다. 의롭게 살던 히스기야에게 왜 큰 고통을 주셨는가? 그 까닭은 히스기야를 괴롭히려고 주신 큰 고통이 아니었고 결과적으로는 히스기야에게 평안을 주시려는 하나님의 뜻이었다.

의롭게 살던 히스기야에게 큰 고통을 더하신 것은 히스기야에게 평안을 주시려는 목적이었던 것처럼 이 모든 충성된 일 후에(대하 32:1) 히스기야에게 주신 앗수르의 환난도 결과적으로는 "이와 같이 여호와께서 히스기야와 예루살렘 주민을 앗수르 왕 산헤립의 손과 모든 적국의 손에서 구원하여 내사 사면으로 보호하시매 여러 사람이 예물을 가지고 예루살렘에 와서 여호와께 드리고 또 보물을 유다 왕 히스기야에게 드린지라 이 후부터 히스기야가 모든 나라의 눈에 존귀하게 되었더라"(대하 32:22-23)의 평안을 주시기 위함이었다. 그러니 의인에게 임하는 환난은 의인을 결과적으로 괴롭히려는 환난이 아니고 사 38:17, 대하 32:22-23처럼 의인에게 평안을 주시기 위한 환난이다.

우리는 성경에서 이러한 보기들을 몇 가지 더 볼 수 있다. 창 42:36에서 야곱은 "너희가 나에게 내 자식들을 잃게 하도다 요셉도 없어졌고 시므온도 없어졌거늘 베냐민을 또 빼앗아 가고자 하니 이는 다 나를 해롭게 함이로다"라고 했다. 창 42장의 장면에서만 보면 야곱의 이 말은 백 번 옳다. 그런데 그가 애굽에 내려가서 인질로 잡혔던 시므온도 만나고 죽은 줄로만 알았던 요셉이 애굽의 국무총리로 있는 사실을 눈으로 보았을 때도 이러한 말을 하였겠는가. 그는 "이는 다 나를 해롭게 함이로다"의 고백을 "이는 다 나를 유익하게 하려 함이로다"라는 고백으로 바꾸었을 것이다. 믿음으로 살던 야곱에게 임한 환난, 즉 "이는 다 나를 해롭게 함이로다"의 환난은 결과적으로는 "내게 평안을 주려 하심이라"(사 38:17)의 환난이었다.

의인 욥의 환난을 보자. 의인 욥이 왜 환난을 당했는가? 이 문제는 기독교의 모든 성도들이 알고 싶어하는 공통적인 수수께끼다. 그 대답은 욥 42:5이다. 욥은 "내가 주께 대하여 귀로 듣기만 하였사오나 이제는 눈으로 주를 뵈옵나이다"라고 했다. 한국 속담에 백문(百聞)이 불여일견(不如一見)이라는 말씀이 있다. 백 번 듣는 것보다 한 번 보는 것이 낫다는 말씀이다. 욥이 환난을 당하기 전에는 하나님께 대한 지식이 하나님께 대하여 듣기만 하는 정도의 지식이었는데 환난을 당하자 눈으로 보는 한층 더 높은 믿음의 자리로 올라갔다. 의인 욥에게 하나님께서는 왜 끔찍한 환난을 주셨는가? 욥의 믿음을 하나님께 대하여 듣기만 하던 자리에서 이제는 하나님을 볼 수 있는 한층 높은 자리로 끌어올리시기 위한 하나님의 섭리였다. 이것이 의인 욥에게 주신 신앙적인 뜻이었고 물질도 갑절로 주셨다(욥 42:12-13).

우리는 고후 12장에 나오는 바울의 가시 문제를 한 번 생각해보자. 바울은 한때 셋째 하늘에 올라가(고후 12:2) 말할 수 없는 말을 들었다(고후 12:4). 그러한 바울에게 하나님께서는 육체의 가시 곧 사탄의 사자를 주셔서 바울을 괴롭게 하셨다(고후 12:7). 이 가시가 얼마나 바울에게 괴로웠으면 이 가시가 떠나게 해달라고 세 번씩이나 주께 간구하였다고 한다(고후 12:8). 바울 정도의 간구라면 아마 보통 기도가 아니고 금식을 하며 상당히 영적으로 깊은 간구를 하였을 것이다. 가시 때문에 복음 전도에 말할 수 없는 지장을 받고 나니 그것이 바울에게는 괴로움이요 손해로만 여겨졌다. 그래서 세 번씩이나 간구하였다.

그런데 의인 바울에게 주신 가시의 뜻이 무엇이었던가? 하나님의 능력이 약한 데서 온전하게 되는 것이 하나님의 법이다(고후 12:9). 인간이 강한 줄 알고, 잘난 줄 알고 자기를 높일 때는 하나님의 능력이 그에게 역사하지 아니한다. 하나님의 능력은 내가 무능하고, 나 자신의 힘으로는 아무 것도 할 수 없고, 한 가지라도 할 수 있기 위해서는 하나님께서 나에게 능력을 주셔야만 할 수 있다는 약한 자리에 있는 자에 한해서 하나님께서 능력을 주시는 것이 하나님의 능력의 법칙이다.

바울이 셋째 하늘에 올라가 말할 수 없는 말을 듣고 그 마음이 교만해지는 날에는 하나님의 능력이 다시는 바울을 통하여 역사하지 않는다. 그래서 바울에게 가시를 주어서라도 바울을 약하게 만들고 바울로 하여금 내 힘으로는 아무 것도 할 수 없고 한 가지라도 이루어지기 위해서는 하나님께서 주시는 능력이 아니면 할 수 없다는 약한 자리에 처하게 하기 위해서 바울에게 가시를 주셨던 것이다.

그러니 바울에게 주셨던 가시는, 바울이 처음에 알던 대로 자기를 괴롭히기 위한 가시가 아니라, 자기를 약하게 만들어 하나님의 능력이 바울에게서 떠나지 아니하고 언제나 함께 있게 하시기 위한 축복의 가시였다. 그러므로 바울은 도리어 크게 기뻐하며 나의 여러 약한 것들을 자랑하게 되었다고 한다(고후 12:9). 열심히 복음을 전하려는 바울에게 가시를 주신 것은 바울을 약하게 만들어 하나님의 능력이 바울에게서 떠나지 아니하고 함께 있게 하시려는 하나님의 뜻이었다. 그것이 의인 바울에게 임한 환난의 뜻이었다.

이러한 진리를 알고 난 시인은 시 119:75에서 "여호와여 내가 알거니와 주의 심판은 의로우시고 주께서 나를 괴롭게 하심은 성실하심 때문이니이다"라고 했다. 주님께서 나를 괴롭게 하시는 것은 결과적으로 나를 불행하게 하고 괴롭히기 위함이 아니라 평안함을 주시기 위한(사 38:17) 성실한 마음으로 주시는 괴로움이라고 했다. 그래서 애 3:33은 "주께서 인생으로 고생하게 하시며 근심하게 하심은 본심이 아니시로다"라고 했다. 주님께서 인생으로 고생하며 근심하게 하시는 것은 하나님의 본심이 아니고 결과적으로는 평안함을 주시기 위함이다(사 38:17).

우리는 지금까지 의인에게 임하는 환난에 대하여 생각해왔다. 의인에게 임하는 환난은 결과적으로 손해가 되는 환난이 아니고, 내게 큰 고통을 더하신 것은 평안을 주려 하시는(사 38:17) 하나님의 뜻임을 알았다. 우리는 한평생 살면서 내가 지은 죄로 말미암아 하나님께서 심판으로 주시는 환난을 당하는 불행한 사람들이 아니라, 히스기야, 야곱, 욥, 바울처럼 일시적으로는 고난을 당하나 평안함에 이르는 의인으로 살아갈 수 있기를 바란다.

인간(人間) 히스기야(대하 32:25)

히스기야는 왕이 되자 그의 조상 다윗의 모든 행위와 같이 여호와 보시기에 정직히 행하고(왕하 18:3), 여러 산당들을 제거하며 주상을 깨뜨리며 아세라 목상을 찍으며(왕하 18:4), 이스라엘 하나님 여호와를 의지하였는데 그의 전후 유다 여러 왕 중에 그러한 자가 없을 만큼 전례(前例)없이 하나님을 의지하였고(왕하 18:5), 여호와께 연합하여 떠나지 아니하고 여호와께서 모세에게 명령하신 계명을 지켰다(왕하 18:6). 앗수르 왕이 보낸 항복을 권하는 독촉장을 받자 여호와의 전에 올라가서 그 편지를 여호와 앞에 펴놓고 엎드려 기도함으로 이 문제를 해결하려고 하였고(왕하 19:14-19, 대하 32:1-21), 왕하 20장에서는 병들어 죽게 되었으나 하나님 앞에 엎드려 기도함으로 이 문제를 해결하였다. 그는 자기의 아버지 아하스가 폐쇄했던(대하 28:24) 성전 문을 열고(대하 29:3), 성전을 청소하고(대하 29:1-17), 자기 아버지가 훼파하였던(대하 28:24) 성전의 기구들을 다 갖추어놓았으며(대하 29:18-19), 속죄제를 드리고(대하 29:20-30), 감사제를 드리며(대하 29:31-36), 유월절을 지켰고(대하 30:1-27), 십일조 헌금을 바쳤다(대하 31:1-21).

이 모든 충성된 히스기야의 마음속에 교만이 들어갈 틈이 어디 있었겠는가. 그러나 대하 32:25은 그가 교만하였다고 한다. 평생을 가도 교만이 들어갈 수 없을 만큼 충성된 삶을 산 히스기야의 마음속에 어떻게 교만이 들어갈 수 있었던가? 그 까닭은 히스기야도 인간이기 때문이다. 히스기야도 인간이다. 아담의 자손이다. 천사가 아니다. 아담의 자손인 인간에게는 누구를 막론하고 인간의 약점을 가지고 있다. 아무리 성자요 아무리 믿음으로 산다고 해도 아담의 자손이요 인간이라는 울타리를 벗어날 재간이 없다. 그 누구를 막론하고 인간에게는 이와 같은 약점이 있다.

대하 32:22-24에 보면 히스기야가 교만해질 수 있는 인간적인 요소가 있기는 하다. 여호와께서 히스기야를 앗수르 왕과 모든 적국의 손에서 구원하여 내사 사면으로 보호하시며, 여러 사람이 예물과 보물을 가지고 와서 히스기야에게 드리고, 히스기야가 모든 나라의 눈에 존귀하게 되며, 병들어 죽게 되었다가 기적적으로 살아난 일도 있다. 그렇다고 반드시 교만해질 필요는 없다. 아담의 자손인 인간이라도 믿음으로 살 때는 이 모든 것이 하나님의 은혜요 축복으로 알고 감사하나 믿음의 자리에서 벗어나 아담의 자손인 인간 본연의 자리로 돌아가면 이 모든 것이 내가 잘나서 된 줄 알고 교만의 머리를 들게 된다.

다시 말하지만 우리는 아담의 자손이요 인간이다. 우리 몸에는 아담의 피가 흐르고 있다. 잠시라도 주님의 붙드심 없이는 얼마든지 미련해지고 약해지고 무슨 죄라도 지을 수 있는 아담의 자손이다. 우리는 이 사실을 잊어서는 안 된다. 하나님의 도우심 없이도 혼자 믿음으로 살고 깨끗하게 살고 강하게 살 수 있는 줄로 오해해서는 안 된다. 잠시라도 주님의 붙드심 없이는 어떠한 죄라도 지을 수 있고 어떠한 시험에도 넘어지고 실패할 수밖에 없는 연약한 인간이란 사실을 잊어서는 안 된다. 이러한 사실을 모르고 날뛰다가 히스기야와 같은 실수를 하게 되는 것이다.

우리는 이 사실을 아담의 자손이요 인간인 다윗에게서도 볼 수 있다. 그는 한때 "내가 여호와의 도를 지키고 악하게 내 하나님을 떠나지 아니하였으며 그의 모든 규례가 내 앞에 있고 내게서 그의 율례를 버리지 아니하였음이로다 또한 나는 그의 앞에 완전하여 나의 죄악에서 스스로 자신을 지켰나니 그러므로 여호와께서 내 의를 따라 갚으시되 그의 목전에서 내 손이 깨끗한 만큼 내게 갚으셨도다"(시 18:21-24)라고 말할 정도로 깨끗한 생활을 보냈다.

그러한 다윗이 어떻게 삼하 11장에서 우리야의 아내 밧세바와 동침하며 그 허물을 가리기 위하여 충성된 남편 우리야를 험한 전쟁터에 보내

죽게 하였을까? 시 18편에서는 다윗이 하나님을 의지하며 믿음으로 살 때였고 삼하 11장에서는 다윗에게서 믿음이 떠나 인간 본연인 아담의 자손으로 돌아왔을 때였다. 다윗이 믿음으로 살 때는 천사처럼 깨끗한 삶을 살더니 그에게서 믿음이 떠나 아담의 자손인 인간 본연의 자리로 돌아오자 다윗의 행동이라고는 믿을 수 없을 만큼 불의하고 잔인한 삶을 살게 되었던 것이다. 다윗만이 아니라 우리에게도 다윗의 몸에 흐르던 아담의 피가 흐르고 있다. 우리에게서 믿음이 떠나 아담의 자손인 인간 본연의 자리로 돌아올 때는 다윗보다 더욱 불의하고 잔인한 짓을 할 수 있다.

그는 시 27:1-3에서 "여호와는 나의 빛이요 나의 구원이시니 내가 누구를 두려워하리요 여호와는 내 생명의 능력이시니 내가 누구를 무서워하리요 악인들이 내 살을 먹으려고 내게로 왔으나 나의 대적들, 나의 원수들인 그들은 실족하여 넘어졌도다 군대가 나를 대적하여 진 칠지라도 내 마음이 두렵지 아니하며 전쟁이 일어나 나를 치려 할지라도 나는 여전히 태연하리로다"라고 했다. 그리고 시 23:4에서는 "내가 사망의 음침한 골짜기로 다닐지라도 해를 두려워하지 않을 것은 주께서 나와 함께 하심이라 주의 지팡이와 막대기가 나를 안위하시나이다"라고 했다. 얼마나 강하고 용감한 자세인가.

그러던 다윗이 삼상 21:10에서는 그 날에 다윗이 사울을 두려워하여 도망갔다고 하였고 삼상 21:12에서는 다윗이 가드 왕 아기스를 심히 두려워했다고 하였다. 시 27편과 23편에서 볼 수 있었던 다윗의 담대함과 용감함을 삼상 21장에서는 전혀 볼 수 없다. 시 27편과 23편에서는 다윗이 믿음으로 살고 하나님의 도우심을 받을 때였지만, 삼상 21장에서는 다윗에게서 믿음이 떠나고 아담의 자손인 인간 본연의 자리로 돌아오자 시 27편과 시 23편에서 볼 수 있었던 담대하고 용감한 다윗의 자세는 전혀 볼 수 없게 되었다.

왜? 다윗도 인간이요 아담의 자손이다. 천사가 아니다. 그가 믿음으로 살 때는 놀랄 만큼 담대하고 용감한 자세를 가졌지만, 그에게서 믿음이 떠나고 아담의 자손이요 인간 본연의 자리로 돌아오자 다윗이라고 믿을 수 없을 만큼 약하고 못난 자리에 떨어졌던 것이다.

어떻게 히스기야와 다윗뿐이겠는가. 주님의 도우심과 붙드심 없이도 설 수 있고 믿음으로 살 수 있고 의롭게 살 수 있고 강하게 살 수 있다는 착각을 가졌다가 히스기야와 다윗보다 더 큰 실수를 할 것이 아니라, 주님의 도우심과 붙드심 없이는 손가락 하나도 움직일 수 없는 무능한 인간임을 바로 알고 주님 앞에 겸손히 엎드려 한순간 한순간 주님의 도우심을 받아 살아가는 지혜로운 사람들이 될 수 있기를 바란다.

"나를 붙드소서 그리하시면 내가 구원을 얻고 주의 율례들에 항상 주의하리이다"(시 119:117)의 말씀을 기억하자.

백성에게 끼치는 왕의 영향(대하 32:25-26)

대하 32:25은 히스기야가 마음이 교만하여 그 받은 은혜를 보답하지 아니하므로 진노가 그와 유다와 예루살렘에 내리게 되었다고 하면서 왕인 히스기야가 교만할 때 그에게 지도를 받는 백성들에게 끼친 악한 영향을 말한다. 대하 32:26은 왕인 히스기야가 교만함을 뉘우칠 때 그에게 지도를 받는 백성들도 교만을 뉘우치게 되는 선한 영향을 끼친 사실을 말한다. 성경은 지도자인 왕이 그에게 지도를 받는 백성에게 끼치는 선한 영향과 악한 영향에 대하여 여러 가지로 말한다.

1. 선한 영향

잠 20:8은 "심판 자리에 앉은 왕은 그의 눈으로 모든 악을 흩어지게 하느니라"라고 했다. 옛날의 왕은 행정권, 사법권, 입법권을 다 가지고 있었다. 그래서 옛날의 왕은 재판도 하였다. 그런데 재판권을 가진 왕이 재판을 잘못하여 악을 선하다고 하고 선을 악하다고 한다면 악이 존재할 수 있으나, 재판을 맡은 왕이 악은 어디까지나 악이요 선은 어디까지나 선하다고 의롭고 공평하게 판단하면 그러한 왕 앞에서 악한 자는 설 자리를 잃게 된다. 그리고 또 본문은 모든 악을 흩어지게 한다고 하였다. 한두 가지 악이 아니라 모든 악을 흩어지게 하니 그 나라에는 어떠한 악이라도 설 자리가 없게 된다. 그래서 잠 20:8은 심판 자리에 앉은 왕은 그의 눈으로 모든 악을 흩어지게 한다고 하였으니 심판 자리에 앉아서 모든 악을 흩어지게 하는 공평한 지도자를 왕으로 모신 피지도자인 백성들은 얼마나 행복한가.

잠 20:26은 "지혜로운 왕은 악인들을 키질하며 타작하는 바퀴를 그들 위에 굴리느니라"라고 했다. 지혜로운 왕은 재판을 공평하게 하여 타작하는 바퀴로 악인들 위에 굴린다고 하니 이러한 왕 앞에서는 악한 자가 설 수 없다. 악인에게 속아넘어가지 아니하고 악인을 키질하여 타작하는 바퀴로 그 위에 굴리는 지혜로운 왕을 지도자로 모신 백성들은 얼마나 복된가. 그래서 잠 29:4은 왕은 정의로 나라를 견고하게 한다고 하였다.

사 32:1-4에는 "보라 장차 한 왕이 공의로 통치할 것이요 방백들이 정의로 다스릴 것이며 또 그 사람은 광풍을 피하는 곳, 폭우를 가리는 곳 같을 것이며 마른 땅에 냇물 같을 것이며 곤비한 땅에 큰 바위 그늘 같으리니 보는 자의 눈이 감기지 아니할 것이요 듣는 자가 귀를 기울일 것이며 조급한 자의 마음이 지식을 깨닫고 어눌(語訥)한 자의 혀가 민첩하여 말을 분명히 할 것이라"라는 말씀이 있다.

여기에서도 올바른 왕과 그 왕에게 지도를 받는 백성들의 행복에 대하여 말한다. 장차 한 왕이 의로 통치하겠다고 한다. 왕이 의로 통치하니 그 밑에서 왕을 받드는 방백들이 어떻게 불공평하게 정치를 할 수 있겠는가. 그래서 그 밑에서 왕을 받드는 방백들도 공평으로 정사할 것이라고 한다. 왕은 의로 통치하고 방백들은 공평으로 정치를 하니 백성들은 어떠한 축복을 받는가? 그 밑에서 지도를 받는 백성들은 광풍을 피하게 되고, 폭풍에서 가리움을 받으며, 마른 땅에서도 냇물의 축복을 받고, 곤비한 땅에서도 큰 바위 그늘로 가리움을 받는 축복을 받게 된다. 그러니 의로 통치하는 왕과 공평으로 정치하는 방백들에게 지도를 받는 백성들이 참으로 부럽다. 이 말씀대로 이루어진 역사적인 사실을 왕상 4:25은 "솔로몬이 사는 동안에 유다와 이스라엘이 단에서부터 브엘세바에 이르기까지 각기 포도나무 아래와 무화과나무 아래에서 평안히 살았더라"라고 했다.

남국 유다의 제3대 왕 아사가 우선 자신이 여호와 보시기에 선과 정의를 행하고(대하 14:2) 유다 사람을 명하여 조상들의 하나님 여호와를 찾게 하며 그의 율법과 명령을 행하게 하였으므로(대하 14:4) 하나님께서 그 땅에 10년 동안 평안함을 주셨다고 한다(대하 14:1). 즉 왕을 바로 만났기 때문에 그 밑에서 지도를 받는 백성들까지 축복을 받게 되었다.

남국 유다의 제16대 왕 요시야는 우선 자신부터 여호와 보시기에 정직히 행하여 조상 다윗의 길로 걸으며 좌우로 치우치지 아니했다(대하 34:2). 또한 "이스라엘의 모든 사람으로 그들의 하나님 여호와를 섬기게 하였으므로 요시야가 사는 날에 백성이 그들의 조상들의 하나님 여호와께 복종하고 떠나지 아니하였더라"(대하 34:33)라고 하면서 백성들이 왕을 바로 만났고 왕의 지도를 바로 순종했기 때문에 왕과 백성들이 아울러 복을 받게 되었다고 말한다.

2. 악한 영향

왕의 실수로 백성들이 피해를 보게 된 대표적인 보기는 다윗의 경우다. 다윗이 인구조사를 한 실패로 70,000명의 백성들이 전염병으로 죽었다(삼하 24:15, 대상 21:14). 이는 백성들을 사랑하던 다윗에게는 있을 수 없는 일이었다. 그러나 다윗도 인간인지라 한때에 믿음이 식어지고 마음이 어두워져서 이스라엘 백성들의 인구를 조사하다가 70,000명이 전염병으로 죽는 피해를 백성들에게 입혔다. 그러니 왕의 실패가 백성들에게 끼치는 영향이 얼마나 놀라운가.

왕상 16:13은 북국 이스라엘의 제3대 왕 바아사가 자기도 범죄하고 이스라엘도 범죄케 하였다고 한다. 바아사 당시의 이스라엘 백성들은 왕을 잘못 만났기 때문에 백성들도 따라서 범죄하는 피해를 받게 되었다. 왕하 14:10에는 남국 유다의 제9대 왕 아마샤가 화를 자초하여 그와 유다가 함께 망하였다고 한다. 왕인 아마샤가 화를 자초하여 혼자 망하는 것은 마땅하지만 왕을 바로 만나지 못해 왕의 범죄 때문에 왕과 함께 망하게 된 백성들은 얼마나 불행한가.

대하 12:1은 "르호보암의 나라가 견고하고 세력이 강해지매 그가 여호와의 율법을 버리니 온 이스라엘이 본받은지라"라고 했다. 지도자인 왕이 율법을 버리니 그에게 지도를 받는 백성들까지 아울러 율법을 버리는 불행한 자리에 빠지게 되었다.

대하 24:18에는 남국 유다의 제8대 왕 요아스가 조상들의 하나님 여호와의 전을 버리고 아세라 목상과 우상을 섬겼으므로 이 죄로 말미암아 진노가 유다와 예루살렘에 임하게 되었다고 한다. 죄를 지은 사람은 왕이었으나 백성들의 지도자인 왕이 조상들의 하나님 여호와의 전을 버리고 아세라 목상과 우상을 섬기니 그 지은 죄로 인한 진노가 피지도자인 백성들에게까지 미치게 되었다. 그러니 왕을 잘못 만난 피지도자인 백성들은 얼마나 불행한가.

대하 33:9에는 "유다와 예루살렘 주민이 므낫세의 꼬임을 받고 악을 행한 것이 여호와께서 이스라엘 자손 앞에서 멸하신 모든 나라보다 더욱 심하였더라"라고 했다. 므낫세는 남국 유다의 제14대 왕이다. 므낫세 왕 때 이스라엘 백성들이 악을 행하게 되었는데 그 까닭은 지도자인 왕 므낫세의 꼬임을 받게 되었기 때문이라고 한다. 왕의 꼬임을 받지 않았다면 죄를 짓지 아니할 백성들인데 왕의 꼬임을 받아 죄를 짓게 되었으니 지도자인 왕을 바로 만나지 못한 피지도자인 백성들은 얼마나 불행한가.

지금까지의 내용과는 달리 성경은 북국 이스라엘의 제1대 왕 여로보암의 죄에 대하여 특별히 기록한다. 성경은 여로보암 자신이 범죄하고 이스라엘로 범죄케 하였다는 말씀을 여러 곳에서 말한다(왕상 14:16, 15:26, 30, 34, 22:52, 왕하 3:3, 10:29, 31, 13:2, 6, 14:24, 15:9, 18, 24, 28). 놀라운 사실이다. 왕으로서 스스로 범죄하고 자기만이 아니라 피지도자인 백성들까지 범죄하게 만들었다니 여로보암의 죄가 얼마나 크며, 왕을 잘못 만났기 때문에 자동적으로 범죄하게 된 여로보암 왕 당시의 피지도자인 백성들은 얼마나 불행한가.

우리는 지금까지 백성들에게 끼친 왕의 영향에 대하여 생각해왔다.

통치자인 왕과 그에게 지도를 받는 백성들의 관계는 대단히 밀접하다. 지도자인 왕이 선하고 믿음으로 살 때 그에게 지도를 받는 백성들은 자동적으로 선하고 믿음으로 살게 되었고, 지도자인 왕이 범죄할 때 그에게 지도를 받는 백성들까지 자동적으로 범죄하게 되는 왕과 백성들과의 밀접한 관계를 생각해보았다.

　백성들에게 끼친 왕의 영향은 교회에서도 볼 수 있다. 교회가 믿음의 지도자를 바로 만날 때 성도들도 믿음으로 살아 복을 받게 되고, 교회가 지도자를 바로 만나지 못할 때 성도들도 믿음의 자리에서 떠나 불행하게 되는 사실을 얼마든지 볼 수 있다. 그렇다면 교회를 지도하는 지도자들의 책임이 얼마나 큰가. 우리는 위에서 왕이 백성에게 미치는 선한 영향과 악한 영향을 생각해보았다. 교회에서 지도자의 위치에 있는 분들은 내가 먼저 믿음으로 살아서 나에게 지도를 받는 양떼들에게 선한 영향을 끼쳐 그들로 복을 받게 하는 지도자가 될지언정, 나 자신이 믿음으로 살지 못하여 성도들에게 악한 영향을 끼쳐 나 자신만이 아니라 성도들에게까지 불행한 영향을 끼치는 지도자가 되어서는 안 되겠다.

제14대 므낫세

대하 32:33-33:20, 왕하 20:21-21:18

므낫세의 죄

1. 여호와 보시기에 악하게

므낫세는 여호와 보시기에 악하게 행하였다고 한다(왕하 21:2, 6, 16, 대하 33:2). 죄의 기준은 하나님께 있다. 어떠한 일이 사람들 보기에는 선하게 보인다 해도 그 일이 여호와 보시기에 악할 때는 죄가 되고 반면에, 사람들 보기에는 아무리 악하게 보여도 여호와 보시기에 선하게 보일 때는 죄가 될 수 없다. 그러니 어떠한 일이 죄가 되고 안 되고의 기준은 하나님 보시기에 어떠한가에 달려 있지 사람들 보기에 어떠한가에 달려 있지 않은데, 므낫세는 여호와 보시기에 악한 일을 행하였다고 한다.

그가 한 일들이 어떠한 면에서는 사람들 보기에 선하게 보이는 일들도 있었을 것이다. 그러나 죄가 되고 안 되고의 기준이신 하나님 보시기에는 악한 일이었다. 민 11:1에 보면 백성들이 여호와 들으시기에 악한 말로 원망했다고 한다. 그들의 말이 사람들 듣기에는 타당성도 있었고 이해가 가는 점들도 있었을 것이다. 그러나 여호와께서 들으시기에 악했던 고로 죄가 되었던 것이다.

시 51:4에서 다윗은 뭐라고 했는가? "내가 주께만 범죄하여 주의 목전에 악을 행하였사오니"이다. 인간들 세계에서는 왕으로서 어느 정도의 주색(酒色)은 용납되어 그리 탓하지 않는다. 밧세바와 간음했다 해도 왕으로서 그 정도의 일은 사람들에게 이해가 가고 용납이 될 수도 있었을 것이다. 그러나 다윗의 태도는 그것이 아니었다. 자기가 저지른 일이 사람들에게 이해가 되느냐가 문제가 아니라, 그 일이 주의 목전에서는 악했던 고로 죄가 된다고 인정하고 회개했던 것이다. 이와 같이 어떤 일이 죄가 되고 안 되고의 기준은 하나님께 있는데 므낫세는 하나님 보시기에 악을 행하였다.

반면에 왕하 22:2에 보면 남국 유다의 제16대 왕 요시야는 여호와 보시기에 정직히 행하였다고 한다. 이 말씀은 요시야가 선악의 기준이 되는 여호와 보시기에 정직히 행하였다는 말씀이다. 요시야가 하는 일이 어느 면에서는 사람들 보기에 안 좋게 보이고 이해가 안 가는 면들도 있었다 할지라도 선악의 기준이 되는 하나님 보시기에는 정직하게 행하였는 고로 의로웠다고 하였다.

2. 악의 재건자(再建者)

므낫세는 왕이 되자마자 부친 히스기야가 헐어버린 산당을 다시 세우고 바알들을 위하여 제단을 쌓으며, 아세라 목상을 만들고 하늘의 일월성신을 경배하여 섬기며, 여호와께서 전에 내가 내 이름을 예루살렘에 영원히 두리라 하신 여호와의 전에 제단들을 쌓았고, 또 여호와의 전 두 마당에 하늘의 일월성신을 위하여 제단들을 쌓았고, 또 힌놈의 아들 골짜기에서 그의 아들들을 불 가운데로 지나가게 했으며, 또 점치며 사술과 요술을 행하며 신접한 자와 박수를 신임하여 여호와 보시기에 악을 많이 행하는(대하 33:3-6, 왕하 21:3-6) 악의 재건자였다.

그가 악의 재건자였다는 사실은 부친 히스기야 왕과 좋은 대조가 된다. 그의 부친 히스기야는 아하스 왕이 닫았던 성전 문을(대하 28:24) 다시 열고(대하 29:3), 하나님의 성전을 16일 동안 청소하고(대하 29:15-17), 없어졌던 성전 기구들을 다시 마련해놓고(대하 29:19), 오랫동안 지키지 않던 유월절을 다시 지키고(대하 30장), 십일조 헌금을 다시 드렸다(대하 31:5-10). 아버지 히스기야는 선의 재건자였는데 선의 재건자의 아들 므낫세는 어찌하여 악의 재건자가 되었을까? 참으로 마음 아픈 일이다.

3. 철저하게

므낫세는 악을 재건하되 적당하게 재건하고 만 것이 아니라 위에서 말한 대로 아주 철저하게 재건하였다. 그의 아버지 히스기야가 선을 재건하되 아주 철저하게 재건하였듯이 아들 므낫세도 아버지를 본받아 선을 재건하는 일에 철저하게 재건하였으면 얼마나 좋았으련만, 유감스럽게도 악을 재건하는 일에 있어서 철저하게 재건하였으니 다시 한 번 마음 아픈 일이다.

4. 양적으로 많이

대하 33:6과 왕하 21:6은 므낫세가 여호와 보시기에 악을 많이 행했다고 하였고, 왕하 21:16은 므낫세가 무죄한 자의 피를 심히 많이 흘렸다고 한다. 므낫세가 무죄한 자의 피를 흘리되 보통 많이 흘린 것이 아니라 심히 많이 흘렸다고 했으니 양적으로 얼마나 많은 피를 흘렸겠는가.

5. 질적으로

대하 33:9과 왕하 21:9은 므낫세 당시의 이스라엘 백성들이 지은 죄가 여호와께서 이스라엘 자손 앞에서 멸하신 여러 민족보다 더욱 심했다고 하였고, 왕하 21:11은 유다 왕 므낫세가 이 가증한 일과 악을 행함이 그 전에 있던 아모리 사람들의 행위보다 더욱 심하였다고 한다. 레 18:25은 하나님께서 가나안 땅에서 아모리 족속을 쫓아내는 까닭은 그들이 지은 죄 때문이라고 하였다. 그런데 므낫세 당시의 이스라엘 백성들은 가나안 땅에서 쫓아냄을 받은 아모리 족속들이 지은 죄보다 더욱 심한 죄를 범했다고 하였으니 그들이 지은 죄가 질적으로 얼마나 더 심하였던가.

6. 백성까지 범죄케

그의 죄는 자기에게만 그친 것이 아니라 그가 하나의 평민이 아니고 백성을 지도하는 왕의 자리에 있었으니 만큼 그는 백성들까지 범죄케 만들었다. 왕하 21:9과 대하 33:9은 이스라엘이 므낫세의 꾐을 받아 악을 행하게 되었다고 하였고, 왕하 21:11, 16은 그들의 우상으로 유다를 범죄하게 했다고 하였다.

왕은 하나의 평민이 아니고 백성을 다스리고 지도하는 사람인 고로 왕이 잘못 다스릴 때 백성들로 하여금 범죄하게 하는 일은 얼마든지 있을 수 있다. 왕상 16:13에는 북국 이스라엘의 제3대 왕 바아사와 제4대 왕 엘라가 이스라엘로 하여금 범죄하게 하여 그 헛된 것으로 이스라엘 하나님 여호와의 노를 격동시켰다고 하였고, 왕상 16:26은 이스라엘의 제6대 왕 오므리가 이스라엘로 하여금 죄를 범하게 하였다고 했다.

7. 무죄한 피

왕하 21:16은 므낫세가 여호와 보시기에 악을 행하여 유다로 범하게 한 그 죄에 또 무죄한 피를 많이 흘리되 보통 많이 흘린 것이 아니라 심히 많이 흘려 예루살렘 이 끝에서 저 끝까지 가득하게 하였다고 한다. 피를 흘린 죄에 대해서 성경은 특별하게 말한다.

민 35:31에서는 고의로 살인죄를 범한 살인자의 생명의 속전을 받지 말고 반드시 죽이라고 했다. 출 21:29-30에서는 "소가 본래 받는 버릇이 있고 그 임자는 그로 말미암아 경고를 받았으되 단속하지 아니하여 남녀를 막론하고 받아 죽이면 그 소는 돌로 쳐 죽일 것이고 임자도 죽일 것이며 만일 그에게 속죄금을 부과하면 무릇 그 명령한 것을 생명의 대가로 낼 것이요"라고 했다.

성경에서 어떠한 죄는 벌금 곧 속죄금을 내고 죽음을 면할 수도 있다. 그러나 사람을 고의로 죽인 살인자의 죄에 대해서는 생명의 속죄금을 받지 말고 반드시 죽이라고 했다. 피를 흘린 자에게는 속죄금이 통하지 않는다.

민 35:33에서는 "너희는 너희가 거주하는 땅을 더럽히지 말라 피는 땅을 더럽히나니 피 흘림을 받은 땅은 그 피를 흘리게 한 자의 피가 아니면 속함을 받을 수 없느니라"라고 했다. 얼마나 무서운 말씀인가. 피 흘림을 받은 땅은 민 35:33에 있는 대로 속죄금으로 해결되지 못하고 피를 흘린 자의 피가 아니면 속할 수가 없다고 하였으니 피 흘린 죄가 얼마나 무서운가.

그런데 므낫세는 피를 흘리되 무죄한 자의 피를 흘리고 더욱이 보통 많이 흘린 것이 아니라 심히 많이 흘렸다고 하였으니 무죄한 자의 피를 흘린 므낫세의 죄가 얼마나 큰가. 왕하 24:4에도 "또 그가 무죄한 자의 피를 흘려 그의 피가 예루살렘에 가득하게 하였음이라"라고 했다.

8. 왕하 23:26의 죄

왕하 23:26은 "그러나 여호와께서 유다를 향하여 내리신 그 크게 타오르는 진노를 돌이키지 아니하셨으니 이는 므낫세가 여호와를 격노(激怒)하게 한 그 모든 격노 때문이라"라고 했고, 왕하 24:3-4도 "이 일이 유다에 임함은 곧 여호와의 말씀대로 그들을 자기 앞에서 물리치고자 하심이니 이는 므낫세의 지은 모든 죄 때문이며……여호와께서 사하시기를 즐겨하지 아니하시니라"라고 했다. 유다가 망하게 된 것은 므낫세의 죄 때문이라고 했다. 땅에 있던 한 나라가 망하게 된다는 것은 결코 작은 일이 아니다. 그런데 유다가 망하게 된 원인은 므낫세의 죄 때문이라고 했으니 므낫세의 죄가 얼마나 큰가.

부사(副詞)가 붙은 삶

부사는 문법상 동사, 형용사, 부사를 수식하여 그 뜻을 강조한다. 므낫세는 선한 면이나 악한 면이나 다 부사가 붙은 삶을 살았다.

1. 선한 면에서

대하 33:12은 므낫세가 그의 조상들의 하나님 앞에 겸손하되 크게 겸손했다고 하였으니 므낫세는 하나님 앞에 겸손하게 살되 보통 겸손하게 산 것이 아니라 크게라는 부사가 붙을 정도로 겸손하게 살았다. 대하 33:14은 그가 다윗 성에 성벽을 쌓았는데 보통 쌓은 것이 아니라 심히, 높이 쌓았다고 한다.

2. 악한 면에서

대하 33:6은 므낫세가 여호와 보시기에 악을 행하되 보통으로 행한 것이 아니라 많이라는 부사가 붙을 정도로 행하였고, 왕하 21:11은 유다 왕 므낫세가 이 가증한 일과 악을 행함이 그 전에 있던 아모리 사람들의 행위보다 더욱 심했다고 하였으니 므낫세는 악을 행하되 아모리 사람보다 더욱이라는 부사가 붙을 정도로 심하게 행하였다.

므낫세는 악을 행하는 일에서만 부사가 붙은 삶을 산 것이 아니라, 선을 행하는 일에도 부사가 붙은 삶을 살았으니, 선을 행하는 일에 있어서 부사가 붙은 삶을 전혀 살 수 없는 사람은 아니었다. 그렇다면 좀 더 경성하여 악을 행하는 일에 부사가 붙는 삶을 살지 않고 선을 행하는 일에만 부사가 붙은 삶을 살았던들 얼마나 좋았겠는가.

성경에 보면 악을 행하는 일에는 전혀 부사가 붙는 삶을 살지 않고 선을 행하는 일에만 부사가 붙는 사람이 있다. 그가 바로 사도 바울이다. 고후 11:23에서 그는 수고를 하되 보통한 것이 아니라 넘치도록이라는 부사가 붙을 정도로 수고하였고, 옥에 갇히되 한 번 갇힌 것이 아니라 더 많이라는 부사가 붙을 정도로 옥에 갇혔고, 매를 맞되 보통으로 맞은 것이 아니라 수없이라는 부사가 붙을 정도로 매를 맞았고, 죽을 뻔하였으되 보통 죽을 뻔한 것이 아니라 여러 번이라는 부사가 붙을 정도로 죽을 뻔하였고, 고후 11:24에서는 유대인들에게 사십에서 하나 감한 매를 보통 맞은 것이 아니라 다섯 번이라는 부사가 붙을 정도로 맞았고, 고후 11:25에서는 태장(笞杖)으로 맞되 세 번이라는 부사가 붙을 정도로 맞았고, 파선하기까지 일주야를 깊은 바다에서 지냈으되 세 번이라는 부사가 붙을 정도로 파선 당했으며, 고후 11:26에서는 강의 위험과 강도의 위험과 동족의 위험과 이방인의 위험과 시내의 위험과 광야의 위험과 바다의 위험과 거짓 형제 중의 위험을 당하되 여러 번이라는 부사가 붙을 정도로 당하였고, 고후 11:27에서는 수고하며 애쓰고 자지 못한 일을 여러 번이라는 부사가 붙을 정도로 당하였고, 주리고 목마르고 굶고 춥고 헐벗는 일을 여러 번이라는 부사가 붙을 정도로 당하였다.

마 16:27에서 예수님께서는 "인자가 아버지의 영광으로 그 천사들과 함께 오리니 그때에 각 사람이 행한 대로 갚으리라"라고 하셨다. 예수님께서 재림하실 때는 각 사람이 행한 대로 갚으리라고 했으니 선을 행하는 일에 부사가 붙는 삶을 산 사람들은 하늘나라에서 상급을 받되 부사가 붙는 상급을 받을 것이 아니겠는가.

우리는 므낫세와 같이 선을 행하는 일에서 부사가 붙는 삶을 살 수 있으면서도 악을 행하는 일에까지 부사가 붙는 삶을 산 불행한 사람이 될 것이 아니라, 사도 바울처럼 오직 선을 행하는 일에만 부사가 붙는 삶을 살아서 장차 주님께서 재림하실 때 부사가 붙는 상급을 받는 복된 사람들이 될 수 있기를 바란다.

왕의 직책(職責)

왕은 한 나라의 주권을 가지고 있는 고로 그 나라에, 선악 간에 막대한 영향을 끼칠 수 있다. 잠 20:8은 "심판 자리에 앉은 왕은 그의 눈으로 모든 악을 흩어지게 하느니라"라고 했다. 심판 자리에 앉았다는 말은 바로 주권을 가졌다는 말이다. 주권을 가지고 심판 자리에 앉은 왕은 그 눈으로 그 나라의 모든 악을 흩어지게 할 수 있다.

주권이 없는 평민은 평생을 가도 할 수 없는 엄청난 일을 주권을 가진 왕은 할 수 있다. 잠 20:26은 "지혜로운 왕은 악인들을 키질하며 타작하는 바퀴를 그들 위에 굴리느니라"라고 했다. 주권을 가진 지혜로운 왕은 악인을 키질하며 타작하는 바퀴를 그들 위에 굴려 악인을 완전히 밟아 버릴 수 있다.

이와 같이 왕은, 주권이 없는 평민은 평생을 가도 할 수 없는 엄청난 일을 주권을 가진 고로 할 수 있다. 주권을 가진 왕이 엄청난 일을 할 수 있다는 것은 선악 간에 다 할 수 있다는 뜻이다. 므낫세도 주권을 가진 왕인 고로 선악 간에 백성들에게 많은 영향을 미쳤다.

1. 선한 면에서

대하 33:16-17은 므낫세가 주권을 가지고 백성들에게 선한 면에 영향을 끼친 사실을 말한다. 므낫세가 여호와의 제단을 보수하고 화목제와 감사제를 그 제단 위에 드리고 유다에 명령하여 이스라엘 하나님 여호와를 섬기게 하였다고 한다. 유다에 명령하였다는 말은 그가 주권을 가졌다는 말이다. 그가 주권을 가지고 있었기 때문에 유다에 명령하여 이스라엘 하나님 여호와를 섬기도록 하는 데 영향을 끼쳤다.

2. 악한 면에서

대하 33:9은 유다와 예루살렘 주민이 므낫세의 꼬임을 받고 악을 행하였다고 한다. 므낫세가 주권을 가진 왕이 아니고 평민의 한 사람이라면 어느 누가 그 꼬임을 받겠는가. 그러나 므낫세는 평민이 아니고 주권을 가진 왕인 고로 그의 꼬임에 복종할 수밖에 없었다. 이와 같이 왕은 주권을 가졌는 고로 백성에게 선악 간에 막대한 영향을 끼칠 수 있다.

우리는 주권을 가진 왕의 영향을 입어 자동적으로 죄를 짓게 된 평민들의 경우를 성경에서 볼 수 있다. 우선 대하 33:9은 유다와 예루살렘 주민이 므낫세의 꼬임을 받고 악을 행했다고 하였고, 왕하 21:11은 므낫세가 그 우상으로 유다를 범죄하게 했다고 하였고, 왕하 21:16은 므낫세가 유다로 하여금 범죄하게 했다고 하였다. 왕상 14:16, 15:30은 북국 이스라엘의 제1대 왕 여로보암이 이스라엘로 범죄하게 했다고 하였고, 왕상 15:26은 북국 이스라엘의 제2대 왕 나답이 이스라엘로 범죄하게 했다고 하였고, 왕상 16:2, 13은 북국 이스라엘의 제3대 왕 바아사가, 왕상 16:19은 북국 이스라엘의 제5대 왕 시므리가, 왕상 16:26은 북국 이스라엘의 제6대 왕 오므리가, 왕상 21:22은 북국 이스라엘의 제7대 왕 아합이 이스라엘로 범죄하게 했다고 하였다.

주권을 가진 왕이 악한 일에만 백성에게 영향을 끼칠 필요는 없다. 선한 일에도 얼마든지 영향을 끼칠 수 있다. 므낫세도 악한 일에 영향을 끼칠 수 있었듯이 선한 일에도 영향을 끼칠 수 있지 않았던가. 부사가 붙는 삶에도 악한 일에만 부사가 붙는 삶을 사는 것이 아니라 선한 일에도 부사가 붙는 삶을 얼마든지 살 수 있지 않았던가. 주권을 가진 왕이 악한 일에 영향을 끼치는 것은 하지 않고 선한 일에만 영향을 끼칠 수 있다면 얼마나 좋겠는가. 또 성경에는 그러한 왕들이 있지 않았는가. 우리는 남국 유다의 제13대 왕 히스기야와 제16대 왕 요시야에게서 그 보기를 볼 수 있다.

남국 유다의 제13대 왕 히스기야는 왕이 되자마자 아버지 아하스 왕이 폐쇄했던 성전 문부터 열고(대하 29:3), 성전을 대청소하고(대하 29:4-17), 없어졌던 성전의 기구들을 다 갖추어놓고(대하 29:18-19), 그동안 지었던 죄를 속죄하는 속죄제를 드리고(대하 29:20-30), 감사제를 드리고(대하 29:31-36), 오랫동안 지키지 않았던 유월절을 지키고(대하 30:1-27), 유다에서 모든 우상을 제거하고(대하 31:1), 십일조 헌금을 드렸다(대하 31:2-19). 이 모든 일들은 주권을 가지지 못한 평민은 도저히 할 수 없고 오로지 주권을 가진 왕만이 할 수 있는 일이었다. 그는 왕의 주권을 가지고 백성으로 하여금 악을 행하는 데는 전혀 영향을 끼치지 않고 오직 선을 행하는 일에만 영향을 미쳤다.

남국 유다의 제16대 왕 요시야는 왕이 되자마자 유다에서 모든 우상을 제거하고(대하 34:3-7), 성전을 수리하고(대하 34:8-28), 백성들로 하여금 율법을 지키도록 지도하고(대하 34:29-33), 선지자 사무엘 때부터 지키지 못했던 유월절을(대하 35:18) 제 날짜인 첫째 달 열 넷째 날에 처음으로 지켰다(대하 35:1-19). 요시야 왕이 행한 이 모든 일은 주권을 가지지 못한 평민은 도저히 할 수 없는 일이다. 오직 주권을 가진 왕만이 할 수 있는 일인데 요시야 왕은 주권을 가지고 이 선한 일에 힘을 썼다.

사도 바울이 선한 일에만 부사가 붙는 삶을 살았고, 히스기야와 요시야가 선한 일에만 주권을 사용했듯이, 므낫세도 히스기야와 요시야처럼 선한 일에만 주권을 사용했더라면 얼마나 좋을 뻔하였는가. 우리는 므낫세의 실수를 거울로 삼아 하나님께서 나에게 맡겨주신 주권을 가지고 악을 행하는 데는 전혀 사용하지 않고, 히스기야와 요시야처럼 오직 선을 행하는 일에만 주권을 사용하는 복된 사람들이 될 수 있기를 바란다.

수보다 질

　남국 유다의 제14대 왕 므낫세는 55년 동안을 다스렸으니(왕하 21:1-2, 대하 33:1-2) 남국 유다의 왕들 중에서는 물론이고 북국 이스라엘의 왕들 중에서도 므낫세만큼 오래 다스린 왕은 없다. 그런데 수적으로는 가장 오래 다스렸지만 질적으로는 죄투성이었다. 대하 33:3-7은 그가 개인적으로 지은 죄를, 대하 33:9은 그가 왕으로서 백성들을 꾀서 짓게 한 죄를 말해준다.
　개인적으로는 그의 아버지 히스기야가 헐어 버린 산당을 다시 세우고, 바알들을 위하여 제단을 쌓으며, 아세라 목상을 만들고 하늘의 모든 일월성신을 경배하여 섬기며, 여호와의 전에 제단들을 쌓고, 여호와의 전 두 마당에 하늘의 일월성신을 위하여 제단들을 쌓으며, 힌놈의 아들 골짜기에서 그의 아들들을 불 가운데로 지나가게 하고, 점치며 사술과 요술을 행하며, 신접한 자와 박수를 신임하여 여호와 보시기에 악을 많이 행하여 여호와를 진노하게 하였으며, 자기가 만든 아로새긴 목상을 하나님의 전에 세웠다.
　대하 33:9에서는 백성들을 꾀서 유다와 예루살렘 주민들로 여호와께서 이스라엘 자손 앞에서 멸하신 모든 나라보다 더욱 심한 죄를 짓게 만들었다. 수적으로 오래 다스린 왕은 질적으로도 죄를 지어야 한다는 법이 어디에 있는가. 성경에 보면 수적으로 오랜 세월을 다스리면서도 질적으로 선하고 의롭게 산 사람들이 있지 않은가.
　남국 유다의 제3대 왕 아사는 41년을 다스렸으니(왕상 15:10, 대하 16:13) 수적으로도 오래 다스렸지만 대하 15:17은 "아사의 마음이 일평생 온전하였더라"라고 했다. 아사 왕은 41년을 다스렸으니 수적으로도 제법 오랜 세월을 다스렸지만 그렇다고 하여 므낫세처럼 질적으로도 죄를 지은 삶이 아니라, "아사의 마음이 일평생 온전하였더라"(대하 15:17)의 삶을 살았다.

모세는 120년을 살았으니(신 34:7) 55년을 다스린 므낫세보다 2배를 더 오래 다스렸다. 그런데 그는 한평생을 어떻게 보내었는가? 수적으로 므낫세의 배나 오래 다스렸으나 질적으로 므낫세처럼 죄투성이로 다스렸는가? 아니다. 민 12:3은 "이 사람 모세는 온유함이 지면의 모든 사람보다 더하더라"라고 했고, 민 12:7은 "내 종 모세와는 그렇지 아니하니 그는 내 온 집에 충성함이라"라고 했으며, 히 3:2은 모세가 하나님의 온 집에서 충성했다고 하였다. 모세는 수적으로는 므낫세의 2배가 되는 오랜 세월을 다스리면서도 므낫세처럼 질적으로 죄투성이로 보낸 것이 아니라 질적으로 온유하고 충성된 삶을 살았다.

에녹은 300년을 하나님과 동행했다고 하였으니(창 5:22) 므낫세가 다스린 55년보다 6배를 더 오래 살았다. 수적으로 오래 살았다고 하여 므낫세처럼 질적으로 죄투성이로 산 것이 아니라 하나님과 동행하는 아름다운 삶을 살았다. 수적으로 오래 산다고 하여 질적으로 죄투성이로 살아야 한다는 법이 어디에 있는가. 히 11:5은 에녹에 대하여 "믿음으로 에녹은 죽음을 보지 않고 옮겨졌으니 하나님이 그를 옮기심으로 다시 보이지 아니하였느니라 그는 옮겨지기 전에 하나님을 기쁘시게 하는 자라 하는 증거를 받았느니라"라고 했다. 노아는 어떠하였던가? 창 6:9은 노아에 대하여 "노아는 의인이요 당대에 완전한 자라 그는 하나님과 동행하였으며"라고 했다. 노아는 950세에 죽었으니(창 9:29) 300년 동안 하나님과 동행한 에녹보다 세 배 더 오랜 세월 동안 하나님과 동행하였다. 노아는 수적으로 950세를 살면서도 므낫세처럼 질적으로 죄투성이로 살았는가? 그는 수적으로 950년을 살면서도 질적으로 950년을 하나님과 동행하는 아름다운 삶을 살았다. 수적으로 오래 산다고 하여 질적으로 죄를 지어야 하는 법이 어디에 있는가.

우리는 지금까지 수와 질에 대하여 생각해왔다. 므낫세는 남국 유다와 북국 이스라엘을 통하여 수적으로는 55년이라는 가장 오랜 세월을 다스렸지만 질적으로는 죄악투성이의 세월을 보냈다. 수적으로 오랜 세월을 산다고 하여 질적으로 죄를 지어야 한다는 법이 어디에 있는가. 아사, 모세, 에녹, 노아는 55년을 다스린 므낫세보다 2배, 6배, 17배 오랜 세월을 살면서도 온유, 충성, 하나님과 동행하는 아름다운 삶을 살지 않았던가.

한 번뿐인 인생, 우리는 므낫세처럼 수적으로는 오래 살면서도 질적으로는 죄악투성이의 한평생을 살 것이 아니라, 아사, 모세, 에녹, 노아처럼 수적으로 오랜 세월을 살면서도 더욱 질적으로도 온유, 충성, 하나님과 동행하는 값진 삶을 살 수 있기를 바란다.

대하 33:20-25, 왕하 21:19-26

본받는 일에 실패한 왕

므낫세의 아들 아몬은 본받는 일에 실패한 왕이었다. 즉 본받지 말아야 할 일은 본받고 본받아야 할 일은 본받지 않았다.

1. 본받은 일

그가 어떠한 일을 본받았는가? 그의 아버지 므낫세가 행한 악한 일, 즉 본받아서는 안 될 일을 본받았다. 어떠한 면에서 철저하게 본을 받았는가?

1) 여호와 보시기에 악을 행하는 일을 본받았다(왕하 21:20, 대하 33:22). 앞에서 므낫세 왕의 죄의 첫 번째 특성은 여호와 보시기에 악하게 행한

일이었는데 그의 아들 아몬이 아버지 므낫세의 범죄를 본받되 여호와 보시기에 악을 행하는 면에서 본받았다. 그의 아버지 므낫세가 행한 일들이 사람들 보기에는 합당하게 보이는 점이 있었는지 모르나 죄의 기준의 근거이신 하나님 보시기에는 악했는데, 아들 아몬도 사람들 보기에는 어떠했는지 모르나 죄 여부의 기준이신 하나님 보시기에 악을 행한 점에서는 철저하게 아버지를 본받았던 것이다.

2) 모든 일을 본받았다. 왕하 21:21은 "그의 아버지가 행한 모든 길로 행하여"라고 했다. 자기 아버지처럼 여호와 보시기에 악한 일을 본받되 어느 한두 가지 일만 본받은 것이 아니라 한 가지도 빼지 않고 모든 일을 본받았으니 본받는 일의 가짓수에서 철저하였다.

3) 구체적으로 본받았다. 왕하 21:21은 "그의 아버지가 행한 모든 길로 행하여 그의 아버지가 섬기던 우상을 섬겨 그것들에게 경배하고"라고 했고, 대하 33:22은 그의 아버지 므낫세가 만든 아로새긴 모든 우상에게 제사하며 섬겼다고 하였다. 그의 아버지의 악을 본받되 그저 막연하게 본받은 것이 아니라 아버지 므낫세가 우상을 섬겨 경배하던 그대로, 아로새긴 모든 우상에게 제사하며 섬기던 그대로 구체적으로 본받았다.

2. 본받지 않은 일

대하 33:23은 "이 아몬이 그의 아버지 므낫세가 스스로 겸손함같이 여호와 앞에서 스스로 겸손하지 아니하고"라고 했다. 대하 33:10-17에는 그의 아버지 므낫세가 하나님 앞에 크게 겸비한 사실이 나온다. 므낫세가 다른 일들은 다 악했으나 그 행악 중에도 겸비했던 이 한 가지만은 훌륭한 일이었다. 그런데 그의 아들 아몬은 아버지의 악은 가짓수 하나도 빼놓지 않고 구체적으로 철저하게 본받으면서도 본받아야 할 이 겸비한 태도는 전혀 본받지 않았다. 그러니 본받는 일에 있어서 실패한 왕이었다.

요삼 11절은 악한 것을 본받지 말고 선한 것을 본받으라고 했는데 아몬은 정반대로 본받아서는 안 될 일은 철저히 본받으면서도 본받아야 할 일은 전혀 본받지 않았으니 본받는 일에 있어서 실패한 왕이었다.

그 결과 어떻게 되었는가? 자기 심복들에게 암살을 당했다(왕하 21:23, 대하 33:24). 그러니 본받는 일도 지혜롭게 행해야겠다. 잘 살펴서 본받으면 안 될 일은 절대 본받지 말고 마땅히 본받아야 할 일은 잘 본받는, 즉 본받는 일에 있어서 성공하는 자가 되어야겠다.

제16대
요시야

대하 34-35장, 왕하 22-23장

좁은 길을 걸은 요시야(왕하 22:2, 대하 34:2)

왕하 22:2, 대하 34:2은 남국 유다의 제16대 왕 요시야가 여호와 보시기에 정직하게 행하여 그의 조상 다윗의 길로 걸으며 좌우로 치우치지 아니했다고 한다. 이 말씀은 마 7:13-14에 있는 대로 좁은 길을 걸었다는 말씀이다. 성경은 예로부터 하나님의 백성들은 하나님의 말씀에서 좌우로 치우치지 말고 말씀 그대로 좁은 길을 걷기를 요구하였다(레 18:2-5, 신 5:32-33, 2, 8:14, 수1:7, 23:6, 잠 4:27, 마 7:13-14). 그리고 좁은 길을 걷는 자에게는 두 가지 축복을 약속하셨다.

1. 살리라

좁은 길을 걷는 자에 한해서 죽지 않고 살 수 있다고 말씀하셨다(레

18:5, 신 5:33, 마 7:13-14). 출 32장에는 레위 사람들처럼 여호와의 편에 있는(출 32:26) 좁은 길을 걷지 아니하고 제멋대로 송아지 우상을 섬기는 넓은 길을 걷던 3,000명 가량이 죽임을 당한 기사가 나온다(출 32:28). 왕상 18장에는 선지자 엘리야처럼 오직 하나님만을 섬기는 좁을 길로 걷지 아니하고 제멋대로 바알 신들을 섬기는 넓은 길을 걷던 바알 신의 선지자 450명이(왕상 18:22) 죽임을 당한 사실이 나온다(왕상 18:40).

2. 형통하리라

좁은 길을 걸은 요시야 왕은 우상을 제거하는 일에(대하 34:3-7), 성전을 수리하는 일에(대하 34:8-28), 그리고 하나님의 말씀을 이루어드리는 일에, 즉 말씀에 어긋나는 모든 죄악을 제거하고(대하 34:29-33), 말씀대로 살지 못하던 일을 다시 복구시키는 일에, 즉 사사시대부터 지키지 못하던 유월절을(왕하 23:22) 다시 복구시키는 일에 다 형통하였다(대하 35:1-19).

계 13:11 이하에 보면 어린 양처럼 두 뿔이 있고 용처럼 말하는 짐승이 나와 모든 자 곧 작은 자나 큰 자나 부자나 가난한 자나 자유인이나 종들에게 그 오른손에나 이마에 표를 받게 하고 누구든지 이 표를 가진 자 외에는 매매를 못하게 하였다고 한다(계 13:16-17). 그러니 짐승의 말을 따르지 않고 이마에 표를 받지 않고 좁은 길을 걷는 성도들에게는 얼마나 고생이 심했겠는가.

그러나 짐승의 표를 받지 않고 매매를 못하는 고생을 하면서도 하나님 말씀대로 올바로 살기 위하여 좁은 길을 걷던 성도들은 어떠한 형통을 받는가? 짐승과 그의 우상과 그의 이름의 수를 이기고 벗어난 자들이 유리 바다 가에 서서 하나님의 거문고를 가지고 하나님의 종 모세의 노래, 어린 양의 노래를 부르는(계 15:2-3) 형통의 축복을 받고, 짐승과 그의 우상에게 경배하지도 아니하고 이마와 손에 그의 표를 받지도 아니한 자들이 살아서 그리스도로 더불어 천년 동안 왕노릇하는(계 20:4) 형통의 축복을 받았다. "나의 종 모세가 네게 명령한 그 율법을 다 지켜 행하고 우로나 좌로나 치우치지 말라 그리하면 어디로 가든지 형통하리니"(수 1:7)의 말씀은 좁은 길을 걷는 자에게는 형통의 축복이 있다는 사실을 보장해준다.

우리는 마 7:13-14의 말씀대로 좁은 길을 걸어서 우선 살고, 좁은 길을 걷다가 수 1:7의 말씀대로 형통의 축복을 받은 요시야 왕처럼 형통의 축복까지 받는 복된 성도들이 될 수 있기를 바란다.

믿음의 성장(대하 34:1-8)

이 본문에서는 요시야 왕의 믿음이 세 단계로 성장한 모습을 보여준다.

1. 비로소 구하고

대하 34:3은 "아직도 어렸을 때 곧 왕위에 있은 지 팔 년에 그의 조상 다윗의 하나님을 비로소 찾고"라고 했다. 이것은 무슨 뜻인가? 그가 왕위에 나아갈 때 나이가 8세였는데 왕위에 있은 지 8년, 즉 그가 16세 되었을 때 그 조상 다윗의 하나님을 비로소 구했다면 그 전에는 하나님을 전혀 몰랐다는 말씀인가? 그렇지 않다. 그의 나이 16세가 되기 전 8세 때 왕위에 오르자 그는 여호와 보시기에 정직히 행하여 조상 다윗의 길로 걸으며 좌우로 치우치지 않았다고 했으니(대하 34:2) 왕이 되고 8년의 세월이 흐르는 동안 조상 다윗의 하나님을 전혀 몰랐다는 말씀은 아니다.

그러면 무엇인가? 그가 8세 때 왕이 되어 8년의 세월이 지나는 동안에도 여호와 보시기에 정직한 생활을 보내기는 했으나 하나님께 1대 1로 구하는 독립적인 신앙은 가지지 못했었는데, 그의 나이 16세 되던 때에 과거의 습관적인 신앙생활에서 벗어나 이제는 독립적인 입장에서 하나님을 구하는 차원 높은 믿음으로 자랐다는 말씀일 것이다.

이 말씀은 "제사장 여호야다가 세상에 사는 모든 날에 요아스가 여호와 보시기에 정직하게 행하였으며"(대하 24:2)의 남국 유다의 제8대 왕 요아스의 생활과 대조가 된다. 요아스가 왕이 된 때는 7세였으므로(대하 24:1) 제사장 여호야다의 정치적인 도움이 컸다(대하 23장). 그러니 초기에 요아스가 제사장 여호야다의 지도를 받는 것은 당연하다. 그러나 제사장 여호야다가 죽은 후(대하 24:15, 17) 그는 유다 방백들의 말을 듣고 조상들의 하나님 여호와의 전을 버리고 아세라 목상과 우상을 섬기게 되었다(대하 24:17-18). 이것을 보아 요아스 왕의 초기 신앙은 결코 독립적인 신앙이 아니었다. 어디까지나 제사장 여호야다의 그늘 밑에서 지도를 받는 믿음이었다. 그러기에 제사장 여호야다가 세상을 떠나자 즉시 하나님을 버리고 우상을 섬기게 되었다.

대하 34:3에 나오는 요시야가 왕이 된 지 8년에 다윗의 하나님을 비로소 구했다는 말씀은 대하 24:2에 나오는 제사장 여호야다의 지도를 받아 믿음을 지키던 요아스 왕의 믿음과는 전혀 다르다. 대하 34:3의 "그의 조상 다윗의 하나님을 비로소 찾고"의 요시야 왕의 믿음은 다른 사람의 지도를 받아야 겨우 유지되는 남국 유다의 제8대 왕 요아스의 믿음이 아니고, 나와 하나님 사이에 1대 1로 독립적으로 하나님을 구하는 강한 자립적인 신앙이었다.

우리가 무슨 일을 하기 위해서는 우선 나 자신의 믿음부터 독립적으로 견고한 자리에 서야 하는데 요시야가 바로 이 믿음의 자리에 서게 되었던 것이다. 그러면 자신의 믿음이 독립적인 자리에 선 것으로만 끝나고 말았는가? 아니다. 그는 우선 믿음을 독립적인 자리에 세워놓은 후 제2단계의 자리로 성장해 나아갔다.

2. 비로소 정결케

그는 독립적인 믿음으로 세워놓은 후 왕이 된 지 12년, 즉 그가 20세 되던 때에 유다와 예루살렘을 정결케 하는 작업을 시작했다(대하34:3). 그가 정결케 한 작업의 내용은 대하 34장에 잘 설명되어 있다. 나 자신의 믿음부터 바로 세우지 못하고 어떻게 나라를 바로 잡는 개혁 사업에 손을 댈 수 있겠는가. 그러니 나 자신의 믿음을 바로 세운다는 것은 나라를 바로 세우는 개혁 사업의 기초가 된다. 요시야는 우선 자신의 믿음을 바로 세우고 이어서 나라를 바로 세우는 믿음으로 자라갔다.

3. 성전 수리

나 자신의 믿음을 바로 세우고 유다와 예루살렘을 정결케 한 후, 왕이 된 후 18년, 즉 그가 26세 되었을 때는 한 걸음 더 나아가 성전을 수리하는 믿음으로까지 자라났다(대하 34:8). 그리고 보니 그가 유다와 예루살렘을 정결케 하는 일이나 성전을 수리하는 일로까지 그의 믿음이 자라났다는 것은 어디까지나 자신의 믿음을 독립적인 믿음으로 바로 세웠기 때문이라고 할 수 있다.

그리고 보면 우리가 무슨 일을 하기 전에 먼저 나 자신의 믿음부터 독립적인 믿음으로 바로 세우는 것이 얼마나 중요한지 모른다. 나 자신부터 바로 서지 못하고 누구를 바로 세울 수 있으며, 나 자신부터 먼저 깨끗하지 못하고 누구를 깨끗하게 하겠다고 나서겠다는 말인가. 그러니 우리의 믿음의 성장은 나 자신의 믿음을 바로 세우는 데서부터 시작된다는 것을 명심해야 한다.

예상 못했던 복(왕하 22:1-23:30, 대하 34:1-35:27)

요시야는 왕위에 오른 지 18년, 즉 그가 26세 되던 때 성전을 수리할 마음이 있어서 대제사장 힐기야에게 부탁하여 일을 시켰다. 그의 우선적인 목적은 성전을 수리하는 일이었다. 그런데 성전을 수리하다가 뜻밖에도 율법책을 발견하게 되었다. 그가 율법책을 발견한 일은 그 후 그의 생애에 놀라운 결과를 가져왔다. 요시야 왕의 역사를 보면 그가 율법책을 발견한 후에 그가 행한 일들이 거의 한평생을 차지할 뿐만 아니라 유다 전체의 백성들에게도 막대한 영향을 끼쳤다. 그런데 율법책 발견은 그가 성전을 수리할 때부터 예상했던 일은 아니다. 그가 처음에 성전을 수리하려 할 때는 그저 성전을 수리하려는 생각뿐이었는데 성전을 수리하다가 전혀 예상하지 못했던 복을 받게 되었던 것이다. 이와 같이 진심으로 하나님의 일을 하려는 자에게는 하나님께서 예상 외의 축복을 주시곤 하셨다.

다윗을 보자. 그는 언제나 하나님의 성전에 관심이 많았다. 자기는 백향목 궁에 거하나 하나님의 궤는 아직도 휘장 안에 있는 것이 너무 마음이 아파서 성전을 지으려고 선지자 나단과 의논하였다. 이와 같이 하나님의 성전을 위하여 간절한 마음을 가진 다윗에게 하나님께서는 그가 전혀 예상할 수 없었던 메시야를 허락하시는 놀라운 예상 외의 축복을 주셨다(삼하 7:14, 히 1:5). 성전을 지으려는 생각뿐이었지 언제 메시야를 생각해본 일이 있었던가. 다만 진심으로 성전을 지어보려는 생각뿐이었다. 그런데 이처럼 진심으로 하나님의 일을 하려는 다윗에게 하나님께서는 전혀 예상해보지도 않은 놀라운 축복을 허락해주셨던 것이다.

"열매를 맺는 가지는 더 열매를 맺게 하려 하여 그것을 깨끗하게 하시느니라"(요 15:2)고 말씀하신 대로 진심으로 하나님의 일을 하려는 사람들에게 하나님께서는 그로 하여금 더 과실을 맺게 하시려고 예상 못했던 축복들을 주신다. 사사시대 초기에 이스라엘 백성들이 하나님의 말씀에 순종하여 가나안을 정복하려고 힘을 다하고 애쓸 때, 그들에게 예상할 수 없었던 축복을 주신 재미있는 사실이 삿 1:22-26에 나온다.

요셉 족속이 벧엘을 치려 할 때 그 성읍에서 나오는 한 사람을 보고 그에게 "청하노니 이 성읍의 입구를 우리에게 보이라"(삿 1:24)라고 물었다. 옛날 성읍은 입구를 모르면 도저히 그 성읍에 들어갈 수 없었다. 그런데 자기가 사는 성읍을 정복하라고 그 성읍의 입구를 가르쳐 줄 바보가 어디에 있겠는가. 그런데 그 사람이 입구를 가르쳐줌으로 요셉 족속은 벧엘을 점령할 수 있었다. 이와 같이 진심으로 하나님의 일을 하려는 자에게 하나님께서는 예상할 수 없었던 축복들을 주신다.

하나님이 그리워서 온갖 고생을 각오하고 시온을 향하여 순례의 길을 떠나는 성도가 눈물 골짜기로 지나갈 때 하나님께서는 그 곳에 많은 샘이 나게 하시고 이른 비의 복을 채워주시는(시 84:6) 축복을 주셨고, 동방에서 예수님 탄생의 별을 보고 먼 길을 고생고생하면서 예루살렘까지 찾아온 박사들에게는 하나님께서 별을 앞서 인도하여 가다가 아기 있는 곳 위에 머물게 하시는 정확한 인도하심의 축복을 주셨고(마 2:1-9), 평소에 손님 대접하기를 힘썼던 아브라함과 롯에게는 하나님께서 부지중에 천사를 대접할 수 있는 축복을 주셨다(히 13:1-2).

이와 같이 진심으로 주님의 일을 하려는 자에게는 하나님께서 예상 못했던 축복을 주신다는 보기들이 성경에 수없이 나온다. 우리도 요시야와 다윗처럼 진심으로 하나님의 일을 하려고 하다가 예상 못했던 놀라운 축복들을 받을 수 있기를 바란다.

말씀을 들은 후(왕하 22:1-23:30, 대하 34:1-35:27)

위에서 말한 대로 요시야 왕은 성전을 수리하다가 예상 못했던 축복으로 율법책을 발견하였다. 서기관이 이 율법책을 왕 앞에 가지고 와서 읽을 때 요시야 왕은 어떻게 하였는가?

1) 마음을 부드럽게 하였다(왕하 22:19, 대하 34:27). 2) 하나님 앞에서 겸비하였다(왕하 22:19, 대하 34:27). 3) 옷을 찢었다(왕하 22:19, 대하 34:27). 옷을 찢었다는 사실은 렘 36:24과 대조가 된다. 요시야 왕의 아들 남국 유다의 제18대 왕 여호야김은 하나님의 말씀을 듣고도 두려워하거나 그 옷을 찢지 않았으나 그의 아버지 요시야 왕은 옷을 찢었다. 4) 통곡하였다(왕하 22:19, 대하 34:27). 렘 23:29은 "여호와의 말씀이니라 내 말이 불 같지 아니하냐 바위를 쳐서 부스러뜨리는 방망이 같지 아니하냐"라고 했고, 히 4:12은 "하나님의 말씀은 살아 있고 활력이 있어 좌우에 날선 어떤 검보다도 예리하여 혼과 영과 및 관절과 골수를 찔러 쪼개기까지 하며"라고 했는데, 이러한 말씀이 요시야 왕의 마음을 꿰뚫고 들어갈 때 그는 통곡할 수밖에 없었다. 5) 선지자에게 물었다(왕하 22:14, 대하 34:22).

6) 말씀을 이루었다(왕하 23:3, 24).

말씀을 들은 후 이 여섯 가지 자세를 취한 요시야에게 하나님께서는 어떠한 축복을 주셨는가? "나도 네 말을 들었노라"(왕하 22:19, 대하 34:27), 즉 기도 응답의 축복을 주셨다. 잠 28:9에 "사람이 귀를 돌려 율법을 듣지 아니하면 그의 기도도 가증하니라"라고 했듯이 하나님께서는 율법을 듣는 자들의 기도를 들으시지 율법을 듣지 아니하는 자의 기도는 듣지 않으시는데, 말씀을 들은 후 이 여섯 가지 자세를 취한 요시야 왕에게는 기도 응답의 축복을 주셨다. 그뿐만 아니라 "그러므로 보라 내가 너로 너의 조상들에게 돌아가서 평안히 묘실로 들어가게 하리니 내가 이 곳에 내리는 모든 재앙을 네 눈이 보지 못하리라"(왕하 22:20, 대하 34:28), 즉 재앙을 보지 않게 하시는 축복을 받았다.

우리도 요시야 왕처럼 말씀을 들은 후 이 여섯 가지 자세를 취하다가 요시야 왕처럼 축복을 받을 수 있기를 바란다.

말씀을 이룬 왕(왕하 23장)

앞에서는 말씀을 듣고 난 후에 요시야 왕이 취한 마지막 행동은 말씀을 이룬 일이라고 했다. 이제는 그가 말씀을 이룬 일의 내용을 좀 더 구체적으로 생각해보자.

왕하 23장에 말씀을 이룬다는 말이 두 번 나오는데 하나는 3절에, 다른 하나는 24절에 나온다. 3절은 앞으로 말씀을 이루려고 시작하는 말씀이고 24절은 말씀을 이루는 일을 다 마치고 난 후에 나오는 말씀이다. 말씀을 들은 요시야 왕은 유다와 예루살렘의 모든 장로들을 불러 모으고 앞으로 이 율법책에 기록된 대로 말씀이 이루어지게 하자고 제안했고, 왕하 24:4과 24절 사이에 있는 대로 말씀을 이루는 일을 다 이루고 나니 열왕기하 기자는 "이는 대제사장 힐기야가 여호와의 성전에서 발견한 책에 기록된 율법의 말씀을 이루려 함이라"(왕하 23:24)라고 하면서 요시야 왕이 한 일은 율법의 말씀을 이루어드리는 일이라고 기록하였다.

그가 말씀을 이룬 내용은 두 가지로 볼 수 있는데 하나는 말씀에 어긋난 일들을 다 쳐서 없앤 일이고, 다른 하나는 말씀대로 하지 못했던 일을 말씀대로 실천하여 말씀을 이룬 일이다. 왕하 23:4-20까지는 말씀에 하지 말라고 한 일들이 유다에 허다히 많았다. 말씀에 금했는데도 불구하고 말씀에 어긋나게 존재하던 모든 일들, 즉 우상을 철폐하여 말씀대로 이루어놓았다. 언제 말씀에 우상을 섬기라고 했으며, 말씀 중 어디에 바알과 아세라 목상을 세우라고 했던가. 그런데 말씀에 하지 말라고 한 일들이 남국 유다에 많았으며 그래서 요시야 왕은 성전에서 발견된 율법책을 기준하여 모든 우상들을 과감하게 철폐하였다.

왕하 23:21-23은 유월절을 지킨 일에 대해 말한다. 말씀에는 유월절을 지키라고 했는데 이 날까지 유월절을 지키지 못했으나 요시야가 비로소 말씀대로 유월절을 지켜 유월절을 지키라고 하신 말씀을 그대로 이루어놓았다.

우리 성도의 생활은 바로 요시야 왕처럼 말씀을 이루는 생활이어야 하지 않겠는가. 우리의 생활 중에서 말씀에 어긋나는 것을 청산하고, 말씀에서 하라고 했는데 이 날까지 하지 않았던 일들을 실천해 사는, 즉 말씀을 이루는 생활이 성도의 생활이다. 우리는 날마다 어느 정도 말씀을 이루는 생활을 보내고 있는가? 말씀에는 하지 말라고 한 일들을 여전히 하고 있으며, 말씀에는 이렇게 하라고 했음에도 불구하고 아직 하지 않고 지내는 일들이 얼마나 많은가. 날마다 우리 생활을 살펴 말씀에 어긋나는 일들은 사정없이 청산하고, 말씀에 하라고 했음에도 불구하고 이 날까지 안 하거나 못하고 있었던 일은 시간을 다투어가면서까지 그대로 하여 말씀을 이루는 생활을 날마다 보내야겠다.

요시야의 유월절(대하 35장)

요시야 왕이 말씀을 이룬 일들 중 하나는 유월절을 지킨 일이다. 하나님의 말씀에는 유월절을 지키라고 했는데 이스라엘 백성들이 이 말씀대로 유월절을 지키지 않았으나, 요시야는 성전에서 발견한 율법책의 말씀을 이루는 일들 중의 하나로 유월절을 지켰다. 그가 지킨 유월절은 네 가지 특색이 있다.

1. 여호와 앞에서

대하 35:1은 "요시야가 예루살렘에서 여호와께 유월절을 지켜······"라고 한다. 그는 유월절을 지키되 여호와 앞에서 지켰다. 여호와 앞에서 지켰다는 것은 무엇을 뜻하는가? 여호와께서 보시기에 흠 잡힐 일이 없이, 여호와께서 보시기에 양심의 가책되는 일 없이, 여호와 앞에서 부끄러운 일이 없는 마음의 자세로 유월절을 지켰다는 것이다. 따라서 하나님께서 인정해주실 수 있고 하나님 앞에서 통과될 수 있는 유월절이었다.

가인이 제사를 지낸다고 드렸으나(창 4:3-5) 그의 제사는 하나님께서 받으실 수 없는 제사였다. 왜? 여호와 앞에서 흠이 있는 제사였기 때문이다. 거짓 선지자들이 나름대로 주의 이름으로 선지자 노릇을 하고, 주의 이름으로 귀신을 쫓아내며, 주의 이름으로 많은 권능을 행하였다고 하나(마 7:22) 그들이 한 일은 주님께서 전혀 인정해주지 않으셨다(마 7:23). 왜? 하나님께서 인정해주실 수 없고 하나님 앞에서 통과될 수 없는 일이었기 때문이다. 요시야 왕이 나름대로 유월절을 지킨다고 했으나 하나님 보시기에 가인의 제사와 거짓 선지자들이 하는 일 같았던가? 자기 나름대로는 유월절을 지킨다고 했으나 여호와께서는 인정하실 수 없는 유월절이었던가? 그렇지 않다.

그가 지킨 유월절은 여호와 앞에서 흠 없이, 여호와께서 보시기에 가책됨 없이 지켜진 유월절이요, 따라서 여호와께서 받으실 수 있고 여호와 앞에서 통과될 수 있는 유월절이었다. 우리가 무슨 일을 할 때 일의 규모가 얼마나 크고 위대한가보다 여호와 앞에서 어떻게 평가되는지가 더 중요하다. 제아무리 크고 놀라운 일이라 해도 그 일이 질적인 면에서 여호와 앞에 통과될 수 없는 일이라면 그 일은 가치가 없는 일이기 때문이다. 요시야 왕이 지킨 유월절은 우선 이 점에서 깨끗했다.

2. 모세의 법대로

요시야 왕이 지킨 유월절이 비록 마음의 동기나 질적인 면에서는 여호와 앞에서 부끄러움이 없었다 해도 그 절차에 있어서 모세의 율법에 명한 대로 지키지 못하였더라면 흠이 있었을 터인데, 그 방법에 있어서도 모세의 율법대로 지킨 완벽한 유월절이었다. 대하 35:6은 여호와께서 모세를 통하여 전하신 말씀을 따라 행했다고 했고, 12절은 모세의 책에 기록된 대로 행했다고 하였고, 13절은 규례대로 행했다고 하였고, 26절은 요시야가 여호와의 율법에 기록된 대로 모든 선한 일을 행했다고 했다. 이와 같이 그는 유월절을 지키는 마음의 동기에 있어서만 여호와 앞에서 깨끗했던 것이 아니라 그 방법에 있어서도 모세의 법대로 어김없이 지킨 유월절이었다.

삼하 6장에서 다윗이 법궤를 예루살렘으로 모시고 오려 할 때 그 마음의 동기는 여호와 앞에서 깨끗했다. 자기의 이름을 나타내거나 백성들의 인심을 얻으려는 사실은 하나도 없었다. 어디까지나 하나님 앞에서 순수하고 깨끗한 마음으로 법궤를 모시고 오게 하였다. 그러나 그 방법에 있어서 모세의 법대로 법궤를 메지 않았기 때문에 실패했다. 그런데 요시야는 마음의 동기만이 아니라 방법에 있어서도 흠이 없었다.

3. 지도자부터 성결케

대하 35:3-6에서는 왕이 레위 사람들에게 스스로 성결케 하고 유월절 어린 양을 잡으라고 했다. 유월절에 수종들 일선 지휘자인 레위 사람부터 먼저 성결케 하였다. 이것은 옛날에 히스기야가 취한 태도와 똑같다. 히스기야가 성전을 성결케 하려고 할 때 레위 사람들을 먼저 성결케 하였다(대하 29:5). 언제나 일이 성공하려면 지도자의 성결이 앞서야 한다.

4. 미증유(未曾有)의 유월절

왕하 23:22은 사사가 이스라엘을 다스리던 시대부터 이스라엘 여러 왕의 시대이든지, 유다 여러 왕의 시대이든지 이렇게 유월절을 지킨 일이 없었다고 한다. 사사시대가 시작된 해는 기원전 1449년이요 요시야가 왕이 된 때는 기원전 645년이니 사사시대부터 요시야까지는 약 800년의 세월이 흘러갔다. 그런데 약 800년의 세월이 흐르는 동안 누구도 지키지 않았던 유월절을 요시야 왕이 비로소 지켰던 것이다. 그러니 미증유의 유월절이 아닌가.

우리도 요시야처럼 하나님의 일을 하되 마음의 동기에 있어서 여호와 앞에서 깨끗하게, 그러면서도 그 방법에 있어서도 하나님의 말씀에 어긋남이 없게 지도자부터 먼저 성결케 하여 과거의 누구도 하지 못했던 하나님의 새로운 일을 할 수 있다면 얼마나 좋겠는가. 우리 모두 그렇게 하기를 바란다.

앞서고 뒤지는 자(대하 35장)

대하 35장에서 유월절을 지키기 위하여 유월절 제물을 바치는 일에는 왕(대하 35:7), 방백들(대하 35:8), 하나님의 전을 주장하는 자들(대하 35:8), 레위 사람들의 우두머리들이(대하 35:9) 앞섰고, 제물을 나눔 받는 일에는 요시야 왕이 맨 나중에 받았다(대하 35:14). 왕, 방백들, 하나님의 전을 주장하는 자들, 레위 사람들의 우두머리들은 다 백성의 지도자들이다. 그러니 제물을 바치는 일에는 지도자들이 앞섰고 제물을 나눔 받는 일, 즉 혜택을 누리는 일에는 지도자들이 뒤졌다. 성경에 보면 모범적인 지도자들은 고생하고 희생하고 위험하고 헌금하는 일에는 먼저 앞서고, 영광 받는 일에는 피지도자인 백성들을 앞세우고 자기들은 뒤진 아름다운 일들이 나온다.

1. 앞섬

수 3:6, 11, 14에 보면 요단 강을 건널 때 지도자인 제사장들이 앞섰고, 수 8:10에서는 아이 성을 칠 때 지도자인 여호수아가, 삿 3:27에서는 모압 나라와 싸울 때 지도자인 에훗이, 삿 5:2에서는 이스라엘의 영솔자들이, 느 11:1에서는 예루살렘에 머무는 일에 있어서 백성의 지도자들이, 대상 29:1-9에서는 솔로몬의 성전을 짓기 위하여 물질을 바치는 일에 있어서 다윗과 두목들이 먼저, 대하 30:24에서는 유월절을 지키기 위하여 히스기야 왕과 방백들이, 대하 31:3-4에서는 번제와 안식일과 초하루와 절기의 번제에 쓰기 위하여 제물을 바치는 일에는 왕인 히스기야가 앞섰다. 민 32:17-22, 29, 32, 수 1:14, 4:12에서 르우벤, 갓, 므낫세 반 지파가 지도자들도 아닌데 싸우는 일에 앞섰다.

2. 뒤짐

수 3:6에서는 요단 강물에 들어가는 위험한 일에는 지도자인 제사장들이 앞섰더니 요단 강물에서 언덕으로 올라오는 편안한 일에는 지도자인 제사장들이 맨 나중에 올라왔다(수 4:11). 수 19:19에서는 땅을 분배 받는 일에 있어서 지도자인 여호수아가 맨 나중에 분배를 받았고, 삼하 15:22-23에서는 압살롬의 난을 피하여 기드론 시내를 건너갈 때 피지도자인 백성들은 앞서 건너보내고 지도자인 다윗은 맨 나중에 건너갔다.

이와 같이 모범적인 지도자들은 고생하고 희생하고 위험하고 헌금하는 일에는 지도자인 자기들이 앞서고, 영광 받는 일에는 피지도자인 백성들을 앞세우고 지도자인 자기들은 뒤지는 아름다운 사실을 볼 수 있다. 요시야 왕이 그 대표적인 인물이다. 모든 지도자들은 요시야 왕처럼 고생하고 헌금하는 일에는 피지도자들보다 앞서고, 영광 받는 일에는 피지도자들을 앞세우고 자기는 뒤지는 모범적인 지도자들이 될 수 있기를 바란다.

듣는 자를 들으시는 하나님(왕하 22:19, 대하 34:27)

왕하 22:19, 대하 34:27에는 요시야가 율법의 말씀을 들었으므로 하나님께서도 요시야의 말을 들으셨다고 하였다. 그가 율법의 말씀을 들었다는 것은 무슨 뜻인가? 그저 육신의 귀로만 들은 것이 아니라 "네가 듣고 마음이 부드러워져서 여호와 앞 곧 내 앞에서 겸비하여 옷을 찢고 통곡하였으므로"(왕하 22:19, 대하 34:27)라고 했으니, 그는 율법의 말씀을 들되 육신의 귀로만 들은 것이 아니라 마음의 귀로 듣고 말씀을 들은 자가 취하여야 할 올바른 자세를 취하였다는 뜻이다.

렘 36:21-24에서는 사람이 하나님의 말씀 서너 쪽을 낭독하면 요시야의 아들 여호야김이 작은 칼로 연하여 베어 화로 불에 던져넣었고 왕과 신하들은 이 모든 말을 듣고도 두려워하거나 옷을 찢지 아니했다고 했다. 여기서도 왕과 신하들이 율법의 말씀을 들었다고 하였는데 그들의 들음이 요시야의 들음과 같았겠는가? 그렇지 않다. 그들은 육신의 귀로만 들었지 요시야처럼 마음의 귀로 듣고 그 마음이 연하여 하나님 앞에서 겸비하고 옷을 찢고 통곡하는 자세가 전혀 없었다. 그들의 들음을 어찌 요시야의 들음과 같이 생각할 수 있겠는가.

여호야김 왕의 들음은 이번만이 아니다. 렘 26:20-23에 보면 여호야김 때 우리야라는 사람이 예루살렘성을 쳐서 예언하니 여호야김 왕과 그 모든 용사와 모든 고관이 우리야의 말을 듣고는 그를 죽이려 하매 우리야가 애굽으로 도망하였다. 그러나 여호야김은 사람을 애굽에 보내어 기어코 죽이고 말았다. 여기에서도 말씀을 들었다는 말이 나오는데 말씀을 들은 그들의 자세는 렘 36:24과 똑같았고, 말씀을 들은 요시야의 자세와는 전혀 달랐다. 그러니 요시야의 들음과 여호야김 왕의 들음을 어찌 같이 생각할 수 있겠는가. 행 7:54에는 스데반의 말을 들은 사람들이 이 말을 듣고 마음에 찔려 저를 향하여 이를 갈면서 스데반을 돌로 쳐죽였다고 하였다. 그러니 이들의 들음을 요시야 왕의 들음과 같이 생각할 수 있겠는가.

느 8:9에서는 백성이 율법의 말씀을 듣고 다 울었다고 하였고, 행 2:37에서는 저희가 이 말을 듣고 마음에 찔려 베드로와 다른 사도들에게 물어 가로되 형제들아 우리가 어찌할꼬 하고 회개하는 자세를 취하였다. 행 16:14에서는 바울이 빌립보에서 전도할 때 루디야라는 한 여자가 들었는데 그가 마음의 귀로 얼마나 간절하게 들었으면 주께서 그 마음을 열어 바울의 말을 청종하게 하셨다고 하였겠는가. 이들의 들음은 바로 요시야의 들음과 같았다.

잠 28:9에 "사람이 귀를 돌려 율법을 듣지 아니하면 그의 기도도 가증하니라"라는 말씀이 있다. 우리가 하나님 앞에 기도드릴 때 내 편에서 하나님의 율법은 듣지 아니하고 말로만 하는 기도는 하나님께서 가증하게 여기신다는 말씀이다. 우리가 하나님의 말씀을 듣되 렘 36:24, 26:20-23의 여호야김 왕처럼, 행 7:54의 무리들처럼 육신의 귀로만 듣고 마음의 귀로 듣지 않는 사람들의 기도를 우리 하나님께서 어떻게 들으시겠는가. 우리가 하나님의 말씀을 듣되 느 8:9, 행 2:37, 16:14처럼 마음의 귀로 듣는 사람들의 기도를 듣지 않으시겠는가. 요시야가 하나님의 말씀을 마음의 귀로 듣고 말씀을 들은 자의 올바른 자세를 취할 때 하나님께서도 요시야의 말을 들어주셨다. 즉 듣는 자를 들으시는 하나님이시다. 우리도 요시야처럼 하나님의 말씀을 마음의 귀로 듣고 말씀을 들은 자로서 올바른 자세를 취하여 하나님께서도 우리의 말을 들어주실 수 있는 21세기의 요시야가 될 수 있기를 바란다.

제17대
여호아하스

대하 36:1-4, 왕하 23:30-34

애굽 왕 마음대로(왕하 23:30-34, 대하 36:1-4)

요시야의 아들 여호아하스가 왕이 되어 석 달을 치리하자(대하 36:2) 그 때부터 남국 유다의 모든 일들을 애굽 왕이 마음대로 주물렀다. 애굽 왕이 예루살렘을 마음대로 주무른 일은 여섯 가지인데 첫째로 애굽 왕이 예루살렘에 이르러 여호아하스를 잡아 가두었다(왕하 23:33). 한 나라의 왕을 다른 나라 왕이 어찌 감히 제마음대로 잡아 가둘 수 있는가. 그러나 여호아하스 때는 그렇게 하였다.

둘째로 그 위를 폐하여 왕이 되지 못하게 하였다(왕하 23:33, 대하 36:3). 한 나라 왕을 다른 나라가 와서 옥에 가두는 일도 할 수 없는 일인데 가두는 정도가 아니라 제멋대로 왕의 위를 폐하였다.

셋째로 예루살렘으로 하여금 은 100달란트와 금 1달란트의 벌금을 내게 하였다(왕하 23:33, 대하 36:3).

넷째로 요시야의 아들 엘리아김을 세워 유다의 왕으로 삼았다(왕하 23:34, 대하 36:4).

다섯째로 엘리아김의 이름을 여호야김으로 고쳤다(왕하 23:34, 대하 36:4).

여섯째로 여호아하스를 애굽으로 잡아갔다(왕하 23:34, 대하 36:4). 애굽 왕만이 아니라 바벨론 왕도 여호야김을 쇠사슬로 결박하여 바벨론으로 끌고갔고(대하 36:6), 여호야긴 왕을 바벨론으로 잡아갔으며(왕하 24:15, 대하 36:10), 시드기야 왕의 두 눈을 빼고 바벨론으로 끌고갔다(왕하 25:7).

위에서 되어진 일들은 특히 애굽 왕이 한 일은 보통 때 같으면 있을 수 없는 일이다. 어떻게 감히 다른 나라 왕이 한 나라의 왕을 자기 마음대로 잡아 가두고, 왕위를 폐하고 벌금을 내게 하고, 다른 사람을 왕의 자리에 마음대로 세우고, 그 왕의 이름을 마음대로 바꾸고, 왕을 자기 나라로 끌고가는 일들을 제멋대로 할 수 있겠는가. 있을 수 없는 일이다. 그러나 여호아하스 때는 애굽 왕이 위의 여섯 가지 일을 제마음대로 휘둘렀다.

왜 그러한 일이 생겼는가? 범죄한 까닭이다. 여호아하스가(왕하 23:32), 여호야김이(왕하 23:37, 왕하 24:3, 대하 36:5), 여호야긴이(왕하 24:9), 시드기야가(왕하 24:19) 나름대로 범죄한 까닭이다. 특히 여호아하스는 왕이 되자 얼마 안 되는 짧은 석 달 동안 열조의 모든 행위대로 여호와 보시기에 악을 행하니 그가 지은 악에 대한 하나님의 심판으로 주권을 완전히 잃어버리고 애굽 나라 왕이 휘두르는 대로 당하고 만 것이다. 한 나라의 주권을 가졌던 왕이 주권을 잃어버리고 다른 나라 왕이 휘두르는 대로 당했으니 얼마나 부끄러운 일인가.

성경에는 하나님의 백성들이 범죄할 때는 그 주가(株價)가 한없이 떨어지고, 하나님의 백성들이 올바로 살 때는 그 주가가 한없이 높아지는 사실을 여러모로 말한다.

1. 주가(株價)가 떨어지는 때

신 28:29은 이스라엘이 범죄할 때 그들이 항상 압제와 노략을 당할 뿐이고 그들을 구원할 자가 없겠다고 하였고, 신 28:33은 그들이 항상 압제와 학대를 받겠다고 하였고, 신 28:68은 그들이 자기 몸을 대적에게 남녀 종으로 팔려하나 그들을 살 자가 없겠다고 하였다. 얼마나 주가가 떨어지면 자기 몸을 종으로 팔려 하나 살 자가 없을 정도로 주가가 떨어지겠는가. 마 5:13은 하나님의 백성들의 주가가 떨어지면 맛 잃은 소금이 되어 밖에 버려져 많은 사람에게 밟히게 된다고 하였다.

2. 주가가 높아지는 때

1) 이스라엘이 하나님의 말씀대로 올바로 살 때 하나님께서는 그들로 머리가 되고 꼬리가 되지 않게 하시며 위에만 있고 아래에 있지 않게 하겠다고 하셨다(신 28:13).

2) 망할 뻔했던 이스라엘이 에스더의 기도로 살게 되자 본토 백성들 가운데 유대인이 되는 자가 많았다고 하였다(에 8:17).

3) 시 149:5-9에는 "성도들은 영광 중에 즐거워하며 그들의 침상에서 기쁨으로 노래할지어다 그들의 입에는 하나님에 대한 찬양이 있고 그들의 손에는 두 날 가진 칼이 있도다 이것으로 뭇 나라에 보수하며 민족들을 벌하며 그들의 왕들은 사슬로, 그들의 귀인은 철고랑으로 결박하고 기록한 판결대로 그들에게 시행할지로다"라고 했다.

4) 여호와께서 이스라엘을 긍휼히 여기실 때 이스라엘은 열방을 노비로 삼고 자기를 사로잡던 자를 사로잡고 압제하던 자들을 주관하게 되었다(사 14:1-2).

5) 사 45:14에는 "여호와께서 이같이 말씀하시되 애굽의 소득과 구스가 무역한 것과 스바의 장대한 남자들이 네게로 건너와서 네게 속할 것이요 그들이 너를 따를 것이라 사슬에 매여 건너와서 네게 굴복하고 간구하기를 하나님이 과연 네게 계시고 그 외에는 다른 하나님이 없다 하리라"라고 하겠다고 하였다.

6) 이방인들의 왕들을 포로로 끌어다가 봉사케 하고 열방의 제물을 저희에게로 가져오며 이스라엘을 괴롭히고 멸시하던 자들이 발아래 엎드리게 되었다(사 60:10-14).

7) 이방인이 이스라엘 백성의 양을 치는 자, 농부, 포도원지기가 되었다(사 61:5).

8) 렘 51:20-24에는 "여호와께서 이르시되 너는 나의 철퇴(鐵槌) 곧 무기라 나는 네가 나라들을 분쇄하며 네가 국가들을 멸하며 네가 말과 기마병을 분쇄하며 네가 병거와 병거대를 부수며 네가 남자와 여자를 분쇄하며 네가 노년과 유년을 분쇄하며 네가 청년과 처녀를 분쇄하며 네가 목자와 그 양 떼를 분쇄하며 네가 농부와 그 멍엣소를 분쇄하며 네가 도백과 태수들을 분쇄하도록 하리로다"라고 했다.

9) 바벨론의 대왕 느부갓네살이 바벨론에 포로로 잡혀온 다니엘 앞에 절했다(단 2:46).

10) 이방인 10명이 유대 사람 하나를 붙들고 함께 가자고 간청했다(슥 8:23).

11) 아무 가치 없던 어부 베드로의 그림자라도 한 번 덮일까 하고 바

라보았다(행 5:15).

12) 죄수 바울과 실라 앞에 간수가 엎드렸다(행 16:29).

이와 같이 하나님의 백성들이 범죄할 때는 다른 나라에게 말할 수 없는 멸시와 천대를 받고, 하나님의 백성들이 말씀대로 올바로 살 때는 엄청난 대접과 영광을 받게 된다. 우리는 여호아하스 왕처럼 하나님 앞에 범죄하여 다른 나라 사람들에게 말할 수 없는 멸시와 천대를 받을 것이 아니라 하나님 앞에서 바로 살아서 위에서 말한 열두 가지의 영광과 축복을 받을 수 있기를 바란다.

제18대 여호야김

대하 36:5-8, 왕하 23:35-24

불행한 피지도자(왕하 23:35)

왕하 23:35은 애굽 왕이 여호야김에게 은과 금을 요구하였고, 이것을 마련하기 위하여 여호야김은 백성들에게 은과 금을 강요했다고 한다. 백성들은 지도자 여호야김을 바로 만나지 못했기 때문에 공연히 은과 금을 강요 당하게 되었으니 지도자를 바로 만나지 못한 피지도자는 얼마나 불행한가.

왕하 15:20에서는 좀 더 불행하였다. 북국 이스라엘의 제16대 왕 므나헴 때 앗수르가 이스라엘을 치고자 하니 므나헴이 은 1,000달란트를 앗수르 왕에게 주면서 화해하기를 힘썼다. 그런데 그 은 1,000달란트를 마련하기 위하여 이스라엘 모든 큰 부자에게서 강탈하여 각 사람에게 은 50세겔씩을 내게 하였다(왕하 15:20). 그러니 지도자를 바로 만나지 못한 피지도자는 얼마나 불행한가.

왕상 10:24-25에는 "온 세상 사람들이 다 하나님께서 솔로몬의 마음에 주신 지혜를 들으며 그의 얼굴을 보기 원하여 그들이 각기 예물을 가지고 왔으니 곧 은 그릇과 금 그릇과 의복과 갑옷과 향품과 말과 노새라 해마다 그리하였더라"라고 했다.

솔로몬 왕 때는 천하의 모든 왕들이 솔로몬의 지혜를 들으려고 은 그릇과 금 그릇들을 가지고 왔다고 한다. 그러므로 왕이 예루살렘에서 은을 돌같이 흔하게 하고 백향목을 평지의 뽕나무같이 많게 하였다고 한다(왕상 10:27). 그러니 솔로몬에게 가져온 많은 예물들은 자연히 백성들에게 돌아갈 것이 아니겠는가.

대하 17:11에 보면 남국 유다의 제4대 왕 여호사밧 때도 블레셋 사람들이 여호사밧에게 예물을 드리며 은으로 조공(朝貢)을 바쳤고 아라비아 사람들은 짐승 떼 곧 수양 7,700마리와 숫염소 7,700마리를 바쳤다. 그러니 이 모든 예물들은 솔로몬 때와 같이 자동적으로 백성들에게 혜택으로 돌아갔을 것이다.

에 10:3에는 모르드개가 유다인들을 다스릴 때 그의 백성의 이익을 도모하며 그의 모든 종족을 안위하였다고 한다. 그러니 솔로몬, 여호사밧, 모르드개 때는 그들에게 지도를 받는 피지도자들이 지도자를 바로 만났기 때문에 피지도자들이 유익을 보았다.

기독교의 지도자들은 솔로몬, 여호사밧, 모르드개처럼 바로 지도하여 지도를 받는 피지도자들이 지도자인 나로 말미암아 유익을 받을지언정, 여호야김 왕처럼 지도자를 바로 못 만났기 때문에 그에게 지도를 받는 피지도자들이 불행하게 되는 일이 없기를 바란다.

철저한 모방자(왕하 23:36-24:4, 대하 36:5-8)

왕하 23:37에는 여호야김이 그의 조상들이 행한 모든 일을 따라서 여호와 보시기에 악을 행했다고 하였고, 왕하 24:9에는 여호야긴이 그의 아버지의 모든 행위를 따라서 여호와 보시기에 악을 행했다고 하였다. 그 조상들이 여호와 보시기에 행한 모든 악한 일들 중에 몇 가지만 본받은 것이 아니라 모든 일을 다 그대로 본받았다고 하니, 그 열조가 여호와 보시기에 행한 모든 악을 그대로 본받는 일에 있어서 철저한 모방자였다.

이러한 모방은 제20대 왕인 시드기야에게서도 볼 수 있다. 왕하 24:19에 보면 시드기야가 여호야김의 모든 행위를 따라 여호와 보시기에 악을 행했다고 하였다. 시드기야도 여호야김이 행한 모든 행위를 본받아 여호와 보시기에 악을 행하였으니 그도 악을 본받는 일에 있어서 철저한 모방자였다. 다른 사람의 악을 본받는 일에 있어서 이렇게까지 철저해야 되겠는가. 다른 사람의 선을 본받는 일에 있어서 이렇게 철저하면 얼마나 좋겠는가.

감사하게도 선을 본받는 일에 철저한 사람도 있었다. 대하 27:2에 보면 남국 유다의 제11대 왕 요담이 그의 아버지 웃시야의 모든 행위대로 여호와 보시기에 정직하게 행하였다는 말씀이 있다. 요담은 아버지 웃시야가 여호와 보시기에 행한 정직한 일들을 하나도 빠짐없이 모두 본받아 행하였다고 하니, 요담은 다른 사람이 행한 선을 본받는 일에 있어서 철저한 모방자였다.

우리는 어느 면의 모방자인가? 다른 사람이 행한 선한 일의 모방자인가? 아니면 여호야김과 시드기야처럼 다른 사람이 행한 악을 본받는 일에 있어서 적당한 모방자가 아닌 철저한 모방자인가? 어느 편인가?

므낫세 때문에(왕하 24:3-4)

왕하 24:3-4에 보면 여호야김이 망하게 된 또 다른 이유는 므낫세가 지은 죄 때문이라고 했다. 자기 조상 므낫세가 지은 죄 때문에 므낫세의 후손인 여호야김이 해를 받게 되었다. 이와 같이 성경에 보면 조상이 지은 죄 때문에 그 후손이 해를 입는 경우가 더러 나온다.

민 14:33에 보면 "너희의 자녀들은 너희 반역한 죄를 지고 너희의 시체가 광야에서 소멸되기까지 사십 년을 광야에서 방황하는 자가 되리라"라고 했다. 가나안을 정탐한 정탐꾼들의 보고를 듣고 이스라엘 백성들이 원망하자 그 원망한 죗값으로 이스라엘 백성들은 광야에서 멸망하게 되었다. 정탐꾼의 보고를 듣고 원망한 장본인들이 광야에서 멸망하는 것은 당연한 일이나 그들이 지은 죄 때문에 그들의 자녀들이 조상이 지은 패역한 죄를 등에 지고 광야에서 40년을 방황하게 되는 해를 받게 되었다.

120년 동안 통일왕국으로 내려오던 이스라엘이 르호보암 때 이르러 왜 남북으로 갈라지는 불행한 일이 생겼는가? 조상 솔로몬의 죄 때문이다. 솔로몬이 이방 여인들과 음행하자 하나님께서 뭐라고 선언하셨는가? "내가 반드시 이 나라를 네게서 **빼앗아** 네 신하에게 주리라 그러나 네 아버지 다윗을 위하여 네 세대에는 이 일을 행하지 아니하고 네 아들의 손에서 **빼앗으려니와**"(왕상 11:11-12)이었다. 솔로몬이 지은 간음죄 때문에 그의 아들 르호보암이 해를 입은 것이다.

아합 왕이 나봇을 죽이고 포도원을 빼앗자 선지자 엘리야가 뭐라고 선언했는가? "여호와의 말씀이 내가 재앙을 네게 내려 너를 쓸어버리되 네게 속한 남자는 이스라엘 가운데에 매인 자나 놓인 자를 다 멸할 것이요"(왕상 21:21)이었다. 이 예언대로 아합의 아들 70명이 한 날에 죽임을 당하였다(왕하 10:1-11). 그리고 왕하 10:10은 "그런즉 이제 너희는 알라 곧 여호와께서 아합의 집에 대하여 하신 말씀은 하나도 땅에 떨어지지 아니하리라 여호와께서 그의 종 엘리야를 통하여 하신 말씀을 이제 이루셨도다"라고 했다.

애 5:7에는 "우리의 조상들은 범죄하고 없어졌으며 우리는 그들의 죄악을 담당하였나이다"라는 가슴 아픈 말씀이 나온다. 예레미야애가 당시의 이스라엘 백성들은 우리 조상들은 범죄하여 없어졌다고 한다. 옛날에 범죄한 그들의 조상들은 세월과 함께 다 세상을 떠나 지금은 한 사람도 볼 수 없다. 그런데 그들의 조상들이 지은 죄 때문에 그 죄의 결과인 형벌은 그 자손들이 받게 되었다. 그러니 얼굴도 보지 못한 조상들이 지은 죄 때문에 형벌을 받는 자손들은 얼마나 불행한가.

이러한 일들을 볼 때 우리는 출 20:5에 나오는 "나를 미워하는 자의 죄를 갚되 아버지로부터 아들에게로 삼사 대까지 이르게 하거니와"라는 말씀이 기억난다. 조상된 사람이 하나님을 미워하고 범죄할 때 그 죄를 갚되 아버지로부터 아들에게로 삼사 대까지 이르게 하신다고 했는데 위에서 열거한 모든 경우들이 이 말씀대로 응하여 조상들이 지은 죄의 열매를 후손들이 받게 되었던 것이다. 그런데 십계명은 이 말씀만 있는 것이 아니다. 출 20:6은 "나를 사랑하고 내 계명을 지키는 자에게는 천 대까지 은혜를 베푸느니라"라고 했다. 조상된 사람들이 하나님을 사랑하고 계명을 지키면 자손 천 대까지 은혜를 베풀겠다고 하셨으니 조상들의 선한 행실 때문에 자손이 복 받게 될 것을 말씀하셨다.

우리는 어떠한 조상들이 될 것인가? 조상들인 우리가 지은 죄 때문에 후손들에게 재앙을 물려주는 불행한 조상들이 될 것인가? 아니면 조상들인 우리가 하나님을 사랑하고 계명을 지켜 우리 자손 천 대까지 복을 받게 할 수 있는 복된 조상들이 될 것인가? 우리는 하나님을 사랑하고 계명을 지켜 우리 자손 천 대까지 복을 받게 할 수 있는 복된 조상들이 될지언정, 우리가 범죄함으로 자손들에게 재앙을 물려주는 불행한 조상들이 되어서는 안 되겠다.

말씀을 버린 왕(렘 36:1-32, 26:20-24)

여호야김 왕의 행적 중 놀라운 사실 하나는 그가 하나님의 말씀을 버린 일이다. 그가 하나님의 말씀을 버린 일은 두 가지 면에서 나오는데, 첫째는 렘 36장의 경우다. 여호야김 제4년에 여호와의 말씀을 따라 바룩이 선지자 예레미야에게 임한 말씀을 기록하여(렘 36:1-2) 여호야김 제5년 9월에 바룩이 여호와의 성전에서 그 말씀을 백성들에게 낭독하였다(렘 36:9-10). 이 소식이 여호야김 왕에게 전해지자 바룩이 기록한 책을 여호야김 앞에서 읽게 했다. 왕의 신하가 서너 쪽을 낭독하면 왕이 작은 칼로 그 책을 베어 화로 불에 던져 온 두루마리를 태워버리고 말았다. 이 얼마나 무서운 죄인가.

이와 같이 그는 하나님의 말씀을 저버리는 무서운 죄를 범했다. 이에 대한 하나님의 심판은 어떠했던가? "그러므로 여호와께서 유다의 왕 여호야김에 대하여 이와 같이 말씀하시니라 그에게 다윗의 왕위에 앉을 자가 없게 될 것이요 그의 시체는 버림을 당하여 낮에는 더위, 밤에는 추위를 당하리라 또 내가 그와 그의 자손과 신하들을 그들의 죄악으로 말미암아 벌할 것이라"(렘 36:30-31)였다. 그는 하나님의 말씀을 태우는 일을 주저하지 않을 만큼 말씀을 저버린 왕이었다.

이보다 더 큰 죄를 그는 렘 26:20-24에서 범하였다. 여호야김 왕 때 우리야라 하는 사람이 여호와의 말씀을 좇아 예루살렘성과 유다 땅에 경고하며 예언하였다. 이에 왕이 우리야를 죽이려 하자 그는 애굽으로 도망갔는데 왕이 애굽까지 사람을 보내어 기어이 칼로 죽이고 그 시체를 평민의 묘지에 던졌다. 말씀을 불에 태울 정도가 아니라 이번에는 자기를 꾸중한 우리야를 죽여 피 흘리는 죄까지 범하였다. 이와 같이 그는 하나님의 말씀에 대하여 두 가지 면에서 무서운 죄를 지었다.

이렇게 하나님의 말씀을 저버린 여호야김에게 임한 결과는 어떠했던가? "그러므로 여호와께서 유다의 왕 요시야의 아들 여호야김에게 대하여 이와 같이 말씀하시니라 무리가 그를 위하여 슬프다 내 형제여, 슬프다 내 자매여 하며 통곡하지 아니할 것이며 그를 위하여 슬프다 주여 슬프다 그 영광이여 하며 통곡하지도 아니할 것이라 그가 끌려 예루살렘 문 밖에 던져지고 나귀같이 매장함을 당하리라"(렘 22:18-19)였다.

잠 13:13은 말씀을 멸시하는 자는 패망을 이룬다고 하였고, 민 15:31은 말씀을 멸시하는 자는 그 죄악이 자기에게로 돌아가서 온전히 끊어진다고 하였고, 대하 36:16은 이스라엘 백성들이 말씀을 멸시함으로 여호와의 진노가 백성에게 미치게 되어 회복할 수 없게 되었다고 하였다. 말씀을 멸시하고 말씀을 버린 여호야김 왕이 바로 이러한 보응을 받았다. 우리는 여호야김 왕의 실수를 거울 삼아 말씀을 멸시하고 말씀을 버리다가 멸망 당하는 비참한 자가 되어서는 안 되겠다.

왕과 신하(렘 36:24, 26:21)

바룩이 기록한 두루마리의 말씀을 들은 여호야김 왕이 작은 칼로 그것을 연하여 베어 화로 불에 던져서 두루마리를 모두 태웠다(렘 36:23). 그런데 왕과 신하들은 이 모든 말씀을 듣고도 두려워하거나 옷을 찢지 않았다(렘 36:24). 왕의 신하들은 이 모든 말을 듣고도 두려워하거나 옷을 찢지 않는 일에 왕과 똑같이 동행하였다.

그와 같은 일은 렘 26:21에도 나온다. 우리야라는 사람이 예루살렘과 이스라엘에 경고하며 예언할 때(렘 26:20) 여호야김 왕과 모든 용사와 모든 고관이 그의 예언을 들었으나 왕이 그를 죽이려고 하였다(렘 26:21). 성경 본문에는 이들이 왕이 우리야를 죽이고자 하는 일에 동참했다는 명문은 없으나 문맥은 동참했다는 뜻을 나타낸다. 이 두 본문은 왕이 죄 짓는 일에 신하들도 동참한 사실을 보여준다. 왕이 죄 짓는 일에 왜 신하들이 동참했을까? 그 대답은 잠 29:12이 말한다. "관원이 거짓말을 들으면 그의 하인들은 다 악하게 되느니라." 관원, 즉 지도자가 부하들의 거짓말을 들으면 하인들은 다 악하게 된다는 말씀이다. 지도자가 신하들의 거짓말을 들어주니 그 하인들이 지도자에게 거짓말을 보고할 것이 아닌가. 그래서 관원이 거짓말을 들으면 그 하인들이 악하게 된다는 말씀이다.

고후 6:14에 "의와 불법이 어찌 함께 하며 빛과 어둠이 어찌 사귀며"라고 했듯이 지도자인 왕이 의로운데 부하들의 불법이 어찌 함께 할 수 있으며, 지도자인 왕이 빛인데 하인들의 어두움이 어떻게 왕에게 통할 수 있겠는가. 의롭고 빛 되는 왕에게는 신하들의 불법과 어두움이 통할 수 없다. 지도자인 왕이 불법이요 어두움이니, 신하들의 불법과 어두움이 왕에게 통하니 불의한 왕의 신하들은 자동적으로 악하게 되는 것이다. 잠 17:4에 "악을 행하는 자는 사악한 입술이 하는 말을 잘 듣고 거짓말을 하는 자는 악한 혀가 하는 말에 귀를 기울이느니라"라는 말씀이 있다. 왕이 악할 때 신하들의 사악한 말을 잘 듣고 왕이 거짓말을 할 때 신하들의 악한 말에 귀를 기울이게 되니 왕이 악할 때 신하들도 자동적으로 악하게 된다. 왕인 여호야김이 악하니 신하들도 따라서 악하게 된 것이다.

왕이 악할 때 신하들도 따라서 악하게 되는 사실이 성경 다른 곳에도 나온다. 출 9:34에는 "바로가 비와 우박과 우렛소리가 그친 것을 보고 다시 범죄하여 마음을 완악하게 하니 그와 그의 신하가 꼭 같더라"라고 했다. 지도자인 왕이 범죄하여 마음을 완악하게 하니 신하들이 따라서 완악하게 되었다고 한다.

출 14:5에는 백성이 도망한 사실이 애굽 왕에게 알려지자 바로와 신하들이 백성에 대하여 마음이 변하였다고 한다. 여기에도 왕과 신하들이 악한 일에 동행한 사실을 보여준다. 대하 12:1에는 남국 유다의 제1대 왕 르호보암이 여호와의 율법을 버릴 때 온 이스라엘이 르호보암을 본받았다고 한다. 느 5:15에는 느헤미야가 총독으로 오기 전 총독들이 백성에게서 양식과 포도주와 은 40세겔을 빼앗으니 그들의 종자들도 백성을 압제하였다고 한다.

지도자인 총독들이 백성에게서 빼앗고 압제하니 그 신하들도 백성을 압제하였다는 것이다. 이와 같이 지도자인 왕이 범죄할 때 그 신하들도 따라서 함께 범죄하게 된다. 왜? 관원이 거짓말을 들으면 그 하인들은 다 악하게 되기 때문이다(잠 29:12).

반면에 성경은 지도자인 왕이 의롭고 깨끗할 때 신하들도 자동적으로 깨끗해지는 사실을 보여준다. 잠 20:8에 "심판 자리에 앉은 왕은 그의 눈으로 모든 악을 흩어지게 하느니라"라고 했다. 심판 자리에 앉아서 공의로 판단하는 왕은 어떠한 악도 용납하지 아니하고 모든 악을 흩어지게 한다고 하였다. 잠 20:26은 "지혜로운 왕은 악인들을 키질하며 타작하는 바퀴를 그들 위에 굴리느니라"라고 했다. 지혜로운 왕이 악인들을 키질하는데 어떻게 악인들이 견딜 수 있겠는가. 지혜로운 왕이 타작하는 바퀴로 그들 위에 굴리는데 어떻게 악인들이 버틸 수 있겠는가. 이와 같이 의로운 왕은 악한 신하를 용납하지 않는다.

사 32:1에는 "보라 장차 한 왕이 공의로 통치할 것이요 방백들이 정의로 다스릴 것이며"라고 했다. 왕이 의로 통치하는데 방백들이 어떻게 불의한 일을 할 수 있겠는가. 의로 통치하는 왕 앞에서는 모든 방백들도 정의로 다스릴 수밖에 없다. 의와 불법이 함께 할 수 없고 빛과 어두움이 사귈 수 없는 법인데(고후 6:14), 의로운 왕 앞에서 어떻게 신하의 불법이 통할 수 있으며 빛 되는 왕 앞에서 어떻게 어두움의 신하가 설 수 있겠는가. 있을 수 없다. 그러니 지도자인 왕이 의롭게 통치할 때 그 밑에 있는 신하들도 의롭게 통치할 수밖에 없으니 의롭게 통치하는 왕 앞에서는 불의한 신하가 설 수 없다.

불의한 일에 동참하는 왕과 신하는 동참하는 것으로만 끝나는 것이 아니다. 불의한 일에 동참했으니 그들이 받는 심판에도 동참하게 된다. 렘 36:31에는 "또 내가 그와 그의 자손과 신하들을 그들의 죄악으로 말미암아 벌할 것이라"라고 했다. 그는 왕인 여호야김을 가리키고 그 신하들은 렘 36:24에서 여호야김 왕이 칼로 두루마리를 잘라 화로 불에 태울 때 동참했던 신하들이다. 불의한 왕에게 동참한 신하들은 동참한 그것으로만 끝나는 것이 아니라 불의한 왕이 심판 받을 때 함께 심판 받게 된다. 출 14:5에서 애굽을 떠난 이스라엘의 뒤를 따라나선 왕과 신하들은 이스라엘의 뒤를 따라나서는 일에만 동참했던 것이 아니라 홍해 바다에서 빠져 죽는(출 14:28) 심판에도 동참할 수밖에 없었다. 그러니 악한 일에 동참한 왕과 신하들은 얼마나 불행한가.

오늘날 교회 안에서는 렘 36:24, 31, 출 9:34, 14:5, 28, 대하 12:1, 느 5:15 같은 불행한 일이 없기를 바라고, 잠 20:8, 26, 사 32:1 같은 아름다운 일만 일어날 수 있기를 바란다.

사하기를 즐겨하지 아니하시니라(왕하 24:1-4, 렘 15:6)

창 18:32에는 소돔과 고모라에서 의인 10명만 발견해도 그 10명 때문에 소돔과 고모라 전체를 멸하지 않겠다고 하시면서 하나님께서는 결코 멸하기를 즐겨하지 아니하시는 하나님이심을 보여주었다. 더욱이 렘 5:1에서는 "너희는 예루살렘 거리로 빨리 다니며 그 넓은 거리에서 찾아보고 알라 너희가 만일 정의를 행하며 진리를 구하는 자를 한 사람이라도 찾으면 내가 이 성읍을 용서하리라"라고 하시면서 의인 10명은커녕 공의를 행하며 진리를 구하는 사람 1명만 찾아도 예루살렘성을 사하겠다고 하셨다. 하나님께서는 결코 멸하기를 즐겨하지 아니하시는 하나님이심을 말씀하셨다.

벧후 3:9에서는 "주의 약속은 어떤 이들이 더디다고 생각하는 것같이 더딘 것이 아니라 오직 주께서는 너희를 대하여 오래 참으사 아무도 멸망하지 아니하고 다 회개하기에 이르기를 원하시느니라"라고 하면서 하나님께서는 멸하기를 즐겨하지 아니하시는 하나님이심을 다시 한 번 강조하였다.

겔 33:11에서는 "주 여호와의 말씀이니라 나의 삶을 두고 맹세하노니 나는 악인이 죽는 것을 기뻐하지 아니하고 악인이 그의 길에서 돌이켜 떠나 사는 것을 기뻐하노라 이스라엘 족속아 돌이키고 돌이키라 너희 악한 길에서 떠나라 어찌 죽고자 하느냐"라고 하시면서 하나님께서는 악인이 자기가 지은 죄로 인하여 죽는 것을 원치 아니하시고 언제라도 악한 길에서 돌이켜 떠나 살기를 원하시는 분이심을 보여주었다.

그러하신 하나님께서 왕하 24:3에서는 여호와께서 사하시기를 즐겨하지 않았다고 하였으니 이스라엘 백성들이 얼마나 많은 죄를 지었으면 이렇게까지 되었겠는가. 그 원인이 무엇인가?

왕하 24:3은 그 원인을 므낫세가 지은 모든 죄 때문이라고 했다. 왕하 21:11-13은 "유다 왕 므낫세가 이 가증한 일과 악을 행함이 그 전에 있던 아모리 사람들의 행위보다 더욱 심하였고 또 그들의 우상으로 유다를 범죄하게 하였도다 그러므로 이스라엘의 하나님 여호와가 말하노니 내가 이제 예루살렘과 유다에 재앙을 내리리니 듣는 자마다 두 귀가 울리리라 내가 사마리아를 잰 줄과 아합의 집을 다림 보던 추를 예루살렘에 베풀고 또 사람이 그릇을 씻어 엎음같이 예루살렘을 씻어 버릴지라"라고 했다. 왕하 23:26은 "그러나 여호와께서 유다를 향하여 내리신 그 크게 타오르는 진노를 돌이키지 아니하셨으니 이는 므낫세가 여호와를 격노하게 한 그 모든 격노 때문이라"라고 했고, 렘 15:4은 "유다 왕 히스기야의 아들 므낫세가 예루살렘에 행한 것으로 말미암아 내가 그들을 세계 여러 민족 가운데에 흩으리라"라고 하였다.

렘 15:1은 "여호와께서 내게 이르시되 모세와 사무엘이 내 앞에 섰다 할지라도 내 마음은 이 백성을 향할 수 없나니 그들을 내 앞에서 쫓아

내보내라"라고 했다. 출 32장에서 이스라엘 백성들이 시내 산에서 금송아지 우상을 섬길 때 하나님께서는 모세에게 "여호와께서 또 모세에게 이르시되 내가 이 백성을 보니 목이 뻣뻣한 백성이로다 그런즉 내가 하는 대로 두라 내가 그들에게 진노하여 그들을 진멸(殄滅)하고 너를 큰 나라가 되게 하리라"(출 32:9-10)라고 하셨다. 그러자 모세가 여호와께 "여호와여 어찌하여 그 큰 권능과 강한 손으로 애굽 땅에서 인도하여 내신 주의 백성에게 진노하시나이까"(출 32:11)라고 구하자 여호와께서는 뜻을 돌이키사 말씀하신 화를 백성에게 내리지 아니하셨다(출 32:14). 모세의 호소가 이렇게까지 강했었다.

그러나 예레미야 당시에는 이스라엘 백성들이 하도 많이 죄를 지어서 이제는 모세와 사무엘이 하나님 앞에 선다 할지라도 하나님의 마음은 이 백성을 향할 수 없을 만큼 되었다. 그래서 렘 15:6에서 하나님께서는 "내가 뜻을 돌이키기에 지쳤음이로다"라고까지 말씀하셨다. 이러한 상태를 두고 애 2:8은 "여호와께서 딸 시온의 성벽을 헐기로 결심하시고 줄을 띠고 무너뜨리는 일에서 손을 거두지 아니하사 성벽과 성곽으로 통곡하게 하셨으매 그들이 함께 쇠하였도다"라고 한다. 여호와께서 딸 시온의 성벽을 헐기로 결심하셨다니 예루살렘이 지은 죄가 얼마나 많았길래 이러한 결심을 하시게 되었는가.

우리는 이 비참한 역사적인 현실 앞에서 두 가지 일을 생각해보자. 그 하나는 아무리 죄를 짓는다 해도 하나님께서 뜻을 돌이키시기에 염증이 나실 정도로(렘 15:6) 죄를 지어서는 안 된다는 사실이고, 다른 하나는 하나님께서 딸 시온의 성벽을 헐기로 결심하실 정도로까지(애 2:8) 죄를 지어서는 안 된다는 사실이다.

아끼는 자 없이 죽은 왕(대하 21:20, 렘 22:18)

민 20:29에서는 제사장 아론이 죽었을 때 이스라엘 온 족속이 30일을 애곡하였고, 신 34:8에서는 모세가 죽었을 때 이스라엘 자손이 30일을 애곡하였고, 삼상 25:1에서는 사무엘이 죽으매 온 이스라엘 무리가 모여 그를 애곡하였다. 남국 유다의 제16대 왕 요시야가 세상을 떠나자 온 유다와 예루살렘 사람들이 요시야를 슬퍼하고 예레미야는 그를 위하여 애가를 지었으며 노래하는 남자와 여자는 요시야를 슬피 노래하니 이스라엘의 규례가 되어 오늘날까지 이르렀으며 그 가사는 애가 중에 기록되었다고 하였고(대하 35:24-25), 남국 유다의 제20대 왕 시드기야가 죽을 때 사람들이 "슬프다 주여"(렘 34:5)라고 하며 애통하겠다고 하였다.

왕이 죽었을 때 애통하는 것은 당연하다. 아론, 모세, 사무엘처럼 심지어 개인이 죽었을 때에도 온 이스라엘이 30일을 애곡하였는데 남국 유다의 20명의 왕 중 두 왕은 왕이 죽었음에도 불구하고 아끼는 자가 없었다. 그 한 사람은 제5대 왕 여호람이요 다른 한 사람은 제18대 왕 여호야김이다. 대하 21:20은 여호람이 아끼는 자 없이 세상을 떴다고 하였고, 렘 22:18은 "그러므로 여호와께서 유다의 왕 요시야의 아들 여호야김에게 대하여 이와 같이 말씀하시니라 무리가 그를 위하여 슬프다 내 형제여, 슬프다 내 자매여 하며 통곡하지 아니할 것이며 그를 위하여 슬프다 주여 슬프다 그 영광이여 하며 통곡하지도 아니할 것이라"라고 했다. 아론, 모세, 사무엘은 개인이 죽었는데도 온 이스라엘 백성들이 30일 동안이나 애곡하였는데 어찌하여 왕이 죽었는데도 불구하고 그를 위하여 아끼는 자 없이 죽었을까?

여기에 대해서는 좀 살펴볼 일들이 있다. 여호람에게는 아우가 6명 있었는데(대하 21:2) 자기보다 선한 아우들이었다(대하 21:13). 그런데 왕이 되자마자 여호람이 자기보다 선한 아우 6명을 죽였다(대하 21:4, 13). 이러한 왕이 죽었으니 백성 가운데 어느 누가 그를 아끼겠는가. 여호야김의 아버지 요시야는(렘 22:18) 정의와 공의를 행하고 가난한 자와 궁핍한 자를 변호하여 형통하였으나(렘 22:15-16), 요시야의 아들 여호야김은 그 눈과 마음이 탐욕과 무죄한 피를 흘림과 압박과 포악을 행할 뿐이니(렘 22:17) 누가 그를 위하여 "슬프다 내 형제여, 슬프다 내 자매여" 하며 "슬프다 주여 슬프다 그 영광이여" 하며 통곡하겠는가(렘 22:18).

그런데 정의와 공의를 행하며 가난한 자와 궁핍한 자를 변호하고 형통한 요시야 왕이 죽었을 때는 놀라운 존경을 표했다. 심지어 아론, 모세, 사무엘처럼 개인이 죽었을 때에도 30일 동안이나 곡할 정도로 그들의 죽음에 존경을 표한 이스라엘 백성들이 여호람과 여호야김에게는 일체 아끼는 마음이 없었다.

인생은 한 번뿐이다. 심지어 왕으로 살았음에도 불구하고 아끼는 자 없이 세상을 떠날 수밖에 없는 여호람과 여호야김 같은 한평생을 산다면 얼마나 불행하겠는가. 반면에 요 21:19은 베드로가 죽음으로써 하나님께 영광을 돌리겠다고 하였다. 왕도 아니요 평민의 한 사람으로서 이 세상을 떠날 때 하나님께 영광을 돌리면서 이 세상을 떠날 수 있다면 한평생이 얼마나 복되겠는가. 우리는 여호람과 여호야김과 같은 왕이 아니라, 평신도의 한 사람이지만 이 세상을 떠날 때 베드로처럼 하나님께 영광을 돌리면서 마칠 수 있는 복된 성도들이 될 수 있기를 바란다.

제19대 여호야긴

대하 36:9-10, 왕하 24:5-17

본받을 바에는(왕하 24:5-17, 대하 36:9-10)

왕하 24:9에 보면 여호야긴이 그의 아버지의 모든 행위를 따라서 여호와 보시기에 악을 행하였다고 한다. 아버지 여호야김이 조상들이 행한 모든 일을 본받아 여호와 보시기에 악을 행했듯이(왕하 23:37), 여호야긴도 그의 부친의 모든 행위를 본받아 여호와 보시기에 악을 행하는 일에 힘썼다. 그런데 그의 조상들에게서 본받을 일이 이 한 가지뿐이었던가. 아니다. 다른 일도 본받을 만한 일이 있었는데 그 일들은 전혀 본받지 않았으니 이상한 일이다. 본받을 만한 또 다른 일들은 어떠한 일이었던가?

왕하 24:10-11에 보면 바벨론의 왕 느부갓네살의 신복들이 예루살렘에 올라와서 성을 에워쌌는데 그의 신복들이 에워쌀 때 바벨론의 왕 느부갓네살도 그 성에 이르렀다고 한다. 이때 여호야긴이 한 일은 무엇이었던가? 왕하 24:12은 유다 왕 여호야긴이 그의 어머니와 신복과 지도자들과 내시들과 함께 바벨론 왕에게 나아가자 바벨론 왕이 그를 사로잡았다고 하였다. 예로부터 예루살렘이 적군에게 에워싸일 때 여호야긴의 조상들은 여호야긴처럼 순순히 원수에게 나아가 항복하지 않았다. 여호야긴은 조상들이 한 아름다운 일은 전혀 본받지 않고 자기 멋대로 원수에게 나아가 항복하였다.

그의 조상 남국 유다의 제4대 왕 여호사밧은 어떻게 하였는가? 대하 20장에 보면 여호사밧이 다스릴 때 모압, 암몬, 마온 세 나라의 연합 군대가 예루살렘을 에워쌌다. 그때 예루살렘을 에워싼 군대가 결코 작은 군대가 아니었다. 큰 무리였고(대하 20:2, 12) 여호사밧에게는 이 큰 무리를 실력으로 대항할 만한 능력도 없었고 작전상 어떻게 할 도리도 없었다(대하 20:12). 그러니 인간의 힘으로는 이 큰 무리를 물리칠 방도가 전혀 없었다. 그때 여호사밧이 어떻게 하였는가? 여호야긴처럼 신복과 방백들을 다 데리고 나아가 원수에게 항복하고 그들의 포로가 되었던가. 아니다. 그렇게 하지 않았다. 그는 전국 백성들을 예루살렘 뜰에 모으고 (대하 20:4, 13) "오직 주만 바라보나이다"(대하 20:12) 하면서 하나님 앞에 간구함으로 이 난국을 타개해나가려고 했고 또 그와 같이 할 때 난국을 승리로 이끌었다.

그의 조상 남국 유다의 제13대 왕 히스기야는 또 어떻게 하였던가? 당시의 세계 최대 강국인 앗수르의 군대 185,000명이 예루살렘을 에워싼 후 온갖 말로 히스기야를 협박하고 항복하라고 위협할 때 여호야긴처럼 부하들을 이끌고 나아가서 항복했던가? 아니다. 그는 성전에 올라가 하나님 앞에 엎드려 기도하는 방법으로 난국을 타개해나가려고 했고 또 그렇게 할 때 난국을 해결하였다.

예루살렘이 원수의 군대에 에워싸일 때 그의 조상들은 오직 하나님 앞에 엎드려 간구하는 자리에서 난국을 해결해나가려고 하였고 또 그렇게 할 때 난국을 해결하기도 했거늘, 그의 후손 여호야긴은 조상들의 아름다운 점들은 왜 본받지 못했을까? 국가 존폐의 위기에 놓였을 때 조상들이 하나님 앞에 나아가 생명을 내걸고 간구하는 방법으로 어려움을 해결하려고 하였고 또 그렇게 해서 어려움을 해결했는데, 그들의 후손인 여호야긴은 어찌하여 이 좋은 점은 본받지 않고 다만 그의 아버지의 모든 행위를 본받아 여호와 보시기에 악을 행하는 나쁜 일만을 본받았을까? 기왕 본받을 바에는 조상들이 행한 아름다운 점들을 본받고 나쁜 점들은 본받지 말아야 하지 않았겠는가. 그러기에 사도 요한도 "사랑하는 자여 악한 것을 본받지 말고 선한 것을 본받으라"(요삼 11절)라고 하지 않았던가.

데살로니가 교회는 선한 것들만 본받는 일에 우수한 교회였다. 그들은 복음을 전해준 사도 바울과 주님을 본받았고(살전 1:6) 그리스도 예수 안에서 유대에 있는 하나님의 교회들을 본받았다(살전 2:14). 이렇게 그들은 좋은 점들만 본받았기 때문에 마침내 마게도냐와 아가야의 모든 믿는 자의 본이 되는 자리에까지 이르게 되었다(살전 1:7).

본디 타락한 인간들은 좋은 점들은 가르쳐주어도 안 하려 하고 나쁜 점들은 가르쳐주지 않아도 잘들 본받아 따라가는 근성이 있는데, 여호야긴도 이 타락한 인간들의 공통적인 약점을 따르는 데 앞장섰던 사람이었다. 다른 사람들의 일은 그만두고 우리의 입장을 한 번 생각해보자. 우리도 하나님을 믿는다고 하면서 생각은 선을 추구하나 행위는 악을 좇고 있는 경우가 있지 아니한가? 이러한 것은 아버지의 악을 본받은 여호야긴의 행위와 조금도 다를 바가 없다. 이왕 본받을 바에는 다른 사람들의 좋은 점들을 본받지 왜 하필이면 나쁜 점들을 본받을 필요가 있겠는가. 여호야긴의 이러한 실수가 우리의 거울이 되기를 바란다.

죄악의 잔학성(殘虐性)(렘 22:24-30)

렘 22:24-25에 "여호와의 말씀이니라 나의 삶으로 맹세하노니 유다 왕 여호야김의 아들 고니야가 나의 오른손의 인장반지(印章班指)라 할지라도 내가 빼어 네 생명을 찾는 자의 손과 네가 두려워하는 자의 손 곧 바벨론의 왕 느부갓네살의 손과 갈대아인의 손에 줄 것이라"라는 말씀이 있다. 인장반지는 사람의 소유물 가운데 가장 귀한 물건이다. 남국 유다의 제19대 왕 여호야긴이 하나님의 손의 인장반지처럼 귀한 존재라 할지라도 그가 범죄하였는 고로 하나님께서 자기 손에서 빼사 그가 두려워하는 바벨론 왕 느부갓네살의 손에 주시겠다고 하였으니 죄악의 잔학성이 얼마나 지독한가.

시 39:11은 죄악의 잔학성에 대하여 "주께서 죄악을 책망하사 사람을 징계하실 때에 그 영화를 좀먹음같이 소멸하게 하시니 참으로 인생이란 모두 헛될 뿐이니이다"라고 했다. 사람이 범죄하기 전에 가졌던 영화가 아무리 놀랍다 할지라도 그가 범죄하는 날에는 주께서 그가 지은 죄로 인하여 책망하시고 징계하시는데, 그 책망과 징계의 결과는 범죄하기 전에 그가 가지고 있었던 놀라운 영화를 좀먹음같이 소멸하게 하신다고 하셨으니 죄악의 잔학성이 이렇게까지 지독하다.

대상 22:2-4에는 다윗이 하나님의 성전을 건축하기 위하여 돌, 문짝 못, 거멀 못, 철, 놋, 백향목을 준비하되 한없이, 심히 많이, 셀 수 없이, 무수히 준비하였다고 한다. 그러나 이스라엘의 범죄로 말미암아 예루살렘이 바벨론에게 멸망을 당할 때(왕하 25:13-17, 렘 52:17-23) 바벨론의 군대가 다윗이 그처럼 많이 준비하였던 모든 물건을 하나도 남김없이 다 가져갔다고 하였으니 죄악의 잔학성이 이렇게까지 무정한가. 마음이 아프고 또 아픈 일이다.

호 5:12에서는 이스라엘이 범죄하는 날에 하나님께서 에브라임에게는 좀과 같으시고 유다 족속에게는 썩이는 것같이 되겠다고 하셨다. 좀은 아무리 귀한 물건이라도 갉아먹으며, 썩이는 것은 아무리 귀한 물건이라도 망하게 만든다. 이스라엘이 범죄하는 날 하나님께서 에브라임에게는 아무리 귀한 것이라도 갉아먹는 좀과 같으시고, 유다 족속에게는 아무리 귀한 물건이라도 망하게 만드는 썩이는 것이 되겠다고 하셨으니 죄악의 잔학성이 얼마나 잔인한가.

호 9:11은 이스라엘이 범죄하는 날에 에브라임의 영광이 새같이 날아가겠다고 하였다. 새가 날아갈 때 나뭇가지에 어떠한 미련을 두는가? 나뭇가지가 아무리 귀해도 새가 날아갈 때는 아무 미련을 두지 않고 무정하게 날아간다. 에브라임의 영광이 아무리 놀라웠다 할지라도 그가 범죄하는 날에는 새가 나뭇가지에 아무 미련도 두지 아니하고 무정하게 날아가듯이 에브라임의 영광이 아무 미련 없이 에브라임에게서 날아가겠다고 하였으니 죄악의 잔학성이 얼마나 무정한가.

우리는 지금까지 죄악의 잔학성에 대하여 생각해왔다. 죄악의 잔학성은 이렇게까지 무자비하고 무정하고 잔인하다. 인장반지가 버림을 당하고(렘 22:24), 모든 영화가 좀 먹음같이 소멸하고(시 39:11), 영화로우시던 하나님께서 우리에게 좀과 썩이는 것이 되시고(호 5:12), 우리를 빛나게 하던 영광이 새같이 무정하게 날아가 버린다(호 9:11). 그러니 지어서는 안 될 일은 죄악이다. 그러니 우리는 악인들의 꾀를 따르지 아니하고 죄인들의 길에 서지 아니하며 오만한 자들의 자리에 앉지 아니하는(시 1:1) 시인의 삶을 살아야 한다.

대하 36:11-23, 왕하 24:18-25:30

보고도 못 깨달은 자(왕하 24:18-25:30, 대하 36:11-23)

남국 유다의 마지막 왕들, 즉 여호야김, 여호야긴, 시드기야를 통하여 똑같은 세 가지 말이 나온다. 여호야김에 대해서는 왕하 23:37에서 "여호야김이 그의 조상들이 행한 모든 일을 따라서 여호와 보시기에 악을 행하였더라"라고 했고, 여호야긴에 대해서는 왕하 24:9에서 "여호야긴이 그의 아버지의 모든 행위를 따라서 여호와께서 보시기에 악을 행하였더라"라고 했으며, 시드기야에 대해서는 왕하 24:19에서 "그가 여호야김의 모든 행위를 따라 여호와 보시기에 악을 행한지라"라고 했다.

아버지 여호야김이 열조를 본받아 여호와 보시기에 악을 행하다가 망한 사실을 본 여호야긴은 절대로 되풀이하지 않았어야 하지 않는가. 그런데 어찌하여 아버지의 모든 행위를 본받아 여호와 보시기에 악을 행하는 일을(왕하 24:9) 문자 그대로 답습(踏襲)했을까? 눈이 있으면 보았겠고 보았으면 무엇인가 깨달아야 하지 않았겠는가. 그런데 양쪽 눈 다 뜨고도 아버지가 조상들을 본받아 여호와 보시기에 악을 행하다가 망한 사실을 못 봤단 말인가. 또는 보고도 깨닫지 못하였다는 말인가.

여호야긴은 또 그렇다고 치자. 시드기야는 또 어떠했던가? 그는 조상들이 행한 모든 악을 본받아 행하다가 망한 여호야김도 보았다. 아버지 여호야김의 실수를 거울로 삼지 않고 아버지 여호야김이 한 대로 여호와 보시기에 악을 그대로 행하다가 망한 그의 아들 여호야긴도 보았다. 두 조상이 망한 원인을 보고도 여호와 보시기에 악을 행하는 일을(왕하 24:19) 기어이 또 답습해야 했었던가? 눈이 없어서 보지 못했던가? 아니 눈을 가지고도 못 봤단 말인가? 보기는 보았으나 깨닫지는 못했단 말인가? 도대체 어느 편인가?

여호야김, 여호야긴이 이어서 그의 조상들을 본받아 여호와 보시기에 모든 악을 행하다가 망한 사실을 볼 만한 일이 그렇게도 없었던가. 여호야김이 그의 조상들을 본받아 여호와 보시기에 악을 행하다가 망하고, 그의 아들 여호야긴이 그의 아버지를 본받아 여호와 보시기에 악을 행하다가 망한 사실을 두 번씩이나 보고도 그렇게도 깨달음이 없어 자기도 기어코 여호야긴의 모든 행위를 본받아 여호와 보시기에 악을 행해야만 직성(直星)이 풀렸단 말인가. 타락한 아담 자손의 특색은 다른 사람이 악을 행하다가 망한 사실을 보고도 깨닫지 못하고 그 사람의 악을 그대로 답습하는 일이다.

민 12장에서 아론과 미리암이 하나님께서 세우신 모세를 대적하다가 미리암의 이마에 나병이 떨어졌다(민 12:10). 그 사실을 본 이스라엘 백성들은 하나님께서 세우신 종을 대항하는 자가 받는 벌이 어떠한지를 알만하지 않았겠는가.

그런데 모세를 대적하다가 나병의 징계를 받은 미리암의 경우를 두 눈으로 똑똑히 보고도 민 16장에서 고라와 다단의 무리가 모세와 아론을 거슬러 또 반역하였다. 아론을 거스르던 250명은 불에 타죽고(민 16:35) 고라와 다단과 아비람이 살던 장막은 땅이 갈라져 산채로 스올에 떨어지고 말았다(민 16:25-33). 주님께서 세우신 종을 거스르는 자에게 임한 벌이 얼마나 무서운가.

민 16장에서 모세와 아론을 거스른 자들은 민 12장에서 미리암이 모세를 거스르다가 나병 징계를 받은 것을 본 이후 세월이 지나고 나서 대항했던 자들이었다. 그런데 민 16:41은 어떻게 된 일인가? 고라와 다단의 무리가 모세와 아론을 거스르다가 250명은 불에 타죽고 고라와 다단과 아비람의 장막은 그 밑이 갈라져 산채로 스올에 떨어져 죽은 무서운 심판을 받고 죽은 바로 그 다음날이다. 모세와 아론을 거스르던 자들이 망한 사실을 몇 날 전이나 몇 해 전에 본 것도 아니고 어제 분명히 보았는데도 이튿날 또 모세와 아론을 원망하다가 14,700명이 염병으로 죽게 되었다(민 16:41-50). 모세와 아론을 거스르다가 망한 사실을 내 눈으로 본 때가 어제인데도 이튿날 기어코 거스르다가 망한 죄를 오늘 또 그대로 본받아 행해야 직성이 풀렸던가.

고라와 다단의 경우는 미리암이 징계 받은 후 어느 정도의 세월이 흘러갔으니 미리암의 징계를 잊어버릴 수도 있었을 것이다. 그러나 고라와 다단이 모세와 아론을 거스르다가 망한 사실을 본 때는 바로 어제인데, 아직 기억이 생생한 오늘 그와 같은 일을 또 저질렀어야 했던가. 눈은 어디에 갖다 버렸으며 생각은 어디에 갖다 팔아먹었는가? 어제 되어진 사실을 볼 만한 눈이 그렇게도 없었으며 어제 망한 사실을 보고도 깨달을 만한 마음이 그렇게도 없었던가.

　아담의 자손들이여, 죄악의 먼지로 어두워진 우리 눈을 다시 한 번 깨끗이 닦자. 그리고 밝히 보자. 남이 무슨 죄를 짓다가 어떻게 망했는가를 밝히, 바로 보고, 우리는 같은 죄를 되풀이하지 말자.

　역사는 왜 있는가? 과거의 되어진 일들을 거울 삼아, 즉 과거에 어떻게 잘해서 무슨 복을 받았는지, 무슨 죄를 짓다가 어떤 벌을 받았는지를 거울 삼아, 선행은 본받아 행하여 나도 복을 받고, 그들로 망하게 한 죄는 피하기 위하여 역사가 존재하는 것이 아닌가. 그런데 여호야긴과 시드기야에게는 역사 의식도 없었단 말인가.

　시드기야를 논하지 말자. 나는 어떠한가? 나는 시드기야의 실수를 되풀이하지 않을 자신이 있는가? 내 눈에 들보가 있는데 이것을 뽑지 않고 시드기야의 눈에 있는 실수를 탓하지 말자. 시드기야는 역사를 보지 못하다가 이미 망했으니 그것으로 시드기야는 끝나고 말았다. 그러나 우리의 역사는 아직 끝나지 않았다. 시드기야의 실수가 내 역사에서까지 되풀이되어서는 안 되겠다. 내 눈은 밝은가? 내 마음은 다른 사람이 지은 죄를 보고 그 죄를 되풀이하지 않을 만큼 깨달을 수 있는가?

말씀을 멸시하는 자(대하 36:15-16)

　대하 36:15-16에서 그 조상들의 하나님 여호와께서 그의 백성과 그 거하시는 곳을 아끼사 부지런히 그의 사신들을 백성에게 보내어 이르셨으나 백성이 하나님의 사신들을 비웃고 그의 말을 멸시했다는 사실을 볼 때, 잠 13:13의 말씀이 생각난다. 멸시하는 자는 자기에게 패망을 이룬다고 하였다. 그러니 남국 유다의 패망은 바로 잠 13:13의 말씀 그대로 응한 것이다.

말씀을 멸시하다가 망한 경우가 또 있다. 창 19:14에서 롯이 자기 딸들과 약혼한 사위들에게 가서 소돔과 고모라가 유황불에 탈 터이니 도망가자고 했으나 사위들은 롯의 말을 농담으로 여겼다고 한다(창 19:14). 농담으로 여겼다는 것은 달리 말하면 멸시했다는 말이다. 천사를 통하여 주신 하나님의 말씀을 농담으로 여겨 멸시하던 사위들은 유황불 속에서 타죽는 패망을 면치 못했다.

출 9:13-35에는 우박 재앙의 내용이 나온다. 모세가 바로에게 이번에는 우박 재앙이 있으리니 이 우박 때문에 들에 있는 모든 가축이 죽겠다고 경고하였다. 이 경고를 듣자 바로의 신하 중 여호와의 말씀을 두려워하는 자들은 그 종들과 가축들을 집으로 피하여 들였다고 한다(출 9:20). 그러나 여호와의 말씀을 마음에 두지 않던 자들은 그의 종들과 가축을 들에 그대로 두었다고 한다(출 9:21). 여호와의 말씀을 마음에 두지 않는 것은 바로 여호와의 말씀을 멸시하는 일이다. 우박 때문에 들에 있는 가축이 죽게 되리라는 여호와의 말씀을 듣고도 그 말씀을 멸시하고 마음에 두지 않았던 자들의 가축은 우박에 다 맞아죽는 패망을 피할 길이 없었다.

"지혜가 길거리에서 부르며 광장에서 소리를 높이며"(잠 1:20), "나의 책망을 듣고 돌이키라 보라 내가 나의 영을 너희에게 부어 주며 내 말을 너희에게 보이리라"(잠 1:23)라고 했으나 "내가 불렀으나 너희가 듣기 싫어하였고 내가 손을 폈으나 돌아보는 자가 없었고 도리어 나의 모든 교훈을 멸시하며 나의 책망을 받지 아니하였은즉"(잠 1:24-25) 그들은 자기의 멸망을 피할 수 없었다(잠 1:32).

이스라엘에는 때로 불행한 때도 있었다. "우리의 표적은 보이지 아니하며 선지자도 더 이상 없으며 이런 일이 얼마나 오랠는지 우리 중에 아는 자도 없나이다"(시 74:9)라고 한 대로 이스라엘에 선지자가 없었던 때도 있었다. 비록 선지자가 있었다 할지라도 "그 성의 선지자들은 여호와의 묵시를 받지 못하는도다"(애 2:9)라고 한 대로 선지자들이 묵시를 받지 못하는 때도 있었다.

그러나 남국 유다가 망할 때는 그렇지 않았다. 그 조상들의 하나님 여호와께서 그의 백성과 그 거하시는 곳을 아끼사 부지런히 그의 사자들을 백성에게 보내어 이르셨으나, 그의 백성이 하나님의 사신들을 비웃고 그의 말씀을 멸시하며 그의 선지자를 욕하여 여호와의 진노를 그의 백성에게 미치게 하여 회복할 수 없게 하였다고 한다(대하 36:15-16). 시 74:9의 때와 같이 선지자가 없었다면 모르겠으나 하나님께서 그 사자들과 선지자들을 부지런히 보내셨으나 그 백성들이 하나님의 사자를 비웃고 그 선지자들을 욕되게 하여 그 백성에게 미쳐서 만회할 수 없게 하였으니, 과연 이사야 선지자가 "야곱이 탈취를 당하게 하신 자가 누구냐 이스라엘을 약탈자들에게 넘기신 자가 누구냐 여호와가 아니시냐"(사 42:24), "나 여호와가 이같이 말하노라 내가 너희의 어미를 내보낸 이혼 증서가 어디 있느냐 내가 어느 채주에게 너희를 팔았느냐 보라 너희는 너희의 죄악으로 말미암아 팔렸고 너희의 어미는 너희의 배역함으로 말미암아 내보냄을 받았느니라"(사 50:1)라고 말할 만하다.

하나님께서는 여호수아에게 "나의 종 모세가 네게 명령한 그 율법을 다 지켜 행하고 우로나 좌로나 치우치지 말라 그리하면 어디로 가든지 형통하리니"(수 1:7)라고 말씀하셨는데, 어찌하여 아담의 자손들은 말씀을 멸시하다가 패망을 당하고 있을까(잠 13:13)? 대하 20:20은 "너희는 너희 하나님 여호와를 신뢰하라 그리하면 견고히 서리라 그의 선지자들을 신뢰하라 그리하면 형통하리라"라고 하시면서 하나님의 말씀을 받아 대언하는 선지자를 신뢰하는 자가 받는 형통의 축복에 대하여 말했다.

잠 4:8-9은 "그(말씀)를 높이라 그리하면 그가 너를 높이 들리라 만일 그를 품으면 그가 너를 영화롭게 하리라 그가 아름다운 관을 네 머리에 두겠고 영화로운 면류관을 네게 주리라 하셨느니라"라고 했다. 우리가 하나님의 말씀을 높이면 그 말씀이 우리를 높이고, 우리가 하나님의 말씀을 마음속에 품으면 말씀이 우리를 영화롭게 해주고 아름다운 면류관을 우리에게 주겠다고 하였으니 얼마나 복된 일인가. 그런 고로 살전 5:20은 예언을 멸시하지 말라고 했다.

우리는 남국 유다의 이스라엘 백성들처럼 하나님의 말씀을 멸시하다가 패망하는 불행한 사람들이 될 것이 아니라, 대하 20:20의 말씀대로 선지자를 통하여 주시는 하나님의 말씀을 신뢰하다가 형통하라고 명령형으로 주실 만큼 확실한 형통의 축복을 받으며, 말씀을 높이다가 내가 높아지고, 말씀을 우리 마음속에 품어서 영화롭게 되고 영화로운 면류관을 머리에 쓰게 되는(잠 4:8-9) 복된 축복을 받는 백성들이 될 수 있기를 바란다.

악으로 예언을 이룬 자(대하 36:21)

대하 36:21에는 "이에 토지가 황폐하여 땅이 안식년을 누림같이 안식하여 칠십 년을 지냈으니 여호와께서 예레미야의 입으로 하신 말씀이 이루어졌더라"라고 했다. 예레미야의 입으로 하신 말씀은 무엇인가? 렘

25:1-11에서 예레미야는 이스라엘 백성들에게 너희가 내 말대로 순종하면 가나안 땅에 그대로 머무를 수 있으나 너희가 내 말에 순종하지 아니하고 하나님을 거역하면 바벨론에 포로로 끌려가 70년 동안 바벨론 왕을 섬기게 되겠다고 하였다. 그런데 이스라엘 백성들은 예레미야의 말대로 순종치 아니하고 하나님을 거역하고 죄만 짓다가 바벨론에 포로로 끌려 70년 동안 바벨론 왕을 섬기게 되었으니 여호와께서 예레미야의 입으로 하신 말씀이 응했다는 것이다(대하 36:21).

그들이 예레미야의 입으로 하신 말씀을 응하게 하였다는 것은 예레미야의 말대로 순종하여 그 말을 응하게 한 것이 아니라 예레미야의 말을 순종치 않고 거역함으로 그렇게 되리라고 한 예레미야의 말을 응하게 하였으니, 즉 악으로 예언을 이룬 것이다.

성경에는 예언을 이루는 두 사람의 종류가 나오는데 하나는 선으로 예언을 이루는 자와 다른 하나는 대하 36:21처럼 악으로 예언을 이루는 자이다. 악으로 예언을 이루는 자의 대표적인 보기는 마 26:24에 나오는 가룟 유다의 경우다. 예수님께서 "인자는 자기에 대하여 기록된 대로 가거니와 인자를 파는 그 사람에게는 화가 있으리로다 그 사람은 차라리 태어나지 아니하였더라면 제게 좋을 뻔하였느니라"라고 하셨다.

"인자는 자기에 대하여 기록된 대로 가거니와"는 무슨 뜻인가? 인자가 십자가에서 고난 받으시는 것은 우연히 되어지는 일이 아니고 그렇게 되리라고 구약성경에 기록된 그대로 고난을 받으시는 것이니, 즉 선으로 예언을 이루신다는 말씀이다.

그런데 인자로 하여금 자기에 대하여 기록된 대로 가시게끔 예수님을 팔아먹은 가룟 유다는 어떻게 되는가? 인자로 하여금 자기에 대하여 기록된 대로 가시도록 예수님을 팔아먹었으니 가룟 유다도 선으로 예언을 이루는 자인가? 아니다. 예수님을 팔아먹은 가롯 유다의 동기가 어디에 있는가? 예수님께서는 만민을 구원하시기 위하여 이 세상에 오셨고, 그 구속의 성취는 예수님께서 십자가에서 고난을 받으셔야 이루어지는데, 그렇게 되시도록 예수님을 고난에 넘겨줄 희생자로 나설 사람이 누구일까? 열두 제자 가운데는 희생자로 나올 사람이 보이지 않으니, 비록 지옥에 간다 할지라도 내가 희생하여 예수님의 구속 사업을 도와야겠다는 아름다운 동기로 예수님을 팔아먹었는가? 예수님을 팔아먹은 가롯 유다의 동기가 어디에 있는가? 은 30이 욕심나서 예수님을 팔아먹었다. 그래서 예수님께서도 "인자를 파는 그 사람에게는 화가 있으리로다"라고 하셨다.

"그 사람은 차라리 태어나지 아니하였더라면 제게 좋을 뻔하였느니라"는 무슨 말씀인가? 가롯 유다가 이 세상에 태어나지 않았더라면 예수님을 팔아먹는 악으로 예언을 이루는 죄는 짓지 않았을 터인데, 따라서 지옥에 가는 일은 없었을 터인데, 가롯 유다가 이 세상에 태어났으므로 악으로 예언을 이루는 일을 범했고, 따라서 지옥까지 가게 되었으니 "그 사람은 차라리 태어나지 아니하였더라면 제게 좋을 뻔하였느니라"라고 말씀하셨던 것이다.

마 2:16-18에서는 헤롯 왕이 두 살 아래의 어린아이를 죽임으로 렘 31:15의 예언을 악으로 이루었고, 마 26:31에서는 제자들이 예수님을 다 버림으로 "내가 목자를 치리니 양의 떼가 흩어지리라"의 기록된 말씀을 이루었고, 마 26:55-56에서는 악당들이 검과 몽치를 가지고 예수님을 잡으러 옴으로 그렇게 되리라고 한 선지자들의 글을 악으로 이루어 놓았고, 행 4:27-28에서는 "과연 헤롯과 본디오 빌라도는 이방인과 이스라엘 백성과 합세하여 하나님께서 기름 부으신 거룩한 종 예수를 거슬러 하나님의 권능과 뜻대로 이루려고 예정하신 그것을" 행함으로 악으로 예언을 이루어놓았다.

인생은 한 번뿐이다. 한 번뿐인 인생을 가룟 유다처럼 악으로 예언을 이루어 "그 사람은 차라리 태어나지 아니하였더라면 제게 좋을 뻔하였느니라"(마 26:24)의 삶을 살 필요가 어디에 있겠는가. 성경에는 선으로 예언을 이루어 하나님께로부터 칭찬 받고 축복 받은 성도들이 얼마나 많은가. 한 번뿐인 인생을 우리는 선으로 예언을 이루어드려 하나님께로부터 칭찬 받고 축복 받는 복된 삶을 살지언정, 악으로 예언을 이루는 불행한 사람들이 되지 않기를 바란다.

왕과 신하(대하 36:13-14)

대하 36:13-14은 왕인 시드기야가 목을 곧게 하며 마음을 완악하게 하여 이스라엘 하나님 여호와께로 돌아오지 아니하니 그의 신하된 제사장의 우두머리들과 백성도 크게 범죄하여 이방 모든 가증한 일을 본받아 행했다고 하였다. 잠 29:12에 "관원이 거짓말을 들으면 그의 하인들은 다 악하게 되느니라"라는 말씀이 있다. 위에 있는 지도자가 하인들의 거짓말을 들어주면 그 하인들은 다 악하게 된다는 말씀이다. 지도자가 하인들의 거짓말을 들어주지 않으면 하인들은 다시는 지도자에게 거짓말을 할 수 없지만, 지도자가 하인들의 거짓말을 들어주면 하인들은 계속해서 거짓말을 지도자에게 말하게 되니 그 하인들은 자동적으로 악하게 된다는 말씀이다. 그러한 보기들이 성경에 많이 나온다.

출 9:34은 "바로가 비와 우박과 우렛소리가 그친 것을 보고 다시 범죄하여 마음을 완악하게 하니 그와 그의 신하가 꼭 같더라"라고 했다. 왕인 바로가 마음을 완악하게 하지 않는데 어떻게 그 신하들이 감히 마음을 완악하게 할 수 있겠는가. 왕인 바로가 마음을 완악하게 하니 그 신하들도 마음 놓고, 안심하고 마음을 완악하게 하였던 것이다. 대하 12:1은 "르호보암의 나라가 견고하고 세력이 강해지매 그가 여호와의 율법을 버리니 온 이스라엘이 본받은지라"라고 했다. 비록 나라가 견고하고 세력이 강해진다 해도 왕인 르호보암이 여호와의 율법을 버리지 아니하고 여호와의 율법을 강하게 지키는데 그의 지도를 받는 온 이스라엘 백성들이 어떻게 감히 제멋대로 율법을 버릴 수 있겠는가. 있을 수 없다. 왕이 먼저 여호와의 율법을 버리니 그에게 지도를 받는 백성들도 두려워하거나 겁내지 않고 지도자인 왕을 따라 율법을 버렸던 것이다. 백성들이 율법을 버리게 된 이유는 먼저 율법을 버린 왕 르호보암에게 있었다.

느 5:15은 "나보다 먼저 있었던 총독들은 백성에게서, 양식과 포도주와 또 은 사십 세겔을 그들에게서 빼앗았고 또한 그들의 종자들도 백성을 압제하였으나 나는 하나님을 경외하므로 이같이 행하지 아니하고"라고 했다. 지도자인 총독들이 백성을 압제하거나 토색하지 않는데 그에게 지도를 받는 부하들이 어떻게 감히 백성들을 토색하고 압제할 수 있겠는가. 지도자인 총독들이 먼저 백성들을 압제하고 토색하였기 때문에 그의 부하들도 따라서 백성들을 압제하고 토색할 수 있었던 것이다.

렘 26:20-23에는 이러한 말씀이 있다. 남국 유다의 제18대 왕 여호야김 때 우리야라는 예언자가 있었는데 그가 이스라엘의 죄를 경고하며 예언하자 여호야김 왕과 부하들이 우리야를 죽이려고 하매 우리야가 애굽에 피하였으나 여호야김 왕은 애굽에까지 부하들을 보내어 예언자 우리야를 잡아다가 죽였다는 말씀이 나온다. 남국 유다의 제13대 왕 히스기야는 예언자의 공격을 들었을 때 여호와를 두려워하여 여호와께 간구하매 여호와께서 그들에게 선언한 재앙에 대하여 뜻을 돌이키셨다고 한다(렘 26:16-19). 만일 여호야김 왕이 렘 26:16-19에 나오는 히스기야 왕의 자세를 취하였다면 그의 부하들이 우리야를 죽이려고 하였겠는가. 왕이 선지자를 존경하는데 어떻게 감히 부하들이 선지자를 죽일 수 있겠는가. 여호야김 왕 자신이 선지자를 죽일 마음이 있으니 그의 지도를 받는 모든 용사와 방백들까지도 여호야김 왕을 본받아 우리야를 죽이고자 하였다. 즉 왕이 악하니 그에게 지도를 받는 백성들도 따라서 악할 수 있었다.

렘 36:20-24에는 이러한 말씀이 나온다. 남국 유다의 제18대 왕 여호야김이 부하를 시켜서 왕 앞에서 율법책을 읽게 하였다. 부하가 두루마리 책에 기록된 여호와의 율법을 서너 쪽을 낭독하면 왕이 칼로 두루마리 책을 베어 화롯불에 던져서 온 두루마리를 다 태웠다고 한다. 그런데 왕과 그 신하들이 이 모든 말을 듣고도 두려워하거나 옷을 찢지 아니하였다고 한다. 지도자인 왕이 두루마리 책을 불태울 정도니 그에게 지도를 받는 신하들이 어떻게 감히 왕이 하는 일을 말릴 수 있겠는가. 지도자인 왕이 두루마리 책을 태울 정도니 그에게 지도를 받는 그의 신하들도 세월이 지남에 따라 알게 모르게 왕의 악행을 본받게 되었던 것이다.

율법의 말씀을 듣자 옷을 찢고(왕하 22:11) 통곡했던(왕하 22:19) 요시야 왕의 부하였더라면 율법의 두루마리 책을 태우는 여호야김을 보고도 가만히 있었겠는가. 요시야 왕의 부하였다면 두루마리를 태우는 여호야김을 말렸을 것이다. 그러나 두루마리 책을 태울 정도의 여호야김 왕과 오래 지내는 동안 나도 모르게 지도자인 왕의 영향을 받아 두루마리를 태우는 왕을 말리지 못한 것이 아니겠는가. 지도자인 왕이 그러하니 그에게 지도를 받는 신하들도 그러하였다.

호 7:3에 "그들이 그 악으로 왕을, 그 거짓말로 지도자들을 기쁘게 하도다"라는 말씀이 있다. 악으로 왕을 기쁘게 한다는 것이 무슨 뜻인가? 신하들이 왕에게 악한 의견을 제안(提案)하면 왕이 그 악한 제안을 기쁘게 받아준다는 말이다. 거짓말로 지도자들을 기쁘게 한다는 것은 무슨 뜻인가? 백성들이 거짓말로 제안을 해도 지도자들이 그 제안을 기쁘게 받아준다는 말이다. 지도자인 왕이 악을 용납하지 않는데 어떻게 신하들이 왕에게 악한 제안을 할 수 있으며, 지도자인 방백들이 악을 용납하지 않는데 어떻게 백성들이 방백에게 거짓말을 제안할 수 있겠는가. 있을 수 없다.

삼상 24장에서 사울 왕이 캄캄한 굴 속에서 다윗 앞에서 뒤를 볼 때 다윗의 부하들은 다윗에게 "보소서 여호와께서 당신에게 이르시기를 내가 원수를 네 손에 넘기리니 네 생각에 좋은 대로 그에게 행하라 하시더니 이것이 그 날이니이다"(삼상 24:4)라고 제안하였다. 그러나 "내가 손을 들어 여호와의 기름 부음을 받은 내 주를 치는 것은 여호와께서 금하시는 것이니 그는 여호와의 기름 부음을 받은 자가 됨이니라"(삼상 24:6)라고 하는 다윗에게 그의 부하들이 사울을 죽이자는 제안을 또 할 수 있겠는가. 다윗에게 사울을 죽이려는 생각이 있었다면 또 할 수 있겠지만 다윗에게 사울을 해하려는 생각이 전혀 없다는 사실을 알고 난 후에는 다시는 사울을 죽이자는 제안을 할 수 없었을 것이다.

호세아 당시의 신하들이 왜 악으로 왕을 기쁘게 할 수 있었는가? 왕이 신하들이 제안하는 악을 받아주시니까. 백성들이 거짓말로 지도자들을 왜 기쁘게 할 수 있었던가? 백성들이 제안하는 거짓말을 지도자들이 받아주시니까 그렇게 했던 것이 아니겠는가. 신하들이 제안하는 악한 말을, 백성들이 제안하는 거짓말을 왕과 지도자들이 삼상 24장의 다윗처럼 단연코 거절하면 어떻게 신하들과 백성들이 다시 거짓말로 지도자들을 기쁘게 할 수 있단 말인가. 있을 수 없다. 신하들이 악으로 왕을 기쁘게 하고 백성들이 거짓말로 지도자들을 기쁘게 할 수 있었던 것은 왕과 지도자들이 그 악과 거짓을 받아주었기 때문이다. 이러한 사실들을 생각할 때 "관원이 거짓말을 들으면 그의 하인들은 다 악하게 되느니라"(잠 29:12)의 말씀이 과연 참되다는 사실을 다시 한 번 생각하게 된다.

반면에 성경은 왕이 의로 통치하면 그 밑에 있는 방백들도 공평으로 나라일을 다스리게 된다는 사실을 말한다. 사 32:1은 "보라 장차 한 왕이 공의로 통치할 것이요 방백들이 정의로 다스릴 것이며"라고 했다. 한 나라의 최고 권세를 가진 왕이 의로 통치하는데 그 밑에서 왕을 받드는 방백들이 어떻게 불의한 일을 할 수 있겠는가. 그러다가는 왕에게 쫓겨나게 된다.

잠 20:8에는 "심판 자리에 앉은 왕은 그의 눈으로 모든 악을 흩어지게 하느니라"라고 했다. 악을 흩어지게 하는 왕이니 그는 분명코 의로운 왕이다. 최고 권세를 가진 왕이 심판 자리에 앉아서 의로 통치하는데 그 밑에서 왕을 받드는 방백들이 어떻게 악을 행할 수 있겠는가. 심판 자리에 앉아 그 눈으로 모든 악을 흩어지게 하는 왕을 받드는 방백들은 왕의 뜻을 따라 모든 악을 흩어지게 하는 일을 도와야 한다. 그러니 의로운 왕 밑에 악을 행하는 방백이 있을 수 없다.

잠 20:26에는 "지혜로운 왕은 악인들을 키질하며 타작하는 바퀴를 그들 위에 굴리느니라"라고 했다. 악인을 키질하며 타작하는 바퀴로 그 위에 굴리는 지혜로운 왕 밑에 어떻게 악한 방백들이 있을 수 있겠는가.

지혜로운 왕을 도와야 되니 그 밑에는 악한 방백이 있을 수 없다.

지금까지 다스리는 왕이 악할 때는 왕을 받드는 방백들도 자동적으로 악하게 되고, 다스리는 왕이 의로울 때는 그 밑에서 왕을 받드는 방백들도 자동적으로 의롭게 된다는 사실을 생각해왔다. 오늘날 하나님의 교회에서도 지도자들이 진리와 믿음으로 바로 지도함으로 피지도자들도 자동적으로 믿음과 진리로 교회를 받들게 해야 한다. 지도하시는 분들이 믿음과 진리로 바로 지도하지 못하기 때문에 피지도자들도 믿음과 진리로 교회를 바로 받들지 못하는 불행한 일이 없기를 바란다.

악인의 자손(왕하 25:7)

욥 27:13-14에 "악인이 하나님께 얻을 분깃, 포악자가 전능자에게서 받을 산업은 이것이라 그의 자손은 번성하여도 칼을 위함이요"라는 말씀이 있다. 왕하 25:7에서는 바로 이 말씀이 악인 시드기야에게 이루어졌다. 바벨론 왕이 아버지 시드기야가 보는 앞에서 시드기야의 아들들을 죽였다고 한다. 보는 앞에서 아들들이 죽임을 당하니 그 아버지의 가슴이 얼마나 아팠겠는가. 그러나 이것은 욥 27:14의 말씀대로 악인 시드기야가 하나님께로부터 받은 심판이었다.

성경에는 욥 27:14의 말씀대로 악인의 자손이 번성할지라도 칼을 위한 번성이 된다는 사실을 다른 곳에서도 보여준다. 에 9:7-10에서는 하만의 아들 10명이 죽임을 당하였고, 왕하 10:1-10에서는 아합의 아들 70명이 죽임을 당하였다. 부모들의 죄 때문에 자손들이 죽임을 당하였으니 부모들의 책임이 얼마나 중요한가.

반면에 성경은 부모들이 하나님을 경외하고 믿음으로 살았기 때문에 그 자손들이 복 받게 된 사실들도 말한다. 그 대표적인 보기가 창 22:15-18에 나오는 아브라함의 경우다. 조상된 아브라함이 하나님을 경외하고 믿음으로 살았더니 하나님께서 그 후손들을 축복하시되 세 가지 모습으로 축복하셨다.

첫째로는 수적인 번성이다. 하나님께서 아브라함의 자손에게 수적으로 복을 주시되 "네 씨가 크게 번성하여 하늘의 별과 같고 바닷가의 모래와 같게"(창 22:17) 하시겠다고 하셨다. 하나님께서 아브라함의 자손을 수적으로 번성케 하시되 다른 나라의 종살이나 하는 열등 민족으로 번성케 하시는 것이 아니다.

둘째로는 "네 씨가 그 대적의 성문을 차지하리라"(창 22:17)라고 하시면서 질적으로도 우수한 민족이 될 것을 말씀하셨다. 대적의 성문을 차지한다는 것은 다른 나라에게 정복을 당하는 피정복자가 아니라 다른 나라를 정복하는 우수한 정복자를 말한다.

노벨 과학상 수상자들을 분석해보면 약 30%가 유대인이다. 그것은 유대인들의 수가 많아서 그렇게 되는 것이 아니다. 지구상에 거하는 유대인은 1,500만 명이니 전체 인구 70억 명에 비하면 약 0.22%에 해당한다. 전 세계 인구의 1%도 안 되는 소수의 유대인 가운데서 어떻게 노벨 과학상 수상자들의 약 30%가 유대인이 될 수 있었던가. 그것은 다름이 아니라 그들의 조상인 아브라함이 하나님을 경외하고 믿음으로 살 때 "네 씨가 그 대적의 성문을 차지하리라"(창 22:17)의 축복, 즉 네 자손이 질적으로도 우수한 민족이 되겠다는 하나님의 약속이 역사해서 그렇게 실현된 것뿐이다. 그런데 아브라함의 믿음 때문에 그 자손들만 복 받는 것이 아니다.

셋째로는 "네 씨로 말미암아 천하 만민이 복을 받으리니"(창 22:18)라고 하시면서 아브라함의 씨로 말미암아 다른 민족까지 복을 받게 될 것을 말씀하셨다. 특히 이 세 번째 약속은 예수님을 통하여 이루어졌다. 갈 3:16은 "이 약속들은 아브라함과 그 자손에게 말씀하신 것인데 여럿을 가리켜 그 자손들이라 하지 아니하시고 오직 한 사람을 가리켜 네 자손이라 하셨으니 곧 그리스도라"라고 했다. 갈 3:16은 창 22:18의 네 씨를 바로 예수님이라고 했다. 그러니 창 22:18의 네 씨로 말미암아 천하 만민이 복을 받겠다는 것은 아브라함의 씨 곧 예수님으로 말미암아 천하 만민이 구원의 복을 받게 된다는 말씀이다. 조상된 아브라함이 하나님을 경외하고 믿음으로 사니 아브라함의 씨 바로 예수님을 통하여 천하 만민이 구원의 복을 받겠다고 하였으니 그 결과가 얼마나 놀라운가.

우리는 지금까지 악인의 자손은 칼을 위함이라는 욥 27:14의 말씀과 그대로 이루어진 역사적인 사실을 생각했고, 조상 아브라함이 믿음으로 살았기 때문에 그의 자손들이 받는 축복의 경우를 생각해왔다. 두렵건대 우리는 악인으로 살다가 자손들에게 욥 27:14의 결과를 미치게 하는 불행한 부모들이 될 것이 아니라, 나 자신이 하나님을 경외하며 믿음으로 살아서 자손들에게 창 22:15-18의 축복의 결과를 미치게 할 수 있는 아브라함과 같은 조상들이 될 수 있기를 바란다.

사명선언문

너희가 흠이 없고 순전하여……세상에서 그들 가운데 빛들로
나타내며 생명의 말씀을 밝혀 _ 빌 2:15-16

1. 생명을 담겠습니다
만드는 책에 주님 주신 생명을 담겠습니다.
그 책으로 복음을 선포하겠습니다.

2. 말씀을 밝히겠습니다
생명의 근본은 말씀입니다.
말씀을 밝혀 성도와 교회의 성장을 돕겠습니다.

3. 빛이 되겠습니다
시대와 영혼의 어두움을 밝혀 주님 앞으로 이끄는
빛이 되는 책을 만들겠습니다.

4. 순전히 행하겠습니다
책을 만들고 전하는 일과 경영하는 일에 부끄러움이 없는
정직함으로 행하겠습니다.

5. 끝까지 전파하겠습니다
모든 사람에게, 땅 끝까지, 주님 오시는 그날까지
복음을 전하는 사명을 다하겠습니다.

서점 안내

광화문점	서울시 종로구 새문안로 69 구세군회관 1층 02)737-2288 / 02)737-4623(F)
강남점	서울시 서초구 신반포로 177 반포쇼핑타운 3동 2층 02)595-1211 / 02)595-3549(F)
구로점	서울시 동작구 시흥대로 602, 3층 302호 02)858-8744 / 02)838-0653(F)
노원점	서울시 노원구 동일로 1366 삼봉빌딩 지하 1층 02)938-7979 / 02)3391-6169(F)
분당점	경기도 성남시 분당구 황새울로 315 대현빌딩 3층 031)707-5566 / 031)707-4999(F)
일산점	경기도 고양시 일산서구 중앙로 1391 레이크타운 지하 1층 031)916-8787 / 031)916-8788(F)
의정부점	경기도 의정부시 청사로47번길 12 성산타워 3층 031)845-0600 / 031)852-6930(F)
인터넷서점	www.lifebook.co.kr